Klaus Herbers · Helmut Neuhaus

Das Heilige Römische Reich

Schauplätze einer tausendjährigen Geschichte (843–1806)

Klaus Herbers · Helmut Neuhaus

Das Heilige Römische Reich

Schauplätze einer
tausendjährigen Geschichte
(843–1806)

2006

BÖHLAU VERLAG KÖLN WEIMAR WIEN

Bibliografische Information der Deutschen Bibliothek:
Die Deutsche Bibliothek verzeichnet diese Publikation in der
Deutschen Nationalbibliografie; detaillierte bibliografische Daten
sind im Internet über http://dnb.ddb.de abrufbar.

Umschlagabbildungen:

Aachen, Pfalzkapelle, Thron Karls des Großen; Reichsapfel vgl. S. 4;
Nürnberg vgl. Farbabb. 29; Frankfurt vgl. S. 267; Wien vgl. S. 278;
Merseburg vgl. S. 47; Magdeburg vgl. S. 48; Augsburg vgl. S. 211; Lübeck
vgl. S. 229; München vgl. S. 236

2. Auflage 2006
© 2005 by Böhlau Verlag GmbH & Cie, Köln
Ursulaplatz 1, D-50668 Köln
Tel. (0221) 913 90-0, Fax (0221) 913 90-11
info@boehlau.de
Umschlaggestaltung: Kerstin Koller
Karten: Regine Binot
Druck und Bindung: Westermann Druck Zwickau GmbH
Gedruckt auf chlor- und säurefreiem Papier.
Printed in Germany

ISBN 978-3-412-23405-8 / ISBN-10 3-412-23405-2

INHALT

	Vorwort	VII
1	Zur Einführung: Das Heilige Römische Reich – Orte, Zeiten und Personen	1
2	Die Karolinger: Von Aachen nach Forchheim	11
3	Die Ottonen: Sachsen und Italien rücken in den Mittelpunkt	31
4	Die Salier: Zwischen Mittelrhein, Burgund und Italien	63
5	Die Staufer: »hie Welf, hie Waiblingen« – Schwaben, Sizilien und Burgund	93
6	Vom Interregnum bis zur Etablierung der Luxemburger: Zwischen Rheinland und Osten (1254–1346)	127
7	Luxemburger und Habsburger: Böhmen und der Südosten (1346–1495), Prag und Wiener Neustadt	151
8	Reichsreform und Reformation: Zwischen Worms, Wittenberg und Augsburg	187
9	Konfessionalisierung: Das Reich zwischen Trient, Kloster Berge und Heidelberg	209
10	Dreißigjähriger Krieg: Von Böhmen nach Westfalen	221
11	Das Reich im Zeitalter des Absolutismus: Von der Türkenfront zur Rheingrenze	241
12	Das Ende des Reiches: Zwischen Berlin und Wien	265
13	Ausblick: Orte vermitteln Geschichte – Erinnerungen an das Alte Reich	289

Anhang　　　　　　　　　　　　　　　　　　　　　　　　　　　301

　　Stammtafeln　　　　　　　　　　　　　　　　　　　　　　301

　　Geburts-, Sterbe- und Begräbnisorte der Römischen Könige
　　und Kaiser　　　　　　　　　　　　　　　　　　　　　　307

　　Begräbnisorte der Römischen Könige und Kaiser (Karte)　　309

　　Die Römischen Könige/Kaiser der Neuzeit als Wahlmonarchen
　　des Heiligen Römischen Reiches　　　　　　　　　　　　　310

　　Die Kurfürsten des Heiligen Römischen Reiches 1356–1806　311

Quellen und Literatur　　　　　　　　　　　　　　　　　　　317

Abbildungsnachweis　　　　　　　　　　　　　　　　　　　327

Register　　　　　　　　　　　　　　　　　　　　　　　　　329

　　Ortsregister　　　　　　　　　　　　　　　　　　　　　　329

　　Personenregister　　　　　　　　　　　　　　　　　　　　336

Vorwort

In Wien, nahe der Südostgrenze des Heiligen Römischen Reiches, legte Kaiser Franz II. am 6. August 1806 die Kaiserkrone nieder und erklärte das Reich für beendet. Dieser Vorgang zu Beginn des 19. Jahrhunderts markiert in der deutschen Geschichte ein ebenso tiefgreifendes Ereignis wie ein Jahrtausend zuvor die Kaiserkrönung Karls des Großen durch Papst Leo III. am Weihnachtstage des Jahres 800 in Rom. Angesichts neuer Reichs- und Staatsgründungen auf deutschem Boden im 19. und 20. Jahrhundert wurde das an antike römische Traditionen anknüpfende, Mitte des 12. Jahrhunderts als »Sacrum Romanum Imperium« (Heiliges Römisches Reich) bezeichnete Herrschaftsgebilde zum »Alten Reich«, dessen Raum sich oftmals veränderte, zunächst vergrößerte und dann mehr und mehr auf den Kern Mitteleuropas verkleinerte. Binnengrenzen wurden im Westen und Süden zu Außengrenzen, während die Nord- und Ostgrenzen von langer Dauer waren. Am Ende erstreckte sich das Reich zwischen Rhein und Oder und von den Nord- und Ostseeküsten bis zum Südhang der Alpen.

Den Verfassern kam es darauf an, die fast tausendjährige Geschichte dieses Heiligen Römischen Reiches unter maßgeblicher Einbeziehung der Schauplätze im Überblick zu erzählen und dabei immer wieder den lokalen Aspekt zu betonen. Zugleich ging es ihnen um eine das Mittelalter und die Neuzeit umfassende Darstellung, in der die Kontinuitäten der Reichsgeschichte deutlich werden sollten. Zu ihnen gehört wesentlich die föderale Grundstruktur, die ein Kennzeichen deutscher Geschichte bis in die Gegenwart geblieben ist. Über 300 Abbildungen, Übersichtskarten zu den einzelnen Kapiteln und zahlreiche Tabellen dienen nicht nur der Orientierung und Veranschaulichung, sondern auch der Erweiterung des knapp gehaltenen Textes.

Wir danken dem Böhlau Verlag, insbesondere Herrn Dr. Peter Rauch und Herrn Johannes van Ooyen, daß sie die Anregung, ein solches Buch in das Verlagsprogramm aufzunehmen, bereitwillig aufgegriffen haben, und sind dankbar für die gute Kooperation zwischen Erlangen und Köln.

Bei der Realisierung unseres Vorhabens haben wir die Unterstützung zahlreicher Personen erfahren. Im Böhlau Verlag lag die gesamte lektorische Betreuung in den Händen von Elena Mohr, während Sandra Hartmann für die Herstellung sorgte. Mit der Fertigstellung der Typoskripte waren im Erlanger Institut für Geschichte Maria Galas (Lehrstuhl für Neuere Geschichte I) und Monika Junghans (Lehrstuhl für Mittelalterliche Geschichte und Historische Hilfswissenschaften) befaßt, während einzelne Hilfskräfte die Entstehung des Buches mit Recherchen und Korrekturen begleitet haben. Ihnen allen sei vielmals gedankt!

Erlangen, am 6. August 2005

Klaus Herbers
Helmut Neuhaus

1 ZUR EINFÜHRUNG

Das Heilige Römische Reich – Orte, Zeiten und Personen

Im ersten Buch von »Dichtung und Wahrheit« schildert Goethe, wie er als kleiner Junge begann, in seiner Vaterstadt Frankfurt am Main Geschichte zu entdecken. Er beschreibt den Römer, das Rathaus und die Königswahlstätte. Der Dichter wuchs an einem Ort auf, an dem die Geschichte des Alten Reiches noch greifbar war, in Frankfurt, der Reichsstadt, wo zu seinen Lebzeiten noch immer die Römischen Könige gewählt und im sogenannten Frankfurter »Dom« gekrönt wurden. Im fünften Buch von »Dichtung und Wahrheit« erzählt Goethe dann ausgesprochen anschaulich den Ablauf der Krönungsfeierlichkeiten für Joseph II., Sohn Maria Theresias und Kaiser Franz' I., im Jahre 1764. Dann das Jahr 1806: Ein Einschnitt, weniger für Goethe, aber für viele seiner Zeitgenossen; die Mutter des Dichters bedauerte ausdrücklich, wie anders und ungewohnt es war, nun nicht mehr die Bitten für den Kaiser im kirchlichen Gebet zu hören.

Was aber war dieses Reich, das Goethe noch in einer ganz konkreten Weise in der zweiten Hälfte des 18. Jahrhunderts wahrnahm? Es hatte sich im Laufe der Zeit verändert. Goethe sah einen wichtigen Einschnitt im 13. Jahrhundert: »Von Karl dem Großen vernahmen wir manches Märchenhafte; aber das Historisch-Interessante für uns fing erst mit Rudolf von Habsburg an, der durch seine Mannheit so großen Verwirrungen ein Ende gemacht«, so schrieb er wiederum in »Dichtung und Wahrheit« (1. Buch). Das Kaisertum der Karolinger schien ihm fern, fern auch noch die Salier- und Stauferherrlichkeit des »Hochmittelalters«. Es muß damit zusammenhängen, daß Goethe mit den Personen erst ab dieser Zeit »etwas anfangen konnte«, vielleicht auch, weil sich die Beziehungen zur eigenen Gegenwart leichter ziehen ließen, zur Realität der Freien Reichsstadt Frankfurt in der Mitte des 18. Jahrhunderts. Denn weiter heißt es: »Auch Karl der Vierte zog unsere Aufmerksamkeit an sich. Wir hatten schon von der Goldnen Bulle und der peinlichen Halsgerichtsordnung gehört, auch daß er den Frankfurtern ihre Anhänglichkeit an seinen edlen Gegenkaiser, Günther von Schwarzburg, nicht entgelten ließ. Maximilianen hörten wir als einen Menschen- und Bürgerfreund loben, und daß von ihm prophezeit worden, er werde der letzte Kaiser aus einem deutschen Hause sein; welches denn auch leider eingetroffen, indem nach seinem Tode die Wahl nur zwischen dem König von Spanien, Karl dem Fünften, und dem König von Frankreich, Franz dem Ersten, geschwankt habe. Bedenklich fügte man hinzu, daß nun abermals eine solche Weissagung oder vielmehr Vorbedeutung umgehe: denn es sei augenfällig, daß nur noch Platz für das Bild eines Kaisers übrig bleibe; ein Umstand, der, obgleich zufällig scheinend, die Patriotischgesinnten mit Besorgnis erfülle.«

Goethes Bemerkungen unterstreichen insgesamt die lebensweltlichen Zusammenhänge von Geschichte. Geschichte wird zwar durch Menschen gestaltet, aber sie geschieht unter verschiedenen Rahmenbedingungen, von denen Raum und Zeit besonders wichtig sind. Außerdem wird Geschehenes immer wieder unterschiedlich erinnert. Nicht nur für Goethe machen Orte Geschichte gegenwärtig, verdichten historische Erfahrungen. Deshalb fragt die Geschichtswissenschaft in jüngerer Zeit immer häufiger nach den »lieux de mémoire«, den Erinnerungsorten, die Geschichte wieder entstehen lassen, Identitäten stiften, aber auch in der Geschichtserinnerung ihrerseits wieder neue Realitäten schaffen können. Weil sich die Orte im Laufe der Zeit weiter entwickelten, weil sie mit verschiedenen Konnotationen belegt wurden, bezeugen sie nicht nur den Ablauf der Geschichte, sondern zugleich die Veränderbarkeit von Geschichte und von entsprechenden Geschichtsbildern. Manche dieser Orte, die Geschichtserinnerungen evozieren und transportieren, scheinen sich sogar für bestimmte Epochen in ganz bestimmten Räumen zu konzentrieren. Gab es mithin nicht nur Orte, sondern auch Gebiete oder Landschaften, die – je nach der Zeit – besonders in den Vordergrund traten und uns damit heute immer noch verschiedene Facetten und Epochen des Alten Reiches vermitteln – jenes Reiches, das uns wohl noch viel ferner als Goethe erscheint?

Um Orte und Räume geht es in diesem Buch. Sie wurden vor allem dadurch zu Schauplätzen und Erinnerungsorten, weil hier Personen handelten oder litten. Wo aber suchen wir diese Orte, ab wann werden die Spuren des Heiligen Römischen Reiches interessant und deutlich? Damit sind zugleich Fragen nach dem Beginn dieses Reiches sowie nach der Ausdehnung und dessen Binnenstruktur gestellt.

»Sacrum Romanum Imperium«: Heiliges Römisches Reich, diese Bezeichnung findet sich in den Quellen erstmals 1157 bzw. 1180/1184, dann seit dem 15. Jahrhundert häufig mit dem Zusatz »deutscher Nation«. Mit den Begriffen »Heilig«, »Römisch« und »Reich« hatte Goethe es noch leichter als wir. Das »Heilige« entzauberte die Säkularisation, eine universal-römische Position wurde im Zeitalter der Nationalstaaten des 19. Jahrhunderts zunehmend obsolet, und vom Reich will in Deutschland seit 1945 niemand mehr reden.

Die Bezeichnungen selbst haben aber ihre Geschichte. Erst in der Stauferzeit wurde der Begriff *Sacrum Imperium* (Heiliges Reich) verwendet. Neben *Sacrum Imperium* finden wir *Imperium Romanum* (Römisches Reich), *Sacrum Imperium Romanum* (Heiliges Römisches Reich) oder gar *Sacratissimum Imperium* (Heiligstes Reich). Die Titel variierten mithin über lange Zeit, besonders zwischen 1157 und 1263; vielleicht ist sogar der Ursprung für die häufige Verwendung in dieser Zeit im römischen Notariat zu suchen. Doch die Anfänge des Reiches lagen noch weiter zurück. Aber es gibt kein Gründungsdatum für dieses Heilige Römische Reich. Die Frage nach den Anfängen ist offensichtlich schwerer als die nach dem Ende, deshalb begeht man vielleicht paradoxerweise im Jahr 2006 das Ende dieses Reiches. Die Schwierigkeiten, ein griffiges Datum für den Beginn zu finden, liegen auch darin begründet, daß dieses Reich zum einen mit römisch-kaiserlichen Traditionen verbunden wurde, zum anderen weil es mit einer Entwicklung in Zusammenhang steht, die eher Deutschland betrifft, denn sowohl die Begriffe *Imperium* und *Regnum* können im Deutschen mit »Reich«, »Herrschaft« übersetzt werden. Eine mögliche Unterscheidung in Kaiser- und Königreich wird oft nicht beachtet, weil im Deutschen nur ein Wort für beide lateinische Begriffe zur Verfügung steht.

»Reich«, mittelhochdeutsch »rîche«, bedeutete ursprünglich Macht, Herrschaft, später auch das dieser Macht unterworfene Gebiet oder den entsprechenden Herrschaftsbereich. Die Wendung »Reich der Deutschen« (*regnum Teutonicorum*) taucht in den Großen Salzburger Annalen zur Königserhebung Arnulfs von Bayern im Jahre 919 in einer Handschrift des Klosters Admont aus der Mitte des 12. Jahrhunderts auf, aber ansonsten wurden vergleichbare Bezeichnungen vorwiegend in Italien verwendet. Durch die Briefe und Manife-

Instrument des römischen Skriniars Sabbatinus vom 14. Juni 1180.
Bibliotheca Apostolica Vaticana. Die Urkunde zeigt in den letzten Zeilen die erste belegte Formulierung vom *Sacrum Romanum Imperium* (vgl. Ausschnitt).

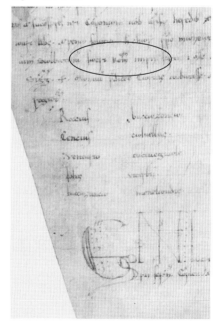

Reichskreuz, Anfang 11. Jahrhundert. Der Fuß des Kreuzes wurde 1352 in Prag neu angefertigt.
Wien, Kunsthistorisches Museum. Das Reichskreuz entspricht in seiner Vorderseite dem Typus eines Gemmenkreuzes und ist mit zahlreichen Perlen und Edelsteinen verziert. Auf der Rückseite befinden sich Reliquienbehälter, darunter diente einer für eine Kreuzreliquie. Die Inschrift nennt Konrad als Stifter.

ste des Investiturstreites seit den 70er Jahren des 11. Jahrhunderts förderte Papst Gregor VII. (1073–1085) mit der betonten Verwendung der Begriffe *Rex Teutonicorum* und *Regnum Teutonicum* die Opposition gegen Heinrich IV. und zugleich die Vorstellung eines (für Italien und das Papsttum nicht zuständigen!) nationalen deutschen Königtums. Dem stellte man im Norden unter anderem Titel wie *Romanorum rex* (König der Römer) entgegen.

Wann aber formierte sich aus dem ostfränkischen *Regnum*, das durch die Teilungen des Karolinger-Reiches seit 843 entstanden war, Deutschland? Zu dessen »Geburtsstunde« sind wiederholt Datierungsvorschläge gemacht worden: die Straßburger Eide 842 oder wenig später der Vertrag von Verdun 843, als das Karolinger-Reich in drei Teile, vor allem aber in Ost- und Westfranken geteilt wurde, sind in der Regel die frühesten Vorschläge. Weitere Abgrenzungen nach dem weitgehenden Verschwinden des Mittelreiches 869/870 im Vertrag von Meersen, später in Ribémont 880 gegenüber dem Westen, deuteten schon in dieser Zeit auf die »Westgrenze« des späteren Reiches. Auch der Herrschaftsbeginn eines Nichtkarolingers im Jahre 911, der dieses ostfränkische Reich erstmals regierte, Konrads I. (911–918), oder das Königtum Heinrichs I. aus dem sächsisch-ottonischen Haus ab 919, galten lange als Geburtsstunde Deutschlands, und eine Vielzahl von Vorschlägen und Begründungen ließe sich aus der Literatur des 19. und 20. Jahrhunderts anfügen. Dennoch entsprach diesen Daten kaum ein Eigenbewußtsein, so daß die »Nationes«-Forschungen in den vergangenen Jahrzehnten alle konkreten Zeitangaben stark in Frage gestellt haben. Vielmehr seien Deutschland und Frankreich in einem langsamen Prozeß entstanden, der erst im 11. Jahrhundert zu einem gewissen Abschluß gekommen sei.

Der spätere Reichstitel *Sacrum (Romanum) Imperium* bezog sich aber explizit auf die römischen Traditionen. Das Kaisertum wurde seit der Spätantike und dem Untergang des weströmischen Reiches nur noch in Konstantinopel fortgeführt. Der oströmische Kaiser beanspruchte Herrschaftsrechte im Westen, vor allem in Italien (besonders in Ravenna, Rom und Süditalien). Als sich Rom und die Päpste im 8. Jahrhundert auch durch die langobardische Bedrohung zunehmend zu den Franken hin orientierten, schien auch für die neue Schutzmacht des Papstes der Kaisertitel angemessen. Vor diesem Hintergrund war die Kaiserkrönung Karls des Großen 800 ein einschneidendes Ereignis. Nun schien das *Imperium* von Ostrom auf die Franken übergegangen zu sein, obwohl man dies in Byzanz anders sah, und eine solche Übertragung (*Translatio Imperii*) erst viel später im Westen explizit formuliert wurde. Hinter dem Titel stand aber die feste Vorstellung, das Römische Reich sei niemals untergegangen. Nachdem die Päpste die Vergabe des Kaisertums weitgehend an sich ziehen konnten, blieb dieses jedoch nicht auf einen der Herrscher Ostfrankens, Westfrankens oder Italiens festgelegt, sondern die Auszeichnung wechselte, bis sie seit 962 mit der Kaiserkrönung Ottos I. des Großen als römisches Kaisertum trotz einiger konkurrierender Versuche weitgehend dem König von Ostfranken-Deutschland vorbehalten blieb.

Otto I. baute jedoch auf Traditionen auf, die durch die Kaiserkrönung Karls des Großen grundgelegt waren. Deshalb wäre es verkürzt, wollte man ausschließlich das für das Heilige Römische Reich wichtige Jahr 962 als Anfangsdatum heranziehen. Seit 800 waren die Weichen für ein *Imperium* im Westen gestellt, und seit 843 auch die Weichen für die Entstehung eines ostfränkisch-deutschen *Regnum*s. Mit Rom und Aachen waren zugleich seit Karl dem Großen die Orte hervorgehoben, die zu den wichtigsten Schauplätzen des künftigen mittelalterlichen Reiches werden sollten, so daß die Darstellung zumindest hier beginnen sollte, wenn auch gestritten werden darf, ob damit schon im strengen Sinne eine dann tausendjährige Reichsgeschichte begann.

Somit ist die Person, die durch die Niederlegung der Kaiserkrone des Heiligen Römischen Reiches am 6. August 1806 das Ende dieses Reiches besiegelte, Kaiser Franz II., ebenso wie das Ende des Reiches sicher zu benennen, nicht aber die Person, mit der alles anfing. Da Kaiser Franz II. mit diesem Akt das Heilige Römische Reich für beendet erklärte, damit nicht etwa ein anderer aus dem Westen sich an seine Spitze setzen könne, war das Reich ein Gebilde geworden, das inzwischen unabhängig von der Person zumindest aus einer gewissen Anzahl von Institutionen bestand, vor allem aus dem Reichstag, dem Reichskammergericht, auch den Reichskreisen, und das an rechtliche Bestimmungen und Verfahrensweisen gebunden war, wenn auch seine Verfassung insgesamt schwächer ausgeprägt war als in manchen der benachbarten Staaten. Wie stark aber das *imperium* auf Personen oder auf Gebiete und Institutionen bezogen wurde, hat die Geschichte dieses Reiches maßgeblich geprägt, wie die Bemerkungen zum Reichsbegriff schon verdeutlicht haben.

Der Reichsapfel, Ende 12., Anfang 13. Jahrhundert.
Wien, Kunsthistorisches Museum. Der Reichsapfel besteht in seinem Globus aus einer mit Goldblech umkleideten Harzkugel. Ob er für Heinrich VI. oder Otto IV. gefertigt wurde, ist unsicher.

Dies wirkt sich auch auf die Dokumentation und Darstellung dieser »tausendjährigen« Geschichte aus, denn in den ersten Jahrhunderten müssen aus sachlichen Gründen die verschiedenen Herrscher stärker im Vordergrund stehen, zumal sie verschiedene Gebiete dieses Reiches immer wieder unterschiedlich geprägt haben, wie die Überschriften der ersten Kapitel verdeutlichen: Dazu gehörten das Rhein-Maas-Gebiet ebenso wie später Sachsen, Schwaben, Böhmen oder Österreich, um nur einige wichtige Räume zu nennen. Neben diesen Prägungen kam es erst nach und nach – gerade in der Auseinandersetzung und unter Rezeption antiken und kirchenrechtlichen Rechtsverständnisses – zu Vorstellungen von transpersonaler Herrschaft, zur Konzeption eines Reiches als einem unabhängigen Gebilde, zu Überlegungen, wie beispielsweise in der Zeit zwischen Tod eines Kaisers und Erhebung eines neuen Königs oder Kaisers die Funktionsweise dieses Reiches sichergestellt werden könne. Die wichtigsten Ergebnisse dieser Institutionalisierung, die verstärkt ab dem 12. Jahrhundert greifbar wird, waren für das Reich vor allem die Goldene Bulle Kaiser Karls IV. (1356) mit wichtigen Bestimmungen zu Wahl, Vakanz und Rechten der herausgehobenen Kurfürsten, sowie insbesondere weitere Festlegungen im 15. Jahrhundert zu Reichstag und Reichskammergericht.

Die Entstehungszeit der **Reichskrone** ist umstritten, wird aber inzwischen meistens in die Zeit Konrads II. oder Konrads III. gelegt. Wien, Kunsthistorisches Museum. Die Reichskrone in der Vorderansicht mit Stirnplatte. Der herzförmige Saphir erinnert an den „Stein der Weisen". Auf den verschiedenen Seitenplatten sind Darstellungen mit verschiedenen Schriftzügen zu sehen, hier vorne links *per me reges regnant* (durch mich herrschen Könige) (vgl. Farbabb. 10).

Viele dieser verfassungsgeschichtlichen Entwicklungen entstanden aus konkretem Anlaß, in Krisensituationen und schufen damit den Rahmen, der dann – sich bei grundsätzlicher Offenheit mehr und mehr ab 1495 verfestigend – Orientierung und Handlungsstrukturen im Reich der Frühen Neuzeit bestimmte. Die Tatsache, daß die Epoche des Mittelalters eher den Weg zu dieser Struktur, die Frühe Neuzeit eher die Funktionsweisen erkennen läßt, hat zugleich die Art und Weise der vorliegenden Darstellung beeinflußt, denn die Kapitel zur mittelalterlichen Phase müssen stärker Personen und Entscheidungssituationen dieses Reiches thematisieren, während sich die Kapitel zur Frühen Neuzeit viel mehr auf strukturelle und verfassungs- und politikgeschichtliche Tendenzen konzentrieren können. Auch deshalb werden für die Geschichte bis ins 15. Jahrhundert mehr Stammtafeln benötigt.

Wenn es aber in diesem Buch nicht nur um Zeiten, sondern vor allem um Orte und Räume geht, so sind einleitend einige geographische Faktoren in den Blick zu rücken. Seit 1032 bestand das Römische Reich für lange Zeit aus drei

Die Heilige Lanze, 926 vom burgundischen Herrscher an König Heinrich I. übergeben.

Wien, Kunsthistorisches Museum. Man erkennt deutlich den ausgestemmten Spalt für den „Nagel aus dem Kreuz Christi", hiervon ließ Karl IV. das untere Drittel entfernen. Von ihm stammt auch die sichtbare goldene Manschette, auf der folgende Inschrift zu lesen ist: *Lancea et clavus domini* (Lanze und Nagel des Herrn). Im rechten Bildteil das Zepter mit sechs stilisierten Eichenblättern.

Reichsschwert. Entstehung in Westdeutschland im letzten Viertel des 11. Jahrhunderts bzw. um 1200.

Wien, Kunsthistorisches Museum. Das Reichs- oder Mauritiusschwert ließ Otto IV. mit einem weiteren Knauf verzieren. Im oberen Teil ist das Wappen des Herrschers erkennbar. Die Scheide besteht aus Olivenholz, das mit Goldblechplatten verkleidet wurde. Hier sind 14 Herrscher von Karl dem Großen bis zu Heinrich III. dargestellt.

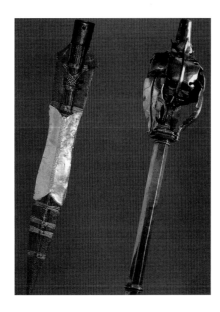

Krönungshandschuh, 1220.

Wien, Kunsthistorisches Museum. Der aus Seide gearbeitete Krönungshandschuh mit Goldstickerei, Perlen und Edelsteinen wurde für die Krönung Friedrichs II. in Palermo 1220 hergestellt.

Teilreiche: Italien, Burgund und Deutschland. Durch die Wahl und Krönung wurde der König unmittelbarer Herrscher des deutschen Reichsteils. Ob es für die anderen Teile eigener Krönungen bedurfte oder welche Bedeutung das Kaisertum für die Herrschaft in Italien besaß, war umstritten. Die Aufgabe von Reichsrechten in Italien begann im 13. Jahrhundert; auch Burgund entwuchs spätestens seit dem 14. Jahrhundert dem Einfluß des Reiches.

Aber suggerieren die Karten unserer Geschichtsatlanten nicht ein falsches Bild, wenn sie das Reich wie einen modernen Flächenstaat abbilden? Dies beklagte zur Mitte des 20. Jahrhunderts vor allem der Mittelalterhistoriker Theodor Mayer. Die daraus folgende Formel vom sogenannten »Personenverbandstaat« behält sicher eine gewisse Berechtigung, obwohl sie vor allem dazu diente, die Unterschiede zwischen mittelalterlicher (auch frühneuzeitlicher) und moderner Staatlichkeit hervorzuheben. Dennoch verfügte ein solcher Personenverbandstaat auch über Institutionen, die sich auf die Fläche bezogen. Jedoch sollte im Auge behalten werden, daß Herrschaft über Personen die Grenzen vielfach überschreiten konnte.

Die drei genannten *regna* – Italien, Burgund und Deutschland – hatten zudem unterschiedlichen Anteil an Prägungen durch die Antike. Dort, wo antike Strukturen weiter vorherrschten oder anverwandelt wurden, dominierten auch stärker flächenbezogene Institutionen. Die vergleichenden Forschungen zu Staatlichkeit, Verfassung und Institutionalisierung zeigen im Zusammenhang der europäischen Geschichte, wie sehr Entwicklungsvorsprünge durch eine Romanisierung begründet sein konnten. Denkt man an den deutschen Raum, so besaßen die Gebiete westlich des Rheines und südlich der Donau solche Vorprägungen, die erst im Laufe der Jahrhunderte durch Ausgleichs- und Anpassungsprozesse verändert wurden, bis sie sich zuweilen im späten Mittelalter und in der Frühen Neuzeit sogar umkehren konnten. Grundsätzlich ergab dies jedoch zunächst ein West-Ost- und ein Süd-Nord-Gefälle. Peter Moraw hat zur Charakterisierung dieses Grundbefundes die Formel von einem Älteren und Jüngeren Europa geprägt, denen das Reich in ganz unterschiedlicher Weise je nach Epochen und Gesichtspunkten zugehören konnte.

Da der König nicht in allen Regna und in allen Regionen des Reiches schon aufgrund der eingeschränkten Möglichkeiten von Kommunikation und Trans-

Regensburg, Reichssaal, Baldachin mit Reichsadler.
Unter dem Baldachin führte der Prinzipalkommissar die Geschäfte des Kaisers auf dem Immerwährenden Reichstag.

port gleichermaßen präsent sein konnte, spricht man im Anschluß an Peter Moraw von »königsnahen«, »königsfernen« und »königsoffenen« Regionen, die aber ebenso während der Herrschaftszeit der unterschiedlichen Dynastien, ja auch der einzelnen Könige variieren konnten, denn es gab keine Hauptstadt. Dies führte dazu, daß manche Schauplätze des Reiches heute nur vermeintlich an der Peripherie liegen. Aber schon die Zeitgenossen empfanden gewisse Gegenden als »königsfern«, gleichsam außerhalb des Reiches liegend, denn sonst hätten die Kurfürsten im 15. Jahrhundert Kaiser Friedrich III. (1440–1493) kaum auffordern können, er solle (von Österreich) »ins Reich« kommen; gemeint war das, was zuweilen auch als »Binnenreich« bezeichnet wird. Nicht nur die Grablegen der Herrscher können andeuten, wie sehr auch die wichtigen Orte immer wieder wechselten.

Die innere räumliche Struktur des Reiches basierte jedoch zunächst noch kaum auf den Vorgaben des Königtums, sondern Adelige und Kirche prägten den Raum ebenso. Neben den Herzogtümern, deren Stammesbezogenheit zunehmend in Frage gestellt wird, hatten die Karolinger die Grafschaften gestärkt, jedoch gab es weiterhin die natürlichen Siedlungslandschaften, die durch Flußläufe und Gebirge bestimmt waren, außerdem die Dorfmarken, Talschaften, Wald- und Markgenossenschaften oder die Grundherrschaftsverbände. Auch die kirchliche Gliederung in Kirchenprovinzen, Diözesen, Pfarreien prägte den Raum ebenso wie die Klosterimmunitäten und später die Städte. Damit gab es eine Vielzahl von raumgliedernden Elementen, die sich häufig überlagerten und deren Gewicht jeweils variieren konnte.

Die Kommunikation innerhalb dieses Reiches war eingeschränkt. Der König versuchte, durch persönliche Präsenz an den wichtigsten Orten seine Herrschaft zur Anschauung zu bringen. Dazu nutzte er ebenso wie andere mobile Personengruppen die Verkehrswege. Welches waren neben den zahlreichen kleinen Wegen von Ort zu Ort, von Nachbarschaft zu Nachbarschaft, die wichtigsten Kommunikationsachsen und Reisewege im Reich? Ihr Verlauf konnte auch darüber entscheiden, was zu einem Schauplatz der Reichsgeschichte wurde. Der Rhein verband das Bodenseegebiet mit dem niederrheinisch-lothringischen Raum und berührte wichtige alte Bischofsstädte, die Traditionen des antiken

Römischen Reiches vermittelten und fortentwickelten. Durch die Burgundische Pforte führte dieser Weg nach Burgund zum Knotenpunkt Chalon-sur-Saône, wo die Rhône als weitere Achse diente. Beide Flußsysteme verbanden so das Mittelmeer mit dem Nord- und Ostseeraum. Weiter nach Westen führte eine Straße ins Pariser Becken und zugleich zu den im 12./13. Jahrhundert wichtigen Orten der Champagne-Messen.

Das Rhein-Main-Gebiet war ein weiterer, fast natürlicher Knotenpunkt mit der alten Metropole Mainz sowie der Furt- und Pfalzstadt Frankfurt. Über den Main, aber auch über Straßen gelangte man von Worms oder Frankfurt nach Franken, Schwaben oder Bayern mit den wichtigen Zentren Nürnberg, Ulm, Augsburg oder Regensburg, wo der Weg nach Süden oder Osten fortgesetzt werden konnte. Von Worms aus konnte man ebenso über Saarbrücken und Metz das Pariser Becken erreichen. Nach Norden war die Hohe Straße berühmt. Von Mainz aus führte sie über Fulda und bei Eisenach durch die Thüringer Pforte nach Erfurt, weiter dann nach Naumburg, Breslau, Krakau und Kiew mit Abzweigen nach Böhmen oder in das östliche Sachsen.

Nachdem im 10. Jahrhundert Magdeburg an Bedeutung gewonnen hatte, war dieser östliche Ort durch den Hellweg über das heutige Ruhrgebiet mit dem Rheinland verbunden. Diese Straße stellte vom 9. bis 11. Jahrhundert, aber auch noch darüber hinaus, eine wichtige Verbindung in west-östlicher Richtung dar. Wichtige Straßen nutzten häufig die Flußtäler: Elbe, Oder und Weichsel gewannen als Wasserwege langsam an Bedeutung, und wichtig war seit dem frühen Mittelalter neben dem Rhein die Donau, die über die Wiener Pforte in den südosteuropäischen Raum führte.

Nach Italien konnte man mit dem Schiff nur über die Rhône gelangen, ansonsten waren beschwerliche Alpenüberquerungen nötig. Meist folgte man den antiken Routen; der San Bernardino wurde im frühen Mittelalter erschlossen, der Gotthard-Paß erlangte ab dem 13. Jahrhundert Bedeutung. Neben den vom Bodensee erreichbaren sogenannten »Bündner Pässen« verbanden der Mont-Cenis und andere Westalpen-Pässe den burgundischen Raum mit Italien. Für Alpenüberquerungen wichtig wurden schließlich die nicht sehr hohen Pässe vom Inntal nach Süden über den Reschen oder den Brenner, die man am häufigsten von Augsburg aus erreichte. Die Wege durch die Ostalpen nach Süden waren in der Regel länger als die im Westen; hier wurde Kärnten zu einem wichtigen Grenzraum. Wenn auch alle Wege nach Rom führen sollen, so gewann im hohen Mittelalter eine Strecke, die sogenannte Frankenstraße (*via francigena*) von Pavia nach Rom an Bedeutung, die sie bis in die Frühe Neuzeit behielt.

Da die Landwege beschwerlich waren, nutzten Reisende oft die Flußschiffahrt. Die großen Verkehrswege standen unter königlichem Schutz, dafür konnten Zölle, Brückengelder oder Geleitgebühren gefordert werden. Die Geleitrechte gehörten gleichzeitig zu den königlichen Hoheitsrechten, die später auf andere Hoheitsträger (Fürsten, Bischöfe und andere) übergingen.

Der Blick auf die großen Straßen führt notgedrungen über die Grenzen des Reiches hinaus. Wo lagen diese Grenzen aber? Im Grunde umfaßte das Reich schon im frühen Mittelalter riesige Räume, selbst wenn Burgund und Italien hier ausgeklammert werden. Die Westgrenze des Reiches war im wesentlichen im Vertrag von Verdun 843 festgeschrieben worden; sie war zunächst eine dynastische Teilungsgrenze, die sich vor allem an den karolingischen Grafschaften orientierte. Naturräumliche Aspekte oder Fragen der Sprachzugehörigkeit spielten

Karte mit Wegen aus mittelalterlicher und frühneuzeitlicher Zeit.

keine erkennbare Rolle. Diese Grundlinie reichte von Antwerpen, Gent über Cambrai bis etwas nördlich von Langres und erreichte dann seit 880 bei Basel den Rhein. Erst unter dem französischen König Ludwig XIV. veränderte sich im 17. Jahrhundert der Grenzverlauf. Im Norden war das Reich von der Scheldemündung bis zur Eider durch die Nordsee begrenzt. Die Ostgrenze begann im früheren Mittelalter an der Kieler Bucht, verlief nach Süden bis zur Elbe bei Lauenburg. Nach Süden folgte sie lange dem Verlauf von Elbe und Saale bis ins Fichtelgebirge. Hier schlossen sich Böhmerwald und Bayerischer Wald als Begrenzung nach Böhmen hin an, die aber lange eher einen Grenzsaum als eine klare Linie bildeten. Außerdem war das Herzogtum Böhmen schon seit dem 9. Jahrhundert lehnsabhängig und ein – wenn auch weitgehend unabhängiger – Teil des Reiches, so daß die Grenze nach Böhmen genau genommen eine Binnengrenze war. Südlich des Böhmerwaldes folgte die Ostgrenze der Donau und nach südlicher Orientierung erreichte sie dann Istrien und die Adria beim heutigen Rijeka. Zwischenzeitlich – zur Zeit der Ungarn-Bedrohungen – war aber sogar die Enns wiederum zum Grenzfluß geworden. Stärker als im Westen entsprach die Grenze im Osten etwa der Scheidung zwischen den Wohnsitzen der germanisch-deutschen Völker und der Slawen, ohne daß aber von eindeutig ethnisch besiedelten Räumen gesprochen werden darf. Die Ostgrenze des Reiches erfuhr sicher im Laufe der Zeit die größten Veränderungen, besonders seit der

Ostsiedlung im 12./13. Jahrhundert. Im Süden lief die Grenze von Grado/Triest nach Norden, bog von den Julischen Alpen nach Westen ab, durch die Dolomiten in den Vintschgau, und erreichte dann über das Engadin das Aaretal und schließlich Basel. Für die südliche Grenzlinie spielten Völker und Sprache kaum eine Rolle.

Die Grenzen, die hier nur für den deutschen Reichsteil, nicht für Burgund und Italien vorgestellt wurden, blieben lange stabil und änderten sich vor allem im Osten. Sie verschoben sich aber auch an anderen Stellen, so daß die Schauplätze der deutschen Geschichte auch immer die sich verändernden Grenzen andeuten. So dürften Schauplätze der Reichsgeschichte auch vielfach in den weiteren Reichen Italien und Burgund, aber auch an den Grenzen gesucht werden. Ist es Zufall, daß die Goldene Bulle, die das vornehmste Reichsgrundgesetz des Heiligen Römischen Reiches der Frühen Neuzeit war, 1356 nicht nur in Nürnberg sondern auch in Metz – an der westlichen Grenze des Reiches – verkündet wurde?

Die Kenntnis der hier nur kurz skizzierten Rahmenbedingungen hilft, die im folgenden vorgestellten Schauplätze besser einzuordnen. Neben den Rahmenbedingungen ist es zudem aber nötig, einige historische Begebenheiten darzulegen, ihre räumlichen Konsequenzen anzudeuten und Zusammenhänge herzustellen, damit die für Goethe noch selbstredenden Bauwerke, Orte und Räume auch den heutigen interessierten Zeitgenossen noch etwas zu sagen haben, denn manche Erinnerungsorte an das Alte Reich hat die romantische Verklärung des 19. Jahrhunderts sehr verfremdet und national aufgeladen. Viele dieser Orte drückten in dieser Zeit eher die Sehnsucht nach einem neuen Reich aus als die Erinnerung an ein tatsächlich bestehendes, so der berühmte Kyffhäuser. Wie die mittelalterlichen Kaiser im Kyffhäuser auf ein neues Reich warteten, hat 1817 Friedrich Rückert als Gedicht festgehalten und damit die Hoffnungen vieler Zeitgenossen in Reime gebracht:

> Der alte Barbarossa
> Der Kaiser Friederich,
> im unterirdschen Schlosse
> hält er verzaubert sich.
>
> Er ist niemals gestorben
> Er lebt darin noch jetzt:
> Er hat im Schoß verborgen
> Zum Schlaf sich hingesetzt.
>
> Er hat hinabgenommen,
> Des Reiches Herrlichkeit
> Und wird einst wiederkommen
> Mit ihr, zu seiner Zeit.

DIE KAROLINGER

Von Aachen nach Forchheim

Mit den Orten Aachen und Forchheim wird vor allem an Karl den Großen (768–814) sowie an die Erhebung des letzten ostfränkischen Karolingers, Ludwig IV., das Kind (900–911), erinnert. Die karolingische Zeit erschließt die Vorgeschichte des Reiches in zweifacher Hinsicht: Außer der Entwicklung eines ostfränkisch-deutschen *Regnum* wurde Karl auch zum ersten Kaiser im Westen erhoben. Neben Aachen trat damit Rom noch stärker ins Bewußtsein. Dort war jahrhundertelang das Zentrum des Reiches gewesen. Konnte aber Aachen zu einem zweiten Rom werden, nachdem Karl der Große in Rom 800 zum Kaiser gekrönt worden war?

Das Kaisertum Karls des Großen – der Beginn eines neuen Reiches?

Die Stimmen des 19. und beginnenden 20. Jahrhunderts waren noch mutiger, um die Anfänge des Heiligen Römischen Reiches oder der deutschen Geschichte konkret zu benennen. Die neueren Diskussionen um die Anfänge kreisten jedoch vor allem um die Bezeichnung »deutsch«, weniger um das »Römische Reich«. In vielen Herrschaftsbildungen der »Völkerwanderungszeit« dominierte nämlich das Bewußtsein, Rom und römische Traditionen fortzusetzen. Dies gilt für das Ostgotenreich unter Theoderich ebenso wie für das Westgotenreich oder für die Merowinger, die an provinzialrömische Traditionen der *Gallia* anknüpften. Entsprechend dienten wichtige alte Zentren der römischen Verwaltung als zentrale Orte merowingischer Herrschaft.

Demgegenüber dürfte Aachen, besonders nach der Erhebung Karls des Großen zum römischen Kaiser, eine neue Qualität dokumentieren. Als 751 die Karolinger wohl mit päpstlicher Legitimation auch die Königswürde übernahmen, führte Pippin der Jüngere (751–768) als der erste karolingische König zunächst bisherige Traditionen fort (Königserhebung in Soissons). Beim Treffen mit Papst Stephan II. (752–757) standen Orte in der westlichen Francia im Vordergrund: Erinnert sei an das Schutzversprechen in Quierzy und die erneute Salbung in Saint-Denis (754). Die hier gemachte Pippinische Schenkung, die an Vorstellungen anknüpfte, welche das gefälschte *Constitutum Constantini* (Konstantinische Schenkung) in anderer Form bald weit verbreiten sollte, gestand dem Papst Land und Rechte in Mittelitalien zu und verstärkte damit den Zusammenhalt von Frankenreich und Papsttum. Die zunehmend intensiveren Beziehungen zwischen Rom und dem fränkischen Karolingerreich durch Verträge, durch die Eroberung des Langobardenreiches sowie durch Salbungen und Taufpatenschaften führten schließlich – nachdem der von einer Gegenparteiung in Rom vertriebene Papst Leo III. (795–816) in Paderborn empfangen und später in Rom rehabilitiert worden war – zur Kaiserkrönung Karls des Großen am Weihnachtstag 800 in Rom.

Saint-Denis, Rekonstruktion des Zustandes um das Jahr 1000.
Zeichnung Jean-Lous Rebière. Saint-Denis erlangte als Grabesort des Heiligen Dionysius schon in merowingischer Zeit große Bedeutung und blieb lange Zeit ein wichtiger Ort auch des karolingischen Frankenreiches. Gerade die ersten Herrscher aus dem karolingischen Haus hielten sich noch mehrfach in Saint-Denis auf – hier salbte Papst Stephan II. 754 König Pippin –, bis der Ort zunehmend von anderen Zentren, insbesondere von Aachen abgelöst wurde.

Was bedeuteten Paderborn und Rom für diese Grundlegung eines nun westlichen Kaisertums, das lange Zeit von den oströmischen Kaisern nicht oder nur widerwillig akzeptiert wurde? Papst Leo III. hatte unter den einflußreichen römischen Familien Gegner, die er weder neutralisieren noch für sich gewinnen konnte. Als er am 25. April 799 bei einer Prozession überfallen wurde, kam er nur mit knapper Not davon, wurde unter anderem von den fränkischen Boten (*missi*) in Rom gerettet und später ins Frankenreich gebracht. Wenn Karl der Große Papst Leo III. in Paderborn empfing, so dokumentierte der Ort an der Paderquelle eindrücklich, wie sehr Karl als Missionar und Krieger während der sogenannten Sachsenkriege auch die Botschaft des Evangeliums in der Art seiner Zeit nach Osten getragen hatte. Hier lag das Zentrum der karolingischen Sachsenmission – entsprechend diente Paderborn auch zwischen 777 und 804

Paderborn, Pfalz, Fundamente der karolingischen Aula von Westen her.
Paderborn wurde nach der Sachsenmission Karls des Großen ein wichtiger Ort, der zeitweise sogar als Karlsburg (*urbs Karoli*) bezeichnet wurde. Wichtig geworden ist er vor allen Dingen durch das berühmte Treffen zwischen Papst Leo III. und Karl dem Großen im Vorfeld der Kaiserkrönung Karls des Großen im Jahre 799.

Rom, Alt-Sankt Peter.
Rekonstruktionsversuch der Außenansicht der alten Petersbasilika, in der 800 die Kaiserkrönung Karls des Großen und vieler späterer Herrscher stattfand. Erst in der Renaissance wurde die Kirche durch den heute noch bestehenden Petersdom ersetzt.

Rom, Lateranpalast, Trikliniumsmosaik in einer Kopie von 1743.
Das auf Papst Leo III. zurückgehende Trikliniumsmosaik macht die Position von geistlicher und weltlicher Gewalt deutlich, wie vor allen Dingen die Bilddarstellungen in den beiden Außenpositionen erkennen lassen.

achtmal als Platz für Reichsversammlungen oder Synoden. Der Ort war zugleich mit dem Herrscher selbst verbunden, denn die Pfalz trug zunächst seinen Namen: *Urbs Karoli*. Erst später wurde diese Bezeichnung »Karlsburg« zugunsten des altsächsischen *Patrisbrunna* aufgegeben. Nachdem die Pfalzburg 794 erneut zerstört worden war, folgte dem Aufbau mit einer Basilika auch die Errichtung eines Bistums.

Als Karl wenig später 800 in Rom zum römischen Kaiser erhoben wurde, bedeutete dies konkret, daß die Würde des antiken Römischen Reiches nun auf die Karolinger übergegangen war. Von daher erhielt die erst später explizit formulierte Idee der *Translatio Imperii* ihren Sinn, daß die Herrschaft (das *Imperium*) den Franken übertragen worden sei. Rom wurde aber nun teilweise auch durch die neuen Kaiser des Westens geprägt. Dies zeigt schon das Zeremoniell. Empfing man den *Patricius Romanorum*, den Schutzherrn der römischen Kirche, indem man ihn wie den Exarchen eine Meile vor den Toren der Stadt einholte (so 774), so kam man einem Kaiser oder künftigen Kaiser nun sogar zwölf oder vierzehn Meilen entgegen.

Das römische Kaisertum war eine sakral legitimierte Würde, deren Vergabe über lange Zeit dem Papst vorbehalten blieb, obwohl andere Konzeptionen zeitweise hiermit konkurrierten. So erhob Karl zum Beispiel seinen Sohn Ludwig den Frommen (814–840) schon 813 nach oströmisch-byzantinischen Traditionen zum Mitkaiser, und ähnlich handelte dieser 817, als er seinen Sohn Lothar I. im Rahmen seiner Nachfolgeordnung zum Mitkaiser krönte. Doch langfristig, besonders seit 875, konnte der Papst bis ins späte Mittelalter das Erhebungsrecht an sich ziehen.

Ein römischer Imperator, der sich nicht ständig in Rom aufhielt, mußte aber auch andernorts deutlich machen, in welchen Traditionen er sich selbst sah. Nach der Kaiserkrönung suchte Karl nicht nur einen Ausgleich mit Byzanz, der schließlich erst 813 erfolgte, sondern er hielt sich auch zunehmend, besonders in den Wintermonaten, bei den warmen Quellen in Aachen auf. Dieser Ort wurde in der Folge für die Geschichte des Reiches zu einem zentralen Schauplatz: Künftige Königserhebungen fanden vielfach hier statt, die unter anderem in der Inthronisierung auf dem Thron Karls des Großen gipfelten. Ob die Pfalz

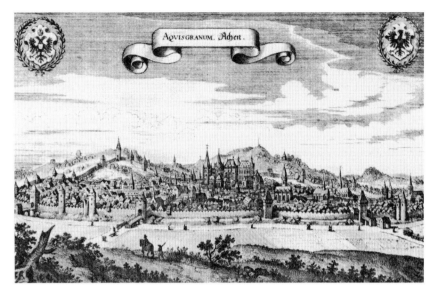

Aachen, Stadtansicht.
Kupferstich von Matthäus Merian d. Ä., 1640. Die Stadtansicht läßt deutlich den Bereich von Marienkirche und Pfalzkapelle im Zentrum erkennen. An diesem Ort, der manchen sogar als Rom des Nordens galt und den vor allem Karl der Große zu einem bedeutenden Sitz gerade zu Ende seiner Herrschaft gemacht hatte, fanden während des Mittelalters die meisten Krönungen der römisch-deutschen Könige statt.

in Aachen (Farbabb. 1) selbst – wie teilweise vermutet wurde – nach römischen Vorbildern gestaltet wurde, ist unsicher. Jedoch wurden einzelne Spolien aus Rom für den Bau der Pfalz, der Pfalzkapelle und der Marienkirche verwendet. Bekannt ist der römische Pinienzapfen, der wie in Rom einen Brunnen im Atrium bekrönte. Aachen lag im zentralen Raum zwischen Maas und Rhein und ist seit der Überwinterung Pippins 765/66 als Pfalzort bezeugt. Wahrscheinlich ist es den heißen Quellen zu verdanken, daß Aachen zunehmend zur Winterpfalz wurde.

Rom und römische Kirchen wurden auch für weitere Orte und für sakrale Bauwerke in der karolingischen Zeit prägend: Mehrfach wurde nun nach »römischer Art« gebaut, so in Fulda, dem wichtigen karolingischen Reichskloster. Römische Traditionen werteten Bistümer und Klöster in den neu missionierten Gebieten auf, erinnert sei an die Reliquientranslationen im 9. Jahrhundert von Rom nach Essen, nach Gandersheim, nach Wildeshausen oder nach Salzburg.

Wichtige Orte der Herrschaft waren aber neben einigen Klöstern und Bischofssitzen, zu denen vor allem die drei rheinischen Erzbistümer Köln, Mainz und Trier gehörten, auch die Pfalzen. Diese befestigten Orte dienten den Herrschern unter anderem während ihrer Reisen durch das Reich als Quartiere. Zwar blieb das frühmittelalterliche Königtum vornehmlich eine Herrschaft über Leute, zugleich lassen jedoch Pfalzen und weitere Stützpunkte konkret die schon genannten königsfernen und königsnahen Landschaften erkennen. Neben den Pfalzen sind die Klöster zu erwähnen, die schon die Merowingerkönige teilweise aus eigenen Mitteln errichtet hatten. Karl der Große und sein Nachfolger Ludwig der Fromme banden zahlreiche Klöster durch die Verleihung von Immunität und Königsschutz eng an Herrscher und das Reich, so daß die wichtigsten monastischen Einrichtungen entsprechend der Rechtsbeziehungen zum Kaiser als Reichsklöster bezeichnet werden. Wichtig wurden diese Orte auch als Zentren von Bildung, Schule und Schreibkunst, außerdem für die materielle Versorgung des Hofes sowie als Keimzellen für eine Reformpolitik des Mönchtums selbst. Zu den wichtigsten dieser Klöster im Ostteil des Reiches Karls des Großen gehörten Fulda, Lorsch, Mittelzell auf der Reichenau und Sankt Gallen.

In den Klöstern wurden nicht nur lateinische Werke tradiert, sondern auch volkssprachliche: So wurde im Kloster Fulda die Evangelienharmonie des

Aachen, Dom, Pinienzapfen: antik-römisch mit ottonischem Fuß oder karolingisch mit ottonischem Fuß oder ottonisch.
Der Pinienzapfen, über dessen Entstehungszeit keine Einigkeit besteht, wird in der Regel als Zeichen für das Neue Rom in Aachen interpretiert. Wie sein Vorbild in St. Peter in Rom diente er zum Schmuck für einen Brunnen im Atrium der Pfalzkapelle.

Die karolingischen Pfalzen im westlichen Frankenreich (751–877).

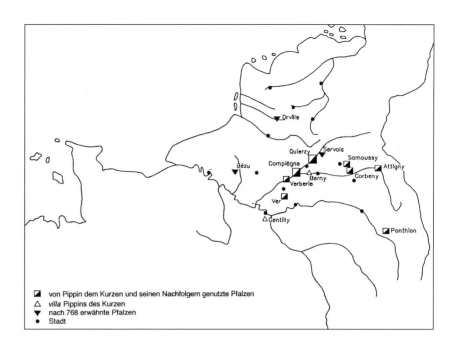

»Tatian« in die Volkssprache übersetzt; auf dieser Grundlage entstand wenig später der sogenannte »Heliand«, der in ca. 6000 Stabreimen das Leben Jesu darstellte, wozu Ludwig der Deutsche (843–876) wohl den Auftrag erteilte. Diese Werke sind allerdings noch nicht die frühesten Zeugen einer »deutschen« Literatur: Der »Tatian« war ähnlich wie das Evangelienbuch Otfrids von Weißenburg (9. Jahrhundert) in fränkischer, der Heliand in altsächsischer Sprache verfaßt.

»Lügenfeld«, Straßburger Eide (842) und Vertrag von Verdun (842) – von der Reichseinheit zum Ostfränkischen Teilreich

Fulda, Rotunde der Michaelskirche.
Erbaut um 820. Die Gründung des Klosters Fulda 744 unter Einfluß des Bonifatius entwickelte sich gerade in karolingischer Zeit zu einem bedeutenden kulturellen Zentrum des Reiches.

Das Reich Karls des Großen und Ludwigs des Frommen war aber in der Ausdehnung größer, oder besser: in der Ausdehnung anders geschnitten als das, was später als das *Sacrum Imperium* bezeichnet werden sollte. Nachdem aufgrund diverser Todesfälle das traditionelle Teilungsprinzip nicht angewendet und schließlich Ludwig der Fromme 814 zum Gesamterben der Herrschaft wurde, erstarkten Stimmen gerade unter den wichtigen Bischöfen und Äbten des Reiches, die Einheit des Reiches längerfristig zu erhalten. Der wichtigste verfassungsrechtliche Ausdruck dieses Einheitsgedankens findet sich in der sogenannten *Ordinatio Imperii* (817), die eine kaiserliche Herrschaft des ältesten Sohnes Ludwigs I., Lothar I., vorsah; die jüngeren Söhne Pippin und Ludwig (der Deutsche) sollten Unterkönige in Aquitanien und Bayern werden. Die Ausgangslage änderte sich jedoch, als Ludwig 829 dem von seiner zweiten Gemahlin Judith geborenen Karl (dem Kahlen) ein neu gebildetes Gebiet mit Alemannien, Rätien und Elsaß zubilligte.

Mit der anschließenden Empörung der älteren Söhne gegen den Vater begann ein langanhaltender Machtkampf, der über zehn Jahre andauerte und die Reichseinheit schwächte. Auf dem »Rot-« oder »Lügenfeld« bei Colmar spitzten sich die dramatischen Ereignisse 833 zu. Dort ging das Heer Ludwigs des Frommen zu seinen Söhnen über, der alte Kaiser wurde gefangen genommen

Ingelheim, Pfalz.
Das Stadtgebiet von Ingelheim läßt die Königspfalz beispielhaft erkennen: Aula, Pfalzkirche, Ringmauer und Pfalzgrundriss sind hervorgehoben. Ingelheim war mehrfach Schauplatz der Auseinandersetzungen Ludwigs des Frommen mit seinen Söhnen, der Kaiser starb hier 840. In ottonischer und frühsalischer Zeit fanden hier mehrfach Osterfeierlichkeiten und Synodalversammlungen statt. Heinrich IV. wurde 1105 von seinem Sohn in Ingelheim gefangengenommen.

und galt sogar gleichsam durch ein Gottesurteil als abgesetzt. Der Chronist Nithard nennt den Ort »Rot-« oder »Lügenfeld«, weil hier der Verrat über das Schicksal Ludwigs des Frommen und des Reiches entschieden habe. Kaiser Ludwig bekannte sich anschließend in Soissons schuldig, erlangte aber die Wiedereinsetzung durch seine Söhne Pippin und Ludwig, welche auch die wachsende Macht ihres Bruders Lothars fürchteten.

Nach dem Tod Ludwigs des Frommen in der Pfalz Ingelheim 840 brach schließlich der Krieg unter den Brüdern aus, und in der Schlacht bei Fontenoy (südwestlich von Auxerre) unterlag Lothar. Ludwig der Deutsche und Karl der Kahle bekräftigten sodann in Straßburg 842 das gegenseitige Bündnis vor ihren Heeren. Die Eidesformeln, die zunächst von den Herrschern gesprochen und dann von den jeweiligen Heeren aufgegriffen wurden, hat Nithard in altfranzösischer und althochdeutscher Sprache in sein historiographisches Werk aufgenommen. War damit die verschiedene Sprache der erste Beleg für eine Existenz von Deutschland und Frankreich? Früher wurde in den Vordergrund gerückt, daß die Bevölkerung des karolingischen Reiches sich nun auch sprachlich auseinanderentwickelt habe. Wichtiger erscheint im Kontext des Geschichtsschreibers jedoch, daß die Herrscher durch die Sprache auch bei den jeweiligen Heeren Vertrauen wecken wollten und daß Nithard dieses Bemühen in einem lateinischen Werk sogar schriftlich dokumentierte. Die Sprache sollte wohl eher symbolisch die enge Beziehung von Königen und den Heeren verdeutlichen. Die Formeln greifen teilweise das Urkundenformular auf, beide Sprachdenkmäler (für das Altfranzösische sogar das früheste) entsprechen sich weitgehend, wurden vielleicht von Nithard sogar aufeinander abgestimmt.

Wir wissen nicht, wo genau die Eide gesprochen wurden, aber mit Straßburg wird ein Ort genannt, der ebenso wie Verdun, wo 843 das Reich schließlich in

Straßburg mit Münster.
Ausschnitt aus der Schedelschen Weltchronik, 1494. Das seit spätantiker Zeit wichtige Straßburg wurde im Mittelalter zunächst besonders durch die Straßburger Eide 842 bekannt, die Ludwig der Deutsche und Karl der Kahle vor der Teilung des Reiches in Verdun (843) beschworen. Der Ort wurde auch bei den Bemühungen um den Erwerb des burgundischen Reiches wichtig, hier wurde 1016 der Vertrag zwischen Kaiser Heinrich II. und König Rudolf III. von Burgund geschlossen.

drei Gebiete geteilt wurde, in der Zone zwischen den späteren ost- und westfränkischen Reichen liegt, im sogenannten Mittelreich.

Dieses Mittelreich Lothars I. (843–855), das von Friesland bis nach Italien, von der Nordsee bis zur provenzalischen Küste reichte, war deutlich durch die beiden wichtigsten Orte gekennzeichnet, die seit dem Kaisertum Karls des Großen in den Vordergrund getreten waren: Rom und Aachen als das neue Rom. Lothar besaß zwar keine Oberhoheit über die Brüder, aber neben Rom lagen in seinem Reich weitere wichtige Zentren karolingischer Herrschaft, bedeutende Pfalzen und Königshöfe: Diedenhofen, Meersen und andere Orte, die das zwischen Maas- und Rhein gelegene Gebiet in ganz besonderer Weise kennzeichnen. Als dieses Mittelreich nach dem Tod Lothars 855 unter seine drei Söhne geteilt wurde, bestand es in drei Teilreichen weiter, bis schließlich nach dem Tod Karls (863), Lothars II. (869) und Ludwigs II. (875) das *Regnum Italiae* von verschiedenen Herrschern – nicht nur von Karolingern – beherrscht wurde, während im Norden durch die Verträge von Meersen (870) und Ribémont (880) das nördliche Mittelreich zwischen Ost- und Westreich aufgeteilt werden sollte.

Aachen, Pfalz Karls des Großen.
Rekonstruktion der Anlage, die auch deutlich den Verbindungsgang zwischen Pfalz und Pfalzkapelle erkennen läßt.

Selbst nach einer nochmaligen Vereinigung des Gesamtreiches unter Karl III. von 885 bis 887 blieb diese Gliederung deutlich: neben dem Ost- und Westfrankenreich hatten sich im Süden inzwischen endgültig Hoch- und Niederburgund sowie Italien als eigenständige Königreiche konsolidiert.

Das Reich Ludwigs des Deutschen, das Ostfrankenreich, umfaßte zunächst das Gebiet östlich einer Linie von der Wesermündung zur unteren Ruhr, dann Rhein und Aare aufwärts; dazu die linksrheinischen Gaue von Mainz, Speyer und Worms. Später, 870 und 880 erweiterte sich das Reich zur Maas und Mosel hin, 880 sogar mit weiterer Abrundung durch Gebiete von Lothringen und Flandern. Damit kamen wichtige Orte des Mittelreiches wie Diedenhofen oder Metz an das Ostfränkische Reich. Mit zahlreichen von ihnen sind auch die vielfältigen gesetzgeberischen Aktivitäten der Karolinger verbunden, denkt man nur an die Kapitularien. Diese in Kapitel gliederten rechtlichen Bestimmungen, die entweder den bisher gültigen Volksrechten zugefügt wurden (*capitularia legibus addenda*), selbständig ihre Berechtigung hatten (*capitularia per se scribenda*) oder als Instruktionen den Königsboten (*capitularia missorum*) an die Hand gegeben wurden, gehören mit zu den wichtigsten schriftlichen Rechtsüberlieferungen und dokumentieren, welche Innovationskraft dem karolingischen Reich eignete. Der Höhepunkt der Kapitulargesetzgebung lag zwischen 802 und 829. Die schon erwähnten Nachfolgeordnungen von 806 oder 817 waren besonders ausformulierte rechtliche Satzungen, die als Kapitularien gelten können. Das *Capitulare de villis*, das Arbeit und Funktionsweisen auf den königlichen Gütern und Höfen regelte, ist eines der längsten Kapitularien. Manche dieser Bestimmungen wurden in Orten verfaßt oder verkündet, die als Pfalzorte gleichzeitig Zentren eines römischen Fiskus waren. So hielt sich Karl der Große beispielsweise zwischen 770 und 784 elfmal am Ufer der Maas in Herstal (nördlich von Lüttich) auf. Als er 805 in Diedenhofen (Thionville) weilte, erließ er das berühmte Kapitular für die Königsboten. Geregelt wurde hier auch die Abstellung von Mißständen, um die Thronfolge zu erleichtern, zugleich hatten die Bestimmun-

Corvey, Westwerk der Klosterkirche.
Der durch den Einfluß des westfränkischen Klosters Corbie gegründete monastische Komplex von Corvey sollte zu einem wichtigen Kloster im ostfränkisch-deutschen Reich werden. Insbesondere ist das Kloster durch den Geschichtsschreiber Widukind von Corvey († nach 973) in ottonischer Zeit hervorgetreten.

gen auch das fränkisch-slawische Verhältnis im Blick, denn es wurde vorgeschrieben, den Handel mit den Slawen an bestimmten, namentlich aufgeführten Grenzhandelsplätzen unter der Aufsicht von fränkischen Grafen abzuwickeln.

Erweiterung im Osten: Macht und Mission

Damit ist von den zentralen Orten königlich-kaiserlicher Herrschaft im Rhein-Maas Gebiet der Blick auf den Osten gerichtet worden. Das karolingische Großreich war durch militärische Gewalt und Missionierung entscheidend gewachsen und »kolonisiert« worden. Der schon erwähnte Pfalzort Paderborn diente als Ausgangspunkt der Sachsenmission. Diese Aktionen im 8. und beginnenden 9. Jahrhundert integrierten Orte in das Karolingerreich, die teilweise zuvor hohen symbolischen Wert für die *gens* der Sachsen besessen hatten. Mit anhaltenden Widerständen hatte Karl der Große vielfach zu kämpfen. Am bekanntesten sind die Gegenaktionen des westfälischen Adeligen Widukind († 785), besonders seit 778. Nach einem der Aufstände ließ Karl der Große laut Auskunft der Reichsannalen 4.500 Mann in Verden an der Aller hinrichten.

Gleichwohl führte die Missionierung, die mit der militärischen Eroberung einherging und schließlich etwa bis zur Elbe-Saale Linie im Osten vordrang, auch zur Gründung zahlreicher kirchlicher Zentren, die unter anderem erst eine weitere Tiefenwirkung der Missionierung sicherstellen konnten. Viele dieser Zentren sollten erst später zu wichtigen Stützen des Reiches werden. Genannt seien Orte wie Corvey, wo bald in direktem Kontakt mit dem bekannten nordfranzösischen Corbie ein Kloster errichtet wurde (822); weitere Gründungen folgten und wurden meist mit wertvollen Reliquien ausgestattet, die vor allem aus dem Westfrankenreich und aus Rom in der Regierungszeit Ludwigs des Frommen und Ludwigs des Deutschen dorthin übertragen wurden (zum Beispiel Essen, Gandersheim, Wildeshausen), auch Bistumsgründungen (Paderborn 799, Halberstadt 814, Hildesheim 815, Hamburg 831) gehörten hierzu.

Paderborn, Bartholomäuskapelle, um 1017 errichtet.
Der Bau lässt sowohl in der Innenansicht (Hängekuppeln) sowie in der Außenansicht (Nordseite des Domes) griechischen Einfluß erkennen, der möglicherweise durch die Heirat Ottos II. mit Theophanu gefördert worden ist.

Im Südosten hatte Karl der Große noch vor 800 die Awaren besiegt und den wertvollen Awarenschatz erbeutet. So kam das Land südlich der Drau an die Mark Friaul, kirchlich an das Patriarchat von Aquileja, der Norden unterstand kirchlich Salzburg und Passau (796). Für die Awarenmission dürfte der Angelsachse Alkuin († 804) sogar gewisse Leitsätze aufgestellt haben, die in einer Handschrift aus dem Umkreis des Erzbischofs von Salzburg überliefert sind. Im Südosten konnte sodann Ludwig der Deutsche wieder durchschlagende militärische Erfolge erzielen, die teilweise mit Missionierungsversuchen verbunden waren.

Böhmen und Mähren standen seit der Zeit Karls des Großen und Ludwigs des Frommen in loser Abhängigkeit zum Reich. In Mähren scheint Ludwig aber eine größere Einflußnahme angestrebt zu haben, als er Moimir († 846) durch Rastislaw (846–870) als Beherrscher des »Großmährischen Reiches« – dessen genaue Lage bis heute umstritten ist – ersetzte. Rastislaw nutzte aber seine Möglichkeiten und stand seit 855 in dauernder Rebellion gegen Ludwig. Während dieser sich mit den Bulgaren verbündete, knüpfte Rastislaw Beziehungen zu Byzanz (863). Die aus Byzanz entsandten griechischen Missionare Cyrill und Methodius boten durch die slawische Schrift, durch neue liturgische Anpassungen (Verwendung der slawischen Sprache) und durch die Bibelübersetzung neue Perspektiven der Missionierung. Kirchenorganisatorisch wurden aber hier die Päpste zu Ludwigs Gegnern, weil sie nicht nur gegen Byzanz agierten, sondern auch gegen Ludwig Front machten. Methodius geriet sogar 870 im Ostfränkischen Reich in Haft, mußte aber 873 auf Druck Papst Johannes' VIII. (872–882) freigelassen werden. In diese Zeit gehört wohl auch die in Salzburg entstandene Denkschrift der *Conversio Bagoariorum et Carantanorum*, die unter anderem auf die Errichtung eines pannonisch-mährischen Erzbistums für Methodius reagierte. Sie machte demgegenüber die Rechte Salzburgs auf diesen Raum geltend. Bei diesen Aktionen im Südosten gewannen bestimmte Orte als Organisationszentren an Bedeutung, besonders Regensburg, Passau, Salzburg; aber auch Forchheim diente 874 als Verhandlungsort.

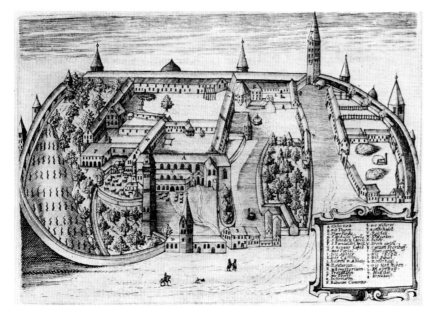

Regensburg, Kloster Sankt Emmeram. Kupferstich aus der Monasteriologia von C. Stengel, 1629. Seit agilolfinischer und besonders seit spätkarolingischer Zeit hatte das antike *Ratisbona*, im Donauknie gelegen, an Bedeutung gewonnen. In der karolingischen Kanzlei wird die Stadt mehrfach als Königsstadt (*civitas regia*) bezeichnet. Unter Ludwig dem Deutschen entstand eine Pfalz am Alten Kornmarkt. In dieser Zeit gab es sogar Tendenzen zu einer Art »Hauptstadtbildung«, was auch für die Mission und Kriege nach Osten hin große Bedeutung hatte. Besonders unter Kaiser Arnulf gewann Regensburg erneut großes Gewicht, jedoch teilten sich seit dem 10. Jahrhundert die Könige, die bayerischen Herzöge und die Bischöfe den Einfluß über die Stadt. Nachdem die Gebeine des hl. Emmeram 772 nach Regensburg übertragen worden waren, gewannen der Kult und das gleichnamige Kloster besonders in spätkarolingischer Zeit an Bedeutung. In Sankt Emmeram wurde Kaiser Arnulf beigesetzt.

Mit der Herrschaft über Italien zum Kaisertum?

Waren aber dieser Ludwig und das von ihm beherrschte Ostfränkische Reich für das spätere Römisch-Deutsche Reich wegweisend? Den Beinamen »der Deutsche« erhielt der Sohn Ludwigs des Frommen nach allgemeiner Ansicht erst in der 1739 erschienenen vierbändigen Reichsgeschichte des sächsischen Historikers Heinrich von Bünau († 1762). Der zweite Band seiner »Genaue[n] und umständliche[n] teutsche[n] Kayser- und Reichs-Historie« trägt folgenden Titel: »Die Geschichte von Ludewigs des frommen Tode, biß auf Ludewigs des Teutschen Ableben«. Der Beiname wird nicht erklärt und ist auch anachronistisch. Deshalb haben manche Autoren ihn schlicht gemieden und dafür eine – nicht minder problematische – Ordnungszahl (wie Ludwig II.) eingeführt.

Allerdings ist die Bezeichnung *rex germanicus* sogar in der *Visio Karoli Magni* aus dem 9. Jahrhundert belegt, und Ludwig hieß auch in den westfränkischen Annalen *rex orientalium Francorum*, »König der östlichen Franken«. Deshalb scheint manchem der Beiname – mit Vorsicht verwendet – akzeptabel, jedoch war dieses Ostfränkische Reich kein unmittelbarer Vorläufer für das Römisch-Deutsche Reich. 843 war nicht das Geburtsjahr Deutschlands und Frankreichs, wie 1943 noch mancher glauben wollte. Allerdings wird inzwischen wieder stärker betont, daß Ludwig »zweifellos der König (war), dem das künftige Reich der Deutschen seine Existenz verdankte« (Johannes Fried). Sollte sich seit den 870er Jahren sogar ein gewisses Gemeinschaftsgefühl im Ostfränkischen Reich feststellen lassen, wie jüngst unterstrichen wurde, so wäre dies jedoch in der Tat schon ein wesentlicher Schritt in Richtung auf das Römisch-Deutsche Reich.

Welche Legitimation bedeutete dabei aber das Kaisertum? Dies lag mit Lothar I. und Ludwig II. (844/850–875) bei dem Bruder beziehungsweise dem Neffen Ludwigs des Deutschen, die über Italien die Herrschaft ausübten. Ludwig II. starb aber 875 söhnelos. Welche Kräfte versuchten, dieses Vakuum auszufüllen? Die Fuldaer Annalen berichten zu 874 von einem Treffen Ludwigs des Deutschen mit dem Papst und seinem Neffen bei Verona. Zuvor hatte er mit der Gemahlin Kaiser Ludwigs II., Angilberga, verhandelt. Offensichtlich bemühte sich Ludwig der Deutsche um das Kaisertum, wenn auch nicht mehr für die eigene Person. Vermutlich wurde damals mit Angilberga und vielleicht mit Papst Johannes VIII. abgesprochen, daß künftig der ostfränkische Prinz Karlmann (876–880) das Königreich Italien und das Kaisertum übernehmen solle. Dazu kam es aber nicht. Als Kaiser Ludwig II. am 12. August 875 starb, folgte mit Unterstützung des Papstes der westfränkische Herrscher Karl der Kahle in der Herrschaft über Italien und in der Kaiserwürde, die er von 875 bis 877 innehatte.

Erst 879 sollte einer der Söhne Ludwigs des Deutschen, Karl III., über Italien gebieten, seit 881 sogar als Kaiser. Der diesem – wenn auch nicht in direkter Linie – folgende Karolinger Arnulf (887–899) erlangte ebenso das Kaisertum (896), während es unter seinem Nachfolger Ludwig (dem Kind) (900–911) nur zu letztlich erfolglosen Versuchen kam. Mit den Karolingern konkurrierten an der Wende zum 10. Jahrhundert zunehmend andere Familien aus Italien. Damit waren aber für die Zukunft – nach der immer stärker werdenden Ablösung von Byzanz – zwei Entwicklungsmöglichkeiten vorgezeichnet: Italien und das Kaisertum konnten mit einem der nordalpinen Teilreiche vereint werden oder aber sie blieben – bei gleichzeitig nur sehr lokalen Einflußmöglichkeiten – eher auf sich beschränkt. Gerade die letzten Jahrzehnte des 9. Jahrhunderts waren für eine künftige Verbindung von Ostfränkisch-Deutschem Reich mit Italien und dem Kaisertum wegweisend, obwohl die Tradition an der Wende zum 10. Jahrhundert zunächst unterbrochen wurde.

Ostfranken – dreigeteilt und wieder vereinigt

Wie stand es aber um die Zukunft des von Ludwig dem Deutschen beherrschten Ostfränkischen Reiches? Obwohl durch den Vertrag von Meersen (870) wichtige Orte des ehemaligen Mittelreiches in den Einflußbereich Ludwigs des Deutschen gekommen waren und obwohl Ludwig von 870 bis zu seinem Tode mit Ausnahme von 872 jedes Jahr in Lotharingien nachzuweisen ist, blieben weiterhin das ihm seit 817/826 anvertraute Bayern (allerdings mit einer teilweise abnehmenden Tendenz) und die Königslandschaft Franken, besonders das Rhein-Main Gebiet, die wichtigsten Regionen seiner Herrschaftsausübung. Um Alemannien kümmerte er sich besonders 853–859, vielleicht weil damals der Plan eines Vorstoßes nach Westfranken konkret wurde; Thüringen und Sachsen spielten jedoch nach Ausweis der Urkunden und der Herrscheraufenthalte eine untergeordnete Rolle.

Als Ludwig der Deutsche am 28. August 876 zu Frankfurt verschied, setzte man seine Leiche einen Tag später in dem während seiner Regierung so wichtigen Reichskloster Lorsch bei; noch zu Beginn des 17. Jahrhunderts war sein Sarkophag dort bezeugt. In dieser Situation der Schwäche versuchte Karl der Kahle aus Westfranken, sich das ostfränkische Reich anzueignen, und bezeichnenderweise war zunächst Aachen sein Ziel, bevor er nach Köln zog. Aber einer der Söhne Ludwigs des Deutschen, Ludwig III. (der Jüngere), der nach den Annales Fuldenses beim Leichenbegängnis seines Vaters am Hauptsitz des Ostreiches Frankfurt (*apud Franconofurt principalem sedem orientalis regni*) teilgenom-

Lorsch, Kloster, Ansicht der Torhalle.
Gründung 762/763. Das Kloster Lorsch gehörte mit zu den wichtigsten Klöstern am Mittelrhein, die insbesondere in karolingischer Zeit große Bedeutung erlangten. Lorsch schloß sich 847 eng an Ludwig den Deutschen an und wurde Grablege für diesen, Ludwig den Jüngeren und dessen Sohn Hugo. Die bedeutende Klosterbibliothek gelangte größtenteils 1557/58 an die Palatina in Heidelberg (seit 1623 in Rom). Das Lorscher Reichsurbar von 830/850 verzeichnet grundherrschaftliche Komplexe mit königlichem Fiskalgut.

Lorsch, Vorkirche der Basilika (Außenansicht).
Die Vorkirche der ehemaligen Benediktinerabtei lässt ein Mauerwerk aus den Jahren 1145–1158 erkennen (Ansicht von Südwesten).

Tribur (heute Trebur), Laurentiuskirche.
Der Pfalzort, erstmals 829 erwähnt, wurde danach bald zu einem der meistbesuchten Orte der Könige. Die Pfalz lag wohl an der Stelle der heutigen Pfarrkirche Sankt Laurentius und wurde besonders von Ludwig dem Deutschen gefördert. Zahlreiche Reichsversammlungen und Synoden fanden hier statt, die Kirchenversammlung von 895 dürfte entscheidende Weichenstellungen eingeleitet haben. 1076, im Vorfeld von Heinrichs Gang nach Canossa, trafen sich Fürsten in Tribur, als Heinrich selbst in der gegenüberliegenden Stadt Oppenheim weilte.

men hatte, trat ihm erfolgreich in der Schlacht von Andernach am 8. Oktober 876 entgegen. Als sich die drei Söhne Ludwigs des Deutschen im November im Ries (bei Nördlingen) trafen, schworen sie sich in »deutscher Sprache« gegenseitig Treue. Ludwig der Jüngere (876–882) sollte über Franken, Thüringen, Sachsen und Friesland herrschen; er nannte sich in Urkunden wie sein Vater »König in der *Francia orientalis*«, Karlmann (876–880) erhielt Bayern mit den südöstlichen Marken und Böhmen und Mähren, Karl III. (876–887) hingegen Alemannien. Lotharingien bezogen die Königssöhne wohl deshalb noch nicht in ihre Überlegungen ein, weil die Hoffnungen auf einen Erwerb Italiens noch nicht erloschen waren.

Damit war nun auch das Ostfrankenreich geteilt, jedoch sollten dynastische Zufälle schon bald wieder die Einheit herstellen: Karlmann starb 880, Ludwig der Jüngere, nachdem er sich weite Teile Bayerns angeeignet und wenig später seinen eigenen Thronfolger verloren hatte, verschied 882, so daß Ostfranken ab 882 unter der Herrschaft Karls III. wiederum vereint war. Und was war mit Italien, auf das die Königssöhne 876 noch gehofft hatten? Nach dem Tod Karls des Kahlen 877 trat zunächst Karlmann die Herrschaft in Italien an. Nur eine schwere Krankheit hinderte ihn, die beabsichtigte Kaiserkrönung zu empfangen; er zog sich in seine Pfalz Altötting zurück. In seiner letzten Urkunde übertrug er seine Herrschaftsrechte auf Italien an Karl III., der dann sogar am 12. Februar 882 die Kaiserkrönung erlangte.

Eine kurze Vereinigung großer Teile des alten Karlsreiches unter Einschluß Westfrankens durch Karl III. blieb Episode (885–887), die inzwischen gewonnene Eigenständigkeit der einzelnen Reiche drücken am besten die Titulaturen bzw. die Datierungen in den Urkunden Karls III. aus, denn hier wird seine Herrschaftszeit in den einzelnen Reichen je gesondert aufgeführt. Seine Versuche aber, die eigene Nachfolge zu sichern, mißglückten. Ein gescheiterter Hoftag in Tribur sowie ein Zug nach Frankfurt im November 887 besiegelten jedoch das Ende Karls III., der zugunsten Arnulfs, eines illegitimen Sohnes Karlmanns, weichen mußte. Karl zog sich als todsiecher Mann nach Alemannien zurück, wo er am 13. Januar 888 in Neidingen an der Donau starb; er fand auf der Reichenau seine letzte Ruhestätte. Wie manche Traditionen wollen, habe man sogar, als die Leiche in der Reichenauer Kirche bestattet wurde, den Himmel sich öffnen gesehen. Noch im 19. Jahrhundert hat Viktor von Scheffel in seinem »Ekkehard« das Andenken des entthronten Kaisers verklärt.

Mit Arnulf beherrschte zwar ab 887 nach wie vor ein Karolinger das Ostfränkische Reich, aber es war ein außerehelich geborener Sohn Karlmanns. Wie bedeutend es dabei war, daß nur die »deutschen« Großen Arnulf erhoben und damit das Reich der Deutschen erstmals greifbar werde, wie früher zuweilen unterstrichen wurde, mag dahingestellt bleiben. Jedenfalls finden sich nun viele kleine Könige (*reguli*), die in Europa oder im Reich seines Oheims Karls des Großen emporstiegen; dies betraf vor allem Italien, Hoch- und Niederburgund sowie das Gebiet der *Francia*. Das Ostfränkische Reich blieb jedoch vereint, und nach einigen Heereszügen hielt Arnulf im Mai 889 in Forchheim eine Zusammenkunft ab, um die Herrschaft seiner Söhne Zwentibold und Ratolf zu legitimieren. Dieser Ort wurde zunehmend wichtig, denn neben Arnulfs traditionellen Aufenthalten in Regensburg und den Versammlungen in Franken lag Forchheim ideal im Grenzraum zwischen Franken und Bayern.

Die wichtigsten äußeren Feinde des Reiches wurden in dieser Zeit die Normannen und Mährer, bald kamen die Ungarn hinzu. Die Normannen hatten schon Arnulfs Vorgänger Karl III. zu schaffen gemacht, immer wieder drangen sie mit ihren Schiffen in die Flußläufe ein und bedrohten wichtige Orte wie Rouen oder Paris, das Karl III. sogar freikaufen mußte. 891 erschienen sie wieder in Lothringen und dehnten ihre Streifzüge bis zur Maas aus. Von Maastricht, über Lüttich, stießen sie bis in die Nähe Aachens vor. Die Truppen des Ostfränkischen Reiches unterlagen bei ihren Versuchen, den Feind zu schlagen; erst am 20. Oktober 891 konnte Arnulf bei Löwen an der Dyle über die Normannen siegreich bleiben. In späteren Jahrhunderten wurde in Löwen – wenn auch an einem irrigen Tage – dieses Schlachtensieges gedacht. Gleichzeitig blieb Mähren ein Unruheherd, und auch diverse Kriegszüge brachten im Südosten keine endgültige Ruhe.

In Italien hingegen konkurrierten Wido von Spoleto (888–894) und Berengar von Friaul (888–924). Obwohl schon Papst Stephan V. (885–891) durch den Mährerfürsten Zwentibold König Arnulf um Hilfe gebeten hatte, lehnte dieser wegen anderer Aufgaben zunächst ab. So krönte der Papst am 21. Februar 891 Wido in Rom zum Kaiser und sein Nachfolger Formosus am 30. April 892 dessen Sohn Lambert (892–898) in Ravenna zum Mitkaiser. Trotzdem erreichte König Arnulf im folgenden Jahr in Regensburg eine Gesandtschaft des Papstes Formosus (891–896), er möge das italische Reich »den bösen Christen entreißen«; gemeint war der »Tyrann Wido«, wie die Fuldaer Annalen berichten. Auf einem ersten Zug wurde Arnulf nach der Eroberung Bergamos als König Italiens anerkannt. 895 erneuerte der Papst seine Hilfsgesuche. Der anschließende Feldzug führte unter großen Beschwernissen nach Rom, wegen einer Pferdeseuche mußte das Marschgepäck auf Ochsen umgeladen werden. Schließlich wurde Rom im Februar 896 militärisch erobert, und Papst Formosus erhob Arnulf zum Kaiser, es war das erste abendländische »Gegenkaisertum«. Trotzdem konnte Arnulf Italien langfristig nicht gewinnen. Auf dem Rückweg traf ihn ein Schlaganfall, der zur Heimkehr nötigte. Nach dem Tod Kaiser Lamberts (898) dominierte in Nord- und Mittelitalien künftig vor allem Berengar von Friaul.

Wieder nördlich der Alpen ließ Arnulf seinem 893 geborenen Sohn Ludwig von den Großen 897 huldigen, seinen Sohn Zwentibold hatte er bereits zuvor entschädigt, indem er ihn schon 895 zum König von Lothringen hatte erheben lassen. Arnulf arbeitete eng mit Kirchenleuten zusammen, wie die bedeutende Synode von Tribur (895) erkennen läßt. Gleichzeitig stützte er sich in den verschiedenen Gebieten auf wichtige Adelsfamilien. In Schwaben baute er auf Salomo III., den Bischof von Konstanz und den Abt von Sankt Gallen (890–919), Bischof Adalbero von Augsburg (887–909) und Abt Hatto von Reichenau, den späteren Erzbischof von Mainz (891–913). In Sachsen stützte er sich auf die Liudolfinger, in Franken auf die Familie seiner Frau Oda, die Konradiner, die er gegen die Babenberger ausspielte. In Bayern machte er Luitpold († 907) zur führenden Persönlichkeit, der künftig auch den weiteren Druck aus dem Osten des Reiches abfangen sollte.

Insgesamt trat unter Arnulf Bayern deutlich in den Vordergrund. Regensburg löste Frankfurt als wichtigster Aufenthaltsort des Königs und Kaisers ab, dort wurde allein ein Drittel der Urkunden des Herrschers ausgestellt. Außerdem hielt Arnulf hier vier Reichsversammlungen ab. Die neue Pfalz in Sankt Emmeram belegt dies weiterhin, dort wurde der König nach seinem Tod am 8. Dezember 899 beigesetzt.

»Wehe dem Land, dessen König ein Kind ist« – auf dem Weg zum Reich der Deutschen?

Auf Kaiser Arnulf folgte 900 sein Sohn Ludwig, der einzige Sohn, der ihm rechtmäßig von seiner Frau 893 geboren worden war. Nach der zeitgenössischen Chronik Reginos von Prüm versammelten sich die Großen »zu Forchheim, setzen Ludwig, den Sohn des besagten Fürsten, den er in rechtmäßiger Ehe erzeugt hatte, zu ihrem König ein und erheben ihn mit der Krone und dem königlichen Schmucke geziert auf den Thron des Reiches«. Aus Urkunden ist der 4. Februar (900) als Tagesdatum der Erhebung zu erschließen.

Der Bericht aus der Chronik Reginos über die Erhebung des königlichen Kindes bietet die früheste Nachricht über eine Königskrönung. Es ist zu vermuten, daß Erzbischof Hatto von Mainz ihm die Krone aufsetzte. Auf Siegeln erscheint Ludwig entsprechend als gekrönter Herrscher. Warum aber erstmals über die Krönung berichtet wurde, können wir nur vermuten: Vielleicht wollte Hatto mit dieser Krone die Einheit des Ostfrankenreiches unterstreichen. Er berichtete sogar wenig später dem Papst über Ludwigs Erhebung. Der zwar nicht über alle Zweifel erhabene Brief enthält Hattos Entschuldigung, daß er »ohne Befehl und Erlaubnis« des Papstes die Wahl eines *parvissimus*, eines Kleinkindes, zum König durchgeführt habe. Sollte man mit manchen Interpreten sogar annehmen, Hatto habe seinen Schützling vielleicht für das Kaisertum empfehlen wollen? Hatto von Mainz zog im Reich weiterhin die Fäden. Das Kind Ludwig war König, rief Reichsversammlungen nach Regensburg 901, nach Forchheim 903 und nach Tribur 905 ein. Nach den erhaltenen Urkunden scheint er voll regierungsfähig gewesen zu sein. Die Kanzlei funktionierte weiter. Ludwig durchzog auch – wie ein richtiger Herrscher – sein *Regnum*: Die Urkunden verteilen sich auf Empfänger im ganzen Ostfrankenreich, aber der König und sein Gefolge hielten sich dennoch vornehmlich im Süden, besonders in Regensburg und in Franken auf. In Frankfurt, Ingelheim, Tribur und in Forchheim lagen wichtige Stützpunkte königlicher Herrschaft.

Forchheim, Fürstbischöfliche Burg (sog. Forchheimer Kaiserpfalz).
Der Ort Forchheim erlangte wegen seiner geopolitisch wichtigen Lage zwischen Bayern und Franken seit dem ausgehenden 9. Jahrhundert an Bedeutung. Bis heute wird diskutiert, ob die abgebildete Burg eine Kaiserpfalz gewesen ist. Jedenfalls fanden hier oder an benachbarter Stelle im Jahre 900 und 911 die Wahlen Ludwigs des Kindes und Konrad I. zum König statt.

Bei genauerer Durchsicht lassen die Urkunden jedoch erkennen, was sich gegenüber früheren Zeiten langsam änderte. Es wurde zunehmend üblich, auch die Namen sogenannter Intervenienten zu nennen. Fürsprache, Rat, Zustimmung verschiedenster Personen erwähnte das königliche Kind, wenn es an verschiedene Empfänger Rechte verlieh oder Güter schenkte. Die Interventionen von namentlich genannten Großen zeigen deutlich, wer in Ludwigs Umkreis an Einfluß gewann. Zunächst waren es die hohen Geistlichen, Ludwigs Paten, also Adalbero von Augsburg und besonders Hatto von Mainz. Daneben finden sich Salomo von Konstanz und Waldo von Freising, aber auch Tuto von Regensburg. Unter den weltlichen Fürsprechern sticht Luitpold hervor. Diese Intervenienten vergaßen dabei nicht, für ihre eigenen Kirchen und den Zuwachs ihres eigenen Besitzes zu sorgen.

War also Ludwig das Kind ein schwacher König? Nicht unbedingt. Obwohl die Urkunden auf einen zunehmenden Einfluß von Adel und Episkopat verweisen, konnte Ludwig schon kurz nach seiner Erhebung Lothringen in das Ostfränkische Reich integrieren. Dies gelang vor allem, weil die dortige Herrschaft seines Halbbruders Zwentibold bei zahlreichen Großen ohne Rückhalt blieb. Eine drohende Schlacht wurde zwar abgewendet, aber bei den Friedensverhandlungen in Sankt Goar im Frühjahr 899, also schon vor Ludwigs Königtum, waren vor allem Hatto von Mainz und die Konradiner Konrad und Gebhard führend beteiligt.

Babenberger gegen Konradiner – Weichenstellungen durch die Babenberger Fehde

Franken wurde in den Jahren 902–906 zum Schauplatz einer Auseinandersetzung, die auch für die weitere Geschichte in Deutschland bedeutend war. Bei den Machtkämpfen in Lothringen waren Hatto von Mainz und die Konradiner maßgeblich beteiligt gewesen. Die Konradiner waren unter König Arnulf emporgekommen, wahrscheinlich gehörte Arnulfs Frau Oda/Uta diesem Geschlecht an, seither waren sie mit dem königlichen Hause verwandt. Begütert waren die Konradiner vor allem im Rheingau und in der Wetterau. Franken bestand hauptsächlich aus zwei Teilen: aus Rheinfranken mit Hessen (kirchlich vor allem die Bistümer Mainz, Worms und Speyer) und weiterhin aus Main- oder Ostfranken (kirchlich im wesentlichen die Gebiete des damaligen Bistums Würzburg). Entsprechend besaßen zwei große Adelsfamilien Einfluß: Neben den schon genannten Konradinern waren es die älteren Babenberger. Die letzteren nannten sich nach ihrem Stammort, Babenberg (Bamberg), zuweilen wurden sie nach ihrem Stammvater Poppo († 892) auch als Popponen bezeichnet.

Schon bald nach Ludwigs Erhebung gerieten die Konradiner mit den älteren Babenbergern aneinander. Es ging bei diesem Machtkampf um die Vorherrschaft im gesamtfränkischen Raum. Einer der Babenberger, Heinrich, war 886 für Kaiser Karl III. in die Schlacht gegen die Normannen gezogen; unter König Arnulf, der die Konradiner favorisierte, wendete sich das Blatt. Einer von diesen, Rudolf, wurde 892 Bischof von Würzburg. Da im Würzburger Bistum auch Besitzungen der Babenberger lagen, ließen Spannungen nicht auf sich warten. 902 begann eine schwere Auseinandersetzung. Der Zeitgenosse Regino von Prüm berichtet, wie der Würzburger Bischof grausam aus der Würzburger Kirche verjagt wurde. Als der Babenberger Adalbert merkte, daß die Kräfte der

Konradiner an mehreren Stellen gebunden waren, versuchte er einen erneuten Schlag. Bei Fritzlar errang er einen blutigen und vollständigen Sieg über die Konradiner. Konrad der Ältere fiel, die Fliehenden wurden verfolgt und getötet. Bei Regino heißt es: »Adalbert trug den Sieg davon, verfolgte mit seinen Gefährten die Fliehenden und streckte eine zahllose Menge, hauptsächlich solche zu Fuß, mit dem Schwerte nieder. Als dies vollbracht war, kehrte er mit seinen Genossen, die mit Kriegsbeute und unermeßlichem Raube beladen waren, in die Feste Bamberg zurück. Dieses Blutbad ereignete sich aber am 27. Februar. Die Leiche Konrads hoben die Söhne nebst ihrer Mutter auf und bestatteten sie in Weilburg«.

König Ludwig schien auf Seiten der Konradiner zu stehen, er lud den Babenberger zu einem Reichstag, der im Juli 906 in Tribur stattfand. Adalbert erschien nicht, vielleicht auch aus Angst vor seinen mächtigen Gegnern, zu denen auch Erzbischof Hatto von Mainz gehörte. Darauf begann die Belagerung Adalberts in der Burg Theres bei Haßfurt, östlich von Schweinfurt. Adalbert versuchte durch List die Belagerung aufzuheben und stellte sich freiwillig, wie Regino berichtet: »Nachdem er demnach die Tore geöffnet hatte, verließ er mit sehr geringer Begleitung die Festung, stellte sich aus freien Stücken dem Könige, bittet als Schutzflehender um Vergebung wegen des Geschehenen und verspricht Besserung. Doch da […] wurde er in Haft genommen […] und erlitt nach einmütigem Urteil die Todesstrafe am 9. September. Sein Vermögen und seine Besitzungen wurden zum Krongut genommen und durch königliche Verleihung unter lauter Männer von vornehmer Geburt verteilt«.

In manchen Traditionen fand das Ende des tapferen Babenbergers große Resonanz. Man beschuldigte die Konradiner und ihre Verbündeten des Verrates: Sie hätten ihr Wort gebrochen. Der Zorn richtete sich auf Hatto und Liutpold. Sagen kündeten noch später vom Ende des Babenbergers. Die Hinterlist des ränkevollen Erzbischofs Hatto habe ihn zu Fall gebracht. Das sogenannte Hattolied, das in indirekten Spuren bis ins 12. Jahrhundert zu verfolgen ist, charakterisiert ihn als grausamen Menschenverächter, der Adalbert mit Verrat und List in einen Hinterhalt gelockt habe. Bis heute erzählt man sogar, daß Hatto

Würzburg, Ansicht vom Main aus.
Würzburg war im Zusammenhang des fränkischen Einflusses der Konradiner besonders umstritten. Die Besetzung des Bischofsstuhls von Würzburg mit einem Konradiner gab mit Anlaß zur Babenberger Fehde 902–906. In späterer Zeit mußte Würzburg um Einfluß fürchten, als Heinrich II. die Gründung des Bistums Bamberg 1007 durchsetzte. Für die in Schwaben beheimateten Staufer wurde Würzburg zu einem Schlüssel zur Erschließung Mitteldeutschlands.

Der Mäuseturm bei Bingen im Rhein.
Kupferstich von Matthäus Merian d. Ä. in der Gottfried-Chronik, 1630. Im Mäuseturm soll Erzbischof Hatto von Mainz zur Strafe für seine Vergehen, unter anderem während der Babenberger Fehde, von Mäusen zernagt worden sein.

hierfür bei Bingen gebüßt habe; Mäuse hätten den Mainzer Erzbischof in einem Turm inmitten des Rheinstromes zernagt und aufgefressen.

Mit Adalberts Enthauptung am 9. September 906 wurde somit das Ende der älteren Babenberger besiegelt. In ganz Franken herrschten nun unumstritten die Konradiner. Konrad erlangte in Mainfranken eine herzogsähnliche Stellung. Von Lothringen bis nach Forchheim gaben die Konradiner künftig den Ton an. Von den älteren Babenbergern konnten sich nur ein Heinrich und ein Poppo retten, die bei den sächsischen Liudolfingern in Sachsen Unterschlupf fanden.

Zunehmender Druck aus dem Osten

Erschwerten aber nur Adelskämpfe die Regierung des letzten ostfränkischen Karolingers? Im Osten bestand weiterhin das »Großmährische Reich«. Nach Svatopluk (870–894) begann dessen Niedergang, der durch eine neue Gefahr beschleunigt wurde: die Magyaren/Ungarn. Zwar versuchte Moimir II. (894–905/6) noch durch ein Bündnis mit den Ostfranken den Ungarn Einhalt zu gebieten, aber 906 brach das Großmährische Reich unter ihren Angriffen zusammen. Die Ungarn bedrohten jedoch nicht nur das Großmährische Reich, sondern sie waren schon 862 bis in das Herrschaftsgebiet Ludwigs des Deutschen vorgedrungen. Aus ihren Gebieten zwischen Don und Donaudelta waren sie nach Westen gekommen und orientierten sich, nach der Niederlage gegen die Bulgaren 895 und unter dem Druck der Petschenegen, immer mehr nach Westen, ließen sich in den Ebenen an der Theis und der mittleren Donau nieder. 902 riß der Heerführer Arpád die Alleinherrschaft an sich und begründete damit die Dynastie der Arpaden.

Raubzüge führten sie nach Oberitalien, später auch ins Ostfränkische Reich. Zunächst wurde ein ungarisches Kontingent bei Linz von Markgraf Luitpold und Bischof Richar von Passau besiegt. Die Ostmark, das Gebiet zwischen Wienerwald und Enns, schien aber nicht mehr sicher, deshalb baute man dort die Ennsburg, die Ludwig das Kind 901 dem Stift Sankt Florian schenkte. Nach 906 versammelte Markgraf Luitpold bei der neuen Ennsburg ein Heer, um nach

**Preßburg.
Stadtansicht von Osten mit Schloß und Dom St. Martin.**
Kupferstich von Friedrich Bernhard Werner, um 1740. Preßburg war seit dem 9. Jahrhundert Verwaltungsmittelpunkt und spielte als Grenzburg bei der Ungarnabwehr eine Rolle (907). Die Burg auf dem Burgberg erhielt ihre heutige viereckige Form unter Kaiser Sigismund, der diesen Ort auch bevorzugt aufsuchte.

Osten zu ziehen. Wir wissen nicht, ob dies nur eine Strafexpedition war, oder ein Versuch, Pannonien zurückzuerobern. Bei Preßburg kam es am 5. Juli 907 zur Schlacht, drei Tage lang, wie spätere Berichte wissen wollen. Luitpold kam ums Leben, ebenso Erzbischof Theotmar von Salzburg. Die Grenze des Reichs wurde bis zur Enns zurückgenommen.

Dies war nicht nur ein territorialer Verlust. Die Folgen reichten weiter: Wahrscheinlich wurde nun auch der Handel nach Osten behindert. Noch kurz zuvor hatte Ludwig das Kind auf Beschwerden reagiert und den Auftrag gegeben, die Donauzölle genauer festzulegen. Das überlieferte Zollweistum von Raffelstetten läßt erkennen, wie rege vor 907 hier noch gehandelt wurde: Lebensmittel, Sklaven und andere Handelsgüter sind genannt. Auch die hieran beteiligten Völkerschaften sind aufschlußreich: Mähren, Russen, Böhmen und andere werden verzeichnet.

Dieser Handel wurde mit weiteren Angriffen der Ungarn nach Westen schwieriger, denn auch sie zogen durch das Donautal. Nur Luitpolds Sohn Arnulf († 937) errang einige Erfolge, ansonsten blieben die Ungarn mit ihrer flexiblen Kampftaktik meist überlegen. Erst 910 gelang es Ludwig dem Kind, ein allgemeines Heer im Reich aufzustellen. Nahe bei Augsburg wurde dies aber von den Ungarn geschlagen. Der königliche Heerführer fiel in der Schlacht. Wenig später, am 20. oder 24. September 911, starb Ludwig (in Frankfurt?) und wurde in Regensburg beigesetzt.

Wo stand das ostfränkische Reich 911? Versteht man eine Krisenzeit auch immer als eine Phase, in der sich Neues herausbildet und in Ansätzen greifbar wird, so erscheint die Zeit Ludwig des Kindes in mancher Hinsicht auch prägend: für die Konsolidierung des späteren Deutschland wie auch für die Ausbildung europäischer Reiche. Die beiden folgenden Königserhebungen 911 und 919 deuten dies schon an. Gleichzeitig machen diese aber auch deutlich, wie sehr die Mittelgewalten als die großen Adelsherrschaften beim Weg Deutschlands in die eigene Geschichte an Bedeutung gewonnen hatten. Zwar wird vielfach nicht mehr von den »jüngeren Stammesherzogtümern« gesprochen, aber mit Blick auf den letzten ostfränkischen Karolinger Ludwig das Kind bleibt die Frage, ob und wie das vergleichsweise schwache Königtum den Aufstieg dieser Mittelgewalten förderte. Zugleich wurden neue Strukturen vorgeprägt, wurden die Aufgaben zur künftigen Gestaltung des Reiches definiert: Konradiner und Liudolfinger hatten damit zu tun, Unterstützung und Konsens zu gewinnen. Sie lösten diese Probleme als Herrscher eines künftig ungeteilten Reiches vor allem dann erfolgreich, wenn es ihnen gelang, zwischen verschiedenen Adelsgruppen auszugleichen.

Die Ungarnzüge, die Babenberger Fehde, die urkundlich belegten Schenkungen förderten und beschleunigten diesen Prozeß. Jeder neue König mußte aber das Verhältnis dieser Zwischengewalten neu austarieren, konnte nur erfolgreich werden, wenn er den Adelskonsens herstellte. Die Babenberger Fehde blieb vor diesem Hintergrund folgenreich, denn Heinrich und Poppo konnten sich zu den Liudolfingern retten und gewannen im Gefolge ihres liudolfingischen Vetters wieder an Einfluß. Die Liudolfinger wurden so zum Sammelpunkt für viele, die gegen die Konradiner standen. Nach dem Königtum Konrads I. war Heinrichs Erhebung 919 auch eine Folge dieser Entwicklung. Blickt man jedoch auf ein Jahrhundert karolingischer Geschichte zurück, so verlagerten sich die Schauplätze des Ostfrankenreichs zu Ende dieser Zeit eindeutig nach Osten.

DIE OTTONEN

Sachsen und Italien rücken in den Mittelpunkt

Als Ludwig das Kind starb, waren Weichen gestellt. Nun mußte sich erweisen, ob das Ostfränkisch-Deutsche Reich in seiner Einheit gefestigt war. Nach Ludwigs Tod schrieb zunächst der Ort Forchheim nochmals Geschichte. So berichten die *Annales Alemannici*, Franken, Sachsen, Alemannen und Bayern hätten sich Anfang November 911 in Forchheim getroffen und am 10. November 911 den Konradiner Konrad I. erhoben. Bayern und Alemannen waren nicht direkt beteiligt. Wichtig wurde aber eine Person, die schon unter Ludwig dem Kind die Fäden gezogen hatte: Hatto von Mainz, der Konrad favorisierte, ja für dessen Erfolg anscheinend alles bestens vorbereitet hatte, wie ein Blick auf die urkundliche Überlieferung verdeutlichen kann. Konrad stellte seine erste Urkunde unmittelbar einen Tag nach seiner Erhebung aus. Ist es Zufall, daß für den neuen König in Forchheim der Siegelstempel schon vorhanden war, oder ist nicht eher an eine gewisse Vorbereitung zu denken?

Daß nach Ludwig dem Kind im Ostfränkischen Reich 911 aber erstmals ein Nichtkarolinger König wurde, war auf das gesamte ehemalige Karolingerreich gesehen eigentlich nichts Ungewöhnliches, gab es doch dafür schon Beispiele aus dem burgundischen oder italischen Raum. Trotzdem waren die meisten der neuen Herrscher mit den Karolingern verwandt, und sie sahen es zuweilen auch als nötig an, darauf hinzuweisen.

Forchheim, Fritzlar, Aachen – Wahl und Herzöge

Die drei Herrscher Konrad I., Heinrich I. und Otto I. wurden in Forchheim, Fritzlar und Aachen gewählt, Otto II. und Otto III. noch zu Lebzeiten des regierenden Vaters erhoben. Die drei Orte klingen programmatisch: Sie lagen in Franken, an der Grenze zu Sachsen sowie im alten karolingischen Zentrum. Mit dem Herrschaftsbeginn Konrads I. 911 und Heinrichs I. 919 wird zugleich deutlich, daß die Thronfolge zwar häufig durch die Verwandtschaft begünstigt und legitimiert, gleichzeitig aber Designation, vielleicht sogar schon der Gedanke einer freien Wahl wichtiger wurde. Trotz zahlreicher Diskussionen ist bis heute strittig, seit wann die freie Wahl in der Geschichte der deutschen Königserhebungen konstitutiv war. In der ottonisch-salischen Zeit erscheint die Wahl in den Quellen eher als eine Kettenhandlung aufeinanderfolgender Akte: Designation (zum Beispiel durch den Vater), Wahl und Akklamation durch das Volk und die Großen, Inthronisierung und Treueid der Herzöge und Fürsten, Einkleidung, Überreichung der Insignien, Weihe und Krönung. Unabhängig davon, welches Gewicht diese einzelnen Akte besaßen, ist weiterhin deutlich, daß seit der ausgehenden Karolingerzeit Vertreter der Bayern, Schwaben, Franken und Sachsen an diesen Erhebungsakten maßgeblich beteiligt waren. Gab es inzwischen wieder neue Mittelgewalten, die sich auf ethnisch fest umrissene Gruppen, die oft sogar als »Stämme« bezeichnet werden, bezogen?

Fritzlar, Benediktinerabtei Sankt Peter (seit dem 11. Jahrhundert Chorherrenstift). Die 1079 zerstörte Kirche wurde im spätromanischen Stil 1180–1200 umgebaut, das Paradies stammt etwa von 1240. In der Nähe von Fritzlar ließ Bonifatius die Donareiche fällen und angeblich aus ihrem Holz die Peterskirche bauen. Bis zur Gründung Fuldas (744) blieb Fritzlar ein wichtiger Missionsstützpunkt. Die 919 erfolgte Erhebung Heinrichs I. in Fritzlar, an der Grenze zwischen Sachsen und Franken, läßt vermuten, daß wohl eine Königspfalz und ein königlicher Wirtschaftshof für eine große Versammlung vorhanden waren, obwohl direkte Zeugnisse fehlen.

Unter Karl dem Großen war der letzte der alten Herzöge, Tassilo, 788 abgesetzt worden. Durch Grafen und Königsboten konnte die Zentralgewalt das Herrschaftsgebiet wirksamer durchdringen, weiterhin gab es die Unterkönigtümer (*regna*) der Königssöhne (Italien, Aquitanien). Nach zunehmender Bedrohung der Grenzen durch Normannen, Slawen und Ungarn entwickelten sich aber schon im 9. Jahrhundert neue Mittelgewalten: die Liudolfinger in Sachsen, die Luitpoldinger in Bayern, die Hunfridinger in Alemannien, die Konradiner in Franken und die Reginare in Lotharingien. In Italien knüpften die Markgrafen und *duces* an den langobardischen Dukat an. Im Westfrankenreich hießen die neuen Gebiete eher Fürstentümer (Prinzipate), die später erst (insgesamt sieben) den *dux*-Titel erlangten. Die neuen Herrschaften im Ostfrankenreich werden oft in Abgrenzung von der Merowingerzeit nicht ganz zutreffend als die »jüngeren Stammesherzogtümer« bezeichnet.

Welche Befugnisse diesen Herzögen zustanden und welche Bedeutung dem Bezug auf das Volk, auf den »Stamm«, hierbei zukommt, wird aus den Quellen allerdings kaum deutlich, so daß viele Gelehrte inzwischen davon ausgehen, es habe kein »jüngeres Stammesherzogtum« gegeben. Stattdessen wird inzwischen eher von Fürstentümern, von »Prinzipaten«, gesprochen, deren Wurzeln teilweise in den karolingischen Unterkönigtümern lägen. Obwohl in den Quellen häufig der Ausdruck *dux* (Herzog) erscheint, bleibt offen, ob damit jeweils eher ein Amts- oder Stammesdukat gemeint ist oder ob die Gewalt dieser Herzöge eher ethnisch oder herrschaftlich bezogen war. Anders formuliert: Gewannen die Herzöge ihre Legitimation eher aus dem älteren »Stamm« oder aus den karolingischen *regna*? Gegen die erste Variante spricht, daß es keine geschlossenen, ethnisch abgrenzbaren Herrschaftsgebiete gab und mehrfach neue Herzogtümer entstanden: So wurde 959 Lotharingien geteilt, 976 das Herzogtum Kärnten geschaffen, 1156 entstanden Österreich und 1180 die Steiermark als Herzogtümer; ab 1168 gab es den sogenannten Würzburger Dukat für Teile Frankens und ab 1180 den Dukat Westfalen. Insofern waren die Herzöge weni-

Sankt Gallen. Miniatur aus einer spätmittelalterlichen Handschrift, Sankt Gallen. Das besonders in karolingischer und ottonischer Zeit florierende Reichskloster geht auf die Gründung einer Zelle des irischen Wandermönches Gallus zurück (612). 830–837 wurde die Münsterkirche (vielleicht nach Anregungen aus dem berühmten Klosterplan) erbaut, im Skriptorium begann seit 820 eine neue Blüte. 890–919/20 wirkte der politisch wichtige Bischof Salomo III., der in Personalunion das Bistum Konstanz und Sankt Gallen leitete. Herrscher wie Karl III., Konrad I. und Otto der Große besuchten in spätkarolingischer und ottonischer Zeit das Kloster.

Heinrich der Vogler, 919.
Regensburg, um 1300, Museum in St. Ulrich. Die Statue aus Grünsandstein zeigt einen König mit Vogel, was meist auf Heinrich I. bezogen wird. Dem leidenschaftlichen Jäger Heinrich soll angeblich bei einer Hütte, als er den Vögeln Schlingen legte, 919 die Nachricht von seiner Wahl überbracht worden sein, wie die Annalen von Pöhlde vermerken.

ger Exponenten eines »Stammes«, sondern gehören stärker in den Zusammenhang karolingischer *regna* und regionaler Loyalitäten, die teilweise mit ethnischen Gliederungen zusammenfallen konnten, aber nicht mußten.

Trotz dieser für die Verfassungsgeschichte wichtigen Präzisierungen spielten die schon genannten fünf Herzöge bei der Erhebung des Königs eine wichtige Rolle. Deshalb war es für einen König dieser Zeit dienlich und oft sogar notwendig, die Zustimmung dieser Mittelgewalten zu erreichen. Wie der Konsens mit den Herzögen und anderen Großen hergestellt werden konnte, beeinflußte entsprechend zugleich die räumlichen Schwerpunkte königlicher Herrschaft.

Konrad I. (911–918), dessen Familie nach der Babenberger Fehde nicht nur am Mittelrhein, sondern auch in Mainfranken Fuß gefaßt hatte, war 911 durch Erzbischof Hatto von Mainz gefördert worden. Auf ihn und den Kanzler, Bischof Salomo III. von Konstanz († 919 oder 920), stützte er sich und verfolgte eine an karolingischen Traditionen orientierte Politik, die zunächst alle Reichsteile einschloß. Weil aber die Ungarngefahr vor allem von territorialen Mächten bekämpft wurde und weil Aufstände in Alemannien, Bayern und Sachsen begannen, beschränkte Konrad sich seit 913/914 zunehmend auf sein fränkisches Kerngebiet. Mit kirchlicher Unterstützung (Synode von Hohenaltheim 916) gewann Konrad zwar nochmals einen gewissen Einfluß im Süden, aber sein früher Tod am 23. Dezember 918 machte weitere Möglichkeiten zur Konsolidierung zunichte.

Aufgrund der Schwierigkeiten, derer Konrad nicht Herr geworden sei, habe er noch auf dem Sterbebett den fränkischen Großen zur Wahl des Sachsen Heinrich geraten, wie der sächsische Geschichtsschreiber Widukind von Corvey († nach 973) berichtet. Er schreibt etwa ein halbes Jahrhundert später, deshalb ist die idealisierende Rückschau zugunsten eines inzwischen erfolgreichen Herrscherhauses zu berücksichtigen. In den Schutz der sächsischen Liudolfinger waren aber nach der Hinrichtung Adalberts 906/907 einige Babenberger geflohen, was eher auf eine Konkurrenz zwischen Sachsen und Franken verweist, die sich um 915 in einer Auseinandersetzung nochmals verschärft hatte.

Zwischen Sachsen und Franken – Heinrich I. (919–936), der ungesalbte König

Die Wahl des Liudolfingers Heinrichs I. erfolgte 919 in Fritzlar, einem Ort an der Grenze zwischen Franken und Sachsen. Am Erhebungsakt nahmen auch nur Franken und Sachsen teil. Schwaben und Bayern mußte Heinrich anschließend unterwerfen und durch Zugeständnisse gewinnen, 925 eroberte Heinrich Lothringen für das Ostreich zurück. Heinrich blieb aber ungesalbt, die ihm angebotene Krönung durch den Mainzer Erzbischof Heriger (913–927) lehnte er ab; er ist als »ungesalbter König« in die Geschichte eingegangen. Ob dies aus Bescheidenheit geschah, wie der sächsische Historiograph Widukind von Corvey indirekt unterstreicht, sei dahingestellt. War er ein König, der zur Kirche auf Distanz ging, wie zuweilen behauptet wird? Wollte er zunächst nach Vorbild der älteren Karolinger eine Begegnung mit dem Papst abwarten? Hat er die Salbung verschmäht, weil noch nicht alle Herzöge seiner Erhebung zugestimmt hatten und der verzichtende Konradiner, Eberhard († 939), ein Bruder Konrads, versöhnt werden sollte? Oder drückte seine Zurückhaltung eine neue Herrschaftsauffas-

Heinrich I. empfängt die Reichsinsignien, 919.
Lithographie von Johann Nepomuk Geiger, 1860. Heinrich wird auch hier, mit der Vogeljagd beschäftigt, angeblich überrascht, als die Boten mit den Reichsinsignien eintreffen.

sung aus, die bewußt ohne Salbung auskommen wollte, weil Heinrich sich eher als *primus inter pares* verstand?

Alle möglichen Erklärungen greifen wichtige Aspekte auf, sie sind aber nicht bis ins Letzte zu harmonisieren. Vielleicht wollte Heinrich sogar nicht von einer bestimmten Person gesalbt werden. Kam der Mainzer Erzbischof hierfür nicht in Frage? Sollte dies zutreffen, dann zeigten sich hier Nachwirkungen der Babenberger Fehde und der politischen Polarisierungen unter Ludwig dem Kind. Heinrichs Affront gegen den Mainzer Erzbischof könnte dann mit dem Gegensatz zu den Konradinern zusammenhängen. Der bis heute andauernde Streit um die richtige Deutung der abgelehnten Salbung sollte jedoch nicht den Blick dafür verstellen, daß symbolische Akte wie die Verweigerung der Salbung fast nie nur eine einzige, sondern verschiedene Interpretationen zulassen.

Die historiographischen Entwürfe über die Anfänge der Liudolfinger 919 verraten weiterhin, wie sehr das Haus der Sachsen während des 10. Jahrhunderts an Profil gewann. »Als Herzog Heinrich zum König des ostfränkischen Reiches aufsteigt, ist Sachsen noch weithin ein rückständiges Land, als nach einem Jahrhundert der letzte seiner Dynastie ins Grab sinkt, ist das Land eine der blühendsten Kulturregionen der lateinischen Welt«, so urteilt Johannes Fried. Mit der Erhebung Heinrichs wurde jedoch nicht der fränkische durch den sächsischen »Stamm« als Herrschaftsträger abgelöst, hier ging es eher um die Konkurrenz zweier Familien, die beide in spätkarolingischer Zeit aufgestiegen waren. Die Liudolfinger, die sich auf Liudolf († 866) zurückführten, waren durch dessen Tochter Liudgard, die Ludwig den Jüngeren geheiratet hatte, mit den Karolingern verbunden. Dieser Ludwig hatte aber vor dem Tod seines Vaters Ludwig des Deutschen einen Reichsteil innegehabt, der als *regnum Francorum et Saxonum* bezeichnet wurde; er umfaßte Sachsen, Thüringen und das ostrheinische Franken. Liudolfs Sohn und Liudgards Bruder, Otto der Erlauchte († 912), der die Geschicke des Hauses zu Ende des 9. Jahrhunderts dominierte, verheiratete seine Tochter Uta/Oda mit dem Karolinger Zwentibold, den Arnulf zum König in Lothringen eingesetzt hatte. Somit waren die Liudolfinger eng mit den spätkarolingischen Herrschern verbunden.

Jedoch war zunächst offen, wie sich das neue Königtum mit den neuen Mittelgewalten, vor allem im Süden, arrangieren könnte. Daß auch andere das Königtum anstrebten, mag eine – freilich umstrittene – Notiz über die Ambitionen des Herzogs Arnulf andeuten, den die Bayern zum König erhoben hätten. Ihn und den schwäbischen Herzog Burchard († 926) mußte Heinrich zunächst zur Anerkennung seines Königtums bewegen. Widukind von Corvey verweist in seiner historiographischen Rückschau auf militärische Gewalt. Heinrich nutzte aber auch andere Mittel, er versuchte durch Verträge und durch *amicitiae*, durch Freundschaftsbündnisse, das Reich nach innen und außen zu festigen. Memorialquellen belegen, daß Herrscher und andere Personen beim Abschluß solcher Bündnisse ihre Namen oft in die liturgischen Bücher eintragen ließen. Die gemeinsame liturgische Fürbitte für lebende und verstorbene Angehörige und

Heinrich schlägt die Ungarn am 15. März 933.

Holzstich nach Eduard Bendemann, um 1855. Das Bild zeigt den Sieg Heinrichs bei Riade an der Unstrut über die Ungarn.

Getreue dokumentierte mithin vielfach die neuen sozialen Verbindungen. Wichtig blieb bei diesen Verträgen und Bündnissen die Einbindung der Großen, die zunächst auf einer Gleichrangigkeit, keiner Unterordnung basierte.

Gegen äußere Gefahren ging Heinrich I. an, denn die Angriffe der Ungarn wurden immer bedrohlicher. Teile Bayerns, Frankens und Sachsens waren mehrfach geplündert und verheert worden. Als Heinrich einen wichtigen ungarischen Anführer gefangennahm, konnte er gegen Tribute einen siebenjährigen Waffenstillstand aushandeln. Auf Synoden in Erfurt und Dingolfing (932) gewann er Unterstützung für den Abwehrkampf; zugleich ließ er Burgen anlegen. Nach mehreren Jahren der Vorbereitung schlug Heinrich schließlich 933 ein Ungarnheer vernichtend in Riade an der Unstrut. Als wichtige Insignie führte der Herrscher die Heilige Lanze mit, die er wenige Jahre zuvor vom burgundischen König erhalten hatte. Sie galt als die Lanze des römischen Soldaten Longinus, der hiermit die Seite des gekreuzigten Christus durchstoßen haben soll.

Im Westen unterstützte Heinrich den lothringischen Herzog Giselbert († 939), er vergab 926 das Herzogtum Schwaben neu, das der landesfremde Konradiner Hermann († 949) erhielt. Als sich im Juni 935 die drei Herrscher Heinrich I., Rudolf II. von Hochburgund (912–937) und der westfränkische König Rudolf I. (923–936) in der Nähe von Sedan an der Maas (vielleicht in Ivois/Chiers) trafen und einen Freundschaftspakt abschlossen, folgte die hier besiegelte *amicitia* zwar immer noch den Traditionen von Heinrichs Herrschaftsstil, aber deutlich wurde hier auch, daß der ostfränkisch-deutsche König – anders als noch im Bonner Vertrag von 921 mit dem westfränkischen König – inzwischen mehr als ein *primus inter pares* geworden war. Die Wahl des Ortes im lothringischen Grenzraum zeigt weiterhin im Vergleich zum Bonner Vertrag, daß das seit 925 wieder zum ostfränkisch-deutschen Reich gehörende Lothringen nun fest in die Herrschaft Heinrichs integriert erschien.

Heinrich habe sogar – wie Widukind wissen will – am Ende seines Lebens noch einen Romzug geplant, an dem er durch Krankheit gehindert worden sei. Auf Italien und Rom erhob seit 926 König Hugo von der Provence († 948) Ansprüche. Aber nicht der König, sondern Arnulf von Bayern wurde dessen Konkurrent, der die italische Krone für seinen Sohn Eberhard 934 erkämpfen wollte, aber an Hugo scheiterte. Die Tatsache, daß aber der Bayernherzog – ebenso wie wenig früher Burchard von Schwaben – nach Italien überzugreifen

Memleben, Pfarrkirche Sankt Martin: Langhausarkaden der Abteikirche, Krypta.
In Memleben bestand eine bisher nicht genau lokalisierte Königspfalz, in der Heinrich I. und Otto I. starben. Kaiser Otto II. gründete hier ein Benediktinerkloster (976–979), das auch Missionsaufgaben übernehmen sollte. 1015 inkorporierte Heinrich II. die Stiftung in das Reichskloster Hersfeld; anstelle der Klosterkirche wurde in der 2. Hälfte des 13. Jahrhunderts ein Neubau erstellt.

Nordhausen, Heiligkreuzkirche.
Baubeginn um 1130, 1267 Einweihung des frühgotischen Chorraumes. In Nordhausen hatte schon Heinrich I. in verkehrsgünstiger Lage eine Burg errichten lassen. Dort gründete dann 961 Königin Mathilde ein Damenstift, das sie mit ihrem Witwengut ausstattete. Um 1000 erhielt das Stift eine Kreuzreliquie. Es wurde 1220 in ein Augustiner-Chorherrenstift umgewandelt.

trachtete, erinnert an spätkarolingische Vorbilder von Karlmann und Karl III., die ebenso von Bayern und Schwaben aus nach Süden hin agierten. Im Interesse Heinrichs I. können diese Aktionen kaum gelegen haben. Obwohl ein königlicher Romzug nicht stattfand, so bezeichnet Widukind Heinrich, der am 2. Juli 936 in seiner Pfalz Memleben starb, am Ende seines Lebens als den größten der Könige Europas (*maximus regum Europae*), wobei Europa eher geographisch zu verstehen ist.

Otto I. (936–973), alleiniger konkurrenzloser Nachfolger?

Zwar gab es Rückschläge, aber Heinrich hinterließ seinem Sohn Otto ein vergrößertes, durch Herzöge, »Freunde« und Verwandte gefestigtes Reich. Ein wesentlicher Schritt zur weiteren Konsolidierung bestand auch darin, daß nur dieser Sohn, Otto I., die Nachfolge antrat, wie dies vielleicht schon in einer soge-

Gernrode, Stiftskirche.
Dreischiffige Basilika, um 960 begonnen. Das Kanonissenstift am östlichen Harzrand wurde 959/960 von Markgraf Gero errichtet und zeugt als Denkmal ottonischer Baukunst, das um 1000 vollendet wurde, auch vom Reichtum Geros. In der ersten Hälfte des 12. Jahrhunderts wurden die Türme erhöht und der Westchor gebaut, so daß eine doppelchörige Kirche entstand. 961 übertrug Gero das Stift dem Heiligen Stuhl und erwarb dort eine Armreliquie des hl. Cyriakus.

nannten Hausordnung von 929 festgelegt worden war. Die Thronfolge eines einzigen Sohnes erschien auch deshalb eher geboten, weil die Großen des Reiches so bedeutend geworden waren, daß nicht mehr in spätkarolingischer Manier Herrschaftsräume für unversorgte Söhne nach den Bedürfnissen einer Königsfamilie zugeschnitten werden konnten. Gefestigt wurde die Individualsukzession langfristig weiterhin durch den biologischen Zufall: Nach Ottos I. Tod war bis zum Ende des salischen Hauses nicht mehr zwischen mehreren Söhnen zu entscheiden.

Auch für die Königserhebung Ottos I. bleibt Widukind (I,1–2) in der quellenarmen ersten Hälfte des 10. Jahrhunderts der Kronzeuge, der vielleicht Elemente der Erhebung Ottos II. mit derjenigen Ottos I. in seinem Bericht verschmolz. Otto ließ sich demnach in Aachen krönen und der Ort scheint symbolisch: Otto knüpfte damit in mehrfacher Beziehung an die Traditionen Karls des Großen an: durch den Ort und die Basilika, durch die fränkische Kleidung und durch das Zeremoniell mit der Thronsetzung auf den Stuhl Karls des Großen. Die einzelnen Akte, die hier nicht alle aufgeführt werden können, endeten mit dem Hofdienst der Herzöge beim Krönungsmahl.

Anders als bei Heinrich wirken die Herzöge jedoch durch die von ihnen wahrgenommenen Aufgaben hier deutlich untergeordnet, Otto regierte in

Die ostsächsische Königslandschaft zur Zeit Heinrichs I. (919–936).

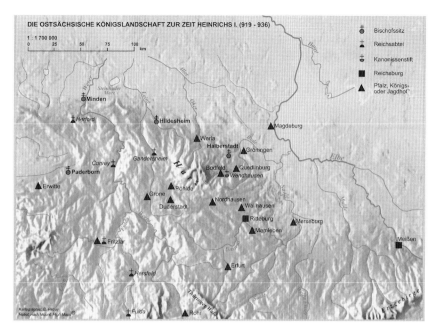

Die ostsächsische Königs- und Sakrallandschaft am Ende der Ottonenzeit.
Diese zweite Karte verdeutlicht, wie sehr das Reich im östlichen Sachsen, vor allem entlang der Elbe-Saale-Linie, ottonische Stützpunkte gewann.

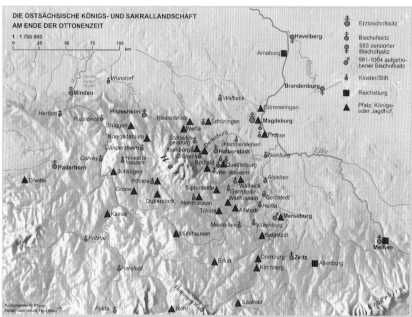

Widukinds Sicht als von seinem Vater designierter Herrscher nicht mehr wie ein *primus inter pares*, aus dieser Rolle war sogar Heinrich I. am Ende seiner Regierung schon hinausgewachsen. Trotzdem mußte Otto I. in den ersten zwanzig Jahren zunächst um die Konsolidierung seiner Herrschaft kämpfen, und dies in mehrfacher Hinsicht: zum einen gegen die leer ausgegangenen Brüder oder Halbbrüder (Thangmar, Heinrich), später mit seinem Sohn Liudolf († 957) aus seiner ersten Ehe mit Edgith, schließlich aber auch mit den verschiedenen Großen des Reiches, die sich teilweise mit Mitgliedern seiner Familie verbündeten. Interessant sind die Orte der Erhebung und der Verzeihung. Heinrich sammelte zum Beispiel die Gegner Ottos bei einem Gelage (*convivium*) im thüringischen Saalfeld, wo später auch Luidolf Anhänger für den Kampf gegen seinen Vater sammelte. Diese Aufstände zeigen in verfassungsrechtlicher Perspektive insgesamt, daß die Individualsukzession noch keinesfalls gefestigt war, denn viele der Konkurrenten gaben vor, um das ihnen zustehende Recht zu kämpfen. Eine Konsequenz, die Otto aus diesen Gefahren zog, war diejenige, daß er seine Verwandten aus den Herrschaftszentren Sachsen und Franken fernzuhalten suchte und sie eher mit der Übertragung anderer Gebiete entschädigte. Als 941 Franken frei wurde, fiel das Herzogtum sogar an den König. Schwaben gab Otto an seinen Sohn Liudolf, der schon 940 die Tochter des Schwabenherzogs Hermann geheiratet hatte, Bayern 948 an Heinrich († 955), seinen jüngeren Bruder, und Lothringen 944 an Konrad den Roten. Trotzdem boten diese Vergaben keine langfristigen Perspektiven, weil sich vielfach Interessenskollisionen ergaben. Indirekt deutet sich jedoch trotzdem der Übergang von einer familienbezogenen Politik zu einer übergeordneten, abstrakteren Vorstellung vom Reich an.

Den glücklichen Ausgang der verschiedenen Konflikte verdankte Otto nicht nur seinem Verhandlungsgeschick und militärischer Stärke, sondern oft auch zufälligen Wendungen, wie dem Tod des Konradiners Eberhard und Giselberts, des Herzogs von Lothringen (939). 942/43 war eine erste Konsolidierung erreicht, erst nach 951 ergaben sich neue Konflikte mit dem Königssohn Liudolf und dessen Oheim Heinrich.

Um seine Herrschaft zu sichern, habe Otto I., so die klassische Lehre, neben einer ausgeklügelten Vergabepraxis der Herzogtümer auch die Kirche stärker in die Herrschaftsaufgaben des Reiches einbezogen. Wie konnte aber die Kirche helfen, das Reich weiter zu stabilisieren? Schon in karolingischer Zeit wurden wichtige Bischöfe in die Reichspolitik eingebunden, gab es Einflüsse der Könige auf die Bischofswahlen. Nun wurde dies zuweilen intensiviert, denn die Reichskirche konnte gegenüber den Herzögen ein Gegengewicht darstellen. Dabei ging die Forschung lange Zeit stillschweigend davon aus, daß kirchliche Prälaten weniger an der Konzentration von eigener Macht interessiert waren als weltliche Große, jedoch verkennt eine solche Sicht, daß auch Bischöfe fast immer mit den bedeutenden Adelsfamilien verflochten waren. Trotzdem nutzte Otto seine Möglichkeiten und nominierte mehrfach geeignete Kandidaten für das Bischofsamt, und der Klerus der Bischofskirche bestätigte oft nur diesen könig-

Hildesheim, Domburg.
Luftaufnahme von Südwesten. Das Bistum Hildesheim wurde im frühen 9. Jahrhundert Suffragan der Kirchenprovinz Mainz. Die dortige Domschule entwickelte sich zu einer wichtigen Pflanzstätte für spätere Würdenträger. Besonders an der Grenze zum Mainzer Sprengel kam es seit dem Ausgang des 10. Jahrhunderts zu Auseinandersetzungen (Gandersheimer Streit), die sogar vor König und Papst ausgetragen und 1030 zugunsten von Hildesheim entschieden wurden.

Hildesheim, Michaeliskirche.
Außenansicht von Südwesten (Neubau aus dem 12. Jahrhundert).

Roswitha von Gandersheim überreicht dem Kaiser ihre Dichtungen.
Holzschnitt von Albrecht Dürer in der Ausgabe von Conrad Celtis, 1501. Die gelehrte Roswitha übergibt im Beisein der Äbtissin Gerberga (949–1001) ihre Werke, die nur in einer Handschrift aus dem ausgehenden 10. Jahrhundert überliefert sind.

lichen Vorschlag. Der König übergab dem Gewählten sodann Ring und Stab als Symbole des übernommenen Amtes. Entscheidend wurden vor allem die Personen, die teilweise unter königlichem Einfluß herangezogen wurden. Ein wichtiger Ort zur Ausbildung dieses Reichsepiskopates war die königliche Hofkapelle. Die dort erzogenen Hofgeistlichen erlangten vielfach wichtige Bischofsämter. Die Hofkapelle und damit zusammenhängend die Dom- und Stiftsschulen zum Beispiel in Magdeburg, Hildesheim, Lüttich, Würzburg, Worms oder Bamberg wurden zugleich zu Pflanzstätten für kirchliche Amtsträger. Gerade im Bildungswesen traten neben die älteren süd- und westdeutschen klösterliche Zentren wie Sankt Gallen, Reichenau, Sankt Emmeram in Regensburg oder Sankt Maximin in Trier nun zunehmend auch sächsische Konvente wie Corvey und Gandersheim.

Zu den wichtigen Personen, die man zu den ottonischen Reichsbischöfen zählte, gehört beispielsweise Brun, der den Erzsitz von Köln innehatte. Er erhielt nach Absetzung Konrads des Roten während des liudolfingischen Aufstandes auch das Herzogtum Lothringen (953–965). Seine von Ruotger verfaßte Vita kennzeichnet ihn als einen Kirchenmann, welcher der Kirche und dem Reich gleichermaßen diente. Weitere Bischöfe dieses Schlages waren Willigis von Mainz (975–1011) oder später Bernward von Hildesheim (993–1022).

Die besondere Verbindung von Reich und Kirche bestand neben persönlichen Verflechtungen im wesentlichen aus Rechtsbeziehungen. Die Könige verliehen Land, Immunität und Hoheitsrechte, die Kirche leistete dagegen Königsdienst (*servitium regis*), stellte die Gastung sicher und entrichtete die *dona annualia* (Jahresabgaben). Den Einsetzungsakt der Bischöfe in die weltlichen Rechte (*temporalia*) bezeichnet man mit dem Ausdruck der Investitur. Weil aber die Einsetzung durch Laien später im Investiturstreit gegeißelt wurde, ist gerade in jüngerer Zeit die Vorstellung von einem zuvor bestehenden festgefügten Reichskirchensystems kritisiert worden, weil ein solches System vielfach nur aus der Perspektive der römisch orientierten Quellen des 11. Jahrhunderts hergeleitet wurde, die jedoch eine verfälschende Rückprojektion böten.

Gandersheim. Westwerk der Kirche aus ottonischer Zeit.

Gandersheim gehört zu den frühesten Stiftungen der Liudolfinger. Die Stifter, Graf Liudolf und Gräfin Oda, erhielten auf einer von Altfrid, dem späteren Bischof von Hildesheim (851–874), mit vermittelten Pilgerfahrt nach Rom im Jahre 845/846 von Papst Sergius II. (844–847) die Reliquien der heiligen Päpste Anastasius I. und Innozenz I. Namhafte Äbtissinnen stammten aus dem Haus der Liudolfinger. Die Glanzzeit des späteren Reichsstiftes war wohl unter Äbtissin Gerberga (vgl. die vorige Abb.). Der Purpurrotulus der Heiratsurkunde der Theophanu ist im Gandersheimer Archiv überliefert.

Auf dem Weg zum erneuerten Kaisertum – Außenkontakte und italische Abenteuer

War nach der ersten Konsolidierung der Blick Ottos auf Italien frei? Es ist fraglich, ob man den Herrscher diese Perspektive überhaupt unterstellen darf, aber verschiedene Außenkontakte in den ausgehenden 940er Jahren deuten bereits an, daß der ambitionierte Herrscher eine Vorrangstellung im lateinischen Westen anstrebte. Aus den Jahren 946–950 datieren Versuche, im Westfrankenreich als Schiedsrichter einzugreifen, um rivalisierende Gruppen im Gleichgewicht zu halten. 950 sicherte ein Zug nach Böhmen die Oberhoheit über Boleslav I. (935–967). Ottos Kontakte reichten aber weiter und deuten ein hegemoniales Königtum an: Seit 953 weilte am Hofe des umeyadischen Kalifen von Córdoba eine Gesandtschaft, die der lothringische Benediktiner Johannes von Gorze († 974) anführte, später (959) sollte sogar die Fürstin von Kiew, Olga, Glaubensboten bei Otto I. erbitten.

Der Weg von Aachen nach Rom führte jedoch über Burgund. Im burgundischen und italischen Raum lagen zentrale Gebiete, die zuletzt im Mittelreich

Pavia, San Michele. Westfassade aus dem 11. Jahrhundert.

Pavia (Ticinum) war der Hauptort des Langobardenreiches, die Stadt blieb nach der endgültigen Eroberung durch Karl den Großen 774 Erhebungsort für das *Regnum Italiae*, der in diesem Jahr in San Michele gekrönt wurde. Pavia wurde später aber auch wichtig für Reichsversammlungen; in der Pfalz waren Gerichts- und Finanzverwaltung konzentriert. Otto I. blieb 964–967 in Pavia, zog bei anderen Gelegenheiten teilweise Ravenna vor, jedoch hielten sich auch spätere Könige und Kaiser häufig in Pavia auf. Spuren der spätkarolingischen Pfalz haben sich nicht erhalten.

Lothars I. zusammengefaßt gewesen waren, nun aber als Hoch- und Niederburgund sowie als *Regnum Italiae* je eigene Wege gingen. Burgundische Herrscher waren in der ersten Hälfte des 10. Jahrhunderts gleichzeitig Könige dieses *Regnum Italiae* geworden, mußten sich dort aber mit lokalen Kräften auseinandersetzen, so mit Berengar II. von Ivrea († 966).

Gegenüber dem in Hochburgund herrschenden Konrad I. (937–993) suchte Hugo von der Provence unter anderem durch verschiedene Heiratsprojekte Einfluß zu gewinnen. Damit drohte die Gefahr eines großburgundischen Reiches mit Einfluß auf Italien. Die Herrschaft Hugos war aber schon seit längerem in Italien verhaßt. So kamen Berengar von Ivrea und andere Emigranten 941 zu Otto in der Hoffnung, Hugo zu neutralisieren. Berengar konnte schließlich Hugo und dessen Sohn Lothar verdrängen, aber Lothar behielt zunächst noch die Königsherrschaft. Nachdem 948 Hugo und 950 Lothar gestorben waren, ließ sich Berengar im Dezember 950 in Pavia zum König im *Regnum Italiae* erheben. Gleichzeitig setzte er die Witwe Lothars, Adelheid, gefangen. Rettung kam aus dem Norden – jedenfalls haben sächsische Historiographen diesen Zug entsprechend dargestellt: Der edle König Otto, seit 946 Witwer, habe Adelheid, der schönen Königin, helfen wollen, sei über die Alpen gezogen und habe 951 die der Gefangenschaft entronnene Königin geheiratet.

Der Zug Ottos richtete sich aber nicht nur gegen eine zu große Eigenständigkeit Berengars, sondern in der Konsequenz sogar gegen Bayern und Schwaben, die als benachbarte Gebiete offensichtlich traditionelle Ansprüche auf Italien erhoben. Herzog Heinrich I. von Bayern und dessen Neffe und Königssohn Liudolf von Schwaben waren schon zuvor (über Trient) nach Italien gezogen, wenn auch keinesfalls mit den gleichen Absichten. Liudolf, der Sohn aus der ersten Ehe Ottos, mußte durch die neue Verbindung seines Vaters auch um künftige eigene Rechte fürchten, dies erklärt neben den geopolitischen Interessen die spätere Erhebung des Sohnes gegen den Vater.

Otto übernahm 951 in Pavia, der alten langobardischen Königsstadt, die italische Königswürde, ohne Krönung, aber mit Huldigung. Adelheid, die Otto nun heiratete, lud er »mit höchster Ehre« (*summo honore*) nach Pavia ein. Sie sollte in den Quellen bald als *consors regni* erscheinen, womit ihre Mitherrschaft im Reich angedeutet wurde. In der Tat zog sie auch nach Ottos Tod im Reich bis kurz vor ihrem Tod am 16./17. Dezember 999 die Fäden; Gerbert von Aurillac nannte sie nicht zu unrecht: *Mater regnorum*, Mutter der Reiche. Otto führte nun in karolingischer Tradition den Titel eines *Rex Francorum et Italicorum*. Sollte sein Griff nach der italischen Königswürde auch den Weg zum Kaisertum vorbereiten? Eine unmittelbare Gesandtschaft nach Rom scheiterte zunächst, hier scheint die Ablehnung des römischen Adeligen Alberich in der Umgebung des damaligen Papstes Agapit II. (946–955) bestimmend gewesen zu sein.

Berengar und sein Sohn Adalbert konnten schließlich die Königswürde als Vasallen Ottos behalten, jedoch wurden die Marken Verona und Aquileja mit Bayern vereint. Während Heinrich I. von Bayern somit durchaus Erfolge verbuchen konnte, erschien vor allem Ottos Sohn Liudolf als Verlierer. Als Adelheid einen Sohn gebar, verband sich Liudolf mit Konrad dem Roten gegen seinen Vater Otto und Oheim Heinrich. Liudolf sah sich durch die Italienpolitik und zweite Heirat seines Vaters in seinen Rechten geschmälert und fand im Reich starken Anklang. Auf Seiten Ottos standen in diesem Konflikt vor allem seine Brüder Heinrich und Brun, dem der König das Erzbistum Köln und das Herzogtum Lothringen 953 übertrug. Als die Opposition gegen den König Verbindung zu den erneut einbrechenden Ungarn aufnahm, schwand jedoch die Zustimmung im Reich, und Otto konnte sich gegen seine Widersacher behaupten. Insofern war 954/55 eine Konsolidierung erreicht, wie auch Widukind von Corvey unterstreicht: Von 919 bis 954 habe es gedauert, bis die Familie der Sachsen fest etabliert gewesen sei. Aus dieser Perspektive erzählt er auch die schon thematisierten Anfänge der Dynastie.

»Vater des Vaterlandes« auf dem Lechfeld bei Augsburg – Vom Ungarnsieg zum römischen Kaisertum

Konnte aber der Weg zum Kaisertum nur über Italien führen, oder entschied sich das Schicksal eher nördlich der Alpen? Die Ungarn bedrohten das Reich erneut 955, sie kamen bis nach Schwaben, dort half vor allem Bischof Ulrich von Augsburg, die Angriffe abzuwehren. Die Schlacht fand am 10. August 955 statt, Otto ritt mit der Heiligen Lanze voran. Der König soll sogar ein Gelübde geleistet haben, dem Tagesheiligen, dem Märtyrer Laurentius, ein Bistum in Merseburg zu errichten. Nicht nur in der Perspektive Widukinds war die Schlacht ein über-

Otto I. und sein Heer besiegen die Ungarn bei der Schlacht auf dem Lechfeld am 10. August 955

Zeichnung von C. Höberlin. Das Bild zeigt den Herrscher mit der Heiligen Lanze (vgl. die Abb. auf S. 5), beteiligt waren vor allem bayerische, schwäbische und fränkische Truppen. Der Kampfesort liegt unweit der Stadt Augsburg und prägte sich noch stärker als der Ungarnsieg von Riade (933) in das kollektive Gedächtnis ein, weil nun die Ungarngefahr endgültig gebannt war und Otto deshalb von Widukind sogar die Führerschaft in der Christenheit zugebilligt wurde.

wältigender Sieg, sondern andere Zeitgenossen haben dies ähnlich festgehalten. Dieser Erfolg hob Otto gegenüber seinen Vorgängern heraus. »In einem feierlichen Triumphe wurde der ruhmbedeckte König vom Heere als Vater des Vaterlands (*pater patriae*) und Imperator begrüßt; es wurde beschlossen, in allen Kirchen Gott dem Herrn Ehr- und Lobgottesdienste feierlich zu halten. [...] Und wirklich hat seit 200 Jahren kein König mehr die Freude eines solchen Sieges erlebt« (Widukind III 49).

War damit ein neuer Kaiser auf dem Schlachtfeld erhoben, ein »Heerkaisertum« angedeutet? Bezogen sich die Begriffe *pater patriae* und *imperator* auf die Antike, oder bezeichneten sie zugleich germanische Vorstellungen? Man könnte an ein imperiales Königtum denken, weil nun mehrere *regna* unter Ottos Herrschaft zusammengefaßt erschienen, jedoch ist diese Sicht stark der Perspektive Widukinds geschuldet, und Ottos Weg nach Rom war noch lang. 956 entsandte Otto seinen Sohn Liudolf nach Italien, damit dieser den allzu unabhängig handelnden Berengar in seine Schranken verweise. Ob die schon erwähnten angestrebten Verhandlungen mit dem Kalifen im südlichen Spanien auch zum Ziel hatten, Berengar zu vertreiben, bleibt eine Spekulation.

Der entscheidende Anlaß zur Kaiserkrönung kam aber eher aus Rom. Nachdem Berengar Rom massiv bedrängt hatte, schickte Papst Johannes XII. (955–963) 960 einen Hilferuf an Otto. Dieser bereitete sodann 960–961 einen Romzug vor, ließ im Mai seinen Sohn Otto II. in Worms zum König wählen und in Aachen krönen. Vielleicht wurde sogar im Vorfeld die Kaiserkrone angefertigt. Der Zug brach im August 961 nach Pavia auf, das Berengar geräumt hatte, und gelangte dann ohne große Widerstände am 31. Januar 962 nach Rom. Dort krönte Papst

Johannes XII. am Fest Mariä Lichtmeß (2. Februar) Otto zum Kaiser, und erstmals in der Geschichte auch die Gemahlin zur Kaiserin. Dies unterstreicht, in welchem Maße Ottos Frau Adelheid den Weg nach Rom geebnet hatte.

Die Lesungstexte des Festtages verweisen auf den »Gesalbten des Herrn« und das »Licht, das die Heiden erleuchtet«. Vielleicht hatte man sogar bewußt dieser Texte wegen den Krönungstag gewählt. Wenige Tage später, am 13. Februar 962, wurde das sogenannte *Ottonianum* (vgl. Farbabb. 7) besiegelt, das ähnlich wie frühere Kaiserpakte dem Papst die Rechte und Besitzungen in Mittelitalien bestätigte. Neben dem Dukat von Rom waren dies vor allem der Exarchat von Ravenna und die Pentapolis sowie weitere Gebiete bis hin nach Sizilien und Korsika. Vielleicht sah Otto sogar in diesem Zusammenhang ein Prachtexemplar der Konstantinischen Schenkung. Im Gegenzug wurde der kaiserliche Einfluß in Rom erneut festgelegt. Vor der Weihe sollte jeder künftige Papst einen Eid auf den Kaiser leisten.

Die Abmachungen wurden aber brüchig, als Otto den Kampf gegen Berengar aufnahm. Johannes XII. paktierte nun sogar mit diesem, mit Byzanz und mit den Ungarn. Vielleicht hatte er Angst, daß Otto zu mächtig werden könne. Als Otto daraufhin nach Rom zurückkehrte, wurde der Papstwahlpassus enger gefaßt, und eine Synode machte Papst Johannes 963 den Prozeß. Statt seiner wurde nun Leo VIII. (963–965) erhoben, der aber nach dem Abzug Ottos aus Rom vertrieben wurde. Der nun neue Papst Benedikt V. (964), ein Favorit der Römer, konnte sich jedoch nicht halten: Otto machte kurzen Prozeß, schickte diesen nach Hamburg in die Verbannung und kehrte selbst nach Norden zurück. Seine verschiedenen militärischen Aktionen zeigen aber, daß der neue Kaiser über Rom nur dann wirklich gebieten konnte, wenn er am Ort anwesend war.

Was bedeutete das erneuerte Kaisertum? War nun erst das Reich Karls des Großen mit einem »deutschen« König neu geschaffen worden? Trugen Vorstellungen weiter, daß die Kaiserherrschaft die letzte Phase der Weltgeschichte bedeutete? Gemeingut der europäischen Völker waren solche und andere Vorstellungen nicht. Bestimmend blieb eher die päpstliche Auffassung, daß die Kaiserwürde auf dem Schutz der römischen Kirche beruhe. Viele Nachbarländer erkannten eine Oberhoheit des neuen Kaisers überhaupt nicht an. Dem Kaisertum kam auch nach 962 somit im mittelalterlichen Europa keine rechtliche oder faktische Führungsstellung, sondern eher ein gewisser Ehrenvorrang zu.

Italien oder der Osten? Magdeburg und Süditalien

Hätten die Ottonen und ihre Nachfolger sich aus einer deutschen Perspektive eher im Osten als im Süden engagieren sollen? Diese lange geführten gelehrten Diskussionen basieren auf den politischen Auseinandersetzungen von großdeutscher und kleindeutscher Lösung im 19. Jahrhundert und unterstellen dem historischen Prozeß Alternativen, die in dieser Form kaum bestanden haben. Süden und Osten gehörten vielmehr zusammen: So stärkte Otto I. in Italien und Rom die Voraussetzungen für seine »Ostpolitik«, wie die am 12. Februar 962 von Johannes XII. ausgestellte Urkunde zur Gründung des Erzbistums Magdeburg erkennen läßt. Otto I. war schon seit seiner Erhebung immer wieder im Osten aktiv geworden. Militärische Auseinandersetzung und Mission gingen hier Hand in Hand. Ein erster Stützpunkt war das 937 gegründete Mauritius-Kloster in

Merseburg.
Am Westufer der Saale stand schon im frühen Mittelalter eine Burg, die auch den Flußübergang wichtiger Fernstraßen sicherte. Auf dem Domhügel wurde dann unter Heinrich I. eine nicht genau lokalisierbar Pfalz errichtet, einen zweiten Pfalzbau förderte Otto I. Bis zu den Staufern sind 69 Königsaufenthalte belegt. Vor der Ungarnschlacht 955 versprach Otto für den Fall des Sieges, dem Tagesheiligen ein Bistum in Merseburg zu errichten, was dann mit der Gründung des Erzbistums 968 Wirklichkeit wurde. Mit dem Bau des Domes wurde nach 1036 begonnen.

Magdeburger Reiter.
Magdeburg, um 1240. Das vollplastische Reiterstandbild aus Sandstein wurde im 13. Jahrhundert wohl aufgestellt, um die Verleihung des Königsbannes zu dokumentieren. Der Reiter wird in der Regel als Otto der Große gedeutet. Seit 1966 ist ein Bronzeabguß auf dem Alten Markt aufgestellt.

Magdeburg, Stadtansicht.
Holzschnitt in der Weltchronik Hartmann Schedels, 1493. Magdeburg, zunächst ein Stapelplatz für Fernhändler, erstmals 806 urkundlich erwähnt, wurde von Otto schon 929 zur Morgengabe für seine Gemahlin bestimmt. Der Ort diente weiterhin als „Grenzort" und Stützpunkt für Eroberungen und Mission. Das Mauritiuskloster, das 937 gegründet wurde, mußte im Zuge der Erhebung Magdeburgs zum Erzbistum 968 weichen.

Magdeburg. Mönche aus dem Trierer Reformkloster Sankt Maximin waren hierher zur Slawenmission gekommen.

948 folgten Bistumsgründungen: Brandenburg und Havelberg an der mittleren Elbe, vielleicht auch schon Oldenburg in Wagrien (Holstein); sie gehörten zur Mainzer Kirchenprovinz. Vor der Ungarnschlacht gelobte Otto, wie erwähnt, dem Tagesheiligen die Gründung des Bistums Merseburg. Vielleicht bestand schon damals sogar die Perspektive, ein Erzbistum Magdeburg zu gründen. 954 sondierte Abt Hadamar von Fulda († 956) wohl in dieser Angelegenheit in Rom, jedoch waren unter anderem auch die Widerstände des Mainzer Erzbischofs und des Halberstädter Bischofs, deren Rechte durch eine Gründung betroffen waren, zu groß.

Trotz der Unterstützung 962 durch Papst Johannes XII. dauerte die Umsetzung noch einige Jahre. Erst 967/968 konnte die Errichtung des Erzbistums Magdeburg auf einer Ravennater Synode erneut beschlossen werden. Brandenburg und Havelberg sowie Merseburg, Meißen und Zeitz wurden später Suffragane. Die neue Metropole und die zugehörigen Bistümer zeigen heute noch eindrücklich in manchen Bauten die ottonische Prägung. Vieles deutet darauf, daß Otto I. hier ein neues Rom (*Roma nova*) schaffen wollte, wo wie in Saint-Denis

Magdeburg, Dom am Ufer der Elbe.
Der nach der Errichtung des Erzbistums Magdeburg errichtete Dom diente auch als Grablege für verschiedene ottonische Herrscher (vgl. Anhang); er wurde 1209 nach einem Brand durch einen gotischen Bau ersetzt.

die Grablege der königlichen Familie eingerichtet werden sollte (vgl. Farbabb. 3 und 4). Der Zeitpunkt der Gründung war aber kaum zufällig: Als die Sitze von Mainz und Halberstadt 968 vakant wurden, ergab sich eine günstige Situation. Für das Amt des Erzbischofs von Magdeburg vorgesehen war der erfahrene Ostmissionar Adalbert (968–981), dessen Sprengel vom Papst aber nur für die von Otto schon unterworfenen Slawenstämme zugestanden worden war, nicht für weitere Gebiete im Osten. Otto strebte demgegenüber einen weiteren Aufgabenbereich an, wie die Titulatur verdeutlicht: »Erzbischof und Metropolit aller Völker der Slawen jenseits von Elbe und Saale, die zu Gott bekehrt oder zu bekehren sind«.

Die Versöhnung mit dem östlichen Kaisertum: Theophanu, die Braut aus Byzanz

Die Zukunft Magdeburgs wurde demnach auch in Italien entschieden. Aber nicht nur deshalb zog Otto im Herbst 966 zum dritten Mal für volle sechs Jahre nach Italien. Er versuchte unter anderem auch, den ottonischen Einfluß in Süditalien zu stärken, denn nur so schien Rom langfristig beherrschbar. Der Kaiser ließ sich sogar durch die langobardischen Fürsten von Capua und Benevent huldigen, und die Erhebung Benevents zum Erzbistum (969) zeigt, wie Otto mit dem Papst auch die Verhältnisse in Süditalien neu strukturieren wollte. Dies bot Anlaß zu weiteren Konflikten, denn Byzanz beargwöhnte nicht nur das westliche Kaisertum, sondern besaß zudem traditionelle Rechte in Süditalien. Zunächst versuchte Otto, die Anerkennung seiner Gleichrangigkeit militärisch zu erzwingen. Nur Apulien blieb Byzanz treu, Capua und Benevent neigten eher zu ihm. Dazu sollten Verhandlungen treten. Es ging Otto darum, eine mögliche Heirat für seinen schon an Weihnachten 967 in Rom zum Mitkaiser gekrönten Sohn Otto II. zu arrangieren. 968 wurde Liudprand von Cremona († ca. 970) nach Byzanz entsandt. Dies war ein Mann mit großer Erfahrung, schon früher war er als Beauftragter Berengars nach Byzanz gereist. Er sparte in seinen Schriften nicht mit bissigen und abwertenden Urteilen über Kultur und Gebräuche des byzantinischen Hofes, die aber neben Ironie und Spott auch wertvolle Details über andere Vorstellungen und Gebräuche im byzantinischen Kulturkreis vermitteln.

Quedlinburg, Schloßberg und Servatiuskirche.
Der Neubau der 1070 niedergebrannten Servatiuskirche wurde 1129 abgeschlossen. Quedlinburg gehörte zu den wichtigen Stützpunkten der Liudolfinger. Der Schloßberg zeigt Spuren karolingischer Wehranlagen; über den unterhalb gelegenen Königshof verfügten seit 922 die Ottonen. Besonders Heinrich I. hielt sich häufig in der dort nur zu vermutenden Pfalz auf. Seine Witwe Mathilde gründete 936 bei der Burgkirche ein Kanonissenstift St. Servatius, das später durch zahlreiche Privilegierungen ausgezeichnet wurde.

Der Hauptzweck der Gesandtschaft selbst blieb aber noch ohne Ergebnis. Erst der durch Gewalt an die Macht gekommene Kaiser Johannes Tzimiskes (969–976) stimmte einer Heirat zu. Theophanu, die Tochter des Kaisers Romanos II. (959–963), eine Nichte des amtierenden Kaisers, sollte die Gemahlin Ottos II. werden. Gleichwohl zeitigte die Hochzeit am 14. April 972 in Sankt Peter Folgen, denn die Herrscherin wurde 972 zur Kaiserin gekrönt, sie konnte sich nun sogar als *Consors imperii* oder *Coimperatrix* bezeichnen. Ihre Stellung wurde in einer Urkunde festgelegt, die als Prunkausfertigung erhalten ist und zeigt, wie gern man auch im Westen byzantinische Repräsentationsformen aufgriff. Mit dieser Heirat war nicht nur das Zweikaiserproblem entschärft, sondern über Theophanu drangen byzantinische Kulturtraditionen verstärkt im Westen ein.

Der Hoftag in Quedlinburg von 973 kurz vor Ottos Tod zeigte einen Kaiser auf der Höhe seiner Macht, denn Gesandte aus Rom, Byzanz, Benevent, Rußland, Ungarn, Bulgarien, Böhmen, Polen und Dänemark waren zugegen, wenig später kamen sogar noch Vertreter aus Nordafrika (Fatimiden). Auch deshalb bezeichneten schon die Zeitgenossen Otto I. als den »Großen«. Am 7. Mai 973 starb der Kaiser in seiner Pfalz Memleben. Daß er in Magdeburg beigesetzt wurde, dürfte wie bei anderen Herrschern programmatisch sein, denn das von ihm gegründete Erzbistum, aber auch die weiteren in Sachsen gelegenen Bistümer und Pfalzen verbanden sich mit dem Namen Ottos, zugleich aber mit dem neuen, durch das Kaisertum gefestigten Reich.

Bestandsicherung in Italien: Otto II. (973–983), der Erbe

War Otto II. des großen Vaters glückloser Sohn, wie in jüngerer Zeit zuweilen unterstrichen wurde? Die Regierungszeit des neuen Königs blieb problematisch, sie war aber nicht in allem so widersprüchlich, wie oft behauptet. Der Sohn hatte jedoch viel zu tun, um die Errungenschaften seines Vaters gegen diverse Angriffe zu sichern. Dabei stand Otto II. anfangs starken inneren und äußeren Schwierigkeiten gegenüber.

Ein Zug über das Danewerk, den Grenzwall zwischen Schlei und Treene, richtete sich gegen Übergriffe des Dänenkönigs Harald Blauzahn (945–986) und sicherte die Schlei als Reichsgrenze (974). Insbesondere hatte Otto II. aber im Südosten (Bayern), Westen (Lothringen) und Italien zu kämpfen. Die Neubesetzung des Herzogtums Schwaben mit seinem Neffen Otto (973–982), dem Sohn Liudolfs I., führte zur Erhebung seines Vetters, des Bayernherzogs Heinrich II. (des Zänkers) (955–976, 985–995), der sich mit den Herzögen von Polen und Böhmen verbündete, dann aber nach Haft und Flucht 976 sein Herzogtum verlor. Dies machte 976 eine grundlegende Neugliederung des Südostraumes notwendig: Die bayrische Ostmark (996 bzw. 998 erstmals: *Ostarrîchi*) wurde den jüngeren Babenbergern (Luitpold) übertragen, Kärnten (mit den Marken Verona und Aquileja) wurde unter dem Liutpoldinger Heinrich zu einem eigenen Herzogtum erhoben und das nun deutlich verkleinerte Bayern Otto von Schwaben unterstellt. Mit dieser Teilung verlor das Herzogtum Bayern auch seine Einflußmöglichkeiten im nördlichen Oberitalien und konnte hier kaum noch in direkte Konkurrenz zum Kaiser treten. Zwei Jahre später (978), nach neuen Kämpfen mit Heinrich dem Zänker, verlieh Otto II. Kärnten sogar dem Salier Otto.

Ab 977 ergab sich jedoch zusätzlich Handlungsbedarf im Westen. Die Übertragung des Herzogtums Niederlothringen an den westfränkischen Karolinger Karl (977) beschwor die Feindschaft von dessen Bruder, König Lothar von Westfranken-Frankreich (954–986). Die militärische Bedrohung Aachens deutet die Krise an: Otto II. geriet hier 978 beinahe in Gefangenschaft, und auf der Kaiserpfalz wurde von den westfränkischen Truppen als Zeichen der Macht der Adler sogar nach Osten gewendet! Der in Dortmund beschlossene kaiserliche Vergeltungszug nach Paris blieb ergebnislos. 980 legte man in einem Abkommen, das in Margut bei Ivois geschlossen wurde, den Streit bei: Lothringen blieb Teil des Reiches.

Ab 980 trat Italien stärker in Ottos Blickfeld. In Ravenna, der Stadt, die noch zahlreiche oströmisch-byzantinische Traditionen aufwies, begegnete Otto II. dem Papst Benedikt VII. (974–983). Zwei Gelehrte aus dem Westfrankenreich, Abt Adso von Montiér-en-Der und Gerbert von Aurillac führten dort eine Disputation mit dem königlichen Kapellan Othrich. Die neue Form des Streitgespräches zeigte, wie hoch das intellektuelle Niveau – gerade in Westeuropa – bei einzelnen Vertretern auch im angeblich »dunklen Jahrhundert« sein konnte. Der

Ravenna, spätantiker Exarchenpalast. Ravenna war seit der Spätantike eng mit dem oströmischen Kaisertum verbunden. Der Exarch führte an Stelle des oströmischen Kaisers in relativ großer Autonomie die Geschäfte. Im 10. und 11. Jahrhundert wurde Ravenna – in der Nähe bestand wohl auch eine Pfalz – zu einem politisch höchst wichtigen Zentrum, an dem die ottonischen Herrscher bei ihren Italienaufenthalten außer in Pavia und Rom bevorzugt zugegen waren. Diese Bedeutung als wichtiger Schauplatz der Reichsgeschichte nahm erst nach dem Investiturstreit langsam ab.

hier beteiligte Gerbert sollte später kaiserlicher Ratgeber werden und als Papst Silvester II. (999–1003) Karriere machen.

981 fanden in Rom ein Hoftag und eine Synode statt. Anschließend beabsichtigte Otto II. jedoch, nochmals an die Politik der späten Karolinger anzuknüpfen, sogar einen Bruch mit Byzanz, eventuell auch mit den Fatimiden zu riskieren, indem er Süditalien der ottonischen Herrschaft zu unterwerfen versuchte. Seine Titulatur als *Romanorum imperator* (Kaiser der Römer) verdeutlicht mit dem Zusatz »der Römer« einen gegen Byzanz gerichteten Akzent. Bei Kap Colonne südlich Cotrone (Kalabrien) erlitt Otto II. in einer militärischen Auseinandersetzung jedoch eine vernichtende Niederlage durch die Sarazenen. Zwar zogen sich diese trotz ihres Sieges zurück, weil sie ihren Emir verloren hatten, aber in Süditalien kam es zu keiner endgültigen Regelung.

Trotz dieser Rückschläge konnte Otto an Pfingsten 983 die Zukunft des Reiches sichern: Eine Versammlung in Verona wählte seinen fast dreijährigen gleichnamigen Sohn zum König und regelte erneut die Besetzung der süddeutschen Herzogtümer: Der Konradiner Konrad wurde Herzog von Schwaben (983–997), Heinrich von Kärnten erhielt das Herzogtum Bayern (983–985). Im Norden des Reiches vernichtete aber eine Erhebung der Dänen und Slawen weitgehend die politischen und kirchlichen Strukturen, die Otto der Große geschaffen hatte. Die Liutizen zerstörten Havelberg, die Obodriten plünderten Brandenburg und Hamburg, so daß die Einflußzone des Reiches im Norden auf die Elbe-Linie zurückgeschoben wurde. Zeitweise war sogar Magdeburg in Gefahr. Ob die Abwesenheit des Kaisers und seine Niederlage in Süditalien diese Erhebungen begünstigten, wurde schon in der zeitgenössischen Historiographie diskutiert; jedoch können solche Zusammenhänge kaum belegt werden.

Otto II. starb am 7. Dezember 983 in Rom an der Malaria oder deren Folgen. Er wurde im »Paradies« der Peterskirche beigesetzt, für den Eintretenden links an der Rückwand unter einem Mosaik, das den Herrn zwischen den Apostelfürsten Petrus und Paulus darstellte. 1610 erhielt er sein Grabmal in den Vatikanischen Grotten bei vielen Päpsten; er blieb der einzige römisch-deutsche Kaiser, der in Sankt Peter beigesetzt wurde.

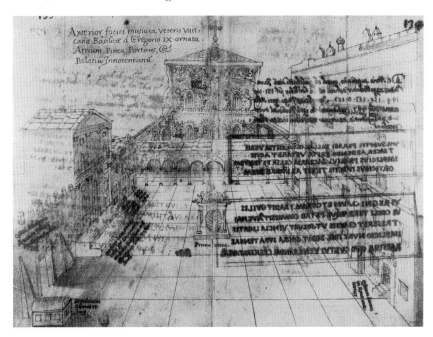

Rom, Alt-Sankt Peter mit dem Grab Ottos II.

Zeichnung aus dem Bericht Grimaldis zur Graböffnung 1610. Rom Bibliotheca Vaticana: Cod. Vat. Barb. lat. 2733 fol. 2412 recto. Die Skizze zeigt das Atrium von Alt-Sankt Peter in Rom, wo sich Ottos Grab links an der Rückwand befand, wie dies vor allem durch den Historiographen Thietmar von Merseburg berichtet wurde. Ottos Leichnam wurde 1610 in die vatikanischen Grotten umgebettet.

Der schwärmende Romliebhaber auf dem Kaiserthron? Otto III. (983–1002)

Gefährdeten die Bedrückungen im Norden die neuen Schwerpunkte des Reiches im sächsischen Kernland, dem ja mit Magdeburg, aber auch anderen Orten wie Havelberg, Quedlinburg und Halberstadt, aber auch im Südosten Sachsens wie Querfurt, Merseburg und Naumburg so sehr die Fürsorge der Ottonen gegolten hatte? Wurde nun endgültig Rom die Perspektive, die auch die Entwicklung des Reiches insgesamt nachhaltig bestimmen sollte? Otto III., in Italien gewählt, der Jüngling auf dem Königs- und Kaiserthron, wie er gerne apostrophiert wird, war mit Rom sicherlich nachhaltig verbunden. Aber schaute er nur auf Italien? In einer Urkunde, die er am 23. Januar 1001 ausstellte, nannte er sich *Romanus Saxonicus et Italicus*, und in der Tat treffen einfache Gegenüberstellungen – hier Rom, dort Sachsen – kaum die komplexen historischen Zusammenhänge. Dennoch blieben die langen Abwesenheiten vom Norden nicht ohne Folgen, auch im Innern. So ließ sich beispielsweise Hermann Billung († 973) zu Zeiten königlicher Abwesenheit in Magdeburg wie ein König empfangen und schlief sogar im Bett des Herrschers.

Ottos III. Königtum bestimmten besonders in der Anfangsphase drei Frauen: Kaiserin Theophanu, die Kaiserin Adelheid sowie die oberlothringische Herzogin-Witwe Beatrix, die Ansprüche später Karolinger auf eine Vormundschaft über Otto abwehrte. Gegen wen mußte der junge König aber geschützt werden? Herzog Heinrich der Zänker versuchte, die Vormundschaft über den an Weihnachten 983 in Aachen gekrönten Kaisersohn an sich zu reißen, er war väterlicherseits der nächste Verwandte, und schon Otto II. mußte zweimal mit seinem streitsüchtigen Verwandten fertig werden. Dieser strebte sogar selbst die Königsherrschaft an und ließ sich sogar in der wichtigen Pfalz Quedlinburg, wo auch zahlreiche Hoftage stattfanden und die Kaiserin dem dortigen Kanonissenstift vorstand, von einigen Anhängern wählen. Jedoch wurde er vom sächsischen Adel und Erzbischof Willigis von Mainz zur Auslieferung Ottos an seine Mutter Theophanu genötigt.

Theophanu und Adelheid wurden dann in der frühen Regierungszeit Ottos III. für das Königtum bestimmend. Theophanu war selbstbewußt: Sie zog im Herbst 989 sogar ohne ihren Sohn nach Rom und ließ sich dort als Kaiser (*imperator augustus*), ja sogar als Kaiser Theophanius (*dominus Theophanius imperator*) bezeichnen. Dies basierte vielleicht auf byzantinischen Vorstellungen des Mitkaisertums. Nach ihrem Tod 991 in Nimwegen und Beisetzung in Sankt Pantaleon (vgl. Farbabb. 6) übte die Großmutter Adelheid bis 994 Einfluß auf die Reichsregierung aus, sie gilt als weniger energisch und erfolgreich. Der Übergang zur eigenständigen Herrschaft Ottos III. war fließend. Ein Reichstag im September 994 zu Sohlingen im Solling demonstriert jedoch die gewachsene Regierungsgewalt Ottos III. Er behielt zunächst die wichtigsten Berater bei, neben Willigis auch den Kanzler Hildebald.

Vor einem Zug gegen die Obodriten (995) wurde schon 994 ein Romzug beschlossen, und sogar Boten nach Byzanz sollten für Otto III. auf Brautwerbung gehen. Der spätere Erzbischof Heribert von Köln (999–1021) wurde Kanzler für das *Regnum Italiae*, womit erstmals ein »Deutscher« dieses Amt versah. Der erste Romzug, den Otto 996 begann, brachte auch Einfluß auf die Besetzung des römischen Bischofsstuhls. Otto machte seinen Vetter Brun von Kärnten zum Papst (Gregor V., 996–999) und empfing von ihm die Kaiserkrone.

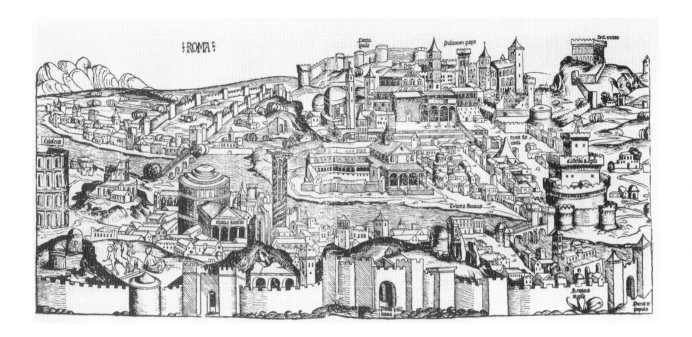

Rom, Stadtbild im späten Mittelalter.
Ansicht aus der Schedelschen Weltchronik, 1493. Die Stadtansicht läßt gut vor allem den Komplex um Sankt Peter auf der rechten Tiberseite erkennen, rechts die Engelsburg und Engelsbrücke, innerhalb der Stadtmauern vorne links Santa Maria Maggiore und ganz außen das Kolosseum.

In enger Gemeinschaft mit ihm sowie weiteren Ratgebern und Freunden – neben seinem einstigen Lehrer, Gerbert von Aurillac (später Papst Silvester II.) auch Leo von Vercelli, Heribert von Köln, dem Missionar Adalbert und anderen – orientierte sich Otto in den folgenden Jahren vor allem auf römische Belange, so daß man hier das Ideal einer *Renovatio imperii Romanorum* (Erneuerung des Reiches der Römer) erkennen wollte, das in den folgenden Jahren weiter an Kontur gewann, obwohl die Situation noch keinesfalls geklärt war. Auf einem zweiten Italienzug (997–1000) beseitigte Otto in Rom die Herrschaft der dort lange Zeit dominierenden Crescentier mit teilweise grausamen Bestrafungen. Tatsächlich schien Otto III. Rom als wichtiges Zentrum auch für das Reich anzusehen. Mit der Erhebung von Gregors V. Nachfolger Silvester II. (Ostern 999) griff der Kaiser in das römische Machtgefüge ein; der Sachse Ziazo verstärkte als Schutzherr den kaiserlichen Einfluß, und die von Otto geförderte römische Familie der Iminza erlangte im Umfeld der römischen Kaiserpfalz Gewicht. Insgesamt waren diese Maßnahmen Ottos III. aber keinesfalls in allen Aspekten dem übergeordneten Gedanken der *Renovatio*, sondern zugleich kirchlichen Reformbestrebungen verpflichtet.

Von asketisch-reformerischen Strömungen beeindruckt, die ihm verschiedene Personen seines Kreises schon in Rom nahegebracht hatten, brach Otto III. Ende 999 von Rom nach Gnesen auf. Dort verehrte er das Grab des ihm zu Lebzeiten eng verbundenen Prager Bischofs Adalbert, der 997 als Missionar bei den Pruzzen das Martyrium erlitten hatte, und errichtete ein Erzbistum mit den Suffraganen Kolberg, Krakau und Breslau, während Posen vorerst bei Magdeburg blieb. Herzog Bolesław I. Chrobry von Polen (992–1025), den er als »Bruder und Mithelfer des *Imperium*s« beziehungsweise »Freund des römischen Volkes« bezeichnete, schenkte er eine Nachbildung der Heiligen Lanze. So sehr man diese Ereignisse, den »Akt von Gnesen«, als Ausdruck eines politischen Konzeptes interpretiert hat, so bleibt dennoch wichtig, daß der Kaiser zugleich als Pilger unterwegs war. Beide Aspekte lassen sich nicht scharf voneinander trennen, sie sind viel eher zwei Seiten einer Medaille.

Von Gnesen zog Otto nach Aachen, wo er das Grab Karls des Großen öffnen ließ. War dies ein Versuch, sich in die Tradition des großen Vorgängers zu stellen? Bedeutete es vielleicht sogar einen frühzeitigen Versuch, Karl zur Ehre der Altäre zu erheben und ihn damit als Heiligen zu charakterisieren? Die Quellen lassen keine sicheren Schlüsse zu. Aber mit der anschließenden Reise nach Rom wird eindrücklich die räumliche Perspektive von Ottos III. Herrschaft angedeutet, die Rom, Gnesen und Aachen miteinander verband.

Wenig später beschloß eine Synode in Ravenna Maßnahmen, um Ungarn ähnlich wie Polen in Ottos Konzeption eines römisch-christlichen Universalreiches einzubeziehen. In Rom konnte Otto jedoch keinen Fuß mehr fassen. Waren seine Vorstellungen und Ziele, soweit sie überhaupt unterstellt werden dürfen, überzogen und zum Scheitern verurteilt? In einer bewegenden Rede soll Otto sich an die Römer gewendet haben: »Seid ihr nicht meine Römer? Habe ich nicht euretwegen mein Vaterland und meine Verwandten verlassen?« Diese Rede ist in der *Vita Bernwardi* überliefert und gehört mit zu den umstrittensten Quellenäußerungen über Otto III. War sie vor allem Ausdruck einer sächsischen Romkritik? War es der Undank, der den Kaiser umtrieb? Wie stark wurde in der vielleicht erst spät überlieferten *Vita Bernwardi* die Rede auch aus der Distanz stilisiert? Unabhängig von der Verläßlichkeit der Quellen war die Position des Kaisers zunehmend instabil. Ein Hilfskontingent zog wohl sogar im Winter über die Alpen, aber Kaiser Otto III. starb 23./24. Januar 1002 auf der Burg Paterno am Soracte (nördlich von Rom), wie sein Vater an der römischen Krankheit, der Malaria. Er wurde auf seinen Wunsch in Aachen beigesetzt.

Ottos Regierungszeit steht zumeist unter dem Leitmotiv »Römische Erneuerung«. Diese Sicht hatte vor allem Percy Ernst Schramm geprägt, der in Otto III. schon fast einen Protohumanisten auf dem Kaiserthron sah. Allerdings wurde gerade diese Konzeption in jüngerer Zeit kritisiert und relativiert. Otto war sicher nicht nur der feurige Jüngling, der politische Träumer, der in Rom neue Identifikationen suchte. Er führte vielmehr alte Traditionen fort und bereitete auch die »Ostpolitik« vor, die traditionell eher der Initiative seines Nachfolgers Heinrichs II. zugeschrieben wurde.

Kaiser Otto III. verleiht Adalbert den Stab zur Missionierung in Preußen, 996.
Gnesen, Domtür (Bronze) Magdeburger Gießhütte, 12. Jahrhundert.
Die Darstellung evoziert das Verhältnis, das zwischen Otto III. und dem heiligen Adalbert bestand und bezeichnet auch den Anteil des Kaisers an geistlichen Aufgabenstellungen. Nach dem Tod Adalberts besuchte Ottos III. dessen Grab in Gnesen (1000) und traf weitreichende Abmachungen mit Bolesław Chrobry (»Akt von Gnesen«).

Der fromme Kaiser Heinrich II. (1002–1024)? Zwischen Osten und Westen

Otto III. und Heinrich II. sind häufig gegensätzlich beurteilt worden: Hier der Idealist und Traumtänzer Otto III., dort der Realpolitiker Heinrich II. So wurde sogar der Herrschaftswechsel zwischen beiden Königen als »Wende« bezeichnet. Ist 1002 ein fast wichtigerer Einschnitt als 1024 mit dem Wechsel der Dynastie von Heinrich II. zu Konrad II.? Wurde nun die Königsherrschaft zwischen Milde und neuartiger Härte ausgeübt, nahmen Zentralisierungsbestrebungen zu? Bei diesen Bewertungen spielte fast immer auch Heinrichs Verhältnis zu Religion und Kirche eine Rolle; läßt sich der letzte Herrscher der Ottonen vor allem durch seine Bistumsgründung Bamberg lokal verorten?

Mit dem Tod Ottos III. war eine direkte Nachfolge ausgeschlossen, denn er starb, ohne einen Sohn zu hinterlassen. Die mehrfache Wiederkehr solcher Situationen im ostfränkisch-deutschen Reich begünstigte Tendenzen zu einem Wahlreich. Beim Tod Ottos III. kam die bayerische Nebenlinie der Liudolfinger-Dynastie erneut ins Spiel, obwohl sich auch andere Personen Hoffnungen auf eine Nachfolge machten. Herzog Heinrich IV. von Bayern kam dem Leichenzug des verstorbenen Kaisers bis Polling (an der Ammer?) entgegen und bemächtigte sich zunächst der Reichsinsignien. Erzbischof Heribert von Köln versuchte vergeblich, dem ambitionierten Herzog die Heilige Lanze zu verwehren. Er wollte damit offensichtlich künftige Entscheidungen über die königliche Nachfolge offen halten. Nachdem der Leichnam Ottos III. am 3. April 1002 in Aachen beigesetzt worden war, standen viele der anwesenden Fürsten auf Seiten Hermanns von Schwaben († 1003). Weitere Kandidaten, vor allen Dingen Eckehard von Meißen († 1002), verfügten ebenso über eine gewisse Anhängerschaft; er setzte sich beim Leichenschmaus in Aachen sogar demonstrativ an die Spitze der festlichen Tafel, wurde jedoch, nachdem er versucht hatte, seine Herrschaft auch im Westen zu festigen, das Opfer einer Privatfehde. Ekkehard hatte aber zuvor seine Anhänger in den wichtigen Orten ottonisch-sächsischer Königsherrschaft gesammelt, in Frohse an der Elbe und in Werla. Es unterstreicht auch das zunehmende Gewicht der ottonischen Reichskirche, daß der Episkopat unter der Führung des Erzbischofs Willigis von Mainz entscheidend für den schließlichen Sieg Heinrichs verantwortlich war. Der Bayernherzog wurde in Mainz am 6. oder 7. Juni 1002 unter Mitwirkung des hohen Klerus' von bayerischen, fränkischen und oberlothringischen Adeligen, aber ohne Beteiligung von Sachsen, Niederlothringen und Schwaben gewählt, anschließend von Willigis gekrönt. Es folgten der Königsumritt über Worms, Mainfranken, die Reichenau, Bamberg, Merseburg, Grone, Paderborn, Erwitte, Duisburg, Nimwegen, Utrecht, Elsloo, der Anerkennung in den wichtigen Teilen des Reiches brachte, und dann die Thronsetzung in Aachen am 8. September.

Der neuerhobene König, der als König Heinrich II. gezählt wird, war Sohn des bekannten Herzogs Heinrichs des Zänkers. Über seinen Großvater, König Heinrich I., war er mit den zuvor regierenden Ottonen verwandt. Schon bald nach seiner Geburt hatte man ihn unter Einfluß Ottos II. zur Erziehung an die Hildesheimer Domschule entsandt. Offensichtlich sollten damit ursprünglich mögliche weltliche Ambitionen der bayerischen Nebenlinie ausgeschaltet werden. Bischof Wolfgang von Regensburg (972–994) vollendete dann die Erziehung des Jungen, der schließlich 995 doch als Nachfolger des Vaters zum Herzog gewählt wurde. Verheiratet war Heinrich mit der Lützelburgerin Kunigunde, die der Mainzer Erzbischof am 10. August 1002 in Paderborn krönte.

Wie immer man den Thronwechsel von 1002 letztlich beurteilt, so wird schon bei einer ersten Sichtung der verschiedenen Aktivitäten Heinrichs klar, daß er die Herrschaft nun deutlicher auf die Gebiete nördlich der Alpen konzentrierte. Dies bedeutete jedoch nicht den Verzicht auf eine Italien- und Kaiserpolitik im Stile Ottos des Großen, und manches, was ihn eher an Deutschland und den nordalpinen Raum band, wurde ihm vielleicht auch aufgezwungen. Insofern bleibt fraglich, ob die Umschrift seiner Siegel *Renovatio regni Francorum* wirklich programmatisch als Gegensatz zu Otto III. interpretiert werden sollte.

Der Tod Ottos III. hatte auch in Italien ein Machtvakuum geschaffen, das Arduin von Ivrea ausnutzte, er ließ sich dort zum König erheben. Heinrich II. verwies ihn schon wenig später durch einen ersten Italienzug in die Schranken, zog aber nicht weiter nach Rom, sondern ließ sich nur in Pavia zum König des *Regnum Italiae* wählen und krönen. Wichtiger wurden Auseinandersetzungen im Osten. Nach dem Tod des Markgrafen Eckehard von Meißen hatte sich hier die Lage verschärft, da der Polenherzog Bolesław I. Chrobry eine auch nach Westen offensivere Politik betrieb, die sich gegen das Reich richtete. Er nutzte die Nachfolgekrise des Jahres 1002 zu einem Angriff auf Meißen und ließ sich sogar in Merseburg mit Teilen der Elbmarken belehnen. Daraufhin wandte er sein Interesse Böhmen zu, wo er den Přemysliden Bolesław III. (999–1003) in lebenslange Gefangenschaft nahm.

Um gegen Bolesław Chrobry vorgehen zu können, schloß Heinrich II. schon 1003 ein bereits von Zeitgenossen kritisiertes Bündnis mit den heidnischen Liutizen. Bis 1004 gelang es ihm, Bolesław zu verdrängen und in Böhmen die Přemysliden wieder einzusetzen, Bayern wurde seinem Schwager Heinrich von Lützelburg übertragen. 1005 drang er sogar bis in die Nähe von Posen vor und erreichte dort einen Friedensschluß, aber schon 1007 gewann Bolesław die Lausitz mit Bautzen zurück. Die Reaktion war schwach: Ein von Heinrich angeführter Zug blieb 1010 erfolglos. Ähnlich erging es einem sächsischen Unternehmen im Jahre 1012, so daß ein Friedensschluß in Merseburg 1013 Bolesław schließlich die Lausitz als Lehen beließ.

Meißen, Burg und Stadt.
Die mächtige Burg ließ Heinrich I. 929 errichten, um den Elbübergang zu schützen. Meißen wurde 968 Bischofssitz, die Marktsiedlung ist als Keimzelle für die Stadt anzusehen.
Seit 968 ist hier ein eingesetzter Markgraf bezeugt. In ottonischer Zeit war das Gebiet um Meißen gerade zu Anfang der Regierungszeit Heinrichs II. zwischen diesem und dem Polenherrscher umstritten.

Meißen, Bischofsburg und Albrechtsburg.
Hinter den Burgen erkennt man den Dom, dessen Türme erst um 1900 vollendet wurden. Romanische Teile sind nur ergraben worden, um 1260 wurde der Bau der gotischen Kirche begonnen. Der Burgberg diente seit 968 als Sitz für den Bischof von Meißen.

Auch im Westen war es trotz des Wechsels der Dynastie zu den Kapetingern (987) hin nicht ruhiger geworden, insbesondere brachen in Lothringen immer wieder Unruhen aus. In der Grafschaft Flandern begann Balduin IV. (988–1035) eine Expansionspolitik, die nicht vor den Reichsgrenzen halt machte. Er bedrohte das Bistum Cambrai und besetzte Valenciennes. Die Familie der Reginare unterstützte diese Politik. 1006 sprach sich Heinrich II. mit König Robert II. von Westfranken-Frankreich (996–1031) ab, um Balduin zu bekämpfen. Nachdem Gent 1007 eingenommen worden war, war dieser zwar bezwungen, aber Heinrich hielt es für geraten, ihn mit Valenciennes und Walcheren zu belehnen, um die Region zu befrieden. So wurde der Graf von Flandern französisch-deutscher Doppelvasall und künftig Kronflandern von Reichsflandern geschieden.

Im Südwesten bereitete Heinrich II. eine Entscheidung vor, die für mehrere Jahrhunderte das Reich prägen sollte. Das Königreich Burgund stand seit Otto dem Großen unter dem Schutz und auch unter der Lehnshoheit der ostfränkisch-deutschen Herrscher. Hier war beim Tod des kinderlosen Rudolf III. (993–1032) eine Auseinandersetzung um die Nachfolge zu erwarten. Neben den lehnsrechtlichen besaß Heinrich II. zum burgundischen Haus verwandtschaftliche Bindungen, denn über seine Mutter Gisela war er ein Neffe Rudolfs III. Heinrichs künftige Ansprüche gründeten sich also sowohl auf lehnsrechtlichen Heimfall als auch auf dynastischen Erbfall. Mit großer Konsequenz traf er Vorbereitungen für einen möglichen Thronfall, indem er sich 1006 Basel als Faustpfand für seine Anwartschaft abtreten ließ. 1016 schloß er einen Erbvertrag mit Rudolf, 1018 überreichte Rudolf sogar Szepter und Krone in Mainz. Allerdings erntete erst sein Nachfolger Konrad II. die Früchte dieser Politik, weil Heinrich II. früher als sein Oheim starb.

Italien und Bamberg

Obwohl oftmals der Gegensatz zu Otto III. hervorgehoben wird, so zog Heinrich II. dennoch dreimal nach Italien, der erste Zug kurz nach Regierungsantritt ist schon erwähnt worden. Wahrscheinlich waren es die verschiedenen »außenpolitischen« Aktivitäten, die eine weitere Italienpolitik verhinderten. In Rom hatte sich nach dem Tod Ottos III. wiederum der römische Stadtadelige (Johannes) Creszentius III. († 1012) als dominierende Figur etabliert. Außerdem war nach dem Tode Papst Silvesters II. 1003 die Zeit außerrömischer Päpste zunächst zu Ende. Zugute kam Heinrich II., daß seit 1012 eine andere römische Familie, die der kaiserfreundlicheren Tuskulaner, mit den Creszentiern konkurrierte. 1012 erlangte der Tuskulanerpapst Benedikt VIII. den Pontifikat (1012–1024). Nachdem Heinrich die Konflikte mit Polen (1013) und weitere Streitigkeiten wenigstens teilweise beigelegt hatte, konnte er 1013 zu einem zweiten Italienzug aufbrechen. Auf einer Reichssynode in Ravenna erließ er Anfang 1014 Bestimmungen, die auch die Wirtschaft in Oberitalien sowie die Ordnung der Kirchenverhältnisse betrafen. Außerdem griff er über seine Vorgänger dahingehend hinaus, daß er nun auch verstärkt »reichsdeutsche« Bischöfe in Oberitalien einsetzte. Als am 14. Februar 1014 Heinrich und Kunigunde im römischen Petersdom zu Kaiser und Kaiserin gekrönt wurden, überreichte der Papst dem Kaiser bei dieser Gelegenheit eine Kugel mit einem Kreuz. Es ist dies das erste Zeugnis für den »Reichsapfel«, den Heinrich II. wohl mit seinem Krönungsornat später dem burgundischen Kloster Cluny schenkte. Bei der Kaiserkrönung versprach Heinrich nach dem Zeugnis Thietmars von Merseburg, in allem treuer Patron und Verteidiger der römischen Kirche sein zu wollen.

Die politische Situation in Süditalien führte noch zu einem dritten Italienzug. Den Städten Pisa und Genua war es mit Hilfe des Papstes gelungen, die Sarazenen vom italischen Festland und aus Sardinien zu vertreiben (1015 und 1016). Gegen eine unter Kaiser Basileios II. (976–1025) sehr erstarkte oströmisch-byzantinische Herrschaft in Süditalien versuchte der Papst eine vor allem apulisch bestimmte Gegenposition mit dem Fürsten Melus (Melo) aus Bari aufzubauen. Dieser hatte schon 1009 einen Aufstand gegen die Griechen entfacht, die ihre Untertanen mit hohen Abgaben belasteten, sie aber nicht gegen die Sarazenen schützten. Allerdings unterlag Melus 1018 bei Cannä den Griechen. Als die byzantinische Herrschaft schließlich sogar fast Rom und den Kirchenstaat bedrohte, entschloß sich der Papst – als einer der ersten seit dem 9. Jahrhundert – die Alpen zu überschreiten und beim Kaiser in Bamberg vorzusprechen. 1020 traf Papst Benedikt VIII. mit Melus dort ein, um eine gemeinsame Italienpolitik zu vereinbaren. Melus wurde zum Herzog von Apulien ernannt, starb jedoch noch in Bamberg. Der heute im Domschatz vom Bamberg zu besichtigende Himmelsmantel war möglicherweise ein Geschenk von Melus an Heinrich II. Bei diesem Kaiser-Papst-Treffen nördlich der Alpen erneuerte Heinrich II. das *Ottonianum* (was Otto III. verweigert hatte) und brach 1021 zu einem dritten Italienzug auf. Erobert wurde die von den Griechen errichtete Grenzfeste Troja. Weiterhin konnte der Kaiser wohl seine Herrschaft über Capua, Salerno und Montecassino aufrichten. Als er jedoch im Sommer 1022 wieder abzog, bestand das Ergebnis dieser Politik allenfalls in einer eher defensiven Eindämmung der griechischen Expansion. Daß er am 1. August 1022 in Pavia mit dem Papst eine große Reformsynode zur Intensivierung der Kirchenreform abhielt, deutet darauf hin, daß seine Interessen stärker in diesen Bereichen als in militärischen Aktionen angesiedelt waren.

Der Besuch des Papstes in Bamberg 1020 hat schon den Ort evoziert, der in der Regel mit Heinrich II. und dem Reich in dieser Zeit verbunden wird. In der Tat scheint Bamberg, der Lieblingsort Heinrichs II., eine Vielzahl seiner politischen Aktivitäten zusammenzufassen. Um zwei Bistümer hat sich Heinrich II. in besonderer Weise verdient gemacht: die Wiedererrichtung des Bistums Merseburg (1004) und die mit stärkstem persönlichen und wirtschaftlichen Einsatz betriebene Gründung des Bistums Bamberg 1007. Wie der König in diesem Falle handelte, ist gleichsam ein Lehrstück. Aber das Verfahren ähnelte teilweise demjenigen Ottos des Großen bei der Gründung Magdeburgs, denn auch hier ergaben sich vergleichbare Probleme. Die Bischöfe von Würzburg und Eichstätt sowie der Erzbischof Willigis von Mainz konnten kaum Parteigänger des königlichen Planes werden, denn Bamberg lag im Würzburger Diözesangebiet, in der Mainzer Kirchenprovinz. Offensichtlich wollte der König die Zustimmung Heinrichs von Würzburg dadurch gewinnen, daß er die Erhöhung Würzburgs zum Erzbistum in Aussicht stellte. Aber durfte der Kaiser so etwas überhaupt versprechen? War dies nicht eher eine kirchenrechtliche Entscheidung? Außerdem: Wenn Würzburg Erzbistum geworden wäre, so hätte dies außerdem eine massive Schädigung der Mainzer Rechte bedeutet.

So stand am 1. November 1007 auf einer Synode in Frankfurt eine sehr schwere Entscheidung an. Heinrich von Würzburg war nicht persönlich erschienen, sondern hatte sich vertreten lassen, vielleicht, um einen Beschluß zu verhindern. Worin lag aber die Notwendigkeit eines neuen Bistums begründet? Bei der Versammlung wurde die Missionierung in den Vordergrund gestellt. Die östlichen Teile der Würzburger Diözese seien von Slawen bewohnt, die bisher noch nicht für das Christentum gewonnen worden seien.

Trotz dieser und anderer Argumentationen tat sich die Synode mit einer Entscheidung schwer, und es ist vielleicht typisch für ritualisierte Formen königlicher Herrschaft, daß Heinrich II. die Gründung Bambergs geradezu erzwang. Er warf sich nämlich immer dann, wenn er in der Verhandlung einen negativen Ausgang befürchtete, vor den Bischöfen zu Boden. Ein Zeitgenosse, Bischof Arnulf von Halberstadt, schrieb später an seinen Würzburger Mitbruder: »Wärest du zugegen gewesen, hättest du auch Mitleid mit ihm gehabt«. Heinrich erreichte sein Ziel, und Papst Johannes XVIII. (1003–1009) nahm das neue Bistum später unter den besonderen römischen Schutz. Erster Bischof wurde Heinrichs Kanzler Eberhard.

Die Gründung Bambergs hob diesen Ort politisch und wirtschaftlich in besonderer Weise heraus, denn seine strategisch günstige Lage zwischen Mitteldeutschland, Egerland und Süddeutschland fällt unmittelbar ins Auge. Entsprechend erschließt die Geschichte des Bamberger Domes, dessen Weihedatum nach wie vor umstritten ist, einiges an Programmatik, denn dieser Bau imitierte in offensichtlicher Weise auch römische Vorbilder. Heinrich II. schenkte auch die Bibliothek Ottos III. mit eigenen Erwerbungen aus Italien seiner neuen Gründung.

Die besondere Beziehung Heinrichs zu Bamberg ist nur ein herausragendes Beispiel für die königliche »Kirchenpolitik«. Weiterhin schienen königliche Eingriffe bei den Bischofswahlen zuzunehmen. Auch nutzte Heinrich die wirtschaftliche Leistungsfähigkeit der Kirche noch stärker. Die von Heinrich ebenfalls begonnene Klosterreform folgte vielleicht einer bestimmten Entwicklung, denn zu Beginn seiner Regierung stand Heinrich noch in enger Beziehung zu den bayerischen Reformkreisen um Godehard von Niederaltaich und Rambold von Sankt Emmeram. Zwar war Heinrich auch mit den Äbten Odilo von Cluny

Bamberg, Stadtansicht.
Die Stadt entstand aus einer Marktsiedlung zwischen Domberg und linkem Regnitzarm. Der Ort war in der ausgehenden Karolingerzeit im Besitz der Popponen (ältere Babenberger), die 902–906 in eine Fehde mit den Konradinern verwickelt wurden. Der Pfalzort nahm aber vor allem nach der Bistumsgründung durch Heinrich II. (1007) einen beständigen Aufschwung; bis in die Stauferzeit wurden hier häufig Hoftage und Reichsversammlungen abgehalten, auch die Bamberger Domschule florierte vor allem bis ins 12. Jahrhundert. Links im Hintergrund ist der Bamberger Dom erkennbar. 1208 fand in Bamberg der Mord an König Philipp von Schwaben statt.

Bamberg, Historische Stadtansicht.
Ausschnitt aus dem Gemälde Abschied der Apostel von Wolfgang Katzheimer, um 1487. Die spätmittelalterliche Darstellung läßt neben der Regnitz und dem Dom vor allem auch noch die exponierte Lage des Klosters Michelsberg erkennen.

und Wilhelm von Dijon befreundet, aber trotzdem verschaffte er schließlich der lothringischen Klosterreform im Reich einen größeren Einfluß, die sich in Zentren wie Gorze entwickelt hatte. Es kam zu Ende von Heinrichs Regierung zu einer Kraftprobe zwischen Rom und dem Reichsepiskopat beim sogenannten Ehestreit um Otto von Hammerstein († 1036), den Heinrich Ende 1020 sogar in seiner rheinischen Burg belagerte. Hier ging es aber in viel stärkerem Maße um einen Machtkampf zwischen dem Erzbischof von Mainz und dem Papst, weniger um eine nationalkirchliche Auflehnung gegen Rom. Der Streit dauerte noch an, als Heinrich in der Pfalz Grone (Grona) (bei Göttingen) am 13. Juli 1024 im Alter von 52 Jahren starb und danach in seiner Stiftung Bamberg begraben wurde. Seine Gemahlin Kunigunde zog sich in das Kloster Kaufungen bei Kassel zurück, das sie 1017 gegründet hatte.

Ein heiliger Herrscher?

Schaut man unter Gesichtspunkten von Erfolg und Funktionsweisen auf die Regierungszeit Heinrichs II., so kann man ihm auf den ersten Blick eine erfolgreiche Amtsführung bescheinigen. Während seine harmonische Zusammenarbeit mit den Reichsbischöfen wohl funktionierte, war das Verhältnis zu den Klöstern nicht frei von Konflikten. Verschiedene alte Reichsklöster wehrten sich gegen die vom Herrscher favorisierten Reformen, die sie als überflüssig ansahen. Größere Schwierigkeiten hatte Heinrich aber auch mit Teilen des weltlichen Adels, insbesondere in Sachsen und mit Bolesław Chrobry. Ob diese Auseinandersetzungen auch deshalb so erbittert geführt wurden, weil Heinrich in diesen Fällen relativ kompromißlos handelte, so daß manche Stimmen ihm sogar den Beinamen Heinrich »der Strenge« zumessen wollten, bleibt umstritten.

Bamberg und das Nachleben des Herrschers haben sein Bild darüber hinaus in eine gewisse Richtung gelenkt. Denn schon bald prägte die Legende das Bild seiner Gestalt nach dem monastischen Frömmigkeitsideal des 11./12. Jahrhunderts um. So ließ die an Wundergeschichten reiche Vita des Bamberger Klerikers Adalbert das Kaiserpaar eine Josephsehe führen und rückte damit den Herrscher in die Nähe eines Heiligen. Von dieser Umdeutung war es nur noch ein kleiner Schritt, bis Papst Eugen III. 1146 Heinrich heilig sprach. Die Kanonisation Kunigundes folgte 1200 durch Papst Innozenz III.

Kaufungen, Georgskapelle der Klosterkirche.
1017 gelobte die Kaiserin Kunigunde, in Kaufungen ein Kloster zu errichten, das bis 1025 vollendet wurde. In Kaufungen verbrachte die Kaiserin Kunigunde nach dem Tode Heinrichs II. (1024) bis zum eigenen Tod (1032) die letzten Jahre ihres Lebens. Das Kloster war spätestens im 12. Jahrhundert ein Stift.

Fragt man danach, warum eine solche Heiligsprechung gerade in den 1140er Jahren des 12. Jahrhunderts erfolgte, so wird man eher auf die Geschichte dieser Zeit als auf Heinrich verwiesen. Die Anfänge der Staufer, inbesondere Konrads III., waren in hohem Maße mit Franken verbunden. Was lag näher, als hier ein Gegengewicht gegen die auf den Mittelrhein fixierte salische Herrschaft zu etablieren? Vor diesem Hintergrund ist es aber nicht uninteressant, daß schon der Nachfolger Konrads III., Friedrich Barbarossa, ungefähr 20 Jahre später (1165) den großen Karolinger Karl den Großen in Aachen heiligsprechen ließ. Hier deuten sich in einer Heiligsprechungspolitik auch Raumkonzepte und Schwerpunkte des Reiches in staufischer Zeit an.

Blickt man rückschauend auf die Schauplätze ottonischer Geschichte, so sind neben Aachen und Rom vor allem die vielen Zentren im sächsischen Raum zu nennen, zum Beispiel Magdeburg, Merseburg, Quedlinburg, welche die alten Schauplätze der Reichsgeschichte ergänzten. Obwohl mit Heinrich II. Bamberg und weitere Orte wichtig wurden, blieben vor allem die seit Otto I. gestärkten Zentren in Sachsen bedeutend, wie auch der Todesort Heinrichs andeuten mag.

4 DIE SALIER

Zwischen Mittelrhein, Burgund und Italien

Besucht man die Königs- und Kaisergrablege im Dom zu Speyer, so wird noch dem heutigen Gast schnell klar, wie sehr dieser Ort am Mittelrhein sich mit den Saliern verbindet. Die Grablegen der Herrscher waren keinesfalls zufällig gewählt, sondern sie erscheinen in höchstem Grade symbolisch aufgeladen. Blickt man zurück auf die fünf Könige aus dem liudolfingisch-ottonischen Haus, so sind deren Begräbnisstätten durchaus aufschlußreich: Quedlinburg, Magdeburg, Rom, Aachen und Bamberg. Die Orte deuten eindrücklich die Schwerpunkte der verschiedenen Vertreter an. Setzen wir dem die Grablegen der salischen Herrscher entgegen, so ergibt sich viermal der Ort Speyer. Während also die Ottonen nach dem anfangs dominierenden sächsischen Raum mit Rom und Aachen stärker imperiale Traditionen auch in ihren Grablegen aufgriffen, die dann mit der »neuen« Orientierung der vorher im bayrischen Raum agierenden Nebenlinie mit Bamberg unter Heinrich II. noch abgerundet wurden, so wird unter den Saliern ein konstanter Bezug auf den Mittelrhein erkennbar. Dies heißt jedoch nicht unbedingt, daß die Salier weniger auf Italien und das Kaisertum hin orientiert waren, aber die Beziehungen waren anders, und der Blick auf Orte und Regionen wird zudem ein wenig verändert, weil die große Auseinandersetzung zwischen Kaisertum und Papsttum, der »Investiturstreit«, in das Zeitalter der Salier fällt. Deshalb gehören sicher Sutri und Canossa zu den weiteren Schauplätzen, die diese große Auseinandersetzung verorten helfen.

Die königlich-kaiserliche Grablege, die mit dem Speyrer Dom in der Salierzeit ausgestaltet wurde, liegt in dem Gebiet, in dem die Salier begütert waren. Dem in den Grablegen deutlichen Hausbewußtsein entspricht der Stammbaum der Salier bei Ekkehard von Aura, der um 1130 entstand und vielleicht schon einer um 1106/07 entworfenen Vorlage folgte. Das Bild zeigt Konrad II. als Begründer, weiterhin Heinrich III., Heinrich IV. (rechts die Tochter Agnes, falsch hier Adelheid) und dann dessen Söhne Heinrich V. und Konrad. Die Begründung des Hauses durch Konrad II. wird durch die als Rahmen gewählte Architektur verdeutlicht.

Der Name Salier steht nicht auf dem Bild, er ist erstmals im 12. Jahrhundert belegt, wurde seit dem 14. Jahrhundert häufiger und erinnert an einen Volksstamm der Franken (Salfranken), jedoch sprach Otto von Freising im 12. Jahrhundert über die Salier noch von den »Heinrichen«. Erste Vertreter dieser Familie waren als Grafen im Nahe-, Speyer- und Wormsgau seit dem ausgehenden 9. Jahrhundert belegt. Der Aufstieg des Hauses erfolgte in Anlehnung an die königliche Zentralgewalt, so wurde Konrad der Rote Herzog von Lothringen (944–953, † 955). Er ging nach Liudolfs Verschwörung, an der er beteiligt war, des lothringischen Herzogsamtes verlustig und fiel 955 in der Schlacht auf dem Lechfeld.

Konrad war mit einer Tochter Ottos des Großen verheiratet, deren Sohn Otto (von Worms) wurde 978 bei der Neuordnung im Südosten kurzfristig Herzog von Kärnten und Markgraf von Verona. Er konnte die Herrschaftsposition im Wormsgau auch gegen den dortigen Bischof ausbauen, so daß er eine fast her-

Limburg an der Haardt, Ruine der Klosterkirche von 1025–1030 (bei Bad Dürkheim). Limburg ist mit dem Aufstieg der Salier verbunden. Anstelle einer Salierburg ließ Konrad II. ein Kanonikerstift errichten, das unter dem Einfluß des dann ersten Abtes Poppo von Stablo in ein Benediktinerkloster umgewandelt wurde. 1038 fand Gunhild, die erste Gemahlin Heinrichs III., eine Tochter des dänischen Königs Knut des Großen, dort ihre Ruhestätte. Mit der Übertragung an Speyer (1065) verlor Limburg an reichspolitischer Bedeutung. Das überlieferte Limburger Hofrecht von 1035 ist eine wichtige Quelle, um die Anfänge der Ministerialität zu fassen.

zogsgleiche Stellung besaß. Doch im Gegensatz zur Herzogswürde war diese aus eigenen Wurzeln gewachsen, sie war nicht vom König vergeben und ging nicht auf Stammeszusammenhänge zurück. 1002, beim Tod Ottos III., war Otto von Worms/Kärnten († 1004) auch schon Thronanwärter, er hätte Otto III. sogar verwandtschaflich nähergestanden als Heinrich II. Nach 1002 hatte die Familie jedoch einen schweren Stand, denn Bischof Burchard von Worms (1000–1025) erlangte die Stadtherrschaft. Otto von Kärnten hatte vier Söhne, zwei seiner Enkel waren dann bei der Wahl 1024 wichtige Kandidaten, Konrad der Ältere und Konrad der Jüngere.

Konrad II. (1024–1039) – unter dem besonderen Schutz Mariens?

Die Erhebung Konrads II. 1024 ist aufschlußreich: Sie mag verdeutlichen, was sich im Reich inzwischen geändert hatte. Wichtigster Gewährsmann ist der Hofkapellan Wipo, der mit seinen *Gesta Chuonradi* Konrad II. ein Denkmal gesetzt hat. Heinrich II. hatte keinen Nachfolger bestimmt. Deshalb trafen sich die Großen am 4. September 1024 in Kamba (eine inzwischen aufgegebene, rechts des Rhein gegenüber Oppenheim gelegene Ortschaft) zur Wahl. Es konkurrierten vor allem die zwei schon genannten Kandidaten: die beiden Konrade, die über ihren Großvater (Otto von Kärnten) und dessen Mutter Liudgard mit den Ottonen verwandt waren. Wipo verschweigt in seinem Bericht diese Verwandtschaft, er lobt dafür andere Qualitäten. Aufhorchen lassen aber seine Bemerkungen zu 1024: Nach Heinrichs Tod habe »das Staatswesen zu wanken begonnen«.

Unter Führung des Mainzer Erzbischofs Aribo (1021–1031) entschied sich die Versammlung nach dem Verzicht des jüngeren für den älteren der beiden gleichnamigen Vettern. Es ist in den Quellen nur angedeutet, wie der Konsens hergestellt wurde, vielleicht gab es Abfindungen. Die Lothringer, die wohl nicht einverstanden waren, reisten vorzeitig aus Kamba ab. Weihe und Krönung erfolgten vier Tage später am 8. September 1024 in Mainz. Warum an diesem Tag? Offen-

Speyer, Konrad II. stiftet den Dom.
Holzschnitt in der Sachsenchronik, Druck von 1490. Der Holzschnitt kennzeichnet Herrscher und Bischof und bindet zugleich die Stadtbefestigung und Wappen mit ein.

sichtlich war es einigen Zeitgenossen wichtig, das Fest Mariä Geburt in diese Zeremonie zu integrieren. Maria wurde so etwas wie die Patronin der Salier, viele andere Daten und Handlungen lassen sich aus dieser Perspektive erklären.

Schon auf dem Weg nach Mainz traten drei Personen laut dem Bericht Wipos an Konrad heran: ein Bauer, eine Witwe, ein Waisenkind. Seine Begleiter versuchten, die Bittsteller abzudrängen, aber vergeblich. Konrad wollte oder besser: Er sollte in Wipos Augen schon als König handeln. Denn zu den Herrscherpflichten zählten der Schutz von Witwen und Waisen, die Rechtsprechung und weitere Aufgaben.

Die Weihe selbst läßt sich aus dem Bericht Wipos und den liturgischen Ordines rekonstruieren. Der Herrscher streckte sich auf den Boden der Kirche aus, wurde gesalbt, was den sakralen Charakter der königlichen Herrschaft unterstrich. Mit welcher Krone wurde aber Konrad gekrönt? Die Reichskrone, die noch heute in Wien zu sehen ist, hat folgende Inschrift: *Chuonradus Dei gratia Romanorum imperator* (Konrad, von Gottes Gnaden Kaiser der Römer, vgl. Farbabb. 10). Entstand diese Krone zur Zeit Konrads II.? Die Frage wird kontrovers diskutiert. Es gibt sogar Stimmen, die behauptet haben, die Krone sei schon ab Otto I. (um 960) in Gebrauch gewesen, danach habe man die Insignie verändert und mit Zusätzen versehen. Neuerdings werden aber verstärkt Argumente dafür zusammengetragen, daß die Krone Konrad III. zugeordnet werden solle und erst in der ersten Hälfte des 12. Jahrhunderts belegbar ist. In Mainz wurde allerdings nur Konrad II. geweiht und gekrönt, nicht seine Frau Gisela. Über die Gründe wird spekuliert. Wir wissen, daß der Kölner Erzbischof wenig später Gisela krönte, angeblich um sein Wahlverhalten zu sühnen. Ganz uneigennützig war dies wohl nicht, denn damit wurde zugleich das Kölner Krönungsrecht dokumentiert. Wipo bescheinigte Gisela aber Tatkraft und männliche Fähigkeiten: *Tamen virilis probitas in femina vicit*; sie habe mithin wie ein Mann gehandelt.

Integration und Erweiterung des Reiches: Königsumritt, Romzug und das *regnum Burgundiae*

Salierstemma in der Chronik des Ekkehard von Aura.
Die Vorlage geht wohl auf 1106/07 zurück. Berlin, Staatsbibliothek Preußischer Kulturbesitz Cod. lat. 295 fol. 81v.

Wie andere Könige mußte sich Konrad II. nach der Krönung durch einen Königsumritt der Gefolgschaft in den verschiedenen Gegenden und Orten des Reiches versichern – »durch solchen Umritt band er seine Länder in Landfrieden und Königsschutz eng aneinander« (*quo transitu regna pacis foedere et regia tuitione firmissime cingebat*), wie Wipo kommentierte. Den Thron Karls des Großen in Aachen bezeichnete er als Erzstuhl des ganzen Reiches (*totius regni archisolium*). Nicht nur hier blieb Karls Vorbild bestimmend, sondern Wipo vergleicht den jungen König mit Karl dem Großen, denn an Konrads Sattel hingen Karls Steigbügel. In Sachsen habe Konrad das harte Gesetz der Sachsen bestätigt sowie Streitigkeiten in Gandersheim geschlichtet. Wichtig war dies, weil hier der klassische Herrschaftsraum der Ottonen lag. Im Gandersheimer Konflikt zwischen Mainz und Hildesheim taktierte Konrad: Er verschob die Entscheidung auf einen Gerichtstag im Januar in Goslar. In Bayern und Ostfranken dominierten auf einer Regensburger Reichsversammlung die Versuche, auch die Südostflanke unter seine Botmäßigkeit zu bringen. Aufschlußreich ist noch der Abschluß des Umrittes in Konstanz (Pfingsten), wo auch Vertreter Italiens huldigten. Über die Abgesandten aus Pavia war Konrad erzürnt, denn die Pavesen hatten die dortige Pfalz nach dem Tod des Königs zerstört. Konrad entgegnete diesem Verhalten in den Worten Wipos: »Wenn der König stirbt, bleibt doch das Reich bestehen, ebenso wie ein Schiff bleibt, dessen Steuermann fällt« (*Si rex periit regnum remansit, sicut navis remanet, cuius gubernator cadit*). Hier wird deutlich, daß Vorstellungen von einem Reich weniger an die Person gebunden waren, das Reich als *regnum* zunehmend auch abstrakt verstanden werden konnte. Nicht zuletzt deshalb ist diese Quellenstelle als ein frühes Zeugnis für die Anfänge transpersonaler Staatsvorstellungen wiederholt angeführt worden.

Das Zitat deutet unter räumlichen Aspekten zugleich darauf, daß Italien auch dem Salier Konrad II. nicht gleichgültig war. Um Kaiser zu werden, mußte er aber zuvor den italischen Adel gewinnen. Er zog wohl noch im Februar 1026 nach Süden und soll durch Erzbischof Aribert von Mailand (1019–1045) – allerdings nicht in Pavia – zum italischen König gekrönt worden sein. Nach Tumulten in Ravenna zog sich der König wegen der Sommerhitze ins Gebirge zurück.

Konrads Zug nach Rom folgte Anfang 1027, nachdem der König das ganze Jahr in Oberitalien geblieben war. Die Zeitdauer deutet zugleich an, daß dort gewisse Widerstände zu brechen waren. Auch die Kaiserkrönung an Ostern in Rom verlief nicht reibungslos. Wer durfte den künftigen Kaiser in die Kirche geleiten? Den Anspruch Ariberts von Mailand setzte am 26. März 1027 Heribert von Ravenna (1019–1027) außer Kraft. Er ergriff Konrads Hand und führte den Kaiser zum Altar. Konrad versuchte, den Konflikt zu schlichten. Nach der Krönung geleiteten dann die anwesenden Könige von Burgund und von Dänemark den neuen Kaiser feierlich ins Gemach. Unterdessen stritten jedoch die Ravennaten und Mailänder weiter. Wipo unterstrich jedoch vor allem, welch hohe Prominenz an diesem Tag in Rom zugegen war. Im Anschluß urkundete der Kaiser hauptsächlich für italische Empfänger. In den folgenden Wochen unterwarf er Benevent, Capua und andere Städte, ja er gewährte sogar den Normannen das Recht der Landnahme und regelte dies erneut bei seinem zweiten Italienzug (1037–1038).

Mainz, Dom Hochchor.
Die ältesten Teile des Domes Sankt Martin stammen von 975. Im Mainzer Dom wurden Heinrich II., Konrad II. und Philipp von Schwaben zu Königen gekrönt.

Im Inneren des Reiches nördlich der Alpen sorgte der Kaiser nach seiner Kaiserkrönung für eine weitere Stabilisierung. Sein Sohn Heinrich III. (1039–1056) erhielt am 24. Juni 1027 das frei gewordene Herzogtum Bayern, wurde dann sogar im nächsten Jahr an Ostern (14. April) 1028 zum König gewählt, vom Kölner Erzbischof gesalbt und in Aachen gekrönt. Dies war ein weiterer Schritt, um das Kölner Krönungsrecht weiter zu untermauern. Bei der späteren Verlobung seines Sohnes Heinrich mit Gunhild (Kunigunde), der Tochter des englisch-dänischen Königs Knut des Großen (1035), trat Konrad die Mark Schleswig an Dänemark ab. Insgesamt hatte Konrad damit in den ersten Regierungsjahren seine Herrschaft relativ gefestigt.

Das Reich sollte sich bald erweitern, als 1032 der letzte burgundische König Rudolf III. starb. Nun griffen die schon von Kaiser Heinrich II. eingefädelten Regelungen. 1032 wurden die Reichsinsignien noch von Rudolf an Konrad II. übersandt. Allerdings blieb die Nachfolge der Salier nicht unangefochten, wichtigster Konkurrent war Graf Odo von der Champagne (995–1037), ein Neffe Rudolfs III., der Ende 1032 direkt in Burgund einrückte. Dies geschah zu einem Zeitpunkt, als Konrad gleichzeitig mit einem Feldzug in Polen gegen König/Herzog Miezko II. (1025–1034) beschäftigt war. Konrad II. erschien jedoch in der zweiten Januarhälfte 1033 in Burgund und ließ sich in Peterlingen (Payerne) an Mariä Lichtmeß (2. Februar) krönen.

Karte zum Königsumritt Konrads II.

Die Karte verdeutlicht die wichtigsten Stationen der königlichen Aufenthalte seit der Erhebung Konrads in Kamba am Mittelrhein. Die Sorge um das sächsische Gebiet und den Südosten ist erkennbar. Dabei lassen die späten Aufenthalte in Augsburg, Konstanz und Basel auch das Anliegen erkennen, Italien und Burgund einzubeziehen.

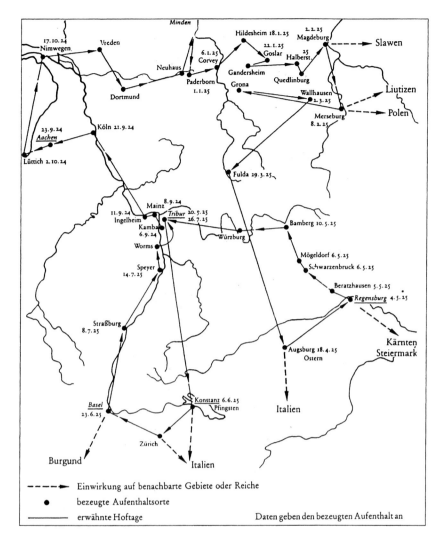

Nach der Vertreibung Odos wurde Burgund endgültig für das Reich gewonnen. Damit gehörte nun neben Deutschland und Reichsitalien auch Burgund zum Reich, das seit dieser Zeit verstärkt als *Imperium Romanum* (für alle drei Teile) erscheint. Burgund wurde zwar kein zentrales Aktionsgebiet für die Salier, aber dieser Raum war äußerst wichtig für den Zugang nach Italien und besaß als wirtschaftlich-kulturelle Kontaktzone zwischen *Germania* und *Romania* große Bedeutung. Nicht ohne Grund dürften hier auch zahlreiche Reformbewegungen ihren Ausgangspunkt genommen haben. Die drei Reiche wurden jedoch getrennt verwaltet. Es gab für die Urkundenausfertigung drei Kanzleien und Erzkanzler: den Mainzer Erzbischof für Deutschland, den Kölner für Italien (ab 1031), und den von Besançon für Burgund (ab 1045).

Im Osten befriedete Konrad schon bald die Situation: Nach einem vergeblichen Vorstoß in Richtung Ungarn (1033) trat Konrad das Gebiet zwischen Fischa und Leitha ab. Mieszko II. von Polen gab Konrad die Lausitz und das Milzener Land zurück. Nach mehrjährigen Kämpfen erkannte Mieszko II. in Merseburg (Juli 1033) die Oberhoheit Konrads an und legte dann seinen Königstitel ab.

Naumburger Dom, Westchor.
Spätromanisch-frühgotischer Bau, vor 1273 begonnen. Naumburg entstand östlich bei dem der Saale zufließenden Mausbach, wo Markgraf Ekkehard I. um 1000 eine Burg errichten ließ. 1028 erlaubte Papst Johannes XIX. die Verlegung des Bistums Zeitz nach Naumburg, wahrscheinlich auch auf Druck der ekkehardingischen Markgrafen, die den Ort Naumburg an das Hochstift schenkten. In diesem Jahr wurde mit dem Bau der Domkirche begonnen. Seither waren die meisten Bischöfe im Reichsdienst Stützen der Königsherrschaft, besonders Eberhard (1045–1079) und in staufischer Zeit Wichmann (1149–1154), der spätere Erzbischof von Magdeburg.

Utrecht, Stiftskirche Sankt Peter.
Hallenkrypta der 1043 geweihten Stiftskirche. Das schon seit der Spätantike genutzte Legionslager *castellum Traiectum* wurde in merowingischer Zeit für die Friesenmission wichtig, besonders unter Willibrord, in dessen Zeit sogar Pläne zur Errichtung einer friesischen Kirchenprovinz (Reise zu Papst Sergius I., 695) bestanden. Seit der Wiederherstellung der Metropolitanverfassung durch Karl den Großen gehörte Utrecht zur Kölner Kirchenprovinz. Besonders von den Saliern wurde Utrecht mehrfach besucht, die dort wohl in der innerhalb der Mauern der bischöflichen Burg gelegenen Pfalz Lofen residierten. Die Bischöfe standen im Investiturstreit auf Seiten Heinrichs IV. Konrad II. verstarb 1039 in Utrecht, Heinrich V. verlobte sich hier 1110 mit der englischen Königstochter Mathilde und starb 1125 in Utrecht.

In geographischer Hinsicht erweiterte sich somit das Reich nicht nur nach Südwesten, sondern auch teilweise nach Osten hin. 1034 konnte Konrad seine Ansprüche sogar im südlichen Burgund durchsetzen und hatte nun alle Alpenpässe und damit die Schlüssel für die Herrschaft in Italien unter seiner Kontrolle. Konrads Romorientierung gemahnt an frühere Zeiten. Die 1027 im Umfeld mit der Kaiserkrönung durch Papst Johannes XIX. (1024–1033) belegte Bullenumschrift mag vielleicht programmatisch interpretiert werden: *Roma caput mundi regit orbis frena rotundi* (Rom, das Haupt der Welt, hält die Zügel des sich drehenden Erdkreises) (vgl. Farbabb. 11). Konrad stützte sich wie seine Vorgänger auf die Reichskirche. Dazu trat verstärkt eine Anerkennung des niederen Adels, denn 1037 mußte er auf seinem zweiten Italienzug mit der *Constitutio de feudis* die Erblichkeit der Lehen dort anerkennen. Auch deshalb wurden zunehmend Ministeriale begünstigt. Die Ministerialität erwuchs vor allem aus der Gruppe unfreier Dienstleute, die in kirchlichen und adeligen Herrschaften höhere Dienste verrichteten. Sie wurden nun vom König häufiger in bestimmte Hofämter eingesetzt. Allerdings wurden diese Personen ebenso mit Lehen und Besitzrech-

Besançon, Zitadelle.
Besançon, im Tal des Doubs in einer natürlichen Flußschleife gelegen, besaß als Hauptverkehrsachse die über die Zitadelle führende Alpenstraße, die von der Rhône-Rheinstraße gekreuzt wurde. In spätkarolingischer Zeit wechselten die Herrscher, aber seit 900 gehörte die Bischofsstadt zu Hochburgund. Nach der Erwerbung Burgunds für das Reich, fanden hier mehrere wichtige Treffen statt, Kaiser Heinrich III. feierte hier 1043 seine Verlobung mit Agnes, 1153 war Friedrich Barbarossa anwesend, der 1156 die Burgunderin Beatrix heiratete, und 1156 kam es zu dem berühmten Eklat zwischen päpstlichen und kaiserlichen Vertretern.

ten entschädigt, so daß langsam auch viele Ministeriale als Dienstadelige zum niederen Adel aufstiegen.

Wenig später, nach der Rückkehr von seinem zweiten Italienzug, nahte das Ende des Kaisers. An Pfingsten 1039 war Konrad noch in Utrecht unter Krone gegangen, hatte also den theokratischen Charakter seiner Herrschaft in liturgischer Weise zur Schau gestellt. Wenig später verspürte der König heftige Schmerzen, er kommunizierte dann im Beisein mehrerer Bischöfe und ließ sich ein heiliges Kreuz samt Reliquien bringen. Nach Beichte und Absolution schied er aus diesem Leben. Sein Sohn Heinrich III. nahm sich im anschließenden Totengeleit von Utrecht nach Speyer rheinaufwärts des Vaters an, an allen Kirchenportalen und schließlich auch in Speyer selbst hob er den Leichnam des Vaters auf die Schultern, übernahm somit gleichsam alle hinterlassenen Verpflichtungen.

Heinrich III. (1039–1056) – Speyer als Erinnerungsort

Lange Zeit galt die Regierungszeit des unmittelbar folgenden Heinrichs III. als ein Höhepunkt deutscher Kaiserherrschaft vor den Staufern. Gemalt wurde ein äußerlich glänzendes Bild, denn sogar Polen, Ungarn und Dänemark waren lehnsabhängig geworden. Die ergebenen Reichsbischöfe, der Ausbau der Goslarer Pfalz gehören zu den Glanzlichtern, die vielfach hervorgehoben wurden. Inzwischen erkennt man jedoch ebenso Krisensymptome, die nicht erst nach Heinrichs Tod 1056 deutlich wurden und die sich später im Investiturstreit entluden. Heinrich III. gehört deshalb insgesamt in den Zusammenhang der großen Bewegung, die man als Kirchenreform bezeichnet hat.

Die zeitgenössischen Quellen schildern Heinrich als einen gutaussehenden Mann: schwarzhaarig und hochgewachsen. Die Ausgrabungen im Speyerer Dom haben diesen Eindruck indirekt bestätigt. Schon mit zehn Jahren wurde er zum Mitregenten, in den Urkunden seines Vaters als einzigartiger Sohn und als Hoffnung des Kaisertums gefeiert. Mit 18 Jahren ehelichte er Brunhild, die Tochter Knuts II. des Großen von Dänemark (1014–1035), der zu Beginn des

11. Jahrhunderts das Großdänische Reich unter Einschluß von weiten Teilen Englands geschaffen hatte. 1043 heiratete der König ein zweites Mal, und zwar Agnes von Poitou, die Tochter Herzog Wilhelms V. von Aquitanien (995–1029). Obwohl mehrmals Vater, stellte sich der ersehnte Nachfolger für den Thron erst im Jahre 1050 ein.

Hatte die ältere Forschung – wie gesagt – diese Regierungszeit Heinrichs III. vielfach unter dem Aspekt der historischen Größe betrachtet, so dominieren inzwischen Fragen nach den Vorstellungen und Verhaltensweisen der Zeitgenossen. Weiterhin sucht man nach den oftmals ungeschriebenen Ordnungsvorstellungen, Normen oder Spielregeln, nach denen die Menschen ihr Handeln ausrichteten. Diese Fragehaltungen machen Urteile zugleich schwer: Entsprach zum Beispiel die in vielen Quellen hervorgehobene Frömmigkeit den allgemeinen Vorstellungen und Anforderungen der Zeit, oder kann sie als etwas für den Herrscher Heinrich III. Spezifisches angesehen werden? Lassen sich aber vor allem Schwerpunkte seiner Herrschaft in räumlicher Hinsicht ermitteln?

Heinrich III. gehört zu den wenigen Königen, von denen wir das Geburtsdatum genau wissen: Er wurde am 28. Oktober 1017, dem Festtag der Apostel Simon und Judas Thaddäus, geboren. Ein Zufall der Überlieferung! Wir wissen darüber durch den Geschichtsschreiber Lampert von Hersfeld, weil auch Heinrichs Begräbnistag auf dieses Fest fiel. Heinrich wurde geboren, als der Vater Konrad noch keineswegs wußte, daß er 1024 das Königtum übernehmen würde. Für Heinrich hingegen gab es kaum Zweifel an der Erbfolge, denn bereits im Februar 1026 designierte ihn der Vater zum König, auf einem Hoftag in Aachen (1028) sollte dann eine förmliche Wahl zum Mitregenten erfolgen, am Weihetag des Aachener Marienstifts.

Vor dem Hintergrund einer allgemeinen Marienverehrung der Salier verwundert es auch nicht, daß Heinrich dem Altar der Gottesmutter in Speyer reiche Schenkungen stiftete und sich hiervon glückselige Frucht erhoffte. Vielleicht spielten hier auch östlich-byzantinische Vorstellungen eine Rolle. Heinrich selbst wurde wohl in den *litterae* unterrichtet und erwarb Grundkenntnisse in den sieben freien Künsten. Er dürfte aber nicht nur theoretisch auf sein Amt vorbereitet worden sein, mehrfach saß er mit seinem Vater zu Gericht, begleitete ihn auf Kriegszügen (so nach Böhmen 1033) und war bei anderen politischen Akten präsent. Bei manchen dieser Ereignisse, wie der Inbesitznahme von Burgund, wird deutlich, daß mit dieser Präsenz auch gleichzeitig Herrschaft sichtbar gemacht und inszeniert wurde. Nahm Heinrich somit schon zu Zeiten Konrads II. aktiv an der Regierung teil, wie sich auch an den gemeinsamen Umritten belegen läßt, so schien er dadurch bestens auf das Herrscheramt vorbereitet, als sein Vater am 4. Juni 1039 in Utrecht verstarb.

Die Pflege des Totengedächtnisses seines Vaters war Heinrich III. angelegen, obwohl der Speyerer Dom erst ab 1043 als wichtige Familiengrabstätte weiter ausgebaut wurde. Die Krone, die man im Sarkophag Konrads II. fand, als man diesen im Jahre 1900 öffnete, war aus Kupferblech und mag als Krone des ewigen Lebens angesehen werden. Zahlreiche Schenkungen für das Seelenheil seines Vaters deuten darauf hin, wie ernst Heinrich III. seine Verpflichtungen nahm. Seit dem Jahr 1043, also ab dem Jahr, ab dem auch Heinrichs Mutter, Gisela, in Speyer beerdigt lag, läßt diese familiäre Sorge um das Jenseits deutlich räumliche Akzente erkennen. Die Domkirche wurde nun zu einem Bau gewaltigen Ausmaßes erweitert, ein eigenes Gräberfeld von 9 mal 21 Metern wurde angelegt, und zahlreiche

Speyer, Dom, 11. Jahrhundert.
Speyer wurde zu einem bedeutenden Zentrum für die salische Herrschaft. Zwar war Speyer schon vorher Bischofssitz, konkurrierte aber im früheren Mittelalter noch stärker mit Worms. Erst mit den Saliern und dem Entschluß Konrads II. zu dem um 1025–1029 begonnenen Dombau stieg die Bedeutung des Ortes, dessen Bischöfe im Investiturstreit Parteigänger Heinrichs IV. blieben. Seit 1170 nahm die Bedeutung Speyers ab, auch weil die Staufer seit 1170 als Speyerer Hochstiftsvögte teilweise eigene Interessen verfolgten.

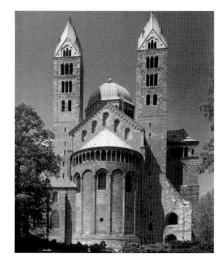

Aachen Dom, Kanzel Heinrichs III.
Die Heinrich III. zugeschriebenen Kanzel im Aachener Dom dient heute noch bei feierlichen Pontifikalämtern zur Verlesung des Evangeliums.

Schenkungen zugunsten der Marienkirche unterstrichen Heinrichs Absichten. Fast jedes Jahr besuchte Heinrich den geliebten Ort Speyer, den Ordericus Vitalis im 12. Jahrhundert als *Metropolis Germaniae* bezeichnete.

Heinrich III. wurde schon früh – 1040 – auch in Italien und Burgund anerkannt und söhnte sich mit Erzbischof Aribert von Mailand aus. Die Auseinandersetzungen mit Böhmen und Ungarn werden oft als eine Form früher Außenpolitik interpretiert. So zwang Heinrich mit einem großen Aufgebot den Böhmenherzog Břatisław zur Huldigung für Böhmen und Teile des von ihm eroberten Polen. 1042 zog er gegen die Ungarn und verzichtete zugunsten des Geschlechtes der Luxemburger auf Bayern. Im bayrischen Nordgau entstanden daraufhin neue Marken.

Hierin ein Konzept von Außenpolitik zu sehen ist aber schon deshalb obsolet, weil es keine fest gegeneinander abgegrenzten Reiche und Territorien gab, vielmehr dominierte ein mehr oder weniger eng geknüpftes Netz personaler Beziehungen und Abhängigkeiten, die sich meist in Lehnsbindungen manifestierten. Es ging also bei der Politik in dieser Zeit weniger um eine herrschaftliche Durchdringung von Gebieten, sondern um die Verteidigung, Erweiterung, Vertiefung oder Absicherung der eigenen Einflußsphäre. Der Konflikt zwischen Heinrich III. und dem Böhmenherzog Břatisław hat deshalb wie zahlreiche andere schon genannte wenig mit Auseinandersetzungen moderner Nationalstaaten zu tun. Der Böhmenherzog hatte widerrechtlich und eigenmächtig Adalbertsreliquien von Gnesen nach Prag übertragen und gleichzeitig den polnischen Herzog Kasimir I. (1040–1058) und seine Gemahlin aus ihrem Herrschaftsbereich vertrieben. Heinrich dürfte mit dem Ergebnis seiner Intervention zufrieden gewesen sein, weil sich sowohl der Böhmen- als auch der Polenherzog ihm formell unterwarfen. Ähnlich waren die Beziehungen Heinrichs III. zu Ungarn gestaltet. Hier war es zwischen Peter I. (1038–1041; 1044–1046), einem Neffen Stephans des Heiligen, und Samuel-Aba (1041–1044) zur Auseinandersetzung um die Herrschaft gekommen. Peter I. floh zu Heinrich III., der sich ihm zugänglich zeigte und trotz eines Friedensangebotes Samuels einen Vergeltungsfeldzug 1042 unterstützte, bei dem er nach der Zerstörung von Deutsch-Altenburg und Preßburg bis nach Gran vordrang. Erst 1044 mit der Schlacht von Menfö an der Raab konnte Samuel niedergeworfen und Peter I. in Stuhlweißenburg in seine Rechte eingesetzt werden. Auch hier genügte dem Salier, daß der neue Herrscher als Vasall seine Oberherrschaft anerkannte.

Der Sieg in Ungarn erschließt jedoch eine weitere Facette der Regierung Heinrichs III. Man sah König Heinrich am Abend jener denkwürdigen Schlacht barfuß daherschreiten, das *Kyrie eleison* singen, und im Büßergewand brachte er Gott Dank für den errungenen Sieg dar. Er fiel vor dem Holz des Heiligen Kreuzes auf die Knie und verzieh allen ihre Missetaten, die sich gegen ihn versündigt hatten. Dieser rituelle Akt wird nicht nur in den Annalen von Niederaltaich, sondern auch in einigen Briefen Abt Bernos von Reichenau (1008–1048) überliefert. Dies verweist auf die christliche Durchdringung des Herrscheramtes, die bei Heinrich III. besonders deutlich wird. Für *pax* und *justitia* war die Bußgesinnung die notwendige Voraussetzung: Wo wahre Buße ist, dort herrscht die Milde Gottes, sagt Wipo in seinen Proverbia. Diese und andere Merkverse Wipos waren Heinrich III. wohl seit seiner Kindheit vertraut, der König verstand sich vielleicht als Friedensstifter, der im Auftrag Christi agierte.

Die Herrscherbilder, zum Beispiel aus dem Evangeliar von Speyer, von Goslar oder aus dem Perikopenbuch sind häufig zur Verdeutlichung von Heinrichs III. Zielvorstellungen herangezogen worden. Es ist nicht möglich, die Fülle dieser Herrscherdarstellungen hier einzeln zu interpretieren. Inwieweit aus Bildern in liturgischen Handschriften allerdings Herrschaftskonzeptionen abzuleiten sind, wird inzwischen heftig diskutiert. Auffällig bleibt jedoch – obwohl die Handschriften primär der Liturgie dienten und keine öffentliche Wirkung im modernen Sinne beanspruchen können –, daß gerade aus der Zeit Heinrichs III. zahlreiche Bilder überliefert sind, die zumindest beim modernen Betrachter die Vorstellung von einem sakralen Herrschaftsverständnis evozieren. Die Bilder lassen ebenso erkennen, wie beispielsweise im Speyerer Evangeliar (vgl. Farbabb. 8) der Schutz Mariens herbeigefleht wurde. Die Umschrift einer Dedikationsdarstellung scheint diese Auslegung zu stützen. Dort heißt es in deutscher Übertragung: »O Königin des Himmels, verachte mich König nicht, Dir empfehle ich mich durch die Überreichung der heutigen Gaben, ferner meinen Vater und meine Mutter, vor allem aber die, mit der ich aus Liebe zum Kind verbunden bin. Mögest Du uns alle Zeit eine huldreiche Helferin sein.« Es ging nach dieser Umschrift somit um die *Memoria* und den Fortbestand des salischen Hauses.

Wie auch immer die Breitenwirkung einzuschätzen ist, so scheinen sich ebenso einige auch bei Wipo und Berno von Reichenau greifbare Aspekte über die Herrschaftsvorstellungen eines christlichen Königs offenkundig in diesen Bildern wiederzufinden. Jedoch so sehr Heinrich III. als christlicher Herrscher die Kirchenreform selbst förderte, so sehr scheint er sich auch gegen übersteigerte Hitzköpfe gewendet zu haben, denn Personen in seinem Umfeld beschworen zuweilen den alten Glanz und die Entrückung eines sakralen, eines theokratischen Königtums, das die Kirche nicht nur nach außen schützen sollte, sondern auch im Inneren die rechte Ordnung zu wahren verstand.

Römische Fragen: Sutri und der Beginn der Kirchenreform?

Heinrich III. agierte sowohl im Osten wie im Südwesten; mit der schon genannten zweiten Ehe heiratete Heinrich III. in eine Familie ein, die am ehesten Ansprüche auf Burgund geltend machen konnte. Zugleich war Agnes von Poitou die Stieftochter eines der mächtigsten französischen Thronvasallen. Deshalb gab es schon im Vorfeld verschiedene Absprachen, bevor sie 1043, nach der Verlobung im Oktober in Besançon, vielleicht am 21. November (Fest der Darstellung Mariens im Tempel), geweiht und gekrönt wurde; am 22. November fand wohl die Hochzeit in Ingelheim statt. Agnes von Poitou ist eine der profiliertesten Herrscherinnen des salischen Hauses, ihr Einfluß blieb auch nach dem Tod Heinrichs III. bedeutend. Heinrich III. selbst war an dieser Verbindung gelegen, er schlug die Bedenken lothringischer Kirchenreformer über einen zu engen Verwandtschaftsgrad in den Wind.

Schon bald nach seinem Herrschaftsantritt erstrebte Heinrich III. die Kaiserkrone. Zunächst hatte er allerdings noch Probleme in Lothringen zu lösen. Dort war durch den Tod Herzog Gotzelos I. (1023–1044) eine bedrohliche Situation entstanden, denn Gottfried der Bärtige († 1069) wollte es nicht hinnehmen, daß Heinrich III. ihm 1044 nur die südliche Hälfte der väterlichen Herrschaft, nicht aber Niederlothringen übertragen hatte. In einem Kompromiß unterwarf sich

Abb. 1 Aachen, Pfalzkapelle/Marienkirche.
Dieser Ort ist seit den Tagen Karls des Großen aufs engste mit dem Reich verbunden, besonders als Ort der Krönung und Thronsetzung.

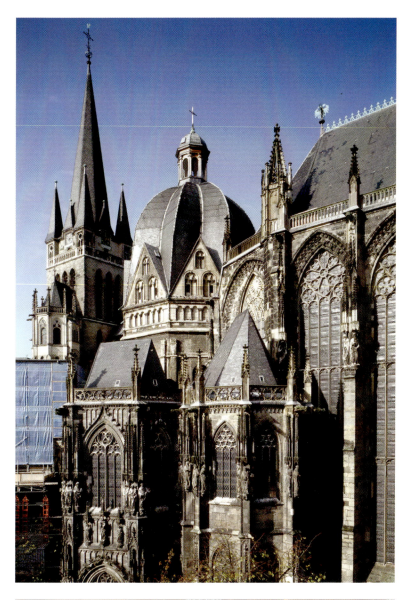

Abb. 2 Aachen, Pfalzkapelle: Barbarossaleuchter, 1165.
Friedrich Barbarossa stiftete anläßlich der Heiligsprechung Karls einen radförmigen großen Leuchter, der das himmlische Jerusalem abbilden und damit zugleich die Würde des römischen Kaisers unterstreichen sollte.

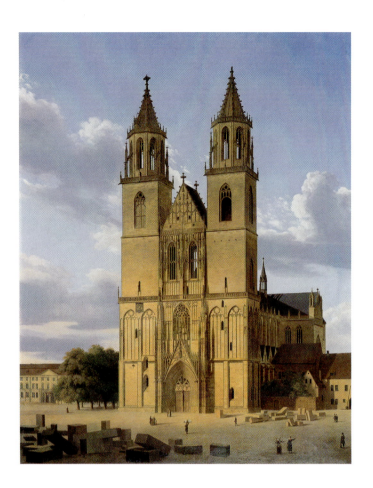

Abb. 3 Magdeburg, Dom.
Ansicht der Westfassade, Gemälde von Carl Hasenpflug 1837.

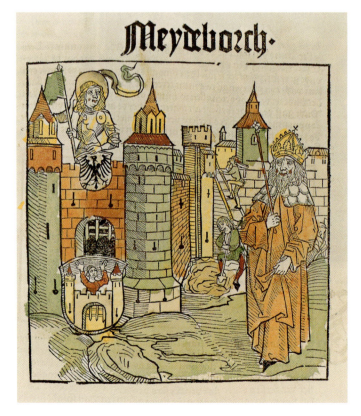

Abb. 4 Magdeburg, Stadtansicht.
Holzschnitt aus Cronecken der Sassen, 2. Hälfte 15. Jahrhundert.

Abb. 5 Hildesheim, Klosterkirche St. Michael.
Kolorierte Federzeichnung auf Karton von 1662. Die Zeichnung entstand im Zuge der Auseinandersetzungen um die Nutzung der Gebäude nach der Reformation.

Abb. 6 Köln, Sankt Pantaleon.
Benediktinerabtei aus dem 10. Jahrhundert mit kaiserlichem Westwerk. Seinen besonderen kaiserlichen Glanz erhielt die Abtei durch Erzbischof Bruno von Köln, Otto I., Otto II. und besonders durch dessen Gemahlin Theophanu, die das wuchtige Westwerk errichten und im Osten eine Apsis anfügen ließ. Im 13. Jahrhundert wurde die einschiffige Saalkirche zu einer dreischiffigen Basilika erweitert Der hl. Bruno, der Bruder Kaiser Ottos I., ist seinem Wunsch entsprechend in der Krypta, der Sarkophag der 991 verstorbenen Theophanu steht in einem südlichen Seitenschiff.

Abb. 7 (Privilegium) Ottonianum vom 13. Februar 962.

Rom, Archivio Segreto Vaticano. Die nach der Kaiserkrönung Ottos I. ausgestellte Urkunde ist in einer Prachtausfertigung erhalten. Die Prunkfassung wurde vom Kardinaldiakon Johannes zur Hinterlegung in der Confessio der Peterskirche angefertigt. Geregelt werden im Anschluß an die frühere Pippinische Schenkung vor allem Fragen der territorialen päpstlichen Herrschaft in Mittelitalien und damit verbundene Rechte sowie Bestimmungen zu künftigen Papsterhebungen.

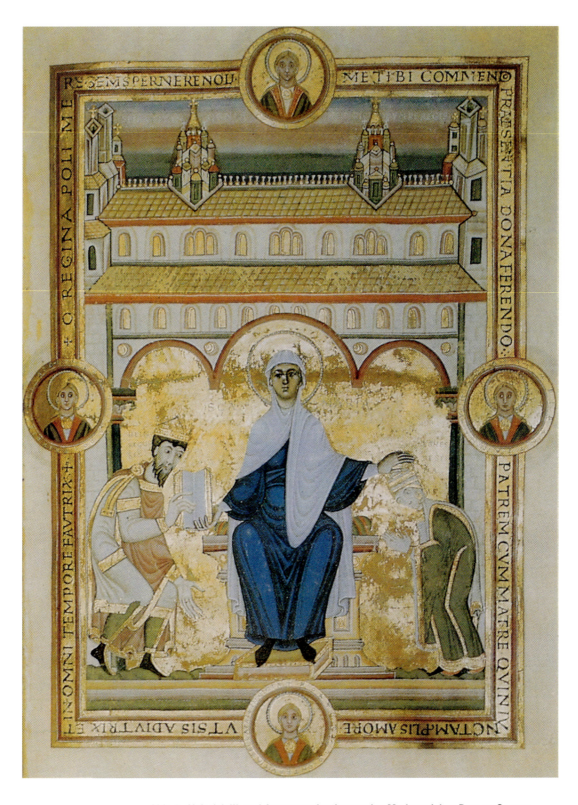

Abb. 8 Heinrich III. und Agnes vor der thronenden Maria und dem Dom zu Speyer.
Speyerer Evangeliar, El. Escorial, Vitrinas 17, fol. 3 recto, Buchmalerei, um 1050 (Echternach).
Heinrich überreicht der thronenden Maria das Buch. Die Umschrift evoziert auch die Sorge um die Memoria und den Fortbestand des salischen Hauses (*O regina poli me regem spernere noli / me tibi commendo praesentia dona ferrendo / patrem cum matre quin iunctam prolis amore / ut sis adiutrix et in omne tempore fautrix*, vgl. die Übersetzung S. 72).

Abb. 9 Mainz, Dom Sankt Martin und Sankt Stephan.
Im Mainzer Dom, Baubeginn 975, wurden Heinrich II., Konrad II. und Philipp von Schwaben zu Königen gekrönt.

Abb. 10 Reichskrone.
Wien, Kunsthistorisches Museum. Die Entstehungszeit der Reichskrone ist umstritten, wird aber inzwischen meistens in die Zeit des 12. Jahrhunderts (Konrad III.) gelegt. Die Reichskrone in der Vorderansicht mit Stirnplatte. Der herzförmige Saphir erinnert an den »Stein der Weisen«. Auf den verschiedenen Seitenplatten sind Darstellungen mit verschiedenen Schriftzügen zu sehen, hier vorne links *per me reges regnant* (durch mich herrschen Könige).

Abb. 11 Roma aurea, Goldbulle Friedrich Barbarossas.
Karlsruhe, Generallandesarchiv A 138. Die Umschrift begegnet auch schon früher und unterstreicht die Bedeutung Roms: *Roma caput mundi regit orbis frena rotundi* (Rom, das Haupt der Welt, hält die Zügel des sich drehenden Erdkreises).

Abb. 12 Braunschweig, Burg Dankwarderode, »Pfalz Heinrichs des Löwen«.
Ansicht von Nordwesten.

Abb. 13 Prag mit der zur Zeit Karls IV. errichteten Karlsbrücke.
Auf dem anderen Moldauufer im Hintergrund der Hradschin und Veitsdom.

Abb. 14 Der Karlstein bei Prag.
Gemälde von Hugo Ullik, 1872. In der zwischen 1348-1367 errichteten Burg wurden die Reichskleinodien verwahrt, bis sie 1424 nach Nürnberg übertragen wurden.

Gottfried der Gnade des Königs und wurde ein Jahr später zum Herzog von Oberlothringen erhoben, während Niederlothringen bei seinem Bruder Gotzelo II. († 1046) verblieb. Die Fehdeführung wurde übrigens von zeitgenössischen Historiographen so interpretiert, daß Gottfried einer der wenigen war, die das königliche Friedensangebot mißachteten.

In Rom herrschte eine verworrene Lage; verschiedene Päpste konkurrierten: Papst Benedikt IX., ein Tuskulaner, war im September 1044 aus Rom vertrieben worden, wenig später hatte man einen Creszentier mit dem Namen Silvester III. erhoben, gegen den sich Benedikt IX. jedoch wenig später durchsetzen konnte. Aber dieser war nicht unangefochten und mußte sich mit verschiedenen Vorwürfen in Rom auseinandersetzen. Dies führte zu einem zunächst unerwarteten Schritt: Gegen eine Geldzahlung – die Quellen erwähnen zwischen 1.000 und 2.000 Pfund Silber – fand Benedikt IX. sich bereit, die Papstwürde einem anderen zu übertragen, der dann als Gregor VI. ab dem 1. Mai 1045 seinen Platz einnahm. Zunächst scheint an diesen Geschäften niemand etwas Anstößiges gesehen zu haben. Selbst Heinrich III. hatte ein Treffen mit Gregor VI. (1045–1046, 1047) vereinbart, nachdem er im Oktober 1046 in Pavia eingetroffen war. Wenig später muß ihm jedoch zu Ohren gekommen sein, daß Gregor VI. ausgerechnet gegen jenen Grundsatz verstoßen hatte, den kurz zuvor in Pavia erneuerte Beschlüsse eingeschärft hatten, das Verbot, gegen Geld kirchliche Ämter oder Sakramente abzugeben oder zu erlangen. Dies bezeichnete man seit langer Zeit in der Kirche als Simonie, in Erinnerung an die im Neuen Testament berichteten Praktiken des Simon Magus.

Der Ort Sutri gilt oft als Ausgangspunkt der Kirchenreform, die offensichtlich zunächst noch stark in der Hand des salischen Herrschers lag. Eine dorthin einberufene Synode tagte 1046, und Heinrich III. ließ drei Päpste, darunter den besagten Gregor VI., absetzen. Vier Tage später erfolgte in Rom unter Heinrichs Einfluß die Wahl Bischof Suitgers von Bamberg, eines engen Vertrauten des Königs, zum Papst. Die Besetzung der Cathedra Petri bedeutet für einen künftigen Kaiser etwas anderes als für die Römer: Die Römer wählten eher den Bischof von Rom, während ein Herrscher, der zum Kaiser gekrönt werden wollte, stärker die universalen Aufgaben des Papstes im Blick hatte. Suitger von

Pavia.
Ausschnitt aus einem Stich von Jörg Breu d. Ä., 1525. Pavia blieb auch nach der Zeit des Langobardenreiches ein wichtiger Ort des *Regnum Italiae*. Hier wurden vielfach auch die römisch-deutschen Herrscher zum König dieses Reiches gekrönt.

Bamberg, der den Namen Clemens II. (1046–1047) annahm, krönte nur wenige Tage nach der Synode Heinrich und Agnes am Weihnachtstag 1046 zu Kaisern. Anschließend machte eine Synode deutlich, wie eng der Papst sich dem Salier verbunden fühlte: Zur Rechten des Papstes wurde dem Kaiser ein eigener Sessel freigehalten. Die Beschlüsse des Konzils bekräftigten das, was Heinrich schon in Pavia gefordert hatte: Sämtliche simonistischen Praktiken sollten mit dem Anathem bedroht werden. Mit Clemens II. begann die Reihe der »deutschen Päpste«, die sich auch dadurch von bisherigen Praktiken abhoben, daß sie in der Regel ihr Heimatbistum beibehielten. Dies unterstreicht die Vorstellung, daß der Papst nun weniger als Bischof von Rom gesehen wurde, sondern eher als die Spitze der gesamten Kirche. Die Verbindung des Papstes mit seiner Heimatdiözese belegt das heute noch hervorgehobene Grab des Papstes Clemens' II. im Bamberger Dom.

Unbestritten hatte Heinrich mit seinem Romzug 1046 Reformfragen in Italien und Rom aufgegriffen. Begann aber 1046 das Zeitalter der Kirchenreform und des Investiturstreites? Leitete der Paukenschlag von Sutri mit der Absetzung von drei Päpsten jene Epoche ein, die im Kampf zwischen Heinrich IV. und Gregor VII. gipfelte? An Stelle einer alten Ordnung kam es zunehmend zu neuen Vorstellungen, bei denen das Papsttum in die Mitte gerückt wurde. Insofern handelte Heinrich III. 1046 im Grund recht traditionsgebunden, denn an seinem Verhalten wird deutlich, daß er das Kaisertum keinesfalls als ein Geschenk des Papsttums auffaßte. Vor diesem Hintergrund unterschieden sich die Ansichten Heinrichs III. von späteren Stellungnahmen energischer Kirchenreformer, denn nicht eine vom Papsttum geleitete reformierte Kirche war das Ziel Heinrichs III. Blickt man auf Papst Clemens II., so könnte sich sogar eine andere Interpretation aufdrängen: Wenn der Papst in Zukunft auch dem Reichsbistum Bamberg vorstand, gehörte er weiterhin zum Reichsepiskopat, war also in ein System königlicher Herrschaft eingebunden. Ging es also eher um eine geistlich-weltliche Zusammenarbeit unter kaiserlicher Führung und nicht etwa um eine vom Papsttum geführte Reformkirche? Jedenfalls ordnen sich einige der Aktionen von 1046 durchaus in die Traditionslinien ottonisch-frühsalischer Herrschaft ein. Vielleicht wollte Heinrich III. das ottonische System einer auf die Person des Herrschers fixierten Kirchenpolitik eher perfektionieren. Die Investitur der Bischöfe mit dem Hirtenstab und seit den Saliern auch mit dem Ring deutet an, daß diese Bischöfe in seine Herrschaft eingebunden werden sollten. Das Mittel, um seine Vorstellungen umsetzen zu können, war unter anderem die Hofkapelle, die er durch organisatorische Neuerungen ganz auf seine Person ausrichtete. An die Spitze der Ämter rückte nun der Erzkanzler, die täglichen Geschäfte besorgte ein einfacher Hofgeistlicher, und mit dem Pfalzstift Sankt Simon und Juda in Goslar wurde ein wichtiges neues Ausbildungszentrum im sächsischen Raum eingerichtet. Daß Heinrichs Konzept nicht in allen Fällen aufging, zeigt unter anderem die Erhebung Brunos aus Lothringen zum Papst 1049, der unter dem Namen Leo IX. bis 1054 wirkte. Der Kaiser hatte ihn zwar nominiert, aber der gebildete Kirchenmann bestand darauf, in Rom von Klerus und Volk kirchenrechtlich korrekt gewählt zu werden. Der Pontifikat Leos IX. ließ in der Folge jedoch erkennen, daß Heinrich III. im Grunde die neuen Formen päpstlicher Herrschaft, wie sie Leo IX. praktizierte, zumindest akzeptierte. Ihm wurde vielleicht nicht bewußt, daß mit der Art von Reform, wie der neue Papst sie betrieb, gleichzeitig das von ihm favorisierte Kirchenverständnis in Gefahr geriet.

Natürlich bewirkte ein solches, auf die Person des Herrschers zugeschnittenes Regiment Spannungen. Diese bekam Heinrich III. mehrfach zu spüren. Manche Stimmen meinten, er überschreite seine Befugnisse. Allerdings blieben diese frühen Klagen meist noch auf lokale Situationen bezogen. Aber es wurde durchaus diskutiert, welche Konsequenzen mit der Ring- und Stabübergabe verbunden seien, und manche Autoren erinnerten auch den Herrscher daran, daß er eher ein vornehmer Laie sei und nicht auf einer Stufe mit den Bischöfen stehe.

Die Widerstände verstärkten sich zu Ende seiner Regierungszeit. Manche Schriften zogen Heinrichs Königstugenden rundweg in Zweifel, so heißt es in einem vielfach zitierten Visionsbericht, der im Regensburger Kloster Sankt Emmeram entstanden ist, kritisch zur Prunksucht des salischen Hofes, daß man sich dort mit Kleidung, Barttracht, Rüstung und Pferden so herausputze, wie es allenfalls den Albernheiten der Franzosen entspreche. Eitelkeit und Habsucht gehörten zu den Punkten, die solche Kritiker Heinrich III. vorwarfen. Insgesamt kündigte sich offensichtlich eine neue Zeit an, die durch Kirchenreform und neue Werte bestimmt war. Die beginnenden 50er Jahre des 11. Jahrhunderts bedeuteten gleichzeitig einen Wendepunkt im Leben des Saliers. Jedenfalls häuften sich zu Ende der Regierungszeit Heinrichs III. die Schwierigkeiten. Dies betraf sowohl sein Verhältnis zu den Reichsfürsten als auch seine Beziehungen zu den Herrschaftsträgern außerhalb Deutschlands, Burgunds und Italiens. Heinrich hatte lange Zeit versucht, seiner Familie und sich selbst einen hegemonialen Anspruch zu sichern, dabei aber zuweilen das Selbstwertgefühl anderer zu wenig beachtet.

Krisen im Innern und an den Grenzen des Reiches

Modern gesprochen machte also der fehlende Wille oder die fehlende Fähigkeit zum politischen Kompromiß dem Kaiser langfristig am meisten zu schaffen. Wenn er auch mit Capua und mit der Legitimierung der normannischen Landnahme in Süditalien zunächst eine politisch vielfach positiv bewertete Regierungsmaßnahme einleitete, so wird zugleich deren Kurzlebigkeit deutlich. Als nämlich Leo IX. im Jahre 1053 den Kaiser vergeblich um Hilfe anrief, waren die meisten kaiserlichen Vasallen gestorben, die dem Salier zuvor einen Treueid geschworen hatten. Und die Normannen dachten gar nicht mehr daran, sich in einen salischen Herrschaftsverband einzuordnen.

Ähnliches galt für Ungarn: 1046 bestieg Andreas I. (1046–1060), ein neuer König, den Thron. Obwohl er sich anfangs in Abhängigkeit von Heinrich begab, blieb die Lage gespannt und die Ungarn befreiten sich in den Jahren 1051/52 nach kriegerischen Auseinandersetzungen aus der Lehnsbindung an den Kaiser. Auch die Beziehungen Heinrichs zu Frankreich verschlechterten sich. Nach Invasionsplänen in Lothringen im Januar 1047 und 1052/53 kam es zu einem Streit zwischen Saint-Denis und Regensburg um die Reliquien bzw. die Echtheit der Reliquien des heiligen Dionysius.

Auch im Inneren verstärkten sich die Krisensymptome, wie schon der lothringische Konflikt mit Gottfried dem Bärtigen angedeutet hat. Dessen Heirat mit Beatrix, der Witwe des 1052 verstorbenen Markgrafen von Tuszien, gab Anlaß für weitere Verstimmungen. Nicht die Ehe führte zur Empörung des Kaisers, sondern vor allen Dingen die damit gefährdeten salischen Machtgrundlagen in

Regensburg an der Donau.
Das schon in karolingischer und ottonischer Zeit bedeutende Regensburg war Schauplatz zahlreicher Reichsversammlungen, gewann auch geopolitische Bedeutung als Tor nach Böhmen hin und entwickelte sich zu einer der bevölkerungsstärksten Städte des Reiches, die erst im späten Mittelalter die Konkurrenz Nürnbergs und Prags fürchten mußte. Als wichtigstes Kloster gilt Sankt Emmeram, das zu einem wichtigen Reformkloster wurde und mit Otloh im 11. Jahrhundert († kurz nach 1079) einen profilierten Kopf hervorbrachte, vgl. die Abb. auf S. 20.

Ober- und Mittelitalien. Heinrich verschleppte Beatrix samt ihrer Tochter Mathilde nach Deutschland und hielt außerdem im tuszischen Herrschaftsgebiet demonstrativ Hof. Gottfried selber war kurz vorher geflohen, sein Bruder Friedrich entging der Auslieferung an den Kaiser.

Nördlich der Alpen erhielt sich der Kaiser die Autorität vor allem in Süddeutschland, wo er 1048/49 mit dem Babenberger Otto und dem Ezzonen Konrad zwei neue Herzöge einsetzte, die nicht mit dem einheimischen Hochadel verwandt oder verschwägert waren. Problematischer war das Verhältnis zu den sächsischen Billungern, denen der Salier nur durch einen Ausbau des im Harz gelegenen Reichsgutes entgegentreten konnte, besonders in Goslar, wo im Rammelsberg die für die Königsherrschaft so wichtigen Silbervorkommen lagen. In Niederlothringen geriet die Situation vollkommen außer Kontrolle, denn Gottfried der Bärtige sorgte für Unruhe und belagerte 1055 den von Heinrich III. eingesetzten Herzog in Antwerpen.

Dieser kurze geographische Rundblick zeigt, daß eine Oppositionsbewegung, die sich 1052 bis 1055 in Süddeutschland formierte, nicht unbedingt zufällig gleichzeitig aktiv wurde, sondern wohl tiefere Ursachen hatte. Die gescheiterte Ungarnpolitik, die Absetzung Konrads I. von Bayern, ein mißlungenes Attentat 1047 in Sachsen führten insgesamt zu einer aggressiven Grundstimmung, die 1055 in einen offenen Aufstand umschlug, als der bis dahin Heinrich treu ergebene Bischof Gebhard III. von Regensburg (1036–1060) sich der Allianz der Unzufriedenen anschloß. Herzog Welf von Kärnten (1047–1055) und Verbündete zettelten eine Verschwörung an, die nach dem Zeugnis der Niederaltaicher Annalen auf eine Art Thronsturz hinauslaufen sollte. Als neuer König

Goslar, Pfalzbezirk.
Rekonstruktionszeichnung. Das in karolingischer Zeit erstmals faßbare Goslar, wo Heinrich I. 922 einen *vicus* begründet haben soll, gewann aufgrund des Silberabbaus am Rammelsberg (Harz) in salischer Zeit an Bedeutung. Um 1000 löste Goslar mit einer Pfalz die Bedeutung Werlas als Pfalzort ab. Die Zeichnung zeigt den gesamten Pfalzbezirk mit dem Kaiserhaus, der Ulrich- und Liebfrauenkapelle, außerdem das von Heinrich III. gegründete und 1050 geweihte Stift Sankt Simon und Juda, das als Bildungseinrichtung seit salischer Zeit zunehmend wichtig wurde. Das Domstift Sankt Simon und Juda wurde 1169 erstmals als kaiserliche Kapelle (*imperialis capella*) bezeichnet. In Goslar fanden bis 1252/53 mehrfach Synoden, Reichsversammlungen und Herrscherbesuche statt.

Goslar, Kaiserthron.
Letztes Viertel des 11. Jahrhunderts (Sitz und Einfassung um 1200). Goslar Städtische Sammlungen (Domvorhalle).

war der im April 1053 von Heinrich abgesetzte und zwischenzeitlich nach Ungarn geflüchtete Bayernherzog Konrad vorgesehen.

Wie stand es in dieser Situation um die Kontinuität im Reich? Heinrichs Frau Agnes hatte Heinrich bis Oktober 1048 schon drei Kinder geboren, allerdings keinen Sohn. Sollten die zahlreichen Schenkungen an den Speyerer Marienaltar mit dieser Sorge Heinrichs III. um einen männlichen Nachfolger zusammenhängen? Das Gebet um einen Sohn dürfte fundamental gewesen sein. Im November 1050 kam der erwünschte spätere Heinrich IV. zur Welt. An Ostern 1051 wurde er von Hermann von Köln (1036–1056) getauft, Taufpate wurde Abt Hugo von Cluny (1049–1109).

Die Sorge um die verstorbenen Mitglieder seines Hauses regelte Heinrich mit großer Sorgfalt. Dies betraf nicht nur den Ausbau Speyers, sondern auch die neue Pfalz in Goslar, der Sterbeort seiner Mutter Gisela und die Geburtsstätte einiger Kinder aus zweiter Ehe, erhielt 1051 ein Stift, das unter den Schutz der Tagesheiligen von Heinrichs eigener Geburt gestellt wurde, nämlich Simon und Juda. Somit wurde dieses Stift neben Speyer ein zweites Memorialzentrum der salischen Familie. Besonders wichtig war es Heinrich jedoch, die Ansprüche seines Sohnes rechtzeitig bestätigen zu lassen. Schon 1053 ließ er seinen Sohn zum König wählen und handelte damit vorausschauend, denn in Botfeld im Harz, wo sich Heinrich zur Jagd aufgehalten hatte, erkrankte der Kaiser im September 1056 so schwer, daß die Ärzte die Hoffnung aufgaben. Auf dem Sterbebett legte er nochmals im Beisein von Papst Viktor II. (1055–1057) ein öffentliches Sündenbekenntnis ab, bekräftigte die Nachfolge seines Sohnes Heinrich im Königtum, empfing anschließend die Kommunion und verstarb am 5. Oktober. Seine Eingeweide wurden wenig später in Goslar beigesetzt (weil dies nach eigener Aussage der Ort seines Herzens gewesen sei), den übrigen Leichnam überführte man anschließend in einer feierlichen Prozession nach Speyer. Dort wurde er am Fest der Apostel Simon und Juda (dem Geburtstag des Kaisers) zur Ruhe gebettet.

Die Orte religiösen Aufbruchs in Burgund, Lothringen und Italien

Heinrichs III. Sohn, Heinrich IV., wird fast stets mit dem Gang nach Canossa und dem Investiturstreit, also mit der großen Auseinandersetzung zwischen Kaisertum und Papsttum in Verbindung gebracht. Dieser heftige Konflikt ist allerdings kaum zu verstehen, wenn man nicht die weiteren Umwälzungen und Umgestaltungen der gesamten Epoche kurz zur Kenntnis nimmt. Technische Neuerungen, Bevölkerungszunahme und damit verbundene Siedlungsbewegungen, wirtschaftliche und gesellschaftliche Differenzierung sind die Stichworte eines Prozesses, der schon vor dem 11. Jahrhundert eingesetzt hatte. Zu diesen hier nicht im einzelnen zu würdigenden Entwicklungen der Rahmenbedingungen gesellte sich ein intellektueller Aufbruch, der sich auch an zahlreichen Ansätzen der Kirchen- und Klosterreform ablesen läßt und der mit dem 11. Jahrhundert keinesfalls abgeschlossen war. Diese Reformbewegungen waren im burgundisch-lothringischen Raum besonders intensiv und verbreitet. Mit dem Erwerb Burgunds unter Heinrich III. rückten sie somit gleichzeitig stärker ins Zentrum des Reiches.

An erster Stelle ist das Kloster Cluny zu nennen. Hier, im herrschaftlich wenig durchdrungenen burgundischen Raum, entstand 910 ein Kloster, das direkt dem Papst unterstellt wurde. Der Stifter verzichtete auf Herrenrechte, das Kloster

Goslar, Kaiserpfalz.
Die Kaiserpfalz wurde 1867–1869 erneuert. Die Ansicht zeigt im Vordergrund den Braunschweiger Burglöwen, kennzeichnet aber durch die um 1900 errichteten beiden Monumente vor allem das Geschichtsverständnis des wilhelminischen Deutschland, denn rechts ist ein Reiterstandbild Friedrich Barbarossas (kein Salier!) und links ein ähnliches von Kaiser Wilhelm I. aufgestellt.

sollte frei von weltlichen Einflüssen sein. Diese *Libertas*, die durch die völlige Herausnahme aus der bischöflichen Herrschaft, der Exemtion, weiter verstärkt wurde, gewann prägenden Charakter. Liturgie und Totengedenken waren Hauptanliegen dieser neuen cluniazensischen Richtung der Benediktiner.

Nach einem Papstprivileg von 931 durfte Cluny auch Mönche aus anderen Konventen aufnehmen, was den alten Grundsatz der Ortsgebundenheit (*stabilitas loci*) aufweichte, denn nun waren Mönche gegebenenfalls nicht mehr lebenslang an ihr Kloster gebunden. Außerdem duldete der Papst, daß Cluny die Leitung reformwilliger Klöster übernahm. Dies war zukunftsweisend, denn bisher hatte jede Abtei für sich allein gestanden, nun aber war langfristig eine Verbandsbildung möglich. Die Filialklöster wurden oft zu Prioraten, deren Vorsteher zwar noch Äbte hießen, aber die wichtigen Funktionen lagen beim Großabt in Cluny. Ende des 10. Jahrhunderts gab es schon 65 Konvente, zu Beginn des 12. Jahrhunderts sollten es dann etwa 300 sein.

Andere Reformzentren, wie in Brogne bei Namur oder in Gorze bei Metz, übten auf die königlichen Herrscher und das Reich vielleicht größeren Einfluß aus. Wie in Cluny wurde auch hier über intensivere Formen religiöser Praxis nachgedacht, und es wurde ebenso die Frage gestellt, wie es um die biblischen Ideale und Lebensformen der Urkirche bestellt sei. Im lothringischen Gorze bestand eine Reformgruppe, die vor allem mit dem Trierer Reformkloster Sankt Maximin Kontakte pflegte. Über Trier erhielten die Gorzer Reformgebräuche auch Geltung in Sachsen, denn Trierer Mönche wurden schon in ottonischer Zeit in das Mauritius-Kloster in Magdeburg entsandt. Es war kein zentrales Reformprogramm, vielmehr strebten einzelne Personen eine striktere Befolgung der Benediktregel an. Die Gorzer Bewegung arbeitete vielfach mit Reformbischöfen zusammen, die ihrerseits wiederum auf die Herrscher einwirken konnten.

Außer in Burgund und in Lothringen entwickelten sich besonders in Italien weitere Reformbewegungen. Dort verschaffte sich das nach dem Beispiel Clunys ausgestattete Kloster Fruttuaria eine ähnlich herausragende Position. Besonders Eremitengemeinschaften machten bald von sich reden, die schon im Umfeld Ottos III. einen gewissen Einfluß erlangt hatten. Manche dieser Reformer standen in einer griechisch-byzantinischen Tradition, die insbesondere in Süditalien nach wie vor wirksam war. Nilus von Rossano gehörte hierzu, er wurde nach seinem Tod 1004 in dem von seinen Mönchen gegründeten Kloster Grottaferrata beigesetzt. Eine weitere Reformströmung ist in Italien mit Romuald von Camaldoli verbunden. Seine Vita hat gut ein Menschenalter später der bekannte Reformer Petrus Damiani († 1072) verfaßt. Unter den von ihm gegründeten Klöstern und Einsiedeleien wurde Camaldoli, das spätere Stammkloster des Kamaldulenserordens, besonders bekannt. Weitere Reformorte waren Fonte Avellana sowie Vallombrosa (Vallombrosaner). Schon dieser kurze Überblick zeigt, daß ein langer Vorlauf für die Entwicklung der verschiedenen Reformansätze und deren Ausstrahlung berücksichtigt werden muß.

Weil diese »neuen« Mönche und Eremiten aber vor allem beteten und meditierten, kamen zunehmend Laien als Konversen (Laienbrüder) ins Kloster, die nun stärker als zuvor von der monastischen Welt erfaßt wurden. In der Folge entwickelten sich neue Frömmigkeitsformen, die manchmal sogar häretische Züge annahmen, denn der Grat zwischen intensivierten religiösen Bedürfnissen und Gefühlen innerhalb einer Offenbarungsreligion und aus dem religiösen System ausbrechenden ketzerischen Gedanken war schmal. Auch aus diesen Richtungen kamen Impulse für eine Reform.

Cluny, Abteikirche.
Lithographie von Émile Sagot, um 1800. Das 910 gegründete Cluny gilt als Zentrum einer kirchlich-monastischen Reformbewegung, die im 11. Jahrhundert zusammen mit lothringischen und anderen Zentren bis nach Italien und Rom, aber auch ins Reich ausstrahlte. Der Bau der großen fünfschiffigen Basilika (187 Meter Länge und 50 Meter Höhe), die in der Französischen Revolution zu großen Teilen zerstört wurde, ließ Abt Hugo 1088 beginnen (Cluny III).

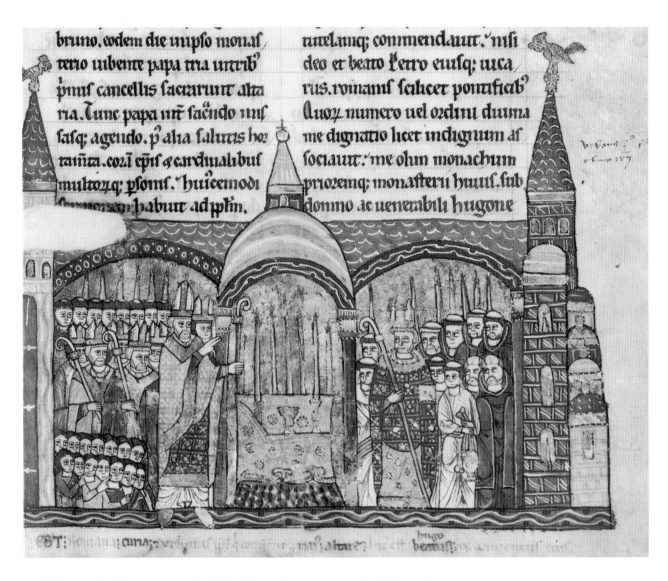

Cluny, Weihe des Hochaltars.

Vita des Abtes Hugo von Cluny (12. Jahrhundert), Paris, Bibliothèque Nationale, Ms. lat. 17716. Das Bild zeigt die Einweihung des Hochaltares, die Papst Urban II. am 25. Oktober 1095 während seiner Frankreichreise vornahm.

Nicht nur im Mönchtum und bei Wanderpredigern wurden die Mißstände kirchlicher Praxis deutlicher gesehen, sondern die Kritik ergriff bald auch die übrige Kirche. Die späteren Kampfbegriffe Investitur, Simonie, Priesterehe (Nikolaitismus) betrafen zunächst weniger das Mönchtum als den Weltklerus. Was wurde hiermit kritisiert? Die Simonie bedeutete – wie schon angesprochen – in Anlehnung an Simon Magus aus der Apostelgeschichte den Kauf geistlicher Ämter (Apg 8,14), im weiteren Sinne auch die Spendung von Sakramenten und Sakramentalien gegen Geld. Mit dem Nikolaitismus wurde die Mißachtung der Ehelosigkeit, des Zölibates, kritisiert. Mit der Investitur ist schließlich vor allem die Einsetzung der Bischöfe mit Ring und Stab in weltliche Ämter gemeint. Jedoch ist zu unterstreichen, daß der Herrscher im Reich nicht überall den gleichen Zugriff auf alle Kirchen besaß. Die genannten Themen wurden diskutiert, dies wird nicht nur in Traktaten deutlich, sondern die Problematik strahlte bis in die Darstellungsweise der Bischofsviten hinein und ist ebenso an neu kompilierten Kirchenrechtssammlungen abzulesen.

Fast erscheint es paradox, daß Kaiser und Papst bald heftig streiten sollten, denn König Heinrich III. hatte ja mit den »deutschen Päpsten«, zu denen man auch

Leo IX. zählt, die Reformer seines Reiches nach Rom gebracht. Heinrich III. hatte enge Beziehungen zu den Reformzentren, zu Gorze wie zu Cluny gepflegt und sogar eine Frau aus der Familie der Clunygründer, Agnes von Poitou, geheiratet. Die in der Folge unter dem Einfluß Heinrichs amtierenden Päpste griffen die Reformpolitik teilweise auf, Leo IX. wurde besonders wichtig. Er stammte aus Lothringen, besaß Beziehungen zu den dortigen Reformzentren und brachte auch lothringische Reformer mit nach Rom. Außerdem reiste Leo IX. nach Süditalien, aber auch nach Frankreich und nach Deutschland. Diese Mobilität diente zugleich als Herrschaftsmittel und entstammte weniger römischen Traditionen, sondern der Papst übernahm dieses eher von deutschen Herrschern (Reisekönigtum). Damit konnten aber viele der inzwischen auch schriftlich entwickelten Reformideen und -vorstellungen besser verbreitet oder konkret umgesetzt werden.

Von den Normannen in Süditalien, die die oströmisch-byzantinische Herrschaft verdrängten, wurde Rom allerdings bedroht. Heinrich III. erkannte einzelne Führer an; so überließ er ihnen 1047 das Gebiet der aufsässigen Fürsten von Benevent. 1050 nahm Leo IX. noch in seinem und im kaiserlichen Namen die Huldigung entgegen. Meistens waren die normannischen Führer Söhne oder Verwandte des Tankreds von Hauteville. So auch Robert Guiscard († 1085): Er unterwarf seit 1046/47 Kalabrien, 1053 stellte er sich Leo IX. entgegen.

Nicht nur in Bezug auf die Normannen, sondern auch innerkirchlich setzte nach Papst Leo IX. einer seiner Nachfolger, der aus Burgund stammende Nikolaus II. (1058–1061), den Kurs fort. Die von ihm präsidierte römische Synode von 1059 war wegweisend: Hier wurde die Papstwahl geregelt. Nicht mehr Klerus und Volk Roms samt kaiserlicher Bestätigung waren entscheidend, sondern die Papstwahl wurde den Kardinälen, zunächst noch den Kardinalbischöfen, vorbehalten. Ursprünglich waren die Kardinäle (Kardinalbischöfe, -priester und -diakone) Helfer beim stadtrömischen Gottesdienst und bei karitativen Angelegenheiten in Rom gewesen. Inzwischen nahmen sie auch allgemeinkirchliche Aufgaben, vor allem im römischen Palatium wahr. Deshalb wurde es zunehmend entscheidend, wen der jeweilige Papst zum Kardinal erhob. Dies waren aber bald nicht mehr nur Personen aus Rom und Mittelitalien, auch dadurch wurde das Papsttum immer stärker zu einer universalen Institution.

Rom – Tribur – Canossa:
Heinrich IV. (1056–1106) und Gregor VII. (1073–1085) im Konflikt

Welche Personen trafen in Canossa, dem zentralen Erinnerungsort für die Auseinandersetzung von *Sacerdotium* und *Regnum*, zusammen? Gut zehn Jahre nach Nikolaus II. bestieg der Papst, der am meisten mit dem Investiturstreit verbunden wird, Gregor VII., die Cathedra Petri. Er war schon als römischer Archidiakon Hildebrand hervorgetreten, stammte aus einer tuszischen Familie, hatte den unglücklichen Papst Gregor VI. ins deutsche Exil begleitet und war mit Leo IX. nach Rom zurückgekehrt. Dort übernahm er an der Kurie mehrere Aufgaben, unter anderem als päpstlicher Legat (Gesandter). Er dürfte die Reformgedanken, die in Rom seit den 1050er Jahren an Bedeutung gewannen, entschieden vertreten haben. In der Regel wird seine religiös-kirchenpolitische Position aus dem *Dictatus papae* hergeleitet, 27 Leitsätzen, die in das Briefregister des Papstes eingetragen sind und in denen eine deutliche Vorrangstellung des Papstes gegenüber dem Kaiser formuliert wird. Die Positionen waren nicht alle neu, aber vieles erscheint hier zugespitzt. Wichtig bleiben aber die Zusammenhänge: Bis heute streitet die Forschung darüber, in welchen Zweckbereich dieser *Dictatus papae* gehört. Lag hier ein kirchenrechtliches Programm vor, war es nur das Inhaltsverzeichnis einer geplanten oder verlorenen Kanonessammlung, war es ein Thesenpapier zu Verhandlungen mit dem deutschen König oder zu Unionsverhandlungen mit Byzanz? Fest steht jedoch: Die Thesen wurden kaum weiter verbreitet, deshalb ist fraglich, inwieweit die hier formulierten Ansprüche wirklich umgesetzt werden sollten.

Sein Hauptwidersacher im sogenannten Investiturstreit, König Heinrich IV., besitzt ein nicht weniger deutliches Profil, das durch die Auseinandersetzungen noch schärfer erscheint. Nach dem frühen Tod Heinrichs III. führte die Königsmutter Agnes zunächst die Regierung für ihren damals kaum sechsjährigen Sohn. Die königliche Position war prekärer geworden, denn kaum ein Herzogtum befand sich noch in königlicher Hand. Drei Orte sollten für die Entwicklung des jungen königlichen Nachfolgers entscheidend werden: Kaiserswerth, die Harzburg und Worms. Der Einfluß von Heinrichs Mutter endete mit einem Gewaltakt des machtbewußten Erzbischofs Anno von Köln (1056–1075) im Jahre 1062, an einem seither wichtigen Ort des Reiches: Kaiserswerth. Dort ließ Anno den 12jährigen Heinrich auf einem Rheinschiff entführen. Ein Fürstentag billigte die künftige Rolle Annos, der aber vor allem seit 1064 seinen Einfluß mit Erzbischof Adalbert von Bremen (1043–1072) teilen mußte.

Mit 15 Jahren, 1065, übernahm Heinrich die Regierung faktisch. Er wollte zunächst das entfremdete Reichsgut wiedergewinnen, das dem Königtum besonders im Harz abhanden gekommen war. Aber die Ansprüche des Königs und die Verfahren zur Wiederherstellung königlicher Herrschaft mit der Bestellung fremder, schwäbischer Gefolgsleute (Ministeriale) stießen im sächsischen Raum auf Kritik. Einen Herzog setzte Heinrich in Sachsen nicht mehr ein, son-

Entführung von Kaiserswerth, 1062.
Historienbild, 19. Jahrhundert. Das Bild zeigt die dramatische Flucht Heinrichs IV. aus dem Einfluß Erzbischof Annos von Köln 1062.

Kaiserswerth, Pfalz.
Stich, 17. Jahrhundert. Kaiserswerth, auf einer von einem Altwasserarm des Rheins umschlossenen Insel gelegen, wurde von dem angelsächsischen Missionar Suitbert (695) auf fränkischem Klostergut gegründet. Die Pfalz ließ Heinrich III. zwischen 1047 und 1050 errichten.

dern er versuchte, das Land durch Burgen zu sichern. An der Spitze der dortigen Opposition stand Graf Otto von Northeim († 1083). Höhepunkt der in der Folge ausbrechenden Sachsenkriege Heinrichs IV. war die Belagerung des Königs in der Harzburg 1073, er mußte fliehen und wurde schließlich in der Stadt Worms aufgenommen. Erstmals griff eine Stadtbürgerschaft in das hohe politische Geschehen ein. Ihre Hilfe hat sich die Stadt durch entsprechende königliche Privilegien belohnen lassen. Sächsische Forderungen mußte Heinrich jedoch im Frieden von Gerstungen (2. Februar 1074) noch anerkennen; erst Weihnachten 1075 war die Situation beruhigt. In Goslar versprachen die anwesenden Fürsten, im Falle von Heinrichs Tod dessen zweijährigen Sohn Konrad zum König zu wählen.

Heinrich IV. hatte in Sachsen nun zunächst den Rücken frei, aber kurz darauf brach der Konflikt mit dem Papst aus. In Mailand ließ Heinrich IV. einen neuen Erzbischof investieren, der dort auf den Widerstand von Klerus und Volk, besonders einer Gruppe, der sogenannten »Pataria«, stieß. Dies war eine sozialreligiöse (von Laien getragene) Reformbewegung, welche sich gegen Prunk und Reichtum der hohen Geistlichkeit stellte und dies vor allem mit den Armutsidealen des Evangeliums konfrontierte. Heinrich IV., der im Falle Mailands auch demonstrierte, daß er auf sein Machtmittel der Bischofsinvestitur nicht grundsätzlich verzichten wollte, erhielt 1075 ein vorwurfsvolles Schreiben aus Rom, in dem Gregor VII. sogar androhte, den König gegebenenfalls zu exkommunizieren. Auf der römischen Fastensynode dieses Jahres suspendierte Papst Gregor VII. einzelne nicht erschienene deutsche Bischöfe und lud die fünf Räte Heinrichs IV., die bereits 1073 wegen der Maßnahmen des Königs bei der Besetzung des Erzbistums Mailand exkommuniziert worden waren, vor. Als Heinrich trotzdem auf seinen Positionen beharrte, folgten verschiedene Versammlungen und der Austausch von Schriften. Auf einer Reichsversammlung in Worms (24. Januar 1076), bei der auch römische, papstfeindliche Gesandte anwesend

Harzburg. Mauerreste.
Die Harzburg wurde im Zusammenhang mit dem Sachsenaufstand von 1073 reichsgeschichtlich wichtig, als Heinrich IV. mit einer lokalen Opposition rechnen mußte. Der König wurde auf der Burg belagert und mußte sie im August 1073 fluchtartig verlassen.

Worms, Dom Sankt Peter und Paul, Westtürme und Apsis.
Der früheste Bau aus dem 7. Jahrhundert wurde 852 und 872 erneuert, der spätottonische 1018 eingeweiht, die heutige Kirche stammt größtenteils aus staufischer Zeit. Worms zählt mit Trier und einigen anderen Orten zu den ältesten römischen Siedlungen in Deutschland. Hier bestand seit 413 ein kurzlebiges Burgunderreich, mit Worms ist die Abfassung des Nibelungenliedes verknüpft. Schon seit dem 4. Jahrhundert Bischofssitz, wurde sicher Burchard von Worms (1000-1025) einer der bedeutendsten Bischöfe. Die Bürgerschaft erlangte 1074 eigenständiges Gewicht, nachdem die Stadt den aus Sachsen geflohenen Heinrich IV. aufgenommen hatte. Worms blieb bis in die Neuzeit Schauplatz zahlreicher Versammlungen, die seit dem 8. Jahrhundert nachgewiesen werden können (so auch 1076 im Investiturstreit). Der Abschluß des Investiturstreites verbindet sich mit der Stadt (Wormser Konkordat 1122) ebenso wie der Reichstag von 1521, bei der die Angelegenheit Martin Luthers verhandelt wurde.

waren, verweigerte die Mehrzahl der deutschen Bischöfe dem Mönch Hildebrand, wie Gregor VII. vor seiner Erhebung zum Papst geheißen hatte, den Gehorsam, und ein Dekret forderte ihn auf, von seinem Thron herabzusteigen. Dieses Manifest wurde propagandistisch weiter verbreitet. Gregor VII. reagierte schnell: Auf der Fastensynode 1076 belegte der Papst Heinrich mit dem Bann und löste die Untertanen von ihrem Treueid. Das spaltete in Deutschland Fürsten und Bischöfe. Besonders unter ersteren hatte Heinrich sich einige Gegner gemacht. Ein Fürstentag in Tribur im Oktober 1076 zwang den König zu Maßnahmen: Heinrich sollte die gebannten Räte entlassen, seine Sentenz gegen den Papst widerrufen und sich dem päpstlichen Spruch unterwerfen; er verlöre die Königswürde, wenn er länger als ein Jahr im Bann verharre. Gregor solle jedoch an einer Reichsversammlung in Deutschland teilnehmen.

Heinrich kam daraufhin der drohenden Vereinigung von Fürstenopposition und Papsttum zuvor, indem er über die Westalpen nach Oberitalien zog. Im Winter reiste er nach Burgund; der Geschichtsschreiber Lampert von Hersfeld schildert anschaulich, wie er mit wenigen Getreuen unter größten Mühen beim verschneiten Mont Cenis die Alpen überquerte, um die Jahresfrist nicht verstreichen zu lassen: »Sie krochen bald auf Händen und Füßen vorwärts, bald stützten sie sich auf die Schultern ihrer Führer, manchmal auch, wenn ihr Fuß auf dem glatten Boden ausglitt, fielen sie hin und rutschten ein ganzes Stück hinun-

Worms, Stiftskirche Sankt Paul.
Die Stiftskirche wurde auf den Fundamenten einer salischen Pfalz zu Beginn des 11. Jahrhunderts erbaut (Gründung durch Bischof Burchard 1016), jedoch stammen aus dieser Zeit lediglich die Grundmauern und Teile der Westtürme, die nach dem Brand 1231 bestehen blieben.

ter ... Die Königin und die anderen Frauen ihres Gefolges setzte man auf Rinderhäute ... Die Pferde ließen sie teils mit Hilfe gewisser Vorrichtungen hinunter, teils schleiften sie sie mit zusammengebundenen Beinen hinab«.

Einige Tage später wartete Heinrich vor der Burg Canossa, in der Papst Gregor VII. zusammen mit der Markgräfin Mathilde von Tuszien Aufenthalt genommen hatte. Mathilde sowie Abt Hugo von Cluny vermittelten beim Treffen zwischen Kaiser und Papst in Canossa. Drei Tage lang, barfuß und im Büßerkleid, wartete Heinrich bei klirrender Kälte, bis er eingelassen wurde, wie weiter berichtet wird. Der Papst formulierte zunächst harte Bedingungen, um den König wieder in die Gemeinschaft der Kirche aufzunehmen. Aber nicht ganz unwichtig ist der zeitliche Ablauf: Die Buße des Königs begann am 25. Januar, dem Festtag der Bekehrung des Apostels Paulus (*Conversio Pauli*): Das Meßformular des 25. Januar spielt im Introitus auf den gerechten Richter, den *justus judex* an. Heinrich wurde somit in Canossa nach drei Tagen vom Saulus zum Paulus: Der Festtag des neuen Apostels mag für das päpstliche Verständnis, hier einen reuigen Sünder nach dem Beispiel des heiligen Paulus wieder in die Gemeinschaft aufzunehmen, hohe Symbolkraft besessen haben. Canossa – obwohl in Norditalien gelegen – wurde so zu einem zentralen Schauplatz deutscher Geschichte, wurde zum Stichwort für das Verhältnis von Kirche und Staat, denn der Satz, den der Reichskanzler Bismarck am 14. Mai 1872 im Reichstag während des Kulturkampfes verwendete »Nach Canossa gehen wir nicht« ist seither als »Geflügeltes Wort« präsent.

Ob mit solchen Kurzformeln die Ereignisse angemessen interpretiert werden, ist etwas anderes, denn die Frage, ob Canossa eine Niederlage oder ein Sieg des Königs war, ist in dieser Alternative wohl falsch gestellt. In der historischen Situation blieb Heinrich IV. kaum eine andere Wahl; im Ergebnis waren aber das Königtum und das Papsttum nach diesen Ereignissen verändert. Der Papst war als Schiedsrichter anerkannt worden, und die sakral legitimierte Stellung eines christlichen Herrschers war zumindest beschädigt.

Canossa, Heinrich IV., Gregor VII. und Mathilde.
Holzstich, Archiv Gerstenberg, 1856. Das Bild zeigt den büßenden Herrscher im verschneiten Burghof von Canossa, im Hintergrund sind der Papst und Mathilde von Tuszien erkennbar, der die Burg gehörte.

Forchheim und Brixen – Gegenkönig und Gegenpapst – Fürsten und Reich

Anhänger und Gegner der einen und der anderen Seite waren nicht unbedingt mit dem Ergebnis zufrieden. Wahrscheinlich hatten sogar einige Fürsten heimlich gehofft, daß Heinrich IV. nicht vom Bann gelöst würde; jedenfalls wählte eine Fürstenopposition gegen Heinrich IV. am 15. März 1077 in Forchheim einen Gegenkönig, Rudolf von Rheinfelden. Der Ort hatte schon einmal Geschichte geschrieben, als 900 und 911 in Franken über die Zukunft des Reiches entschieden wurde. Der Herzog von Schwaben, Rudolf, ein Schwager Heinrichs, schien auch deshalb für das Königsamt geeignet, weil er der kirchlichen Reformbewegung aufgeschlossen gegenüberstand. Außerdem verzichtete er auf die dynastische Erbfolge. Dies entsprach den Tendenzen nach einer freien Königswahl, frei von geschlechterbezogenen Nachfolgeregelungen.

Gregor verhielt sich zunächst abwartend, er erließ dann 1078 ein ausdrückliches Investiturverbot für den König, legte sich aber erst 1080 zugunsten von Rudolf von Rheinfelden fest. Heinrich IV. bannte er erneut, konnte dies aber nun weniger gut begründen, und die Mehrzahl der deutschen und lombardischen Bischöfe blieb Heinrich treu. Als Heinrich IV. dann seinen Gegner Rudolf 1080 besiegen konnte und dieser in der Schlacht an der Weißen Elster (bei Hohenmölsen) die Schwurhand verlor, galt dies vielen als Gottesgericht zugunsten Heinrichs. Ein zweiter Gegenkönig, Hermann von Salm, wurde nur noch von wenigen unterstützt.

Heinrich IV. handelte zunehmend selbstbewußter, und auf den Bannstrahl des Papstes von 1080 antwortete er diesmal offensiv. In Brixen ließ er bei einer

Canossa, Burg.
Die südlich von Reggio-Emilia gelegene Burg Canossa hat auch die alternative Namensbezeichnung der Markgrafen von Tuszien als »Markgrafen von Canossa« bestimmt. Da 1077 der Papst auf der Reise nach Deutschland war, wurde der Ort eher für den Zwischenaufenthalt des Papstes genutzt und verbindet sich seit 1077 mit der Wiederaufnahme des Büßers Heinrich IV. in die kirchliche Gemeinschaft. Canossa gilt deshalb als Schauplatz eines welthistorischen Ereignisses.

Canossa, Heinrich IV., Markgräfin Mathilde von Tuszien und Abt Hugo von Cluny.

Donizo, Vita Mathildis, Handschrift von etwa 1114/15, Rom Bibl. Vat. Ms. lat. 4922. Das Bild zeigt König Heinrich IV., der um die Intervention des Abtes und Mathildes bittet, wie die Schrift weiter verdeutlicht.

Synode Gregor absetzen und einen Gegenpapst erheben: Wibert von Ravenna (Clemens III.). Mit diesem zog Heinrich IV. 1084 in Rom ein, Gregor VII. mußte sich in der Engelsburg verschanzen, wo ihn später die Normannen befreiten, die ihn nach Salerno brachten. Von Clemens III. aber ließ sich Heinrich IV. am Osterfest 1084 (31. März) zum Kaiser krönen; nur ein drohender Normannenzug unter Robert Guiscard zwang ihn schon bald zum Rückzug.

Papst Gregor VII. starb in Salerno im Exil am 25. Mai 1085. Seine letzten Worte auf dem Sterbebett sollen gewesen sein: »Ich habe die Gerechtigkeit geliebt und die Ungerechtigkeit gehaßt, deshalb sterbe ich im Exil« (*Dilexi iustitiam et odivi iniquitatem, propterea morior in exilio*). Auch wenn sie nicht ganz richtig überliefert sind, so charakterisieren sie doch wohl Gregor VII., dessen Auseinandersetzung mit Heinrich auch den Charakter des Reiches neu bestimmte.

Durch Gregor VII. und Heinrich IV. waren Positionen abgesteckt worden. Aber die Möglichkeit zu einem neuen Kompromiß war noch nicht gefunden. Dies bahnte sich erst unter den Nachfolgern Gregors an. Schon Viktor III. (1086–1087) war ein auf Ausgleich bedachter Mann, wichtiger wurde aber Papst Urban II. (1088–1099). Er war wie schon mehrere seiner Vorgänger vor seiner Wahl Mönch gewesen und konnte sich erst 1094 auch in Rom durchsetzen, wo die Anhänger des Gegenpapstes Wibert/Clemens III. lange Zeit noch das Sagen hatten. Päpstliche Herrschaft brachte er durch Reisen zur Geltung: 1094–1096 veranstaltete er eine große Reise durch Norditalien und Frankreich, die dazu führte, daß er nach Hilfegesuchen aus Byzanz in Clermont 1095 zum ersten »Kreuzzug« aufrief, an dem sich zwar Adelige aus Burgund und Flandern in großem Maße beteiligten, die Spitze des Reiches aber nicht teilnahm. Frankreich wurde seit dieser Zeit ein zunehmend wichtiger Rückhalt für die Päpste. Bei Konzilien in Piacenza und Clermont wurden auch Fragen der Investitur besprochen. Bei der Ablehnung der Investitur konzentrierten sich nun die kirchlichen Theoretiker stärker darauf, die Leistung eines Lehnseides an den König zu verwerfen und zwischen weltlichen und geistlichen Rechten (*Temporalia, Spiritualia*) zu unterscheiden.

Rudolf von Rheinfelden verliert die Schwurhand.

Miniatur aus der Sächsischen Weltchronik, 14. Jahrhundert. Berlin, Staatsbibliothek Preußischer Kulturbesitz. Rheinfelden liegt am linken Ufer des Hochrhein, wo das gleichnamige Adelsgeschlecht sich nach dieser Stammburg bezeichnete. Bedeutendster Vertreter wurde der Gegenkönig Rudolf von Rheinfelden, der 1057 das Herzogtum Schwaben erhielt und 1077 von einer Fürstenopposition in Forchheim zum Gegenkönig erhoben wurde.

Heinrich stabilisierte zunächst die Thronfolge, 1087 erreichte er die Königskrönung seines ältesten Sohnes Konrad. Ein Gegenkönigtum wurde hinfällig, nachdem der glücklose Gegenkönig Hermann 1088 bei einer Privatfehde tödlich verwundet worden war. Auf einem zweiten Italienzug 1090–1097 wurde Heinrich aber durch eine neue Koalition stark bedrängt. Die Ehe Welfs V. mit Mathilde von Tuszien (1089) beförderte den Zusammenschluß der süddeutschen und oberitalienischen Königsgegner. In Mailand entstand das Zentrum eines regelrecht antiheinrizianischen Städtebundes. Als Heinrichs Sohn Konrad 1093, der auch die lombardische Königswürde empfing, von seinem Vater abfiel, wurde dessen Handlungsraum in Italien auf Venetien eingeengt. Erst nachdem die welfisch-tuszische Ehe 1095 aufgelöst worden war und Heinrich sich mit den Welfen 1096 wieder versöhnt hatte, konnte er nach Deutschland zurückkehren (1097). Er überließ den Welfen das Herzogtum Bayern. Schwaben fiel endgültig an die Staufer, die Zähringer verzichteten.

Anstelle des abgesetzten Konrad ließ Heinrich 1098 seinen jüngeren Sohn Heinrich (V.) zum Nachfolger wählen, der 1099 gekrönt wurde. Am schwersten wurde in der Folge für Heinrich, daß sich dieser nun begünstigte Sohn zusammen mit einigen Adeligen gegen ihn erhob. Der Sohn, der kirchlichen Reformgruppen nahestand, sah in dessen fürsten- und papstfeindlicher Politik eine Gefahr für das Reich, nahm den Kaiser sogar gefangen und zwang ihn 1105 in Ingelheim dazu, auf den Thron zu verzichten. Nachdem Heinrich IV. jedoch der Gefangenschaft entkommen war, kämpfte er bis zu seinem Tod 1106 vom Niederrhein aus um seine königlichen Rechte. Als er in Lüttich am 7. August 1106 als Gebannter starb, war sein Begräbnis noch ungewiß. Erst nach Lösung des Banns 1111, fünf Jahre nach seinem Tod, fand er die letzte Ruhe im Speyerer Dom.

Heinrich V. (1106–1125) – zwischen römischen Aufgaben und aufsteigenden Territorialfürsten

Als Heinrich V. nach dem Tod seines Vater zur Herrschaft gelangte, setzte er grundsätzlich die Politik seines Vaters fort. Wie dieser hielt der junge König am Investiturrecht fest und lenkte auch innenpolitisch bald in die Bahnen seines Vaters ein. Verhandlungen mit dem Papsttum, die 1106 in Guastalla bei Parma begannen, scheiterten zunächst. Nach dem Tod des letzten Sachsenherzogs Magnus aus dem Geschlecht der Billunger (1106) übertrug Heinrich die sächsische Herzogswürde an den Grafen Lothar von Supplinburg (Süpplingenburg), der durch seine Ehe mit Richenza, einer Enkelin Ottos von Northeim, über ein reiches Eigengut verfügte und seine Macht im nordwestlichen Slawenland planmäßig erweiterte. Nach weitgehend ergebnislosen Feldzügen gegen Ungarn und Polen konnte Heinrich in Böhmen die Reichshoheit erneut durchsetzen.

Mit seinem ersten Italienzug (1110/11) wandte sich Heinrich V. jedoch dem Süden und auch der Frage des Friedens mit dem Papsttum zu. In Oberitalien wurde er allgemein anerkannt. Schwierig blieben jedoch die Verhandlungen mit dem Papst. Ein zunächst geheimer Vertrag mit Paschalis II. (1099–1118), der nach Verhandlungen in der nicht mehr bestehenden römischen Kirche Santa Maria in Turribus sodann in Sutri ratifiziert wurde, sah eine sehr radikale Lösung vor: Der König sollte auf die Investitur völlig verzichten und die kirchlichen Amtsträger keine weltlichen Regalien, also königlich verliehene Rechte und Güter, erhalten. Diese Lösung war aber kaum durchführbar, ohne die Gesellschaft gleichsam von oben umzustrukturieren. In einer Zeit der Naturalwirtschaft mußte auch den kirchlichen Amtsträgern ein Minimum an Subsistenzmitteln gelassen werden. Bischöfe und Adelige protestierten, und bei der vorgesehenen Kaiserkrönung am 12. Februar 1111 kam es zum Streit; Heinrich V. ließ Papst Paschalis II. festnehmen. Unter Druck erreichte Heinrich im Vertrag von Ponte Mammolo das päpstliche Zugeständnis von Investitur und Kaiserkrönung. Das Abkommen hatte aber keinen langen Bestand: Die römische Fastensynode von 1112 bezeichnete dieses Privileg mit einem Wortspiel als »Pravileg« (Schandprivileg), Heinrich V. wurde gebannt.

Die Reformer setzten nun den Kampf um das Investiturverbot fort. Nördlich der Alpen formierte sich 1112 unter Führung Lothars von Sachsen († 1137) und Erzbischof Adalberts I. von Mainz (1109–1137) erneut die Opposition der Fürsten, der Heinrich in der Schlacht am Welfesholz (bei Mansfeld/Eisleben.) unterlag (1115). Der Ausgleich mit den aufsteigenden Territorialfürsten sollte Heinrich bis zum Ende seiner Regierung nicht mehr gelingen. Auf einem zweiten Italienzug (1116–1118) konnte er nach dem Tod der Markgräfin Mathilde von Tuszien (1115) deren Eigengüter einziehen und damit seine Position festigen, jedoch blieben Beratungen mit dem Papsttum ergebnislos. Auch deshalb ließ Heinrich Erzbischof Mauritius von Braga 1118 als Gegenpapst (Gregor VIII.) erheben, der später nach seinem Scheitern den Beinamen Burdinus erhielt, womit man an die Spottprozession erinnerte, bei der Mauritius rückwärts auf einem Esel reiten mußte.

Auf seinen Konkurrenten, Gelasius II. (1118–1119), der in Cluny als Flüchtling starb, folgte schon 1119 der Erzbischof von Vienne als Papst Calixt II. (1119–1124). In dessen Pontifikat fiel schließlich die Lösung des Investiturproblems. Ein geplantes Abkommen in Mouzon an der Maas (1119) scheiterte zwar noch, doch führten neue Beratungen unter maßgeblichem Anteil der Fürsten zum Wormser Konkordat (23. September 1122). Überliefert sind zwei Ausfertigungen, das sogenannte *Heinricianum*, das als Original noch in Rom verwahrt wird, und das *Calixtinum*, das nur kopial überliefert ist. Aufbauen konnte das Abkommen auf den begrifflichen Klärungen des Kanonisten Ivo von Chartres († 1115/16), der *Temporalia* und *Spriritualia*, also weltliche und geistliche Rechte, unterschieden hatte. Heinrich spricht in seiner Fassung von allen Kirchen, die in seinem *Regnum* oder *Imperium* lagen. Calixt II. unterschied die Kirchen im *Regnum Teutonicum* von denen in anderen Teilen des *Imperium* und unterstrich damit die Dreigliederung des Reiches.

Heinrich V. verzichtete zugunsten des Papsttums auf das Investiturrecht mit Ring und Stab. Der Papst gestand die Wahl der Bischöfe und Äbte des Römisch-deutschen Reichs in seiner Gegenwart zu. Der so Gewählte sollte sodann vom König die Regalien durch das Szepter, und zwar in Deutschland vor, in den übrigen Teilen des Reichs nach der Weihe, empfangen. Das künftige Verhältnis von Königtum und Reichskirche wurde lehnrechtlich interpretiert, und die Stellung der Bischöfe glich sich so teilweise derjenigen der Fürsten an.

Damit war der Investiturstreit im Reich grundsätzlich beendet. Betroffen waren durch diese lang vorbereiteten Lösungen aber auch die Struktur des Reiches und die künftigen Spielräume der Herrschaft. Die Stellung des Königtums hatte sich im Investiturstreit verändert. Ebenso waren die Weichen für die Königswahl nach der Erhebung des ersten Gegenkönigs, Rudolf von Rheinfelden, eher im Sinne einer freien Wahl neu gestellt, die Möglichkeiten zu einem

Wormser Konkordat Calixtinum vom 23. September 1122.
1122 wurde der Investiturstreit mit dem Wormser Konkordat beendet. Beide Kontrahenten, Heinrich V. und Calixt II. fertigten Exemplare des Abkommens aus. Hier ist die letzte Seite des *Calixtinum* in kopialer Überlieferung abgebildet, ganz unten der Papstname. Der Text regelt die Fragen der Investitur der Bischöfe.

dynastisch bestimmten Erbkönigtum erschwert worden. Damit war aber zugleich das Verhältnis des Königs zu den Fürsten neu bestimmt, und aus dieser Perspektive ist die noch stärkere Einbindung der Reichsministerialität seit Heinrich IV. und Heinrich V. hervorzuheben. Weitere neue Bundesgenossen waren zudem die Städte, die allerdings gleichzeitig zur Unabhängigkeit strebten, wie das Wormser Beispiel gut verdeutlicht. Die ersten Landfrieden zu Beginn des 12. Jahrhunderts standen noch in der Tradition der Gottesfriedensbewegung und wurden ein neues Herrschaftsmittel.

Adel und Fürsten gingen aus den Auseinandersetzungen insgesamt gestärkt hervor. Sie bezogen teilweise ihr neues Selbstbewußtsein und Selbstverständnis aus der Opposition zum König. Ausdruck fand dies zum Beispiel in Stammsitzen, in der Stiftung von Hausklöstern als Grablegen und weiteren Maßnahmen. Die Territorien der Herzogtümer wurden häufiger neu zugeschnitten. Dies kündigte schon den »Jüngeren Reichsfürstenstand« an. Die weltlichen Fürsten bauten nun Herrschaftsgebiete auf, der Beginn der Territorialisierung ist ablesbar.

Großen Einfluß dürfte der Investiturstreit ebenso auf die religiösen Bewegungen ausgeübt haben. Sowohl die Reformorden als auch die neuen religiösen Zusammenschlüsse von Laien, so die Ritterorden im Gefolge der Kreuzzüge, deuteten ein neues Verständnis an. Die Auswirkungen auf die Laien waren zwiespältig: Einerseits sollte deren Einfluß zurückgedrängt werden (Laieninvestitur), andererseits konnten sich für diese neue Möglichkeiten zu wahrem christlichem Leben eröffnen. Die neue Laienfrömmigkeit zeigte sich in mönchsähnlichen Verbrüderungen, teilweise in ketzerischen Gruppen ebenso wie in der Tendenz, als christliche Kämpfer zum Beispiel bei den Kreuzzügen das Heil zu suchen und gegebenenfalls in neuen religiösen Formen wie den Ritterorden aktiv zu werden. Es entstand schließlich durch die heftigen Auseinandersetzungen, besonders in Deutschland, erstmals so etwas wie eine vergrößerte Öffentlichkeit. Im Zusammenhang mit den diskutierten Fragen entwickelte sich auf Seiten der Heinrizianer wie der Gregorianer eine Publizistik, die von den bisherigen geistigen Grundlagen profitierte, aber auch neue Denkweisen und Perspektiven eröffnete.

Speyer, Dom, Kaisergruft.
Relief von 1480 mit den Darstellungen der hier bestatteten Herrscher Konrad II., Heinrich III., Heinrich IV. und Heinrich V.

Diesen, eher aus nördlicher Perspektive entwickelten Folgerungen ist die große Umwälzung in Rom selbst an die Seite zu stellen, die man gerne mit der Entwicklung zu einer zentralistischen Papstkirche mit neuen Formen und Institutionen (wie Kanzlei, Kurie) bezeichnet hat. Diese »modernen« Strukturen wurden im 12. Jahrhundert prägend, und es ist für die Entwicklung neuerer Formen der Konsensualität auch im Reich nicht ohne Interesse, daß die Vereinbarungen des Wormser Konkordates unter Beratung der Kardinäle in Rom, im Reich unter Hinzuziehung wichtiger Fürsten vorbereitet wurden.

Das Reich ist unter Heinrich V. im wesentlichen durch den Abschluß der Auseinandersetzungen mit dem Papsttum gekennzeichnet, mit seiner Billigung unternahm aber noch 1124–1125 Bischof Otto I. von Bamberg (1102–1139) im Auftrag Papst Calixts II. und des Polenherzogs Bolesław III. († 1138) den ersten Missionszug zu den von Polen unterworfenen Pomoranen, der für Pommern wichtig werden sollte. Als Heinrich V. am 23. Mai 1125 als letzter Salier vierundvierzigjährig starb, wurde auch er im Dom zu Speyer beigesetzt. Das salische Hausgut fiel an seine staufischen Neffen, Herzog Friedrich II. von Schwaben, und an dessen Bruder Konrad. Blickt man auf die wichtigsten Orte des Reiches in salischer Zeit, so scheinen in der Tat der Mittelrhein und besonders Speyer eine langfristige Bedeutung zu haben; dies hieß aber nicht, daß wichtige zukunftsweisende Entscheidungen nicht auch im Harz oder besonders in Italien (Sutri, Rom und Canossa) fielen.

DIE STAUFER

»hie Welf, hie Waiblingen« – Schwaben, Sizilien und Burgund

Wohl kaum eine Phase des Reiches ist so eng mit Italien und Sizilien verbunden wie die Stauferzeit. Dies führte ebenso zu tiefer Bewunderung wie zu harscher Kritik. Trotzdem bieten Italien und Sizilien nur eine Facette der Reichsgeschichte in dieser Zeit. In Deutschland gehören die Staufer vor allem in den schwäbischen und fränkischen Raum, der sich mit der Stammburg auf dem Hohenstaufen und der Grablege in Lorch verbindet. Der Ruf »hie Welf, hie Waiblingen« bezog sich dabei lange Zeit zugleich auf den welfisch-staufischen Gegensatz, der das 12. und 13. Jahrhundert maßgeblich geprägt haben soll. Diese Perspektive hat sich später in Italien mit der Unterscheidung von Guelfen und Ghibellinen weiter fortgesetzt, womit dann aber eher papst- und kaisertreue Fraktionen gemeint waren. »Ghibellinen« leitet sich von Waiblingen ab. Dieser Ort galt manchen Geschichtsschreibern des 12. und 13. Jahrhunderts als Geburtsort der Salier Konrad II. und Heinrich IV. Andere wollten dann wiederum wissen, Barbarossa sei dem königlichen Stamm der Waiblinger entsprossen. Von hier entwickelte sich die Bezeichnung der »Ghibellinen« in Italien. Die Welfen, die zwar ursprünglich ebenso im schwäbischen Raum begütert waren, bestimmten jedoch die Reichsgeschichte in dieser Zeit auch an Schauplätzen des Nordens.

Lothar III. (1125–1137), der Norden, Osten und Italien

Die früher oft gerühmte Stauferherrlichkeit entstand keineswegs bruchlos nach dem Tode Heinrichs V. 1125. Vielmehr war die Entscheidung für einen Nachfolger offener als in Fällen, bei denen schon ein Familienmitglied designiert oder sogar zu Lebzeiten des Vaters erhoben worden war. Die Wahl fiel aber 1125 nicht auf Herzog Friedrich II. von Schwaben, der als Schwager dem verstorbenen Herrscher am nächsten gestanden hätte, sondern auf Lothar von Sachsen (von Supplingenburg). Wichtig war bei dieser Entscheidung nicht nur der Mainzer Erzbischof Adalbert (1109–1137), sondern auch das Votum des Bayernherzogs, Heinrichs des Schwarzen (1120–1126), der aus der Familie der Welfen stammte. Sein Sohn Heinrich der Stolze (1126–1139) sollte später die Tochter Lothars, Gertrud, heiraten. Die Wahl Lothars und die spätere Heirat seiner Tochter verstärkten die Position der Welfen, die sich zunächst im Süden des Reiches Macht und Einfluß verschafft hatten, vor allem in Oberschwaben, aber auch in Norditalien und später in Sachsen. Demgegenüber waren die Staufer erst 1079 im Dienst für das salische Haus zum schwäbischen Herzogtum gekommen. Ob 1125 schon eine Rivalität zwischen Staufern und Welfen zu erkennen ist, ist umstritten, inzwischen werden diese Konflikte eher punktuell und stärker personenbezogen, weniger dynastisch interpretiert.

Lothar III. behielt jedoch auf lange Zeit während seiner Regierung im Staufer Konrad III. (1138–1152), dem späteren König, einem Bruder Herzog

Der Staufen.
Der Berg liegt zwischen Göppingen und Schwäbisch Gmünd. Er wurde für das Herrscherhaus namengebend, aber die auf ihm errichtete Burg wurde im 16. Jahrhundert zerstört.

Friedrichs von Schwaben († 1147), einen Rivalen. Die mit den Saliern verwandten Staufer lehnten Lothars Forderung nach Trennung von Reichsgut und salischem Hausgut ab. Um sie dazu zu zwingen, belagerte Lothar vergeblich den fränkischen Stauferstützpunkt Nürnberg. Die Stauferpartei erhob 1127 Konrad sogar zum Gegenkönig, der vor allem seine Position in Franken ausbaute und schon 1128 die Alpen überquerte, von Erzbischof Anselm von Mailand zum König von Italien gekrönt wurde, aber nicht die umstrittenen mathildischen Güter (aus dem Erbe der 1115 verstorbenen Markgräfin Mathilde von Tuszien) in seinen Besitz bringen konnte.

Im Papstschisma zwischen Innozenz II. (1130–1143) und Anaklet II. (1130–1138), das 1130 ausgebrochen war, entschieden sich Lothar und der deutsche Episkopat auf einer Synode in Würzburg für Innozenz. Die Verwaltung Burgunds überließ Lothar dem Zähringer Konrad. Im Norden und Osten sicherte Lothar die Oberhoheit des Reiches und dehnte den Einflußbereich teilweise noch weiter aus. So konnte Bischof Otto I. von Bamberg († 1139) mit seiner Unterstützung und derjenigen Markgraf Albrechts des Bären († 1170) ein zweites Mal bei den Liutizen und Pomoranen missionieren, und nach dem Tod des Obodritenfürsten Heinrich wurde Herzog Knud Laward von Schleswig († 1131) mit Wagrien belehnt (um 1129). Der Dänenkönig Magnus erkannte 1134 die Hoheit des Reichs an. Lothar förderte die Missionsarbeit des Wagriermissionars Vizelin durch die Anlage einer Burg und eines Kanonikerstiftes in Segeberg. Albrecht der Bär wurde mit der Nordmark belehnt, die er in den 1150er Jahren erweiterte (Havelland, spätere Mark Brandenburg). Auf einem großen Hoftag in Merseburg 1135 zahlte Herzog Bolesław III. von Polen sogar Tribut für zwölf rückständige Jahre nach und erkannte die Lehnshoheit des Kaisers für Pommern und Rügen an. Auch der neue Dänenkönig Erich II. Emune (1134–1137) huldigte auf diesem Tag.

Die skizzierten Bewegungen im Norden und Osten gehören teilweise auch in den Zusammenhang der sogenannten Ostsiedlung, die sich insgesamt in einen großen Prozeß einordnet und die auch schon früher begann. Dabei waren die Ursachen vielfältig; Bevölkerungszuwachs, technische Neuerungen, verschlossene Chancen in der Heimat und attraktive Siedlungsbedingungen trugen zu diesen Aktionen bei, die ebenso in Formen der Binnenkolonisation oder der Abwanderung in die Städte zu beobachten sind. Siedlungsbewegungen waren keinesfalls auf den ostdeutsch-slawischen Raum beschränkt, denkt man an die Iberische Halbinsel, an Südosteuropa oder den Vorderen Orient.

Im Reich folgten nach der ersten Abwanderung aus den dichtbesiedelten Gebieten Hollands, Flanderns und des Niederrheins seit dem 11. Jahrhundert weitere Siedler in das noch slawische Wagrien. Siedlungen waren teilweise mit der im Zuge der Kreuzzugsbewegung wieder verstärkt aufgenommenen Slawenmission angelegt worden. Die Christianisierung führte allerdings erst gegen Ende des 12. Jahrhunderts, teilweise sogar erst später, zu bleibendem Erfolg. In der Altmark und in den brandenburgischen Marken der mittleren Elbe siedelten ebenso Flamen und Holländer, später unterstützt durch Niedersachen und Westfalen. Die in dieser Gegend kaum deutlich erkennbaren Charakteristika bestimmter deutscher Siedlungen erklären sich wohl daraus, daß hier die nichtdeutsche Bevölkerung in den Landesausbau einbezogen wurde. Im südlich angrenzenden Mitteldeutschland, zwischen Saale und Elbe, waren es Holländer und Niederdeutsche im nördlichen Teil, Hessen und Thüringer im mittleren Bereich, ansonsten aber besonders stark süddeutsche Bevölkerungsgruppen, die zur Ostsiedlung beitrugen. Gerade in diesen Gegenden haben Bischöfe und Klöster maßgeblich bei den verschiedenen Ansiedlungsaktionen mitgewirkt. Die Siedlung an der Ostseeküste trugen vor allem sächsische, nordthüringische und rheinfränkische Siedler. Hier gingen zuweilen Siedlung und Einrichtung von Zisterzienserklöstern Hand in Hand, obwohl der Mythos von den Zisterziensermönchen, die stets die Wildnis erst urbar gemacht hätten, vielfach in Frage gestellt werden muß. Die Gründungen zu deutschem Recht gewährten den Siedlern persönliche Freiheit, Besitzrecht, Erbzinsleihe und Erbpacht bei nur geringen Zinsforderungen. Die Städte in Mecklenburg und Pommern waren weitgehend nach Lübecker Recht organisiert, von Süden her verschaffte sich aber auch das Magdeburger Recht seinen Einfluß.

Rom, Lateranpalast, Kaiserkrönung Lothars III., 1133.
Nachzeichnung aus dem Umkreis des Onofrio Panvinio im sogenannten Panvinio Codex. Rom, Bibliotheca Vaticana, Cod. Vat. Barb. lat. 2738, Ende 16. Jahrhundert. Die Nachzeichnung gibt wohl im wesentlichen ein Wandbild wieder, das zwischen 1138 und 1143 entstanden ist. Lothar konnte wegen des Papstschismas zwischen Anaklet II. und Innozenz II. nicht in Sankt Peter gekrönt werden.

Langsamer folgte die deutsche Besiedlung in den östlicheren pommerschen Landschaften. Die geistlichen Ritterorden, die in der Folge der Kreuzzüge gegründet worden waren und aufgrund ihrer Regeln zumeist eine Symbiose von ritterlichen und religios-monastischen Aufgaben anstrebten, spielten hier eine größere Rolle, teilweise waren es die Johanniter, später auch der Deutsche Orden.

Trotz dieser intensiven Bemühungen um den Norden und Osten verfolgte Lothar III. auch italisch-römische Perspektiven. Als der König 1131 Papst Innozenz II. in Lüttich aufsuchte, versprach er ihm Hilfe gegen seinen Widersacher Anaklet, der in Rom herrschte. Ursprünglich wollte er mit seinem Hilfsangebot sogar eine Gegenforderung verbinden: die Rückgabe des königlichen Investiturrechts. Lothar wurde aber bei seinem Italienzug 1133 in Oberitalien nur teilweise anerkannt und konnte in Rom die Peterskirche nicht den Anhängern des durch König Roger II. von Sizilien (1101–1154) gestützten Papst Anaklet entreißen. Deshalb wurde er am 4. Juni 1133 nicht im Petersdom, sondern in der Lateranbasilika zum Kaiser gekrönt. Die mathildischen Güter empfing der Kaiser sodann zur Nutzung gegen eine Zinszahlung, die ältere Rechte der römischen Kirche berücksichtigte. Er überließ sie aber dann seinem Schwiegersohn Heinrich dem Stolzen, der dem Papst dafür einen Lehnseid leistete.

Erst 1135 söhnten sich die Staufer mit dem Kaiser aus, Konrad verzichtete auf den Königstitel. Lothar zog im folgenden Jahr, von Heinrich dem Stolzen begleitet, mit beträchtlicher Streitmacht ein zweites Mal nach Italien und erließ in Roncaglia ein Gesetz gegen die Veräußerung von Lehen. Seine Vorstöße bis nach Apulien und Kalabrien galten vor allem der Niederwerfung des Normannen Roger II. von Sizilien (1101–1154). Weitere militärische Aktivitäten scheiterten auch an Zwistigkeiten mit Papst Innozenz II., denn dieser hielt an der seit 1059 aufgebauten päpstlichen Lehnshoheit über die Normannen in Süditalien fest. Langfristig gewann Roger II. die Oberhand, nachdem das Heer Lothars in Richtung Norden abgezogen war.

Königslutter, Dom, Kaisergrab Lothars von Supplingenburg.

Lothar wurde nach seinem Tod in Breitenwang in Tirol am Sylvestertag 1137 in Königslutter in der Achse der Peter-und-Pauls-Kirche vor dem Kreuzaltar beigesetzt. Dies geschah vor Baubeginn des Langhauses. An seiner Seite ruhen seine Gemahlin Richenza († 1141) und Heinrich der Stolze († 1139).

Königslutter, Kirche Sankt Peter und Paul.
Das ehemalige Benediktinerkloster dotierten im 11. Jahrhundert die Markgrafen von Haldensleben zunächst als Kanonissenstift. Durch verwandtschaftliche Verbindungen gelangte es an König Lothar III. von Supplingenburg, der 1135 ein Benediktinerkloster einrichtete, dessen Vögte die Welfen wurden.

Lothar hatte schon seinen welfischen Schwiegersohn Heinrich den Stolzen zum Nachfolger ausersehen und ihm die Markgrafschaft Tuszien sowie das Herzogtum Sachsen übertragen, so daß zunächst alles geregelt schien, als der Tod den Kaiser auf dem Rückweg aus Italien in Breitenwang in Tirol am 4. Dezember 1137 ereilte. Nach der Überführung des Leichnams über Schwaben bis nach Sachsen wurde Lothar am Sylvestertag in Königslutter beigesetzt. Dabei gab man sogar Bleitäfelchen mit ins Grab, auf denen die Taten des Herrschers aufgezeichnet waren. Einige der Beigaben werden heute noch im Herzog Anton Ulrich-Museum zu Braunschweig verwahrt.

Staufer und Welfen: Der »fränkische« Staufer Konrad III. (1138–1152)

Alles schien somit geregelt, um die Königswürde an die Welfen weiterzugeben, aber schließlich war der Staufer Konrad bei der Nachfolge siegreich. Erzbischof Albero von Trier (1131–1152) ließ in Koblenz von einer kleinen Fürstengruppe den einstigen Gegenkönig Konrad zum Nachfolger Lothars wählen. Das Prinzip einer freien Wahl machte die Anwartschaft Heinrichs des Stolzen auf das

Weinsberg, die Weiber von Weinsberg tragen ihre Männer aus der Stadt, 1140. Kupferstich von Matthäus Merian d. Ä., um 1630. Als Konrad III. in der Auseinandersetzung mit Welf VI. 1140 die Burg Weinsberg belagerte und siegreich blieb, erlangten die Männer durch die List ihrer Frauen die Freiheit, denn die Frauen durften aus der Stadt mitnehmen, soviel sie tragen könnten.

Königtum zunichte. Dies blieb nicht ohne Folgen, denn Konrad III. hatte vielleicht auch deshalb während seiner Regierung mit starken welfischen Widersachern zu kämpfen, die sich zeitweise auf zwei Herzogtümer, auf Bayern und Sachsen, stützten konnten. Heinrich der Stolze lieferte zwar die Reichsinsignien aus, verweigerte aber die Huldigung, da Konrad den Verzicht auf eines seiner Herzogtümer verlangte. Deshalb wurde auf einem Hoftag in Würzburg über ihn die Acht ausgesprochen; außerdem sollte er beider Herzogtümer verlustig gehen. Sachsen wurde 1139 an Markgraf Albrecht den Bären, Bayern an Leopold IV. von Österreich († 1141) verliehen.

Konrad III. baute die königliche Kanzlei aus und versuchte, die Basis der staufischen Herrschaft durch eine Königslandpolitik zu erweitern, die maßgeblich Franken einbezog. Jedoch blieben die Welfen aktiv; nach dem Tod Heinrichs des Stolzen wahrte in Sachsen die Kaiserinwitwe Richenza, in Süddeutschland Welf VI. († 1191) die Rechte seines etwa zehnjährigen Sohnes Heinrichs des Löwen. Im schwäbisch-fränkischen Grenzgebiet kam es bei der Burg Weinsberg (nahe Heilbronn) am 21. Dezember 1140 zu einer Schlacht, bei der Konrad gegenüber Welf VI. siegreich blieb. Der Ort hat Geschichte geschrieben, denn durch die List der klugen »Weiber von Weinsberg« erlangten die zum Tod bestimmten Männer die Freiheit: Als sich die Besatzung der Burg ergab, sollen die Frauen sich ausbedungen haben, die Burg mit allem, was sie auf dem Rücken tragen könnten, verlassen zu dürfen. Die listigen Weiber schleppten dann ihre Männer aus dem belagerten Ort. Im Jahre 1142 erkannte Konrad Heinrich den Löwen († 1195) zwar als Herzog von Sachsen an, Bayern kam aber über die Witwe Heinrichs des Stolzen an den Babenberger Heinrich XI. Die Verhandlungen zeigen, wie sehr der König um einen Kompromiß rang.

Die Aktionsfelder sollten sich bald erweitern. Seit 1139 pflegte Konrad außenpolitische Beziehungen zu Byzanz; diese Bemühungen führten zur Eheschließung (1146) Kaiser Manuels I. (1143–1180) mit Konrads Schwägerin Bertha von Sulzbach, die in Byzanz den Namen Irene führte. Wenig später entschloß sich Konrad vielleicht unter dem Eindruck der Predigt des Zisterziensers Bernhard von Clairvaux am 27. Dezember 1146 in Speyer zur Kreuznahme für den

Nördlingen.
Der Ort im Ries ist als Rundling in der Luftaufnahme zu erkennen. Der dortige königliche Hof kam 1215 an die Staufer. In der Nähe schworen sich schon in karolingischer Zeit, 876 die Söhne Ludwigs des Deutschen Treue, nicht weit lag auch die Burg Flochberg, wo Konrad III. seinen welfischen Gegner 1150 besiegte.

Zweiten Kreuzzug. Da Bernhard jedoch kurz zuvor an den Bodensee gereist war, wo Welf VI. seinen Herrschaftsmittelpunkt besaß, und da dieser am Weihnachtsfest 1146 im bayerischen Peiting seinen Entschluß zur Kreuzzugsteilnahme kundtat, kann man vermuten, daß Verhandlungen über die Beteiligung beider Kontrahenten an dem frommen Unternehmen getroffen wurden, welche die noch bestehenden Streitigkeiten auf später vertagten.

Um darüber hinaus für die Zeit der Abwesenheit den Frieden im Reich zu sichern, wurde 1147 ein allgemeiner Reichsfriede verkündet und Konrads zehnjähriger Sohn Heinrich († 1150) zum König gewählt. Während Konrad III. nach Osten zog, kämpften zeitgleich sächsische Große im Wendenkreuzzug gegen die Slawenstämme an der südlichen Ostseeküste: Heinrich der Löwe († 1195) gegen die Obodriten, Albrecht der Bär, Erzbischof Friedrich I. von Magdeburg und Bischof Anselm von Havelberg (1129–1155) zogen mit ihren Truppen in Richtung Stettin. Damit trieben sie vor allem die kirchliche und herrschaftliche Durchdringung der Küstenländer zwischen Elbe und Oder weiter voran. Nach seiner Rückkehr von dem für die Teilnehmer aus Mitteleuropa erfolglosen Zweiten Kreuzzug, besiegte Konrad 1150 den immer noch in Opposition verharrenden Welf VI. bei der staufischen Burg Flochberg westlich von Nördlingen; Friedrich Barbarossa soll hier anschließend als Verwandter und Vermittler den Streit so geschlichtet haben, daß beide Seiten ihr Gesicht wahren konnten.

Als Konrad III. am 15. Februar 1152 in Bamberg starb, verschied er als König, nicht als Kaiser, denn er war nicht nach Rom gezogen, obwohl Papst Eugen III. (1145–1153) ihn dazu aufgefordert hatte. Sein Grab, das er in Bamberg wohl gegen den Willen seiner Verwandten und auf Wunsch der dortigen Kleriker fand, erhielt keine übermäßige Verehrung, vielleicht auch, weil dort das Andenken an Heinrich II., der in Konrads Regierungszeit heiliggesprochen wurde, dasjenige an Konrad stets überstrahlte.

Friedrich Barbarossa, Schöpfer eines neuen Reiches?

Konrads Nachfolger, Friedrich I. Barbarossa (1152–1190), gilt als der Prototyp des unermüdlich für die Herrlichkeit des Reiches kämpfenden Königs und Kaisers. Mit ihm wurde eine Person gewählt, die mit Staufern und Welfen gleichermaßen verwandtschaftlich verbunden war. Konrads ältester Sohn Heinrich war schon 1150 gestorben, sein weiterer Sohn Friedrich noch unmündig. So entschloß sich Konrad auf dem Totenbett, seinen Neffen Friedrich zu designieren, der dann einhellig zum König gewählt wurde.

So sehr es notwendig erscheint, die rückhaltlose Stauferbegeisterung des 19. Jahrhunderts sowie die weiteren Überhöhungen Friedrichs in Frage zu stellen und die Beurteilung neu auszuloten, so ist jedoch unzweifelhaft, daß in seiner Regierungszeit und der seiner Nachfolger wichtige Entwicklungen zu verzeichnen sind, die sich auf das hier im Mittelpunkt des Interesses stehende Reich beziehen: Transpersonale Vorstellungen und die Bezeichnung vom *Imperium* entwickelten sich in der Stauferzeit weiter und gewannen an Kontur: die Eigenständigkeit des *Imperiums*, die historischen Traditionen seit Karl dem Großen, die militärisch-politischen Erfolge der Staufer und die Unterstützung durch das römische Recht nennt Peter Moraw als Hauptcharakteristika dieser frühstaufischen Reichsauffassung. Die Formel vom Heiligen Reich, vom *Sacrum Imperium*, wird erstmals Ende März 1157 verwendet. Es handelt sich um ein Schreiben an den Bischof und Historiographen Otto von Freising (1138–1158), das in dessen *Gesta Friderici* aufgenommen ist und das weit verbreitet wurde. In diesem Text wurde der Rückgriff auf antik-römische und römisch-christliche Traditionen sowie die staufische Interpretation der Zweigewaltenlehre erkennbar. Insgesamt deuten diese Bezeichnungen, die vielfältige Bezüge – auch zu den noch zu skizzierenden Kultakten in Köln und Aachen (1164 und 1165) – aufweisen, darauf, wie nach dem Investiturstreit die Sakralität der Herrschers durch die »Heiligkeit« des Reichs verdrängt wurde. Eingeschlossen in diesen *Imperium*sbegriff war die Trias der *Regna* Deutschland, Italien und Burgund. Trotz der Vorstellungen Papst Innozenz' III. an der Wende zum 13. Jahrhundert hielten auch die Nachfolger Friedrichs I. grundsätzlich an dieser Reichsvorstellung fest. Diese Konzeptionen profitierten vielleicht auch von der praktischen Politik, die unter Barbarossa in großem Maße nach Italien orientiert war, sechs Mal zog er dorthin.

Schon zu Beginn seiner Regierung erließ Friedrich I. ein großes Landfriedensgesetz. Er erstrebte eine umfassende Erneuerung der Königsgewalt auf der Grundlage des Ausgleichs mit den Fürsten. Das Herzogtum Schwaben, das Friedrich zunächst selber innegehabt hatte, verlieh er dem minderjährigen Sohn Konrads III., Friedrich von Rothenburg (1152–1167), behielt es aber zunächst noch in eigener Regie. Das Rektorat Burgund vertraute er hingegen Herzog Berthold von Zähringen (1152–1186) an und schloß mit diesem einen Vertrag über die herrschaftlichen Rechte. Dafür mußte dieser versprechen, Friedrich auf dem Romzug Hilfe zu gewähren. Auch mit den Welfen traf er neue Abmachungen. Seinem Onkel, Welf VI., übertrug er die Markgrafschaft Tuszien, das Herzogtum Spoleto, die Insel Sardinien und die mathildischen Besitzungen. Die Frage des bayerischen Herzogtums blieb hingegen offen. Der Welfe Heinrich der Löwe forderte dieses Herzogtum immer wieder, jedoch konnte diese Frage mit dem noch herrschenden Babenberger Heinrich Jasomirgott (1143–1154) zunächst nicht geklärt werden, weil dieser trotz mehrerer Ladungen nicht zu Hoftagen erschien.

Konstanz, Stadtansicht.
Konstanz, die Stadt am Bodensee, wurde wohl schon im 6./7. Jahrhundert Bischofssitz. Die Bischöfe, die teilweise auch als Äbte verschiedener Bodenseeklöster fungierten, waren besonders im 9. und 10. Jahrhundert berühmt, so der teilweise als Kanzler bestellte Salomo III. (890–919/20). Bei den Königsumritten ist Konstanz oft belegt, so unter Konrad II. (vgl. Karte S. 67); in staufischer Zeit fanden hier vielfach Verhandlungen und Friedensschlüsse statt: der Vertrag von 1153 oder der Friedensschluß von 1183; aber auch der Einzug Friedrichs II. in Konstanz 1212 und das für das Reich wichtige Konzil 1414–1418 sind hervorzuheben.

Verhandlungen mit der römischen Kurie zur Vorbereitung eines Romzugs führten schon 1153 im Konstanzer Vertrag zu vertraglichen Abmachungen, die Papst Eugen III. Hilfe gegen Normannen und Römer versprachen, dem Herrscher hingegen die Kaiserkrönung und Unterstützung gegen innere Feinde. Bevor Friedrich 1154 nach Italien aufbrach, hielt er noch eine Reichsversammlung im Sommer in Goslar ab, um die bayerische Frage zu klären. Da Herzog Heinrich Jasomirgott auch diesmal der königlichen Ladung nicht folgte, wurde das bayerische Herzogtum Heinrich dem Löwen zugesprochen. In Goslar kam es aber noch zu der weiteren Begünstigung Heinrichs des Löwen, in Nordelbingen Bistümer gründen und Bischöfe einsetzen zu dürfen.

Im Herbst 1154 trat Friedrich dann seinen ersten Romzug an, zahlreiche sächsische Ritter unter Heinrich dem Löwen begleiteten ihn. Nach Auseinandersetzungen mit den lombardischen Städten folgte der Zug nach Rom, aber die Kaiserkrönung ließ sich nur gegen den Widerstand der römischen Bevölkerung durchsetzen. Unter dem Schutze deutscher Waffen krönte Papst Hadrian IV. (1154–1159) am 18. Juni 1155 Friedrich in der Peterskirche zum Kaiser. In der Stadt, wo sich seit einiger Zeit eine neue kommunale Regierung und ein Senat gebildet hatten, die Barbarossa nicht anerkannten, brach ein Aufstand aus, der blutig von deutschen Kriegern niedergeschlagen wurde. Der Kaiser kehrte nach Deutschland zurück, ohne daß er in Süd- und Oberitalien den Frieden nachhaltig hätte sichern können. Da Friedrich weder Rom unterwerfen noch die Fürsten zum Weitermarsch nach Süditalien bewegen konnte, näherte sich Papst Hadrian IV. nun den Normannen an (1156 Vertrag von Benevent).

Während dieses Italienzuges traf Friedrich auch in Bologna mit den Vertretern der dort aufblühenden Schule des römischen Rechtes zusammen, wodurch spätere Formulierungen über das Heilige Reich indirekt beeinflußt sein könnten. In diesem Zusammenhang privilegierte Friedrich I. die Hohe Schule von Bologna mit der berühmten Urkunde: *Authentica habita* (1155/56). Damit ist zugleich eine der wichtigsten Universitäten und Rechtsschulen genannt, die bald sowohl im weltlichen wie im kanonischen Recht führend wurden. Man beschäftigte sich hier wieder verstärkt mit dem justinianischen *Corpus Iuris Civilis*. Über die

Rom, Heinrich der Löwe verteidigt Kaiser Friedrich Barbarossa gegen die aufständischen Römer, 1155.

Gemälde von Franz und Johannes Riepenhausen. Öl auf Leinwand, Rom 1825. In Rom hatte sich eine kommunale Regierung und ein Senat gebildet, die Barbarossa nicht anerkannten. Heinrich verteidigt Friedrich I. Barbarossa, der schon die Kaiserkrone trägt, im Hintergrund Alt-Sankt Peter.

Anfänge der Bologneser »Rechtsschule« existieren verschiedene Traditionen, deren Glaubwürdigkeit immer wieder neu diskutiert wurde. Jedenfalls entstanden in Bologna bald nach scholastischer Manier Summen (Zusammenfassungen) und Glossen (kommentierende Notizen). Schon um 1140 hatte in Bologna der Kamaldulensermönch Gratian mit seiner *Concordantia discordantium canonum* daran gearbeitet, die widersprüchlichen kirchenrechtlichen Äußerungen in ein System zu bringen und damit die Grundlage der Kanonistik und Dekretistik zu schaffen.

Kirchliches Recht und römisches Recht drangen durch diese zunehmende wissenschaftliche Diskussion und durch das Studium nach und nach in die verschiedenen Länder des *Orbis Christianus* ein. Dabei erfolgte der Transfer von römisch-rechtlichen Vorstellungen oft gleichzeitig mit der Rezeption des Kirchenrechtes. Beide Tendenzen sind im staufischen Reich seit der zweiten Hälfte des 12. Jahrhunderts zunehmend feststellbar, wie nicht nur Urkundenformulierungen erkennen lassen.

Bei weiteren Versuchen, das *Imperium* stärker zu fördern, war Rainald von Dassel (1156 Hofkanzler, 1159 Erzbischof von Köln; † 1167) ein wichtiger Helfer Barbarossas. Er bestimmte dessen Politik der *Restauratio imperii* (Wiederherstellung der Reichsgewalt). Durch die Eheschließung mit Beatrix von Burgund 1156 gewann Friedrich unmittelbare Herrschaftsrechte in Hochburgund und in der Provence. Für den Südosten des Reiches kam es gleichzeitig zu neuen Regelungen. Die bayerische Frage konnte endlich friedlich gelöst werden. Der Babenberger Heinrich Jasomirgott verzichtete nach längeren Verhandlungen im

Bologna, Universität, Innenhof des Archiginnasio.
In Bologna, wo die Rechtskenntnisse gepflegt wurden, privilegierte Friedrich I. die Universität mit der berühmten Urkunde *Authentica habita*.

Sommer 1156 auf Bayern, das im September 1156 in Regensburg Heinrich dem Löwen übertragen wurde. Stattdessen erhielt der Babenberger mit seiner byzantinischen Gemahlin Theodora Österreich als neu geschaffenes Herzogtum zum Lehen im *Privilegium minus* verbrieft. Dieses verfassungsgeschichtlich wichtige Dokument legte die Lehnspflichten des neuen Herzogtums Österreich gegenüber dem Reich fest. Die Gerichtsrechte wurden in der bisherigen Markgrafschaft erweitert, und der Herzog von Österreich mußte nur noch königliche Hoftage in Bayern besuchen. Dieses Privileg markiert somit nicht nur die »Geburtsstunde Österreichs«, sondern bedeutete auch einen weiteren wichtigen Entwicklungsschritt vom Herzogtum zum territorialen Fürstentum.

Italien und der Konflikt mit dem Papsttum in Besançon – nur der Streit um ein Wort?

Friedrich verbrachte fast 16 seiner 38 Regierungsjahre auf sechs Zügen in Italien, um Rechte des Reiches geltend zu machen oder zurückzugewinnen. Gegner dieser Politik wurde neben den Städten später auch das Papsttum. Durch Fernhandel waren viele Städte gerade in Oberitalien zu wichtigen Zentren aufgestiegen, allerdings waren sie oft untereinander zerstritten. Auf dem Reichstag von Roncaglia (1158) in der Lombardei ließ Friedrich die Regalien auflisten, also wirtschaftlich nutzbare königliche Rechte, die an das Königtum zurückfallen sollten. Die möglichen Erträge wurden von Zeitgenossen jährlich auf 30.000 Pfund Silber geschätzt. Die seinen Forderungen widerstrebenden Städte ächtete Friedrich und bekriegte sie. Im kaiserlichen Eingreifen in Italien lag vielleicht auch der tiefere Grund, warum der bald einsetzende Konflikt mit dem Papsttum eskalierte.

War es nur ein Streit um Worte, der als Auftakt zu einer ersten Konfrontation zwischen Kaisertum und Papsttum schon wenig früher auf dem Reichsversammlung von Besançon im Oktober 1157 gilt? Papst Hadrian IV. hatte in Rom in diesem Jahr dem Erzbischof Eskil von Lund (1138–1181) den Primat über die

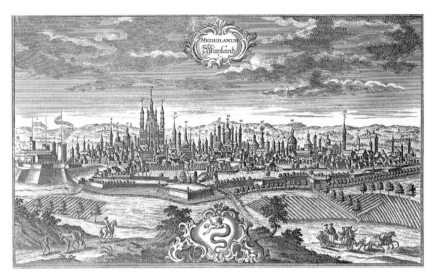

Mailand, Stadtansicht.
Kupferstich von Martin Engelbrecht nach F. B. Werner, um 1750.
Mailand war eine der wichtigsten oberitalienischen Städte, mit der die mittelalterlichen Herrscher seit den Saliern diverse Konflikte austrugen.

schwedische Kirche übertragen. Als Eskil auf der Rückkehr von Rom in Burgund überfallen wurde, tat Friedrich nichts zu seiner Befreiung, obwohl er vom Papst ermahnt wurde.

Gegen dieses Verhalten erhob eine päpstliche Gesandtschaft, die zur Reichstagsversammlung nach Besançon gekommen war, Einspruch. In dem entsprechenden Schreiben beschuldigte Hadrian IV. den Kaiser und erinnerte ihn an die Kaiserkrönung: »Du ruhmreichster Sohn, mußt Dir doch vor Augen führen, wie gern und freudig Dich Deine Mutter, die hochheilige römische Kirche, vor zwei Jahren aufgenommen, mit welch herzlicher Liebe sie Dich behandelt hat, welche Fülle der Würden und Ehren sie Dir zuteil werden ließ, wie sie Deine Hoheit suchte, und wie sie rein nichts tat, wovon sie vermuten könnte, daß es nur im Geringsten gegen den königlichen Willen sei.« Und dann folgte der Satz, der für Aufruhr sorgte: »Und es reut uns auch jetzt nicht im mindesten, in allem Deinen Wunsch und Willen erfüllt zu haben, ja bei dem Gedanken, was die Kirche Gottes [...] an Vorteilen gewinnen könne, würden wir uns mit Recht freuen, wenn es möglich gewesen wäre, daß Deine Herrschaft aus unserer Hand noch größere *beneficia* empfangen hätte.«

Dieses Wort *beneficia* führte zum Eklat, denn man konnte es mit »Lehen« übersetzen. Dies taten Rainald von Dassel und andere wohl auch, und es erhob sich ein Sturm der Entrüstung. Außerdem fragte wohl einer der päpstlichen Legaten, von wem denn Friedrich eigentlich das Kaisertum habe, wenn nicht vom Papst. Handgreiflichkeiten wurden in letzter Sekunde verhindert. Nach den Protesten kam es zum päpstlichen Rückzug. Durch eine neue Gesandtschaft ließ der Papst erklären, das Wort *beneficium* sei nicht in der Bedeutung von Lehen gemeint, sondern es sei schlicht mit *bonum factum*, also »Wohltat«, zu übersetzen. Es fällt zumindest auf, daß dieser Streit etwa in die gleiche Zeit fiel, als erstmals in einer Urkunde von einem *Sacrum Imperium* gesprochen wurde, das päpstlichen Ansprüchen gleichsam eigenständig gegenübergestellt wurde.

Die Jahre nach 1159 blieben von dieser ersten Konfrontation überschattet, aber bald trat neuer Konfliktstoff hinzu: Als 1159 ein neuer Papst gewählt werden sollte, kam es zu einer Doppelwahl, die zu einem 18jährigen Schisma führte. Alexander III. (1159–1181) wurde vor allem von sizilienfreundlichen Kräften gegen den kaiserfreundlichen Viktor IV. (1159–1164) erhoben. In der Folge versuchte Friedrich mehrfach gegen Alexander, der insgesamt die stärkere Gefolgschaft im lateinischen Westen hatte beziehungsweise gewann, militärisch eine Entscheidung zu erzwingen. Konkret ging es mit dem zweiten und dritten Italienzug (1158–1162 und 1163–1164) um den Kampf gegen die lombardischen Städte, nach 1159 aber auch gegen den Papst Alexander III. Weil der Kirchenstaat in die kaiserliche Politik einbezogen wurde, war der Konflikt mit dem Papst unausweichlich. Gegen päpstliche Proteste – schon von Hadrian IV. – stellte Barbarossa seine Rechte als römischer Kaiser. Mit den Städten wurden bald zunehmend Einzelverträge abgeschlossen.

Die Heiligen Drei Könige und der heilige Karl – Stabilisierung des Reiches in Köln und Aachen

Wie die Identität des Reiches und der königlichen Herrschaft aber nicht nur durch militärische Siege gestärkt werden konnte, wird aus einer Episode am Rande des dritten Italienzuges deutlich. 1164 schenkte Friedrich in Mailand die Reliquien der Heiligen Drei Könige an Rainald von Dassel. Nach einem Bericht der wohl erst nach 1164 entstandenen *Vita Sancti Eustorgii* über die Entdeckung der Dreikönigsreliquien durch Kaiserin Helena, der Mutter Konstantins, waren diese angeblich kurz vor der Mitte des 4. Jahrhunderts von Konstantinopel nach Mailand überführt worden. Bei einer Belagerung Mailands 1158 hatten die Mailänder wohl aus Furcht vor Verwüstungen die Reliquien aus der Eustorgiuskirche ins Innere der Stadt verlegt. 1164 brachte Friedrich die Reliquien jedoch in seinen Besitz und schenkte sie Rainald von Dassel, der sie nach Köln überführen ließ. Seit dieser Zeit wurden sie für die Reichsideologie zunehmend wichtig, denn die Nähe der Drei Könige zum göttlichen Kind könnte auch den Königen und Kaisern des Reiches förderlich sein. Könige huldigten später dem

Köln, Erzstift und Stadt.
Holzschnitt aus Botho, Sachsenchronik, Druck Mainz 1492. Das Bild stellt das Erzstift und die Stadt Köln dar. Neben dem Stadtwappen (vom Betrachter aus unten rechts) und dem Wappen des Erzstifts finden sich die heraldischen Symbole der Drei Könige. Rechts in Bild der charakteristische Turmstumpf des Domes mit Kran.

in Köln aufgestellten Schrein. Der Bezug des Kaisers unmittelbar auf Gott wurde so auch gegenüber dem Papst durch die Nähe zu den ersten königlichen Verehrern des göttlichen Kindes nachhaltig unterstrichen. Kölner Forderungen führten sogar dazu, daß später in umstrittener Zeit des Königtums unter Otto IV. und dessen Nachfolgern die Verehrung der Reliquien im Kölner Dom gesucht wurde.

Es scheint nicht ganz zufällig zu sein, daß eine weitere, für die Staufer wichtigere Stützung der Reichs-Identität ein Jahr später in Aachen erfolgte. Dort ließ Barbarossa am Weihnachtstage 1165 die Gebeine Karls des Großen feierlich erheben. Damit stellte er sich während seiner Auseinandersetzung mit Papst Alexander III. bewußt in die Tradition seines karolingischen Vorgängers Karl. Mit Hilfe des von ihm favorisierten (Gegen-)Papstes Paschalis III. (1164–1168) betrieb der Staufer Karls Heiligsprechung. Wie aber konnte Karl der Große zum Heiligen werden? War der fränkische König mit seinen unzähligen Kriegen nicht eher das Gegenteil eines Heiligen? Der Zug Karls von 778, der kurz in das muslimische Spanien geführt hatte, schien offensichtlich ebenso wie die Erzählung von einer Fahrt nach Jerusalem am ehesten geeignet, seine Heiligkeit zu »beweisen«. Es halfen die lateinischen Schriften zunehmend verbreiteter epischer Dichtungen (*Historia Turpini* und *Descriptio*); sie bildeten den Grundstock für eine Aachener Vita Karls des Großen.

Die Kanonisation 1165 war jedoch selbst ein Politikum. Wenn der Reichsgründer heilig war, dann konnte man viel eher vom *Sacrum Imperium*, vom Heiligen Reich sprechen. Es war schon darauf verwiesen worden, daß sich dieser Begriff kurz zuvor zu verbreiten begann. Insofern »verstetigte« die Heiligkeit die Unantastbarkeit dieses Reiches (Stefan Weinfurter). Die Heiligsprechung gehörte zugleich in europäische Kontexte. Oft wurde sie nur als eine Antwort auf den westfränkisch-französischen Nachbarn interpretiert, denn dort hatte Abt Suger von Saint-Denis kurz zuvor die Gebeine des heiligen Dionysios, des fränkisch-französischen Königsheiligen, feierlich erhoben. Daran war König Ludwig VII. (1137–1180) beteiligt gewesen. Die Bezüge reichen jedoch sogar bis nach England (1161 Heiligsprechung Eduards von England) oder Dänemark (1169: Herzog Knud). Vielleicht besaß die Angelegenheit auch innerhalb Deutschlands einen räumlichen Akzent. Etwa zwanzig Jahre früher hatte der Bamberger Klerus die Heiligsprechung Heinrichs II. erreicht. Wollten Barbarossa und Rainald von Dassel mit dem Kultakten von 1164 und 1165 das Rheinland und die Orte Köln und Aachen stärken? Dies mag zumindest plausibel erscheinen, wenn neben der Kanonisation von 1165 auch die Translation der Dreikönigsreliquien in die Überlegungen einbezogen wird (vgl. Farbabb. 2).

Trotz gewisser Erfolge konnte Friedrich I. Papst Alexander III. und seine Anhängerschaft nicht in die Knie zwingen. Auch die Bekräftigungen von Kaiser und Fürsten in Würzburg im Mai 1165, Alexander III. oder einen Papst seiner Richtung niemals anzuerkennen, zeitigten keine langfristigen Wirkungen. Deshalb versuchte der Kaiser auf einem vierten Italienzug (1165–1167) die militärische Entscheidung. Die Erzbischöfe von Mainz und von Köln vernichteten bei Tusculum das stadtrömische Aufgebot. Alexander III. (1165 nach Rom zurückgekehrt) floh; Paschalis III. wurde in Sankt Peter inthronisiert und krönte am 1. August 1167 Friedrichs Gemahlin Beatrix zur Kaiserin. Rom wurde durch einen Vertrag mit dem dortigen Senat gewonnen.

Wenige Tage später jedoch zerstörte eine verheerende Malariaepidemie alle Erfolge. Zahlreiche Fürsten (darunter Rainald von Dassel, Friedrich IV. von

Köln, Dom, Schrein der Heiligen Drei Könige, um 1200.

Auf der Stirnseite des Schreins ist links hinter den huldigenden Drei Königen König Otto IV. abgebildet, vielleicht stiftete Otto das Gold für die Stirnseite. Er hatte schon 1200 drei goldene Kronen gestiftet, die 1803 eingeschmolzen wurden.

Aachen, Pfalzkapelle: Barbarossaleuchter, 1165, und Karlsschrein.
Friedrich Barbarossa stiftete anläßlich der Heiligsprechung Karls 1165 einen radförmigen großen Leuchter, der das himmlische Jerusalem abbilden und damit zugleich die Würde des römischen Kaisers unterstreichen sollte. Der Karlsschrein ist heute im Chorraum aufgestellt.

Schwaben, Welf VII., † 1167) fielen der Krankheit zum Opfer, und der Kaiser konnte sich zwar nach Norditalien retten, jedoch blieb dort seine Herrschaft durch eine Erhebung der Städte mehr als bedroht. Eine eigene Bundesfestung (Alessandria) wurde westlich von Tortona errichtet. Der Verlust zahlreicher wichtiger Getreuer, insbesondere der Tod Rainalds von Dassel, zwangen Barbarossa, nach neuen Lösungen zu suchen.

Venedig sollte zehn Jahre später zum Ort der Versöhnung werden. Bis dahin stand in den folgenden Jahren zunächst der Ausbau der Königsmacht in Deutschland im Vordergrund. Die Reichsterritorien im Oberrheingebiet, Schwaben, Franken und Ostmitteldeutschland wurden durch Einsatz von Ministerialen, durch Rodung, Burgen- und Städtegründungen sowie durch den Erwerb von Kirchenlehen herrschaftlich weiter durchdrungen. Auf dem fünften Italienzug (1174–1178) wollte der Kaiser den Kampf gegen Alexander III. und die widerspenstigen lombardischen Städte entscheiden. Barbarossa belagerte vergebens Alessandria in Oberitalien, begann dann Friedensverhandlungen mit den Lombarden (Vertrag von Montebello, April 1175), die aber scheiterten. Am

Anagni, romanische Kathedrale.
Der in Mittelitalien gelegenen Ort Anagni wurde kurz vor Abschluß der Auseinandersetzungen zwischen Friedrich Barbarossa und Alexander III. wichtig, denn hier wurden im Oktober/November 1176 die Verhandlungen geführt, die teilweise den späteren Frieden in Venedig vorbereiteten. Anagni geriet erneut 1303 ins Zentrum des Geschehen, als Papst Bonifaz VIII. dort von Wilhelm von Nogaret und Sciarra Colonna überfallen wurde.

29. Mai 1176 unterlag der Kaiser bei Legnano dem lombardischen Bundesheer, nachdem ihm kurz zuvor in Chiavenna Heinrich der Löwe militärische Unterstützung verweigert hatte. In radikalem Wechsel seiner Politik erkannte er daraufhin in Anagni (November 1176) Papst Alexander III. an und isolierte den Lombardenbund.

Der Konflikt mit dem Papst wurde schließlich im Frieden von Venedig (25. Juli 1177) beigelegt. Hier bestätigte Friedrich I. Alexander III. als Papst, jedoch wurden Regelungen für die lombardischen Städte zurückgestellt; Friedrich durfte die mathildischen Güter auf 15 Jahre behalten, schloß mit Sizilien einen Waffenstillstand auf 15, mit den Lombarden auf sechs Jahre. Nach längerem weiteren Aufenthalt in Oberitalien empfing Friedrich auf dem Rückzug in Arles die burgundische Königskrone, damit war auch die Herrschaft über Burgund

Venedig, Ansicht aus dem ausgehenden 15. Jahrhundert.
Venedig, im früheren Mittelalter teilweise noch von Ostrom-Byzanz abhängig, gewann im 9. und 10. Jahrhundert eine gewisse Autonomie und fungierte seither häufig als Verbindungsort zwischen Ost und West. Ein Eroberungskrieg Ottos II. scheiterte und endete mit dem Tod des Kaisers. Als Vermittlungsort zur Beilegung des Konfliktes zwischen Kaiser Friedrich I. und Papst Alexander III. erschien die erstarkte Lagunenstadt 1177 jedoch geeignet.

nochmals deutlich ausgedrückt. 1183 erkannte er schließlich im Konstanzer Frieden den Lombardenbund an.

Chiavenna und Gelnhausen – Der Prozeß gegen Heinrich den Löwen

Chiavenna und Umgebung.
Lavierte Federzeichnung, 1628. Como, Bischöfliches Archiv. Der Ort Chiavenna, der an der Straße Bregenz-Como gelegen war, besaß vor allen Dingen Bedeutung als Zugang zu den Bündner Alpenpässen, die die Wege in das *Regnum Italicum* erschlossen. 1176, nach den gescheiterten Verhandlungen von Montebello, bat Friedrich hier (vielleicht sogar mit Fußfall) Heinrich den Löwen vergeblich um militärische Hilfe.

Der Frieden von Venedig ließ schon gewisse indirekte Spitzen gegen Heinrich den Löwen erkennen. Welche Rolle spielte in der Folge die Tatsache, daß Heinrich der Löwe in Chiavenna 1176 dem Kaiser die Heeresfolge verweigert hatte? Nach der Katastrophe von August 1167 vor Rom hatte die Italienmüdigkeit vieler Fürsten zugenommen. Insofern war die Verweigerung des Herzogs in Chiavenna zwar ein spektakulärer Fall, aber andererseits auch Ausdruck einer allgemeinen Tendenz, vor allem weil in den sich zunehmend formierenden Territorien die Präsenz der Fürsten wichtig war, wollte man dort seine Herrschaft aufbauen, durchsetzen und sichern. An diesem Aufbau eigener Herrschaft arbeitete der Welfe Heinrich der Löwe intensiv (vgl. Farbabb. 12); Friedrich Barbarossa hatte ein viertel Jahrhundert lang den Herrschaftsausbau des welfischen

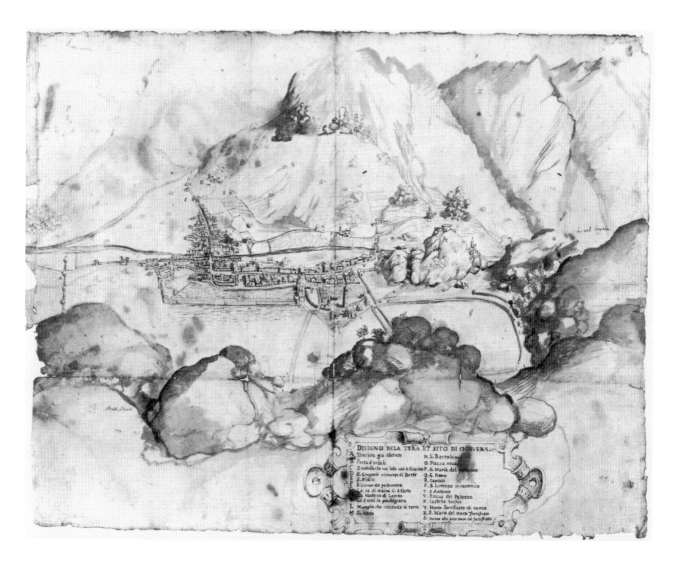

Doppelherzoges Heinrichs des Löwen toleriert und Klagen von Standesgenossen abgewiesen.

Die eigene Herrschaft Friedrichs war im übrigen ähnlich strukturiert. Neben dem Rhein-Main-Gebiet spielten die klassischen Landschaften der Dynastie, Franken und Schwaben, für die Staufer die größte Rolle. Dazu kamen das Elsaß und der bayerische Nordgau. Hieraus entstanden mehrere Herrschaftskomplexe, die später als *terrae imperii* (Reichsländer) bezeichnet werden sollten: Der Raum um Hagenau/Kaiserslautern, die Wetterau, der Raum um Nürnberg, Cham, Altenburg und Goslar gehörten vor allem hierzu.

An einem Prozeß gegen Heinrich den Löwen 1179/80, der in der Ausstellung der Gelnhäuser Urkunde gipfelte, waren in diesem komplizierten Gefüge konkurrierender Herschaftsbildungen viele Adelige und Große, nicht nur der Kaiser interessiert. Das Ergebnis wurde für die weitere Entwicklung in mehrfacher Hinsicht wichtig, auch wenn die verfassungsmäßige Bedeutung früher vielleicht überschätzt worden ist. Die fast königgleiche Position Heinrich des Löwen im Norden des Reiches ist neben der Verweigerung in Chiavenna lange Zeit als Stein des Anstoßes für Friedrich Barbarossa angesehen worden, ein wichtiger Streitpunkt war jedoch außerdem das zu erwartende Erbe des alternden Welf VI., der seit der Katastrophe vor Rom 1167 kinderlos war. Friedrich I. und Heinrich der Löwe waren beide mit diesem verwandt. Zu dieser Konkurrenz um ein mögliches Erbe trat weiterhin eine immer größere fürstliche Opposition gegen Heinrichs Herrschaftspraxis; auch deshalb war 1177 im Frieden von Venedig bestimmt worden, daß der früher abgesetzte Bischof Ulrich von Halberstadt anstelle von Gero wieder in sein Amt eingesetzt werden sollte. Dieser Ulrich stand aber Heinrich dem Löwen erklärtermaßen feindlich gegenüber. Heinrich wurde damit einiges zugemutet. Ulrich eröffnete auch nach seiner Einsetzung den Kampf im östlichen Sachsen; 1178 handelte Philipp von Heinsberg, der Kölner Erzbischof (1167–1191), ähnlich: Er fiel in das westliche Sachsen ein, wogegen Heinrich erfolglos klagte.

Nach einem Hoftag in Speyer (1178) sollte sich Heinrich auf einem Hoftag in Worms (Januar 1179) verantworten. Da der Geladene nicht erschien, erging wohl ein Urteil der Fürsten und schwäbischer Großer, daß Heinrich nach weiterer Rechtsverweigerung der Acht verfallen solle. Ein Vermittlungsversuch

Braunschweig, Stadtansicht.
Abbildung aus der Weltchronik des Hermen Bote († 1520), Braunschweig, Stadtarchiv H VI 1: 28. Neben Königslutter und anderen Orten gehörte Braunschweig zu den wichtigsten Stützpunkten Heinrichs des Löwen in Sachsen, das zu seiner Herrschaftszeit sogar den Charakter einer Residenz gewann, Neubau des Doms (Sankt Blasien, seit 1173) und der Pfalz (mit Burg Dankwarderode, erstmals 1134 genannt) gehen auf Heinrich zurück.

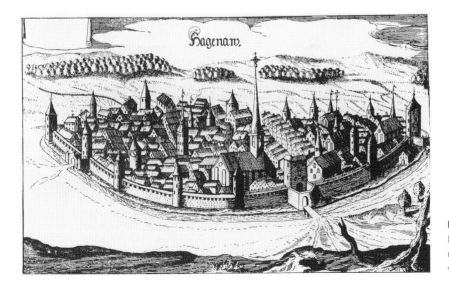

Hagenau
In Hagenau (Unterelsaß) ließ Friedrich Barbarossa eine wichtige Pfalz errichten. Der Ort wurde um 1260 Reichsstadt.

Burg Trifels.

Trifels, Höhenburg an der Haardt, 1081 erstmals erwähnt, wurde 1113 an Kaiser Heinrich V. ausgeliefert und entwickelte sich vor allem unter den Staufern zum Symbol königlicher Herrschaft. Die Burg diente anderthalb Jahrhunderte als Reichsschatzkammer für die Reichskleinodien und andere Kostbarkeiten. In das Gefängnis der Burg wurde 1193–1194 der englische König Richard Löwenherz nach dem Dritten Kreuzzug eingekerkert.

Gelnhausen.

Neben der Königspfalz gründete Friedrich I. die *nova villa* 1170. Damit war Gelnhausen ähnlich wie Hagenau oder Wimpfen eine staufische Pfalzstadt. Die Reichsversammlung 1180, bei der über Heinrich den Löwen verhandelt wurde, tagte vielleicht schon in der fertiggestellten Pfalz. Das dargestellte Haus könnte etwa aus dieser Zeit stammen und war vielleicht der Sitz eines Ministerialen, der in Gelnhausen königliche Rechte wahrnahm. Von Barbarossa bis zu Konrad IV. sind für Gelnhausen mehrfache Königsaufenthalte belegt.

scheiterte. Als der Herzog im August einer weiteren Ladung zum Hoftag nach Kayna nicht folgte, klagte der Kaiser wegen der lehnrechtlich gebotenen Gerichtspflicht: Heinrich hatte durch Fernbleiben vom Königsgericht seine Vasallenpflicht mißachtet, er war *contumax* (trotzig, eigensinnig). Dies stellten die Fürsten auf einem weiteren Würzburger Hoftag (13. Januar 1180) erneut fest. Heinrich wurden die Lehen entzogen. Insgesamt war dies eine formalisierte Konfliktbereinigung durch Recht und Prozeß, die aber zugleich zeigte, wie sehr die herzoglichen Gewalten inzwischen territorialisiert waren und wie verschiedene Mittelgewalten um Einfluß rangen.

Neuere Interpretationen heben entsprechend hervor, in welchem Maße die Fürsten Friedrich zum Prozeß drängten und dabei auch eigene Interessen verfolgten. Jäger und Gejagter, wie man Friedrich und Heinrich bezeichnen könnte, waren eben außerdem »Getriebene der Fürsten« (Bernd Schneidmüller). Gewinner waren letztlich vor allem die Fürsten, wie dies die in der königlichen Pfalz Gelnhausen ausgestellte Urkunde vom 13. April 1180 dokumentierte: Die westlich der Weser gelegenen Teile des Herzogtums Sachsen nämlich gingen an Erzbischof Philipp von Köln, der Rest samt der sächsischen Herzogswürde an die Askanier (Bernhard von Anhalt). Da Heinrich aber auch Herzog von Bayern gewesen war, verhandelte 1180 ein Hoftag in Altenburg über die Zukunft dieses Territoriums. Nach den Ereignissen von 1154/56 wurde nun der Dukat nochmals geschmälert: die Steiermark wurde abgetrennt, der Rest ging an den neuen Herzog Otto von Wittelsbach (1180–1183).

Nach 1180 kam es zum Krieg gegen den Löwen, die meisten seiner Anhänger fielen ab, Heinrich konnte sich nur noch in kleinen Restgebieten Sachsens halten. Er mußte sich auf einem Hoftag in Erfurt im November 1181 unterwerfen, verzichtete auf Reichslehen und erhielt als Eigengut Braunschweig, Lüneburg und Haldensleben. Es kam durch diese Auseinandersetzung zur weiteren Formierung des Reichsfürstenstandes als der adeligen Spitzengruppe, die nur von König und Reich ihre Lehen empfingen.

Die Gewinner dieser Auseinandersetzungen waren mithin vor allem die Fürsten, weniger der Kaiser. Trotz des glänzenden Mainzer Hoffestes an Pfingsten 1184, das als kraftvolle Repräsentation des Rittertums gilt und an dem die Schwertleite an Friedrichs Söhnen Friedrich und Heinrich vollzogen wurde, war

Ratzeburg.
Dom, ehemals Sankt Maria und Sankt Johannes (Ev.), Ansicht von Süden. In Ratzeburg ließ Heinrich der Löwe 1154 ein Bistum neu begründen.

ein Stück Kaiserherrlichkeit eher ins Wanken geraten als gefestigt. Im Konstanzer Frieden von 1183 hatte der Kaiser die ronkalischen Beschlüsse widerrufen, hier wurde sogar der Lombardenbund anerkannt und nur noch eine gewisse Oberhoheit des Reiches aufrechterhalten.

Als sich am 29. Oktober 1184 der neunzehnjährige König Heinrich mit der damals 30jährigen Konstanze von Sizilien (einer Tochter des Normannen Rogers II.) verlobte, schien eine neue Etappe der Italienpolitik anzubrechen. Dies bewirkte aber während des sechsten Italienzuges den päpstlichen Widerstand. Unterstützung fand Friedrich nun sogar in Mailand: 1186 wurde die Hochzeit Heinrichs VI. (1190-1197) dort gefeiert und dieser vom Patriarchen von Aquileja zum König von Italien erhoben (vielleicht sogar zum Caesar mit imperialem Rang). Die Lage spitzte sich in Italien zu, und im Sommer 1186 mußte Friedrich auch wegen sonstiger Unruhen aus Italien nach Deutschland zurückkehren. Schon vorher (1184) war aber der Kaiser in Verona mit Papst Lucius III. (1181–1185) zusammengetroffen. Dort hatte er sich zum Kampf gegen die Häresie bekannt und einen Kreuzzug in Aussicht gestellt, jedoch war eine Einigung über die »mathildischen Güter« noch offen geblieben.

Als Papst Urban III. (1185–1187) aber 1186 im Trierer Schisma einen kaiserfeindlichen Kandidaten weihte, besetzte Friedrichs Sohn Heinrich VI. den Kirchenstaat. Dieser Konflikt wurde nicht zu Ende geführt, weil nach der Schlacht bei Hattin am 4. Juli 1187, als Saladin die christlichen Heere des lateinischen Königreichs Jerusalem entscheidend schlug und Jerusalem für die Christen verloren ging, neue Aufgaben in den Vordergrund traten. Papst Clemens III. (1187–1191) wurde im Auftrag des Kaisers nach Rom zurückgeführt. Auf dem Mainzer »Hoftag Jesu Christi« nahm Friedrich dann das Kreuz (Dritter Kreuzzug 1189–1192), zu dem sich zuvor schon König Richard Löwenherz von England (1189–1199) und Philipp II. von Frankreich (1180–1223) durch die Kreuznahme am 21. Januar 1188 verpflichtet hatten. Der Kaiser brach am 11. Mai 1189 von Regensburg aus in den Orient auf, ertrank aber, ohne Palästina erreicht zu haben, in Kleinasien im Fluß Saleph am 10. Juni 1190.

Nord und Süd vereint? Der unterschätzte Heinrich VI. (1190–1197)

Dante rühmte Heinrich VI. als den zweiten Sturm vom Schwabenlande. Und als Zweiter wird Heinrich entsprechend oft beurteilt: Nach dem großen Friedrich Barbarossa und vor dem nicht minder interessanten Friedrich II. ist seine Erinnerung in der Geschichte zu Unrecht zuweilen etwas verblaßt. Ein Staufer, der in dieser Zeit Heinrich hieß und nicht Friedrich, erscheint zunächst weniger wichtig. Und in der Tat trug der ältere Bruder und präsumptive Nachfolger den Leitnamen Friedrich. Heinrich VI. wurde 1165 in Nimwegen geboren. Man hat sogar vermutet, daß die Geburt bewußt dort und nicht in Aachen angestrebt wurde, um den Erstgeborenen nicht zu benachteiligen. Heinrich stand zunächst im Schatten des Vaters, wurde aber wohl bestens erzogen; er beherrschte das Latein, war im römischen und kanonischen Recht versiert. In seiner Umgebung sind Minnesänger anzutreffen, und er selbst hinterließ einige Dichtungen. Ein Gebildeter also, vielleicht ein Schöngeist – ein Zeitgenosse, Burchard von Ursberg, urteilte: »klug, beredt, im Antlitz recht anmutig, aber eher mager; die Gestalt mittelgroß, der Körper zart und schwach, der Geist scharfsinnig«.

Die Schwertleite beim Mainzer Hoffest 1184 diente noch der Inszenierung von Friederichs Position, dann schufen aber die Verlobung und die spätere Hochzeit mit Konstanze neue Perspektiven, obwohl auch dies vor allem die Politik des Vaters blieb, denn Heinrich hatte seine elf Jahre ältere Braut zuvor nie gesehen. Die Ereignisse überschlugen sich, als Friedrich 1189 auf Kreuzzug ging und Heinrich mit den entsprechenden Aufgaben betraute, als Wilhelm II. von Sizilien 1189 kinderlos starb und dann – nach dem Tod Friedrichs 1190 – Heinrich VI. zum Alleinherrscher des Reiches wurde. Zwei Ziele dominierten: Die Erlangung Siziliens und die Eroberung Jerusalems auf einem eigenen Kreuzzug.

Es war wohl zu Anfang noch nicht klar, daß für Heinrich VI. so schnell der Erbfall in Sizilien eintreten würde. Der Tod Wilhelms führte zu unterschiedlichen Reaktionen: Während sich auf dem Festland, vor allem in Apulien, zahlreiche Große zugunsten Heinrichs erklärten, rief auf der Insel Sizilien eine Parteiung den Halbbruder des Königs, Tankred von Lecce, zum König aus. Daraus entstand unmittelbar ein Konflikt. Das Papsttum stand auf Seiten Tankreds und entband die sizilischen Großen vom Treueid, woraufhin der Erzbischof von Palermo Tankred im Januar 1190 zum König krönte.

Heinrich und Konstanze interpretierten den sizilischen Erbfall unterschiedlich. Während Heinrich eher in der Tradition des Kaisergedankens Ansprüche auf Sizilien erhob, sah Konstanze die Aufgabe ihres Mannes eher darin, ihr zu ihrem Erbrecht, das durch die Erhebung Tankreds mißachtet worden war, zu verhelfen. Außerdem wirkte die gemischte Bevölkerungsstruktur Süditaliens auf die Auseinandersetzungen um den Thron ein. Die bisher zu kurz Gekommenen setzten eher auf Konstanze und die Staufer, diese Kräfte mußte Heinrich berücksichtigen, wenn er Erfolg haben wollte.

Die Sizilienfrage nahm Heinrich aber besonders wichtig, so daß seine Herrschaft und die spätere Regierung Friedrichs II. auch räumlich deutlich nach Süden weisen. Zwei Züge führten ihn nach Italien: 1191 und 1194. Heinrich erneuerte die Privilegien für Pisa, weil er dieser Unterstützung bedurfte. Wichtig waren die Verhandlungen mit der Kurie, denn Heinrich wollte als Kaiser in Sizilien einziehen: Es war das *Imperium Romanorum*, das Heinrich repräsentieren wollte, als Nachfolger der römischen Imperatoren fühlte er sich einer Tradition, in der er sich am Ende der Vier Weltreiche Daniels beziehungsweise der sechs biblischen Weltalter sah.

Deshalb mußte Heinrich also Kaiser werden; Papst Cölestin III. (1191–1198) krönte ihn am Osterfest (15. April 1191). Heinrich gab den Römern dafür das kai-

Sturm auf das süditalische San Germano durch Diepold von Schweinspeunt beim Zug Heinrichs VI., 1194.

Petrus de Ebulo, Liber ad honorem Augusti Salerno 1195/1197, Bern, Burgerbibliothek Codex 120 II fol. 130r. San Germano lag im Gebiet von Montecassino; die Beschriftung *Mons Casinus* ist am oberen Bildrand weitgehend weggeschnitten. Der Ort wird jedoch als Klosterfestung dargestellt. Auf dem Weg nach San Germano töten Bauern Diepolds Pferd, das unten verblutend liegt.

sertreue Tusculum preis. Entgegen dem päpstlichen Rat zog der neue Kaiser weiter nach Süden, belagerte Neapel, das gleichzeitig vom Meer aus durch die pisanische Flotte bedrängt wurde. Als Heinrich VI. hier scheiterte, verließ der Welfe Heinrich, ein Sohn Heinrichs des Löwen, sogar heimlich das Heer und verbreitete in Deutschland die Nachricht, der Kaiser sei gestorben. Da Heinrich trotz seiner Mißerfolge auf der Reichszugehörigkeit Süditaliens bestand und die päpstliche Lehnshoheit über Sizilien nicht anerkannte, belehnte Papst Cölestin III. nunmehr Tankred.

Nördlich der Alpen hatte sich inzwischen eine wichtige Fürstenopposition gebildet (am Niederrhein, in Köln, Mainz und Trier, hierzu gehörten weiterhin Zähringer, Welfen, Böhmen). Erst nachdem Heinrich mit dem aus dem Heiligen Land zurückgekehrten Philipp II. von Frankreich das staufisch-kapetingische Bündnis erneuert hatte und nachdem ihm der auf dem Rückweg von Akkon von Herzog Leopold V. von Österreich (1177–1194) gefangengenommene König Richard Löwenherz ausgeliefert worden war, konnte die feindliche Koalition gesprengt werden. Richard wurde nach der Zusage zur Zahlung von 150.000 Mark Silber Lösegeld und einer Lehnsleistung für England freigelassen.

Nach dem Tod Tankreds (20. Februar 1194), führte Heinrichs zweiter Italienzug (1194–1195) zu einem Erfolg. Bei dem Panegyriker Petrus von Ebulo († vor 1220), der den Übergang von der Normannen- zur Stauferzeit beschrieb, wird er eindrucksvoll, aber auch einseitig in Wort und Bild dargestellt. Dieser Zug stand unter günstigerem Vorzeichen, weil die inzwischen zur Verfügung stehenden, für die Zeit horrenden englischen Zahlungen eine ganz andere Vorbereitung ermöglichten. Am 20. November 1194 hielt Heinrich VI. in Palermo triumphal Einzug und wurde dort am Weihnachtstag zum sizilischen König gekrönt. Aber nicht nur dieser Akt in Palermo an Weihnachten, sondern auch der kleine Ort Jesi (Provinz Ancona) schrieb einen Tag später ebenso Geschichte: Dort gebar die inzwischen vierzigjährige Konstanze einen Thronfolger, der von der Mutter anfangs Konstantin genannt wurde, in der Taufe dann die Namen Friedrich Roger erhielt, staufische und normannische Traditionen vereinend: Es war der spätere Kaiser Friedrich II.

Trotz seiner Krönung erkannte die Kurie Heinrich VI. in seiner sizilischen Würde nicht an. Jedoch ordnete Heinrich, nachdem der normannische Thronschatz nach Deutschland gebracht worden war, die Verwaltung Reichsitaliens neu. In Sizilien war Heinrich nicht zimperlich: Die alte Führungsschicht wurde weitgehend eliminiert, damit schuf der Kaiser die Voraussetzungen für eine erfolgreiche Fremdherrschaft. Auf einem Hoftag in Bari an Ostern 1195 wurde Konstanze zur interimistischen Herrscherin Siziliens bestellt, Vertraute des Kaisers erhielten Schlüsselpositionen, und Heinrich legte den Grund für eine Kastellorganisation, die man bis vor kurzem noch ausschließlich Friedrich II. zuschreiben wollte. Vor diesem Hintergrund sind auch die universalen Bestrebungen der kommenden Jahre sowie die Sicherung der Nachfolge im »Erbreichsplan« zu interpretieren.

Heinrich VI. werden zuweilen Weltreichspläne zugesprochen, und im Werk des Geschichtsschreibers Gottfried von Viterbo († 1192/1200) klingen solche Vorstellungen in zeitgenössischer Perspektive durchaus an. Ein Kreuzzugsangebot an den Papst erfolgte allerdings vielleicht auch, weil Papst Cölestin III. den jungen Friedrich II. taufen und krönen sollte. Die angestrebte Herrschaft über die Heiligen Stätten verband sich bei Heinrich VI. zugleich mit Expansionsgelüsten

Palermo, Kathedrale.
Nach der muslimischen und normannischen Zeit erhielt Palermo auch für die späten Staufer Bedeutung: Die Kathedrale wurde nach einem Erdbeben von 1169 neu erbaut. Hier wurde Heinrich VI. am Weihnachtstag 1194 zum König von Sizilien gekrönt und betrieb anschließend die Verbindung des sizilischen Erbreiches mit dem Imperium. Außer Heinrich VI. liegt auch Friedrich II. hier begraben.

in den östlichen Mittelmeerraum, die in alten normannischen Traditionen standen, wobei das Ziel Jerusalem Erbkaiser- mit Endkaisergedanken zusammenführte.

Vor diesem Hintergrund erklären sich weitere Maßnahmen Heinrichs, die den östlichen Mittelmeerraum betreffen: die Heirat des Bruders Heinrichs VI., Philipp von Schwaben, mit Irene-Maria von Byzanz; die Lehnsnahme Amalrichs von Zypern und Leos von Kleinarmenien sowie die Erhebung der sogenannten »Deutschensteuer« (»Alamannikon«). Der Kreuzzug fand schließlich 1197 statt, jedoch ereilte die Truppen schon bald die Nachricht vom Tod des Kaisers. Die Orientierung auf Jerusalem zeigt aber zugleich, dass Heinrich VI. Visionär und zugleich Realpolitiker war. *Dominium mundi* – Weltherrschaft – war zwar nicht im konkreten Sinne angestrebt, aber es ging Heinrich mit allen diesen Aktivitäten um einen Vorrang der kaiserlichen Autorität im gesamten *Orbis Christianus*.

Inwieweit diese Bemühungen und Erfolge auch mit Heinrichs »Erbreichsplan« zusammenhängen, ist unsicher. Ende 1195 und 1196 versuchte der Kaiser, diese Perspektive umzusetzen. Die Verbindung Deutschlands und Siziliens (*Unio regni ad imperium*) sollte ein für allemal sichergestellt und das deutsche Königtum (wie in Sizilien und anderswo) durch Reichsgesetz erblich werden. Allerdings brauchte Heinrich dafür die Zustimmung der Fürsten. Er bot hierfür vielleicht die Erblichkeit der Lehen an. Einerseits war dies verlockend, aber ihr wichtigstes Recht, die Nachfolge im Reich mitzubestimmen, hätten die Fürsten damit aufgegeben. In Würzburg widersetzte sich deshalb wohl schon eine kleine Gruppe niederrheinischer und westfälischer Großer.

Entscheidender wurde die päpstliche Ablehnung, die mit der Angst vor einer Umklammerung des Kirchenstaates zusammenhing. Ab Sommer 1196 warb Heinrich in Italien für den Plan. Schwierigkeiten bei den Verhandlungen mit dem Papst verhinderten den Erfolg, obwohl Heinrich, wie eine Quelle es verschlüsselt ausdrückt, dem Papst ein »höchstes Angebot« gemacht habe. Was sich dahinter verbirgt, ist bis heute umstritten. Manche Interpreten haben hier sogar die Lehensnahme des *Imperium* vom Papst sehen wollen, jedoch muß dies Spekulation bleiben. Die letztliche Ablehnung des Papstes bewirkte, daß der Erbreichsplan ein »Plan« und die *Unio regni ad imperium*, die Verbindung des Königreiches Sizilien mit dem Kaiserreich, unausgeführt blieben. Die deutschen Fürsten wählten zwar Friedrich (II.) Ende 1196 zum Mitkönig, aber dies hatte keine verfassungsrechtlichen Konsequenzen. Es ist viel über Heinrichs Erbreichsplan gestritten worden, auch deshalb, weil die verfassungsmäßige Entwicklung des Reiches beim Gelingen eine ganz andere Richtung genommen haben dürfte. Sicherlich wäre die Distanz zu den westeuropäischen Erbmonarchien weniger groß geworden, wäre 1198 vielleicht kein Thronstreit ausgebrochen. So aber blieb das Heilige Römische Reich ein Wahlreich und hat aus dieser Perspektive seine weiteren Eigenarten ausgebildet.

Trotz des Scheiterns wäre es Heinrich VI. durchaus zuzutrauen gewesen, daß er diesen Plan weiter betrieben oder erneut aufgegriffen hätte, denkt man an seine offensichtliche Begabung, Vision und Realpolitik zu verknüpfen. Sein früher Tod wohl an den Spätfolgen von Seuchen (Malaria) am 28. September 1197 hat dies verhindert. Er wurde in Palermo beigesetzt.

In einem freilich umstrittenen »Testament« wurden an Markward von Annweiler († 1202) Weisungen gegeben, Konstanze und Friedrich sollten dem Papst für Sizilien huldigen. Zugeständnisse waren aber vorgesehen, damit Friederich auch die Nachfolge im *Imperium* antreten dürfte. Bereits die Zeitgenossen haben empfunden, welch großen Einschnitt dieser Tod bedeutete. Heinrich VI. gilt manchem im Vergleich mit Friedrich I. und Friedrich II. als bedeutender, er leitete Entwicklungen ein, die nicht haben ausreifen können, aber großes Zukunftspotential in sich bargen. Dabei ist offen, ob Heinrichs Politik nicht zugleich auch eine Überspannung, eine Überforderung der Zentralgewalt bedeutete. Nach seinem Tod zerfiel das staufische Großreich zunehmend. Konstanze beschränkte sich auf die päpstliche Anerkennung des sizilischen Thronrechts Friedrichs II. Das Papsttum begann schon bald, besonders seit Papst Innozenz III., mit der Einziehung von Reichsgebieten in Mittelitalien (Rekuperationen). Deutschland wurde hingegen nach der Doppelwahl von 1198 durch den Thronstreit gespalten.

Ein Reich und mehrere Könige – der deutsche Thronstreit (1198–1215)

Nach dem Tod Heinrichs VI., der oft als Katastrophe für das Reich bezeichnet worden ist, konkurrierten ein Staufer und ein Welfe um den Thron. Papst Innozenz III. (1198–1216) griff in diesen Thronstreit ein und stellte sich meist auf die Seite desjenigen, der ihm ungefährlicher erschien, vor allem, was eine mögliche

Umklammerung des Kirchenstaates betraf. Auf staufischer Seite war Friedrich II., der Sohn Heinrichs VI. und der Konstanze, noch zu jung. Deshalb standen sich zunächst der Staufer Philipp von Schwaben († 1208) und der Welfe Otto IV. († 1218) gegenüber. Herzog Philipp von Schwaben, der jüngste Sohn Friedrichs I., wurde im März von Stauferanhängern in Thüringen (Ichtershausen und Mühlhausen) erhoben. Er konnte die Mehrheit der deutschen Fürsten hinter sich bringen. Auf der anderen Seite wurde Graf Otto von Poitou, ein Sohn Heinrichs des Löwen, vor allem auf Betreiben Erzbischof Adolfs I. von Köln (1193–1205) mit englischer Hilfe von einer norddeutschen Fürstengruppe gewählt, die auch hervorhob, daß Philipps Wahl an einem ungewohnten Ort erfolgt sei. Sie kamen mit Ottos Krönung in Aachen einer formwidrigen Krönung Philipps in Mainz zuvor.

Otto bat den Papst um Unterstützung. Mit seinen Stellungnahmen, die weitgehend im sogenannten Thronstreitregister zusammengestellt sind, gewann der Papst entscheidende Deutungshoheit über Reich und Herrscher. Papst Innozenz III. entschied unter Berufung auf die kuriale Translationstheorie (Übertragung des Kaisertums von den Griechen auf das fränkisch-deutsche Reich durch die päpstliche Krönung Karls des Großen) und auf das päpstliche Weiherecht zugunsten Ottos IV. Gleichzeitig wurde der päpstliche Anspruch auf Approbation der deutschen Königswahl ebenso wie die Ansicht formuliert, daß bestimmte Fürsten als Hauptwähler bei einer Wahl beteiligt sein müßten. Hieraus entwickelte sich später die Lehre von den herausgehobenen Kurfürsten, die für das Reich entscheidenden Einfluß gewinnen sollte.

Otto IV. suchte zunächst, im Einklang mit den päpstlichen Vorgaben zu bleiben. Im Neußer Eid (1201) erkannte er die päpstlichen »Rekuperationen« von Territorien in Nord- und Mittelitalien und die Hoheit des Papsttums über Sizilien an. Die staufertreuen Fürsten protestierten hingegen 1202 in Halle an der Saale gegen die päpstliche Einmischung in den deutschen Thronstreit. Der Anhang des Welfen zerfiel zunehmend, nachdem Erzbischof Adolf von Köln nach 1204 nicht mehr als Haupt dieser Gruppierung fungierte. Als der Staufer Philipp darauf 1205 neu gewählt und in Aachen gekrönt wurde, schien die Kurie sogar nach geheimen Verhandlungen zur offiziellen Anerkennung Philipps bereit gewesen zu sein. Allerdings wurden alle Gedankenspiele zunichte, als Philipp in Bamberg 1208 einem privaten Racheakt Ottos von Wittelsbach zum Opfer fiel.

Nun wurde Otto IV. sogar von einem Teil der staufischen Anhänger 1209 nachgewählt, verzichtete auf das Spolienrecht, gestattete freie kirchliche Wahlen und ungehinderte Appellation an die Kurie. Nach einem Italienzug 1209–1211 erlangte Otto zwar das Kasiertum (4. Oktober 1209), schwenkte aber entgegen früheren Versprechungen nach seiner Krönung auf die Italienpolitik der Staufer ein, versuchte entsprechend die Reichshoheit in Mittelitalien und Sizilien wiederherzustellen und geriet damit in Gegensatz zum Papst. Dieser bannte daraufhin 1211 Otto IV., und ließ nun den kleinen Sohn Heinrichs VI., Friedrich II., der unter päpstlicher Vormundschaft gestanden hatte, mit französischer Hilfe als Gegenkönig in Deutschland aufstellen. Otto brach daraufhin das Sizilienunternehmen ab.

Nachdem 1212 Friedrich II. nach Deutschland gezogen war, entschied sich das Schicksal des Reiches vielleicht in Konstanz; man erzählte, dort sei der Staufer dem Welfen Otto IV. nur drei Stunden zuvorgekommen, »sonst hätte er Deutschland nie betreten«. Nach diesem ersten Erfolg verließ der Stauferanhang

Eger, Pfalz, Kapelle, frühes 13. Jahrhundert.

Die Pfalz, die schon Friedrich Barbarossa hatte errichten lassen, gehörte zu einem großen Reichsgutkomplex, der durch Karl IV. zu Böhmen geschlagen wurde. Bekannt wurde der Ort 1213, als Friedrich II. auf gewisse Rechte gegenüber der römischen Kirche in drei Fassungen verzichtete, die unter dem Namen »Goldbulle von Eger« bekannt sind. Spätere Reichsversammlungen und Hoftage (1389 und 1437) fanden ebenso in diesem Ort statt, unter anderem weil das Egerland unter den Luxemburgern als Gebiet an der Grenze Böhmens zum Binnenreich hin stärkere Bedeutung erlangte.

den Welfen Otto: Friedrich II. wurde nach einer 1211 in Abwesenheit in Nürnberg erfolgten Wahl nochmals in Frankfurt gewählt und in Mainz gekrönt. In Eger bestätigte er 1213 mit Zustimmung der Reichsfürsten die kirchlichen Zugeständnisse Ottos IV. (Goldbulle von Eger).

Die Auseinandersetzung zwischen Friedrich II. und Otto IV. fand schließlich in europäischen Zusammenhängen eine Lösung: Bei dem englisch-welfischen Zangenangriff auf Frankreich nahe Bouvines (östlich von Lille) wurde das Heer von Philipp II. Augustus, der mit dem Staufer verbündet war, 1214 geschlagen. Die restlichen Fürsten Deutschlands gingen zu Friedrich über. Otto IV. kämpfte zwar noch um seine Rechte, starb aber 1218 verlassen auf der Harzburg. Mit Bouvines wurde aber indirekt deutlich, wie wichtig die westlichen Nachbarn des Reiches, insbesondere England und Frankreich, für die europäische Politik allgemein geworden waren. Das Kaisertum war in der Praxis nicht oder weniger als bisher die Ordnungsmacht im westlichen Europa.

Deutschland oder Sizilien: Das Reich unter Friedrich II. (1212/1215–1250)

Friedrich II., den Jakob Burckhardt als den »ersten modernen Menschen auf dem Thron« bezeichnete, hat bis heute viele fasziniert. Intelligenz und Vorurteilsfreiheit, Charme und grausame Härte, aber auch wissenschaftlich-geistige Interessen und Frömmigkeit zeichnen ihn gleichzeitig aus. Der in Jesi geborene Friedrich betrachtete Sizilien als Kerngebiet seiner Herrschaft, er baute dieses Reich zu einem fast an moderne Staaten gemahnenden Gemeinwesen aus. Dabei brach er die Privilegien der Adeligen, brachte Burgen und Kastelle unter seine Kontrolle, verstaatlichte den Seehandel und errichtete sogar eine Art Staatsuniversität in Neapel, die ihm vor allem die Juristen zur Verwaltung ausbilden konnte. Wie dieses Staatswesen funktionieren sollte, war in den Rechtsbüchern, den Assisen von Capua und später den Konstitutionen von Melfi (1231), niedergelegt. Man hat inzwischen nachgewiesen, wie sehr diese zentralistische Herrschaftsweise, die Friedrichs Gesetze erkennen lassen, in normannischen Traditionen stand.

Das alte Problem »Sizilien und das Reich« blieb aber weiterhin bestehen. Friedrich nahm bei seiner Krönung in Aachen am 25. Juli 1215 das Kreuz. Er versprach Innozenz III. außerdem, Sizilien nach der Kaiserkrönung seinem Sohn Heinrich (VII.) zu übertragen, ließ aber dann diesen nach dem Tod Innozenz' III. (1216) nach Deutschland bringen. Dort erhielt Heinrich das Herzogtum Schwaben, wenig später auch das Rektorat über Burgund. Im Frühjahr 1220 ließ er auf einem Hoftag in Frankfurt seinen kleinen Sohn Heinrich zum König wählen. Damit wurde sein früheres Versprechen an den Papst wertlos, denn künftig würde sein Sohn beide Kronen tragen können.

Ob Friedrich die Zustimmung der Reichsfürsten hierzu »erkaufen« mußte, bleibt umstritten. Jedenfalls datiert ein Privileg vom 26. April 1220, das man gemeinhin seit dem 19. Jahrhundert als *Confoederatio cum principibus ecclesiasticis* bezeichnet. In den entsprechenden Bestimmungen verzichtete der König gegenüber den geistlichen Fürsten auf wesentliche Rechte. Zusammen mit einem späteren Reichsgesetz von 1231/32 (*Statutum in favorem principum*) zugunsten der weltlichen Fürsten hat man diese *Confoederatio* früher vor allem als die Aufgabe königlichen Einflusses gegenüber den kirchlichen beziehungs-

Melfi.
Die normannische Burg in Süditalien ließ Friedrich II. zu einer der großen Pfalzen im Königreich Sizilien ausbauen; hier hielt sich der Staufer häufig auf. Die Konstitutionen von Melfi (1231) gehören zu den wichtigsten Gesetzen und Rechtstexten, die Friedrich II. erließ.

weise den weltlichen Fürsten bezeichnet. Man verstand das Dokument als einen Markstein auf dem Weg zum deutschen Partikularismus. Inzwischen ist klarer geworden, daß kaum ein Nachgeben der Krone hinsichtlich nicht ohnehin schon gewohnheitsmäßig praktizierter Rechte erkennbar ist. Beide Dokumente bedeuteten eher die schriftliche Fixierung von Rechten, welche die Fürsten in den Endjahren Barbarossas, besonders aber zu Zeiten des deutschen Thronstreites, ohnehin errungen hatten. »Als spiegelnder Ausdruck der Lage in Deutschland zu jener Zeit, sind sie in ihrem Quellenwert kaum zu überschätzen« (Werner Goez).

Mit diesen Fürstengesetzen wurde lange Zeit auch der Beginn der Landesherrschaft (Machtausübung von Fürsten über Territorien) gekennzeichnet. Die Ausbildung der Landesherrschaft liegt unter anderem im hohen Anteil der Adelsgewalt an der Wahrung öffentlicher Funktionen im frühen deutschen Reich begründet. Schwächephasen des Königtums förderten diesen Prozeß. Die zunehmende Monopolisierung der Königswahl durch die Fürsten und das Erblichwerden der Reichslehen unterstützten diese Tendenzen weiter. Dabei besaß die Landesherrschaft in den verschiedenen Terrritorien unterschiedliche Wurzeln. Wesentlich war die Verfügung über Grafschaften, markgräfliche und herzogliche Rechte (Dukat) sowie die Immunität (Ausnahmestellung innerhalb der öffentlichen Verwaltungsbezirke). Außerdem wurde es wichtig, inwieweit ursprünglich königliche Rechte (Regalien), wie Zoll, Münze, Marktrecht, Geleit, und andere rechtliche Aufgaben (Friedenswahrung, Rechtspflege) von »Landesherren« übernommen werden konnten.

Eine starke Entwicklung eigenständiger Herrschaften hatte schon im 12. Jahrhundert begonnen. Das Königtum selbst war daran beteiligt, wenn es in Schwaben, Franken und Mitteldeutschland eigene »Reichs«-Territorien zu schaffen versuchte. Der Prozeß der Staatwerdung, der seit dem 13. Jahrhundert in den westeuropäischen Monarchien eher zu zentralen, einheitlichen Herrschaftsverbänden führte, betraf in Deutschland weniger Reichsinstitutionen, sondern verstärkt die Territorien. Der König war hier insofern in diese Entwicklung eingebunden, als er selbst Territorialfürst wurde und zunehmend von seiner Hausmacht aus auf Reich und Landesfürsten einwirkte.

Was bedeutete aber die gleichzeitig mit dem ersten Fürstengesetze durchgeführte Königserhebung Heinrichs (VII.)? Papst Honorius III. (1216–1227) protestierte zwar gegen die Wahl Heinrichs in Frankfurt, hatte sich auch zuvor schon das Versprechen Friedrichs II. wiederholen lassen, doch dieser gab vor, die Fürsten hätten ohne sein Wissen spontan gewählt! Im August 1220 brach Friedrich II. dann von Augsburg aus nach Rom auf und wurde am 22. November 1220 von Papst Honorius III. zum Kaiser gekrönt.

In Italien erließ Friedrich II. sodann eine Reihe von Gesetzen zugunsten der Kirche, unter anderem über Ketzerbekämpfung und kirchliche Steuerfreiheit, versprach auch noch einmal seinen Kreuzzug. Er hatte damit bis zu seiner Kaiserkrönung 1220 erreicht, daß er mit seinem »Umweg« über Deutschland als Kaiser ohne Rivalen in sein sizilisches Erbreich heimkehren konnte. Diesem Reich wandte er nun seine ganze Aufmerksamkeit zu. Erst 15 Jahre später ist er noch ein einziges Mal wieder nach Deutschland zurückgekehrt. Dort bestimmten jedoch noch vor allem bis 1228 Erzbischof Engelbert von Köln (1216–1225) und Herzog Ludwig I. von Bayern (1183–1231) die Reichsgeschäfte.

Neue Entwicklungen ergaben sich im Norden des Reiches, denn dort wurde König Waldemar II. von Dänemark (1202–1241) zur Rückgabe des 1202 beziehungsweise 1214 abgetretenen Reichsgebietes nördlich von Elbe und Elde verpflichtet. Seine Niederlage gegen eine norddeutsche Fürsten- und Städtekoalition bei Bornhöved (1227) beendete die dänische Vorherrschaft in Nordostdeutschland. Weiter im Osten sorgten aber neue Eroberungen für noch größeres Aufsehen. Die im Zusammenhang mit den Kreuzzügen entstandenen Ritterorden suchten zunehmend auch außerhalb des Heiligen Landes Betätigungsfelder. Der Deutsche Orden war kurze Zeit im Burzenland tätig gewesen, wendete sich aber dann verstärkt dem Nordosten und dem Baltikum zu. In der Goldenen Bulle von Rimini (1226) garantierte Friedrich II. dem Deutschen Orden Besitz und Hoheit des ihm von Herzog Konrad von Masowien (1206–1247) angebotenen Kulmer Landes und der künftig von den heidnischen Pruzzen zu erobernden Gebiete. Der Hochmeister Hermann von Salza (1209–1239) begann nach dem Vertrag von Kruschwitz (1230) mit dem Aufbau

Castel del Monte.
Fast die berühmteste Burg aus der Zeit Friedrichs II. ist Castel del Monte (westlich von Bari in Apulien), die als Oktogon angelegt ist, und damit der Herrschaftssymbolik entspricht, wie sie auch in Aachen oder Ravenna anzutreffen ist. 1240 war die Festung, über die wenig Schriftliches bekannt ist, wohl noch im Bau, und Friedrich hat die Vollendung vielleicht nie in Augenschein nehmen können. 1249 fand dort die Hochzeit von Violante, einer außerehelichen Tochter Friedrichs II., statt.

des preußischen Ordensstaates, der allerdings rechtlich außerhalb des Reiches blieb und nur teilweise lehensmäßig mit dem Reich verbunden war. Die Vereinigung mit dem 1202 gegründeten livländischen Schwertbrüderorden (1237) bezog dann weitere Teile des östlichen Baltikums in den Herrschaftsbereich des Deutschen Ordens ein.

Als der Deutsche Orden im Baltikum seine Aktivitäten begann, stand der von Friedrich II. versprochene Kreuzzug noch aus. Auch die Erneuerung des Lombardenbundes 1226 machte die Situation besonders in Norditalien schwierig. Wegen Krankheit verschob Friedrich das Unternehmen, wurde dann jedoch von Papst Gregor IX. (1227–1241) gebannt. Friedrich II. trat schließlich 1228 den Kreuzzug als Gebannter an und übernahm in einem symbolischen Akt die Herrschaft über das Königreich Jerusalem. Durch Verhandlungen mit dem Sultan Al-Kamil (Al-Malik al-Kamil, † 1238) erreichte Friedrich auf friedlichem Weg für zehn Jahre die Herrschaft der Christen über die Stadt Jerusalem mit Teilen ihres ehemaligen Landgebietes.

Trotz einer Lösung vom Bann blieben Konflikte mit dem Papst bestehen, bei denen es auch um Herrschaftsansprüche in Apulien und in Mittelitalien ging. Im Vertrag von San Germano (heute Cassino), der zuvor im benachbarten Ceprano beschlossen worden war, einigten sich beide Parteien zunächst (1230), dennoch blieb Gregor IX. Friedrichs erbittertster Gegner. Teilweise verbündete sich der Papst bei seinem Kampf mit den vereinigten oberitalienischen Städten (zweiter Lombardenbund).

Wie stand es dagegen in dieser Zeit in Deutschland, als Heinrich (VII.) die Herrschaft ausübte? Als dieser sich 1234 gegen Ausschreitungen der Ketzerinquisition in Deutschland wendete, kam es zu einem Konflikt mit Papst und Kaiser. Friedrich kehrte 1235 kurz nach Deutschland zurück, schlug die Empörung Heinrichs nieder, entthronte ihn und ließ ihn in Süditalien gefangen setzen, wo er 1242 starb. Das Landfriedensgesetz, das Friedrich auf dem Mainzer Hoftag (August 1235) verkündete, betonte die königliche Obergewalt auch für die von den Fürsten wahrgenommenen Hoheitsrechte. Zur Ausübung der königlichen

Liegnitz, Schlacht am 9. April 1241. Kupferstich von Matthäus Merian d. Ä., 1630. Berlin. Beim schlesischen Ort Liegnitz, genauer auf der Wahlstatt, etwa fünf Kilometer entfernt, unterlag ein christliches Heer in der Schlacht gegen die Mongolen. Die bei der Burg gelegene Marktsiedlung wurde zerstört.

Lyon, Kathedrale.
Die gotische Kathedrale (1220 begonnen, im 14. Jahrhundert abgeschlossen) ist der Sitz des Primas von Frankreich. Das zum burgundischen Reich gehörende Lyon war schon seit antiker Zeit Bischofssitz (*Lugdunum*) und erlebte in karolingischer Zeit eine geistige Blüte. Hier trat vom 28. Juni bis zum 17. Juli 1245 ein Konzil zusammen. Der Ort wurde unter anderem gewählt, weil Lyon zwar auf Reichsboden lag, aber vor Friedrich II. sicher war, der hier abgesetzt wurde.

Gerichtshoheit ließ er nach sizilischem Vorbild das Amt eines königlichen Hofrichters einrichten. In Wien wurde dann Friedrichs neunjähriger Sohn Konrad, König von Jerusalem, 1237 zum Römischen König gewählt. Die Herzogtümer Österreich und Steiermark zog Friedrich für das Reich ein. Damit stand Friedrich II. 1237 auf dem Höhepunkt seiner Macht.

Nachdem der Kaiser die Angelegenheiten nördlich der Alpen weitgehend geordnet hatte, wandte er sich wieder verstärkt Italien zu. So eröffnete er den Krieg gegen die feindlichen Lombardenstädte, die teilweise mit dem Papst zusammen agierten. Italiens Städte teilten sich zunehmend in zwei schon genannte Parteiungen, die der Guelfen (Papstanhänger) und der Ghibellinen (Kaiseranhänger).

Bei Cortenuova (zwischen Mailand und Brescia) besiegte Friedrich 1237 die Mailänder, mußte aber im Folgejahr die Belagerung Brescias erfolglos abbrechen. Nachdem er 1239 erneut und endgültig vom Papst gebannt worden war, begann ein Macht- und Propagandakampf zwischen Kurie und Kaisertum, der erst mit der politischen und physischen Vernichtung des Stauferhauses endete. Friedrich machte die päpstlichen Rekuperationen rückgängig und rückte in den Kirchenstaat ein. Die Auseinandersetzungen strahlten auf Deutschland aus, zumal weitere Gefahren drohten. So standen die Mongolen an den Grenzen des Reiches, vor allem in Schlesien und Ungarn. Obwohl Herzog Heinrich II. von Schlesien am 9. April 1241 auf der Wahlstatt bei Liegnitz dem Vorstoß der Mongolen erlag, blieb eine Katastrophe aus, weil sich der Feind wieder zurückzog. Kurz zuvor verhinderte Friedrich das Zustandekommen eines gegen ihn gerichteten Konzils durch Gefangennahme zahlreicher Geistlicher in der Seeschlacht bei Elba (»Prälatenfang von Monte Cristo«).

Auch mit dem neuen Papst Innozenz IV. (1243–1254) scheiterten Verhandlungen. Ein Konzil in Lyon (1245) führte schließlich zu dem Beschluß, den Kaiser als Ketzer und Verfolger der Kirche aller Ehren und Würden für verlustig zu erklären. Daraufhin wählte eine Gruppe von rheinischen Kirchenfürsten auf

Betreiben des Papstes in Veitshöchheim bei Würzburg den thüringischen Landgrafen Heinrich Raspe zum (Gegen-)König (1246–1247). Nach dessen Tod erhoben die rheinischen Erzbischöfe und ihr Anhang in Worringen bei Köln den Grafen Wilhelm von Holland zum neuen (Gegen-)König (1247–1256). Wilhelm wurde nach längerer Belagerung in Aachen gekrönt.

Friedrichs Kampf in Italien war nach 1245 von mehreren ungünstigen Begebenheiten bestimmt; er starb 1250 in Castel Fiorentino bei Lucera (Apulien) und wurde neben seinem Vater im Dom von Palermo beigesetzt. Anhänger zweifelten an seinem Tod, und mehrfach tauchten nach 1250 in Italien und Deutschland »falsche Friedriche« auf. Manche kirchlichen Traditionen gaben sogar vor, er treibe – dem Teufel ähnlich – sein Unwesen im Ätna. In Deutschland wurde diese Vorstellung aufgenommen und mit prophetischen Hoffnungen verknüpft in der (erst seit dem 16. Jahrhundert auf Friedrich I. bezogenen) Sage des im Kyffhäuser schlafenden Kaisers, der wiederkehren werde, um die Kirche zu reinigen und um das Reich zu erneuern. Wegen dieser Überhöhung des Friedrichbildes kann auch die Regierungszeit Konrads IV. (1250–1254) eigentlich nur als ein Nachspiel der Stauferzeit angesehen werden.

Zwei Könige und die rheinischen Städte

In Deutschland standen sich Konrad IV. und Wilhelm von Holland gegenüber. Der Kampf wurde jedoch nicht ausgetragen, weil Konrad 1251 nach Italien ging. Das Feld gehörte im Norden zumindest für eine gewisse Zeit Wilhelm von Holland. Im April 1251 wurde er feierlich vom Papst in Lyon empfangen und konnte in der Folge in Deutschland seine Machtbasis verbreitern. 1252 erfolgte in Braunschweig eine Art »Nachwahl«. Das Braunschweiger Reichsweistum aus dem gleichen Jahr verdeutlichte, daß der Römische König dieselbe Gewalt wie der Kaiser besitze: Die Kaisersalbung erscheint hier nur noch für die Namensgebung entscheidend.

Nach und nach festigte sich Wilhelms Stellung im Reich weiter, sogar staufertreue Reichsstädte erkannten Wilhelm nach dem Tod Konrads (1254) in Italien als rechtmäßigen König an. Ungeachtet früherer Verbote von Städtebünden kam es zunehmend zu Einungen zwischen verschiedenen Städten. Das wichtigste Städtebündnis dieser Zeit war der Rheinische Bund, der sich am 13. Juli 1254 auf zehn Jahre zusammenschloß, vor allem um gegen Zollwillkür, aber auch um für einen allgemeinen Landfrieden zu streiten. Der Bund erlebte seinen Höhepunkt in den kommenden zwei Jahren, als dessen Einflußbereich von Basel bis Bremen und von Aachen bis Augsburg reichte. Es war eine politische Erneuerungsbewegung von unten her, denn dies geschah zunächst ohne eine Beteiligung des Königs. Die kleinen Mitglieder waren an einer starken Königsgewalt interessiert; erst nach dem Tod Konrads IV. trat Wilhelm sogar an die Spitze des Bundes. Dieser wurde nun vom König legitimiert und damit zu einer im Reich wichtigen Institution, mit der Wilhelm ein Element zur Rechtswahrung besaß. Durch den Schulterschluß mit den Städten geriet der König allerdings auch teilweise in Gegensatz zu den Fürsten. Als einige Fürsten den Plan faßten, König Ottokar von Böhmen zum neuen König zu erheben, scheiterten sie an Wilhelms Rückhalt beim Papst. Dennoch schuf der Tod Wilhelms am 28. Januar 1256 eine völlig neue Situation. Es begann die Zeit des »Interregnums«, in der die in stau-

Rom gegen Ende des 15. Jahrhunderts. Zeichnung des Anonymus Escurialensis. Von der Nordspitze des Kapitols wird ein Blick auf das mittelalterliche Rom dargestellt. Inmitten Ruinen und öder Flächen sind die Torre dei Conti, eine der Burgen des mittelalterlichen Stadtadels zu sehen. Am rechten Bildrand erkennt man die Apsis der Lateranbasilika.

fischer Zeit so wichtigen Schauplätze in Italien und Sizilien auch durch die letztlich gescheiterte Verbindung der Reiche in Nord und Süd insgesamt deutlich in den Hintergrund treten sollten.

VOM INTERREGNUM BIS ZUR ETABLIERUNG DER LUXEMBURGER

Zwischen Rheinland und Osten (1254–1346)

Italien und besonders Süditalien boten nur noch für die staufischen Epigonen nach 1254 bis zu Konradin die Bühne für das Nachspiel zum Untergang der Staufer. Konradin unterlag 1268 in der Schlacht von Tagliacozzo dem Heer Karls I. von Anjou († 1285). Süditalien und Sizilien gerieten künftig in den Herrschaftsbereich dieses Hauses und in den Einflußbereich des Papsttums, schon bald kam hierzu aber ein weiterer Konkurrent, die Krone Aragón.

Das Interregnum und das Reich im späten Mittelalter – Räume, Institutionen, Menschen

Die Geschicke des Reiches waren hingegen seither wieder stärker mit den Gebieten nördlich der Alpen verbunden. Aber wurde das Reich überhaupt noch regiert? Die Jahre nach dem Tod Friedrichs II., spätestens nach Konrad IV. oder Wilhelm von Holland bis zur Erhebung Rudolfs von Habsburg, also von 1254/56 bis 1273, heißen in der Regel das »Interregnum«. Was meint der Begriff? In seinem »Grafen von Habsburg« nennt Friedrich Schiller im Zusammenhang mit der Wahl Rudolfs von Habsburg 1273 die Jahre zuvor die »kaiserlose, die schreckliche Zeit«. Dies ist ein Paradebeispiel für frühromantische Mittelalterrezeption. Schiller, obwohl selbst Geschichtsprofessor in Jena, hat mit dieser Bemerkung einer kaiserlosen Zeit etwas Verwirrung gestiftet; er ging offensichtlich von der Voraussetzung des neuzeitlichen Reiches aus, daß König- und Kaisertum stets zusammen gehörten. Aber kaiserlos war Mittel-/Westeuropa schon seit dem Tod Friedrichs II., und diese kaiserlose Zeit dauerte bis 1312 an, setzte sich nach der Episode Heinrichs VII. als Kaiser und dem von der Kirche nie anerkannten Kaisertum Ludwigs des Bayern eigentlich sogar bis zu Karl IV. im Jahre 1355 fort. Das deutsche Königtum – worauf der Begriff »Interregnum« eigentlich zielt, denn sonst müßte es eher »Interimperium« heißen – war hingegen nie lange vakant, es war seit 1246 umstritten (außer 1254–1256), aber ein zwiespältiges Königtum und Doppelwahlen hatte es auch zu anderen Zeiten gegeben, zum Beispiel 1198–1218. An Königen bestand mithin während des Interregnums kein Mangel, es gab eher ein »Überangebot«. Trotzdem ist der Begriff Interregnum eingebürgert und zielt inzwischen eher auf die unstabile Situation im Reich. Nach dem Tode Wilhelms suchten vor allem die Städte den Gefahren eines »Bürgerkrieges« entgegenzuwirken. Insbesondere scheinen die schon genannten rheinischen Städte in den Jahren zwischen 1240 bis 1270 für Stabilität im Reich gesorgt zu haben, so daß Peter Moraw für diese Zeit sogar von einem »rheinischen Zeitalter der Reichsgeschichte« spricht.

Mit dem Interregnum läßt man vielfach auch die Zeit des Spätmittelalters beginnen, die sich in verschiedener Hinsicht vom frühen und hohen Mittelalter abhebt. Zwar blieb das Verhältnis von Kaisertum und Papsttum weiterhin wichtig, aber dennoch verfestigen sich langsam Wahlformen und Institutionen, die zuvor weniger deutlich ausgeprägt waren, weshalb auch in den bisherigen Darstellungen Personen und ihre Aktionsfelder fast ebenso wichtig waren wie die erst entstehenden Institutionen. Deshalb seien einige kurze Bemerkungen zum Reich seit dieser Zeit eingeschoben, auch weil die spätmittelalterliche Reichsgeschichte in ihrer Vielfalt zuweilen verwirrend wirken kann. Der äußere Rahmen des Heiligen Römischen Reiches war, soweit es dessen engeres Gebiet (ohne Italien und Burgund) betraf, vom Untergang der Staufer kaum betroffen, sondern blieb bis ins 15. Jahrhundert hinein relativ stabil. Grenzveränderungen sind nicht zu häufig, am ehesten gab es »Verluste« zugunsten der staatlich moderner organisierten Nachbarn wie Frankreich und Venedig. Neu zum Reich kamen Schlesien (zum Beispiel 1250 Herzogtum Breslau Reichslehen, teilweise fortbestehender oder erneuerter böhmischer Einfluß), Savoyen (1361 vom Königreich Burgund) und Flandern mit Artois (1477/1493 als französisches Lehen an Habsburg).

Da verschiedene Häuser um die Königskrone miteinander konkurrierten, neben Habsburg die Luxemburger und die Wittelsbacher, kurzfristig auch Nassau, kam es ebenso zu vielfachen Verschiebungen der räumlichen Herrschaftsschwerpunkte. Dabei ist kaum zu übersehen, daß zwar die traditionellen Orte von Wahl und Thronsetzung mit Frankfurt und Aachen im rheinischen Westen des Reiches lagen, jedoch wurden die neuen Hausmachtskomplexe von fast allen genannten Familien eher im Osten, besonders im Südosten, aufgebaut.

Abgesehen davon kam es zu Verschiebungen innerhalb des Reiches, die auch für die Frühe Neuzeit prägend wurden, denn der Konsens zwischen König, großen Landesherren und einigen kleineren Mächten mußte zunehmend neu austariert werden. Dabei wurde das Königtum prinzipiell respektiert, aber in Konfliktfällen konnte es eigene Ansprüche oft nicht zur Geltung bringen. Die Zentralgewalt war zuweilen deshalb überfordert, weil mit dem gescheiterten »Erbreichsplan« Heinrichs VI. und dem in der Folge dominierenden Wahlkönigtum die dynastische Kontinuität fehlte und somit die Mittelpunkte und Schauplätze der wichtigen Entscheidungen wechselten. Dies bot vielen regionalen und lokalen Kräften Möglichkeiten, Neues zu schaffen. Die Folgen im Inneren des Reiches werden zuweilen als »offene Verfassung« bezeichnet (Peter Moraw), die erst seit dem 15. Jahrhundert durch die Herausforderungen von Hussiten und Türken wieder in festere Bahnen gelenkt wurde. Gemeinsame Politik mit dem König führte seit dieser Zeit zu neuen Formen in Heer und Steuerwesen. Erst dieser Prozeß der »Verdichtung« wertete das Königtum wieder auf, was lange Regierungszeiten und dynastische Kontinuitäten ab dem 15. Jahrhundert zusätzlich förderten. Neben dem König und seinem Umfeld entwickelte sich aber ein weiteres Zentrum politischer Existenz: die sich im Hoftag (sowie im »Gemeinen Tag«) zusammenfindenden Kurfürsten, Fürsten, Grafen, Herren, Reichs- und Freien Städte, wobei man vom Reichstag eigentlich erst seit dem ausgehenden 15. Jahrhundert sprechen kann.

Eine Darstellung zu den Schauplätzen der Reichsgeschichte muß für das Spätmittelalter weiterhin berücksichtigen, daß im Reich Zonen unterschiedlicher Integration anzutreffen waren. Gebiete wie der äußere Niederrhein erscheinen durch die wirtschaftliche Bedeutung immer selbstständiger, das Deutschordensland gehörte allenfalls zeitweise nominell zum Reich. Wichtige Einschnitte – auch für das Verhältnis von dicht und dünn besiedelten Gebieten – bedeuteten die Auswirkungen der Großen Pest und die weiteren Seuchenzüge in der zweiten Hälfte des 14. Jahrhunderts für die Agrarverfassung und die gesellschaftliche Schichtung.

Tagliacozzo, Schlacht zwischen Konradin und Karl von Anjou 1268.
Buchmalerei aus einer Handschrift der Grandes Chroniques de France, um 1335/1340, London, British Library, Ms. Royal 16, G VI, fol 433. In der Schlacht unterlag Konradin, der noch zur Verteidigung des Staufererbes nach Süditalien gezogen war.

Wenn aber das Heilige Römische Reich im 15. Jahrhundert den Zusatz »deutscher Nation« erhielt, so wird die Gewichtsverlagerung von einer für das Reich konstitutiven Rom- und Italienbezogenheit zu neuen Gegebenheiten deutlich. In diesem Reich lebten überwiegend Deutsche, die freilich zwischen Niederrhein und Steiermark sehr verschiedene Mundarten sprachen, daneben gab es vor allem Tschechen als Mehrheit in Böhmen und Mähren, »Reichsromanen« in einem breiten, französisch sprechenden Gürtel an der Westgrenze sowie Italiener und Slowenen am Alpensüdrand, Wenden in Mitteldeutschland, Polen in Teilen Schlesiens und Balten in Livland. Schon dieser kurze Blick auf die sprachliche Situation zeigt, wie wenig ein solches Reich mit den oft im 19. und 20. Jahrhundert angestrebten, auch sprachlich homogenen »Nationalstaaten« gemein hatte.

Neben Bauern (zwischen 80 und 90 Prozent) und Stadtbewohnern dominierte weiterhin der Adel, dessen niedere Gruppen weitgehend »landsässig« wurde, das heißt, er wurde den werdenden Landesherrschaften eingegliedert. Nur einige Reichsritter behaupteten ein unabhängiges Eigendasein. Vom hohen Adel stiegen wenige bei günstigen Umständen zu Landesherren auf, viele wurden in Fürstentümer eingefügt. Im 13. Jahrhundert gab es etwa 20–30 weltliche und etwa 90 geistliche Reichsfürsten, einschließlich der Kurfürsten. Sie bildeten mit ihrem Umfeld die zentrale politische Führungsgruppe.

Das Kräftespiel zwischen Königtum und Adel blieb weiter bestehen. Adelsherrschaft dokumentierte sich seit der Stauferzeit vor allem in der Landesherrschaft, die in der Frühen Neuzeit zur juristisch abgesicherten Landeshoheit führte. Landesherren hatten nach Raum und Zeit wechselnde Pflichten gegenüber dem König und (seit dem 15. Jahrhundert) gegenüber dem Reich, sie besaßen aber auch zahlreiche Rechte über Land und Leute, sie waren nach dem König die höchste Gewalt im Reich. In seinen Hausmachtländern war der jeweilige König Landesherr. Die Rechte selbst variierten im Laufe der Zeit und waren in den konkreten Fällen sehr unterschiedlich zusammengesetzt. Wichtige Punkte waren: Eigengüter (ererbter Adelsbesitz samt der Herrschaft über die das Land bebauenden Leute), Landesausbau, eine verfassungsmäßige Verbindung mit dem Königtum, Niedergerichtsbarkeit, Regalien (Markt, Zoll, Bergbau, Münze, Geleit), Vogteien (Schutzherrschaften) besonders über alte Klöster und Stifte. In den Ausformungen gab es unterschiedliche Phänomene: Kleinere Landesherrschaften im Westen kontrastieren beispielsweise mit großräumigen im Osten. Der Dualismus von Reich und Landesherrschaft wurde für das späte Mittelalter charakteristisch. Trotz einer Wechselseitigkeit schwächte dieser in der Konsequenz das Reich in seiner Zentralgewalt.

Das Doppelkönigtum der »Ausländer« – 1257 und die Entwicklung des Königswahlrechts

Eine wichtige Voraussetzung für diese Entwicklungen blieb das weiterhin im Reich dominierende Wahlkönigtum, das nach dem Tod Wilhelms von Holland erneut zwiespältig war. Stabilisierend wirkte der Rheinische Bund, der auf einem Hoftag von 1257 die Fürsten zu einer einmütigen Wahl aufforderte, denn sie wollten keine längere Vakanz und auch kein Doppelkönigtum. Aber wer sollte erhoben werden? Zwar lebte noch der Sohn Konrads IV., Konradin († 1268), der letzte Staufer, aber gegen dessen Wahl erhob Papst Alexander IV. (1254–1261)

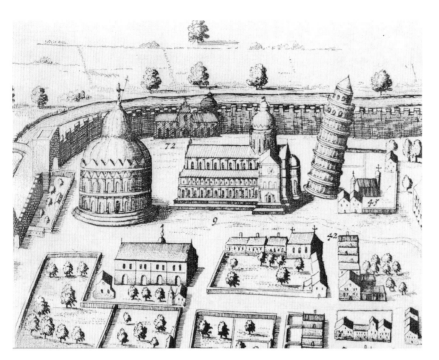

Pisa, Campo Santo.
Stich aus Nouveau Théâtre de toute l'Italie, Amsterdam 1704. In der wichtigen Hafenstadt bestand seit dem 4. Jahrhundert ein Bistum, das 1092 Erzbistum wurde. Neben Genua und Venedig wurde Pisa zu einer der führenden oberitalienischen Seehandelsstädte, deren Einfluß aber seit dem 13. Jahrhundert zurückging. Der 1063 begonnene, spätromanische Dom wurde 1173 durch den Campanile (Schiefer Turm) ergänzt. Pisa, das schon in staufischer Zeit mehrfach an der Reichsgeschichte beteiligt war, favorisierte 1257 die Wahl Alfons' X. von Kastilien zum römisch-deutschen König.

Einspruch. König Ottokar II. von Böhmen (1253–1278) kandidierte nicht. Ein weiterer ernster Kandidat war vielleicht Markgraf Otto III. von Brandenburg (1220–1267) aus dem Hause der Askanier. Jedoch wurde König Alfons X. († 1284) von Kastilien deshalb ein ernsthafter Thronprätendent, weil er als Enkel Philipps von Schwaben mit den Staufern verbunden war. Die Stadt Pisa hatte 1257 Alfons sogar gewählt; Marseille, das noch zum Reich gehörte, schloß sich dieser Wahl an und eine Legation wurde in das spanische Soria entsandt.

Auf der anderen Seite bestanden rheinische und englische Interessen. Richard von Cornwall wurde Kandidat für das römisch-deutsche Königtum, was er durch Zahlungen und besondere Zugeständnisse förderte; Richard »schüttete Geld wie Wasser vor die Füße der Fürsten«, wie es in einer Quelle heißt. Er fand insbesondere bei Erzbischof Konrad von Köln (1238–1261), seinem Bruder, Anklang. Neben Köln befürworteten bald auch der Erzbischof von Mainz und der Pfalzgraf bei Rhein diese Kandidatur, während Trier, Sachsen und Brandenburg Widerstand leisteten. Der Wahltag wurde auf den 13. Januar 1257 in der Stadt Frankfurt anberaumt. Der Erzbischof von Trier und der Herzog von Sachsen setzten sich jedoch in der Stadt fest und wollten die anderen Wähler nur dann einlassen, wenn eine Beratung erfolge. Da wählte der Kölner, der auch das Stimmrecht für den Mainzer ausübte, zusammen mit dem Pfalzgrafen bei Rhein vor den Toren Frankfurts Richard von Cornwall zum König. Ein Vertreter Ottokars von Böhmen trat dieser Wahl später bei. Gleichzeitig berief aber der Erzbischof von Trier einen neuen Wahltag für den 1. April 1257 in Frankfurt ein; hier wählten der Erzbischof von Trier sowie Sachsen, Brandenburg und Böhmen (zum zweiten Mal!) Alfons von Kastilien zum König.

Das Doppelkönigtum der »Ausländer« Richard (1257–1272) und Alfons (1257–1275) spielte für die faktische Herrschaft im Reich nur eine kleinere Rolle. Wichtig wurden aber die Erhebungsakte Richards und Alfons' unter dem Gesichtspunkt der Königswahl, weil die sieben entscheidenden Wähler später als die Kurfürsten bezeichnet wurden. Die Königswahl war in Deutschland mit

Einschränkungen eine freie Wahl, wobei das Wählen unterschiedlich gehandhabt wurde. Waren noch im 10. Jahrhundert vor allem Adelige und Volk an den Wahlakten beteiligt gewesen, so gewannen seit dem 11. Jahrhundert auch die geistlichen Fürsten Einfluß auf den Wahlakt, während sie zuvor vor allem die damit zusammenhängenden liturgischen Zeremonien der Weihe und Krönung bestimmt hatten. Die drei rheinischen Erzbischöfe rückten zunehmend in den Vordergrund und rivalisierten zugleich miteinander. Im 11. Jahrhundert war das Krönungsrecht an den Kölner Erzbischof übergegangen. Der Mainzer Erzbischof durfte dafür die Wahl einberufen und leiten. Außerdem besaß er das Erststimmrecht, das ihm teilweise von Trier bestritten wurde. Erst der Sachsenspiegel erkannte in der Mitte des 13. Jahrhunderts dem Trierer Erzbischof die Erststimme zu. Ob das Wahlrecht einzelner weltlicher Fürsten mit den Erzämtern zusammenhängt oder ob es an wenigen hervorragenden Fürsten in einer Periode gleichsam hängen geblieben sei, als das Wählen wenig attraktiv war (ausgehende Stauferzeit), wird diskutiert und ist nicht sicher. Wahrscheinlich ist ein Einfluß des kanonischen Rechtes auf die Wahlformen, denn früher war eine »Stufenwahl« (mit verschiedenen Wahlakten) oder Nachwahl möglich gewesen, seit dem 13. Jahrhundert werden eine einmalige rechtsgültige Handlung sowie das Mehrheitsprinzip immer stärker vorausgesetzt.

Ein erster wichtiger Wendepunkt war schon die Doppelwahl von 1198 gewesen. In seinen Bemerkungen zu den konkurrierenden Königen formulierte Papst Innozenz III. erstmals das Recht von bestimmten Fürsten, die eine Wahl beson-

Lübeck, Rathaus, Türzieher vom Hauptportal, um 1350.

Die Darstellung der sieben Kurfürsten zeigt sie um den König/Kaiser angeordnet, vom Betrachter aus links die geistlichen, rechts die weltlichen Kurfürsten.

Königsstuhl bei Rhens (Rhense) am Rhein.
Das heutige Bauwerk wurde 1843 nach alten Vorlagen errichtet und 1929 auf die Rheinhöhe, oberhalb des früheren Standortes auf einer Rheinwiese, versetzt. Der Kurverein von Rhense (1338), war das bekannteste Bündnis, das eine Erklärung zur Königswahl beschloß, die sich unter anderem für das Mehrheitsprinzip und gegen ein päpstliches Zustimmungsrecht wandte. Schon zuvor gab es diverse Treffen, besonders der rheinischen Kurfürsten, an diesem Ort.

ders angehe. 1220 äußerte Konrad von Metz eine ähnliche Meinung. Im Sachsenspiegel unterschied Eike von Repgow dann Wahl und Kur: Die Wahl sei eine Beratung über die Person, die folgende Kur sei an das Ergebnis der vorangegangenen Wahl gebunden. Eike erkannte allen das Wahlrecht zu, die Kur aber nur sechs Kurfürsten. 1257 standen sich nun durch das Doppelspiel Ottokars von Böhmen zwei Viererkollegien gegenüber: die Erzbischöfe von Köln und Mainz, der Pfalzgraf bei Rhein und der König von Böhmen, (für Richard); sodann der Erzbischof von Trier, der Markgraf von Brandenburg, der Herzog von Sachsen und der erneut beteiligte König von Böhmen (für Alfons).

Es festigte sich langfristig die Zahl von sieben Kurfürsten, die in der Mitte des 14. Jahrhunderts das ausschließliche Wahlrecht erhalten sollten. Umstritten war das Kurrecht später vor allem innerhalb der Familien (Sachsen-Wittenberg gegen Sachsen-Lauenburg; Wittelsbach-Pfalz gegen Wittelsbach-Bayern), teilweise wurde aber auch das Recht einer böhmischen Stimme diskutiert. Zu einer rechtsgültigen Wahl setzte sich durch, daß die Mehrheit von vier Stimmen dieses Gremiums genügt. Mit dem Kurverein zu Rhense 1338 und der Goldenen Bulle Kaiser Karls IV. (1356) wurde dann das Gewordene fixiert.

Die Doppelwahl von 1257 war somit in verfassungsgeschichtlicher Hinsicht interessant, sie zeigt aber darüber hinaus europäische Aspekte, denn offensichtlich wurde das römisch-deutsche Königtum als Eintrittsamt zum Kaisertum angesehen, wofür auch Geld und andere Mittel eingesetzt wurden. Diese Perspektive macht das Interesse der auswärtigen Kandidaten plausibel. Dennoch blieb die Uneinigkeit im Reich weiter bestehen; König Richard wurde gekrönt und verschaffte sich im Rheingebiet einen beachtlichen Anhang, konnte sich jedoch nicht – trotz verschiedener Aufenthalte im Reich – allgemein durchsetzen. König Alfons kam nie ins Reich und blieb ungekrönt; seine Ambitionen auf das Kaisertum gab er erst nach der Erhebung Rudolfs von Habsburg bei Sonderverhandlungen mit dem Papst 1275 auf. 1272 starb Richard, der Tod Alfons X. 1284 hatte für das Reich keine Konsequenzen mehr. Da beide Herrscher in Deutschland keine größere Macht erlangten, förderte ihre Regierungszeit die Emanzipation der großen Fürsten, aber auch die Verselbständigung vieler kleiner Herrschaften. Nutznießer dieser Situation waren mithin vor allem Fürsten und Städte.

Habsburg gegen die böhmische Großmacht: Die Entscheidung in Dürnkrut

Die Probleme im Reich und das teilweise entstandene Machtvakuum kamen auch einer Herrschaft im Osten zugute, die schon 1257 bei der Wahl entscheidend gewesen war. Der Aufstieg Böhmens unter König Ottokar II. war eng an die Situation im Reich gebunden. Das Aussterben der Babenberger 1246 wußte Ottokar zu nutzen, obwohl auch andere Nachbarländer wie Ungarn und Bayern nach deren Erbe griffen. Von allen hatte Ottokar II. von Böhmen zunächst den größten Erfolg. Richard von Cornwall belehnte Ottokar II. mit Böhmen, Mähren, Österreich und der Steiermark. Das war der Beginn einer sehr großen Herrschaftskonzentration im Südosten des Reiches (mit Ausläufern nach Norden bis hin zur Ostsee) unter der Führung Böhmens. Sogar in Kärnten wurde Ottokar Erbe des Herzogtums (1269). 1270 stand er auf dem Höhepunkt seiner Macht, Ottokar war in gut zwei Jahrzehnten der bedeutendste Fürst im Osten Mitteleuropas geworden.

Die Stellung der neuen Großmacht Böhmen wurde erst schwieriger, als sich ihm nach 1273 mit Rudolf von Habsburg wieder ein ernsthafter Gegner entgegenstellte. Als Richard von Cornwall im April 1272 starb, sah Papst Gregor X. (1271–1276) den Zeitpunkt für gekommen – auch angesichts einer zunehmenden Dominanz der Anjou in Süditalien – die Neuwahl eines Königs zu fördern, ohne die Kurfürsten jedoch auf einen bestimmten Kandidaten festzulegen. Gleichzeitig verlangte aber Alfons von Kastilien weiterhin Anerkennung und vor allen Dingen die Kaiserkrönung in Rom, die Gregor X. jedoch ablehnte. Im Sommer 1273 erließ er den Befehl, binnen kurzer Frist einen neuen König zu erheben, anderenfalls wolle er einen solchen benennen.

In Deutschland war inzwischen die dynastische Kontinuität abgerissen. Der Kölner Kurfürst favorisierte zunächst eine Wahl Ottokars von Böhmen, als aber die Verhandlungen begannen, war von Böhmen schon nicht mehr die Rede. Offensichtlich wollten die Wähler sich eher auf einen Kandidaten einigen, der keine zu große Hausmacht mitbrächte, um die partikularen Interessen der neu erstarkten Landesherren nicht zu gefährden. Der Wittelsbacher Herzog Ludwig

Burg Habsburg im Aargau.
Der sichtbare Bergfried stammt bereits aus dem frühen 11. Jahrhundert. Die Habsburg (Habichtsburg) gehört zu den frühen Besitzungen des gleichnamigen Herrscherhauses, die vor allem im Elsaß und in der heutigen Schweiz lagen. Zu Zeiten König Rudolfs I. war die Burg aber bereits nicht mehr das Zentrum des Hauses, sondern Lehnsbesitz eines habsburgischen Ministerialen.

von Bayern (1253–1294), der auch Pfalzgraf bei Rhein war, hoffte, Kandidat zu werden. Aber die Kurfürsten zogen schließlich Siegfried von Anhalt und Rudolf von Habsburg in die engere Wahl. Im September 1273 einigte man sich auf Rudolf, auf dem endgültigen Frankfurter Wahltag am 1. Oktober erhob Böhmen Einspruch, trotzdem wurde Rudolf I. (1273–1291) als neuer König verkündet und am 14. Oktober 1273 in Aachen gekrönt.

Rudolf stammte aus dem Hause Habsburg. Die ersten Mitglieder dieses Hauses sind aus der zweiten Hälfte des 10. Jahrhunderts im Elsaß und im Norden der heutigen Schweiz belegt. Nach und nach verschaffte sich diese Familie auch Besitz und Rechte im Oberelsaß (Aargau, Breisgau, Luzern, Zürich und Thurgau). Schon kurz nach seiner Erhebung nahm Rudolf mit Papst Gregor X. Verbindung auf, der auf einen friedlichen Ausgleich bedacht war, um einen Kreuzzug zum späteren Zeitpunkt zu ermöglichen. Auf dem zweiten Konzil von Lyon (1274) ließ der Papst sich versichern, daß der neue König päpstlichen Besitz nicht angreifen wolle. Damit gab Rudolf zugleich teilweise die alte staufische Sizilienpolitik auf. Nachdem Rudolf dem Papst einen Kreuzzug versprochen hatte, wirkte dieser auf Alfons von Kastilien ein, abzudanken. Im Oktober 1275 nahm Rudolf das Kreuz, die Kaiserkrönung wurde auf den Februar 1276 festgelegt. Gregor X. starb aber bereits am 10. Januar 1276 und die auf ihn folgenden Päpste waren eher anjou-freundlich, so blieb Rudolf zwar König, wurde aber nie Kaiser. 1277 schwenkte Papst Nikolaus III. (1277–1280) wieder auf die Politik Gregors X. ein. Er forderte von Rudolf den Verzicht auf die Romagna, den dieser 1279 zusicherte. Daraufhin wurden erneut Pläne für eine Kaiserkrönung geschmiedet, die aber der Tod des Papstes 1280 jäh zunichte machte. Mehrere Versuche eines erneuten Kaisertums waren nun gescheitert, aber damit war der Reichs- und Kaisergedanke noch nicht aufgegeben worden.

Im Inneren bestand die wichtigste Aufgabe Rudolfs darin, das verlorengegangene Reichsgut wieder an sich zu binden (Revindikationen des Reichsgutes). Zwar erhielten die Kurfürsten ein Mitspracherecht, sie durften zum Beispiel mit »Willebriefen« königlichen Akten zustimmen, aber Rudolf kanalisierte diese Zustimmungsmöglichkeiten so, daß er sie im Sinne des Königtums nutzen

Die Kyburg bei Winterthur.
Auch diese Burg lag im Gebiet, in dem die Habsburger ursprünglich ihre wichtigsten Besitzungen hatten, und war von den Grafen von Kyburg zu Beginn des 13. Jahrhunderts an die Habsburger gekommen. 1273 ließ Rudolf hierher die Reichskleinodien bringen, die dort mit einer Unterbrechung bis 1322 verwahrt wurden.

Viterbo, Papstpalast.
Die Stadt in Latium blieb bis zum Tode Friedrichs II. kaiserlich und fiel danach wieder an das Papsttum. Von 1257–1281 hielten sich die Päpste vorwiegend hier auf. Die Kommune errichtete den Palast, der nach einer Inschrift 1266 fertiggestellt wurde. Mehrere Papstwahlen fanden hier statt, auch diejenige von 1268, die zwei Jahre und zehn Monate dauerte, bei der die Bürger sogar das Dach abdeckten und die Kardinäle auf Wasser und Brot setzten. Unter anderem diese Erfahrung führte später zu einer rigiden Konklaveordnung für die Papstwahl.

konnte. »Innenpolitisch« blieb Rudolf teilweise in staufischen Traditionen, so auch mit seiner Landfriedenspolitik, getragen von königsnahen Grafen und Herren, zu denen beispielsweise der Burggraf Friedrich III. von Nürnberg (1261–1297) aus dem Hause der Hohenzollern gehörte.

Solange Ottokar von Böhmen die Anerkennung Rudolfs versagte, war dessen Königtum nicht allzu gefestigt. Die Streitpunkte zwischen Rudolf und Ottokar waren gleichzeitig mit lehnsrechtlichen Fragen verbunden, denn Belehnungen besaß Ottokar nur von Richard von Cornwall, es war also ein Herrenfall eingetreten und der neue König Rudolf hatte Ottokar noch nicht neu belehnt. Als ein Hoftag zu Nürnberg im November 1274 stattfand, lautete der dort all-

Vor den Toren Wiens: König Rudolf von Habsburg belehnt Ottokar II. von Böhmen am 25. November 1276.
Holzstich nach einer Zeichnung von Hermann Plüddemann, 1855. Im Feldlager vor Wien leistete Ottokar, kniend vor Rudolf den Eid, und bereitete damit den Wiener Frieden vom 3. Dezember 1276 vor. Damit gelangte Wien, das vor allem seit der Mitte des 12. Jahrhunderts an Bedeutung gewonnen hatte, langfristig aus dem böhmischen in den habsburgischen Einflußbereich. Auf die Zeit böhmischen Einflusses geht aber bereits der Bau der Hofburg zurück.

Dürnkrut (Marchfeld), Schlachtfeld am 26. August 1278.
Holzstich nach einer Zeichnung von Hermann Plüddemann, 1855. Rudolf wird auf dem Schlachtfeld vor dem Leichnam Ottokars II. von Böhmen dargestellt; für seinen Sieg war die Schlachtenhilfe König Ladislaus' IV. von Ungarn wichtig. Der genaue Ort der militärischen Auseinandersetzung lag zwischen Dürnkrut und Jedenspeigen in einer Ebene westlich der March. Der Sieg schuf die Voraussetzung dafür, daß Österreich langfristig an die Habsburger übergehen konnte.

gemein gefällte Beschluß, daß der König alle Güter an sich ziehen solle, die Friedrich II. innegehabt hatte. Die Fürsten müßten sich binnen eines Jahres neu belehnen lassen, anderenfalls sollten ihre Güter verfallen. Ottokar wurde zweimal vorgeladen, aber er erschien nicht, oder er schickte nur einen Gesandten. In der Folge wurden Ottokar deshalb seine Lehen aberkannt, außerdem wurde er in die Reichsacht gesetzt. 1276 folgte die Oberacht, die militärisch auszuführen war. Die österreichischen Stadtbürger standen zwar auf Seiten Ottokars, aber der Adel war gegen ihn, so daß der Böhmenkönig im Wiener Frieden von 1276 auf verschiedene Fürstentümer verzichtete und sich nur mit seinem Erbfürstentum Böhmen belehnen ließ. 1278 entbrannte ein neuer Kampf, denn der Böhme gab sich mit dieser Reduzierung seines Einflusses nicht zufrieden. Am 26. August unterlag er auf dem Marchfeld bei Dürnkrut in der Nähe von Wien, wie dies später Franz Grillparzer eindrücklich dichterisch thematisiert hat. In dieser Schlacht wurde Ottokar erschlagen, seine Niederlage besiegelte das Ende einer großen böhmischen Herrschaft. Der Ausgleich erfolgte mit dem Vormund des jungen Wenzel II.: Nur Böhmen und Mähren blieben přemyslidisch, denn 1282 belehnte Rudolf seine Söhne mit Österreich und Steiermark. Vor allem Habsburg beerbte also im Südosten die Babenberger sowie die Přemysliden und errichtete selbst ein erstes Großterritorium im Südosten des Reiches. Kärnten und Krain fielen an Graf Meinhard II. von Görz-Tirol († 1295).

Der habsburgische Süden gegen den Mittelrhein?

War damit im Innern die Situation zugunsten Habsburgs geklärt, so blieben die verschiedenen Bemühungen um einen Romzug und um die Kaiserkrönung bestehen, aber sie scheiterten wie zuletzt der 1287 in Würzburg geplante Romzug. Die Fürsten halfen Rudolf bei diesen Aktivitäten wenig. Tragende Stütze

Speyer, Dom. Grabmal König Rudolfs I.
Mit der Wahl Speyers zum Grabesort stellte sich Rudolf eher in die königliche als in eine Familientradition.

des Königs konnte im Reich nur eine Hausmacht werden, die Rudolf konsequent aufbaute, vor allem nach dem Sturz Ottokars. Er rundete die habsburgischen Gebiete in der heutigen Schweiz ab und festigte auch seine Stellung im Südosten. Dabei zwang er sogar 1289 den Pfalzgrafen Otto IV. († 1303) in der Freigrafschaft Burgund zur Huldigung und konnte damit für kurze Zeit das weitere Reichsgebiet im Südwesten gegenüber dem französischen Königtum stabilisieren.

Mit dem sogenannten »Grabesritt« Rudolfs 1291 nach Speyer bekannte der König sich ein letztes Mal zu Traditionen des Reiches. Wie es heißt, soll er an den Grabesort von Saliern und Staufern gereist sein, als er den Tod nahen fühlte. Noch zu Lebzeiten wurde sein Grabbildnis gemeißelt und angeblich sei der Bildhauer nach Abschluß seiner Arbeit noch einmal zum König gegangen, um eine neue Runzel nachzubilden. Die Wahl Speyers als Grabesort zeigt aber, daß sich Rudolf eher in die Königs- als in die Familientradition einordnete, denn seine biologischen Vorfahren lagen anderswo begraben. Rudolf erreichte auch gewisse Erfolge, indem er königliche Herrschaft bei ungünstigen Voraussetzungen konsolidierte. Die zunehmende Hausmacht und der habsburgische Machtzuwachs förderten aber zugleich das Mißtrauen der Kurfürsten und anderer territorialer Gewalten, die sich eher einen schwächeren, von ihnen abhängigen König wünschten. Deshalb konnte der Herrscher die Thronfolge seines Sohnes nicht sichern, die Frage blieb bis zu Rudolfs Tod am 15. Juli 1291 unentschieden.

Aus einer solchen dynastischen Perspektive schiebt sich das anschließende Königtum Adolfs von Nassau (1292–1298) wie ein Keil zwischen die beiden habsburgischen Regierungszeiten von Rudolf I. und Albrecht I. Vielfach wird Adolfs Herrschaft auf den Willen der Kurfürsten zurückgeführt, die angeblich einen König mit schwacher Hausmacht wollten. Erzbischof Siegfried von Köln (1274–1297) brachte den Grafen Adolf von Nassau als Kandidaten ins Gespräch, der im Gebiet von Lahn und Rhein herrschte. Schon im April 1292 machte Adolf in Andernach weitgehende Versprechungen nach allen Seiten, die er nach der Erhebung nicht mehr alle einhalten wollte. Er war bestrebt, sich ähnlich wie sein Vorgänger Rudolf eine größere Hausmacht zu schaffen: Möglichkeiten hierzu besaß er vor allen Dingen in Mitteldeutschland. Beim Versuch, Schwierigkeiten des Hauses Wettin, das Sachsen und Thüringen beherrschte, auszunutzen, hatte er zunächst Erfolg (Einziehung der Markgrafschaft Meißen, Ankauf der Nachfolge in Thüringen 1293), geriet damit jedoch gleichzeitig zu seinen Wählern und zu Böhmen in einem Gegensatz, so daß die Erfolge ohne Dauer waren.

In die fast gleichzeitigen Auseinandersetzung zwischen Frankreich und England ließ Adolf sich hineinziehen und schloß 1294 ein Bündnis mit dem englischen König Eduard I. (1272–1307). Widerstand regte sich jedoch vor allem wegen seiner Aktivitäten im Reich. Der schon genannte Griff Adolfs nach Thüringen und Meißen brachte die Kurfürsten dazu, sogar seinen Sturz zu erwägen; Hauptzentrum der Opposition gegen Adolf wurden habsburgische Kräfte, jedoch beteiligten sich weiterhin vor allem Böhmen, Sachsen, Brandenburg und Mainz. War das Kurfürstenkolleg nicht nur für die Erhebung des Königs, sondern auch für dessen Absetzung zuständig? 1298 wurde der König nach Mainz vorgeladen, Adolf erschien jedoch nicht. In einem Prozeß wurde der König von einem Teil der Kurfürsten für abgesetzt erklärt, gleichzeitig der Habsburger Albrecht zum neuen König ausgerufen. Für dieses Absetzungsverfahren diente viel-

Göllheim, Schlachtfeld auf dem Hasenbühl am 2. Juli 1298.
Holzstich nach einer Zeichnung von Hermann Plüddemann, 1855. Der bei Worms gelegene Schlachtort besiegelte nicht nur das Ende des Königtums Adolfs, sondern verlagerte das Königtum wieder vom Mittelrhein in die südöstlichen Gebiete des Reiches. Die Königinwitwe ließ auf dem Schlachtfeld ein noch erhaltenes frühgotisches Kreuz errichten.

leicht die Absetzungsbulle Papst Innozenz' IV. gegen Friedrich II. als Vorbild. Jüngere Interpretationen gewichten die Rolle der Kurfürsten als weniger entscheidend, sondern sehen eher ein gewisses Legitimitätsdenken mit Blick auf den Habsburger Albrecht. Albrecht war aber zunächst ein »Gegenkönig«, so daß die Waffen zwischen beiden Kontrahenten entscheiden mußten. Als am 2. Juli 1298 bei Göllheim in der Nähe von Worms eine Schlacht stattfand, starb Adolf, später setzte man ihn in Speyer bei. Eine Königsherrschaft mit einer Machtbasis am Mittelrhein und in Mitteldeutschland war damit verhindert worden, Adolf wurde so aus der Rückschau zu einem »Zwischenkönig« zwischen den Habsburgern.

Als Gegenkönig war Albrecht erhoben worden, er setzte das Werk seines Vaters Rudolf fort. Albrecht I. (1298–1308) erkannte die Absetzung Adolfs durch die Kurfürsten zwar nicht an, aber durch dessen Tod war für ihn eine neue Wahl möglich geworden. Sie fand traditionsgemäß in Frankfurt statt, am 24. August 1298 folgte die Krönung in Aachen, und auch Albrecht mußte seinen Wählern große Versprechungen machen. Auf einem Hoftag in Nürnberg im November 1298 erneuerte er den Landfrieden seines Vaters. Albrecht I. lernte aus dem Scheitern seines Vorgängers, wie wichtig es war, die Kurfürsten institutionell enger an das Königtum zu binden. Dies geschah unter anderem mit Hilfe des Zeremoniells: Auf dem Nürnberger Hoftag von 1298 übten alle Kurfürsten ihr Erzamt aus und stellten sich damit öffentlich als Diener des Königs dar. Die Goldene Bulle Karls IV. (1356) sollte die Regelungen des Nürnberger Hoftags von 1298 weitgehend festschreiben.

Wie seine Vorgänger nahm Albrecht eine städtefreundliche Haltung ein und begann mit einer Wiedergewinnung des Reichsgutes. Offensichtlich war ihm klar, daß eine Autoritätssteigerung durch die Kaiserkrone erreicht werden könne. Deshalb trat er mit dem damaligen Papst Bonifaz VIII. (1294–1303) in Kontakt. Er bat in einem Schreiben um die Bestätigung seiner Königswahl. Eine weitere Anerkennung sicherte sich Albrecht durch König Philipp IV. von Frank-

Brugg an der Reuß: Ermordung König Albrechts I.

Chronik des 15. Jahrhunderts, Burgerbibliothek Bern. Das Bild zeigt links Brugg, rechts oben die Habsburg, und von links oben bis rechts unten die Reuß. Damit wird der Mord an Albrecht auch räumlich den Herkunftsgebieten der Habsburger zugeordnet und unterstreicht den Charakter einer familiären Auseinandersetzung.

Königsfelden.

Die Kirche nahe dem Ort des Mordes an Albrecht I. wurde zu dessen Seelenheil errichtet.

reich (1285–1314). Bei einem Treffen an den Grenzen des Reiches in Quatrevaux (bei Toul) 1299 bekräftigte er gegen territoriale Zugeständnisse das Bündnis mit dem französischen König, über dessen geheime Abmachungen nur spekuliert werden kann. Gerüchte entstanden, Albrecht wolle das ganze Reichsgebiet links des Rheins abtreten, um eine Erbmonarchie zu begründen. Durch den Ausgleich mit Philipp gewann Albrecht freie Hand gegen die rheinischen Kurfürsten, die Protest wegen der Erbpläne Albrechts erhoben, weil dieser seinen Sohn Rudolf als Erben bestimmen und einsetzen wollte. Im Kurverein von Niederheimbach beschlossen die vier rheinischen Kurfürsten daraufhin den Sturz Albrechts. Auch Papst Bonifaz VIII. erließ 1300 ein Manifest gegen ihn. Albrecht meisterte diese Krise, stützte sich dabei vor allem auf die Städte und warf seine Gegner nacheinander nieder. Der König gab das Bündnis mit Frankreich auf und sicherte sich 1303 die Zustimmung des Papstes. Er erkannte die Privilegien des Papstes an, und es wurde sogar vereinbart, mit päpstlicher Zustimmung Albrechts Sohn zum König zu erheben.

Zur Konsolidierung seiner Herrschaft wollte Albrecht außerdem ein mächtiges Territorialreich errichten. 1301 erlosch der Mannesstamm der ungarischen Königsdynastie der Arpaden. Zunächst konnte der Böhme Wenzel III. († 1306)

Trier.
Holzschnitt aus Sebastian Münsters Cosmographia, französische Ausgabe von 1568. Trier war seit der Spätantike ein wichtiger Ort, dessen Erzbischof später vor allem für die Königswahl wichtig wurde. Balduin von Trier (1305–1454) betrieb 1308 maßgeblich die Wahl seines Bruders: Heinrich von Luxemburg, der als Heinrich VII. gezählt wird.

die Krone für sich gewinnen. Albrecht I. wollte sich dem Ausgreifen der böhmischen Přemysliden nach Ungarn widersetzen, jedoch schlug ein Feldzug nach Böhmen fehl. In Ungarn setzten sich daraufhin mit päpstlicher Hilfe die Anjou fest. Als aber 1306 die Přemysliden in Böhmen ausstarben, setzte Albrecht seinen Sohn Rudolf als Herrscher in Böhmen und Mähren durch, der jedoch schon 1307 starb. Seine Ansprüche auf Meißen und Thüringen erneuerte der König zwar, jedoch scheiterte ein Feldzug nach Mitteldeutschland, denn ein königliches Heer wurde von den Wettinern bei Lucka (Ostthüringen) geschlagen. Albrecht rüstete, um mit guten Aussichten beide Rückschläge auszugleichen und vielleicht eine große ostmitteleuropäische Hausmacht aufzubauen, jedoch kam es nicht mehr zur Durchführung dieser Pläne, denn am 1. Mai 1308 wurde er von seinem Neffen Johann (Parricida) († 1313) bei Brugg an der Reuß unweit des Stammsitzes der Habsburg meuchlings ermordet. Über die Motive Johanns läßt sich nur spekulieren, vielleicht hatte sich Johann als Sohn einer Ottokar-Tochter selbst Hoffnungen auf die böhmische Krone gemacht und war deshalb gegen Albrecht aufgebracht. Der Jüngling hatte versucht, Albrecht I. auf Schloß Baden zur Rede zu stellen, wurde aber auf später vertröstet und fühlte sich offensichtlich nach dieser Unterredung geringschätzig behandelt. Manche Quellen, wie die *Gesta Treverorum* vermerkten entsprechend zum Tod Albrechts nicht ohne Häme das Bibelzitat: »Mit dem Maß, mit dem ihr messet, wird euch gemessen werden«. Die Gruppe um den Mörder vertrat sogar teilweise die Ansicht, daß man ja mit Albrecht nur einen »Königsmörder« und Majestätsverbrecher gerichtet habe. Albrechts Tod 1308 galt lange als Einschnitt für die deutsche Reichsgeschichte, denn mit ihm war nach nach dem Interregnum der dritte Versuch gescheitert, für das Königtum eine neue, längerfristige dynastische Basis zu gewinnen. Trotz seiner kurzen Regierungszeit war Albrecht I. aber – gemessen an den Möglichkeiten seiner Zeit – ein durchaus erfolgreicher König.

»Dantes Kaiser«: Heinrich VII. (1308–1313): Luxemburg, Italien und die böhmische Perspektive

Für das vakante Königtum war keine dynastische Vorsorge getroffen worden. Es ist bezeichnend, daß in dieser Situation der Gedanke einer Erneuerung des karolingischen *Imperium*s auftrat, nun aber vom französischen König vorgebracht wurde. Philipp IV., der Schöne, der maßgeblich die Übersiedlung des Papsttums nach Avignon gefördert hatte, wollte seinen Einfluß nach Osten hin erweitern. Für das vakante Königtum in Deutschland brachte er die Kandidatur seines Bruders Karl von Valois († 1325) ins Spiel. Schon vorher hatten sich allerdings einige niederrheinische Fürsten am 11. und 12. Mai 1308 in Nivelles bei Brüssel getroffen, darunter Heinrich von Lützelburg (Luxemburg), die sich gegenseitig die Bestätigung ihrer Lehen zusagten, falls einer der Bündnispartner zum König von Deutschland (roys d'Allemagne) gewählt würde.

Ende Mai 1308 mahnte der französische König die Kurfürsten und andere Freunde und Getreue im Reich, keinen Wahltag anzusetzen, ehe er sie beraten könne. Er nannte seinen Bruder als den geeignetsten Kandidaten. Der von ihm abhängige Papst Clemens V. (1305–1314) wurde gedrängt, ähnlich zu wirken; dieser verfaßte aber nur ein allgemeines Mahnschreiben, ohne Karl von Valois hierin namentlich zu empfehlen. Daneben gab es weitere Kandidaten, über die am 25. Oktober 1308 in Boppard am Rhein gesprochen wurde. Aber Erzbischof Balduin von Trier (1307–1354) folgte weder den Empfehlungen aus Frankreich noch den Abmachungen des Bopparder Vertrages. Er betrieb im Einvernehmen mit Peter von Mainz die Wahl seines eigenen Bruders Heinrich von Luxemburg, der durch finanzielle und territoriale Versprechungen auf Kosten des Reiches im Herbst die wichtigen drei rheinischen Kurfürsten auf seine Seite bringen konnte. Die Beratungen über eine mögliche Erhebung des Luxemburgers fanden in Rhens statt. Die anderen Kurfürsten wurden nach und nach für dessen Wahl gewonnen.

Am 27. November 1308 wählten sechs Kurfürsten Heinrich VII. in Frankfurt; der Böhmenkönig war geladen, blieb aber der Wahl fern. Am Dreikönigstag

Frankfurt am Main. Königswahl Heinrichs VII. 1308, Altarsetzung in der Dominikanerkirche.
Bilderchronik Heinrichs VII., kolorierte Federzeichnung, vor 1354, Koblenz, Landeshauptarchiv. Schon vor der Festlegung in der Goldenen Bulle von 1356 diente Frankfurt als Wahlort, denn hier hatten seit dem 13. Jahrhundert regelmäßig Königswahlen stattgefunden. Die Darstellung zeigt, wie der neue König von den Kurfürsten nach der Wahl auf den Altar gehoben wird, was meist in Sankt Bartholomäus erfolgte.

Zug Heinrichs VII. über Turin und Chieri nach Asti.
Bilderchronik Heinrichs VII., kolorierte Federzeichnung, vor 1354, Koblenz, Landeshauptarchiv. Der Reiseweg zum 30. Oktober 1310 geht aus der Unterschrift hervor.

(6. Januar) 1309 folgte Heinrichs Krönung in Aachen, Clemens V., der zunächst nur inoffiziell unterrichtet worden war, sagte die Kaiserkrönung für das Fest Mariä Lichtmeß (2. Februar) 1312 zu. Mit Heinrich war ein Adelshaus an die Herrschaft gekommen, das – zwar mit einer Unterbrechung – insgesamt gut 100 Jahre die Geschicke des Reiches bestimmen sollte. Nach seiner Erhebung reiste Heinrich zunächst in jene Gegenden, in denen sich das Reichsgut konzentrierte: rheinaufwärts bis nach Bern und Zürich, dann durch Schwaben nach Nürnberg. In Speyer fand 1309 ein wichtiger Hoftag statt, wo den Söhnen Albrechts I. alle Reichslehen bestätigt wurden; gleichzeitig erzielte Heinrich jedoch schon einen

Mailand. Sankt Ambrosius: Heinrich VII. wird mit der eisernen Krone zum König Italiens gekrönt, 6. Januar 1311.
Bilderchronik Heinrichs VII., kolorierte Federzeichnung, vor 1354, Koblenz, Landeshauptarchiv. Mailand war seit langem neben Pavia eine der wichtigsten Städte Norditaliens, die auch als Krönungsort des italischen Reichsteiles mit Pavia und Monza konkurrierte. Über die in der Unterschrift angesprochene Eiserne Krone der Langobarden war im 13. Jahrhunderts nach einer krönungslosen Zeit von 1186-1311 in Italien eine Tradition entstanden, wonach die Krone in Deutschland aus Silber, in Italien aus Eisen und für das Kaisertum aus Gold sei. Heinrich VII. ließ eine neue Krone aus Eisen herstellen, mit der er, ebenso wie später Ludwig der Bayer und Karl IV. (1327 und 1354), gekrönt wurde.

Brescia. Belagerung an der Vigil von Himmelfahrt (19. Mai) 1311

Bilderchronik Heinrichs VII., kolorierte Federzeichnung, vor 1354, Koblenz, Landeshauptarchiv.

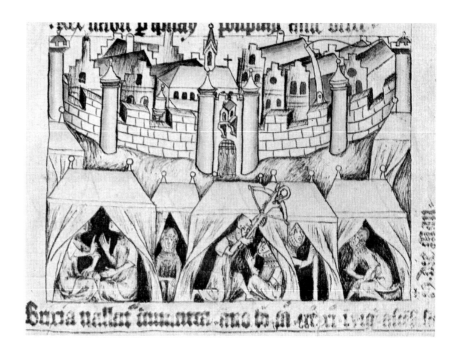

Pisa. Bestattung Kaiser Heinrichs VII. am 2. September 1313.

Bilderchronik Heinrichs VII., kolorierte Federzeichnung, vor 1354, Koblenz, Landeshauptarchiv. Heinrich starb wahrscheinlich an Malaria und wurde kurz nach seinem Tod zur Bestattung wieder zurück nach Pisa überführt.

Ausgleich mit Österreich: Heinrich von Kärnten konnte seine Herrschaft dort nicht konsolidieren. Johann, einem Sohn Heinrichs VII., wurde in dieser Situation die Hand der Přemyslidin Elisabeth angeboten; 1310 fand die Hochzeit statt, und Johann wurde mit Böhmen belehnt. Schon 1311 wurde er in Prag zum böhmischen König (1311–1346) erhoben und konnte sich in der Folgezeit trotz vieler Schwierigkeiten dort behaupten. Damit war langfristig die Grundlage für die zweite zukunftsreiche Großdynastie des deutschen Spätmittelalters neben den Habsburgern geschaffen, denn die Luxemburger verfügten damit nicht mehr nur über ihr Stammgebiet im Moselraum, sondern nun zugleich über den ausgedehnten böhmischen Herrschaftskomplex, der langfristig zur wichtigsten Machtbasis der nachfolgenden Luxemburger wurde.

Neben dieser Ausdehnung des Hauses nach Osten sind der Romzug und die Kaiserkrönung Heinrichs VII. hervorzuheben. Schon im Oktober 1310 machte sich der Herrscher auf den Weg. Über diese Romfahrt berichtet eine Bilderchronik, die Heinrichs VII. Reise hervorragend veranschaulicht. Zunächst kam der Luxemburger in ein blühendes Norditalien, das politisch ausgesprochen zersplittert war, wo er jedoch von Dante († 1321) und vielen weiteren Ghibellinen jubelnd begrüßt wurde. Allerdings war die Militärmacht Heinrichs bescheiden, so daß er sich durch Einzelabkommen und Einzelkämpfe nach Süden durcharbeiten mußte. Der König trat oft als Friedensbringer auf, der über allen Parteiungen stehe. In Mailand empfing er die lombardische Königskrone. Im Mai 1312 konnte er dann in Rom einziehen, und am 29. Juni, dem Fest der Apostelfürsten Petrus und Paulus, fand die Kaiserkrönung statt. Es war die erste seit 1220. Die Feierlichkeiten blieben aber von Straßenkämpfen überschattet.

Die Erfolgsgeschichte Heinrichs VII. ließ sich jedoch nicht weiter fortsetzen. Robert von Neapel (1309–1343) lehnte sich gegen Heinrich VII. auf und besetzte Rom. Papst Clemens V. verbot einen Angriff auf Neapel und verlangte die Räumung der Ewigen Stadt. Der Kaiser zog sich in die Toskana zurück und wollte von dort aus gegen Neapel losschlagen. Heinrich VII. fühlte sich offensichtlich noch in der Tradition seiner staufischen Vorgänger, aber die Wiederaufrichtung der Reichsherrschaft in Italien mißglückte, denn Heinrich starb schon am 24. August 1313, nach dem Aufbruch aus Pisa, bei Buonconvento in der Nähe von Siena und wurde später in Pisa beigesetzt.

Ludwig der Bayer (1314–1346/47) im Konflikt mit Friedrich dem Schönen (1314–1330) und Papst Johannes XXII. (1316–1334)

Nach dem Tod des in Italien verstorbenen Luxemburgers kam es zu einer neuen Doppelwahl. Mit Habsburg konkurrierte jetzt das Haus Wittelsbach: Am 19. Oktober 1314 wählten vier Kurfürsten in Sachsenhausen den Sohn Albrechts I., Friedrich den Schönen, und am nächsten Tag fünf andere den oberbayrischen Herzog Ludwig, der von einer luxemburgischen Parteiung anstelle des zu jungen Johann von Böhmen favorisiert worden war. Beide waren verwandt und zeitweise sogar gemeinsam in Wien standesgemäß erzogen worden. Die Gültigkeit der Wahl blieb zweifelhaft, vor allem weil zwei Stimmen im Siebenerkolleg der Kurfürsten strittig waren und weil der Wahlort Frankfurt seine Tore nicht geöffnet hatte. Die Krönung mit unterschiedlichen Kronen fand nur für Ludwig am 25. November am richtigen Ort, in Aachen, statt; Friedrich wurde am selben Tag in Bonn gekrönt.

Zur habsburgischen Partei gehörten Köln, Pfalz, Sachsen-Wittenberg, Böhmen (in Gestalt des vertriebenen Königs Heinrich), zu einer luxemburgischen Partei hatten sich Mainz, Trier, Böhmen, Brandenburg, Sachsen-Lauenburg zusammengefunden. Die Wahl blieb auch deshalb strittig, weil ein Mehrheitsprinzip grundsätzlich noch nicht endgültig festgeschrieben war. Mit einem Wittelsbacher wurde bei dieser Wahl (neben Habsburg und Luxemburg) die dritte königsfähige Dynastie der Folgezeit erhoben. Die Diskussionen um die Rechtmäßigkeit der Wahl sowie das Werben um Fürsten und Städte im Reich brachten jedoch über Jahre keine Entscheidung, die deshalb militärisch gesucht und gefunden wurde.

Nachdem schon 1315 Friedrichs Bruder Herzog Leopold I. von Österreich (1306–1326) von den Eidgenossen, die auf Seiten Ludwigs standen, am Morgarten (südlich vom Aegerisee, heute Kanton Schwyz) geschlagen worden

Mühldorf am Inn. Schlachtfeld. Kampf zwischen Ludwig dem Bayern und Friedrich dem Schönen, 28. September 1322. Buchminiatur aus der Handschrift »Willehalm von Oranse«, 1334. Nach mehreren Auseinandersetzungen besiegte Ludwig der Bayer seinen Konkurrenten Friedrich von Habsburg endgültig militärisch bei Mühldorf, der dann auf der Burg Trausnitz (Oberpfalz) gefangen genommen wurde, aber nach 1325 sogar eine gewisse Mitherrschaft zugestanden bekam.

Avignon, Stadtansicht und Papstpalast.
Réponse à Charles VI et lamentations au roi sur son état von P. Salmon, Paris, Bibliothèque Nationale, Ms. Fr. 23279, fol. 81, 1409. Im Bild sieht man den Dichter, darüber den Papstpalast, der nach der Übersiedlung der Päpste dorthin (1309) erst auf Initiative von Papst Benedikt XII. (1334–1342) begonnen wurde. Seine Nachfolger fügten weitere Teile hinzu. Die Päpste fanden hier gute Bedingungen vor, weil der Graf der Provence der römischen Kirche wohlgesonnen war.

waren, kam es zu weiteren Schlachten bei Speyer und Buchloe, 1316 bei Esslingen, 1319 bei Mühldorf und 1320 bei Straßburg. Aber diese Begegnungen blieben ohne Entscheidung. Erst 1322 bei Mühldorf am Inn kam es zu einem endgültigen Sieg Ludwigs über Friedrich. Angeblich soll Ludwig nach der Chronik des Matthias von Neuenburg im Anschluß an die Schlacht bemerkt haben: »Herr Vetter, wie gern sehen wir Euch hier«. Anschließend wurde Friedrich auf der Burg Trausnitz in der Oberpfalz gefangen genommen und 1325 gegen Thronverzicht freigelassen. Ein sodann in München abgeschlossener Vertrag sah jedoch eine gewisse Mitherrschaft vor, weil Friedrichs Brüder sich mit einem vollständigen Verzicht nicht abfinden wollten. Es war dies ein erstmals vertraglich legitimiertes doppeltes Königtum, von dem aber vor allem Ludwig profitierte. Die Bestimmungen galten bis zu Friedrichs Tod († 1330).

Kurz nach seinem Sieg belehnte Ludwig 1323 auf einem Hoftag in Nürnberg seinen gleichnamigen Sohn mit der 1320 durch das Aussterben der Askanier erledigten Mark Brandenburg. Außerdem wandte er sich im gleichen Jahr nach Italien. Hier stieß Ludwig auf den Widerstand des Papstes, der in Avignon residierte. Damit begann ein neuer Konflikt zwischen Papsttum und Kaisertum, bei dem auch die Vorstellungen über das Reich neu formuliert werden sollten. Der Zusammenstoß in Italien führte dazu, daß Papst Johannes XXII. (1316–1334) Ludwig im Oktober 1323 aufgrund der Doppelwahl die Legitimität absprach. Ludwig reagierte mit ausführlichen Stellungnahmen, den Nürnberger und Frankfurter Appellationen. Als im März 1324 der päpstliche Bann folgte, setzte sich Ludwig mit der Sachsenhäuser Appellation zur Wehr, wo an ein Konzil appelliert und der Papst wegen seiner Positionen im Armutsstreit sogar der Ketzerei beschuldigt wurde. Künftig sollte der Papst Ludwig aber immer verächtlich als *Bavarus* bezeichnen, wovon sich die Bezeichnung »Ludwig der Bayer« herleitet.

In diesen Jahren vermischten sich die Widerstände der Fürsten gegenüber den groß angelegten Hausmachtsbestrebungen Ludwigs (Brandenburg) mit dessen Auseinandersetzungen an der Kurie. Die päpstliche Haltung verschaffte den Fürsten ebenso wie der auf eine neue Chance wartenden habsburgischen Parteiung ein Druckmittel. Ludwig gelang es, die Opposition zu beruhigen und diese in seine Konfrontation mit dem Papsttum einzubinden. Dies geschah

Avignon, Papstpalast und Brücke.
Die Aufnahme macht deutlich, wie die monumentale Architektur der päpstlichen Residenz die Stadt Avignon dominierte. Avignon gehörte noch zum Reich (Burgund), allerdings nur bis zur Rhône, wo der Einflußbereich Frankreichs begann.

durch eine Reihe gestaffelter Verträge (März 1325 – Januar 1326). Durch das schon erwähnte Doppelkönigtum, wie es in München festgelegt worden war, und durch die Abgrenzung des Reichs gegen päpstliche Einflußnahme überhaupt erreichte er auch verfassungsgeschichtlich völlig neue Positionen. Das Doppelkönigtum half bei der zweiten Aufgabe, denn so konnte der Papst die beiden Kandidaten nicht mehr ohne weiteres gegeneinander ausspielen. Diese Konstruktion hatte zwar keinen Bestand, sie ist aber ein deutliches Zeichen dafür, wie sehr der Konsens zwischen König und Fürsten gesucht werden mußte, um erfolgreich wirken zu können. Dies konnte im Extremfall eben sogar zu einer »Doppelspitze« führen.

Auf dieser Basis diskutierte man das päpstlich beanspruchte Approbationsrecht des römisch-deutschen Königs weiter. Die Auseinandersetzungen um Herrschaft, päpstliche Einflüsse und frühe Formen der Volkssouveränität wurden durch die teilweise am Beispiel italienischer Signorien erfahrenen Gelehrten Marsilius von Padua († 1342) und Johann von Jandun († vor 1329) in theoretischen Auseinandersetzungen und Traktaten weiter vertieft. Dies blieb nicht ohne Einfluß auf Ludwig, denn die Gelehrten kamen als Emigranten nach Nürnberg und an seinen Münchener Hof.

1326/27 brach Ludwig nach Italien auf. In Mailand wurde er zum König von Italien gekrönt. In Rom hatte inzwischen – auch weil die Päpste in Avignon resi-

München, Alter Hof.

Herzog Heinrich der Löwe baute München seit 1157/58 zur Stadt aus, die nach 1180 aber wieder an die Freisinger Bischöfe fiel. Seit der Landesteilung von 1255 wurde München mit dem Alten Hof zum Residenzort der wittelsbachischen Herzöge. Unter Ludwig dem Bayern erhielt dieser Ort verstärkte reichspolitische Bedeutung, weil hier manche Gelehrte neue Ideen konzipierten, die im Kampf Ludwigs mit dem Papsttum tagespolitische Bedeutung besaßen, aber dennoch weiter wirkten.

Monza, Dom. Krönungsrelief des Matteo, Mitte 14. Jahrhundert.

Im Dom zu Monza wird heute die Eiserne Krone des Lombardenreiches aufbewahrt, die aus Gold besteht und immer einen schmalen Eisenring enthält. Monza konkurrierte als Krönungsort teilweise mit Mailand.

dierten – eine Volksbewegung unter Führung von Sciarra Colonna die Macht ergriffen und sich vom Einfluß der Anjou freigemacht. In der Ewigen Stadt wurde Ludwig ohne päpstliche Mitwirkung von städtischen Amtsträgern (Sciarra Colonna) unter Beteiligung von Geistlichen am 17. Januar 1328 zum Kaiser gekrönt. Das Fehlen eines Papstes scheint Ludwig wenig gestört zu haben. Auch hier gewann ein neues Verständnis an Gewicht, indem das Kaisertum nun stärker als eine weltliche Würde angesehen wurde. Papst Johannes XXII. wurde abgesetzt, ein Franziskaner, Nikolaus V., kurzfristig zum (Gegen-) Papst (1328–1330) gewählt. Ludwig mußte aber wegen der Unruhen in Rom die Stadt verlassen. Im kaiserlich gesinnten Pisa wurde sogar ein Schauprozeß gegen Johannes XXII. veranstaltet: Eine mit Pontifikalgewändern bekleidete Strohpuppe wurde öffentlich verbrannt.

Nach diesen Ereignissen, gegen die Johannes XXII. protestierte und diese für nichtig erklärte, strömten weitere radikale Franziskaner und scharfsinnige Denker, wie Wilhelm von Ockham († 1346/49), in Ludwigs Umgebung. Der Konflikt mit dem Papst in Avignon, auf dessen Seite Frankreich stand, verschärfte sich nochmals mit großen Konsequenzen für das religiöse Leben im Reich. Bann und Interdikt, der Kampf von Gegenbischöfen und das Gegeneinander in Orden und beim Klerus hinterließen tiefe Wunden, die auch das Ansehen des Papsttums stark beschädigten und zur allmählichen Abstumpfung gegenüber den geistlichen Waffen des Papsttums führten.

In dieser Situation gerieten auch die Rivalen Luxemburg und Habsburg sowie die Kurfürsten teilweise erneut in einen Gegensatz zu Ludwig, während die Reichs- und Freien Städte meist fest zum König hielten, der sie deshalb sehr begünstigen mußte. Trotz der publizistischen Hilfe radikaler Franziskaner und anderer Denker, die in Ludwigs Residenz München ein geistiges Zentrum bildeten, vermochte auch der Papst immer wieder neue juristische und geistige Waffen einzusetzen. Die Einigungsversuche mit der Kurie scheiterten schließlich, weil nach Kirchenrecht und nach den Ansichten der Nachfolger Johannes' XXII. (Benedikt XII. 1334–1342; Clemens VI. 1342–1352) ein Ergebnis nur durch die Unterwerfung Ludwigs herbeigeführt werden könne.

Ludwig konzentrierte seine Kräfte in den Jahren 1337/38 noch einmal darauf, die königliche Herrschaft von päpstlichen Einflüssen abzugrenzen. Deutlich wurde nun auch schriftlich begründet, daß die Legitimität von Ludwigs König- und Kaisertum allein im Votum der Fürsten begründet sei, eine Appro-

Rom, Gesamtansicht.
Holzschnitt aus Sebastian Münsters Cosmographia, 1550. Rom blieb auch in der Zeit Heinrichs VII. und Ludwigs des Bayern ein wichtiges Ziel, obwohl die Päpste in Avignon residierten. Das Bild läßt erkennen, welche Teile Roms innerhalb der alten Mauern während des Mittelalters relativ schwach besiedelt blieben. Rechts oben ist jenseits des Tiber der Komplex von Sankt Peter erkennbar.

bation und die Vergabe der Kaiserkrone stehe dem Papst nicht zu, denn das *Imperium* stamme unmittelbar von Gott. Dies wurde auf dem Treffen (Kurverein) von Rhens (unweit Koblenz) 1338 weiter untermauert. Die Kurfürsten erklärten unter der Führung Erzbischof Balduins von Trier, daß der von ihnen oder ihrer Mehrheit gewählte König rechtmäßig und ohne päpstliche Bestätigung herrschen könne. Als Lehre aus der Doppelwahl von 1314 legten sie darüber hinaus den Mehrheitsentscheid fest. Ein Hoftag in Frankfurt bestätigte diese Beschlüsse; Ludwig verkündete den Kurfürstenspruch sogar in zugespitzter Form als kaiserliches Gesetz *Licet iuris* mit der zentralen Aussage: »Der mehrheitlich Gewählte ist und heißt wahrer König und Kaiser«. Dies bedeutete aber gegenüber früh- und hochmittelalterlichen Positionen eine völlige Neubestimmung, die bereits auf das frühneuzeitliche Reich verweist.

Zur Sicherung seiner Position suchte Ludwig weiterhin, seine Hausmacht zu vergrößern. Nach dem schon genannten Erwerb Brandenburgs hatte Ludwig die Weichen 1324 durch seine zweite Ehe mit Margarete von Holland-Hennegau gestellt. Sie wurde nach dem Tode ihres Bruders 1345 mit diesen Ländern belehnt und damit erweiterte sich die wittelsbachische Hausmacht 1346 um Holland-Zeeland-Friesland. Schon vorher (1342) hatte Ludwig die Grafschaft Tirol durch eine Ehe seines gleichnamigen Sohnes mit der Erbtochter Margarete (Maultasch) erworben, die jedoch schon seit 1330 mit Johann Heinrich, dem Sohn König Johanns von Böhmen, vermählt war. Die unglückliche und kinderlose Ehe wollte Margarete beenden und sperrte im November ihren Mann Johann aus der Burg Tirol bei Meran aus. Da der Tiroler Adel sie unterstützte, mußte Johann das Land verlassen. Im Februar 1342 heiratete Margarete dann Ludwig von Brandenburg († 1361), den Sohn Ludwigs des Bayern. Der Spott des europäischen Adels über die Eheblamage Johanns wich bald der Empörung über das skrupellose Vorgehen der Wittelsbacher.

Die Luxemburger versuchten schließlich immer stärker, Ludwig den Thron streitig zu machen. Mit päpstlicher Unterstützung betrieben sie die Thronkandidatur Karls, des Sohnes König Johanns von Böhmen. Da auch die letzten Verhandlungsversuche Ludwigs mit dem Papst scheiterten, erhoben die drei rhei-

München, Marienplatz mit Mariensäule und Frauenkirche.
Stich von Matthäus Merian d. Ä., 1644. Die Begräbniskirche Ludwigs des Bayern wurde in der heutigen Form erst 1468–1488 von Jörg von Halspach erbaut. Das Grabmal Ludwig des Bayern stammt aus dem 17. Jahrhundert.

nischen Erzbischöfe sowie von den weltlichen Wählern König Johann von Böhmen und Herzog Rudolf von Sachsen († 1356) am 11. Juli 1346 den Luxemburger Karl zum König.

Zu kriegerischen Auseinandersetzungen beider Könige kam es nicht mehr, denn Ludwig starb am 11. Oktober 1347 bei der Jagd in der Nähe des Klosters Fürstenfeld. Er liegt in der Münchener Frauenkirche begraben. Mit Ludwig waren Bayern und München – aber auch die neu erworbenen Territorien Brandenburg, Holland-Zeeland-Friesland und Tirol – ins Zentrum des Reiches gerückt, die Zukunft gehörte dennoch den Luxemburgern, später den Habsburgern, obwohl Wittelsbach wenige Jahre später mit Günther von Schwarzburg und gut weitere fünfzig Jahre darauf mit Ruprecht nochmals versuchte, an die Reichsspitze zu gelangen.

Für das Reich brachte die Zeit Ludwigs wichtige verfassungsmäßige Neuorientierungen, die oft zu einseitig Karl IV. mit seiner Festschreibung dieser Entwicklungen in der Goldenen Bulle beigemessen werden. Der Münchener Hof und die theoretischen Überlegungen zur Rolle von Herrscher, Papst, Fürsten und Volk richteten sich zwar vor allem gegen den Papst, bereiteten aber insgesamt einem stärker säkular verstandenen Herrscheramt den Weg; sie basierten dabei durchaus auf Traditionen, die aus dem kirchlichen und kirchenrechtlichen Bereich stammten. Diese Überlegungen sollten bald ebenso im Konziliarismus für das Verständnis päpstlicher Gewalt weiter entwickelt werden, denn auch hier folgte man dem Rechtssatz, der durch die Kanonistik weiter verbreitet wurde: Was alle angeht, muß von allen gebilligt werden (*Quod omnes tangit, ab omnibus approbari debet*). In geographischer Hinsicht wechselten die Schauplätze aber seit dem Interregnum häufig: Italien bot eher den Anlaß für Neubestimmungen, die am Mittelrhein, in München und an anderen Orten weiter präzisiert wurden. Die begehrten und deshalb auch lange umstrittenen Gebiete der neuen königsfähigen Dynastien lagen aber alle im Osten.

7 LUXEMBURGER UND HABSBURGER

Böhmen und der Südosten (1346–1495), Prag und Wiener Neustadt

Prag und Wiener Neustadt sind die beiden Orte, die in den letzten anderthalb Jahrhunderten der mittelalterlichen Reichsgeschichte besonderes Gewicht besaßen. Mit der Wahl Karls IV. waren die Luxemburger 1346 endgültig an die Spitze des Reiches aufgestiegen und sollten diese Position auch mit kleinen Unterbrechungen bis 1437 innehaben, als durch dynastische Verbindungen Habsburg wiederum die Oberhand gewann. Dadurch lagen – wenn auch mit deutlichen Verschiebungen – die Schauplätze der Reichsgeschichte weiterhin vor allem im Südosten. Zwar blieben die rheinischen Orte für die Erhebung wichtig, aber unter den Luxemburgern wurde zunächst Prag zum wichtigsten Ort des Reiches. Der dortige Bischofssitz war kurz vor der Regierungszeit Karls zum Erzbistum erhoben worden (1344), wenige Jahre später (1348) wurde dort die erste Universität auf Reichsgebiet nördlich der Alpen errichtet. Es deutet sogar eine gewisse Konkurrenz an, daß kurz darauf Wien (1365) mit einer Universitätsgründung nachzog. Prag und der böhmische Raum wurden auch für die Kirchengeschichte wichtig, weil sich mit den Lehren des Johannes Hus neue Vorstellungen verbreiteten.

Zwar kam es unter Sigismund (1410/11–1437) auch nach Westen hin zu beachtlichen Aktivitäten, und das von ihm maßgeblich dominierte Konstanzer Konzil setzte nochmals andere geographische Schwerpunkte, dennoch blieben die Zentren der Reichsaktivitäten stärker in Böhmen und Umgebung. Diese Orientierung hatte teilweise noch unter dem Habsburger Albrecht II. (1438–1439) Bestand, so daß erst die Wahl des aus der Hauptlinie der habsburgischen Leopoldiner stammenden Friedrichs III. im Jahre 1440 zu einer weiteren Schwerpunktverlagerung führte, weil dieser Zweig des Hauses seine Interessen traditionell von Graz und von Wiener Neustadt aus wahrgenommen hatte. Mit der Türkengefahr geriet der Osten – auch außerhalb des Reiches – im 15. Jahrhundert noch auf ganz andere Art und Weise stärker ins Blickfeld.

Hegemoniales Königtum? Die Herrschaft Karls IV. (1346–1378)

Karl IV. hieß ursprünglich Wenzel. Er wurde in Prag geboren, dann auf den Namen des böhmischen »Nationalheiligen« Wenzel getauft, aber später dem Einfluß seiner böhmischen (přemyslidischen) Mutter entzogen. Der Vater brachte ihn nach Paris an den Hof der mit ihm verwandten Kapetinger zur Erziehung, und dort nahm er den Namen seines Firmpaten Karl an. Durch seine Erziehung am französischen Königshof (1323–1330) erhielt er eine für Laienfürsten ungewöhnlich umfassende Bildung.

Mit dem Erwerb Böhmens waren unter Kaiser Heinrich VII. die Weichen für eine große Machterweiterung der Luxemburger gestellt worden, aber zunächst blieben die Bindungen nach Westen erhalten. Nach einem Aufenthalt in Oberitalien weilte Karl 1333–1346 als Markgraf von Mähren vor allem in den böhmi-

Prag, Karlsbrücke.
Die Errichtung der Karlsbrücke gehört in die Regierungszeit Karls IV. Von ihr wurde Johannes von Nepomuk 1393 in die Moldau gestürzt. Im Hintergrund ist die Kleinseite und der Dom erkennbar. In Prag ist schon früh eine multiethnische Kaufmannssiedlung belegt, 972/73 wurde ein Bistum gegründet, das 1344 Erzbistum wurde. Den Ausbau der Stadt betrieb Karl IV. vor allem durch die Gründung der Neustadt 1348. Gleichzeitig erweiterte Karl auch die unterhalb der Burg gelegene Kleinseite, so daß Prag seit seiner Zeit zu den räumlich größten Städten Europas gehörte.

schen Ländern, wo er trotz adeligen Widerstandes und zeitweiliger Gegnerschaft seines Vaters eine straffe Landesherrschaft aufzubauen versuchte. 1342 übernahm er faktisch die Regierung in Böhmen. Dieser Raum bildete inzwischen die neuluxemburgische Hausmacht (mit Mähren, dem Egerland und den Lausitzen, wozu später noch eine Zahl von schlesischen Fürstentümern trat) und war neben dem habsburgischen der größte im Reich, gegenüber diesem lag er jedoch für das Gesamtreich noch zentraler und günstiger. Darauf konnte das Königtum Karls aufbauen, der als einer der bedeutendsten Herrscher der spätmittelalterlichen Reichsgeschichte gilt, weil er für die Struktur und Verfassung des Reiches nochmals einige entscheidende Impulse geben konnte, die allerdings in der Folgezeit nur bedingt weiter geführt wurden.

Der Papst hatte die Kurfürsten noch zu Lebzeiten Ludwigs des Bayern zu einer Neuwahl aufgefordert. Johann von Böhmen und sein Sohn Karl machten in Avignon dem Papsttum große Zugeständnisse und erreichten nicht zuletzt dadurch die Unterstützung des Pontifex. Deshalb bezeichnete man Karl zuweilen sogar seiner guten Beziehungen zur Kurie wegen als »Pfaffenkönig«. Fünf Kurfürsten (Mainz, Köln, Trier, Böhmen, Sachsen-Wittenberg) wählten Karl am 7. Juli 1346 – wie bereits erwähnt – in Rhens zum Gegenkönig, wofür ihnen dieser fast über seine Verhältnisse hinaus Zugeständnisse machte. Anstatt aber nach der Wahl die Königskrönung zügig durchführen zu können, wurden Vater und Sohn als Verbündete der Franzosen in den Hundertjährigen Krieg einbezogen. In der Schlacht bei Crécy (unweit Calais) am 29. August 1346 unterstützten sie die französische Seite. Der blinde Johann sei heroisch in die Schlacht gezogen und habe dort den Tod gefunden, wie der Geschichtsschreiber Froissart berichtet. Hingegen fanden die Zeitgenossen für Karls Rückzug aus dem militärischen Geschehen kaum lobende Worte. Von seinem Vater übernahm Karl etwa ein Jahr später, am 2. September 1347, die böhmische Krone.

Die Anfänge Karls als König des Reiches waren keinesfalls ganz gesichert, weil die Machtbasis Ludwigs des Bayern noch teilweise Bestand hatte und die Publizistik weiterhin funktionierte. Zwar war der Luxemburger nach seiner Wahl am 11. Juli in Rhens am 26. November 1346 in Bonn gekrönt worden, aber dies waren die »falschen« Orte. Deshalb ließ sich Karl nach Ludwigs Tod am 25. Juli 1349 im Sommer in Aachen nochmals krönen, nachdem eine erneute Wahl am rechten Wahlort Frankfurt vorausgegangen war. Mit dieser Krönung stellte sich der König zugleich in die Tradition des namensgleichen großen Karolingers.

Karl führte schon seit der päpstlichen Approbation vom 6. November 1346 den Titel *Romanorum Rex,* aber die Wittelsbacher waren nicht untätig geblieben und hatten nach dem Tod Ludwigs des Bayern mehrfach versucht, ihre Ambitionen auf den Thron umzusetzen. Erst mit dem thüringischen Adeligen Günther von Schwarzburg waren sie erfolgreich, der sich am 30. Januar 1349 zum König hatte wählen lassen, sogar in einer Mehrheitswahl durch Mainz, die

Frankfurt, Dom, Grabmal König Günthers von Schwarzburg 1352.
Die Platte deckte ursprünglich ein 1352 errichtetes Hochgrab, das erst 1743 verändert wurde, wodurch deutlich wird, daß der (Gegen-)König Karls IV. durch ein sehr repräsentatives Grabmal ausgezeichnet wurde.

Lauf.
Das östlich von Nürnberg gelegene Lauf lag an der Straße von Nürnberg nach Prag, die seit der Regierungszeit Karls IV. wichtiger wurde. Lauf war eines der von Karl geförderten »neuböhmischen« Zentren, das jedoch noch zu Lebzeiten des Kaisers (1373) an die Wittelsbacher zurückfiel.

Pfalz, Brandenburg und Sachsen-Lauenburg. Die Luxemburger Parteiung schaffte es aber, seine Gefolgschaft weitgehend zu isolieren, so daß Günther von Schwarzburg im Vertrag von Eltville am 26. Mai 1349 auf das Königtum verzichtete gegen Amnestie für seine Anhänger und einen finanziellen Ausgleich. Der Tod Günthers kurz darauf am 14. Juni 1349 schuf endgültig klare Verhältnisse.

Zugute kam Karl auch, daß die Habsburger schon 1348 auf seine Seite getreten waren. Sie ließen sich von ihm belehnen und ergriffen damit zu seinen Gunsten Partei. Karl machte aber die Wittelsbacher auch dadurch gefügig, daß er nach dem Tod seiner Frau Blanche von Valois im März 1349 die Tochter des wittelsbachischen Pfalzgrafen heiratete. Dadurch spaltete er die Wittelsbacher Parteiung; die Oberpfälzer Mitgift bot den Ausgangspunkt für die Entwicklung »Neuböhmens«, die den Anfang der äußerst erfolgreichen Hausmachtpolitik Karls kennzeichnet. Zur gleichen Zeit tauchte in Brandenburg ein »falscher Woldemar« auf, der behauptete, er sei der askanische Markgraf Woldemar von Brandenburg, den man seit 1319 für verstorben hielt. Karl unterstützte diesen in seinen Ansprüchen auf die Mark Brandenburg und trug so einen weiteren diplomatischen Sieg über die wittelsbachischen Ansprüche in Brandenburg davon, auch wenn er kurz darauf Woldemar wieder fallen ließ und sich zumindest äußerlich 1350 mit den Wittelsbachern aussöhnte.

In welchem Maße die Anfänge Karls vom Einbruch der wohl schwersten sozialen und wirtschaftlichen Krise des deutschen Spätmittelalters, von der Großen Pest (1348/49) sowie von ihren direkten und indirekten Folgen bestimmt war, läßt sich an der Reichsgeschichte nur teilweise ablesen, denn viele der Begleiterscheinungen bewirkten vor allem im agrarischen Bereich einen weiterreichenden Strukturwandel. Böhmen war von den direkten Gefahren der Pest wenig betroffen, und bei manchen der großen Umstrukturierungen in Land und Stadt, auch im Lohn- und Preisgefüge, waren eher langfristige Trends bedeutsam. Der Bevölkerungsrückgang führte aber nicht nur zur Aufgabe zahl-

Nürnberg, Hauptmarkt.
Neben Prag wurde Nürnberg unter Karl IV. zu einer immer wichtigeren Stadt. Die Ansicht zeigt etwa das Gebiet des früheren Judenviertels, auf dessen Boden nach 1349 der Hauptmarkt und die Frauenkirche (vorne rechts) errichtet wurden. In der Mitte links Sankt Sebald, im Hintergrund die Burg.

Karlstein, Kreuzkapelle.
Die etwa 25 Kilometer südwestlich von Prag gelegene Burg Karlstein ließ Karl IV. errichten (1348–1367), jedoch wurde Karlstein auch schon früher bewohnt. Die Burg sollte nicht nur als abgeschiedene Zuflucht für den Kaiser dienen, sondern auch als Aufbewahrungsort für die Reichskleinodien; im größeren Turm befand sich die Kreuzkapelle im zweiten Stock, wo die Reichskleinodien verwahrt wurden. In diesem kleinen Raum (Katharinenkapelle) wurden die Reichskleinodien bis zur Fertigstellung der Kreuzkapelle bewahrt.

reicher Ortschaften, sondern ließ auch die »Ostsiedlung« stagnieren. Das Reichsoberhaupt mußte sich mit den sozial-religiösen Begleiterscheinungen auseinandersetzen, dies betraf vor allem Geißlerzüge und Judenpogrome. Hier spielte der König alles andere als eine rühmliche Rolle, denn er sah manchen Judenverfolgungen tatenlos zu. In Städten wie Nürnberg ließ er diese geschehen oder sicherte sogar im Vorfeld Straffreiheit zu. Teilweise zog er auch aus der Verteilung jüdischen Vermögens eigenen Vorteil.

Böhmen und Prag rückten schon in den Anfangsjahren Karls immer stärker ins Zentrum der Politik. Seit 1349 blieb Karl fast ohne Unterbrechung vier Jahre lang dort. Prag wurde weiter ausgebaut: Der noch heute herausragende Veitsdom entstand, der alte Königspalast (auf dem Hradschin) wurde erweitert und ausgestaltet. Zeugnis von der zunehmenden Bedeutung der Stadt legt auch die Gründung der überaus großzügig geplanten Prager Neustadt ab (1348) (Farbabb. 13). Dies führte zu zahlreichen künstlerischen Kontakten innerhalb Europas (Kunst der Parler sowie Werke italienischer Künstler), die sich auf literarische Austauschprozesse ausdehnten. Der Bau der Burg Karlstein vor den Toren Prags wurde zur Aufbewahrung von Insignien böhmischer und deutscher Königsherrschaft begonnen (Farbabb. 14). Damit unterstrich Karl auch sakrale Züge seiner Herrschaft. Die Verehrung des heiligen Wenzel als Patron Böhmens, die Bezeichnung der böhmischen Krone als Wenzelskrone, aber auch die jährliche »Weisung« von Reichsinsignien, zu denen auch Reliquien zählten (so zum Beispiel die Heilige Lanze), trugen hierzu bei.

Die bereits erwähnte Errichtung der Universität Prag am 9. April 1348 machte Prag außerdem zu einem intellektuellen und kulturellen Zentrum. Sie war zwar nach dem Pariser Vier-Fakultäten-Modell organisiert, aber weniger universale Konzeptionen als Interessen für das eigene Reich standen laut der Urkunde im Vordergrund. Insofern verwies die Gründung der Prager Universität eher auf die in der Folge stärker ausgebauten landesherrlichen Universitäten, denn es ging auch darum, Landeskinder für diverse Aufgaben besser in unmittelbarer Nähe auszubilden. Insbesondere Rechtsgelehrte waren in der Umgebung des Königs wichtig, um eine funktionierende Kanzleiverwaltung nach fran-

Prag, Heiltumsweisung auf dem Karlsplatz.

Das Bild eines modernen tschechischen Künstlers zeigt den Heiltumsstuhl, mit dem die Reichkleinodien, die das Bild im oberen Teil erkennen läßt, auf dem Karlsplatz in Prag im 14. Jahrhundert gewiesen wurden; erst 1424 wurden die in der Burg Karlstein aufbewahrten Heiltümer nach Nürnberg übertragen.

zösischen und italienischen Vorbildern aufzubauen. Dies ging in Prag einher mit der weiteren Entwicklung von Deutsch als Kanzleisprache (Prager Kanzleideutsch).

Nach einem vorangegangenen Umritt durch große Teile des Reiches konnte Karl einen fest ins Auge gefaßten Romzug beginnen. Ende September 1354 brach er aus der Reichsstadt Nürnberg auf, einer Stadt, die sich immer mehr wegen ihrer wirtschaftlichen Beziehungen, aber auch ihrer Lage wegen zu einem zentralen Ort und zu einer Art Drehscheibe der Nachrichten und Kommunikation zwischen Ost und West sowie Süd und Nord entwickelte. Karl traf zu Beginn des Folgejahres in Mailand ein und ließ sich am 5. Januar 1355 mit der eisernen lombardischen Krone krönen. Mailand unterstützte den Romzug finanziell, dafür erkannte Karl die dort als Reichsvikare regierenden Visconti an.

Auf dem Durchzug durch Italien fungierte Karl in mehreren Kommunen als Vermittler, verlieh aber ebenso bereitwillig zahlreiche Privilegien, militärisch griff er nur selten ein. Nach Wunsch des Papstes sollte Karl Rom nur einen Tag lang betreten, denn die Ewige Stadt war durch die Umtriebe des »Volkstribuns« Cola di Rienzo († 1354) aufgewühlt, in die sich Karl aber nicht hineinziehen ließ. Nach der Krönung im Petersdom an Ostern (5. April 1355) durch einen Kardinallegaten konnte der neue Kaiser trotz dieser Zeitnot auf dem Weg zum Fest-

Rom, Engelsbrücke und Engelsburg.
Im Hintergrund ist der erst in der Renaissance gebaute Petersdom zu erkennen. Nach seiner Kaiserkrönung in Sankt Peter an Ostern 1355 zeichnete Karl IV. 1.500 Männer auf der Engelsbrücke mit dem Ritterschlag aus.

mahl im Lateran 1.500 Männer auf der Engelsbrücke mit dem Ritterschlag auszeichnen. Auf dem Rückzug nach Norden akzeptierte Karl fast jede Bedingung, um freien Durchzug zu erhalten. Die noch verbliebenen Kaiserrechte in Italien setzte er oft in Einnahmen um. Sein Italienzug ähnelte somit kaum noch den Zügen hochmittelalterlicher Kaiser; die Ghibellinen waren enttäuscht, die Kaiseridee hatte sich nicht nur in der Theorie verändert.

Nach diesem Zug scheiterte Karl in Böhmen zwar damit, die *Maiestas Carolina*, welche in Böhmen die königliche Prärogative vor den Ständen festlegen sollte und wohl deshalb von diesen zurückgewiesen wurde. Karl zog das Gesetzeswerk 1355 zurück und mußte in Böhmen seine Positionen künftig diplomatisch durchsetzen und den Adel jeweils zu gewinnen suchen.

Das »Reichsgrundgesetz«: Die Goldene Bulle von 1356

Erfolgreicher war Karl IV. im Reich mit der berühmten Goldenen Bulle und ihren Bestimmungen, die im wesentlichen schon in der Regierungszeit Ludwigs des Bayern vorbereitet worden waren. Der Name bürgerte sich erst seit etwa 1400 wegen der Besiegelungsform ein. Dieses »Reichsgrundgesetz« blieb bis 1806 in Kraft und wurde erstmals am 10. Januar 1356 auf einem Hoftag in Nürnberg verkündet. Ende des Jahres, am 25. Dezember 1356, wurde eine erweiterte Fassung ganz im Westen des Reiches, in Metz, in Anwesenheit des künftigen französischen Königs und eines päpstlichen Legaten öffentlich bekannt gegeben. Damit waren Orte in Ost und West vielleicht mit Bedacht für die Inszenierung gewählt, und man mag sogar die Verkündigung in Metz als einen demonstrativen Akt an den Grenzen des Reiches ansehen (Farbabb. 15).

Wichtigster Punkt dieses Rechtswerkes war die Wahl des römisch-deutschen Königs und des künftigen Kaisers. Die Goldene Bulle dokumentiert den Abschluß einer Entwicklung, der sieben Kurfürsten das Wahlrecht zubilligte. Einberufung und Leitung der Wahl oblagen dem Erzbischof von Mainz, der auch als letzter seine vielleicht entscheidende Stimme abgeben durfte. Die Mehrheitswahl wurde nun der einstimmigen Wahl gleichgestellt, sogar die Selbstwahl eines Kurfürsten war gestattet. Darüber hinaus galten die Kurfürsten als Teilhaber am kaiserlichen Körper, sie waren die »Säulen des Reiches«. Außerdem durften einige Kurfürsten am Tisch des Königs und Kaisers symbolische Dienste ausüben, jedoch spielten sich die in der Goldenen Bulle angeregten jährlichen Treffen zur Besprechung von Reichsangelegenheiten nicht ein.

Prag, Veitsdom.
Blick auf die Südfront des Domes mit dem sogenannten Goldenen Tor.

Die Bestimmungen hoben die Kurfürsten weiter hervor: Kurfürstentümer durften nicht geteilt werden; außerdem wurde ihnen die Gerichtshoheit und die Partizipation am Majestätsrecht, den weltlichen auch die Erblichkeit der Kurwürde garantiert. Insofern wurde ein Wahlkönigtum mit einem Erbkurfürstentum der Laienwähler verknüpft. Damit erhielten die Kurfürsten Rechte, die ihnen Vorteile vor anderen Landesherrschaften sicherten. Insbesondere galt dies für Böhmen, dessen König jetzt unter den weltlichen Kurfürsten die Spitzenstellung einnahm. Für Vakanzen sah das Gesetz als Reichsvikar den Pfalzgrafen bei Rhein vor (V, 1). Schaut man auf die räumliche Verteilung der Kurfürstentümer, so wird deutlich, daß neben dem Rheingebiet nunmehr vor allem Herrschaften im Osten hierzu gehörten. Das Dokument erwähnt den Papst nicht, und damit werden die Ergebnisse des Kampfes Ludwigs des Bayern besonders deutlich. Weder bedurfte es einer päpstlichen Approbation der Königswürde, noch galt ein päpstlicher Einfluß auf die Erhebung als Kaiser. Der König war »erwählter Kaiser« (*rex Romanorum in imperatorem promovendus* oder *futurus Caesar*), wie verschiedene Umschreibungen deutlich machen. Festgelegt wurden ferner Frankfurt als Wahlort, Aachen als Krönungsort und Nürnberg als Ort des ersten Hoftags.

Es gab aber im Reich wichtige Territorien oder Dynastien, die nicht mit der Kurwürde ausgestattet worden waren. Dies betraf zum Beispiel die Habsburger. Vielleicht auch deshalb entstand wenig später – wohl 1358/59 – unter Herzog Rudolf IV. von Habsburg (1358–1365) eine Fälschung, die in der Forschung als *Privilegium Maius* bezeichnet wird. Der Text, in die Form einer Urkunde Friedrichs I. gekleidet (zusammen mit weiteren flankierenden falschen Privilegien), berief sich auf Caesar und Nero und forderte den Vorrang des Erzherzogs vor

Nürnberg, Frauenkirche.
An der nach den Judenpogromen 1349 in Nürnberg errichteten Frauenkirche (vgl. Seite 155) erinnerte seit 1506/09 das täglich stattfindende »Männleinlaufen« daran, daß in Nürnberg die Goldene Bulle verkündet wurde. Die sieben Kurfürsten kreisen um den Kaiser und huldigen ihm.

allen anderen Reichsfürsten sowie weitere Vorrechte. Karl IV. ließ den Humanisten Petrarca das Latein der Urkunde überprüfen; er bestätigte diese schließlich nicht und ignorierte die habsburgischen Ansprüche. Erst 1443 und 1453 wurde das Privileg durch den Habsburger Friedrich III. bekräftigt, der damit in einer neuen Situation die Stellung Österreichs unter den Territorien des Reichs deutlich stärkte. Vielleicht gehört zu diesem habsburgischen »Aufholen« auch die Erwerbung Tirols 1363 sowie die Gründung der Universität Wien 1365. Das *Privilegium Maius* zeigt aber, daß auch andere Reichsfürsten ähnliche Freiheiten wie die Kurfürsten erringen wollten, der Prozeß der Territorialisierung erhielt damit nochmals einen neuen Akzent.

Ausdehnung, Hegemonie und Krisensymptome

Trotz dieser grundlegenden Weichenstellungen mußte Karl IV. das Reich weiter konsolidieren. Im Westen konnte er nach einer Reise an den päpstlichen Hof in Avignon mit einer Krönung zum König von Burgund in Arles als erster Herrscher nach Friedrich I. auch die burgundische Krone erlangen (4. Juni 1365). Dies drückte zugleich einen hegemonial-imperialen Machtanspruch aus. Dennoch war der Südwesten kaum noch ins Reich integriert. Die Freigrafschaft Burgund übertrug Karl an Margarete von Flandern.

Trotz dieser Aktivitäten im Westen blieb der Osten insgesamt das wichtigere Aktionsfeld. Hier hatten sich um 1361/62 die Könige von Ungarn und Polen verbündet und weiterhin vor allem Habsburg als Bundesgenossen gewonnen. Auch Dänemark und Pommern waren der antikaiserlichen Allianz beigetreten. Um dieser Bedrohung zu entgehen, nutzte Karl die Möglichkeiten der Heiratspolitik. Nachdem seine Frau Anna von Schweidnitz 1362 verstorben war, heiratete er 1365 Elisabeth von Pommern, eine Enkelin des polnischen Königs und spaltete damit die Parteiung seiner Gegner im Norden und Nordosten.

Dort sowie im gesamten Ostseeraum agierten vor allem die in der Hanse zusammengeschlossenen Hansestädte, die 1370 im Frieden von Stralsund die Niederlage des dänischen Königs besiegeln konnten. Der Schulterschluß der Städte war ursprünglich vor allem aus wirtschaftlichen Gründen erfolgt, führte langfristig aber auch zu zahlreichen politischen Folgen im engeren Sinne. Der Ostseeraum wurde hierdurch zunehmend in die europäische Politik einbezogen. Am Anfang der Hanse standen die schon seit dem 11./12. Jahrhundert zusammengeschlossenen Kaufmannsgruppen, die sich vor allem in London wegen ihrer besonderen Privilegien gegenseitig unterstützten. Weiterhin bestand eine wichtige Genossenschaft der Kaufleute aus dem Reich auf der Ostseeinsel Gotland, die seit der 2. Hälfte des 12. Jahrhunderts rechtsfähig wurde. Neben London und Gotland war Lübeck ein dritter wichtiger Ausgangspunkt, der Ort sollte zum Haupt der Hanse avancieren. Die 1158/59 durch Herzog Heinrich den Löwen gegründete Stadt glich in manchem sogar schon einer modernen Großstadt, sie war zugleich die größte Stadt des nördlichen Europa im Mittelalter. Unter den Empfängern der Urkunden Karls IV. im Norden des Reiches sticht sie deutlich hervor. Lübeck wurde neben Magdeburg vielfaches Modell für weitere Städtegründungen, besonders im Osten. In späterer Zeit gewann der flandrische Raum mit Brügge als Drehscheibe zwischen Ostsee- und Atlantikhandel an Bedeutung. Erst im 16. Jahrhundert schwand die Bedeutung der

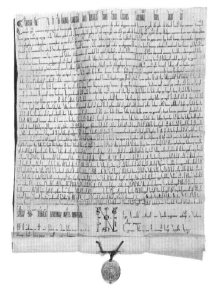

Privilegium Maius.
Wien, Haus-, Hof- und Staatsarchiv.
Die Urkunde gehört zu den Fälschungen, die Herzog Rudolf IV. von Österreich wohl 1358/59 herstellen ließ und bei einem Besuch in Prag Ende April 1359 vergeblich zur Bestätigung vorlegte. Es geht im Text um einzigartige Vorrechte Österreichs sowie um Österreichs fürstliche Stellung im Reich.

Hanse. Der Friede von Stettin 1570 bezeichnete das Ende hansischer Einheit im alten Sinn in der Ostsee, und der Dreißigjährige Krieg besiegelte das Ende des Städtebundes.

Hatte Karl im Norden auch durch seine vierte Heirat die Situation 1365 entschärft, so zeigen seine vier Ehen insgesamt eine Orientierung von Westen nach Osten. Alle Eheschließungen waren zugleich dem weiterem Ausbau der Hausmacht dienlich: Nach der Hochzeit mit Blanche von Valois (1329) waren dies die Bündnisse mit Anna von der Pfalz (1349), Anna von Schweidnitz (1353) und Elisabeth von Pommern (1365). Mit Anna von der Pfalz heiratete Karl die Tochter eines wittelsbachischen Pfalzgrafen, womit er seine Gegner um die Königskrone neutralisierte und 1353 die Oberpfalz als Brückenkopf zwischen West und Ost erwarb, später, durch die Heirat mit Anna von Schweidnitz und durch den Tod Herzog Bolkos von Schweidnitz-Jauer (1368), kamen Schlesien und die Lausitz (1367–1368) an die Luxemburger. 1373 kaufte Karl im Vertrag von Fürstenwalde das wittelsbachische Kurfürstentum Brandenburg, so daß er gegen Ende seiner Herrschaft über einen ausgesprochen weiten Länderkomplex gebot. Allerdings rief diese Expansionspolitik vor allem seit 1367 auch Widerstand hervor, weil sie die Interessen anderer Fürsten schädigte.

Karls zweiter Italienzug 1368/69 unterstützte die Versuche des Papstes, nach Rom zurückzukehren, es kam jedoch noch nicht endgültig zur Verlegung der päpstlichen Kurie von Avignon zurück nach Rom. Erst im letzten Jahr seiner Regierung trug Karl dazu bei, daß die Kurie von Avignon nach Rom übersiedelte; er schloß sich in dem dann 1378 ausbrechenden Schisma der römischen Obödienz an.

Dunkel bleiben die Hintergründe der von Karl Ende 1377 unternommenen Frankreichreise, auf welcher vielleicht weit gespannte dynastische Pläne erörtert wurden. Jedenfalls brachte man die geheimen Verhandlungen in Paris mit einem Ereignis in Verbindung, das Anfang 1378 Aufsehen erregte. Karl verlieh das Reichsvikariat im Arelat auf Lebenszeit an den französischen Thronfolger. Der französische Kronprinz war schon zuvor Graf in der von Frankreich 1349 gekauften Dauphiné gewesen (daher die Bezeichnung des Thronfolgers als »Dauphin«, »Delfin«). Es ist unklar, was Karl zu diesem »rätselhaften Verzicht« (Ferdinand Seibt) bewogen haben mag. War es der Preis dafür, um ein Eingreifen Frankreichs in Ungarn und Polen zu verhindern, wo die Luxemburger durch Eheprojekte weiteren Einfluß zu gewinnen suchten?

Abgesehen davon hatte Karl sein Haus wohl bestellt: Die Kurfürsten wählten seinen Sohn Wenzel schon 1376 zum König, erstmals seit der Stauferzeit zu Lebzeiten des Vaters. Dieser Erfolg wurde gegen die Interessen des Papstes, der Kurfürsten und der rivalisierenden Dynastien verwirklicht. Allerdings dürfte Karl hierfür große Summen aufgewendet haben, so daß dieser Akt zur großen Verschuldung der Luxemburger mit beigetragen haben dürfte. Die testamentarische Verfügung sah für die Söhne vor, daß Wenzel das Kerngebiet mit Böhmen erhielt, Sigismund hingegen Brandenburg und Johann ein kleines Herzogtum Görlitz als böhmisches Lehen. Karl starb am 29. November 1378 in Prag und wurde dort im Veitsdom beigesetzt; er hatte die Herrschaft der Luxemburger gegenüber anderen Großdynastien fast hegemonial aufgebaut, aber dieses System wurde zu Ende seiner Regierung brüchig.

Vernachlässigtes Reich? Wenzel, »der Faule« (1376/78–1400)

Prag wurde unter Karls Sohn aus seiner dritten Ehe noch wichtiger. Deutet sein Name Wenzel an, wie sehr er in einer přemislidisch-böhmischen Tradition stehen sollte, so verweist sein Beiname, »der Faule«, darauf, daß er für das Reich angeblich wenig getan habe. Obwohl diese Beurteilung inzwischen zunehmend einer differenzierten Betrachtungsweise weicht, bleibt doch unbestritten, daß der böhmische Raum unter Wenzel starkes Gewicht erhielt, andere Gegenden des Reiches noch königsferner wurden und gleichzeitig eine politische Opposition im Reich wuchs.

Wie kam es aber zu dieser verstärkten Beschränkung auf den böhmischen Raum? Der älteste Sohn Karls IV. war schon zu Lebzeiten des Vaters zum König erhoben worden, er war auch bei diversen Reichsangelegenheiten bereits beteiligt. Wenzel übernahm ein schweres Erbe, weil das Gegeneinander von Fürsten, Städten und Rittern im Reich und auch die vom Vater mühsam kontrollierte Situation in Böhmen durch die Spaltung der Kirche im großen Abendländischen Schisma (seit 1378) noch weiter verstärkt wurde. Insofern wirkten sich strukturelle Probleme nun gravierend aus. Außerdem starben zahlreiche Monarchen in West und Ost in den 70er und 80er Jahren des 14. Jahrhunderts, so daß auch hier die politischen Gewichte neu austariert werden mußten.

In Böhmen brach die latente Krise zuerst aus, dort zerfiel das karolinische System, und Wenzels Königtum wurde schrittweise auf die Krondomäne zurückgedrängt. Infolgedessen geriet Wenzel auch im Reich und darüber hinaus in immer größere Schwierigkeiten. Die schlechte Ausgangslage verschärfte sich dadurch, daß die ersten Hoftage 1379 in Nürnberg und Frankfurt schlecht besucht waren und keine Erfolge zeitigten. Dies verstärkte Wenzels Neigung, sich mehr und mehr nach Böhmen zurückzuziehen. Die Kurfürsten beklagten schon bald nach seiner Erhebung, daß wichtige Fragen nicht gelöst werden könnten, so das Problem möglicher Kirchenspaltungen. Besonders dringend wurde auch der Landfrieden, waren doch seit den 1370er Jahren verstärkt Städtebünde und Rittergesellschaften zur Verfolgung bestimmter Interessen gegründet worden.

Dies war allerdings kein grundsätzlich neues Phänomen, denn mit der Wirtschaftskraft und politischen Eigenorganisation der Städte wuchs im 13. und 14. Jahrhundert auch deren Selbstbewußtsein. Viele Städte hatten sich gegenüber ihren bischöflichen Stadtherren verselbständigt und beanspruchten, keinen Herrn zu haben. So wurden aus den königlichen Städten der Staufer durch ähn-

Köln, Stadtansicht.
Ausschnitt aus dem Gemälde des Meisters der Verherrlichung Mariens, Köln, Wallraf-Richartz Museum, 2. Hälfte des 15. Jahrhunderts. Zu den Großstädten des späten Mittelalters gehörte sicherlich Köln. Die auf antike Wurzeln zurückgehende Stadt war im späten Mittelalter nicht nur durch den Erzbischofssitz und die Kurfürstenwürde herausgehoben, sondern unterstrich ihre Führungsposition auch durch Städtebündnisse und florierenden Handel, der in großem Maße auch den niederländischen und englischen Raum betraf.

Nürnberg, Stadtansicht.
Ausschnitt aus der Tafel des Krellschen Altares in der Sankt Lorenzkirche in Nürnberg, um 1483. Nürnberg dominierte als spätmittelalterliche Großstadt im oberdeutschen Raum. Die befestigte Stadt mit Burg und den beiden Kirchen Sankt Sebald nördlich, Sankt Lorenz südlich der Pegnitz, wurde seit dem 14. Jahrhundert nicht nur ein bedeutendes Handelszentrum, sondern seit den Luxemburgern auch aufgrund der Lage zwischen Böhmen und dem Mittelrhein ein zunehmend wichtiger Ort für das Reich.

liche Prozesse (unter anderem auch Ausgestaltung der Ratsverfassung) Reichsstädte, zu denen vor allem Nürnberg, Frankfurt am Main, Lübeck gehörten. Zusammenschlüsse von Städten erhöhten deren Gewicht weiter. Dies gab es verstärkt seit dem Interregnum mit dem »Rheinischen Städtebund« von 1254. Neben der Hanse waren weitere Städtebündnisse vor allem im Süden anzutreffen. Weil die Landesherren meist Gegner der Reichsstädte waren, blieben diese als die im Kräftespiel des Reiches zuletzt schwächeren auf den König angewiesen.

Die wichtigste oberdeutsche Reichsstadt Nürnberg ragte vor allem im 14. und 15. Jahrhundert mit hochentwickelten Handelsgesellschaften, gewerblichen Erfindungen auf fast allen Gebieten, großer Finanzkraft und enormen Außenbeziehungen heraus. Weitere wichtige Städte waren Ulm, Ravensburg, Augsburg, das besonders seit dem ausgehenden 15. Jahrhundert durch die Fugger an Gewicht gewann. Nürnberg war ein Zentrum des oberdeutschen Wirtschaftsgebiets, das weit über die Grenzen des Reiches nach Osten und Südosten, aber auch nach Süden und Westen weit hinausreichte, das jedoch anders als manche Hansestädte stärker dem Königtum verbunden war und diesem teilweise diente. Gegen den schon unter Karl IV. ausgeübten fiskalischen Druck setzte sich der 1376 gegründete Schwäbische Städtebund unter der Führung Ulms zur Wehr. Weitere Bündnisse waren ab 1338, 1354, 1379 der Elsässische Städtebund, der 1381 geschlossene Rheinische Städtebund, die beide mit dem Schwäbischen Städtebund in Verbindung traten, sowie der 1382 gegründete Sächsische Städtebund.

Ähnlich wie die Städte schloß sich vor allem seit dem ausgehenden 14. Jahrhundert in vielen Landschaften (so in Schwaben, Franken, am Rhein) der Niederadel zu Ritterbünden zusammen, um sich entweder gegen einen Landesherren zu behaupten oder um gegenüber Landesherren oder Städten die eigene Unabhängigkeit zu verteidigen. Während einige Bünde 1381/82 gegen die Städte unterlagen, vermochten andere insbesondere zu Beginn des 15. Jahrhunderts eine politische Rolle zu spielen. Diese verschiedenen Formen der Eigenorganisation ließen zuweilen auch Fehdehandlungen und Streitigkeiten eskalieren. Wenzel strebte zur Durchführung des Landfriedens sogar in den 1380er Jahren eine Ordnung auf der Basis von vier Reichskreisen an, die eine eigene Exekutive, Gerichts- und Appellationsinstanz besitzen sollten. Allerdings schei-

Lübeck, Stadtansicht.
Auschnitt aus der Innentafel des Flügelaltars von Hermen Rode in der Sankt Nikolaikirche Reval, 1482. Die Stadt Lübeck war maßgeblich mit der Hanse verbunden und dominierte als Großstadt im Norden, vor allem im Nord- und Ostseeraum.

terte deren allgemeine Durchsetzung auf dem Nürnberger Hoftag 1383, weil die Städte mißtrauisch blieben, aber das Modell war langfristig zukunftsträchtig. Ein Jahr später, 1384, wurde mit der Heidelberger Stallung ein mühsamer Ausgleichsversuch zwischen König, Fürsten und Städten erreicht, der wenigstens Zeitgewinn brachte.

Die Spannungen zwischen Städten und Fürstentümern entluden sich dennoch 1388/89 im ersten Städtekrieg, bei dem die Fürsten über die Städtebünde siegreich blieben. Der Landfriede von Eger (5. Mai 1389) besiegelte schließlich, daß die Städte wenigstens vorerst auf ihre Bündnisse verzichten mußten. Das Reich wurde nun in sieben Kreise eingeteilt, und paritätisch zwischen den Vertretern von Fürsten und Städten geteilte Gerichts- und Exekutivinstanzen sollten über die Einhaltung der Bestimmungen wachen.

Obwohl Böhmen für Wenzel zentrale Bedeutung besaß, versuchte der König auch im Reich und nach außen zu wirken. Mit einem Italienzug und mit der möglichen Kaiserkrönung hing seine Haltung im Abendländischen Schisma zusammen, in dem er Rom, nicht Avignon unterstützte. Schon seit Anfang 1381 war er zu einem baldigen Aufbruch nach Rom entschlossen, jedoch erhielt er von den Reichsständen nicht die dazu notwendige finanzielle Unterstützung, zumal er das Reich nicht insgesamt auf seine rombezogene kirchliche Politik festzulegen verstand. Als Wenzel schließlich 1395 Giangaleazzo Visconti von Mailand († 1402) zum Herzog erhob, um ihn für sich zu gewinnen und einen Romzug vorzubereiten, handelte er kaum im Interesse des Reiches und dessen Position in Italien. Vielleicht war Wenzels Zugeständnis als ein Befreiungsschlag gedacht, der Akt bot aber vor allem seinen Kritikern Stoff, die glaubten, die Erhöhung sei nur wegen hoher Zahlungen erfolgt.

Stärkere Kritik bezog sich aber auf Wenzels Stellung im Reich allgemein sowie in Böhmen: In den Jahren 1388–1396 war Wenzel dem Binnenreich ferngeblieben; aber sogar in Böhmen geriet er in Bedrängnis, dort wurde er zwischenzeitlich durch den königsfeindlichen Hochadel und den Markgrafen Jobst von Mähren gefangengenommen (1394). Die selbstbewußten Barone hatten sich in einer »Herrenliga« zusammengeschlossen (1393), die teilweise von Wenzels Verwandten, Jobst von Mähren, und seinem Bruder Sigismund unterstützt wurden. In Böhmen wollte Wenzel sich schon vor seiner Gefangennahme eine neue Machtbasis durch ein neues westböhmisches Bistum in Kladrau mit einem ihm

Rothenburg ob der Tauber.
Ausschnitt aus dem Flügelaltarbild von Friedrich Herlin in der Sankt Jakobskirche zu Rothenburg, 1466. Rothenburg gehört zu den kleineren, aber wichtigen Reichsstädten im süddeutschen Raum und konnte große Teile auch des mittelalterlichen Stadtbildes bis heute bewahren.

genehmen Bischof schaffen. Auf den Widerstand des Prager Erzbischofs reagierte Wenzel mit Gewalt, so wurde am 20. März 1393 der erzbischöfliche Generalvikar Johannes von (Ne)Pomuk – mit dem der Herrscher schon in der Frage des Kirchenschisma aneinander geraten war – ermordet. Schon bald nach seinem Tod bezeichnete ihn der Prager Erzbischof als Märtyrer; der ans Moldauufer gespülte Leichnam wurde im Veitsdom begraben.

Der Machtverfall Wenzels schritt seit 1397 rasch fort, nachdem sich die rheinische Kurfürstenopposition unter der Führung von Pfalz und Mainz formiert hatte. Auf zunehmend gegen Wenzel gerichteten »königslosen Tagen« gewann diese Gruppe trotz offenkundig unrechtmäßigen Handelns wachsenden Anhang im Westen des Reiches. Nicht nur die eigene Schwäche und die Vernachlässigung des Reiches, sondern auch die Stärke seiner Gegner wurden dem luxemburgischen König zum Verhängnis.

Als Wenzel sich 1398 nochmals mit dem französischen König Karl VI. (1380–1422) in Reims traf, um das Papstschisma zu beseitigen, denn Frankreich hatte zwischenzeitlich dem Avignoneser Papst Benedikt (XIII.) (1394–1417) die Obödienz aufgekündigt, war dies kein Befreiungsschlag. Die neuen kirchenpolitischen Ziele des Königs, der jetzt Avignon zuneigte oder jedenfalls neutral blieb, verstärkten letztlich die Opposition der romtreuen rheinischen Fürstengruppe, die verlangte, er solle weiterhin am römischen Papst festhalten. Wenzels Schwäche rief weiterhin die konkurrierenden Dynastien wieder auf den Plan, neben den Habsburgern auch die Wittelsbacher. Unter Führung des wittelsbachischen Pfalzgrafen Ruprecht III., dessen Vater Ruprecht II. († 1398) sich schon 1394 bei der Gefangennahme Wenzels zum Reichsvikar erklärt hatte, und des Erzbischofs von Mainz, formierte sich Widerstand; Wenzels Spielraum wurde immer enger, er konnte sich bald nur noch auf die Städte stützen.

Wieder einmal wurde das Rheingebiet entscheidend. Nach verschiedenen Treffen schlossen sich am 11. April 1399 Mainz, Köln und Kurpfalz zur Wahrung ihrer Kurrechte zusammen. Am 26. Mai 1400 nominierten Fürsten und Städte den Pfalzgrafen Ruprecht als Kandidaten für das Königtum. In Oberlahnstein, wo sich die vier rheinischen Kurfürsten am 11. August 1400 versammelten, Wenzel aber nicht erschien, setzten sie den König am 20. August 1400 ab. Sie wechselten dann von der östlichen auf die westliche Rheinseite – dies mag durchaus symbolisch interpretiert werden – und erhoben am Folgetag auf dem Königsstuhl in Rhens den Pfalzgrafen Ruprecht III. zum neuen König. Dabei mag man auch daran gedacht haben, daß Karl IV. einstmals hier zum Gegenkönig gegen Ludwig den Bayern ausgerufen worden war.

Wenzel erkannte seine Absetzung nicht an, war aber zu keiner militärischen Gegenaktion fähig. Er wurde in Böhmen erneut gefangen gesetzt und verstrickte sich in innerdynastische Kämpfe mit der mährischen Nebenlinie und mit Sigismund von Ungarn. Die religiös-politisch-sozialen Auseinandersetzungen in Prag, die auch aus Gegensätzen zwischen Tschechen und Deutschen herrührten, verhinderten, daß er ins Reichsgeschehen eingriff. Wenzel starb am 16. August 1419 im Schloß Wenzelstein bei Prag und wurde im Prager Veitsdom beigesetzt.

Pfalz und Oberpfalz – Ruprecht (1400–1410)

Ruprecht von der Pfalz konnte nochmals die Bedeutung des Hauses Wittelsbach im Reich zur Geltung bringen. Allerdings waren seit dem Vertrag von Pavia (1329) die beiden Herrschaftsbereiche Bayern und Pfalz getrennt. Anfangs war Ruprecht stark von den rheinischen Kurfürsten abhängig, wovon er sich nur mit eingeschränktem Erfolg emanzipieren konnte. Immerhin eroberte der 1352 in Amberg geborene Ruprecht Neuböhmen (Oberpfalz), das die Luxemburger als Landbrücke zwischen Böhmen und Nürnberg zunehmend genutzt hatten.

Ruprecht wurde schrittweise im Westen, Nordwesten und Süden des Reiches anerkannt. Der römische Papst Bonifaz IX. (1389–1404) approbierte sein Königtum jedoch erst, als Frankreich das Avignoneser Papsttum favorisierte (1403). Der 1401 begonnene Italienzug Ruprechts scheiterte schon in Oberitalien am Widerstand der Visconti, die finanziell wesentlich besser ausgestattet waren. Deshalb mußte Ruprecht in der Folge seine Erblande stark besteuern, aber ein zweiter Italienzug ließ sich dennoch nicht realisieren.

Sein Königtum blieb auf andere Weise als dasjenige Wenzels räumlich beschränkt: Mosel, Mittelrhein, unterer Neckar und die Oberpfalz waren die Hauptgebiete seines Wirkens, das vielfach von Heidelberg aus organisiert wurde. Zwar entwickelte sich die Verwaltung unter seiner Herrschaft ausgesprochen professionell; insbesondere arbeitete die Kanzlei wohlorganisiert und effektiv und Rupprecht stützte sich zunehmend auf »Gelehrte Räte«, die an der nach Prag und Wien 1390 von den Pfalzgrafen gegründeten Universität in Heidelberg studiert hatten. Aber der Geldmangel schwächte das Königtum nachhaltig. Die von Ruprecht geförderten und initiierten Landfrieden räumten die latente Konkurrenz der verschiedenen Territorialherren nicht aus. Gegner seiner Herrschaft fanden 1405 im Marbacher Bund zusammen, hierzu gehörten vor allem Kurmainz, Baden und Württemberg. Sie fürchteten eine pfälzische Territorialpolitik unter der Königskrone. Jedoch war Ruprecht bei Ausgleichsversuchen in den folgenden Jahren teilweise erfolgreich.

Die letzten Jahre seiner Herrschaft waren von der Haltung im Großen Abendländischen Schisma geprägt. Nachdem auf dem von Kardinälen berufe-

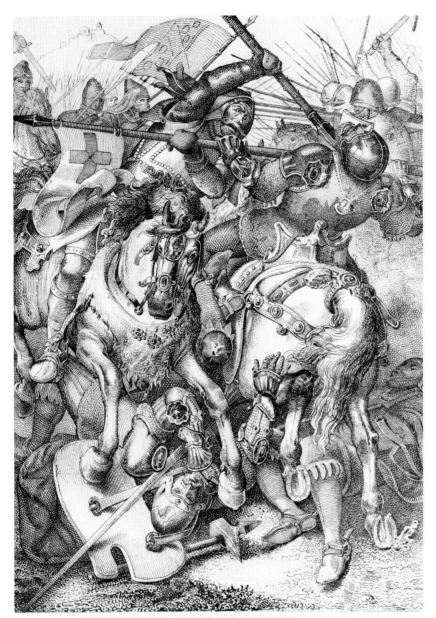

Tannenberg, Schlacht 1410.
Lithographie, Johann Nepomuk Geiger, 1863. Die Niederlage des Deutschen Ordens gegen Polen und Litauer unter König Jagiello wird dramatisch ins Bild gesetzt.

nen Konzil von Pisa 1409 die Päpste von Rom und Avignon abgesetzt worden waren, die diesen Akt jedoch nicht anerkannten, gab es nach einer Neuwahl nun drei konkurrierende Päpste. Hierüber spaltete sich der Anerkennungsbereich Ruprechts, der selbst dem römischen Papst treu blieb, während viele unter Kurmainzer Führung zur Pisaner Obödienz übergingen. In der Heidelberger Appellation vom 23. März 1409 kritisierte Ruprecht die Pisaner Kirchenversammlung und gab Anstöße zu einem allgemeinen Konzil.

Der Tod am 19. Mai 1410 auf der Festung Landskron bei Oppenheim 1410 befreite den König aus einer fast unhaltbar gewordenen Situation. Bestattet wurde er in der Stiftskirche zum Heiligen Geist in Heidelberg, wo das Hochgrab und das seiner Gattin eine Steinplatte ziert, die den König figürlich abbildet. Nach seinem Tod ging die Krone erstaunlich reibungslos wieder an die Luxemburger, von Ruprechts Sohn Ludwig als Thronprätendenten war offenbar keine Rede.

Heidelberg, Heiliggeistkirche, Grabplatte Ruprechts von der Pfalz und seiner Gemahlin.
Holzstich um 1880.

Heidelberg, Schloß.
Heidelberg wurde wohl schon 1170/80 von den Pfalzgrafen bei einer im Bereich des heutigen Schlosses bestehenden Burganlage gegründet. Die Kurfürsten ließen sich im 14. Jahrhundert auf Dauer in der »Unteren Burg« nieder, der Schloßberg diente der Ansiedlung von Hofbediensteten. Unter der Königsherrschaft Ruprechts erlange Heidelberg, das seit 1390 auch eine Universität beherbergte, reichsgeschichtliche Bedeutung.

Die im gleichen Jahr 1410 entschiedene Schlacht bei Tannenberg (poln.: Grunwald) endete mit einer schweren Niederlage des Deutschen Ordens gegen König Władysław II. Jagiełło von Polen (1368–1434) und Großfürst Witold von Litauen (1392–1430). Dieses Ergebnis betraf das Reich nicht direkt, weil der Orden weitgehend selbständig und unabhängig agierte, aber Ruprechts Nachfolger Sigismund versuchte, das Ordensland in das Reich einzufügen. Erst 1494 schwor der Deutschmeister dem Kaiser den Lehnseid, doch schon drei Jahrzehnte später wurde nach Einführung der Reformation Preußen in ein Herzogtum umgewandelt, das zum König von Polen in Lehnsabhängigkeit stand.

Sigismund – Ungarn und der Westen (1410/11–1437)

Die Krone ging zurück an die Luxemburger, aber daß Sigismund, der zweite überlebende Sohn aus der Ehe Karls IV. mit Elisabeth von Pommern, diese 1410 erlangte, war keinesfalls selbstverständlich, denn Wenzel war zwar 1400 in Oberlahnstein abgesetzt worden, hatte aber auf seine Ansprüche keinesfalls verzichtet und lebte immer noch. Für den am 15. Februar 1368 in Nürnberg geborenen Sigismund war das Erbe des söhnelosen Königs Ludwig I. von Ungarn und Polen († 1382) vorgesehen gewesen: 1375 war er mit Maria, der zweiten Tochter Ludwigs, verlobt worden. Er konnte die Herrschaft in Polen jedoch nicht erlangen und hatte auch in Ungarn Schwierigkeiten, vor allem weil die Königinwitwe seit 1385 verstärkt versuchte, Sigismund aus Ungarn zu verdrängen: Seine Verlobung mit Maria wurde gelöst, die dafür Ludwig von Orléans zur Frau versprochen wurde. Aber durch diplomatische und militärische Aktionen gelang es Sigismund, die Situation in Ungarn für sich zu entscheiden. Seine Herrschaft in Ungarn war stark von den Türkenbedrohungen geprägt, so daß er schließlich nach Aufrufen 1396 in eine große Schlacht bei der Festung Nikopolis gegen die Türken zog, die in einer katastrophalen Niederlage endete. Zur Sicherung seiner Position in Ungarn hatte sich Sigismund bei seinem Vetter Jobst von Mähren stark verschuldet und sogar 1388 die Mark Brandenburg an diesen verpfändet.

Sigismunds weitgespannte Ambitionen liefen schon zu dieser Zeit darauf hinaus, im Reich stärker mitzusprechen und gegebenenfalls seinen Bruder zu verdrängen. Dies führte aber zugleich in eine Konkurrenz zu Jobst, der als ältester männlicher Repräsentant des Hauses Luxemburg direkt oder indirekt Ansprüche geltend machte. 1383 und 1391 hatte Wenzel ihn sogar zum Reichsvikar für Italien bestimmt. Einig waren sich Jobst und Sigismund meist nur im gemeinsamen Widerstand gegen Wenzel.

Obwohl die ungarische Herrschaft Sigismunds 1401 noch einmal in Gefahr geriet, konnte er sein dortiges Königtum stabilisieren und sogar 1402 mit den Habsburgern einen Verbrüderungs- und Erbvertrag schließen. Nachdem er 1408 Barbara aus dem einflußreichen Haus der Cilli geheiratet hatte, wurde 1409 eine Tochter Elisabeth geboren, neben Elisabeth von Görlitz die einzige Erbin im Hause der Luxemburger.

Beim Tode Ruprechts 1410 sah Sigismund seine Stunde gekommen. Einige Kurfürsten unterstützten ihn auch, allerdings hatte das Papstschisma, das durch das erwähnte Pisaner Konzil noch verstärkt worden war, für Unsicherheiten gesorgt. In einer oft als »armsclig« verspotteten Wahl wurde er am 20. September 1410 in Frankfurt mit den Stimmen von Trier, Pfalz und Brandenburg gewählt. Dies entsprach nicht der in der Goldenen Bulle geforderten Mehrheit, und außerdem war die Brandenburger Stimme, die Sigismund trotz der Verpfändung der Mark führte, strittig. So kam es zu einer Doppelwahl, denn Mainz, Köln, Böhmen und nachträglich Sachsen entschieden sich für Jobst von Mähren. Eigentlich beanspruchten nun sogar drei Prätendenten aus dem Hause Luxemburg den Königstitel: Wenzel, der die Absetzung von 1400 nie anerkannt hatte, Sigismund und Jobst. Es brach mithin die kurze Zeit von drei Päpsten und drei Königen an! Die beiden neuen Könige unterstützten sogar eine Kaiserkrönung Wenzels, um ihn aus dem weiteren politischen Mächtespiel fernzuhalten.

Erst der überraschende Tod Jobsts am 11. Januar 1411, den manche auf einen Giftmord zurückführten, löste die Situation, denn Sigismund konnte nun in einer Neuwahl alle Stimmen am rechten Ort Frankfurt (am 21. Juli 1411) auf sich vereinen. Im Hause Luxemburg wurden jetzt die Zuordnungen geklärt. Mähren fiel an Böhmen, und Sigismund erhielt die Mark Brandenburg. Wenzel stimmte 1411 zu, daß diese nun erneut, diesmal an den Nürnberger Burggrafen, verpfändet wurde. Burggraf Friedrich VI. († 1440) wurde Verweser, dann 1415 sogar mit der Mark Brandenburg (als Friedrich I.) belehnt. Dies war eine Weichenstellung mit weitreichenden Folgen, die Brandenburg mit den Hohenzollern verband.

Vier Jahre lang kam Sigismund nicht ins Binnenreich, in welchem in seinem Sinne hauptsächlich Pfalzgraf Ludwig III. († 1436) und Burggraf Friedrich VI. von Nürnberg handelten. Er war weiterhin durch innere und äußere Probleme Ungarns nach der schweren Niederlage gegen die Türken bei Nikopolis (1396) und durch Konflikte mit Venedig, vor allem um Dalmatien, beschäftigt. Weil Wenzel noch in Böhmen herrschte, konnte Sigismund im Reich selbst kaum eine Hausmacht aufbauen; er stützte sich deshalb insbesondere auf die Reichsstädte, den königsnahen Adel und verschiedene Fürsten, von denen neben dem Pfalzgrafen und neben dem Burggrafen von Nürnberg auch der Herzog von Österreich hervorzuheben ist.

Sigismund mußte aber vor allem versuchen, die durch drei Päpste unhaltbar gewordene Situation der Kirche zu lösen, denn die verschiedenen Gefolgschaften spalteten gleichzeitig das Reich. Da unter den zahlreichen Vorschlägen seit dem Anfang des Großen Abendländischen Schismas 1378 auch oft die Lösung

Abb. 15 Die Goldene Bulle Kaiser Karls IV. von 1356.
Prachtausgabe für König Wenzel, Prag 1400. Wien, Österreichische Nationalbibliothek fol. 14. Das Blatt gehört zum dritten Kapitel, in der es um die Sitzordnung der Erzbischöfe von Trier, Köln und Mainz geht. Abgebildet sind der Erzkanzler des Heiligen Römischen Reiches und der König von Böhmen, die Rückseite zeigt den Erzbischof von Trier und den Pfalzgraf bei Rhein.

Abb. 16 Die älteste von allen sieben Kurfürsten gemeinsam ausgestellte Urkunde.
Erklärung über die Wahl Albrechts von Österreich zum König, Frankfurt am Main, Juli 1298, mit den Siegeln der sieben Kurfürsten. Wien, Haus-, Hof- und Staatsarchiv, Allgemeine Urkundenreihe.

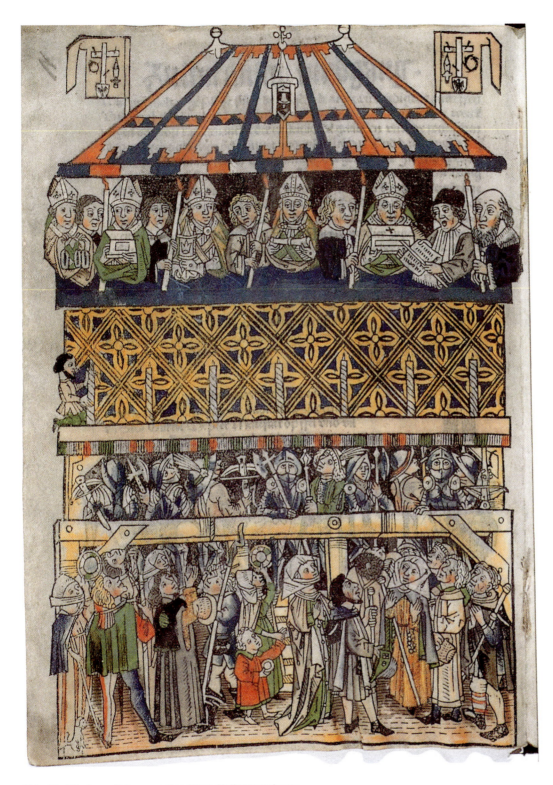

Abb. 17 Nürnberg, Schoppersches Haus, Heiltumsweisung.

Kolorierter Holzschnitt von 1487 aus einem Heiltumsbüchlein, Staatsarchiv Nürnberg, Rst. Nürnberg Handschriften 399a. Die staunenden, frommen und auch neugierigen Gläubigen sind unter dem etwa sieben Meter hohen Gerüst unten zu erkennen, die Wachen auf der Plattform und oben die Geistlichkeit mit den Ratsherren. Der Heiltumsschreier ist die zweite Person oben rechts auf dem Bild. Das Zeigen von Reliquien und von den Reichskleinodien vergegenwärtigte jährlich die wichtigsten Unterpfänder des Reiches, die seit einem päpstlichen Privileg von 1354 wie Reliquien gewiesen werden durften. In Nürnberg wurden die Reliquien zuerst am 5. Mai 1424, zuletzt am 8. April 1524 öffentlich gezeigt.

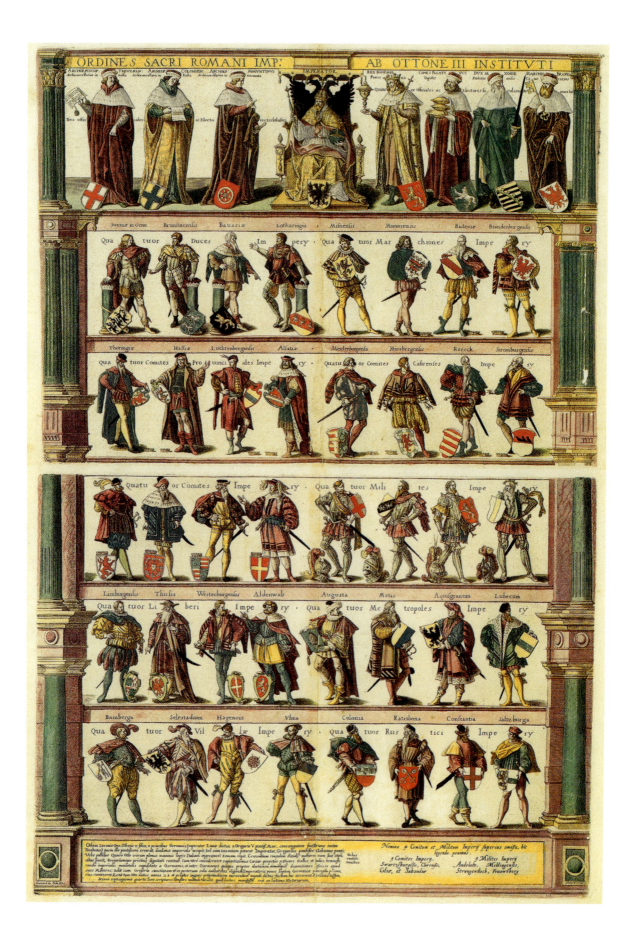

linke Seite
Abb. 18   Die Stände des Heiligen Römischen Reiches.
Kolorierter Kupferstich von Antonie Wierix, 1606.

rechts
Abb. 19   Habsburger Pfau.
Augsburg, 1555. Die Wappen auf den Federn repräsentieren die Herrschaften des Hauses Habsburg.

Abb. 20   Wiener Neustadt, »Blutgericht«.
Gemälde von Josef Ferdinand Waßhuber, 1. Hälfte des 18. Jahrhunderts. Erzherzog Ferdinand ließ jenen Männern den Prozeß machen, die sich gegen das von Kaiser Maximilian I. eingesetzte »alte Regiment« aufgelehnt und diese Regierung aus den Ämtern vertrieben hatten. Es wurden Todesurteile gefällt und im August des Jahres 1522 auf dem Hauptplatz in Wiener Neustadt auch vollstreckt.

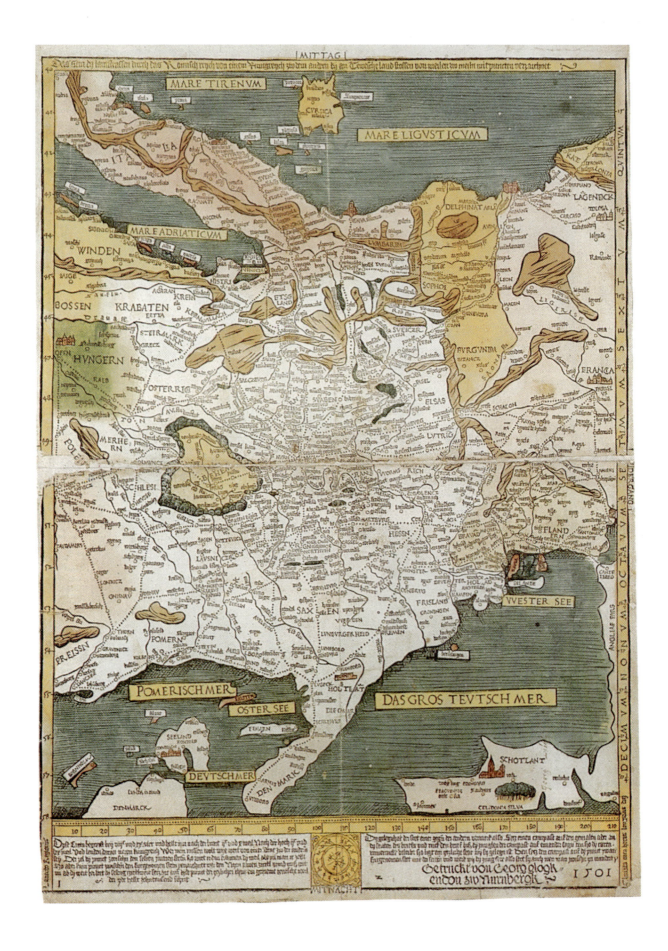

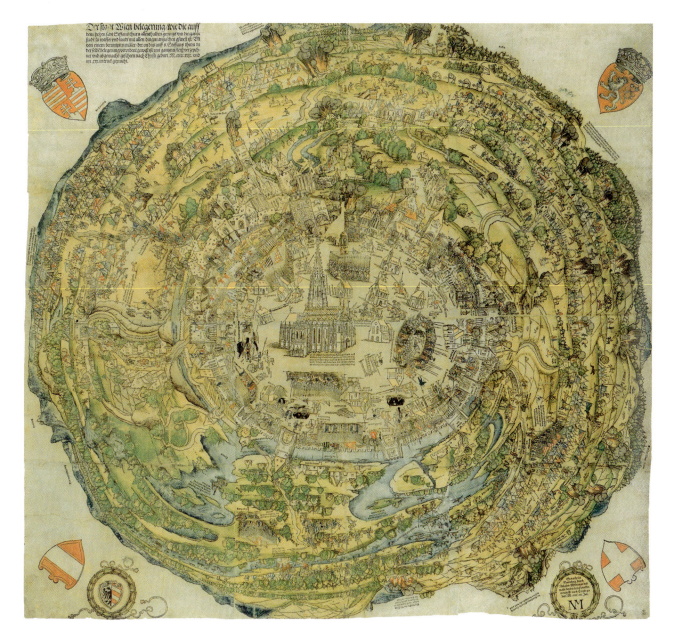

linke Seite
Abb. 21 Mitteleuropa, Romwegkarte, 1501.
Holzschnitt des Nürnberger Erhard Etzlaub, gedruckt von Georg Glockendon. Älteste Straßenkarte, gesüdet, mit Nürnberg als Mittelpunkt, für Pilger anläßlich des Heiligen Jahres 1500.

Abb. 22 Wien, Rundansicht der Stadt, 1530.
Kolorierter Holzschnitt von Sebald Beham und Niclas Meldemann. Wien hatte zu Beginn des 16. Jahrhunderts circa 20.000 Einwohner und wurde 1529 erstmals von den Türken belagert.

Abb. 23 Nürnberg, Reichskrone, um 1510/11.
Aquarellierte Zeichnung von Albrecht Dürer. Studie zu Dürers monumentalen Gemälden Karls des Großen und Sigismunds für die Nürnberger Heiltumskammer.

Abb. 24 Nürnberg, Stadtansicht von Süden, 1493.
Holzschnitt von Michael Wolgemut. Doppelseitige Ansicht aus der deutschen Ausgabe der Schedelschen Weltchronik. Nürnberg war zu Beginn des 16. Jahrhunderts mit circa 36.000 Einwohnern die größte Stadt im Heiligen Römischen Reich.

durch ein Konzil genannt worden war, hatte sich dieser Gedanke des Konziliarismus zugleich theoretisch weiter entwickelt. Er beruhte auf alten Rechtsvorstellungen und setzte sich besonders in intellektuellen Kreisen auch als Folge allgemeiner Kritik an der Kurie weitgehend durch. Trotz des Widerstands der Päpste sah man auf den römisch-deutschen König als den Vogt der Kirche. Reichs- und Kirchengeschichte fanden insoweit zusammen, als der Ruf nach Reformen sich auf Kirche und Reich zugleich bezog.

Sigismund ging diese Aufgabe an und reiste zur Vorbereitung einer Lösung im Frühjahr 1414 nach Italien. Dabei stützte er sich vor allem auf den dritten Papst, den das Pisaner Konzil 1409 gewählt hatte: Johannes XXIII. (1410–1415). Seine Aufgabe sah Sigismund darin, die drei Päpste zum Rücktritt zu bewegen, um den Weg für einen Neuanfang frei zu machen. Die Lösung verbindet sich mit der Stadt Konstanz, und Sigismunds Politik ist es sicherlich zuzuschreiben, daß am 5. November 1414 auf Reichsboden in Konstanz das Konzil als bis dahin größte Kirchenversammlung des Mittelalters zusammentreten konnte. Unter großem und erfolgreichem persönlichen Einsatz des Herrschers behandelte es drei Hauptfragen, das Papstproblem (*causa unionis*), das Reformproblem (*causa reformationis*) und die Fragen des Glaubens, insbesondere der Lehren von Johannes Hus (*causa fidei*).

Vor und während des Konzils entwickelte Sigismund eine umfangreiche diplomatische Tätigkeit, die ihn bis nach Frankreich und England führte. Nicht ganz unerheblich war aber auch die offensichtlich demonstrative Krönung Sigismunds in Aachen drei Tage nach Eröffnung des Konzils (am 8. November 1414), so konnte er ohne päpstliche Approbation als erwählter Kaiser der Versammlung vorsitzen, zu der er an Weihnachten 1414 in Konstanz eintraf. Die Absetzung Johannes' XXIII. († 1419) und der Rücktritt Gregors XII. († 1417) machten nach langen Verhandlungen und manchen Wirren schließlich den Weg für eine neue Papstwahl frei, nachdem Benedikt XIII. nicht zum Rücktritt bewegt werden konnte und in Abwesenheit abgesetzt worden war. Mit der Wahl Martins V. am 11. November 1417 († 1431), der sich allgemein durchsetzte, war das

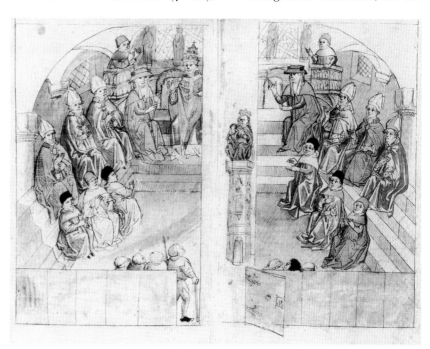

Konstanz, Konzil 1414–1418.
Darstellung einer Konzilssitzung im Münster der Stadt Konstanz. Lavierte Zeichnung der Konzilschronik des Ulrich Richental, Konstanz Rosgartenmuseum, zweite Hälfte des 15. Jahrhunderts. Das Konzil von Konstanz war maßgeblich von Sigismund vorbereitet worden, woraus sich auch die Wahl des Konzilsortes ergab. Das Konzil diskutierte neben der Frage, wie mit den Ansprüchen der drei amtierenden Päpste zu verfahren sei, auch die religiösen Vorstellungen des Johannes Hus.

Hussitenkriege im Reich, 1419.

Handschrift tschechischer didaktischer Texte, Göttingen, Niedersächsische Staats- und Universitätsbibliothek, 2. Hälfte des 15. Jahrhunderts. Die Bilder verdeutlichen links theologische Reformforderungen, rechts ist Johann Žižan an der Spitze eines hussitischen Heeres zu erkennen. Die Hussitenkriege erfaßten nach der Hinrichtung des Johannes Hus auf dem Konstanzer Konzil (1415) und nach neuen Konflikten, die im Prager Fenstersturz 1419 gipfelten, weite Teile Böhmens und des Reiches.

Schisma beseitigt, das Dekret *Frequens* sah regelmäßige Konzilien (auch für die noch unerledigten Fragen) vor, und für das Verhältnis von Papsttum und Reich wurde ein freilich zeitlich begrenztes Konkordat abgeschlossen.

Die Verurteilung und Hinrichtung des Johannes (Jan) Hus auf dem Konzil (1415), der in Prag und Böhmen verstärkt seit 1402 in Predigten die Rückkehr zu einer apostolischen Kirche propagiert und andere Reformforderungen erhoben hatte, werfen nicht nur einen gewissen Schatten auf Sigismunds Verhalten, sondern verursachten in der Folge Belastungen durch die nunmehr ausbrechenden Hussitenkriege (1419–1434), die Böhmen und weitere Gebiete des Reiches erfaßten. Sigismunds Pläne zu einer Kaiserkrönung mußten immer wieder (bis 1433) zurückgestellt werden. In Prag eskalierten die Konflikte mit dem ersten »Prager Fenstersturz« am 30. Juli 1419, bei dem es zum Totschlag an Ratsvertretern in der Prager Neustadt kam. Die hussitischen Positionen wurden 1420 in den vier Prager Artikeln formuliert. In dieser Situation trat Sigismund nach Wenzels Tod das böhmische Erbe an (28. Juli 1420); als jedoch sein Heer bei Deutsch-Brod (Böhmen) 1421 geschlagen wurde, war der Anspruch auf die böhmische Krone bis 1436/37 umstritten.

Sigismunds Schwierigkeiten in Böhmen strahlten bis ins übrige Reich aus. 1422 und erneut 1424 erwogen die rheinischen Kurfürsten sogar seine Absetzung. Andererseits waren die Stände teilweise bereit, in moderner Form gegen die Hussiten zu kämpfen; sie schlugen zur Finanzierung eine allgemeine Reichssteuer (Reichsmatrikel) vor. 1422 wurden die militärischen Leistungen aller

Reichsglieder auf dem Tag von Nürnberg erstmals festgelegt. Die ehrgeizige Kriegsfinanzierung scheiterte vor allem am Widerstand der Städte, jedoch privilegierte Sigismund die deutschen Rittergesellschaften mit der Erlaubnis zum Zusammenschluß untereinander und mit den Reichsstädten.

Die Krisen waren mit diesen Beschlüssen keinesfalls überstanden. Als 1424 im Kurverein von Bingen sich sechs Kurfürsten vereinigten, geschah dies auch mit der Absicht, gegen Sigismund vorzugehen, jedoch meisterte der König diese Herrschaftskrise ohne abermaliges Gegenkönigtum. Während der weitgehenden Abwesenheit Sigismunds vom Reich 1426–1430 behielten aber die Kurfürsten ein starkes Gewicht, auf »Königslosen Tagen«, die vielleicht eher als »Gemeine Tage« zu bezeichnen sind, verhandelten und organisierten sie auch Reichsangelegenheiten. So entwickelten sich solche Versammlungen langsam zu Tagen für die Mitwirkung der Reichsglieder; dies führte am Ende des 15. Jahrhunderts zum Entstehen des Reichstages, der gleichzeitig Traditionen der Hoftage aufgriff.

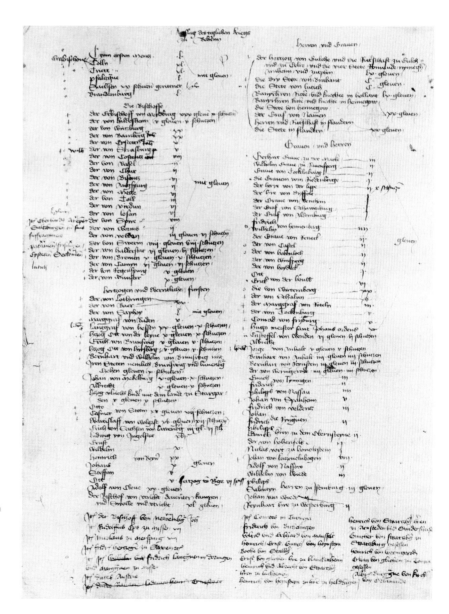

Reichmatrikel, 1422.
Erste Seite der Reichsmatrikel, Wien, Haus-, Hof- und Staatsarchiv. Die Liste, die aufgrund eines in Nürnberg gefaßten Beschlusses festlegte, welche Kontingente für den Krieg gegen die Hussiten gestellt werden müssen, ist so etwas wie die erste amtliche Liste der Reichsglieder. Weitere Matrikel folgten u. a. 1467, 1486, 1507 oder 1521. Der Eintrag in die Matrikel galt zuweilen als Indiz für die Reichsunmittelbarkeit.

Basel.
Die auf römische Anfänge zurückgehende Bischofs- und Reichsstadt Basel erlebte eine Blüte vom 14. bis zum 16. Jahrhundert, als zahlreiche Sakral- und Profanbauten entstanden. Hier wurde am 23. Juli 1431 nach dem Konstanzer das zweite große Konzil des 15. Jahrhunderts begonnen.

Die militärischen Versuche, in Böhmen gegen Anhänger von Johannes Hus (Hussiten) und die radikaleren Taboriten, deren Name sich von deren Zusammenkünften in der biblisch bezeichneten südböhmischen Stadt Tábor herleitete, Terrain zu gewinnen, blieben schwierig: 1426 unterlag ein Heer bei Aussig (Nordböhmen), 1427 bei Mies (Westböhmen). Danach wechselten die Hussiten zur militärischen Offensive, die über Böhmen hinausreichte. Als im gleichen Jahr auf dem Tag von Frankfurt am Main eine Kriegssteuer verabschiedet wurde, war dies die erste allgemeine Steuer im deutschen Spätmittelalter, die in Köln, Nürnberg, Erfurt, Salzburg und Breslau eingesammelt und von einem ständischen Kollegialorgan und den Hauptleuten in Nürnberg verwaltet werden sollte. Trotzdem konnte das Hussitenproblem nicht militärisch gelöst werden, so daß diese Frage mit anderen kirchenpolitischen Angelegenheiten auf das Basler Konzil (1431–1449) vertagt wurde. Diese zweite große Kirchenversammlung des späten Mittelalters fand wiederum auf Reichsboden statt. Die dort noch einmal äußerst pointiert vertretene konziliare Bewegung stieß zwar auf die Ablehnung des neuen Papstes Eugen IV. (1431–1447), jedoch mußte dieser zunächst einlenken. Anfangs wurde die konziliare Richtung auch von vielen politischen Mächten Europas, insbesondere von Sigismund, unterstützt. Nach einer gewissen Polarisierung wurde das Konzil 1437 vom Papst und einer ihm folgenden Fraktion nach Ferrara verlegt, was die andere Fraktion zwar ablehnte, ohne daß sie sich mit ihrer Papstabsetzung und der Erhebung eines Gegenpapstes Felix langfristig durchsetzen konnte.

Während das Konzil tagte, gelang es Sigismund jedoch, nach Italien zu ziehen und am 25. November 1431 mit der Eisernen Krone der Lombardei in Mailand gekrönt zu werden; am 31. Mai 1433 erhob Papst Eugen IV. ihn dann zum Kaiser. Im gleichen Jahr wurde nach langwierigen Verhandlungen auf dem Konzil mit den gemäßigten Gruppen der Hussiten ein Übereinkommen getroffen, das aber erst nach der Abreise einer Delegation Gestalt annahm (Prager Kompaktaten). Darin wurde den Hussiten unter anderem das Abendmahl unter beiderlei Gestalt, zugestanden, jedoch genügten den Taboriten diese Angebote nicht, die in einem neuen Waffengang 1434 bei Lipan (Lipany; östlich von Prag) geschlagen wurden.

Im übrigen konnte Sigismund, der lange um sein böhmisches Erbe gekämpft hatte, nach dem Erlaß der Iglauer Kompaktaten endlich am 5. Juli 1436 in Prag Einzug halten. Der Hussitismus hatte sich in 20 bis 30 Jahren über die Grenzen Böhmens verbreitet, aber der Höhepunkt war überschritten, und langsam setzte eine gewisse Rekatholisierung Böhmens ein. Gleichzeitig ging jedoch die Bedeutung dieses Königreichs für das Heilige Römische Reich zu Ende.

Dafür zeigt sich, wie sehr Nürnberg an Gewicht gewann. Bereits die Goldene Bulle von 1356 hatte die Stadt als Ort des ersten Hoftags eines neugewählten Königs herausgehoben. König Sigismund hatte sodann im Herbst 1423 während der Hussitenkriege versprochen, die Reichskleinodien ins sicherere Nürnberg zu übertragen, wo diese im März 1424 eintrafen. Unter den Reichskleinodien verstand man vor allem Reliquien und Insignien, im weiteren Sinne auch die Krö-

Nürnberg, Einzug der Reichskleinodien 1424.
Historiengemälde von Paul Ritter, 1883. Die Übertragung der Reichskleinodien aus Böhmen nach Nürnberg unter Sigismund war auch den Unsicherheiten der Hussitenkriege geschuldet. Erkennbar ist der Hauptmarkt, die Frauenkirche, im Hintergrund Sankt Lorenz.

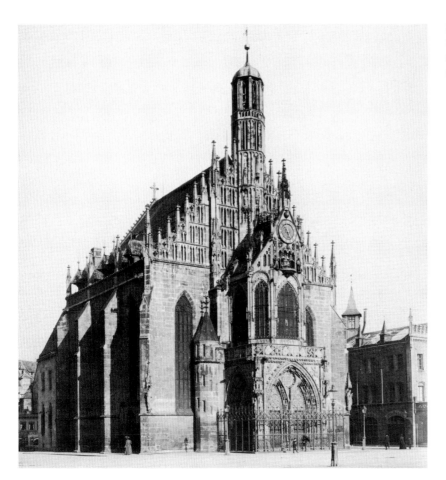

Nürnberg, Frauenkirche.
Die nach 1349 errichtete Frauenkirche liegt am Hauptmarkt, wo die Reichskleinodien vor dem Schopperschen Haus (heute Hauptmarkt 15) gewiesen wurden.

nungsgewänder. Papst Innozenz VI. (1352–1362) hatte schon 1354 erlaubt, die Reichsheiltümer am Freitag nach *Quasimodogeniti*, dem ersten Sonntag nach Ostern, zu zeigen. Mit der Übertragung der Kleinodien wurde auch deren »Weisung« nach Nürnberg verpflanzt. Auf dem Hauptmarkt, vor dem Schopperschen Haus (heute: Hauptmarkt 15) wurden sie gezeigt (gewiesen). Dort errichtete man einen circa sieben Meter hohen Heiltumsstuhl aus Holzbalken (Farbabb. 17). Nach dem Hochamt und der Verlesung der päpstlichen Ablässe begann die eigentliche Reliquienschau. Solche Akte fanden ganz ähnlich in regelmäßigen Abständen mit dem wichtigen Heiltumsschatz in Aachen statt. Nürnberg war aber durch die ganz besonders mit dem Reich verbundenen Heiltümer hervorgehoben: Das Reich war hier nun in besonderer Weise sichtbar und greifbar. Aufbewahrt wurden die Heiltümer in der Kirche des Heilig-Geist-Spitals in Nürnberg, im Gewölbe über der Sakristei. Der Rat hatte diese Kirche gewählt, weil sie seiner und nicht geistlicher Aufsicht unterstand. 1438/40 wurde ein Heiltumsschrein angefertigt. Der Reichsschrein zeigte den Königskopfadler und ein gespaltenes Stadtwappen im Wechsel. Diese besondere Aufwertung der Stadt und die Verbindung mit dem Reich läßt sich auch an der Verbindung sakraler und politischer Aspekte beim Einzug der Herrscher in Nürnberg ablesen. Dieser Herrschereinzug in die Reichsstadt ist beispielsweise seit dem Eintritt König Sigismunds 1414 belegt.

Gut 100 Kilometer weiter nordöstlich, in Eger, wurde im Sommer 1437 die Reform des Reiches behandelt, jedoch ohne Ergebnis, obwohl zahlreiche Schriften Vorschläge zu einer Reichsreform in Zusammenarbeit mit den Kurfürsten

Nürnberg, Heiliggeist-Spital.
Die Reichskleinodien wurden in Nürnberg im Heiliggeistspital aufbewahrt, wo sie bis 1796 verblieben, als sie nach Wien gebracht wurden. Das Spital an der Pegnitz war durch den Nürnberger Großkaufmann Konrad Groß († 1356) aus eigenen Mitteln seit 1332 errichtet worden und stellte eine der bedeutendsten karitativen Einrichtungen des Mittelalters dar.

entwickelt hatten. Wenig später starb Sigismund am 9. Dezember 1437 in dem mährischen Ort Znaim und mit ihm starb die männliche Linie der Luxemburger aus. Beigesetzt wurde er in Nagyvárad. Vergleicht man seine Auseinandersetzungen im Reich mit seiner weitgespannten europäischen Politik, so gilt er vielleicht nicht zu Unrecht manchen Interpreten als der Schöpfer der Donaumonarchie vor den Habsburgern. Er hielt, trotz stets mangelnder Ressourcen, einen gewissen universalen Anspruch aufrecht.

Albrecht II. (1438–1439) – ein Zwischenherrscher

Nach dem Tode des letzten Luxemburgers hatten die Kurfürsten kaum eine andere Möglichkeit, als einmütig (ohne die ungeklärte Stimme Böhmens) den Schwiegersohn, mithin den »Erben«, Herzog Albrecht V. von Österreich, zu wählen. Sie wichen damit vom Prinzip der »springenden« Wahlen ab und bekräftigten eine Kontinuität an der Spitze des formalen Wahlreiches. Daß dieser Entscheidung der Beginn der Regierung Habsburgs auf längere Zeit im Reich folgen sollte, war damals noch keinesfalls absehbar. Albrecht war es nicht beschieden, sich in seiner kurzen Regierungszeit von den Problemen seiner Erbansprüche auf Ungarn und Böhmen und von der Türkengefahr zu lösen. Er kam nicht ins Binnenreich; dies führte zu einer weiteren Fortsetzung der Distanz von Königtum und Reichsentwicklung.

Albrecht hatte sich an der Seite seines Schwiegervaters zuvor unentbehrlich gemacht, hatte ihn bei den als Kreuzzügen deklarierten Kämpfen gegen die Hussiten unterstützt, so hatte er auch am 5. Juli 1436 die Iglauer Kompaktaten mitbesiegelt (1247–1256). Zu Beginn seiner Herrschaft mußte Albrecht zwar um den Erhalt der drei Kronen – Ungarns, Böhmens und des Reiches – kämpfen, aber im Reich wurde er schon als König von Ungarn und Böhmen (obwohl noch ungekrönt) am rechten Ort, in Frankfurt am Main, am 18. März 1438 gewählt.

Graz.
Kupferstich aus Daniel Meisners Thesaurus Philopoliticus, 1. Buch, 2. Teil, Frankfurt am Main, 1625. Das schon im 10. Jahrhundert errichtete Grenzkastell Graz an der Mur wurde neben Wiener Neustadt seit Friedrich III. ein weiterer wichtiger Ort, was sich aus den Herrschaftsinteressen dieser habsburgischen Linie an den Gebieten im Südosten bis zur Adria hin erklärt. Graz war seit 1406 bzw. 1411 Residenz der leopoldinischen Linie der Habsburger, Friedrich nutzte diese zwischen 1452 und 1484 und ließ die Stadtburg errichten.

Mit dem Verwaltungssystem seines Vorgängers fand Albrecht eine hervorragend funktionierende Struktur vor, auch in personeller Hinsicht. So behielt er Albrecht Kaspar Schlick (1449) als Kanzler und in seiner Funktion als bevollmächtigten Diplomaten bei, ebenso wie die von Sigismund aktivierten Reichserbämter. Im Reich ließ sich Albrecht wegen anhaltender Schwierigkeiten in Böhmen vertreten, allerdings funktionierten viele der Ämter noch keinesfalls unabhängig vom Herrscher. In Kirchenfragen blieb Albrecht zögerlich: In der sogenannten Mainzer Akzeptation (26. März 1439) erkannten er und die Mehrheit der Kurfürsten eine Reihe von Basler Konzilsdekreten an, ohne sich endgültig festzulegen.

Albrecht nahm diese Entwicklungen nur zur Kenntnis, als er gleichzeitig gegen die polnischen Invasoren Schlesiens zu Felde zog. Fast gleichzeitig drohte aber erneut eine andere Gefahr, die Türken, denen Albrecht erfolglos zu trotzen suchte. Nach dem militärischen Fehlschlag überwarf sich Albrecht derart mit seiner Gattin, daß diese ihn in Visegrád (Plintenburg) verließ und nicht einmal an das Bett ihres sterbenskranken Gatten zurückkehrte. Bei Estergom (Gran) ließ Albrecht ein nicht ganz unumstrittenes Testament aufsetzen, er starb dann am 27. Oktober 1439. Beigesetzt wurde er in Székesfehérfar (Stuhlweißenburg), an der Grabesstelle der ungarischen Könige.

Von Osten nach Westen – Friedrich III. (1440–1493), des Heiligen Römischen Reiches »Erzschlafmütze«?

Nach der Entscheidung für einen Habsburger orientierte sich mit der Erhebung Albrechts das Königtum noch stärker als unter den Luxemburgern nach Osten. Dies verstärkte sich, als die Kurfürsten am 2. Februar 1440 den Herzog Friedrich V. von der Steiermark, Kärnten und Krain zum König wählten. Was auch immer die Kurfürsten bewogen haben mag, mit der Wahl Friedrichs III. kam nun nach der albertinischen die leopoldinische Linie der Habsburger zum Zug, die noch stärker im Südosten agierte. Graz und Wiener Neustadt waren die Orte, von denen aus die Interessen bis in das südliche Ungarn hinein, ja sogar bis an die Adria hin wahrgenommen wurden. Daß damit die landesherrschaftliche Basis des Königtums in den äußersten Südosten rückte, war für das Reich insofern gefährlich, als damit die problematischen Schwerpunktsetzungen Sigismunds und Albrechts eher noch verstärkt wurden. Ob die insgesamt zunächst schwache Hausmacht Friedrichs ausreichen könnte, war ungewiß. Die Positionen im Westen, die habsburgischen Vorlande in Südwestdeutschland und Tirol, wurden seit 1406 von einer Nebenlinie in Tirol regiert.

Gerade die erste Phase der Königsherrschaft Friedrichs III. war entsprechend von einer weitgehenden Absenz der Herrschers im Binnenreich geprägt, und ältere Kritiker haben ihn sogar mit dem wenig schmeichelhaften Titel des Reiches »Erzschlafmütze« ausgestattet. Erst zwei Jahre nach der Wahl zog Friedrich nach Westen und wurde am 17. Juni 1442 in Aachen gekrönt. Danach blieb Friedrich 27 Jahre hindurch dem Binnenreich fern. Dadurch dünnte sich der Reichszusammenhalt des Königs mit den traditionell königsnahen Kräften aus. 1451 erlosch das Königliche Hofgericht und wurde ganz durch das seit 1415 bestehende Königliche Kammergericht ersetzt. Damit war ein Schritt vom Reich auf den Herrscher hin angedeutet. Zahllose kleine Fehden und die Auseinander-

Wiener Neustadt, Burg.
Aquarell um 1830. Wiener Neustadt wurde unter Herzog Leopold V. Ende des 12. Jahrhunderts gegründet; dies hängt mit der Belehnung der Babenberger mit dem Herzogtum Steiermark zusammen. Friedrich III. ließ die Burg ausbauen und residierte häufig in Wiener Neustadt, sein Sohn Maximilian wurde dort geboren und begraben.

Rom, Kaiserkrönung Friedrichs III., 19. März 1452.
Vordertafel eines Cassone, nach 1452, Worcester, Mass. Art Museum. Die letzte Kaiserkrönung in Rom, die Papst Nikolaus V. vornahm, war von einem umfassenden Zeremoniell auch im Vorfeld begleitet.

Wiener Neustadt, Wappenwand, 1453.
Friedrich III., der nicht nur die Burg in Wiener Neustadt erweitern ließ, dokumentierte mit der Wappenwand auch seine Ansprüche und sein Herrschaftsverständnis. Die Anordnung der Wappen beginnt mit einem Zyklus der habsburgischen Länder, dann folgen Phantasiewappen, wonach die Habsburger – nach dem Vorbild eines Chronisten aus dem 14. Jahrhundert, Leopold Steinreuter – ins Zentrum der Welt gesetzt und gleichzeitig mit den Helden der Antike und den Gestalten des Alten Testamentes verknüpft werden. Die unten dargestellten Engel tragen die Jahreszahl 1453 auf ihren Schriftbändern sowie die „Devise Friedrichs III: AEIOU, die alle seine Besitzungen kennzeichnen sollte, aber nicht sicher aufzulösen ist. Erst im 17. Jahrhundert verbreitete sich die Variante: *Austriae est imperare orbi universo* oder »Alles Erdreich ist Österreich untertan«.

setzungen zwischen großen Fürsten nahmen während der Abwesenheit des Königs zu, der eher mit der Gefahr der Türken im Osten beschäftigt war.

1448, zu Ende des Basler Konzils, schloß Friedrich III. das Wiener Konkordat mit dem Papst, das die Beziehungen zwischen Reich und Kirche bis zum Ende des Alten Reiches regelte und die Besetzungsrechte kirchlicher Ämter zwischen Papst und Kapiteln oder Landesherren im wesentlichen gleichmäßig aufteilte. Anders als die Konkordate weiterer Länder beließ die Vereinbarung dem Papst relativ große Einkünfte und Eingriffsmöglichkeiten, was die deutsche Geschichte künftig nicht unwesentlich beeinflussen sollte. Andererseits gab es beträchtliche Zugeständnisse des Papstes für einzelne Landesherren, insbesondere für die Hausmacht Friedrichs III. Damit waren ebenso Voraussetzungen für das Landeskirchentum der Reformationszeit geschaffen.

Das Bündnis mit dem Papsttum, durch das Friedrich später die Konstituierung der Landesbistümer Wien und Wiener Neustadt (1468/69) erreichte, stellte der König zwar auch immer wieder in Frage, zunächst war es jedoch die Voraussetzung für die Kaiserkrönung, die letzte eines deutschen Herrschers, die in Rom stattfand. In Italien wurde Friedrich am 16. März 1452 zum König, drei Tage später von Papst Nikolaus V. (1447–1455) zum Kaiser gekrönt.

Dort wurde ihm die portugiesische Prinzessin Eleonore angetraut, mit der er bereits auf dem Wege der Stellvertretung vermählt war. Anschließend reiste er zu deren Onkel, Alfons V. aus dem Hause Aragon († 1458), der seit 1442 als König von Neapel herrschte, wo die Ehe zeremoniell mit dem Beilager vollzogen wurde. Aus der insgesamt wohl glücklichen Ehe gingen sechs Kinder hervor, von denen aber nur Maximilian und Kunigunde überlebten. Nach Eleonores Tod 1467 heiratete Friedrich nicht erneut, stilisierte vielmehr sich und Eleonore als ein heiliges Paar. Maximilian soll seine Mutter später sogar wie eine Heilige verehrt haben.

Nach seiner Rückkehr aus Italien hatte Friedrich zunächst seine Angelegenheiten im Hause zu ordnen. Er mußte dem Druck des Mailberger Bundes nachgeben und Ladislaus (Postumus), den nachgeborenen Sohn Albrechts II., das Regiment in Österreich, Böhmen und Ungarn überlassen. Damit verlor der Kaiser das albertinische Erbe in einer Zeit, als durch den Fall Konstantinopels (1453) und die osmanische Bedrohung das Reichsoberhaupt besonders gefragt war. Selbst als Ladislaus 1457 starb, hielt die problematische Situation an, denn nun traten andere Rivalen auf den Plan: Vor allem war dies in Böhmen (seit 1452) der Landesverweser Georg von Podiebrad († 1471), der sich nach Ladislaus' Tod selbst zum König von Böhmen machte (1458), anschließend eine beträchtliche Rolle in der Reichspolitik zu spielen begann und der 1459/61 sogar den Plan seiner Wahl zum römisch-deutschen König (im Sinne einer Statthalterschaft für den Kaiser) betrieb. Böhmen blieb zwar dem Reich zugehörig, auch wurden die habsburgischen Ansprüche aufrechterhalten, aber erst 1526 fiel das Königreich wieder an die Habsburger.

Ähnliche Probleme bestanden in Ungarn. Nach dem Tod des Ladislaus, der seit 1440 auch König von Ungarn (seit 1446 mit dem Reichsverweser Johann Hunyadi) war, konnte Friedrich seine Ansprüche 1459 nur durch ein Gegenkönigtum geltend machen. Dies führte nach Anfangserfolgen zu schweren Rückschlägen, denn der Sohn des Reichsverwesers, Matthias Hunyadi (Corvinus), der von 1458–1490 König wurde, trieb bald eine aktive und erfolgreiche Politik gegen den Kaiser. Friedrich III. beendete diesen Kampf dadurch, daß er den »Usurpator« Matthias Corvinus 1463 anerkannte, wonach sich dieser durch ihn adoptieren ließ. Wegen der Türkengefahr wurde 1454 ein Tag in Regensburg veranstaltet, weitere Zusammenkünfte folgten, die immer wieder, jedoch letztlich ohne durchschlagenden Erfolg, eine gemeinsame Aktion des Reiches, aber auch der europäisch-christlichen Mächte beschworen.

1458 erbte Friedrich III. Niederösterreich und nach dem Todes seines Bruders Albrecht VI. (1463), mit dem er sich zuvor schwere Kämpfe geliefert hatte,

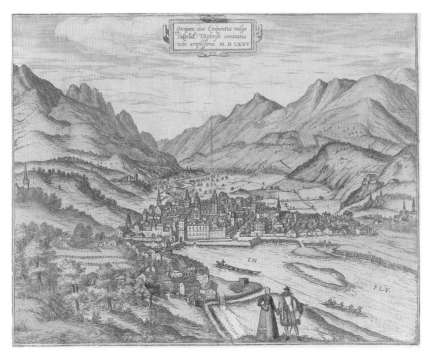

Innsbruck. Ansicht der Stadt mit Umgebung.
Kol. Kupferstich von Braun-Hogenberg, 1575. Die an der Brücke über den Inn 1167/83 gegründete Stadt kam schließlich 1363 an die Herzöge von Österreich. Um 1420 verlegte der Leopoldiner Friedrich IV. seine Residenz von Schloß Tirol bei Meran nach Innsbruck, die Stadt wurde so eine Verwaltungszentrale für Tirol und Vorderösterreich und damit auch für die habsburgische Politik im Westen besonders wichtig. Unter Maximilian I. und unter den habsburgischen Erzherzögen erfreute sich Innsbruck besonderer Beliebtheit.

Innsbruck, Hofburg.
Aquarell von Albrecht Dürer, 1495. Der Bau der Hofburg in Innsbruck wurde im 15. Jahrhundert begonnen, danach besonders im 18. Jahrhundert weiter ausgestaltet. Die Innsbrucker Hofburg wurde vor allem in der Regierungszeit Maximilians I., aber auch darüber hinaus genutzt.

auch Oberösterreich, jedoch ging 1460 im Südwesten der habsburgische Thurgau an die Eidgenossen verloren. Es nimmt nicht wunder, daß in dieser schwierigen Situation im Reich in den 1460er Jahren neue Machtkonzentrationen entstanden, Kurfürst Friedrich der Siegreiche von der Pfalz († 1476) zum Beispiel konnte nach Siegen über Kurmainz, Württemberg, Baden, den Bischof von Speyer und verschiedene Grafen einen bedeutenden Hegemonialraum schaffen.

Der Kaiser hielt jedoch insgesamt an einer monarchischen Herrschaftsauffassung mit einem ausgesprochenen Bewußtsein der *superioritas* und der dynastischen Präeminenz fest und unterstrich diese immer wieder. Selbstbewußtsein zeigt sich weiterhin in der *sanctio pragmatica*, die Friedrich am 6. Januar, dem Dreikönigsfest, 1453 erließ. Im Unterschied zu dem schon 1442 bestätigten *Privilegium maius* erweiterte dieses Dokument dessen Bestimmungen noch, um die Bedeutung von Dynastie und Reich herauszustreichen. Auch die 1484/85 erfolgte Heiligsprechung des Babenbergers Leopolds III. schuf einen Landesheiligen für Habsburg und Österreich und entsprach Versuchen, die Habsburger an die Babenberger anzusippen und darüber hinaus bis in die Salierzeit zurückzuführen.

Diese Programme blieben in der Realität nur begrenzt tragfähig, denn die Schwäche und Ferne des Kaisers standen hierzu in krassem Gegensatz. Deshalb zeitigten auch Landfriedensbemühungen keinen größeren praktischen Erfolg. Die letzten beiden Jahrzehnte der Herrschaft Friedrichs, die bisher meist nur unzureichend gewürdigt worden sind, waren von zahlreichen Herausforderungen auch im Westen bestimmt, die den Herrscher – vielleicht wider Willen – dazu brachten, das Reich zu modernisieren. Nach einem Landfrieden von 1467 unternahm Friedrich zunächst einen Italienzug (1468/69); der Papst ermahnte zu einem Kreuzzug gegen die Osmanen.

Die weiter fortbestehenden Probleme mit Ungarn und Böhmen wurden aber durch einen weiteren Schauplatz erweitert. Im Westen hatte sich mit Burgund zwischen Frankreich und Deutschland ein neues einflußreiches Territorium entwickelt, dem 1467–1477 der ehrgeizige Herzog Karl der Kühne vorstand. Er war im Besitz zahlreicher Reichslehen (ab 1384 Freigrafschaft Burgund, 1421/29 Namur, 1426/33/36 Hennegau, Holland, Seeland, 1430 Brabant und Limburg, 1451 Luxemburg), besaß Vogteirechte über die Hochstifte Lüttich,

Sterzing, Tirol.

Die südlich des Brenner gelegene Stadt Sterzing läßt erkennen, wie eng selbst internationale Handelsstraßen und Reisewege sein konnten. Diesen Weg nutzten auch die Herrscher des Heiligen Römischen Reiches auf dem Weg nach Rom, soweit sie die Alpen am Brenner überquerten.

Utrecht, Cambrai beim Herzogtum Burgund und war nur noch nominell Vasall des deutschen und französischen Königs. Im Westen strebte er nach dem Besitz von Lothringen und Elsaß. So konnte Burgund 1469 den habsburgischen Besitz (der Tiroler Linie) im Elsaß und Breisgau erpfänden, 1473 Geldern und Zutphen (in der niederländischen Provinz Gelderland) erobern.

Angesichts dieser Situation verdeutlichte schon der Regensburger Christentag von 1471 und dann der 1474 in Regensburg veranstaltete Tag, an dem Friedrich III. unter dem Druck der Türkenbedrohung teilnahm, in welchem Maße sowohl im Osten wie im Westen Probleme für das Reich bestanden, waren die Türken doch sogar seit 1471 wiederholt in die Steiermark eingefallen. Friedrich III. verhandelte jedoch 1473 zunächst mit Karl von Burgund in Trier, wahrscheinlich ging es um dessen Erhebung zum König sowie über ein Heiratsbündnis für seine Erbtochter Maria, aber die Gespräche scheiterten wohl auch, weil Friedrich den Herzog durch eine grußlose Abreise düpierte.

Aufgrund der burgundischen Machtkonzentration rückten Habsburg-Tirol und die Eidgenossen zusammen. Auch kamen die oberrheinischen Pfandgebiete nach einem Aufstand von Burgund an Habsburg zurück. Nachdem Karl von Burgund 1474/75 in Köln Einfluß gewinnen wollte, scheiterte er bei der Belagerung von Neuß (1475), als das kaiserliche Heer heranrückte. Das Tagebuch des Basler Kaplans Johann Knebel bietet dabei das schöne Detail, wie solche Kämpfe vonstatten gehen konnten: Während eines Waffenstillstandes gelangten aus dem Heer des Herzogs von Burgund etwa 500 Piccarden (unter dem Schutz der Neußer) in die Stadt, beteten am Grab des heiligen Quirinus, brachten Opfergaben dar, und setzten dann ihr Kriegshandwerk fort. Bei diesen Kämpfen appellierte man auch – ähnlich wie bei den Kämpfen gegen die Osmanen – an ein Gemeinschaftsgefühl, das in Ansätzen schon als National- oder als Reichsbewußtsein zu bezeichnen ist und das dazu führte, daß sogar weitab gelegene Herrschaftsträger Truppen entsandten. Der Karl gewährte freie Abzug von Neuß führte zu erneuten Verhandlungen, die nach dem Friedensschluß über das

Neuß, Kaiserliches Feldlager, 1475.
Lavierte Zeichnung vom Meister des Hausbuchs, Wolfegg, Fürstliches zu Waldburg-Wofeggsches Kupferstichkabinett, um 1480. Die Zeichnung zeigt das Lager bei den Auseinandersetzung der kaiserlichen Truppen mit dem burgundischen Aufgebot Karls des Kühnen.

Schicksal Lothringens darin mündeten, daß Karl die Hand seiner Erbtochter Maria dem Kaisersohn Maximilian zusagte.

Karl wurde wenig später bei Grandson (Kanton Waadt) und Murten (Kanton Freiburg) von den Eidgenossen besiegt (1476) und fiel 1477 bei Nancy im Kampf gegen Eidgenossen, Lothringer und Elsässer. Nach weiteren Verhandlungen über die Aufteilung des burgundischen Erbes heiratete Maria von Burgund schließlich Maximilian, der dadurch Karls Lehen im Reich, das heißt vor allem die burgundischen Niederlande und die Freigrafschaft Burgund, für sein Haus gewann und sie erfolgreich gegen Ansprüche aus Frankreich verteidigte (1479). Auch nach dem frühen Tode Marias (1482) behauptete sich Maximilian (Sieg bei Salins 1493). Damit war aber eine neue Ausgangslage für die kommende Zeit begründet, die Habsburg – und damit auch teilweise das Reich – zwischen Osten und Westen zuweilen fast zu zerreißen drohte. Dies sollte sich durch mögliche Ansprüche auf Kastilien nach der Doppelhochzeit von 1496 weiter steigern.

Die Situation deutete sich in den 70er Jahren bereits an, denn Matthias Corvinus, der nach wie vor in Ungarn herrschte – Friedrich hatte ihn 1463 anerkannt –, hatte zwar mit seinem Griff nach Böhmen keinen vollen Erfolg gehabt, aber er bedrohte seit 1477 Österreich. 1485 brachte er sogar Wien und zwei Jahre später Wiener Neustadt in seine Gewalt. Der Kaiser irrte als Exulant im Reich umher, flüchtete nach Tirol und in weitere Gegenden des Reiches, um erst 1489 wenigstens nach Linz zurückkehren zu können. In dieser Zeit wurde Maximilian in Frankfurt am Main noch zu Lebzeiten des Kaisers einmütig zum König gewählt (16. Februar 1486). Auch über die Reichsreform wurde gestritten. Der

Grandson, Schlacht, 1476.
Chronik des Werner Schodoler, Kantonsbibliothek Aarau. Die Niederlage Karls von Burgund leitete den Zerfall des burgundischen Reises ein. Die Schlachtszene verdeutlicht den Unterschied zwischen den eidgenössischen Fußtruppen und den traditionellen Ritterheeren.

Brügge, Ende Juni 1485.
Zeichnung von Jörg Breu d. Ä. für ein Glasscheibe des Augsburger Malers Hans Knoder zur Zierde des Neuen Turmes in Lernvoo. München, Staatliche Graphische Sammlung. Das Bild zeigt die Stadt Brügge und die Übergabe an Maximilian (I.), womit die Kämpfe um die habsburgischen Rechte in Flandern einen vorläufigen Abschluß fanden.

Wien, Stephansdom, Grabmal Friedrichs III., 1463–1513.
Schon 1463 hatte Friedrich III. einen Bildhauer, Niclas Gerhaert in Straßburg, mit der Schaffung eine Grabmals in Wiener Neustadt beauftragt. Diese Teile wurden dann nach dem Tod des Herrschers 1493 nach Wien gebracht, wo das Grabmal bis 1513 fertiggestellt wurde. Es ist in hohem Maße symbolisch aufgeladen: Wappen zeigen die Besitzungen, Refliefs geistliche Stiftungen, Statuetten der Kurfürsten und anderer Reichsfürsten verweisen auf das Gefüge des Reiches.

Reichstag von Frankfurt – seit 1489 verfestigte sich die Institution der Reichstage immer stärker – brachte diese Diskussion im gleichen Jahr wieder in Gang.

Die letzten Jahre Friedrichs III. scheinen schon stark im Zeichen seines Nachfolgers Maximilian gestanden zu haben. Die französische Grafschaft Flandern, ebenfalls burgundisches Erbe, erkannte Maximilian als ihren Herrn an; dies wurde im Frieden von Senlis (Département Oise) 1493 von Frankreich hingenommen. Nachdem Sigismund von Tirol abgedankt hatte, fiel diese Grafschaft ebenso an Maximilian, der für sein künftiges Herrschertum eine Hausmacht gewann, die näher oder zentraler zum Reich hin lag. Damit wurde die Position seines Hauses im Reich wesentlich verbessert. Nach dem Tode von Matthias Corvinus (1490) eroberte Maximilian die östlichen österreichischen Länder zurück und drang in Ungarn ein. Im Frieden von Preßburg behauptete er das Nachfolgerecht seines Hauses in Böhmen und Ungarn, obwohl dort zunächst die Jagiellonen die Oberhand gewannen.

Friedrich III. erfreute sich in den letzten Jahren nicht mehr allzu guter Gesundheit. Seine Ärzte hatten ihm in der Linzer Burg im Juni 1493 sogar einen durch einen schon länger währenden schmerzhaften Altersbrand abgestorbenen Fuß amputiert. Danach soll der Kaiser scherzhaft bemerkt haben, nun stehe das Reich nur noch auf einem Bein. Schon wenig später starb der Kaiser am 19. August 1493 in Linz. Den zunächst dort aufgebahrten Leichnam überführte man etwa eine Woche später nach Wien, er wurde im Stephansdom gezeigt und anschließend, am 28. August, in der Herzogsgruft beigesetzt. Die Totenmesse am 7. Dezember 1493 im Stephansdom begründete die Tradition musikalischer Exequien im Hause Habsburg. Blickt man auf das letzte Drittel seiner Herrschaftszeit, so waren manche Weichenstellungen besonders in den letzten Regierungsjahren zukunftsweisend, was ältere allgemeine Kritik oder die Bezeichnung als »Erzschlafmütze« deutlich in Frage stellt.

Das Reich am Ende des 15. Jahrhunderts

Friedrichs Nachfolger Maximilian sollte mit anderen Aufgaben konfrontiert werden, seine Herrschaft steht an der Schnittstelle von Mittelalter und Früher Neuzeit. War aber das Reich für die künftigen Aufgaben noch gewappnet? Oder war es ein schwerfälliges Gebilde, das nur aus Tradition weiter funktionierte? Zwei Fragen blieben sicher entscheidend: die immer neu gestellte Kontinuitätsfrage bei Wechsel der Dynastien und der Zusammenhalt des Reiches. Die Zentralgewalt war häufig geschwächt und hatte auch angesichts der Ausdehnung des Reiches und der technischen Möglichkeiten der Zeit sicherlich Probleme, die Kommunikation über große Entfernungen aufrechtzuerhalten. Dennoch dürften im 14. Jahrhundert vor allem König und weltliche Kurfürsten, aber zuweilen auch die rivalisierenden königsfähigen Häuser und deren erste Diener sowie einzelne Städte trotz eigener Interessen auch das Gesamte des Reiches im Auge gehabt haben. Dieser Kreis erweiterte sich im 15. Jahrhundert, und so formierte sich zunehmend ein Reich, das es im hohen Mittelalter in dieser Form noch kaum gegeben hatte, denn hier waren die Herrscher, weniger die Institutionen entscheidend. Zugleich wurde die Staatstheorie zunehmend abstrakter: Das Reich wurde zwar auch im hohen Mittelalter zuweilen schon transpersonal gesehen, aber dieser Prozeß intensivierte sich. Die Formel von »Kaiser und Reich« in der Frühen Neuzeit konnte aus dieser Perspektive zuweilen sogar zum Gegensatz werden.

Entsprechend wurden im 15. Jahrhundert zahlreiche Schriften zur Reichsreform verfaßt, nachdem im Streit Ludwigs des Bayern mit der Kurie zuvor schon zu Fragen päpstlicher Approbation oder zur Wahl und zur Beteiligung von Fürsten und Volk am politischen Geschehen mancher Traktat entstanden war. Im 15. Jahrhundert lassen manche Autoren (wie Nikolaus von Kues [† 1464] mit dem Werk »De concordantia catholica«, 1434) erkennen, daß sich offensichtlich ein gewisses Zusammengehörigkeits- und Nationalgefühl weiter festigte. Dies wurde zum Beispiel bei den schon kurz geschilderten Auseinandersetzungen mit Burgund erkennbar.

Für das Reich zunehmend unbedeutender wurden die Städte, die unter den Luxemburgern vielfach noch entscheidende Stützen des Reiches waren. Nach dem Zweiten Städtekrieg (1449/50), der vor allem im Konflikt zwischen Nürn-

Innsbruck, Hofburg.
Zeichnung nach Art des Augustin Hirschvogel.

berg und Markgraf Albrecht Achilles von Brandenburg (1448–1453) gipfelte, behauptete Nürnberg sich zwar, aber das Zeitalter gemeinsamen Handelns der Städte war danach weitgehend zu Ende. Die Territorien überholten die Städte, nur noch wenige vermochten eine eigenständige Politik zu betreiben, aber die Gesamtheit der Städte wurde nicht mehr zu einer eigenständigen Kraft.

Unter Friedrich III. gewann der Hof an Bedeutung: Hofmusikkapelle, Hofräte und andere Elemente zeigen, daß gerade Friedrich versuchte, das Reich besonders seit 1470 als Hofstaat zu organisieren. Dieses Modell mochte die Dualisierung der Reichsverfassung allerdings nur bis zu seinem Tode aufhalten, denn zwei Jahre danach wurde durch einen Kompromiß des Königs mit den Reichsständen der Reichstag für die Zukunft als ein wichtiges Element des Gesamtreiches bekräftigt, außerdem das vom Hof gelöste Kammergericht etabliert. Indirekt hatte aber Friedrich III. auch zu dieser Entwicklung bereits beigetragen.

REICHSREFORM UND REFORMATION Zwischen Worms, Wittenberg und Augsburg

Die Ausgangssituation am Ende des 15. Jahrhunderts

In Worms am Rhein wurde im Sommer 1495 der Grundstein für das frühneuzeitliche Heilige Römische Reich gelegt. Dorthin hatte König Maximilian I. (*1459, †1519), seit 1486 gewählter und gekrönter Römischer König neben seinem 71 Jahre alten Vater Kaiser Friedrich III. (*1415, †1493) und seit dessen Tod 1493 selbständig regierendes Reichsoberhaupt, die Stände des Reiches zu einer Versammlung geladen, um die drängender werdenden politischen Fragen zu erörtern. Sie fand zu einer Zeit statt, zu der sich der 36jährige Maximilian I. innerhalb und außerhalb des Heiligen Römischen Reiches zahlreichen Angriffen auf seine Herrschaft ausgesetzt sah. Die Besetzung der Apenninen-Halbinsel durch den französischen König Karl VIII. (*1470, †1498) zielte in der Auseinandersetzung mit Aragon um das Königreich Neapel auf die dortige Vorherrschaft und betraf den die Kaiserkrönung in Rom anstrebenden Römischen König ebenso, wie die an die Ostgrenzen seines Erzherzogtums Österreich vordringenden Osmanen ihn nicht nur als Territorialherrn, sondern vor allem auch als *defensor ecclesiae* herausforderten. Und im Reich hatten die in vielen Schriften niedergelegten Überlegungen zu seiner Reform eine neue Qualität erreicht, seit der 1484 ins Amt des Mainzer Erzbischofs und Kurfürsten gewählte Berthold von Henneberg (*1441, †1504) begonnen hatte, die Königsherrschaft durch ständische Mitwirkung zu beschränken. Dies geschah nicht zuletzt in der Form der Wormser Versammlung von 1495, die von da an als Reichstag zu der wichtigsten Beratungs- und Entscheidungsinstitution des Heiligen Römischen Reiches in der Frühen Neuzeit werden sollte.

Über den Raum dieses Heiligen Römischen Reiches, das seit dem letzten Drittel des 15. Jahrhunderts in seiner Benennung den Zusatz »teutscher Nation« trug, schrieb 1512 in seinem Geographie-Lehrbuch »Brevis Germanie Descriptio« (»Kurze Beschreibung Deutschlands, der Geschichte und Sitten der Bevölkerung sowie der geographischen Lage«) der Humanist und Theologe Johannes Cochlaeus (*1479, †1552), »daß kein Gebiet in Europa größeren Umfang einnimmt als Deutschland«. Er sah es im Süden bis nach Italien und Dalmatien reichen, im Osten an Ungarn und Polen grenzen, im Norden von Ost- und Nordsee eingeschlossen, im Westen vom »britischen Meer« und von Frankreich; die Reichsstadt Nürnberg betrachtete er als Mittelpunkt des Reiches und Europas – »Norinberga centrum Europe simul atque Germanie« –, aber nicht aus Lokalpatriotismus – in Wendelstein geboren, war er 1512 Rektor der Sankt Lorenzer Latein-Schule in Nürnberg –, sondern in Übereinstimmung mit vielen Humanisten seiner Zeit, mit dem Astronomen und Mathematiker Johannes Müller (*1436, †1476) zum Beispiel, der als Regiomontanus berühmt wurde, oder dem Schriftsteller und Poeten Conrad Celtis (*1459, †1508). Und der Kartograph, Uhren- und Kompaßmacher Erhard Etzlaub (*ca. 1460, †1532) hat diese verbreitete Raumvorstellung erstmals in seiner anläßlich des Heiligen Jahres 1500 geschaffenen und 1501 gedruckten Romweg-Karte bildlich umgesetzt (Farbabb. 21).

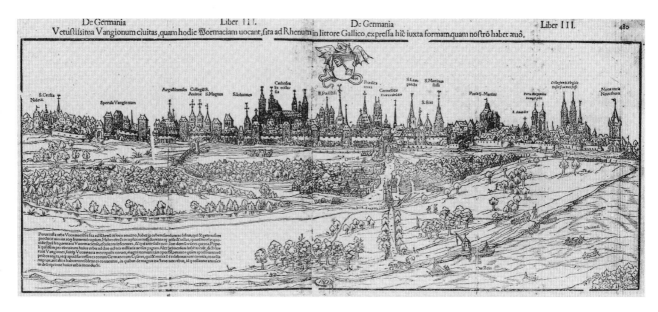

Worms, Stadtansicht, um 1550.

Holzschnitt aus der »Cosmographia« des Sebastian Münster. Die Reichs- und Bischofsstadt, verkehrsgünstig auf dem Westufer des Rheins gelegen, hatte am Ende des 15. Jahrhunderts circa 7.000 Einwohner und war von 1495 bis 1545 mit zahlreichen Reichstagen und anderen reichsständischen Versammlungen sowie mehreren Religionsgesprächen über die Mitte des 16. Jahrhunderts hinaus ein reichspolitisches Zentrum zu Beginn der Frühen Neuzeit.

Den politischen und verfassungsmäßigen Zustand dieses Heiligen Römischen Reiches, wie er sich vom Wormser Reichstag des Jahres 1495 an mehr und mehr abzeichnete, hat zu Beginn der Frühen Neuzeit mit Niccolò Machiavelli (*1469, †1527) ein von außen kommender Beobachter mit großer Klarheit beschrieben. Als Gesandter seiner Heimatstadt Florenz in den Jahren 1507/08 im Reich und am Hof Maximilians I. unterwegs, hat er in seinem ersten Bericht die »Macht Deutschlands« hervorgehoben, »denn es hat Ueberfluß an Menschen, Reichtümern und Waffen«. So sehr er die Reichtümer der Städte – zum Beispiel der Reichsstadt Straßburg – bewunderte, so deutlich sah er den immensen Finanzbedarf des Kaisers für außenpolitische Unternehmungen, den aufzubringen Städte und Stände aber nicht bereit waren, denn »weder die einen noch die anderen wollen die Macht des Kaisers« und keiner will, »daß er sie nach seinem Willen lenken könnte und von ihnen erhielte, was er fordert, nicht was sie geben wollen«. In dieser fehlenden Einigkeit erkannte der spätere Autor des »Principe« (1513) die Schwäche des Reiches, das aus seiner Sicht eines starken Kaisers bedurft hätte: »Wer daher der Meinung ist, die Unternehmungen Deutschlands seien kräftig und könnten leicht gelingen, bedenkt zwar, daß es in Deutschland jetzt keinen Fürsten gibt, der sich den Plänen des Kaisers zu widersetzen vermöchte oder wagte, wie sie es früher zu tun pflegten; aber er bedenkt nicht, daß es für einen Kaiser Hindernis genug ist, wenn ihm die Fürsten in der Ausführung seiner Pläne nicht beistehen. Wer nämlich nicht wagt, mit ihm Krieg anzufangen, wagt, ihm Hilfsvölker zu versagen; und wer sie ihm nicht zu versagen wagt, hat, wenn er sie versprochen hat, Mut genug, sie nicht zu schicken; und wer auch das nicht wagt, wagt doch, die Absendung so zu verzögern, daß sie zu spät kommen, um etwas zu nützen.« Diese vor dem Hintergrund des Konstanzer Reichstages des Jahres 1507 gewonnene Erkenntnis mündete in Machiavellis Resümee, daß die Macht des Reiches zwar groß sei, aber so beschaffen, daß sich ihrer keiner bedienen könne.

Am Anfang war der Reichstag: Worms und die Reichsreform bis 1521

Der Reichstag wurde vom späten 15. Jahrhundert an zu dem Ort des Alten Reiches schlechthin, wo es sich in der Begegnung von Kaiser und Reichsständen am konkretesten zeigte: mittelalterlich im Gegenüber von Reichslehensherr und Lehensmännern, neuzeitlich im Mit-, Neben- und Gegeneinander von Reichsoberhaupt einerseits und Kurfürsten, weiteren Reichsfürsten, Reichsprälaten, Reichsgrafen und Reichsstädten andererseits als Vertretern politischer Interessen. Er entwickelte sich vor allem in der Verbindung von königlichem Hoftag und Kurfürstentag zur höchsten politischen Institution und gesetzgebenden Ständeversammlung des frühneuzeitlichen Heiligen Römischen Reiches, die bis zur Mitte des 17. Jahrhunderts unregelmäßig fast ausnahmslos in wechselnden Reichsstädten tagte und von 1663 an in Regensburg zum Immerwährenden Reichstag wurde. Seine reichsgrundgesetzliche Fundierung erhielt der Reichstag in der Wormser »Handhabung Friedens und Rechts« vom 7. August 1495, die ihn zum Teilhaber an der königlichen Herrschaft machte und die ihn erst eigentlich schuf.

Die »Handhabung Friedens und Rechts« datierte vom gleichen Tag wie der Ewige Landfrieden, mit dem jegliche Fehde und Selbsthilfe zur Durchsetzung tatsächlichen oder vermeintlichen Rechtes unter Strafe gestellt wurde. Die Ausübung des Gewaltmonopols wurde einzig dem Heiligen Römischen Reich zugestanden, das dafür institutionell in die Lage versetzt werden mußte. Für die Überwachung und friedliche Bewahrung von Recht, Ruhe und Ordnung im

Worms, Gebäude der Münze.
Sepiazeichnung von Peter Hamman, um 1690. Tagungsgebäude des Reichstages im Jahre 1495 am Marktplatz im Zentrum der Stadt nahe dem Dom.

Reich wurde – ebenfalls 1495 in Worms – mit dem Reichskammergericht ein oberstes Reichsgericht gegründet. Es wurde von einem aus dem Adel stammenden Kammerrichter geleitet, den der Römische König zu benennen hatte und dem 16 Beisitzer (Assessoren) zur Seite gestellt wurden, die zunächst von den Kurfürsten, dem Erzherzog von Österreich, dem Herzog von Burgund und weiteren acht Reichsständen vorzuschlagen waren. Diese reichsständisch dominierte personelle Zusammensetzung bedeutete eine entscheidende Einschränkung der königlichen Gerichtsgewalt und Rechtsprechung sowie deren feste Bindung an ständische Mitsprache. Folgerichtig nahm das Reichskammergericht seine Arbeit fern des Hofes Maximilians I. auf, als es am 31. Oktober 1495 in Frankfurt am Main im traditionsreichen Haus Braunfels von ihm mit der Überreichung des Gerichtsstabes an den ersten Kammerrichter Eitel Friedrich von Zollern (*ca. 1452, †1512) eröffnet wurde, der zuvor bereits in maximilianeischen Diensten gestanden hatte. Schon 1497 wechselte das Reichskammergericht ein erstes Mal seinen Sitz und tagte über die Mitte des 16. Jahrhunderts hinaus unterschiedlich lange und zum Teil wiederholt in Worms, Augsburg, Nürnberg, Regensburg, Speyer, Esslingen oder Wimpfen, bis es von 1557 an für 130 Jahre in Speyer seine Heimstatt fand. Stets war eine Reichsstadt Sitz des Reichskammergerichts, auch als es von 1690 bis 1806 nach Wetzlar wechselte, wo sich unter anderen Johann Wolfgang Goethe (*1749, †1832) im Jahre 1772 als Rechtspraktikant aufhielt.

Für den Fall, daß gebrochener Landfrieden im Heiligen Römischen Reich nicht friedlich zu heilen war, taten sich König und Reichsstände auf dem Wormser Reichstag des Jahres 1495 schwerer, Exekutionsmaßnahmen grundgesetzlich zu regeln, da es dabei um praktische Machtausübung ging, die man sich gegenseitig nicht einzuräumen bereit war. Weder konnte sich Maximilian I. mit seiner Vorstellung durchsetzen, Exekutionen von neu zu schaffenden Reichskreisen durchführen zu lassen, noch gelang es den Reichsständen mit dem Mainzer Kurfürsten an der Spitze, ein erst zu errichtendes Reichsregiment damit zu beauftragen. Schließlich einigte man sich in der »Handhabung Friedens und Rechts« auf das wenig effektive Verfahren, im Exekutionsfall den Reichstag darüber beraten und entscheiden zu lassen, wie gegen Landfriedensbrecher und Mißachter von Urteilen des Reichskammergerichts vorzugehen sei. Es war ein das ge-

Worms, Reichstag, 1495.
Zeitgenössischer Holzschnitt. König Maximilian I. im Kreise von sechs Kurfürsten; der König von Böhmen als siebenter Kurfürst gemäß der Goldenen Bulle von 1356 fehlt.

Frankfurt am Main, Haus Braunfels.
Kolorierter Kupferstich von Wenzel Hollar, um 1635. Erster Sitz des 1495 auf dem Reichstag zu Worms begründeten Reichskammergerichts.

samte frühneuzeitliche Heilige Römische Reich charakterisierender Kompromiß, eine konsensualistische Problemlösung, ohne die in den dem Wormser Reichstag folgenden drei Jahrhunderten in Reichsgesetzgebung und Reichspolitik keine verbindlichen Entscheidungen möglich waren. Von 1495 an ging es zwischen Römischem König und Reichsständen im Grundsatz stets um die Frage, ob das Reich stärker monarchisch-zentralistisch oder ständisch-föderal ausgestaltet sein sollte. Beide Seiten waren und blieben im Reichstag als Institution dualistischer Herrschaftsausübung aufeinander angewiesen.

Diese Erfahrung mußte König Maximilian I. von Anfang an machen, dem es nicht mehr gelang, seinen monarchischen Willen im Reich widerspruchslos und ohne Einschränkungen durchzusetzen. Dies konnte er nur dort mit unterschiedlichem Erfolg unternehmen, wo ihn ständische Partizipation nicht einengte. Höchst erfolgreich war er mit seiner Heiratspolitik, mit der er 1495 vertraglich die dynastische Verbindung der Habsburger zum kastilisch-aragonesischen Königshaus Trastámara sowie 1515 zu den die Königreiche Böhmen und Ungarn beherrschenden Jagiellonen in zwei Doppelhochzeiten begründete: Im Jahre 1495 heiratete sein Sohn Philipp der Schöne (*1478, †1506) Juana la Loca (Johanna die Wahnsinnige) (*1479, †1555), 1497 seine Tochter Margarete (*1480, †1530) deren älteren Bruder Juan (*1478, †1497), beide Kinder der Katholischen Könige Ferdinand III. von Aragon (*1452, †1516) und Isabella von Kastilien (*1451, †1504); und in der nächsten Generation ehelichte Maximilians Enkel Ferdinand I. (*1503, †1564) im Jahre 1521 Anna von Böhmen und Ungarn (*1503, †1547), deren Bruder, König Ludwig II. von Böhmen und Ungarn (*1506, †1526), ein Jahr später mit Ferdinands I. Schwester Maria (*1505, †1558) vermählt wurde. Innerhabsburgisch gelang ihm schon 1490 die Vereinigung sämtlicher Herrschaftsbereiche seiner Familie in seiner Hand, wobei der Erwerb des an Bodenschätzen reichen Tirol – mit dem Brenner als Alpenübergang nach Oberitalien – als Verbindung zwischen den östlichen und westlichen Besitzungen von größter Bedeutung war (Farbabb. 25).

In Maximilians I. Außenpolitik, für die die Reichsstände grundsätzlich ein reichisches Interesse verneinten, überwogen die Mißerfolge, und da nutzte auch nicht das Zugeständnis eines Reichsregimentes auf dem Augsburger Reichstag des Jahres 1500 in besonders prekärer Situation, nachdem die Franzosen Mailand besetzt hatten und der König im Frieden von Basel 1499 die faktische Loslösung der Schweizer Eidgenossenschaft vom Heiligen Römischen Reich hatte hinnehmen müssen. Die dauerhaft kriegerische Situation in Oberitalien hinderte ihn nicht nur zeitlebens daran, seine Rechte an den dortigen Reichslehen wahrzunehmen, sondern auch daran, sich in Rom vom Papst zum Kaiser krönen zu lassen. So entsprang die schmucklose Annahme des Titels eines Erwehlten Römischen Kaisers durch Maximilian I. auf nicht einmal halbem Weg nach Rom am 4. Februar 1508 im Dom zu Trient nahe der Südgrenze des Reiches zur Republik Venedig durchaus einer Verlegenheit. In diesem singulären Ereignis ohne Beteiligung des Papstes machte der Römische König nicht nur auf neuzeitlich-rationale Weise seinen Anspruch auf das Kaisertum geltend, sondern entkleidete den Erwerb auch seiner mittelalterlich-sakralen Eigenschaften. Daß Maximilian I. im Jahre 1511 mit dem Gedanken spielte, sich zum Papst wählen zu lassen, um so Herr des Kirchenstaates zu werden, läßt ihn nicht minder als Herrscher einer Zeitenwende erscheinen.

So schwer Maximilian I. sich seit dem Wormser Reichstag des Jahres 1495 in seine begrenzte Rolle als Reichsoberhaupt fand, so schwer taten sich die

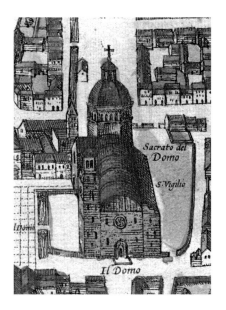

Trient, Dom von Südosten.
Kolorierter Kupferstich von Georg Braun und Franz Hogenberg, 1581. Im Dom von Trient nahm der Römische König Maximilian I. im Jahre 1508 den Titel eines »Erwehlten Römischen Kaysers« an.

Trient, Ansicht von Norden, 1495.
Aquarell von Albrecht Dürer. Bischofsstadt an der Etsch, nahe der Grenze zur Republik Venedig.

Reichsstände, ihre neue Rolle mit zunehmenden Verpflichtungen auszufüllen. Auf ihrer in der »Handhabung Friedens und Rechts« festgeschriebenen Forderung nach jährlicher Abhaltung von Reichstagen beharrten sie schon im Übergang vom 15. zum 16. Jahrhundert nicht mehr, sondern wollten im Gegenteil mit solchen Versammlungen nicht allzu sehr belastet werden. Das zur Kontrolle der Regierung Maximilians I. durchgesetzte Reichsregiment nahm zwar 1501 seine Arbeit in Nürnberg auf, aber stellte sie im folgenden Jahr aus reichsständischem Desinteresse auch schon wieder ein, denn die Masse der Reichsstände wollte den monarchischen Zentralismus nicht durch einen ständischen ersetzt sehen. Die eigens zur Wahl eines Teils der Regimentsräte gebildeten sechs Reichskreise verloren nur deshalb ihre Funktion nicht, weil der Konstanzer Reichstag des Jahres 1507 sie mit der Wahl von Beisitzern des Reichskammergerichts betraute.

Vor allem aber waren die Reichsstände der 1495 in Worms in den Mittelpunkt gerückten Aufgabe nicht sofort gewachsen, Frieden, Recht und Ordnung im Heiligen Römischen Reich zu bewahren oder wiederherzustellen, denn zu radikal war die Festlegung im Ewigen Landfrieden, daß das, was bisher Recht war, nunmehr als zu ahndendes Unrecht bewertet wurde. Nachdem das vom Mainzer Kurfürsten Berthold von Henneberg auch für diesen Zweck vorgesehene Reichsregiment gescheitert war, die Landfriedensstörungen und die Notwendigkeiten zu Exekutionsmaßnahmen aber immer größer und dringlicher wurden, wurde auf dem Kölner Reichstag des Jahres 1512 in der Tradition mittelalterlicher Landfriedensbezirke ein aus nunmehr zehn Reichskreisen beste-

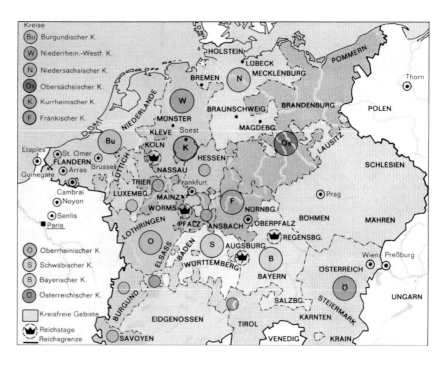

Reichskreise, 1512.
Im Jahre 1500 waren mit Fränkischem, Schwäbischem, Bayerischem, Oberrheinischem, Niederrheinisch-Westfälischem und Sächsischem Reichskreis lediglich sechs Kreise als Wahlbezirke für Reichsregimentspersonen gebildet worden; nicht in die Kreisverfassung einbezogen blieben das Königreich Böhmen, die reichsritterschaftlichen Gebiete und die oberitalienischen Reichslehen.

hendes System geschaffen, das – abgesehen unter anderem vom Königreich und Kurfürstentum Böhmen, den reichsritterschaftlichen Gebieten und den oberitalienischen Reichslehen – das gesamte Reichsgebiet umfaßte. Den ihnen einzig übertragenen Aufgaben der Aufrechterhaltung beziehungsweise Wiederherstellung des Landfriedens wurden die Reichskreise allerdings im höchst unruhigen zweiten Jahrzehnt des 16. Jahrhunderts noch längst nicht gerecht. Vergeblich suchte Kaiser Maximilian I. sie angesichts der vermehrten Unruhen unter den Bauern und dem gemeinen Mann zum Beispiel in den Bundschuh-Aufständen im Südwesten des Reiches oder angesichts der gewaltsamen Übergriffe von Mitgliedern des niederen Adels – wie der Reichsritter Götz von Berlichingen (*1480, †1562) oder Franz von Sickingen (*1481, †1523) – auf Kaufleute und Reichsstände in Franken und am Mittelrhein zu aktivieren und einzusetzen. Kaiser und Reichsstände hatten zu unterschiedliche Auffassungen von den Befugnissen der mit Exekutionen und damit mit Gewaltausübung zu beauftragenden Hauptleute. Der institutionelle Ausbau der sehr verschieden zusammengesetzten Reichskreise – der Schwäbische, Fränkische, Oberrheinische, Niedersächsische und Niederrheinisch-Westfälische mit vielen Reichsständen, der Bayerische, Obersächsische, Österreichische, Burgundische und Kurrheinische mit dominierenden Kur- oder Reichsfürsten – wurde erst Anfang der 1530er Jahre in Angriff genommen, als der Beginn der von Martin Luther (*1483, †1546) ausgelösten Reformation die Situation im Heiligen Römischen Reich noch komplizierter gemacht hatte, denn in den Augen ihrer Gegner bedeutete sie Landfriedensbruch.

Von Wittenberg ins Reich: Luthers Reformation und die Politik bis 1530

Von Wittenberg an der Elbe, fernab von den Orten reichsgeschichtlichen Geschehens im Westen und Süden, nahm Luthers Kirchenkritik ihren bald politisch wirksam werdenden Ausgang. Von dort versandte der 34jährige Augustiner-

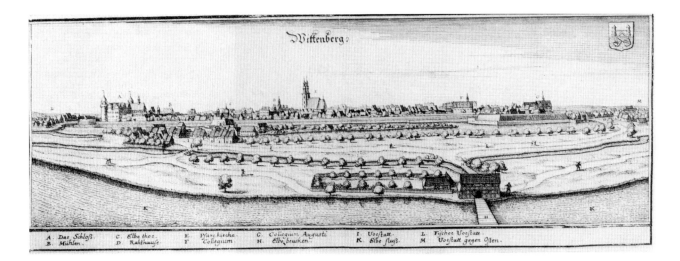

Wittenberg, Stadtansicht.

Kupferstich aus Matthäus Merians »Topographia Superioris Saxoniae, Thuringiae [...]«, um 1650. Wittenberg war seit 1502 Sitz der von Kurfürst Friedrich dem Weisen gegründeten sächsischen Landesuniversität und bis 1547 kursächsische Residenzstadt.

eremit und Professor für Bibelauslegung an der noch jungen, 1502 gegründeten kursächsischen Landesuniversität am 31. Oktober 1517 einen Brief, in dem er sich gegen gegenwärtige theologische Mißverständnisse des Ablasses seiner Kirche wandte, um Abstellung der auf finanziellen Gewinn zielenden Mißbräuche bat und 95 Thesen gegen den Ablaß in handschriftlicher Form beilegte. Empfänger seines Briefes waren mit dem hohenzollerischen Markgrafen Albrecht II. (*1490, †1545) der Erzbischof von Magdeburg und Mainz, damit auch Kurfürst, und mit Hieronymus Schultz († 1522) sein brandenburgischer Diözesanbischof, also seine unmittelbaren kirchlichen Oberen. Seine 95 Thesen wurden dann sehr bald in Rom bekannt, verbreiteten sich aber erst von der Jahreswende 1517/18 an wie ein Lauffeuer im Heiligen Römischen Reich, nachdem sie in Nürnberg ins Deutsche übersetzt und in der Reichsstadt an der Pegnitz, in Leipzig und Basel – dank der von Johannes Gutenberg in der Mitte des 15. Jahrhunderts entwickelten neuen Technik – ohne Luthers Zutun in großen Auflagen gedruckt worden waren.

In Wittenberg, wo er seine theologische Ausbildung genossen hatte und seit 1513 eine Professur ausübte, war Luther zu neuen Erkenntnissen über die »Gerechtigkeit Gottes« gelangt, die er nicht länger gemäß der herrschenden Lehre als Strafgerechtigkeit verstehen konnte, sondern als Gnadengerechtigkeit begriffen hat, denn der Mensch könne sich nur durch seinen Glauben vor Gott rechtfertigen. In diese neue Theologie eingebettet war auch seine Kritik am kirchlichen Umgang mit dem Ablaß, die grundsätzlicher und schärfer wurde, nachdem in Rom der Ketzerprozeß gegen Luther eröffnet worden war. Zwar hielt er sich im Oktober 1518 während des letzten Reichstages der Zeit Kaiser Maximilians I. in Augsburg auf und stellte sich im dortigen Fugger-Haus einem mehrtägigen Verhör des päpstlichen Legaten, Thomas de Vio Cajetan (*1469, †1534), aber zu einer Reichsangelegenheit wurde Luthers Dissens mit der Römischen Kirche erst auf dem Wormser Reichstag des Jahres 1521. Gegenüber Kardinal Cajetan, der dem Luther besonders feindlichen Dominikanerorden angehörte, hatte er seine Überzeugungen – weil er sich nicht widerlegt sah – nicht widerrufen, sondern sie nach vorzeitiger Abreise aus Augsburg in drei großen Schriften 1520 bekräftigt und seine Kritik am Papsttum verstärkt, die ihren Höhepunkt am 10. Dezember desselben Jahres mit der Verbrennung der päpstlichen Schriften, der Bücher des Kanonischen Rechtes und der Bannandrohungsbulle »Exsurge Domine« vom 15. Juni 1520 vor dem Elstertor in Wittenberg erreichte.

Wittenberg, Schloßkirche, 1509.

Holzschnitt von Lucas Cranach d.Ä. An die Tür in der Mitte des Kirchenschiffs soll Martin Luther der Legende nach am 31. Oktober 1517 seine 95 Thesen gegen den Ablaß angeschlagen haben, was tatsächlich nicht geschehen ist.

Frankfurt am Main, Sankt Bartholomäus. Kolorierter Kupferstich von Salomon Kleiner, 1738. In der Messestadt am Main, die im 16. Jahrhundert circa 12.000 Einwohner hatte, wurden gemäß der Goldenen Bulle von 1356 die Römischen Könige gewählt. Wahlort war Sankt Bartholomäus, ab 1562 auch Ort der Krönung.

Frankfurt am Main, Wahlkapelle. Lichtdruck nach einer Zeichnung von Mässinger, 1867. Ort der Wahl der Römischen Könige bis zu Franz II. im Jahr 1792.

Zu dieser Zeit war der Habsburger Karl V. (*1500, †1558), in Gent geboren und seit 1515 Herzog von Burgund, seit seiner Proklamation in Brüssel 1516 auch König von Kastilien und Aragón, Nachfolger seines Großvaters Maximilian I. als Römischer König und zukünftiger Kaiser. Nachdem es diesem trotz größter Anstrengungen nicht mehr gelungen war, Karl zu seinen Lebzeiten wählen zu lassen, konnte er sich erst nach einem Wahlkampf gegen den französischen König Franz I. (*1494, †1547) und mit großer finanzieller Unterstützung des Augsburger Wirtschaftsunternehmens Fugger durchsetzen. Am 28. Juni 1519 war Karl V. – während er sich in Spanien aufhielt, um seine dort ererbte Macht zu festigen – am in der Goldenen Bulle Kaiser Karls IV. vorgeschriebenen Ort in der Wahlkapelle von Sankt Bartholomäus von den Kurfürsten einstimmig zum Römischen König gewählt worden. Als erstes Reichsoberhaupt hatte er – den Beginn einer neuen Zeit markierend – einen später »Wahlkapitulation« genannten, von den Kurfürsten mit seinen Wahlgesandten ausgehandelten Herrschaftsvertrag zu akzeptieren, in dem in vielen Einzelheiten seine monarchisch-herrscherliche Macht und Gewalt begrenzt und die Teilhabe der korporativ handelnden Reichsstände an ihr festgeschrieben wurde. In verfassungskonservativem Sinne hatte er alle Reichsgrundgesetze seit der Goldenen Bulle von 1356 und die seit dem Wormser Reichstag des Jahres 1495 eingeleitete Reichsreform zu bestätigen, insbesondere auch den Wahlcharakter des Heiligen Römischen Reiches zu bekräftigen und zu versprechen, es in keine Erbmonarchie verwandeln zu wollen. Diese Wahlkapitulation datiert vom 3. Juli 1519 und wurde von Karl V. persönlich am 22. Oktober 1520, am Vorabend seiner Krönung (Farbabb. 23) zum Römischen König, am traditionellen Krönungsort im Dom zu Aachen beschworen und unterzeichnet. Allen seinen frühneuzeitlichen Nachfolgern bis hin zu Kaiser Franz II. im Jahre 1792 wurde von den für die Gesamtheit der Reichsstände handelnden Kurfürsten eine je eigene Wahlkapitulation abverlangt, die auch jede für sich ein Spiegel des Verhältnisses von Reichsoberhaupt zu Reichsständen im jeweiligen Zeitpunkt ihrer Abfassung war (Farbabb. 24).

Nicht einhalten konnte der neue Römische König sein gemäß der Goldenen Bulle von 1356 gemachtes Versprechen, seinen ersten Hoftag, der seit dem Ende des 15. Jahrhunderts zum Reichstag geworden war, in Nürnberg abzuhalten, da in der sich unter anderem mit der Hilfe Albrecht Dürers (*1471, †1528) darauf vorbereitenden Pegnitz-Stadt, die seit 1424 auch Aufbewahrungsort der Reichskleinodien war, Seuchengefahr herrschte. So wurde das verkehrsgünstig am Rhein gelegene Worms im Jahre 1521 erneut Gastgeberin eines Reichstages von großer reichsgeschichtlicher Bedeutung. Mit seinen Beschlüssen zur neuerlichen Aufrichtung eines Reichsregiments, das Karl V. im Anschluß an sein Wahlversprechen für die Zeit seiner Abwesenheit vom Reich zugestehen mußte, und zu einer Neufassung der Ordnung für das Reichskammergericht schloß der Reichstag an die ein Vierteljahrhundert zuvor ebenfalls in Worms getroffenen oder vorberatenen Entscheidungen an und legte mit der Reichsmatrikel eine Grundlage für die Erhebung von Reichssteuern vor. Während die 1495 eingeführte Kopf- und Vermögenssteuer des Gemeinen Pfennigs als eine direkte Reichssteuer erfolglos geblieben war – auch wenn über ihre Wiedereinführung im 16. Jahrhundert immer wieder auf Reichstagen nachgedacht wurde –, setzte sich das der föderalen Struktur des Reiches gemäßere System der Steuererhebung bei den Reichsständen durch und verschaffte der Wormser Reichsmatrikel von 1521 – mit wiederholten Korrekturen – grundsätzliche Gültigkeit bis zum Ende des Alten Reiches. Abgesehen davon, daß sie sämtliche Reichsstände auflistete und damit Reichszugehörigkeit dokumentierte, führte sie für jeden die von ihm aufzubringende Leistung auf, ohne festzuschreiben, ob und wie die Reichsstände ihre Verpflichtungen bei ihren Landständen oder Untertanen eintrieben. Die Matrikularbeiträge stellten allerdings keine regelmäßig zu zahlende Steuer dar, sondern konnten nur für reichsrechtlich beschlossene einzelne Zwecke erhoben werden, wie sie 1521 in Worms mit der Romzug-Hilfe für Karl V. zur Erlangung der Kaiserkrone sowie mit dem finanziellen Unterhalt von Reichsregiment und Reichskammergericht benannt wurden.

Vor allem aber ist der Wormser Reichstag des Jahres 1521 als die Reichsversammlung bedeutsam geworden, die Martin Luthers kirchenreformerisches Anliegen politisch werden ließ. Von der Kirche gebannt, folgte der Reformator der Ladung auf den Reichstag erst, nachdem ihm Karl V. für die Reisen von Wittenberg nach Worms und zurück freies Geleit zugesichert hatte. Den geforderten

Aachen, Dom, 1520.
Zeitgenössischer Holzschnitt von Hans Weiditz d. J. Der am 23. Oktober 1520 zum Römischen König gekrönte Karl V. im Kreise der sieben Kurfürsten.

Nürnberg, Heilig-Geist-Kirche.
Kupferstich, 1696. Die 1339 mit dem Heilig-Geist-Spital gestiftete Kirche war von 1424 bis 1796 Aufbewahrungsort der Reichskleinodien: die Kroninsignien in einem Panzerschrank in der oberen Sakristei, die Reichsreliquien im Heiltumsschrein, der unter dem Gewölbe des Chors aufgehängt war.

Worms, Reichstag, 1521.
Holzschnitt. Martin Luther auf dem ersten Reichstag Kaiser Karls V., gegenüber dem er sich weigerte, seine Lehre zu widerrufen.

Widerruf seiner Überzeugungen und die Distanzierung von seinen Schriften verkündete Luther trotz großer Bemühungen auch auf reichsständischer Seite nicht, sondern trat nach zehntägigem Aufenthalt in der Reichsstadt am Rhein am 26. April 1521 in Begleitung eines Reichsherolds die Heimreise an. Nach Wittenberg kehrte er aber erst am 6. März 1522 zurück, denn zehn Monate zuvor war er – inzwischen nahezu alleine reisend – überfallen und auf die Wartburg bei Eisenach gebracht worden, wo er – gleichsam in Schutzhaft des sächsischen Kurfürsten als seinem Landesherren – als »Junker Jörg« vor allem das griechischsprachige Neue Testament ins Deutsche übertrug und damit die Grundlage für die neuhochdeutsche Schriftsprache schuf.

Wie gefährdet Luther nach seinen Auftritten auf dem Wormser Reichstag war, zeigt das am 8. Mai 1521 von Karl V. als *defensor ecclesiae* aus eigener Machtvollkommenheit verkündete »Wormser Edikt«, das zwar im Reichsabschied vom 26. Mai keine reichsgrundgesetzliche Verankerung fand, aber den Reformator mit allen Konsequenzen in die Reichsacht, das heißt für vogelfrei und rechtlos erklärte. In der Auseinandersetzung mit ihm wurde Worms zu einem permanenten politischen Bezugspunkt, wenn es um die mal stärkere, mal schwächere In-

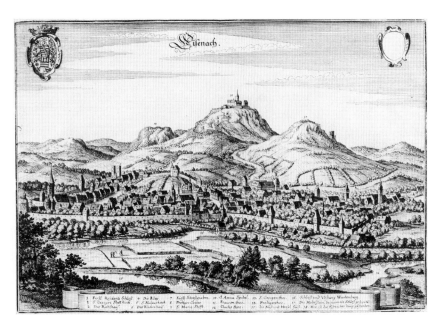

Eisenach, Wartburg.
Kupferstich aus Matthäus Merians »Topographia Superioris Saxoniae, Thuringiae […], um 1650. Die fast 400 Meter hoch gelegene Wartburg aus dem 11. Jahrhundert markiert im Westen den wichtigsten Zugang nach Thüringen an der Straße von Frankfurt am Main nach Erfurt. Martin Luther hielt sich hier in den Jahren 1521/22 als »Junker Jörg« auf, und verfaßte eine Fülle theologischer Schriften. Zu seiner intensiven Beschäftigung mit der Heiligen Schrift gehörte auch seine Übersetzung des Neuen Testaments vom Griechischen ins Deutsche.

tensität der Durchsetzung des »Wormser Ediktes« ging, während Wittenberg das Maß der reformatorischen Lehre bestimmte. Dorthin war Luther wegen der Anfang 1522 ausgebrochenen Wirren und des Bildersturms trotz der ausgesprochenen Reichsacht zurückgekehrt und von dort aus bekämpfte er alle Schwärmereien und Irrungen, alle neuen Richtungen im thüringisch-sächsischen Raum, die seine Lehre radikalisierend mißverstanden.

Aber er wehrte sich von Wittenberg aus auch gegen jede politische Instrumentalisierung seiner fundamentalen Glaubens- und Kirchenkritik, was die aufständischen Bauern im Mai 1525 am deutlichsten in Luthers Schrift »Wider die räuberischen und mörderischen Rotten der Bauern« zu spüren bekamen, deren rücksichtslose Niederwerfung durch die jeweiligen Obrigkeiten er forderte. Die im irreführenden Begriff »Bauernkrieg« zusammengefaßten, keineswegs geschlossenen Aufstände der Jahre 1524 bis 1526 im Allgäu, im Schwarzwald und in Schwaben, am Oberrhein, in Franken, Thüringen, Salzburg und Tirol entstanden nicht aus einer allgemeinen Elendssituation heraus, sondern richteten sich gegen alle landesherrlichen Bestrebungen, einen geschlossenen, einheitlich regierten Untertanenverband zu schaffen, der bei zurückgedrängtem »alten Recht« mehr Abgaben und Dienstleistungen zu erbringen hatte. Gegen die Verbindung von rechtlichen, wirtschaftlichen und sozialen Forderungen der Bauern mit kirchlich-reformatorischen Anliegen, wie sie am wirksamsten in den Memminger »12 Artikeln der Bauernschaft in Schwaben« zum Ausdruck gebracht wurden, wehrte sich Luther, insbesondere auch gegen revolutionäre chiliastisch-kommunistische Vorstellungen eines Thomas Müntzer (*ca. 1490, †1525). Das von ihm angeführte Bauernheer erlitt mit circa 6.000 Opfern am 15. Mai 1525 eine vernichtende Niederlage bei Frankenhausen am Südhang des Kyffhäusers in Thüringen gegen ein vereinigtes landesfürstliches Heer des Landgrafen von Hessen sowie der Herzöge von Sachsen und Braunschweig; fast gleichzeitig fanden dreimal so viele Bauern den Tod bei Zabern gegen ein Heer des Herzogs von Lothringen, und bei Königshofen im Taubertal verloren die Bauernhaufen gegen ein Heer des Schwäbischen Bundes Anfang Juni 1525.

Wie in den Jahren 1522/23 zahlreiche Ritteraufstände entlang des Mittelrheins von Landesfürsten niedergeschlagen wurden – Franz von Sickingen fand am 7. Mai 1523 den Tod auf seiner Feste Landstuhl bei Kaiserslautern –, so erging es den Bauern überall dort, wo sie sich in den Teilen des Heiligen Römischen Reiches erhoben hatten, die durch komplizierte kleinteilige Herrschaftsüberlagerungen geprägt waren. Nicht das Reich mit seinen theoretischen Vorkehrungen zur Landfriedenssicherung – zuletzt am 10. Februar 1522 vom Reichsregiment in Nürnberg erlassen –, sondern die in ihrem Aufbau von Territorialstaatlichkeit befindlichen Reichsfürsten wehrten alle sie gefährdenden landfriedensbrecherischen Aktivitäten ab.

Und Reichsfürsten waren es auch, die in den 1520er Jahren, in denen Karl V. vom Ende des Wormser Reichstages an ohne Unterstützung des Reiches seine ersten Kriege gegen König Franz I. von Frankreich um die Vormachtstellung in Europa führte, Luthers Reformation zum Durchbruch verhalfen. Dabei wurden sie außer von der Abwesenheit des Königs aus dem Reich von der reichspolitischen Inaktivität seines Stellvertreters und Bruders Ferdinand I. begünstigt, der 1526/27 als Erzherzog von Österreich – in der Konsequenz der großväterlichen Heiratspolitik – auch König von Ungarn, das nicht zum Heiligen Römischen Reich gehörte, und König und Kurfürst von Böhmen wurde. War den Reichsständen schon vom Nürnberger Reichstagsabschied des Jahres 1524 die Durchführung des »Wormser Ediktes« »sovil inen muglich« zugebilligt worden, so wurde es im Abschied des Speyerer Reichstages von 1526 weitgehend außer Kraft gesetzt, wenn ihnen in Kirchenfragen bis zu einem Konzil erlaubt wurde, sich so zu verhalten, wie sie es gegenüber Gott und Kaiser Karl V. glaubten verantworten zu können. Nachdem die Reichstadt Nürnberg bereits 1525 die Reformation eingeführt hatte, waren mit der Landgrafschaft Hessen, den Markgraftümern Brandenburg-Ansbach und Brandenburg-Kulmbach, dem Herzogtum Braunschweig-Lüneburg sowie dem Kurfürstentum Sachsen die ersten Reichs-

Marburg an der Lahn, Stadtansicht, um 1550.

Holzschnitt aus der »Cosmographia« des Sebastian Münster. In der hessischen Residenzstadt gründete 1527 Landgraf Philipp der Großmütige die erste lutherische Universität der Welt, nachdem er in seinem Territorium die Reformation eingeführt hatte. 1529 fand in Marburg ein Religionsgespräch zwischen Luther und Zwingli statt, in dem die Meinungsunterschiede in der Abendmahlsfrage nicht beseitigt werden konnten.

territorien gefolgt, und Landgraf Philipp der Großmütige von Hessen (*1504, †1567) gründete im Jahr 1527 in Marburg an der Lahn in Gebäuden, die der alten Kirche entzogen worden waren, die erste lutherische Universität der Welt. Aber das Heilige Römische Reich blieb insgesamt katholisch, und die katholischen Reichsstände auf dem Reichstag behielten die klare Mehrheit. Als der Speyerer Reichstag des Jahres 1529 die Religionsbeschlüsse von 1526 wieder revidierte und das »Wormser Edikt« erneut durchgesetzt sehen sowie alle Neuerungen verbieten wollte, blieb der lutherischen Minderheit von fünf Fürsten und 14 Reichsstädten nur das rechtliche Instrument der *protestatio*, die sie unter Berufung auf ihr Gewissen gegen die Mehrheitsentscheidung der Katholiken zu Protokoll gaben. Wegen dieser förmlichen »Protestation« werden die Anhänger Luthers seit 1529 »Protestanten« genannt.

Diese politische Zuspitzung zwischen altgläubigen und lutherischen Reichsständen barg durchaus die Gefahr einer Spaltung des Reiches, wenn Reformation als Landfriedensbruch begriffen wurde, der nicht nur aus gewalttätigen Aktionen bestehen konnte, sondern auch in Maßnahmen erfüllt war, die zu Veränderungen der Herrschafts-, Jurisdiktions-, Besitz- oder Pfründenrechte führten. Da es um die Einheit von Heiligem Römischen Reich und lateinisch-christlicher Kirche ging, sah sich Karl V., am 24. Februar 1530 von Papst Clemens VII. (1523–1534) in San Petronio in Bologna zum Kaiser gekrönt, in doppelter Weise zum Handeln gezwungen. Was seinem Großvater verwehrt geblieben war, hatte er erreicht, allerdings nicht am traditionellen Ort in Rom, sondern in der alten Universitätsstadt Bologna im Norden des Kirchenstaates nahe der Grenze zum Reich. Von dort aus hat Karl V. auch zu einem neuen Reichstag geladen, um gleich nach seiner Kaiserkrönung in aller Offenheit – so seine erklärte Absicht – die unterschiedlichen Meinungen in der Glaubensfrage zu hören und dann im Sinne kirchlicher Einheit als Schiedsrichter, nicht als Parteigänger der Papstkirche, Entscheidungen zu treffen.

Nach Augsburg hatte Kaiser Karl V. den neuen Reichstag einberufen, in die Reichsstadt am Lech, in der Luther schon 1518 Cajetan hatte Rede und Antwort stehen müssen und die zu einem Zentralort reformationsgeschichtlicher Ent-

Bologna, Basilika di San Petronio.
Fotografie. In der seit dem Ende des 14. Jahrhunderts errichteten gotischen Kirche fand 1530 letztmalig eine Kaiserkrönung durch einen Papst statt. Bologna war seit 1119 Sitz der ältesten Universität Europas und wurde 1506 endgültig dem Kirchenstaat einverleibt.

Augsburg, Verlesung der »Confessio Augustana«, 1530.
Ölgemälde von Georg Balthasar von Sand (Ende 17. Jahrhundert). Mit dem Augsburger Reichstag des Jahres 1530 verbindet sich vor allem die Verlesung und Überreichung der lutherischen »Confessio Augustana« an den gerade zum Kaiser gekrönten Karl V. Das Gemälde stammt aus der Coburger St. Moritz Kirche, in der Luther 1530 gepredigt hat; er hielt sich – weiter bedroht durch das »Wormser Edikt« von 1521 – während des Reichstages aus Sicherheitsgründen auf der Veste Coburg auf, die ganz im Süden des Kurfürstentums Sachsen lag.

scheidungen werden sollte. Doch die in seinem Einladungsschreiben geweckten Hoffnungen schwanden auf protestantischer Seite, als die maßgeblich von Luthers Kollegen und Freund Philipp Melanchthon (*1497, †1567) verfaßte, um Gemeinsamkeiten bemühte, aber auch die Glaubensunterschiede feststellende evangelische Bekenntnisschrift, die *Confessio Augustana*, katholischerseits in der *Confutatio* zurückgewiesen wurde. Am Ende stand die Verhärtung der Gegensätze, die in der erneuten Einschärfung des »Wormser Ediktes« von 1521, in der Interpretation der Reformation als Landfriedensbruch und in der Reorganisation des Reichskammergerichts ihren politischen Ausdruck fand. In Augsburg wurde 1530 aber auch die Uneinigkeit der evangelischen Seite in der reformatorischen Lehre deutlich, die schon im Herbst 1529 beim Marburger Religionsgespräch zwischen Luther und dem eidgenössischen Reformator Huldrych Zwingli (*1484, †1531) zum offenen Dissens geführt hatte. Die ebenfalls während des Reichstages präsentierte *Confessio Tetrapolitana* der südwestdeutschen Städte Straßburg, Konstanz, Lindau und Memmingen sowie die *Ratio Fidei* der Zwinglianer dokumentierten zusammen mit der lutherischen *Confessio Augustana* die Zerrissenheit des Protestantismus.

Das Reich zwischen Türkengefahr und Schmalkaldischem Krieg

Die gesamte lateinische Christenheit sah sich zur selben Zeit aber auch noch durch einen gemeinsamen Feind bedroht, durch die mohammedanischen Türken. Zwar bestand die Gefahr bereits seit der zweiten Hälfte des 15. Jahrhun-

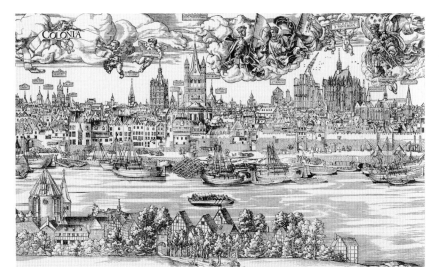

Köln, Stadtansicht, 1531.

Holzschnitt von Anton Woensam von Worms. Köln am Rhein war zu Beginn des 16. Jahrhunderts mit 30.000 Einwohnern nach Nürnberg die zweitgrößte Stadt im Heiligen Römischen Reich. Nachdem 1512 letztmalig ein Reichstag in Köln stattgefunden hatte, wurde Kaiser Karls V. Bruder Ferdinand I. im noch im Bau befindlichen Dom 1531 zum Römischen König gewählt.

derts in zunehmendem Maße, aber erstmals hatten die Türken im Herbst 1529 zur tagelangen Belagerung Wiens Reichsboden betreten und bedrohten den äußersten Südosten des Reiches, der zugleich den Osten des Erzherzogtums Österreich bildete, mit immer neuen Streifzügen. Für eineinhalb Jahrhunderte rückte dieser Raum des Heiligen Römischen Reiches immer wieder ins Blickfeld, denn es gelang bis in die letzten Jahrzehnte des 17. Jahrhunderts nicht, die Türken dauerhaft auf die Balkan-Halbinsel zurückzudrängen, da Kaiser und Reich in Exekutionsfragen einander mißtrauten und nicht über die notwendigen militärischen Instrumente verfügten. Nur von Fall zu Fall konnte man sich auf begrenzte und befristete »Türkenhilfen« verständigen wie auf dem Regensburger Reichstag des Jahres 1532 und oftmals später (Farbabb. 22).

Für die Bekämpfung der Türken an der Südostgrenze des Reiches war von den 1530er Jahren an Karls V. Bruder Ferdinand zuständig, während der Kaiser als König von Spanien damit beschäftigt war, gegen die Muslime im westlichen Mittelmeer und an der nordafrikanischen Küste vorzugehen. Ferdinand I. mußte sich gleich in mehrfacher Hinsicht mit der Aufgabe der Abwehr der Türkengefahr betraut sehen, denn erstens war er seit den mit Karl V. abgeschlossenen habsburgischen Erbverträgen von Worms und Brüssel 1521/22 österreichischer Landesherr auch im Land unter der Enns, in der Steiermark und in Krain. Zweitens war er als Nachfolger Ludwigs II., der 1526 in der Schlacht bei Mohács gegen die Türken sein Leben verloren hatte, auch König von Ungarn und damit eines Landes, das bereits weitgehend von den Osmanen besetzt war. Und drittens war er seit 1531 – am 5. Januar im Kölner Dom gewählt, am 11. Januar in Aachen gekrönt – Römischer König mit besonderer Verantwortung für das gesamte Heilige Römische Reich, zumal der Kaiser außerhalb des Reiches vielfältig beschäftigt war. Unter Ferdinand I., der als erster Römischer König Wien zu seiner Residenz machte – was dann die dortige Hofburg bis 1806 bleiben sollte –, gewann der äußerste Südosten des Reiches ebenso an zunehmender Bedeutung wie die Spannungen zwischen Wittenberg und Wien, denn der Kurfürst von Sachsen hatte sich an des Habsburgers Königswahl nicht beteiligt und erkannte sie bis zum Frieden von Kaaden (1534) nicht an.

Die gleichzeitigen Herausforderungen – Reformation im Innern und Türkengefahr von außen – brachten es mit sich, daß König Ferdinand I. mehr und mehr

Wien, Stadtansicht, 1556.

Kupferstich und Radierung von Hanns Sebald Lautensack. Der im Vordergrund abgebildete Römische König Ferdinand I., ab 1558 auch als Kaiser Nachfolger seines Bruders Karl V., machte das bis zum Ende des 16. Jahrhunderts auf circa 50.000 Einwohner anwachsende Wien zur dauerhaften Residenzstadt der Habsburger.

Schmalkalden, Stadtansicht.
Kupferstich aus Matthäus Merians »Topographia Hassiae [...]«, um 1655. In der später ganz zur Landgrafschaft Hessen gehörenden Stadt am Südwesthang des Thüringer Waldes wurde 1531 der nach ihr benannte Bund beraten, an dessen Spitze der Kurfürst von Sachsen und der Landgraf von Hessen standen.

»Constitutio Criminalis Carolina«, 1532.
Titelseite der gedruckten »Peinlichen Gerichtsordnung« Kaiser Karls V., die nach Beratungen auf vielen Reichstagen der 1520er Jahre 1532 auf dem Regensburger Reichstag als Reichsgesetz verkündet wurde. 1533 in Mainz, einem der Zentren des Buchdrucks im Heiligen Römischen Reich, gedruckt, gehört die C.C.C. zu den großen Straf- und Strafprozeßrechtsordnungen der Frühen Neuzeit.

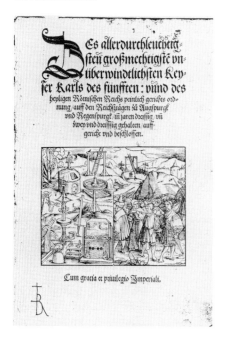

ins Zentrum der Entscheidungen rückte. Die Verteidigung gegen die Türken war eine Angelegenheit aller Christen, aber die Verhandlungen über die von den Reichsständen zu erbringenden Leistungen gemäß der Wormser Matrikel von 1521 oder über andere Hilfen ließen sich mit den Protestanten nicht ohne Berücksichtigung ihrer kirchlichen Reformanliegen führen, aber auch nicht ohne Verzicht der kaiserlichen Seite auf die Durchführung des »Wormser Ediktes«. Dies führte für eineinhalb Jahrzehnte dazu, daß die Türkengefahr die Reformation begünstigte, deren reichsständische Anhänger sich am 23. Februar 1531 zu dem im thüringischen Schmalkalden zum als Verteidigungsbündnis gegen die habsburgische Religionspolitik verstandenen Schmalkaldischen Bund zusammenschlossen.

Kaiser und König einerseits sowie die protestantischen Reichsstände andererseits gingen Kompromisse ein, die am frühesten im Nürnberger »Anstand« (Religionsfrieden) von 1532 dokumentiert sind, parallel ausgehandelt zu den Türkenhilfe-Beschlüssen des Regensburger Reichstages. Erstmals verließ Kaiser Karl V. selber den mit dem »Wormser Edikt« von 1521 vorgezeichneten Weg und sicherte den Protestanten bis zu einem Konzil oder Reichstag freie Religionsausübung, das Verbot gewaltsamer Übergriffe auf sie und die Einstellung der gegen sie anhängig gemachten gerichtlichen Prozesse zu. Ohne daß es zu einem Konzil oder Reichstag zur Lösung der Religionsfrage gekommen wäre, wurde dieser Nürnberger Religionsfrieden angesichts neuerlich verstärkter Türkengefahr im eindeutiger formulierten Frankfurter »Anstand« von 1539 verlängert. Inzwischen waren König Ferdinand I. sowie katholische und evangelische Reichsstände gemeinsam erfolgreich im Kampf gegen das Täufertum gewesen, insbesondere 1535 gegen das sogenannte Täuferreich im westfälischen Münster, das sie als Landfriedensbruch behandelten. Aber die darin auch zum Ausdruck kommende gemeinsame theologische Haltung gegenüber den Täufern führte nicht zu einer Verständigung zwischen Katholiken und Lutheranern. Die zu diesem Zwecke und zur Vermeidung eines Religionskrieges innerhalb des Heiligen Römischen Reiches angesetzten Theologengespräche zu Hagenau, Worms und Regensburg in den Jahren 1540/41 endeten – trotz weitgehender Annäherung – in den Zentralfragen der Rechtfertigungslehre, der Sakramente und des Kirchenverständnisses im Dissens. In den außenpolitisch schwierigen Situationen Karls V., der von 1542 bis 1544 seinen vierten Krieg gegen den französischen König führte, und Ferdinands I., der als König von Ungarn 1541 die türkische Eroberung Ofens (Buda[pest]) hinnehmen mußte, reichte der Konsens im Reich weiterhin für ein friedliches Nebeneinander von Katholiken und Protestanten,

Münster, Belagerung, 1535.
Holzschnitt von Erhard Schoen. Belagerung der westfälischen Bischofsstadt Münster, in der die Täufer in den Jahren 1534/35 ihre Herrschaft aufgerichtet hatten, durch Reichskreis- und landesfürstliche Truppen.

das in den Reichstagsabschieden der frühen 1540er Jahre (Regensburg 1541, Speyer 1542, Nürnberg 1542 und 1543, Speyer 1544, Worms 1545) reichsrechtlich stets bekräftigt wurde.

In dem Augenblick, in dem Kaiser Karl V. sich gegen Franz I. von Frankreich durchgesetzt hatte (Friede von Crépy, 1544), wandte er sich allerdings entschieden dem Heiligen Römischen Reich zu, um den Religionskonflikt gewaltsam zu beenden. Den ein Vierteljahr nach Luthers Tod am 18. Februar 1546 begonnenen Schmalkaldischen Krieg führte er als Exekution einer Reichsacht vor allem gegen die Häupter des Schmalkaldischen Bundes, den Kurfürsten Johann Friedrich I. von Sachsen (*1503, †1554) und Landgraf Philipp von Hessen, und beendete ihn erfolgreich in der Schlacht bei Mühlberg an der Elbe am 24. April 1547. Aber es gelang ihm nicht, die Reformation gleichsam rückgängig zu machen. Auf dem zweiten reformationsgeschichtlich bedeutsamen Reichstag in Augsburg, dem wegen der Anwesenheit kaiserlicher Truppen sogenannten Geharnischten Reichstag, mußte er mit einem aus kaiserlicher Machtvollkommenheit erlassenen Sonder- und Ausnahmegesetz, dem »Augsburger Interim« vom 15. Mai 1548, sogar weitere Zugeständnisse machen, indem er – angesichts einer kompromißlosen Haltung des Papstes und des lange hinausgezögerten, seit 1545 in Trient tagenden Konzils – den Lutheranern bis zu einer endgültigen Entscheidung Priesterehe und Laienkelch erlaubte. Aber ebenso wie mit diesem religionspolitischen Machtwort scheiterte Karl V. auch mit seinen umstürzlerischen verfassungspolitischen Vorstellungen, nach denen das Reich in einen vom Kaiser dominierten erbmonarchischen Bund verwandelt werden sollte, und er mußte zur Kenntnis nehmen, daß sich katholische und evangelische Reichsstände über alle theologischen Unterschiede hinweg gegen ihn einig waren, wenn es galt, ihre Position gegen seine monarchische zu behaupten.

Mühlberg, Schlacht, 1547.
Gemälde von Tizian. Nach der den Schmalkaldischen Krieg beendenden Schlacht bei Mühlberg an der Elbe, bei der die Anführer des Schmalkaldischen Bundes von Karl V. gefangen genommen wurden, ließ sich der siegreiche Kaiser gerüstet als Herrscher darstellen.

Augsburg, öffentlicher Belehnungsakt, 1548.
Gemälde von Matthäus Gundelach (1622/24). In einer öffentlichen Zeremonie erhielt Herzog Moritz von Sachsen aus der Hand Karls V., den er im Schmalkaldischen Krieg unterstützt hatte, die Insignien als neuer Kurfürst von Sachsen. Damit wechselte das Kurfürstentum von der ernestinischen Linie des Hauses Wettin zur albertinischen.

Während Kaiser Karl V. nur langsam erkannte, daß die kirchliche Einheit im Reich nicht gewaltsam wiederherzustellen war, das Nebeneinander von Anhängern seiner Kirche und Anhängern der lutherischen Reformation aber auch nicht die Spaltung des Reiches bedeuten mußte, erwies sich König Ferdinand I. als sehr viel vertrauter mit der Situation im Heiligen Römischen Reich. Als es nach Bildung einer überkonfessionellen Allianz protestantischer Reichsfürsten mit dem seit 1547 in der Nachfolge seines Vaters Franz I. regierenden König Heinrich II. von Frankreich (*1519, †1559) unter Führung Kurfürst Moritz von Sachsens (*1521, †1553) im Frühjahr 1552 – bei Neutralität der katholischen Reichsstände – zum Aufstand gegen Karl V. kam, war dieser völlig überrascht, denn Moritz hatte im Schmalkaldischen Krieg noch auf kaiserlicher Seite gestanden. Karl V. mußte ohne Truppen von Innsbruck nach Villach fliehen und sah sich dort mit Forderungen konfrontiert, die maßgeblich von seinem Bruder Ferdinand I. und Kurfürst Moritz auf einem Passauer Fürstentag im Sommer 1552 ausgehandelt worden waren. Den katholischen König und den lutherischen Kurfürsten verband die Einsicht, daß zur Erhaltung von Einheit und Frieden im Reich eine reichsrechtliche Regelung gefunden werden müsse, die das friedliche Nebeneinander von Katholiken und Protestanten regelte.

Die Rettung der Einheit des Reiches in Augsburg 1555

Der Passauer Vertrag von 1552 wurde zum letzten interimistischen Religionsfrieden, bevor – wiederum in Augsburg – der Reichstag des Jahres 1555 die reichsrechtliche Anerkennung der Anhänger des Augsburger Bekenntnisses von 1530 brachte. Der Augsburger Religionsfrieden war kein »innerer«, theolo-

Passau, Stadtansicht.
In der Bischofsstadt an Inn, Donau und Ilz, in der Mitte des 16. Jahrhunderts etwa 5.000 Menschen lebten, fielen 1552 wichtige Vorentscheidungen, die dann den Augsburger Religionsfrieden von 1555 möglich machten.

gischer Frieden, sondern ein politischer, ein »äußerlicher«, seinem Inhalt nach ein Landfrieden, der das konfliktfreie Nebeneinander von Katholiken und Lutheranern in vielen komplizierten Bestimmungen regelte. Am folgenreichsten war, daß die Landesherren in den Reichsterritorien und die Stadträte in den Reichsstädten mit ihrer Entscheidung die konfessionelle Ausrichtung ihrer Untertanen bestimmten (*ius reformandi*). Ihnen wurde also keine individuelle Religionsfreiheit zugestanden, wohl aber das Recht, in ein Territorium auszuwandern, für das die Obrigkeit die Konfession bestimmt hatte, die ihren Glaubensüberzeugungen entsprach (*ius emigrandi*). Nur in den Reichsstädten, in denen bereits Katholiken und Lutheraner nebeneinander lebten, wurde diese Parität reichsrechtlich festgeschrieben. Für die geistlichen Reichsterritorien wurde im sogenannten »Geistlichen Vorbehalt« festgelegt, daß sie katholisch bleiben sollten, auch wenn der Erzbischof oder Bischof zum Luthertum wechselte. Dann verlor er alle seine Rechte und Einkünfte, Land und Herrschaft an einen katholischen Nachfolger.

Neben dem Religionsfrieden beinhaltete der Augsburger Reichstagsabschied von 1555 auch die gleichfalls epochemachende Reichsexekutionsordnung, die die Regelungen zur Wiederaufrichtung gebrochenen Landfriedens auf eine neue reichsrechtliche Basis stellte. Hauptträger sollten in einem mehrfach gestuften Verfahren die bereits 1512 gebildeten zehn Reichskreise sein, die im Laufe der Zeit immer mehr an Konturen gewonnen hatten. Je nach Schwere des zu heilenden Landfriedensbruchs waren die Reichskreise zu mobilisieren und hatte ein neu geschaffener, unter der Leitung des Kurfürsten von Mainz stehender und den Kaiser ausschließender Ordentlicher Reichsdeputationstag oder in besonders schweren Fällen der Reichstag Exekutionsmaßnahmen zu treffen. Das Problem der Verteidigung des Heiligen Römischen Reiches nach außen aber blieb weiterhin ungelöst.

Mit Religionsfrieden und Reichsexekutionsordnung wurden 1555 in Augsburg reichsgeschichtlich bedeutsamste Beschlüsse gefaßt, die auf die Anfänge in Worms im Jahre 1495 ebenso zurückverweisen wie auf den dortigen Reichstag im Jahre 1521, als Luthers von Wittenberg ausgehende Reformation zum erstenmal reichspolitisches Interesse fand. Zu den zentralen Aufgaben von Kaiser und Reichsständen, Frieden und Recht im Reich zu erhalten und zu sichern, war mit dem religionspolitischen Problem eine zusätzliche Herausforderung entstanden, die letztlich nur zu bestehen war im Rahmen von zeitgemäßer Gestaltung von Frieden und Recht im Reich. Daß dies grundsätzlich gelang und damit die Einheit des Reiches bewahrt werden konnte, gehört zu den herausragenden Leistungen der Reichspolitik in der ersten Hälfte des 16. Jahrhunderts.

KONFESSIONALISIERUNG Das Reich zwischen Trient, Kloster Berge und Heidelberg

Die Einheit des Reiches in der Mitte des 16. Jahrhunderts

In Augsburg war 1555 die politische Einheit des Heiligen Römischen Reiches gerettet worden, und das war ganz wesentlich das Werk einer irenisch gesonnenen Fürstengeneration sowie vor allem König Ferdinands I., der die Notwendigkeit eines Kompromisses längst erkannt hatte. Kaiser Karl V. war daran nicht beteiligt, denn er – seit Beginn der 1550er Jahre mehr und mehr resignierend wegen des absehbaren Verlustes der religiösen Einheit des Reiches – nahm an dem epochemachenden Augsburger Reichstag gar nicht teil, dessen Beginn er von 1553 an mehrfach verschoben hatte. Ein knappes Jahr nach dessen Ende, am 3. August 1556 dankte er – was bis dahin noch kein Reichsoberhaupt getan hatte – als Kaiser ab, nachdem er zuvor schon als Herzog von Burgund, der Reichsfürst war, und als König von Spanien verzichtet hatte. Während in diesen beiden Erbmonarchien mit Karls V. Sohn Philipp II. (*1527, †1598) der erbberechtigte Thronfolger sofort die Herrschaft übernehmen konnte, war dies im Heiligen Römischen Reich als Wahlmonarchie nicht möglich, obwohl mit dem zu Lebzeiten Karls V. gewählten Römischen König Ferdinand I. der reichsrechtlich bestellte Nachfolger bereitstand; denn die Kurfürsten lehnten einen Automatismus zwischen Abdankung und personellem Neuanfang ohne ihre Mitwirkung ab. Erst nach fast 600tägigem Interregnum – dem längsten in der Reichsgeschichte, was die Bedeutung des Herrschaftsübergangs infolge der Abdankung Karls V. unterstreicht – wurde Ferdinand I. am 14. März 1558 von den Kurfürsten in Sankt Bartholomäus zu Frankfurt am Main zum Kaiser erhoben. Diese Erhebung erfolgte ohne erneute Wahl – aber mit Unterzeichnung einer neuen Wahlkapitulation Ferdinands I. – und ohne eine Krönung, denn Römischer König war er bereits seit mehr als einem Vierteljahrhundert; sie stellte einen einzigartigen »Staats«-Akt ohne jede Feierlichkeit dar. Nach dem Verständnis der Kurfürsten erlangte der Bruder Karls V. das Kaisertum ohne Beteiligung des Papstes von ihnen, wodurch es bis zum Ende des Heiligen Römischen Reiches seine spezifisch neuzeitliche Ausprägung von entschieden säkularer und eindeutig rationaler Qualität erhielt. Von 1558 an verwischte die Unterscheidung zwischen Römischem König und Kaiser mehr und mehr, denn für jeden amtierenden Römischen König setzte sich die Bezeichnung »Kaiser« durch, während »König« nur der genannt wurde, der *vivente imperatore* gewählt worden war – immerhin die Hälfte der Nachfolger Ferdinands I.

Mit dem Namen der Reichsstadt am Lech verband sich aber eben auch das Ende der weitgehenden Einheit des lateinischen Christentums, in dem sich zur gleichen Zeit in England unter König Eduard VI. (*1537, †1553) die *Church of England* formierte, die Königin Elisabeth I. (*1533, †1603) ab 1558 – nach den erfolglosen katholischen Restaurationsbemühungen unter Maria I. (*1516, †1558) – dann weiter ausgestaltete. In den Glaubensüberzeugungen ging man im Heiligen Römischen Reich von Augsburg aus – ein Vierteljahrhundert nach der Konfrontation der Bekenntnisse auf dem Reichstag des Jahres 1530 – endgültig unterschiedliche Wege, die zur Verfestigung von verschiedenen Konfessionen nach Trient, ins Kloster Berge bei Magdeburg und nach Heidelberg führten.

Konfessionskirchliche Formierung in Trient, Kloster Berge und Heidelberg

Trient, die Bischofsstadt an der Etsch, war bereits seit 1545 Tagungsort des von Papst Paul III. (1534–1549) einberufenen 19. Allgemeinen Konzils, mit dessen Abschluß unter Papst Pius IV. (1559–1565) im Jahre 1563 die Neuzeit in der römisch-katholischen Kirchengeschichte begann. In der alten Kirche fielen mit den Konzilsbeschlüssen Entscheidungen, die sie in deutlicher Abgrenzung zur evangelischen Lehre reformierten und unter der Führung des Papstes als antiprotestantische Konfessionskirche erneuerten, womit sich die Einheit der lateinisch-abendländischen Christenheit verlor. Zwar waren viele Kritikpunkte Martin Luthers an seiner Römischen Kirche aufgegriffen worden, indem die Seelsorge verbessert, die Ausbildung der Geistlichen in neu zu gründenden Priesterseminaren, die Residenzpflicht der Priester und Bischöfe sowie Visitationen und Synoden zur Kontrolle der Kleriker vorgeschrieben wurden, aber in den Glaubensdekreten des Tridentinums wurden die wesentlichen Unterschiede zum Luthertum festgeschrieben: die Gültigkeit der Tradition neben der Heiligen Schrift, die Anerkennung der Vulgata als allein gültige Bibelversion, die Kanonisation von sieben Sakramenten, die hierarchische Kirche mit dem Papst an der Spitze als ihre Verwalterin und als Vermittlerin zwischen Gott und den Gläubigen bei der Erlangung der göttlichen Gnade. Und diese Zentralisierung wurde in den folgenden Jahren bis auf die Ebene der Ortskirche durch den Römischen Katechismus von 1566, das Brevier für Geistliche von 1568 und das neue Meßbuch von 1570 verfolgt und durchgesetzt (Farbabb. 26).

Wichtigste Helfer bei der Umsetzung der Trienter Konzilsbeschlüsse in der Praxis wurden die Jesuiten, die von dem Basken Ignatius von Loyola (*1491, †1556) gegründete und von Papst Paul III. im Jahre 1540 anerkannte *Societas Jesu*

München, Jesuitenkolleg mit Michaelskirche.
Kupferstich aus Matthäus Merians »Topographia Bavariae [...]«, 1644. Nachdem Petrus Canisius bereits 1559 in München ein Jesuitenkolleg gegründet hatte, wurde wegen Raummangels 1585 mit dem Bau einer neuen Heimstatt begonnen. 1597 wurde die integrierte Michaelskirche eingeweiht, zu der schon 1583 der Grundstein gelegt worden war. Die Michaelskirche ist die größte Renaissance-Kirche nördlich der Alpen.

Augsburg, Jesuitenkolleg.
Kupferstich von Simon Grimm. Zu den zahlreichen Jesuitenkollegs, die nach dem Ende des Trienter Konzils gebaut wurden, gehörte ab 1580 auch das Augsburger mit Kirche und Gymnasium.

(SJ). Sie strebten die Erneuerung der Römischen Kirche vor allem über Predigt sowie Lehr- und Schultätigkeit an. Im Heiligen Römischen Reich war in erster Linie der Niederländer Petrus Canisius (*1521, †1597) aktiv, selbst Konzilstheologe in Trient und Verfasser weit verbreiteter Katechismen, von denen seine *Summa Doctrinae et Institutionis christianae* bis 1700 über 400 Ausgaben erhielt. Er betrieb höchst erfolgreich die Ausbreitung des Jesuitenordens, der sich zunächst in einer Deutschen, ab 1556 außerdem in einer davon abgetrennten Österreichischen Ordensprovinz organisierte, später infolge großen Mitgliederzuwachses auch in einer Oberdeutschen, Niederdeutschen und Rheinischen. An vielen Orten wie in Wien, Prag, Köln, Ingolstadt, München, Dillingen, Regensburg oder Augsburg entstanden Jesuiten-Kollegien, bis zum Dreißigjährigen Krieg über 50 mit mehr als 3.000 Ordensangehörigen. In zahlreichen katholischen Reichsterritorien übernahmen die Jesuiten die Leitung vieler Gymnasien und bestimmten in bereits bestehenden (Köln, Mainz, Münster, Trier, Ingolstadt, Freiburg, Erfurt, Wien) oder neu gegründeten Universitäten wie Dillingen (1549), Würzburg (1582), Graz (1586), Paderborn (1615), Molsheim (1618), Osnabrück (1630) oder Bamberg (1648) maßgeblich die Richtung der Ausbildung, damit sichergestellt wurde, daß die Absolventen in ihren zukünftigen Tätigkeitsbereichen im Geiste des Tridentinums wirkten. Für die einheitliche Ausrichtung der Ausbildung sorgte mit der *Ratio studiorum* eine jesuitische Studienordnung, die 1599 ihre bis zur Auflösung des Jesuitenordens im Jahre 1773 gültige Fassung erhielt. Als Prinzenerzieher besonders geeignet, gehörten Jesuiten auch zu den besonders einflußreichen Persönlichkeiten in der Umgebung von Kaisern und Territorialfürsten des Reiches und gewannen als deren Beichtväter eine kaum zu überschätzende Bedeutung. In einer Zeit, in der religiöse und politische Probleme engstens, zum Teil unentwirrbar miteinander verwoben waren, war ihre primäre Zuständigkeit für die Glaubens- und Gewissensbildung ihrer Herren kaum von Problemen der Politik zu trennen.

Die *Confessio Augustana* war nur eine von mehreren evangelischen Bekenntnisschriften, die auf dem Augsburger Reichstag des Jahres 1530 vorgelegt worden waren. Zwar waren sich die Protestanten einig in ihrer romkritischen Haltung und lieferten mit ihrer Weigerung, am 1545 begonnenen Trienter Konzil teilzunehmen, dem Kaiser einen Grund für den (Schmalkaldischen) Krieg gegen sie, aber untereinander herrschte zum Teil größter Dissens. Und nach Martin Luthers Tod am 18. Februar 1546 in seiner Geburtsstadt Eisleben entbrannten erst recht erbitterte Lehrstreitigkeiten zwischen vielen protestantischen Richtungen, die am schärfsten von den strengen Lutheranern (Gnesiolutheraner), den Anhängern Melanchthons (Philippisten) und den Kryptocalvinisten in Kursachsen ausgetragen wurden. Dabei ging es um die Zentralfragen der von Luther ausgelösten Reformation wie um das Sakramentenverständnis, um Heiligenverehrung und bischöfliche Jurisdiktion, um die Lehre über den freien Willen und um die Bedeutung der guten Werke. Über verschiedene Stationen wurden Einigungsbemühungen der verschiedenen lutherischen Landeskirchen um eine für alle Richtungen akzeptable lutherische Bekenntnisformel eingeleitet, die seit den späten 1560er Jahren – also nach Abschluß des Konzils von Trient – in Schwäbischer, Schwäbisch-Sächsischer, Maulbronner und Torgauer Konkordie mündeten sowie schließlich im Bergischen Buch von 1577 ihren Abschluß fanden.

Dieses im Kloster Sankt Johannes der Täufer auf dem Berge – Kloster Berge – bei Magdeburg von zahlreichen Theologen unter maßgeblicher Beteiligung Jakob Andreäs (*1528, †1590), der zeitweise von der Tübinger an die Wittenberger Universität wechselte, geschaffene umfassende theologische Einigungswerk des Luthertums wurde 1580 zusammen mit anderen Bekenntnisschriften zum Konkordienbuch erweitert. Nachdem es drei Kurfürsten, 20 Reichsfürsten, 24 Reichsgrafen, 35 Reichsstädte und circa 8.000 Geistliche unterzeichnet hatten, erfolgte seine Veröffentlichung genau ein halbes Jahrhundert nach Verlesung der *Confessio Augustana* und schrieb die Lehreinheit der lutherischen Landeskirchen fest. Damit endgültig zur Konfession geworden, grenzte sich das Luthertum im Heiligen Römischen Reich aber nicht nur scharf von der tridentinischen Kirche ab, sondern auch von anderen reformatorischen Bewegungen und insbesondere vom Calvinismus.

Die im Augsburger Religionsfrieden von 1555 nicht reichsrechtlich anerkannten Reformierten, die der Lehre des aus der Picardie stammenden Johann Calvin (*1509, †1564) anhingen, hatten schon früh in den 1530er Jahren aufgrund seines Wirkens in Genf – außerhalb des Reiches – ihr theologisches Zentrum gefunden. Von dort aus breitete sich der Calvinismus in Europa aus, vor allem in Frankreich und in den zum Reich gehörenden Niederlanden, wo die Universität Leiden eine herausragende Bedeutung erlangte. Zweites Zentrum des Calvinismus im Reich wurde Heidelberg, die Residenzstadt der Kurpfalz mit ihrer Universität – der nach Prag und Wien drittältesten in Mitteleuropa –, denn Kurfürst Friedrich III., der Fromme (*1515, †1576), wurde aus persönlicher Glaubensüberzeugung erster reformierter Reichsfürst. Er hat den 1563 erschienenen Heidelberger Katechismus als Zusammenfassung der reformierten Glaubensinhalte erarbeiten lassen, zum Bestandteil der pfälzischen Kirchenordnung gemacht und gegen scharfe Angriffe lutherischer Theologen und Reichsfürsten verteidigt. Zwar bewahrten ihn diese auf dem Augsburger Reichstag des Jahres 1566 vor dem Ausschluß aus dem System und dem Schutz des damals elf Jahre alten Religionsfriedens, indem sie seine Bejahung der *Confessio Augustana* überbewerteten, aber sie mußten dann sehr schnell erkennen, daß der Kurpfälzer aus Überzeugung nicht bereit war, ein lediglich bikonfessionelles Heiliges Römisches Reich zu akzeptieren, denn noch 1566 leitete er eine strenge Calvinisierung der Pfalz ein.

Indem der Augsburger Reichstag von 1566 Kurfürst Friedrich III. nicht verurteilte und ihm nicht wegen Landfriedensbruch den Kampf ansagte, wurde der Calvinismus *de facto* als dritte Konfession im Reich anerkannt. Andere Reichs-

Kloster Berge, lutherische Konkordienformel, 1577.

Kupferstich. Das Treffen lutherischer Theologen im Kloster Berge in der Nähe Magdeburgs schuf 1577 die Voraussetzungen für die Formulierung eines einheitlichen lutherischen Lehrbekenntnisses.

Heidelberg, Heiliggeistkirche.

Die aus der ersten Hälfte des 15. Jahrhunderts stammende Heiliggeistkirche, unterhalb des Heidelberger Schlosses nahe am Neckar gelegen, wurde nach der Einführung des Heidelberger Katechismus 1563 unter Kurfürst Friedrich III. von der Pfalz zum geistigen Zentrum des Calvinismus im Heiligen Römischen Reich. Auf den Emporen der Kirche befand sich die *Bibliotheca Palatina*, die als »Mutter aller Bibliotheken« nach der Niederlage Kurfürst Friedrichs V. 1623 über die Alpen in den Vatikan gebracht wurde.

Augsburg, Belehnung, 1566.
Kolorierter Holzschnitt von Hans Tirol. Während des Reichstages des Jahres 1566 wurde Herzog August von Sachsen, der 1553 die Nachfolge seines 32jährig bei Sievershausen gefallenen Bruders Moritz angetreten hatte, von Kaiser Maximilian II. in Gegenwart der Reichsstände auf dem Augsburger Weinmarkt vor dem Tanzhaus mit der sächsischen Kurwürde belehnt. Es handelte sich um den letzten öffentlichen Akt dieser Art in der Geschichte des Heiligen Römischen Reiches.

stände, vor allem zahlreiche Reichsgrafen, kurzzeitig auch Kursachsen, wandten sich ihr zu, bevor sie im Westfälischen Frieden reichsrechtlich anerkannt wurde. Von Heidelberg aus erfuhr der Protestantismus im Reich gegenüber dem tridentinischen Katholizismus eine erhebliche Schwächung durch seine konfessionelle Spaltung. Während diese in Verfolgung des von dem lutherischen Greifswalder Kirchenrechtslehrer Joachim Stephani (*1544, †1623) in seinen *Institutiones juris canonici* von 1612 formulierten Prinzips *cuius regio, eius religio* (*ubi unus dominus, ibi una sit religio*) zu einer Stabilisierung und Stärkung landesherrlicher Herrschaft und weiteren Ausformung der Territorialstaatlichkeit im Reich beitrug, gerieten die Erhaltung von Frieden und Recht insgesamt von den 1570er Jahren an wieder mehr und mehr in Gefahr.

Leiden, Universitätsbibliothek, 1610.
Kupferstich von Jan Cornelisz. Die 1575 in der südholländischen Stadt Leiden gegründete Hochschule wurde zu einer reformierten Modelluniversität und mit ihrer bedeutenden Bibliothek zum geistigen Zentrum des Freiheitskampfes der Niederländer nach dem Abfall von Spanien und dem Beginn des Achtzigjährigen Krieges. Viele Studenten des Reiches suchten die Wirkungsstätte bedeutender Gelehrter wie Justus Lipsius oder Hugo Grotius auf.

Bekenntnis- und Landesgrenzen im Heiligen Römischen Reich

Die konfessionellen Abschließungen ließen Landesgrenzen zu Bekenntnisgrenzen werden und begünstigten die Herausbildung je eigener katholischer, lutherischer oder reformierter Kulturen und Milieus. Wichtige Instrumente dazu waren Kirchenordnungen, die die Tendenz in sich trugen, ihre Regelungsbereiche immer weiter mit dem Ziel auszudehnen, das Leben der Untertanen konfessionell zu durchdringen und die Herrschaft über sie in möglichst vielen Lebensbereichen zu intensivieren. Die von Papst Gregor XIII. (1572–1585) verordnete, astronomisch seit langem überfällige und wissenschaftlich zweifellos gebotene Kalenderreform, die auf den 4. den 15. Oktober 1582 folgen und das Kalenderjahr mit dem 1. Januar statt – wie bis dahin – mit dem 1. März beginnen ließ, vertiefte die Gräben zwischen den Konfessionen und damit auch zwischen den Reichsterritorien, denn die Protestanten akzeptierten den Gregorianischen Kalender als päpstliches Gebot nicht und hielten am überholten Julianischen fest. Die Auswirkungen bis weit ins alltägliche Leben waren folgenreich, nicht zuletzt in konfessionsparitätischen Reichsstädten wie Augsburg oder Regensburg, wo unterschiedliche Arbeits- und Geschäftszeiten sowie verschiedene Sonn- und Festtage die Konfessionalisierungen in ihrer gegenseitigen Abschließung sehr konkret werden ließen.

So veränderte sich im langen Übergang vom 16. zum 17. Jahrhundert das Erscheinungsbild des Heiligen Römischen Reiches, dessen föderale Grundstruktur von der Ordnung des Augsburger Friedenswerkes weiter gestärkt und dem eine konfessionsneutrale Schiedsrichterrolle zugesprochen worden war. Es bildete bei Streitigkeiten zwischen den Reichsfürsten unterschiedlichen christlichen Bekenntnisses eine Schlichtungsebene über den streitenden Parteien, auf der vor allem Reichstag und Reichskammergericht tätig wurden. Doch das

Augsburg, Besuch Kaiser Rudolfs II., 1582. Kupferstich von Jakob Andreas Friedrich, um 1743. Kaiserbesuche in den Reichsstädten gehörten zum festen politischen Programm aller Kaiser des Heiligen Römischen Reiches, bei denen sie als Stadtherren von Rat und Bevölkerung empfangen wurden und sich als solche präsentierten.

Reich konnte seine konfliktregulierende Funktion schon in den letzten Jahrzehnten des 16. Jahrhunderts nicht mehr wahrnehmen, als mit dem Aussterben der irenisch gesonnenen Fürstengeneration, die das Werk von 1555 geschaffen hatte, in der Konfrontation mehr und mehr die Überzeugung schwand, daß es für die Erhaltung des Reichsfriedens des Religions- beziehungsweise Konfessionsfriedens bedürfte. Einen Höhepunkt – neben vielen kleineren Auseinandersetzungen – markierte der Kölner Krieg in den Jahren von 1583 bis 1585, als der seit 1577 amtierende Kölner Erzbischof und Kurfürst Gebhard Truchseß von Waldburg (*1547, †1601) sein Kurfürstentum – entgegen den von den Lutheranern nicht anerkannten Bestimmungen des Geistlichen Vorbehalts des Augsburger Religionsfriedens – behalten wollte, nachdem er evangelisch geworden war und geheiratet hatte. Am Ende setzten sich Domkapitel und Landtag einerseits und Kaiser Rudolf II. (*1552, †1612) sowie der Papst andererseits durch und mit Herzog Ernst von Bayern (*1554, †1612) wurde ein neuer Erzbischof gewählt, der auch die katholische Mehrheit im Kollegium der Kurfürsten sicherte. Mit ihm begann eine Folge von fünf Kölner Erzbischöfen und Kurfürsten aus dem Hause Wittelsbach, die erst 1761 mit dem Tod des Barockfürsten Clemens August (*1700, †1761), des Erbauers unter anderem von Schloß Augustusburg in Brühl bei Bonn, endete und somit über fast eineinhalb Jahrhunderte das katholische Bayern mit dem katholischen Rheinland und Westfalen verband.

Die Auslegung des Augsburger Religionsfriedens wurde zum hauptsächlichen Anlaß für Auseinandersetzungen zwischen den Reichsständen der verschiedenen Konfessionen. Indem diese auch in die Institutionen des Heiligen Römischen Reiches hineingetragen wurden, führten sie zu deren Lähmung. Was 1588 mit Streit um die Besetzung einer Visitationskommission für das Reichskammergericht begann, fand an der Jahrhundertwende mit dem Zusammenbruch der Reichsjustiz bei fehlender Exekution der Urteile des Reichskammergerichts und mangelnder Akzeptanz des Wiener Reichshofrates durch die Protestanten seine Fortsetzung und gipfelte in der zunehmenden Handlungsunfähigkeit des ohnehin immer seltener zusammentretenden Reichstages. Nachdem sich wortführend der reformierte Kurfürst Friedrich IV. von der Pfalz (*1574, †1610) mit seiner Auffassung durchgesetzt hatte, nur Reichstage könnten über eine verbindliche Auslegung des Religionsfriedens von 1555 befinden, bestritt

Regensburg, Reichstag, 1598.
Kolorierter Kupferstich. Im Regensburger Reichstagssaal saß der Kaiser in der Mitte der Stirnseite auf einem Thron, an beiden Seiten von den Kurfürsten flankiert. An den Wänden links und rechts hatten die Reichsfürsten Platz genommen, dem Kaiser gegenüber die übrigen Reichsstände, hinter denen die Vertreter der Reichsstädte standen.

er 1603 auf dem Reichstag zu Regensburg die Gültigkeit von bis dahin oft geübten Mehrheitsbeschlüssen, als es um die Erhebung neuer Reichssteuern ging, während der Reichstag noch ein Jahrzehnt zuvor eine ansehnliche Hilfe für des Kaisers Kampf gegen die Türken gebilligt hatte. Der enge Zusammenhang von Steuerbewilligungen und politischen Inhalten lag auf der Hand und berührte den Kern der Tätigkeit des Reichstages.

Den Höhepunkt der Entwicklung bildete der im Jahre 1608 erneut in Regensburg versammelte Reichstag, der – erstmals in der Geschichte dieser obersten Reichsinstitution – ohne Reichsabschied beendet wurde. Vorausgegangen war die vom Wiener Reichshofrat im Jahre 1607 verhängte Reichsacht gegen die überwiegend evangelische Reichsstadt Donauwörth, weil sie die Prozessionen der sehr kleinen katholischen Minderheit dieser Stadt gestört und behindert hatte. Mit der Exekution der Acht waren aber nicht der zuständige Schwäbische Reichskreis, zu dem Donauwörth gehörte, und nicht der lutherische Herzog von Württemberg beauftragt worden, sondern mit dem seit 1598

Donauwörth, Stadtansicht.
In der Reichsstadt an der Mündung der Wörnitz in die Donau spitzte sich der Konflikt zwischen evangelischem Rat und katholischer Abtei Heiligkreuz zu, als die Katholiken am Markustag 1606 bei ihrer Prozession durch die Stadtmitte angegriffen wurden. Der Besetzung und Rekatholisierung der Stadt durch Herzog Maximilian I. von Bayern folgte der Verlust ihrer Reichsstandschaft.

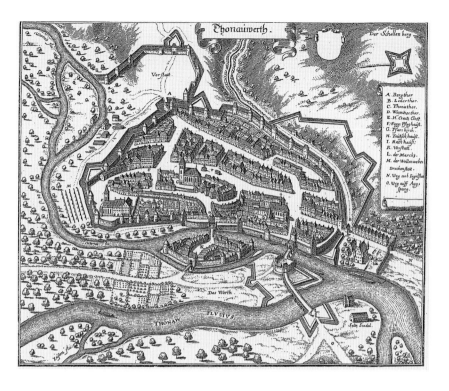

regierenden Herzog Maximilian I. von Bayern (*1573, †1651) der ranghöchste weltliche – dazu katholische – Reichsfürst des benachbarten Bayerischen Reichskreises, der 1608 militärisch siegte, evangelischen Gottesdienst verbot und die Reichsstadt zu einer Landstadt seines Herzogtums machte. Vor diesem Hintergrund der rechtswidrigen Anwendung von Reichsgesetzen und konfessionell motivierten Machtausübung zugunsten einer katholischen Minderheit forderten die Protestanten auf dem kurz darauf folgenden Reichstag die Bestätigung des Augsburger Religionsfriedens von 1555 und drohten damit, die von Kaiser Rudolf II. neuerlich erbetene Türkenhilfe nicht zu gewähren. Als die die Mehrheit bildenden katholischen Reichsstände noch weiter gingen und die Revision der seit 1555 – unter anderem zu Gunsten der Protestanten im Norden des Reiches – eingetretenen Besitzveränderungen verlangten, verließen die evangelischen Reichsstände mit dem Kurfürsten von der Pfalz an der Spitze den Reichstag. Damit war offensichtlich geworden, daß es zwischen den Konfessionsparteien in Reichsangelegenheiten keinen Konsens mehr gab.

Das Reich zwischen Auhausen und München

Diese Spaltung des Heiligen Römischen Reiches offenbarte sich umgehend in der Formierung zweier konfessioneller Bündnisse. Schon Mitte Mai 1608 gründeten sieben protestantische Reichsfürsten – Kurfürst Friedrich IV. von der Pfalz, Herzog Christian I. von Anhalt-Bernburg (*1568, †1630), Pfalzgraf Philipp Ludwig von Pfalz-Neuburg (*1547, †1614), Markgraf Christian von Brandenburg-Kulmbach-Bayreuth (*1581, †1655), Herzog Johann Friedrich von Württemberg (*1582, †1628), Markgraf Georg Friedrich von Baden-Durlach (*1573, †1638) und Markgraf Joachim Ernst von Brandenburg-Ansbach (*1583, †1625)

– im 1534 säkularisierten Benediktinerkloster Auhausen im Markgraftum Brandenburg-Ansbach die »Union«, die ihnen fehlenden Rechtsschutz des Reiches gewähren und Handlungsmöglichkeiten angesichts dessen Lähmung eröffnen sollte. Ihre den Protestantismus charakterisierende unterschiedliche konfessionelle Ausrichtung machte von Anfang an die Verfolgung gleicher religions- und reichspolitischer Interessen schwierig, und später beitretende Reichsfürsten wie Kurfürst Johann Sigismund von Brandenburg (*1572, †1620) und Landgraf Moritz, der Gelehrte, von Hessen-Kassel (*1572, †1632), die beide zum Calvinismus wechselten, ohne daß sie ihre Untertanen auch dazu verpflichteten, sowie Reichsgrafen und 17 Reichsstädte vergrößerten die inneren Probleme des Bündnisses noch.

Demgegenüber war die ein Jahr später am 10. Juli 1609 in München gegründete »Liga« durch größere Geschlossenheit und mehr Gemeinsamkeiten gekennzeichnet. Als katholische Antwort auf die Gründung der »Union« stand sie unter der Führung des machtbewußten Herzogs Maximilian I. von Bayern und zählte zu ihren Mitgliedern die an Bayern angrenzenden Hochstifte sowie die geistlichen Reichsterritorien an Main und Rhein. Wie die »Union« war auch die »Liga« grundsätzlich defensiv ausgerichtet, verfolgte aber im Gegensatz zu ihrem protestantischen Pendant das Ziel, den katholischen Charakter des Heiligen Römischen Reiches über die Aufrechterhaltung der Reichsverfassung und die entsprechende Auslegung des Augsburger Religionsfriedens zu sichern. Gleichwohl blieb auch die »Liga« nicht von inneren Spannungen verschont, als der Wiener Erzbischof Melchior Kardinal Klesl (*1553, †1630) nach dem Regierungsantritt Kaiser Matthias' (*1557, †1619), des Bruders seines 1612 verstorbenen Vorgängers Rudolf II., zur Stärkung der kaiserlichen Autorität im Reich unter dem Zeichen konfessioneller Gemeinsamkeit das Konzept eines Bundes reichstreuer Reichsstände verfolgte. Dies verschärfte die ohnehin zwischen den Dynastien der Habsburger und der Wittelsbacher bestehende Rivalität sowie die Konkurrenz zwischen Wien und München, denn der katholische Bayernherzog wußte sehr genau, seine reichsständischen Interessen denen des katholischen Kaisers entgegen zu stellen (Farbabb. 27).

Wie wenig die Reichsverfassung zu Beginn des 17. Jahrhunderts noch in der Lage war, die in Trient, Berge und Heidelberg vollzogenen konfessionellen Spaltungen des Heiligen Römischen Reiches zu absorbieren, zeigte im übrigen auch der von 1609 bis 1614 geführte Jülich-Klevische Erbfolgekrieg. Mit dem Tod des katholischen, kinderlosen und geisteskranken Herzogs Johann Wilhelm von Jülich, Kleve und Berg (*1562, †1609) stand ein großer Herrschaftskomplex am Niederrhein, zu dem noch die Grafschaften Mark und Ravensburg sowie die Herrschaft Ravenstein gehörten, zur Disposition, auf den mit Kurfürst Johann Sigismund von Brandenburg und Pfalzgraf Wolfgang Wilhelm von Pfalz-Neuburg (*1578, †1653) zwei protestantische Reichsfürsten Erbansprüche erhoben. Der Pfalz-Neuburger konvertierte mit seiner Heirat einer Schwester Herzog Maximilians I. von Bayern zum Katholizismus auch aus dem Grund, um seine Chancen auf die Nachfolge in Jülich-Kleve-Berg zu verbessern, aber am Ende lag die Konfliktlösung unter Vermeidung größerer militärischer Aktionen in der Teilung des Herrschaftskomplexes: Der Kurfürst von Brandenburg, der 1613 zum Calvinismus übertrat, erhielt im Xantener Vertrag von 1614 Kleve, Mark, Ravensberg und Ravenstein und erreichte damit die Festsetzung der Hohenzollern am Niederrhein; der Pfalzgraf, der nach seiner Konversion Pfalz-Neuburg im Sinne von *cuius regio, eius religio* rekatholisierte, bekam Jülich und Berg zugesprochen

Auhausen, Gründung der »Union«, 1608.
Im ehemaligen Benediktinerkloster Auhausen an der Wörnitz, südwestlich von Gunzenhausen gelegen, wurde unter der Federführung des Leiters der kurpfälzischen Politik, Christian von Anhalt-Bernburg, zugleich Statthalter in der Oberpfalz, das Verteidigungsbündnis der »Union« gegründet.

Nürnberg, Stadtansicht, um 1612.
Federzeichnung. Die Reichsstadt an der Pegnitz hatte seit der Mitte des 16. Jahrhunderts ihre reichspolitische Bedeutung verloren, schmückte sich bei Kaiserbesuchen – wie 1612 beim Besuch des Kaisers Matthias – aber besonders festlich.

und verstärkte damit in der Nachbarschaft zu den calvinistisch gewordenen nördlichen Niederlanden den katholischen Einfluß am Niederrhein, wo er Düsseldorf zu seiner ständigen Residenz machte. Die von macht- und konfessionspolitischen Interessen bestimmten Auseinandersetzungen waren nur in einem Kompromiß zu lösen, an dem allerdings das eigentlich dafür zuständige Heilige Römische Reich nicht beteiligt war (Farbabb. 28).

DREISSIGJÄHRIGER KRIEG

Von Böhmen nach Westfalen

Prag als Ausgangspunkt: Böhmischer Aufstand

Auf dem Hradschin, in der Prager Burg hoch über der Moldau, kam es am 23. Mai 1618 zu einem Vorfall, der für die Geschichte des Heiligen Römischen Reiches und ganz Europas in den folgenden 30 Jahren von größter Bedeutung werden sollte: Protestantische böhmische Adelige stürzten die beiden Statthalter des seit 1611 überwiegend in Wien residierenden Böhmenkönigs Matthias – gleichzeitig Erzherzog von Österreich, Römischer König und Kaiser sowie König von Ungarn – nach heftigem Wortwechsel aus einem Fenster der Böhmischen Kanzlei. Dieser Prager Fenstersturz – der zweite nach 1419, mit dem 200 Jahre zuvor die Hussitenkriege begannen –, der für die betroffenen Grafen Jaroslaw von Martinitz (*1582, †1649) und Wilhelm von Slawata (*1572, †1652) sowie den böhmischen Landtafelschreiber Philipp Fabricius hinab in den Burggraben auf wundersame Weise glimpflich ausging, markierte den Beginn des Dreißigjährigen Krieges als eines nicht nur zeitlich zentralen Ereignisses frühneuzeitlicher Geschichte. Nach Wittenberg am Beginn der lutherischen Reformation ein Jahrhundert zuvor war erneut mit Prag ein Ort im östlichen Heiligen Römischen Reich Ausgangspunkt epochalen Geschehens.

Als Ausdruck des Widerstandes der böhmischen Stände gegen die ihre Rechte verletzende königliche Herrschaft war das bewußt herbeigeführte Fenstersturz-Ereignis zunächst von regionaler, aber exemplarischer Bedeutung, denn es ging um die Ausgestaltung des Verhältnisses von ständischer zu monarchischer Gewalt im Königreich, die überall in Europa anstand – in den Königreichen Frankreich und Dänemark oder im Herzogtum Preußen ebenso wie in weltlichen Reichsterritorien wie Kurbrandenburg oder eben Böhmen, oder auch im Heiligen Römischen Reich selbst. Aber der Prager Fenstersturz vom 23. Mai 1618 barg zudem in der Verknüpfung mit den seit dem Reformator Johannes Hus (*ca. 1370, †1415) besonderen konfessionellen Auseinandersetzungen im Königreich Böhmen eine große Brisanz, die den Frieden im Reich insgesamt bedrohen konnte, wenn auch die Gegensätze zwischen tridentinischem Katholizismus und lutherischem sowie calvinistischem Protestantismus davon erfaßt wurden. Wie im Böhmischen Aufstand ging es im gesamten Dreißigjährigen Krieg um Macht und Konfession.

Schauplatz blieb zunächst Böhmen, wo die adeligen Aufständischen ihr politisches Programm in zahlreichen Ständeversammlungen berieten und ihre Vorstellungen von der staatlichen Gestaltung des Königreichs schließlich am 31. Juli 1619 auf einem Generallandtag in Prag in der 100 Paragraphen umfassenden Böhmischen Konföderationsakte grundgesetzlich niederlegten. Darin hielten sie zwar an der Staatsform der Monarchie fest, weil Stände nur aus ihrer lehnrechtlichen Bindung an einen Monarchen ihre Legitimität herleiten konnten, aber an der Spitze des Königreichs Böhmen sollte ein von ihnen abhängiger Wahlmonarch stehen, gegen den sie ihr Widerstandsrecht wahrnehmen konnten und der in seinem gesamten »staatlichen« Handeln ihrer Kontrolle unterlag. Wie er in

Prag, Stadtansicht.
Zeichnung von Wenzel Hollar, 1636. Blick aus Richung Wischehrad auf Lorenziberg, Hradschin und Moldau-Brücke. Die Königsstadt im Herzen Böhmens, die auch wiederholt Residenzstadt der Römischen Könige und Kaiser war, zum Beispiel Karls IV. und Rudolfs II., wurde in der ersten Hälfte des 17. Jahrhunderts zu einem hauptsächlichen Schauplatz der Reichsgeschichte.

Personalentscheidungen lediglich ein Bestätigungsrecht hatte, sollte ihm eigenständiges politisches Handeln in allen Bereichen einschließlich der Außenpolitik sowie der Erklärung von Krieg und Frieden verwehrt sein. Mit dem Verbot des Jesuitenordens, der für die Zustände im Königreich Böhmen verantwortlich gemacht wurde, waren die Einziehung seiner Besitzungen und die Zurückweisung aller katholischen Einflußnahmen von außen verbunden. Umgekehrt sollte der Protestantismus in der Weise begünstigt werden, daß auch für die Kronländer Mähren, Ober- und Niederlausitz Majestätsbriefe zu erlassen waren, wie sie Kaiser Rudolf II. als böhmischer König schon im Jahre 1609 Schlesien und dem böhmischen Kernland gewährt hatte.

Die Böhmische Konföderationsakte wurde sehr schnell innerhalb zweier Wochen von den Ständen aller Länder der Krone Böhmens angenommen. Indem ihr am 16. August 1619 auch die Stände Österreichs ob der Enns und unter der Enns (Ober- und Niederösterreichs) zustimmten, wurde nicht nur die

Prag, Hradschin, 1618.
Stich aus Matthäus Merians »Theatrum Europaeum«, 1641. Mit dem Hinauswurf der kaiserlichen Statthalter in Prag und eines Sekretärs am 23. Mai 1618 durch die Fenster der Böhmischen Kanzlei in der Prager Burg begann der Böhmische Aufstand, der zur ersten Periode des Dreißigjährigen Krieges werden sollte.

Prag, Stadtansicht, um 1619/20.
Kupferstich eines unbekannten Künstlers. Der Weg des pfälzischen Kurfürsten Friedrich V. führte ihn von Heidelberg nach Prag, wo er den Winter 1619/20 über als gewählter König von Böhmen regierte und als »Winterkönig« in die Geschichte einging. Das Reiterbildnis vor der böhmischen Hauptstadt bringt einen nie verwirklichten Herrschaftsanspruch zum Ausdruck.

politische Basis über Böhmen hinaus erweitert, sondern auch der Angriff auf das habsburgische Herrscherhaus verstärkt. Der inzwischen an dessen Spitze gelangte, aus der innerösterreichischen Linie stammende Erzherzog Ferdinand II. (*1578, †1637) war zwar schon seit 1617 als böhmischer König – zu Lebzeiten seines am 20. März 1619 in Wien verstorbenen Vorgängers – angenommen und gekrönt, aber in der Konsequenz der Konföderationsakte wurde er nun am 19. August 1619 als solcher abgesetzt. Ferdinand II. akzeptierte dies nicht, verzichtete nicht auf seine böhmischen Ansprüche und blieb dem Königreich Böhmen insofern als (Reichs-)Oberhaupt erhalten, als er neun Tage später in Frankfurt am Main von den Kurfürsten zum Römischen König und Kaiser gewählt und dort am 9. September 1619 auch gekrönt wurde. In Böhmen aber wählten die Stände gemäß der Konföderationsakte bereits am 26. August 1619 den calvinistischen Kurfürsten Friedrich V. von der Pfalz (*1596, †1632), zugleich Führer der protestantischen »Union« von 1608, zu ihrem neuen König, der auch Kurfürst des Heiligen Römischen Reiches war und somit zwei Kurhüte trug.

Die unterschiedlichen Verbindungslinien von Böhmen ins übrige Reich, vor allem von Prag nach Heidelberg und nach Wien, sorgten in der Dramatik der Ereignisse des Sommers 1619 für eine hoch brisante konfessionspolitische Konfrontation, zumal der abgesetzte Böhmenkönig und neue Römische Kaiser Ferdinand II. bereits auf seiner Rückreise von Wahl und Krönung in Frankfurt am Main im Münchener Vertrag vom 8. Oktober 1619 den Schulterschluß mit Herzog Maximilian I. von Bayern, dem Haupt der katholischen »Liga« von 1609, suchte. Während sich dieses Bündnis rasch neu formierte und sein Bundesfeldherr Johann Tserclaes Graf von Tilly (*1559, †1632) zügig ein Heer aufstellte, war es für den neuen Böhmenkönig weitaus schwerer, die Protestanten im Reich hinter sich zu scharen und eine antikatholische europäische Koalition zu schließen. Weder gelang es Friedrich V., außenpolitische Bündnisse mit dem türkischen Sultan oder dem Fürsten von Siebenbürgen zustande zu bringen, noch konnte er sich finanzielle oder militärische Hilfen seines englischen Schwiegervaters oder aus den Niederlanden, aus Dänemark und Schweden sichern, und auch die traditionelle habsburgisch-bourbonische Gegnerschaft konnte er sich nicht zunutze machen, da ihm König Ludwig XIII. (*1601, †1643) keine Unterstützung gewährte. Besonders schwer wog, daß sich die lutherischen Reichsstände mehrheitlich weigerten, Widerstand gegen den rechtmäßig gewählten Römischen König und Kaiser zu üben, und daß die in sich gespaltene »Union« kaum handlungsfähig war und sich von ihrem calvinistischen Oberhaupt distanzierte, dessen böhmische Kandidatur sie nie unterstützt hatte. Der mächtigste protestantische Kurfürst, Herzog Johann Georg I. von Sachsen (*1585, †1656), der der »Union« nie beigetreten war, hielt an der herkömmlichen reichs- und kaisertreuen Politik Kursachsens fest (Farbabb. 29).

Angesichts dieser ungleichen Konfrontation zwischen Kaiser Ferdinand II. und König Friedrich V. überrascht es nicht, daß der Kurfürst von der Pfalz nur einen Winter – 1619/20 – König von Böhmen war und zum »Winterkönig« wurde. In der Schlacht am Weißen Berg endete am 8. November 1620 nicht nur der Böhmische Aufstand, sondern auch seine Herrschaft. Die schwere Niederlage des böhmischen Ständeheeres unter dem Oberbefehl Herzog Christians I. von Anhalt-Bernburg, eines Mitbegründers der »Union«, im Westen Prags gegen die in jeder Hinsicht überlegenen vereinigten habsburgischen und ligistischen Truppen Tillys hatte für den »Winterkönig« Flucht aus Böhmen, Exil im niederländischen Den Haag und Ende jeglicher Herrschaftsausübung zur Folge, denn

Prag, Altstädter Ring, 1621.
Kupferstich. Die Niederlage der böhmischen Aufständischen in der Schlacht am Weißen Berg hatte am 21. Juni 1621 die Hinrichtung von 27 verurteilten Anführern vor dem Altstädter Rathaus in Prag zur Folge. Unter der Aufsicht des von Kaiser Ferdinand II. bestellten Statthalters Karl Fürst von Liechtenstein wurde das »Prager Blutgericht« zu einem öffentlichen Schauspiel, geschützt von einem Infanterieregiment Wallensteins. Zwölf Köpfe der Exekutierten wurden zur Abschreckung auf dem Brückenturm an der Moldau aufgesteckt.

mit der Verhängung der Reichsacht über ihn durch Kaiser Ferdinand II. war auch der Verlust seiner pfälzischen Kurwürde verbunden. Viel schlimmer erging es den böhmischen Aufständischen und ihren Anhängern, die ihre soziale Stellung, ökonomische Basis und politische Zukunft einbüßten. Nach der Hinrichtung von 27 Anführern am 21. Juni 1621 in Prag verloren etwa 700 Adelige und 50 Städte ihren Besitz und etwa 150.000 Menschen mußten Böhmen verlassen.

Der Sieg am Weißen Berg leitete für Kaiser Ferdinand II. und die katholische Sache ein erfolgreiches Jahrzehnt ein. Bereits zwei Tage nach der Kapitulation Prags erkannte eine böhmische Ständeversammlung den Habsburger wieder als rechtmäßigen König von Böhmen an, der er seit 1617 gewesen sei. Die politischen Konzeptionen der Stände hatten sich nicht durchsetzen lassen, vielmehr wurde die monarchische Position grundlegend gestärkt. An die Stelle der böhmischen Konföderationsakte von 1619 trat am 10. Mai 1627 die »Verneuerte Landesordnung des Erbkönigreichs Böhmen«, mit der Ferdinand II. seine beinahe unumschränkte Machtstellung als König von Böhmen festschrieb, für die die Ablösung der Wahl- durch die Erbmonarchie konstitutiv war. Das Königreich Böhmen erlebte den epochalen Wechsel vom Ständestaat zum dynastischen Fürstenstaat, wie er sich über die Mitte des 17. Jahrhunderts hinweg in vielen Staaten Europas vollzog, zuletzt 1687 in Ungarn.

Über die Pfalz nach Norden

Heidelberg, Stadtansicht, 1683.
Radierung von Johannes Ulrich Kraus. Von Böhmen aus ergriff der begonnene Dreißigjährige Krieg die Pfalz, das Herkunftsland des in Amberg geborenen pfälzischen Kurfürsten Friedrich V. Heidelberg befand sich vor den Angriffen der Liga-Truppen in seiner größten Blüte und war mit seiner Schloßanlage eine höchst ansehnliche kurfürstliche Residenzstadt, dazu ein wichtiges politisches Zentrum.

So wie der »Winterkönig« den Weg von Heidelberg nach Prag gegangen war, so marschierten ihn die katholischen Truppen Tillys von Moldau und Weißem Berg zurück an Neckar und Rhein und trugen den Krieg in den Westen des Heiligen Römischen Reiches. Trotz eines Sieges der wenigen Parteigänger des flüchtigen »Winterkönigs« – Graf Ernst II. von Mansfeld (*ca. 1580, †1626), Markgraf Georg Friedrich von Baden-Durlach (*1573, †1638) und Herzog Christian von Braunschweig-Halberstadt (*1599, †1626) – im April 1622 über Tilly bei Wiesloch war die Rheinpfalz vor den überlegenen habsburgisch-ligistischen und den aus den südlichen Niederlanden hinzustoßenden spanischen Truppen nicht zu schützen, wie ihre Siege bei Wimpfen und Höchst (Mai/Juni 1622) zeigten. Im Herbst 1622 eroberte der Feldherr der katholischen Liga Mannheim und Heidelberg und damit nicht nur die Residenz des ehemaligen Kurfürsten von der Pfalz, sondern auch das geistige und politische Zentrum des Calvinismus im Reich. Der Abtransport der »Bibliotheca Palatina« auf Ochsenkarren aus der Heidelberger Heilig-Geist-Kirche in die Bibliothek des Vatikans als Geschenk an den Papst in Rom markierte den Erfolg der katholischen Seite und sollte sich angesichts der Zerstörung Heidelbergs 1693 im Pfälzischen Erbfolgekrieg (1688–1697) als Rettung des mit mehr als 3.500 Handschriften und über 8.000 Büchern größten bibliophilen Schatzes nördlich der Alpen erweisen, der zugleich Hort protestantischer Gelehrsamkeit eines Jahrhunderts war.

Der, der dieses Geschenk veranlaßt hatte und veranlassen konnte, war Herzog Maximilian I. von Bayern gewesen, das Haupt der »Liga« und mächtigster Reichsfürst seit dem Münchener Vertrag mit Kaiser Ferdinand II. Er konnte am erfolgreichen Ende des zum Böhmisch-Pfälzischen Krieg ausgeweiteten Böhmischen Aufstandes, zum Abschluß des ersten Teils des Dreißigjährigen Krieges auch einen ganz persönlichen Erfolg verbuchen, denn der vertraglich gebundene und zur Dankbarkeit verpflichtete Kaiser mußte ihm am 25. Februar 1623 auf einem Deputationstag zu Regensburg die Oberpfalz – zunächst – als Pfandbesitz überlassen, in der er schon seit 1621 als kaiserlicher Kommissar eingesetzt

Regensburg, Erhebung Herzog Maximilians I. von Bayern zum Kurfürsten, 1623.
Kupferstich, zeitgenössisch. Ohne die Unterstützung Herzog Maximilians I. von Bayern wäre Kaiser Ferdinand II. im Böhmischen Aufstand kaum erfolgreich gewesen. Zum Dank erhob er ihn zum Kurfürsten und stattete ihn mit jener pfälzischen Kurwürde aus, die Friedrich V. von der Pfalz verloren hatte. Damit blieb die Kurwürde im Besitz des Hauses Wittelsbach.

war, die er mit dem Münchener Rezeß von 1628 endgültig als Reichslehen erhalten sollte und in der er dann als Landesherr eine konsequente Rekatholisierungspolitik verfolgte. Reichsgeschichtlich nicht weniger bedeutsam war 1623 die gleichzeitige Übertragung der pfälzischen Kurwürde auf den Bayernherzog. Obwohl mit diesem Akt der Macht der Vorrang vor dem Recht eingeräumt wurde, blieb – über vielfach geäußerte Kritik an der Handlungsweise des Kaisers hinaus – offener Widerstand auch seitens der lutherischen Kurfürsten von Brandenburg und Sachsen aus, was die gestärkte Position Ferdinands II. unterstreicht.

Die seit den Zeiten Maximilians I. und Karls V. mehr und mehr geschwächte kaiserliche Stellung im Heiligen Römischen Reich suchte der Habsburger auch in der zweiten Hälfte der 1620er Jahre weiter zu verbessern, als sich das Kriegsgeschehen in den überwiegend protestantischen Norden des Reiches verlagerte und zum Dänisch-Niedersächsischen Krieg wurde. Die katholischen Truppen folgten den nach der Auflösung der protestantischen »Union« noch immer aktiven Feldherren Ernst von Mansfeld und Christian von Halberstadt und suchten zugleich die katholischen Reichsterritorien an Ems und Lippe, die Erz- und Hochstifte Köln, Münster, Osnabrück, Minden und Paderborn nicht nur zu verteidigen, sondern auch zu Ausgangspunkten von Rekatholisierungsmaßnahmen zu machen. Hier stellte sich Tilly den Truppen des lutherischen Königs Christian IV. von Dänemark (*1577, †1648) entgegen, der als Herzog von Holstein zugleich Reichsfürst und von 1625 an im Niedersächsischen Reichskreis frisch gewählter Oberst mit der Aufgabe war, gerade diese Bestrebungen zu vereiteln, die einen Bruch des Augsburger Religionsfriedens bedeuteten. Aber der Dänenkönig war seinen Gegnern nicht gewachsen, denn in der Schlacht bei Lutter am Barenberge am 27. August 1626, der die Eroberungen von Münden an der Weser und Göttingen vorausgegangen waren, setzte sich Tilly durch und eröff-

Prag, Palais Waldstein.
Das Prager Palais Wallensteins unterhalb des Hradschin wurde in den Jahren 1624 bis 1630 von italienischen Architekten gebaut. Ihm mußten Teile der Altstadt mit zahlreichen Häusern weichen. Die prachtvolle Gartenanlage grenzte an eine imposante Sala terrena.

nete sich den freien Zugang weiter nach Norden in das Land zwischen Nord- und Ostsee.

Etwa zeitgleich griff mit Albrecht Wenzeslaus Eusebius von Wallenstein (*1583, †1634), dessen Dienste sich Kaiser Ferdinand II. im April 1625 sicherte, eine die Epoche prägende Feldherren-Persönlichkeit in das Kriegsgeschehen ein. Aus einer protestantischen böhmischen Adelsfamilie stammend, wurde er nach seiner Konversion zum Katholizismus und zwei günstigen Heiraten zu einem vermögenden Mann. Er wußte seine Besitzungen in Böhmen und Mähren im Zuge der großen Umschichtungen nach der Schlacht am Weißen Berg stetig zu vergrößern und zu einem Herrschaftskomplex, dem Herzogtum Friedland, zusammenzufassen. Von dort aus versorgte er seine Truppen mit Lebensmitteln und Kleidung, Waffen, Ausrüstung und Munition und machte den Krieg über Armeeaufträge zum Geschäft. Seinen Finanzbedarf für die Kriegführung deckte er über Kredite und arbeitete sowohl mit dem calvinistischen Bankier Hans de Witte als auch dem Finanzmann Jakob Bassevi eng zusammen, dem Vorsteher der jüdischen Gemeinde in Prag. Im übrigen hatten die Gebiete, durch die Wallensteins Armeen zogen und in denen sie kämpften, deren Versorgung nach dem Prinzip »Der Krieg ernährt den Krieg« sicherzustellen und durch hohe Kontributionsleistungen den weiteren Finanzbedarf zu decken, um vor allem regelmäßige und vergleichsweise hohe Soldzahlungen zu ermöglichen.

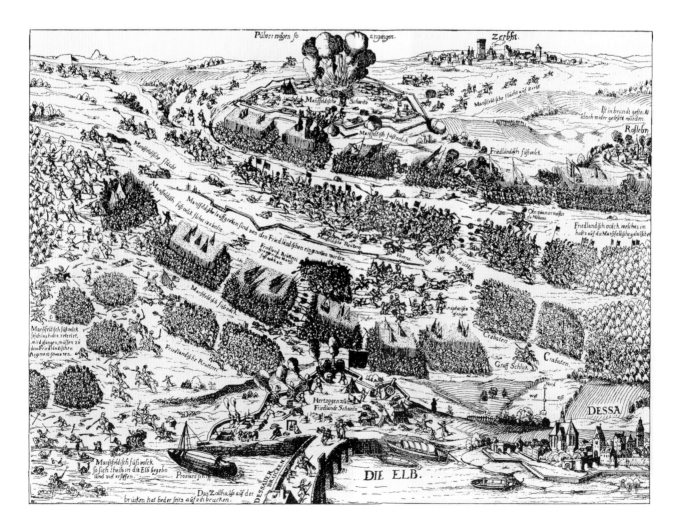

Dessauer Brücke, Schlacht, 1626.
Zeitgenössischer Stich. Mit seinem Sieg an der Dessauer Elbe-Brücke am 25. April 1626 über den kriegserfahrenen Grafen Ernst II. von Mansfeld, den Kurfürst Friedrich V. von der Pfalz mit unumschränkten Vollmachten zur Rückeroberung Böhmens ausgestattet hatte, begann Wallensteins erfolgreiche Feldherrenkarriere im Dreißigjährigen Krieg.

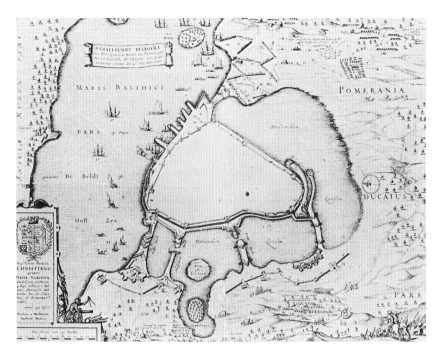

Stralsund, Lageplan, 1628.
Zeitgenössischer Kupferstich. Die der Insel Rügen gegenüberliegende selbstbewußte Hansestadt an der Ostsee widersetzte sich erfolgreich der Forderung Wallensteins, eine kaiserliche Besatzung aufzunehmen. Trotz einmonatiger Belagerung im Sommer 1628 gelang es dem bis dahin erfolgreichen Feldherrn nicht, die strategisch bedeutsame Hafenstadt einzunehmen. Er mußte erstmals einen völligen Mißerfolg hinnehmen. Nach 1648 wurde Stralsund Verwaltungszentrum des schwedisch gewordenen Vorpommerns.

Einen solchen Partner wie Wallenstein, der in herausragender Weise den Typ des militärisch und wirtschaftlich denkenden Kriegsunternehmers repräsentierte, benötigte Kaiser Ferdinand II., da er über kein vergleichbares Kriegsinstrument verfügte, mit dem er sich zugleich auch aus der Abhängigkeit von der »Liga« hätte befreien können. Als Feldherr des Habsburgers gab er gleichsam seinen erfolgreichen Einstand mit seinem Sieg vom 25. April 1626 in der Schlacht an der Dessauer Elbe-Brücke gegen Ernst von Mansfeld, nachdem es ihm gelungen war, innerhalb eines Jahres ein 100.000-Mann-Heer aufzustellen. Mit weiteren Erfolgen, die zu Besetzungen Jütlands, Mecklenburgs und Pommerns führten und an denen auch Tilly seinen Anteil hatte, verdiente sich Wallenstein am 21. April 1628 die Ernennungen zum »Generalissimus« und zum »General des Ozeanischen und Baltischen Meeres« durch den Kaiser. Zwar mußte er im gleichen Jahr nach der Kapitulation Rostocks die Belagerung Stralsunds erfolglos abbrechen, aber Wallenstein hatte sich für Ferdinand II. so unentbehrlich gemacht, daß er ihn 1629 mit dem alten, zuletzt 1621 geteilten Herzogtum Mecklenburg belehnte und damit in den Reichsfürstenstand erhob, was nicht nur von den evangelischen Reichsständen kritisiert wurde, denn der »Friedländer« galt den standesbewußten Reichsfürsten als nicht ebenbürtig.

Die Erfolge der Armeen Wallensteins und Tillys im protestantischen Norden des Heiligen Römischen Reiches ließen Ferdinand II. Ende der 1620er Jahre den Höhepunkt seiner kaiserlichen Machtstellung erlangen. Noch bevor der Dänisch-Niedersächsische Krieg am 22. Mai 1629 mit dem Frieden von Lübeck beendet wurde, erließ der Kaiser aus eigener Machtvollkommenheit und ohne reichsständische, auch ohne katholische reichsfürstliche Beteiligung am 6. März sein »Restitutionsedikt«, in dem er seine konfessionspolitischen Ziele festgeschrieben hatte: Rückgabe aller seit dem Passauer Vertrag von 1552 protestantisch gewordenen Reichsgebiete und Güter, allein authentische Interpretation des Augsburger Religionsfriedens von 1555 durch den Kaiser beziehungsweise das Reichskammergericht im katholischen Sinne und Zurückweisung der 1555

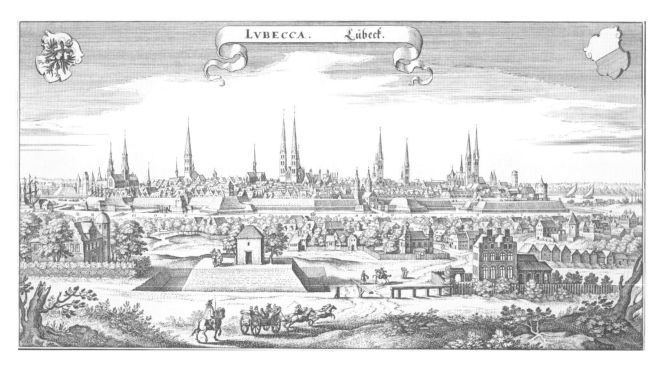

nicht in den Augsburger Religionsfrieden aufgenommenen *Declaratio Ferdinandea* als von Anfang an ungültig. Obwohl über die Konfessionsgrenzen hinweg reichsrechtlich umstritten, bedrohte der Kaiser jeden mit der Reichsacht, der sich seinem »Restitutionsedikt« widersetzte. Seine tatsächliche Realisierung hätte zu einem Umsturz der seit den 1550er Jahren zwei Konfessionen im lateinischen Christentum anerkennenden Reichsverfassung geführt und barg die Gefahr einer so eindeutigen Stärkung des Kaisers, daß auch katholische Reichsstände um ihre »Libertät« fürchteten.

Regensburger Wende und Europäisierung des Krieges von 1630 an

Lübeck, Stadtansicht von Westen, 1629.
Kupferstich aus der Werkstatt Matthäus Merians, 1641. Die in der ersten Hälfte des 17. Jahrhunderts zwischen 23.000 und 31.000 Einwohner zählende Hansestadt an der Ostsee gehörte zu den angesehensten Reichsstädten. Ihre neutrale Haltung im Dreißigjährigen Krieg ließ sie 1629 zu dem Ort werden, an dem Kaiser Ferdinand II. und der Dänenkönig Christian IV. zum Abschluß des Niedersächsisch-Dänischen Krieges Frieden schlossen, in den fast ganz Europa einbezogen wurde.

Kaiser Ferdinands II. steiler Aufstieg innerhalb eines Jahrzehnts wurde aber nicht nur wegen des »Restitutionsedikts« als gefährlich erachtet, sondern auch wegen der dank des freien Wirkens Wallensteins immer größer gewordenen militärischen Macht und des gewachsenen politischen Einflusses. Für den Kaiser und seinen – nach verbreiteter Auffassung unkontrolliert handelnden – Feldherren wurde folglich der 1630 nach Regensburg einberufene Kurfürstentag zum Desaster, auf dem Ferdinand II. angesichts der stärker gewordenen und sich abzeichnenden Bedrohungen des Heiligen Römischen Reiches eigentlich alle Reichsstände hinter sich vereinen wollte. Wegen der Zustände im Reich wäre ein Reichstag, der seit 17 Jahren nicht mehr zusammengetreten war, dafür das reichsverfassungsrechtlich gebotene Gremium gewesen, aber die politische Situation ließ dessen Einberufung nicht zu. So wurde der Regensburger Kurfürstentag des Jahres 1630 zur wichtigsten reichsständischen Versammlung während der ersten Hälfte des Dreißigjährigen Krieges, aber nicht der Kaiser, sondern die Kurfürsten unter der Wort- und Federführung Herzog Maximilians I. von Bayern bestimmten ihre Ergebnisse, denn die Monarchie im Reich sollte nicht in der Weise stabilisiert und gestärkt werden wie ein Jahrzehnt zuvor in

Böhmen. Der Habsburger mußte die vorläufige Suspension seines »Restitutionsediktes« hinnehmen, der Entlassung seines Feldherrn Wallenstein ebenso zustimmen wie der Vereinigung seiner Truppen mit dem Heer der »Liga« unter dem Oberbefehl Tillys und sich verpflichten, Kriegführung und Außenpolitik des Heiligen Römischen Reiches wieder reichsständischer Kontrolle zu unterwerfen. Und im übrigen mußte er zur Kenntnis nehmen, daß die stets ihr in der Goldenen Bulle von 1356 verankertes Recht der freien Wahl eines Römischen Königs beanspruchenden Kurfürsten nicht bereit waren, seinem Wunsch folgend seinen Sohn Ferdinand (*1608, †1657) zum Römischen König zu wählen. Zwar hatten die Kurfürsten in der Vergangenheit immer wieder zu Lebzeiten regierender Kaiser Römische Könige gewählt – 1531 Ferdinand I., 1562 Maximilian II., 1575 Rudolf II. –, um in Wahrnehmung ihrer gesamtreichischen Verantwortung – nicht den dynastischen Interessen der Habsburger gehorchend – aus reichspolitischer Notwendigkeit den Unwägbarkeiten eines Interregnums zumal in Bedrohungssituationen aus dem Wege zu gehen, aber 1630 waren sie nicht bereit, durch eine solche Wahl *vivente imperatore* das König- und Kaisertum im Reich zu stärken (Farbabb. 30).

Im nahezu selben Augenblick, drei Tage nach der Eröffnung des Regensburger Kurfürstentages, auf dem die kaiserliche Macht entscheidend geschwächt wurde, landete am 6. Juli 1630 König Gustav II. Adolf von Schweden (*1594, †1632) mit einem Heer auf der zum Herzogtum Pommern gehörenden Insel Usedom vor der südlichen Ostseeküste, um nach dem bis 1629 gegen Polen geführten Krieg seine Vorherrschaft im gesamten Ostseeraum zu festigen. Damit wurde der Dreißigjährige Krieg als »Schwedischer Krieg« endgültig zu einem europäischen Ereignis. Auf diese Ausweitung hatten bereits die gegen Kaiser Ferdinand II. gerichtete Haager Allianz zwischen England, den Vereinigten Niederlanden und Dänemark von 1625 sowie die Aktivitäten des Dänenkönigs als Herzog von Holstein und Oberst des Niedersächsischen Reichskreises hingedeutet, aber auch die das Heilige Römische Reich im Westen immer wieder

»Deß Römischen Reiches Grosse Welt Uhr«, 1630.
Einblattdruck, 1630. Die allegorisch-satirische Darstellung rückt die sieben Kurfürsten, die »Säulen des Reiches«, wie sie schon in der Goldenen Bulle von 1356 genannt wurden, ins Zentrum. Im Jahre 1630 und während des gesamten Dreißigjährigen Krieges nahmen sie eine dominierende Rolle ein, die seit dem Ende des 15. Jahrhunderts stetig größer geworden war und zeitweise dem Kaiser-Reich ein Kurfürsten-Reich entgegenstellte.

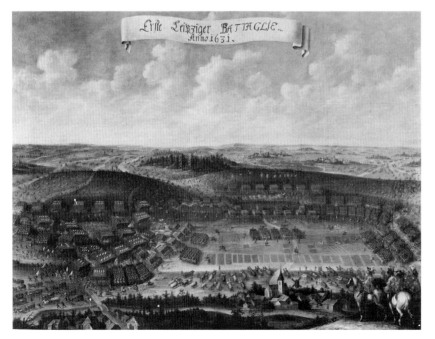

Breitenfeld, Schlacht, 1631.
Ölgemälde von J. Hammer nach Matthäus Merian, um 1670. Bei Breitenfeld, nördlich von Leipzig gelegen, errangen die Protestanten unter Führung des schwedischen Königs den ersten großen Sieg im Dreißigjährigen Krieg und brachten den Truppen der Liga und des Kaisers unter Tilly eine schwere Niederlage bei.

berührenden Auseinandersetzungen zwischen dem König von Spanien, dem Habsburger Philipp IV. (*1605, †1665), und den niederländischen Generalstaaten im seit 1568 andauernden Achtzigjährigen Krieg sowie das Eingreifen des Kaisers in den Mantuanischen Erbfolgestreit seit 1628, in dem es um die Behauptung der Reichslehen Mantua und Montferrat gegen französische Ansprüche nach dem Aussterben des Hauses Gonzaga Ende 1627 ging. Und eine noch weitergehende Europäisierung des Geschehens kündigte sich an, nachdem Frankreich im Vertrag von Bärwalde (in der Nähe Küstrins gelegen) vom 23. Januar 1631 Schweden hohe Finanzleistungen für seinen Feldzug gegen Kaiser Ferdinand II. zugesichert hatte.

In der Wiener Hofburg war man überzeugt, daß der Kaiser nur mit Wallensteins Unterstützung dem Schwedenkönig mit seinem modernen, gut ausgebildeten und geführten, kriegserfahrenen Heer Einhalt gebieten konnte, der sich anschickte, das Heilige Römische Reich vom protestantischen Norden bis zum katholischen Süden zu durchqueren. Schnell hatte Gustav II. Adolf evangelische Reichsstände auf seine Seite ziehen können, auch wenn er die Kurfürsten von Brandenburg und Sachsen zu Bündnisverträgen zwingen mußte, die neutral hatten bleiben wollen. Zwar hatte Tilly mit seinen Truppen das aus logistischen und strategischen Gründen wichtige Magdeburg an der Elbe am 20. Mai 1631 erobert, aber dabei wurde die Stadt in einem der fürchterlichsten Gemetzel des gesamten Dreißigjährigen Krieges weitestgehend zerstört und verlor über 80 Prozent ihrer Bevölkerung. Bei Breitenfeld in der Nähe Leipzigs mußte der Feldherr der Liga dann im September 1631 seine erste schwere Niederlage hinnehmen, die die katholische Partei im Reich in höchstem Maße verunsicherte, dem

Stationen des Siegeszugs der Schweden, 1631/32.

Radierung, 1632. Das weiter zu aktualisierende Flugblatt zeigt in nahezu chronologischer Abfolge die Orte im Reich, an denen der Schwedenkönig, der »Löwe aus Mitternacht«, seit seiner Landung an der Ostsee bis zur Einnahme Kreuznachs am 1. März 1632 über die Katholiken erfolgreich war.

Magdeburg, Belagerung und Zerstörung, 1631.

Kolorierter Kupferstich aus Johann Philipp Abelins »Theatrum Europaeum«, 2. Teil, 1659. Die Belagerung und Zerstörung Magdeburgs an der Elbe gehört zu den größten Katastrophen des Dreißigjährigen Krieges. Hatte die Stadt vor Kriegsbeginn circa 40.000 Einwohner, so waren es 1650 nur noch etwa 5.000.

Schwedenkönig aber seinen weiteren Vormarsch nach Westen an den Rhein (Mainz) sowie durch Thüringen und Franken nach Süden erleichterte.

Unter dem Eindruck der Erfolge der Protestanten suchte Kaiser Ferdinand II. im Spätjahr 1631 erneut die Verbindung zu Wallenstein und berief ihn – ausgestattet mit weitgehenden Vollmachten – zunächst für das erste Quartal des Jahres 1632 in ein neues Generalat, dem dann in der Göllersdorfer Absprache vom April 1632 eine unbefristete Verlängerung *in absolutissima forma* folgte. Nachdem die Schweden bei Donauwörth die Donau überschritten und sich bei Rain am Lech am 15. April 1632 den Zugang ins Herzogtum Bayern erkämpft hatten, wobei Tilly so schwer verletzt wurde, daß er zwei Wochen später in Ingolstadt verstarb, konnte Wallenstein allerdings nicht mehr König Gustavs II. Adolf Einmarsch in die für die Evangelischen so bedeutend gewordene Reichsstadt Augsburg am 19./20. April 1632 und dann in München am 17. Mai 1632 verhindern, der Haupt- und Residenzstadt Kurfürst Maximilians I. von Bayern und einem Zentrum des politischen Katholizismus im Heiligen Römischen Reich.

In München hatte der Schwedenkönig, begleitet von Friedrich V. von der Pfalz, dem »Winterkönig« und Haupt des deutschen Calvinismus, sein am weitesten südlich gelegenes Ziel erreicht und einen großen Triumph errungen, doch die Aktivitäten Wallensteins zwangen ihn, über die Reichsstadt Augsburg, die

Augsburg, Weinmarkt, 1632.

Kupferstich von Raphael Custos, 1634. Nach dem Einzug Gustavs II. Adolf am 24. April 1632 in Augsburg übergaben die katholischen Ratsherren dem Schwedenkönig die Stadtschlüssel, und die evangelischen Amtsträger wurden wieder in ihre Ämter eingesetzt, aus denen sie 1629 nach der Verkündung des Restitutionsediktes Kaiser Ferdinands II. vertrieben worden waren. Die Huldigung fand auf dem Weinmarkt vor den Fuggerhäusern statt.

München, Stadtansicht.
Ölgemälde nach Matthäus Merian, nach 1644. Die Übergabe der Münchener Stadtschlüssel an König Gustav II. Adolf auf dem rechten Isarufer gegenüber der Altstadt markiert den Tiefpunkt in der Regierungszeit Kurfürst Maximilians I. von Bayern. Das Ereignis ist quellenmäßig nicht belegt, wurde aber schon 1644 in einem Kupferstich Merians in seiner »Topographia Bavariae« dargestellt.

ihm sechs Wochen zuvor als neuem Stadtherrn gehuldigt hatte, wieder nach Norden zu ziehen. Bei Nürnberg an der Alten Veste (Zirndorf) begegneten sich die Heere beider Feldherren, aber trotz großer Aufmärsche kam es zu keinem nennenswerten Schlachtengeschehen. Und ein zweites – und letztes – Mal stießen Wallenstein und Gustav Adolf nahe Breitenfeld am 6. November 1632 bei Lützen aufeinander, wo der unentschiedene Schlachtausgang vom Tod des Königs von Schweden überschattet wurde. Ein großer Sieg über die Schweden blieb Wallenstein versagt, der im übrigen durch seine zaudernde und zögernde, dem Feind ausweichende und immer passiver werdende Kriegführung zunehmend Rätsel aufgab. Auch wenn sich die protestantischen Reichsstände 1633 unter der Führung des schwedischen Kanzlers Axel Oxenstjerna (*1583, †1654) im Heilbronner Bund zusammenschlossen, der geschickt die oberdeutschen Reichskreise für die schwedischen Ziele instrumentalisierte, so war das evangelische Lager nach wenigen erfolgreichen Jahren doch geschwächt. Aber Wallenstein suchte keine Entscheidung und wurde in Wien mit wachsendem Mißtrauen beobachtet. Die vernichtende Niederlage der Schweden unter Herzog Bernhard von Sachsen-Weimar (*1604, †1639) bei Nördlingen am 6. September 1634, die die Auflösung des Heilbronner Bundes zur Folge hatte, erlebte er nicht

Eger, Ermordung Wallensteins, 1634.
Zeitgenössische Darstellung im »Theatrum Europaeum«. Die Ermordung Wallensteins am 25. Februar 1634 folgte seiner Absetzung als kaiserlicher Generalissimus einen Monat zuvor in Wien.

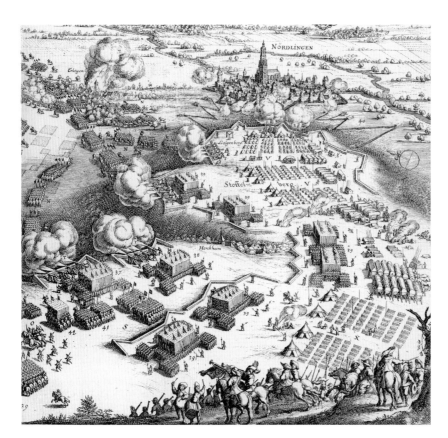

Nördlingen, Schlacht, 1634.
Kupferstich. Nach der Niederlage des schwedischen Heeres bei Nördlingen am 6. September 1634 eroberten die kaiserlichen Truppen fast ganz Oberdeutschland zurück.

mehr, denn des Verrats an der kaiserlichen und katholischen Sache verdächtigt und schließlich geächtet, wurde er am 25. Februar 1634 in Eger ermordet.

Damit war das Geschehen des Dreißigjährigen Krieges nach Böhmen zurückgekehrt, und mit Prag sollte sich nach dem Kriegsbeginn auch ein Friedensschluß verbinden. Angesichts der durch das Kriegsgeschehen eingetretenen Situation und der immer offensichtlicher werdenden Kriegsvorbereitungen Frankreichs, die im Mai 1635 in eine Kriegserklärung an den König von Spanien und dann auch an den Kaiser mündeten, wuchs im Heiligen Römischen Reich die Bereitschaft zum Frieden. Kurfürst Johann Georg I. von Sachsen (*1585, †1656) suchte ihn seitens der Protestanten ebenso wie Kaiser Ferdinand II., um das Reich von ausländischen Truppen zu befreien und im Kampf um die Vorherrschaft in Europa nicht gänzlich zum Spielball der Mächte und Dynastien werden zu lassen. Im schließlich zustande gekommenen Prager Frieden vom 30. Mai 1635 zwischen Kursachsen und dem Kaiser, dem später nahezu alle Reichsstände beitraten und der sich dadurch von einem bi- zu einem multilateralen Vertrag von reichsgrundgesetzlicher Qualität entwickelte, gelang es vor allem, sich wieder über die ständestaatlichen Grundlagen der Reichsverfassung sowie die seit 1555 reichsrechtlich verbindliche Bikonfessionalität (unter Ausschluß des Calvinismus) zu verständigen, die sich unter anderem in der konfessionsparitätischen Besetzung des Reichskammergerichts in Speyer äußern sollte. Ferdinand II. mußte hinsichtlich der konfessionellen Besitzstände den Zustand des Jahres 1627 (Normaljahr) akzeptieren und für 40 Jahre auf die Durchführung seines »Restitutionsedikts« von 1629 verzichten. Dafür gewann er als nomineller Oberbefehlshaber einer zu formierenden Reichsarmee auf militärischem Gebiet größere Handlungsmöglichkeiten, auch wenn diese von den Kurfürsten von

Sachsen, Brandenburg und Bayern eingeschränkt wurden. Im übrigen wurden der Übergang der pfälzischen Kurwürde auf den Herzog von Bayern, der auch seine Erwerbungen, insbesondere die Oberpfalz, behalten konnte, und der Anfall der Lausitzen als ehemaligen Teilen des Königreichs Böhmen und Magdeburgs an Kursachsen bestätigt. Wie eng man im Reich nach 17 Jahren Krieg wieder zusammenrückte, belegt insbesondere die Tatsache, daß dieselben Kurfürsten, die 1630 eine Wahl des Kaisersohnes zum Römischen König *vivente imperatore* abgelehnt hatten, sich jetzt darüber verständigten und am 22. Dezember 1636 Ferdinand III. in Regensburg wählten, weil sie das Heilige Römische Reich nicht den Unsicherheiten eines zu erwartenden Interregnums aussetzen wollten.

Allerdings verhinderte der in sich brüchige und nur schwer umsetzbare Prager Frieden nicht, daß das Reich im Schwedisch-Französischen Krieg ab 1635, wie die letzte Etappe des Dreißigjährigen Krieges bezeichnet wird, das hauptsächliche Schlachtfeld Europas blieb. Die Feldzüge der Franzosen gegen die bayerischen und spanischen Heere im Süden und Westen des Reiches, die der schwedischen gegen kurbrandenburgische, kursächsische und kaiserliche Truppen im Norden und Osten, vor allem in Böhmen, führten über zahlreiche, aber nicht kriegsentscheidende Schlachten von Wittstock in Mecklenburg 1636 bis Jankau in Böhmen und erneut Nördlingen 1645 zu Ermattung und Erschöpfung auf allen Seiten. Kaiser Ferdinand III. gelang es nicht, über die Konfessionsgrenzen hinweg eine einheitliche Reichsarmee aufzustellen. Einziges Zeichen von Geschlossenheit war es, daß – erstmals seit fast drei Jahrzehnten – 1640/41 in Regensburg wieder ein Reichstag stattfand, notwendig geworden, nachdem sich der Prager Frieden von 1635 nicht im gewünschten Umfang hatte durchsetzen lassen und die seit Beginn des Dreißigjährigen Krieges häufiger einberufenen Kurfürstentage – zuletzt 1639/40 in Nürnberg – zur Friedensherstellung nichts mehr vermochten. Mit der Entscheidung, die Reichskreise in ihrer konfessionell unterschiedlichen Zusammensetzung wieder mehr für das Heilige Römische Reich insgesamt zu reaktivieren, und mit dem Beschluß einer stattlichen Reichshilfe zur Beendigung des Krieges wurde zwar die Richtung gewiesen, aber die großen Verwüstungen in Teilen des Reiches und die katastrophale Situation vieler Reichsstände ließen es nicht als realistisch erscheinen, daß der Reichstagsabschied vom 10. Oktober 1641 auch in die Tat umgesetzt werden könnte.

Vor Beginn und während des Regensburger Reichstages hatte es seitens Kaiser Ferdinands III. und des Reichstages verschiedene Friedensinitiativen gegeben,

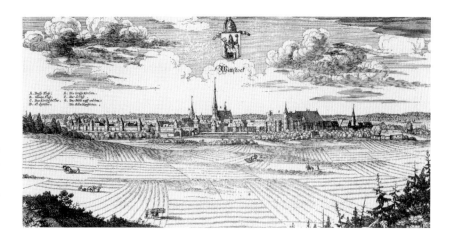

Wittstock, Stadtansicht, 1636.
Kupferstich aus Matthäus Merians »Topographia Electorat. Brandenburgici et Ducatus Pomeraniae«, 1652. Die kaiserlichen Truppen konnten die zahlenmäßig unterlegenen schwedischen bei Wittstock an der Dosse, nordwestlich von Berlin, nicht aufhalten und mußten am 4. Oktober 1636 eine schwere Niederlage hinnehmen. Die Schweden festigen damit ihre Position im Norden des Reiches.

München, Mariensäule, 1638.
Kupferstich von Bartholomäus Kilian. Ursprünglich für den Hochaltar der Frauenkirche bestimmt, ließ Kurfürst Maximilian I. von Bayern 1638 die von dem Bildhauer Hubert Gerhard geschaffene Marienfigur auf dem heutigen Marienplatz vor dem Münchener Rathaus aufstellen. Er drückte damit sechs Jahre nach dem Rückzug der Schweden seinen Dank an die von ihm und in ganz Bayern sehr verehrte »Patrona Bavariae« aus.

die zunächst einen Separatfrieden des Kaisers und des Reiches mit Schweden anstrebten. Aber nachdem die schwedische Königin Christina (*1626, †1689), seit 1632 Nachfolgerin ihres Vaters, König Gustavs II. Adolf, und der französische König Ludwig XIII. (*1601, †1643) im Juni 1641 die Verlängerung ihres Bündnisses vereinbart hatten, war entschieden, daß es nur einen gemeinsamen, einen Universalfrieden zum Abschluß des Dreißigjährigen Krieges geben konnte. Die organisatorischen Voraussetzungen für einen Friedenskongreß wurden – vermittelt durch König Christian IV. von Dänemark (*1577, †1648) – mit dem Hamburger Präliminarvertrag vom 25. Dezember 1641 geschaffen, in dem sich die kaiserlichen, französischen und schwedischen Diplomaten darauf verständigten, in zwei benachbarten Orten im weniger zerstörten Westfalen zu verhandeln, in den Bischofsstädten Münster und Osnabrück. Beide Städte mußten für neutral erklärt werden, hatten für die Kongreßteilnehmer Sicherheit und Versorgung zu gewährleisten, und es mußte dafür gesorgt werden, die störungsfreie Verbindung zwischen ihnen herzustellen, denn in Osnabrück sollten zwar die Verhandlungen mit Schweden, in Münster die mit Frankreich stattfinden, aber im Sinne des angestrebten Universalfriedens sollten die Verhandlungen als Einheit betrachtet werden.

Münster, Stadtplan, 1648.
Radierung Everhard Alerdincks, 1648. Die westfälische Bischofsstadt Münster wurde 1644 einer der Verhandlungsorte, an dem der Westfälische Frieden zwischen dem Heiligen Römischen Reich und Frankreich ausgehandelt und am 24. Oktober 1648 unterzeichnet wurde. Die Vogelschau-Ansicht zeigt die Metropole Westfalens, die 1648 circa 12.000 Einwohner hatte, mit dem Dom im Zentrum.

Frieden in Westfalen

Aber noch war der Dreißigjährige Krieg nicht in Westfalen angekommen, denn der Beginn der Verhandlungen verzögerte sich, der in Hamburg völlig unrealistisch auf den 25. März 1642 festgelegt worden war. Nicht nur die gastgebenden Städte brauchten mehr Vorbereitungszeit für das wichtigste Ereignis in der Mitte des 17. Jahrhunderts, auch die Verhandlungspartner konnten nicht innerhalb eines Vierteljahres mit ihren Beratungen beginnen. Vor allem aber war Kaiser Ferdinand III. erst Ende August 1645 – nach der verheerenden Niederlage seiner Truppen am 6. März 1645 bei Jankau in Böhmen, südöstlich von Prag – bereit, die Teilnahme der Reichsstände an den Friedensverhandlungen in Westfalen zu akzeptieren. Damit war eine wichtige Vorentscheidung gefallen, die Auswirkungen auf die einmalige Arbeitsweise des Kongresses hatte und die Zukunft des Heiligen Römischen Reiches bestimmen sollte. Der Kaiser konnte nicht – wie die Königin von Schweden und der König von Frankreich – allein für sein Land sprechen, sondern mußte die Mitwirkung der Reichsstände berücksichtigen und war – wie auf den Reichstagen – an den Konsens mit ihnen gebunden, die an beiden Verhandlungsorten in Münster und Osnabrück vertreten waren und die – auch untereinander und nicht nur in ihrer konfessionellen

Osnabrück, Friedenssaal.
In der großen Ratskammer des Osnabrücker Rathauses fanden von 1643 bis 1648 die Friedensverhandlungen zwischen dem Heiligen Römischen Reich und Schweden statt. Der heutige »Friedenssaal« ist mit Porträts der in Osnabrück tätig gewesenen Unterhändler geschmückt.

Verschiedenheit – höchst unterschiedliche Interessen und Ziele verfolgten. Konsequenterweise wurde der Frieden seitens des Reiches nicht von Kaiser Ferdinand III. alleine geschlossen, sondern »in Gegenwart und mit Zustimmung und Einwilligung der Kurfürsten, Fürsten und Stände des Heiligen Römischen Reiches zur Ehre Gottes und zum Heil der Christenheit«, wie es am Ende der Präambel in deutscher Übersetzung heißt (Farbabb. 31).

Nach etwa dreijährigen Friedensverhandlungen lag das Vertragswerk am 24. Oktober 1648 vor und wurde abschließend im Bischofshof von Münster auch von reichsständischen Vertretern unterzeichnet. Zuvor hatten die Republik der Vereinigten Niederlande und das Königreich Spanien am 30. Januar 1648 den Frieden von Münster geschlossen und damit den Achtzigjährigen Krieg beendet, der 1568 mit dem niederländischen Aufstand begonnen hatte. Das Vertragswerk vom 24. Oktober 1648, der Westfälische Frieden, bestand aus zwei Verträgen, die in Osnabrück zwischen Schweden sowie Kaiser und Reich und in Münster zwischen diesen und Frankreich ausgehandelt worden war, und schrieb jene Ordnung für das Heilige Römische Reich und Europa fest, die im wesentlichen bis zur Wende vom 18. zum 19. Jahrhundert, also bis zum Ende des Alten Reiches Bestand haben sollte. In ihren reichsverfassungsrechtlichen Bestimmungen bestätigten die Verträge von Münster und Osnabrück im Kern den Zustand des Nebeneinanders und Aufeinanderangewiesenseins von Kaiser und Reichsständen aus der Zeit vor dem Dreißigjährigen Krieg. Im Unterschied zum Königreich Böhmen blieb das Heilige Römische Reich ständestaatliche Wahlmonarchie und wurde nicht zum dynastischen Fürstenstaat oder gar zur absoluten Monarchie.

Abgesehen von der reichsrechtlichen Anerkennung der Reformierten war die Pflicht zur konfessionsparitätischen Besetzung der obersten Reichsinstitutionen neu, wobei Lutheraner und Reformierte als ein Teil gegenüber den Katholiken galten. Von ebenso weitreichender Bedeutung war das Verbot politischer Entscheidungen durch Majorisierung einer Konfessionspartei. Dem hatten das Instrument der »Trennung nach Gruppen« (*itio in partes*) und in dessen Konsequenz die Einteilung der Reichsstände in ein »Corpus Evangelicorum« und ein »Corpus Catholicorum« als neuen Gremien des Reichstages ebenso zu dienen wie die Verpflichtung zur »freundschaftlichen Vereinigung« (*amicabilis compositio*). Für den konfessionellen Bestand wurde 1624 als Normaljahr festgelegt, aber gegenüber dem Augsburger Religionsfrieden von 1555 das Recht der Territorialherren eingeschränkt, die Konfession ihrer Untertanen zu bestimmen. Dabei wurden allerdings Ausnahmen festgeschrieben, die vor allem den Katholizismus im habsburgischen Herrschaftsbereich begünstigten.

Mit der Einführung einer achten Kurwürde für die Rheinpfalz, die erstmals eine Veränderung der bis dahin als unantastbar betrachteten reichsgrundgesetzlichen Goldenen Bulle Kaiser Karls IV. von 1356 bedeutete, wurde der Übergang der ursprünglichen pfälzischen Kur an Herzog Maximilian I. von Bayern im Jahre 1623 bestätigt und die katholische Mehrheit im Kollegium der Kurfürsten gefestigt. Auch wenn die Reichsstände das Bündnisrecht (*ius foederis*) untereinander sowie mit ausländischen Mächten erhielten, wurden sie damit nicht souverän, denn der Abschluß von Bündnissen durfte sich nicht gegen Kaiser und Reich richten, die in allen reichspolitischen Fragen zum Konsens verpflichtet blieben. Souveränität erhielten im Westfälischen Frieden aber die Schweizer Eidgenossenschaft und die Vereinigten Niederlande, die damit endgültig aus dem Reichsverband ausschieden. Indem Schweden in Norddeutschland erhebliche Landgewinne in Vorpommern und mit Stettin und der Odermündung, Rügen und Wismar sowie zwischen Weser und Elbe mit dem Erzstift Bremen (ohne die Hansestadt) und dem säkularisierten Hochstift Verden zugesprochen bekam, wurde es im Unterschied zu Frankreich zugleich Reichsstand mit Teilnahmerecht am Reichstag. Denn des Königs von Frankreich Erwerbungen vor allem im Elsaß gingen hingegen mit dem Haus Habsburg auch dem Heiligen Römischen Reich auf Dauer verloren, so wie die früheren Verluste der lothringischen Fürstbistümer Metz, Toul und Verdun an Frankreich nur noch einmal bestätigt wurden. Beide im Dreißigjährigen Krieg siegreichen Monarchien wurden in den westfälischen Friedensverträgen zu Garantiemächten für den ausgehandelten Zustand in Mitteleuropa, setzten ihre bilateralen Kriege allerdings fort, bis Frankreich Spanien 1659 im Pyrenäen-Frieden als europäische Hegemonialmacht ablöste und Schweden im Frieden von Oliva 1660 seine Vormachtstellung im Ostseeraum gegenüber Polen behauptete. Der Dreißigjährige Krieg aber, der 1618 in Böhmen seinen Anfang genommen hatte, ging 1648 in Westfalen zu Ende und wurde auch von den Zeitgenossen als eine drei Jahrzehnte umfassende Einheit verstanden, wenn sie – wie der Gesandte Nürnbergs gegen Ende der Friedensverhandlungen – davon sprachen, daß »das arme Teutschlandt den kriegsschwall bereits 30 gantzer jahr auff dem halß gehabt« habe.

11 DAS REICH IM ZEITALTER DES ABSOLUTISMUS Von der Türkenfront zur Rheingrenze

Neuanfang nach dem großen Krieg

In Münster und Osnabrück fand der Dreißigjährige Krieg sein Ende, dessen Schauplätze sich von Elbe und Oder bis zum Rhein und von der Ostsee bis zur Isar und Donau über den größten Teil des Heiligen Römischen Reiches erstreckt hatten. Von der Mitte des 17. Jahrhunderts an aber verlagerte sich das reichsgeschichtliche Geschehen mehr und mehr in den Süden, ins Vordere Reich und nach Österreich. Die von außen kommenden, wieder verstärkten Bedrohungen der Ostgrenze des Erzherzogtums und Böhmens durch die Türken sowie die Gefährdungen durch die aggressive Außenpolitik König Ludwigs XIV. von Frankreich am Oberrhein zwangen nicht nur die unmittelbar betroffenen Reichsstände, sondern das Reich insgesamt zur Verteidigung und machten es immer wieder zum Kriegsschauplatz (Farbabb. 32).

Doch erst einmal war der vertraglich geschlossene Westfälische Frieden, der schnellstens in Europa bekannt gemacht und dessen Ratifikationsurkunden am 18. Februar 1649 am Verhandlungsort Münster ausgetauscht wurden, in die Tat umzusetzen. Das erwies sich wegen unklarer und widersprüchlicher Bestimmungen oder aufgrund einer geänderten politischen Situation, die neue Überlegungen erforderlich machten, als tatsächlich oder vorgeschoben schwierig. Vor allem die finanziellen Ansprüche Schwedens in Höhe von fünf Millionen Reichstalern zur Abdankung seiner Truppen waren von den Reichsständen und Reichskreisen nicht so schnell wie vorgesehen zu erfüllen. Nachdem verschiedene Konferenzen keine Verständigung gebracht hatten, trat Anfang Mai 1649 in Nürnberg ein maßgeblich vom schwedischen Generalissimus Carl Gustav von Pfalz-Zweibrücken-Kleeburg (*1622, †1660) initiierter Exekutionstag zusammen, der alle offenen praktischen Fragen klären sollte. Um eine weitere Destabilisierung der Gesamtsituation zu verhindern, mußten gegensätzliche Interessen in Einklang gebracht werden: Die von schwedischen Truppen besetzten Reichsterritorien und ihre Bewohner insbesondere in Franken und Sachsen wünschten den möglichst raschen Abzug des Militärs, das mit seinen Durchzügen und Einquartierungen eine große Belastung darstellte; umgekehrt ließen sich die militärischen Körper nicht so ohne weiteres nach Hause schicken, denn die betroffenen Soldaten und Offiziere verloren mit ihrer Entlassung ihren Sold und konnten als herumziehende, neue Dienste und Einnahmen suchende Haufen eine Gefahr für die Aufrechterhaltung von Frieden und Ordnung werden.

Die Ergebnisse der mehr als einjährigen Beratungen in Nürnberg, wo letztmalig während der Frühen Neuzeit eine reichspolitisch bedeutsame Veranstaltung stattfand, wurden in mehreren Verträgen zwischen der kaiserlichen sowie reichsständischen Seite und Schweden einerseits, Frankreich andererseits aus der Zeit vom 21. September 1649 bis 2. Juli 1650 festgeschrieben, deren hoher reichsgeschichtlicher Stellenwert sich darin ausdrückt, daß sie wortwörtlich in den Abschied des nächsten Reichstages vom 17. Mai 1654 aufgenommen wurden. Sie waren mit ihren generellen Abrüstungs- und Finanzierungsbeschlüssen

Augsburg, Haupthaus der Reichspost.
Kupferstich von Lukas Kilian und Raphael Custos, 1616. Das Plakat des Reichspostmeisters Octavio von Taxis (1572-1626) zeigt dessen 1549 errichtetes Haus vor dem Wertachbrucker Tor, von wo aus die Post »durch das Gantz Reich Teutscher Nation« hinausging. Am Gebäude ist das Reichswappen erkennbar. Die Wappenkartuschen zeigen das Reichswappen und das Wappen der Reichsstadt Augsburg.

– vor allem zugunsten der schwedischen Seite – sowie mit ihren detaillierten Festlegungen von Räumungen, Rückgaben und Standortveränderungen im Westen des Heiligen Römischen Reiches – zugunsten der französischen Seite im noch nicht beendeten Spanisch-Französischen Krieg – nicht nur notwendige Durchführungsbestimmungen zum Westfälischen Frieden, sondern wurden als dessen nachträgliche Bestandteile zur Beseitigung von Unklarheiten und Widersprüchen wie ein Reichsgrundgesetz eingestuft. Aber letztes Mißtrauen zwischen den einstigen Kriegsgegnern schwand erst mit dem tatsächlichen Abzug der Truppen, weshalb mancherorts, zum Beispiel in Sachsen, der Dreißigjährige Krieg erst 1650 zu Ende ging und deshalb von einem Zweiunddreißigjährigen gesprochen wurde.

Es lag an den endgültigen Regelungen der Friedensexekution und an deren praktischen Umsetzungen, daß die Bestimmung der Friedensverträge von Mün-

Nürnberg, Rathaussaal, 1649.
Kolorierter Kupferstich und Radierung von Wolfgang Kilian nach dem Gemälde von Joachim Sandrart, 1650. Das Nürnberger »Friedensmahl« fand während des Exekutionstages in der Reichsstadt an der Pegnitz 1649/50 am 5. Oktober 1649 auf Einladung des schwedischen Generalissimus Carl Gustav von Pfalz-Zweibrücken-Kleeburg statt, nachdem es am 21. September 1649 zu einem Interimsrezeß gekommen war. Vornehmster Gast war der kaiserliche Prinzipalgesandte Octavio Piccolomini. Nürnberg hatte Mitte des 17. Jahrhunderts nur noch etwa 25.000 Einwohner.

Nürnberg, Saal in der Kaiserburg, 1650.
Kupferstich von Matthäus Merian.
Kollationierung des schwedisch-kaiserlichen Friedens-Hauptrezesses am 26. Juni 1650 in der Nürnberger Burg.

ster und Osnabrück, die verbindlich die Veranstaltung eines Reichstages innerhalb eines halben Jahres nach ihrer Ratifikation – also bis zum 18. August 1649 – vorschrieb, nur mit großer Verzögerung realisiert wurde. Sie war Teil des berühmten Artikels VIII, § 3, des Osnabrücker Friedensvertrages, der alle ungeklärten Fragen (*negotia remissa*) der Reichsverfassung auflistete, die zur Beantwortung auf den nächsten Reichstag verschoben worden waren. Daß dieser dann aber erst am 30. Juni 1653 in Regensburg eröffnet wurde, hing mit zwei wichtigen politischen Entscheidungen zusammen. Zum einen war erst kurz zuvor die Nachricht von der Übergabe Hinterpommerns durch die Schweden an den Kurfürsten von Brandenburg eingetroffen, die von Stockholm aus von dem Augenblick an nicht weiter verzögert wurde, als Kaiser Ferdinand III. entschieden hatte, die schwedische Königin erst dann mit den im Heiligen Römischen Reich erworbenen Besitzungen zu belehnen und sie zum Reichstag zuzulassen, wenn die kurbrandenburgischen Ansprüche erfüllt waren.

Zum anderen wollten Ferdinand III. und die Kurfürsten mit der Wahl des zwanzigjährigen Kaisersohnes Ferdinand (*1633, †1654) zum Römischen König zu Lebzeiten seines Vaters (*vivente imperatore*) im Sinne verfassungskonservativer Systemerhaltung Tatsachen schaffen, da die Fragen der Wahl der Römischen Könige und der Errichtung einer beständigen Wahlkapitulation zu den vertagten Materien von 1648 gehörten, die der nächste Reichstag zu behandeln hatte. Das Interesse des Kaisers wie der Kurfürsten über alle politischen und konfessionellen Gegensätze hinweg war es, die Nachfolge Ferdinands III. gemäß dem Herkommen zu regeln, da nicht absehbar war, zu welchen neuen Ergebnissen die verpflichtenden Verfassungsberatungen des Reichstages führen würden. Bedroht genug sahen sie ihre in der Goldenen Bulle von 1356 grundgelegten Positionen, denn während der Verhandlungen in Münster und Osnabrück waren sie von reichsfürstlicher, französischer und schwedischer Seite mit Angriffen auf die dominierende Stellung des Hauses Habsburg sowie das seit dem Ende des

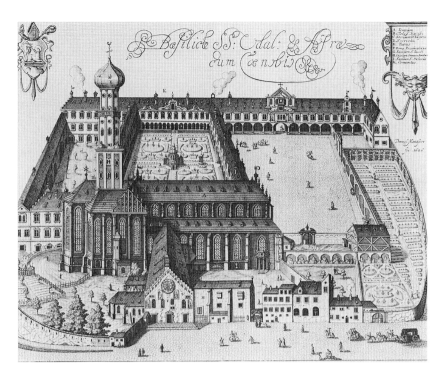

Augsburg, Sankt Ulrich und Afra. Kupferstich von D. Manasser, 1626. Die Sakristei der Kirche des Reichsstiftes Sankt Ulrich und Afra war am 31. Mai 1653 Ort der Wahl Ferdinands IV. zum Römischen König, der aber bereits ein Jahr später verstarb. Mit Joseph I. wurde 1690 noch ein Römischer König an gleicher Stelle gewählt.

15. Jahrhunderts ständig gewachsene Präeminenz-Bewußtsein der Kurfürsten immer wieder in Frage gestellt worden. Die politisch mächtiger gewordenen protestantischen Reichsfürsten verfolgten die Ziele, Römische Königswahlen generell von gesamtständischer Genehmigung abhängig zu machen und eine von ihnen mitbestimmte, dauerhaft gültige Wahlkapitulation der Römischen Könige zu erarbeiten, und die französische Krone vor allem strebte – mit dem Ziel der Schwächung des Hauses Habsburg aus Rivalitätsgründen – einen Wechsel der Dynastien von Römischer Königswahl zu Römischer Königswahl an, verbunden mit dem Verbot von *vivente-imperatore*-Wahlen.

Mit der Wahl des Kaisersohnes zum Römischen König Ferdinand IV. am 31. Mai 1653 an ungewöhnlichem Ort – nicht in Sankt Bartholomäus zu Frankfurt am Main, sondern in der Sakristei der Abteikirche des Benediktiner-Klosters Sankt Ulrich und Afra zu Augsburg – und mit seiner Krönung im Dom zu Regensburg am 18. Juni 1653 waren zwölf Tage vor der Eröffnung des Reichstages Fakten geschaffen worden, die ein das Heilige Römische Reich gefährdendes Interregnum nach dem Tod Kaiser Ferdinands III. überflüssig machten, denn ein zu Lebzeiten eines Römischen Kaisers gewählter Römischer König folgte seinem verstorbenen Vorgänger in dessen Todesstunde. Aber die von Ferdinand III. und den Kurfürsten gehegten Erwartungen im Sinne der Stabilisierung des Reiches erfüllten sich infolge des durch eine Pockeninfektion herbeigeführten frühen Todes Ferdinands IV. am 9. Juli 1654 – nur sieben Wochen nach dem Ende des Reichstages – nicht.

Die Regensburger Reichsversammlung von 1653/54 selber ist als letzter Reichstag in der Phase des nichtpermanenten, an wechselnden Orten zusammentretenden Reichstages in die Geschichte eingegangen, dessen Reichsabschied vom 17. Mai 1654 als »Jüngster Reichsabschied« bezeichnet wird, denn er ist das letzte Dokument seiner Art. Allerdings brachte er trotz fast einjähriger Beratungen nicht die von ihm verlangte umfassende Reform der Reichsverfassung zustande, die gemäß Westfälischem Frieden die Mängel der obersten reichsständischen Versammlung beseitigen, über die Wahl der Römischen Könige sowie die Errichtung einer beständigen Wahlkapitulation beraten, das Verfahren zur Erklärung in die Reichsacht, die Ergänzung der Reichskreise, die Erneuerung der Reichsmatrikel, die Neuordnung des »*policey*«- und Justizwesens und anderes erörtern sollte. Bis auf den Bereich des Gerichtsverfassungswesens blieben alle diese Fragen aufgrund der Uneinigkeit der Reichsstände untereinander und mangels eines Konsenses mit dem Kaiser ungelöst auf der Tagesordnung der Reichspolitik. Gelungen ist dem Reichstag 1653/54 lediglich eine umfassende Novellierung der Ordnung des Reichskammergerichts, während Kaiser Ferdinand III. aus eigener Machtvollkommenheit am 16. März 1654 eine ohne reichsständische Mitwirkung erarbeitete neue Ordnung des Reichshofrates vorlegen konnte, ohne für dessen personelle Besetzung das Paritätsgebot des Westfälischen Friedens zu beachten. Erfolgreich war er zudem in der Wahrnehmung des ihm verbliebenen Rechts der Standeserhebung, wenn er mit den Hohenzollern, Lobkowitz, Eggenberg, Salm, Dietrichstein, Piccolomini, Auersberg, Nassau-Hadamar-Siegen und Nassau-Dietz-Dillenburg neun Reichsgrafen und Reichsfreiherrn in den Reichsfürstenstand erhob und als entschiedene

Regensburg, Stadtansicht.
Kupferstich von Matthäus Merians »Topographia Bavaria [...]«, 1644. Die alte Römerstadt an der Donau hatte 1640/41 den einzigen Reichstag während des Dreißigjährigen Krieges beherbergt und sollte von der Mitte des 17. Jahrhunderts an zu einem hauptsächlichen Schauplatz der Geschichte des Heiligen Römischen Reiches werden. Am nördlichsten Punkt des Flusses gelegen, lag sie für den in Wien residierenden Kaiser und für die meisten Reichsstände besonders verkehrsgünstig.

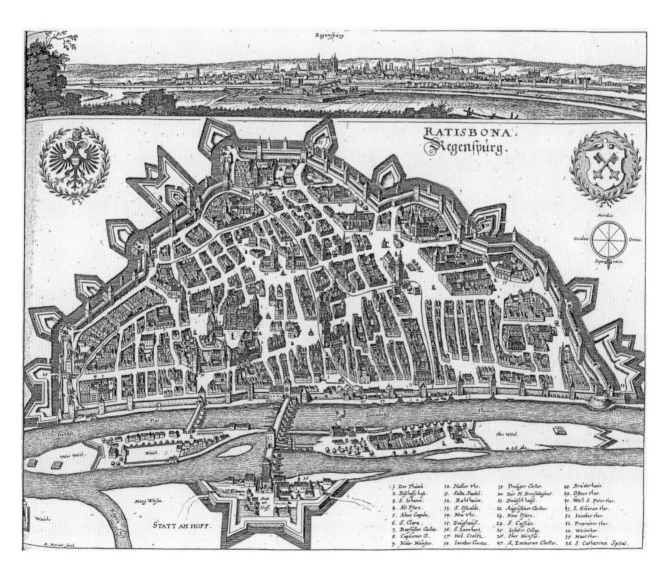

Regensburg, Rathaussaal, 1653/54.
Kupferstich, 1653. Der am 23. Juni 1653 eröffnete Reichstag war der letzte in der Reihe der 1495 in Worms begonnenen nichtpermanenten Reichstage und endete am 17. Mai 1654 nach fast einem Jahr mit dem »Jüngsten Reichsabschied«, ohne den im Westfälischen Frieden geforderten Verfassungsauftrag zu erfüllen.

Anhänger des Hauses Habsburg im Reichsfürstenrat des Reichstages plazierte. Allerdings traf er mit dieser Maßnahme zur Veränderung der reichsfürstlichen Mehrheitsverhältnisse auf Widerstand und mußte in § 197 des Jüngsten Reichsabschieds einen Beschluß akzeptieren, der für die Zukunft solche Pairsschübe verhinderte; im folgenden Jahrhundert bis 1754 kam es dann auch nur noch zu zehn solchen Erhebungen in den Reichsfürstenstand.

Kaiser und Reich: Verstärkter Dualismus

Von grundlegender Bedeutung für die letzten eineinhalb Jahrhunderte der Geschichte des Heiligen Römischen Reiches wurde schließlich § 180 des Jüngsten Reichsabschieds, denn mit ihm wurden von Regensburg aus, das mit diesem Reichstag zu einem der wichtigsten reichspolitischen Zentren nach dem Dreißigjährigen Krieg wurde, vor allem die Reichsfürstentümer in einer Weise gestärkt, wie dies das Reich als Ganzes nie erfuhr. Indem dort reichsrechtlich verbindlich festgestellt wurde, daß »jedes Kurfürsten und Stands Landsassen, Untertanen und Bürger zu Besetz- und Erhaltung der einem oder andern Reichsstand zugehörigen nötigen Festungen, Plätzen und Garnisonen ihren Landsfürsten, Herrschaften und Obern mit hülflichem Beitrag gehorsamlich zu Hand zu gehen schuldig sein«, wurde den reichsständischen Untertanen – nicht denen von Kaiser und Reich – reichsrechtlich verbindlich die Pflicht auferlegt, ihren Beitrag zur Territorialverteidigung zu leisten. Dies bedeutete eine enorme Stärkung der Reichsfürsten als Territorialherren, weil sie nunmehr ohne Beschluß eines Landtages Steuern erheben konnten, die Landstände mit ihrem traditionellen Steuerbewilligungsrecht – Landtage waren stets Geldtage – aber den Kern ihrer Partizipationsmöglichkeiten an der landesfürstlichen Herrschaft verloren. Indem die Landstände die Gewalt über den »Etat« aufgaben, verloren sie ihren Einfluß auf den »Staat«, was eine entscheidende Schwächung des Stände- und eine enorme Stärkung des dynastischen Fürstenstaates mit seiner fortschreitenden Tendenz zu staatlicher Intensivierung und Verdichtung vor allem in den Bereichen von Regierung und Verwaltung sowie Finanz- und Heerwesen bedeutete. Mit § 180 des Jüngsten Reichsabschiedes erstritten die Reichsfürsten als Reichsstände für sich eine Position in ihren Territorien, die sie auf Reichsebene dem Kaiser einzuräumen nie bereit waren, der an den immer wieder neu auf dem Reichstag auszuhandelnden Konsens zum Beispiel über eine Reichstürkenhilfe gebunden blieb. Im Jüngsten Reichsabschied von 1654 lag die entscheidende Begründung dafür, daß sich eine Vielzahl von Reichsfürstentümern zu frühmodernen Staaten innerhalb und unter dem Schutz des Reiches entwickelte, das Heilige Römische Reich diesen Weg aber nicht beschreiten konnte.

Die Tatsachen, daß der erste Reichstag nach dem Ende des Dreißigjährigen Krieges nur eine höchst fragmentarische Reform der Reichsverfassung zustande brachte und daß alle Vorkehrungen für die Nachfolge Kaiser Ferdinands III. durch den frühen Tod seines gewählten und gekrönten Nachfolgers hinfällig wurden, leiteten eine Zeit der Unsicherheit im Heiligen Römischen Reich ein, in der der kaiserlich-reichsständische Gegensatz größer wurde. Von einer Verfestigung oder gar Erstarrung der Reichsverfassung kann in der Mitte des 17. Jahrhunderts nicht die Rede sein, vielmehr blieb sie von Unausgetragenheit und Offenheit gekennzeichnet, wie auch der von 1655 bis 1663 in Frankfurt am Main tagende Reichsdeputationstag zeigt, die nach dem Nürnberger Exekutionstag von 1649/50 und dem Regensburger Reichstag von 1653/54 dritte reichsständische Versammlung als Folge der Friedensberatungen von Münster und Osnabrück. Mehr und mehr trat reichspolitisch die Frage der Sicherheit des Heiligen Römischen Reiches in den Vordergrund, die auch die Neuwahl eines Römischen Königs nach Kaiser Ferdinands III. Tod am 2. April 1657 überlagerte.

Als am 18. Juli 1658 am traditionellen Wahlort in Frankfurt am Main der zweitälteste Sohn Ferdinands III. zum Römischen König Leopold I. (*1640, †1705) gewählt wurde, ging das über 15 Monate lange Interregnum zu Ende, das die ungebrochene Kontinuität Römischer Könige aus dem Hause Habsburg seit dem 15. Jahrhundert ernsthaft in Gefahr brachte. Mit dem bayerischen Kurfürsten Ferdinand Maria (*1636, †1679) aus dem Münchener Hause Wittelsbach und mit dem französischen König Ludwig XIV. hatte es zwei Mitbewerber aus Dynastien gegeben, die seit langem zu den Rivalen der Habsburger im Reich wie in Europa gehörten. Wie stets bei Römischen Königswahlen seit 1519 suchten die Kurfürsten die gegebene politische Situation zur Durchsetzung ihrer reichsverfassungspolitischen Forderungen zu nutzen und ihr Verhältnis zum zu wählenden König in einer Wahlkapitulation festzuschreiben. In einer Zeit großer Ohnmacht und Zerrissenheit des Heiligen Römischen Reiches, in der der Französisch-Spanische Krieg, der erst im Pyrenäen-Frieden 1659 seinen Abschluß fand, und der Erste Nordische Krieg bis zum Frieden von Oliva 1660 die außenpolitische Situation bestimmten, mußte Leopold I. weitgehendere und konkretere Zugeständnisse als alle seine Vorgänger vor allem in zwei Bereichen machen. Zur Sicherung des Reichsfriedens mußte er in Artikel 14 seiner Wahlkapitulation vom 18. Juli 1658 unbedingte Neutralität versprechen und zusagen, sich weder als Kaiser noch als Chef des Hauses Habsburg in die Kriege einzumischen. War damit seine außenpolitische Handlungsfähigkeit entscheidend

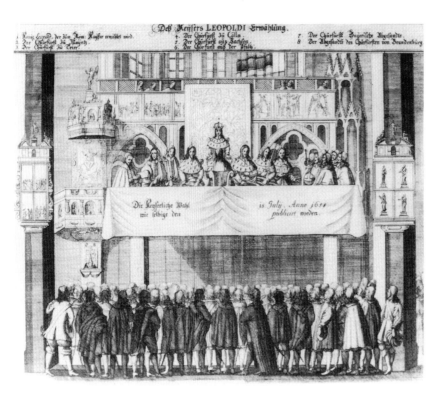

Frankfurt am Main, Sankt Bartholomäus, 1658.

Kupferstich, 1658. Verkündung der Wahl Leopolds I. zum Römischen König am 18. Juli 1658 im Chor von Sankt Bartholomäus von einer mit rotem Tuch bezogenen Bühne herab, die über dem Chorgitter errichtet worden war.

eingeschränkt, so mußte er in Artikel 3 auch noch eine zusätzliche Stärkung der Kur- und Reichsfürsten hinnehmen, wenn er – über den § 180 des Jüngsten Reichsabschiedes hinaus – den Landständen in den Reichsterritorien jede Disposition über Landessteuern entzog und somit einer weiteren Begünstigung der Reichsfürstentümer bei ihrer Entwicklung zu frühmodernen Staaten das Wort redete.

Der politische Kontrahent Leopolds I. war von Anfang an der im Sinne der Stärkung reichsständischer, vor allem kurfürstlicher Positionen eigenständig denkende Kurfürst von Mainz, Johann Philipp von Schönborn (*1605, †1673). Seit 1647 auf dem Mainzer Erzbischof-Stuhl, war er schon maßgeblich am Zustandekommen der Friedensschlüsse von Münster und Osnabrück im Jahre 1648 beteiligt gewesen und suchte ein Jahrzehnt später – im Sinne seines Konzeptes eines mehr ständisch als monarchisch geprägten Reiches – die kaiserliche Stellung weiter einzugrenzen. Dazu diente ihm auch der nur zwei Wochen nach der Krönung Leopolds I. am 14. August 1658 in Frankfurt am Main mit König Ludwig XIV. von Frankreich geschlossene (erste) Rheinbund als ein Ständebündnis unter der Beteiligung der drei geistlichen Kurfürsten von Mainz, Trier und Köln, des Fürstbischofs von Münster, des Pfalzgrafen von Pfalz-Neuburg (zugleich für die niederrheinischen Herzogtümer Jülich und Berg), König Karls X. Gustav von Schweden als Herzog von Bremen und Verden, später auch als Herr Vorpommerns, der braunschweigischen Herzöge sowie des Landgrafen von Hessen-Kassel; ihm traten bis 1665 noch der Landgraf von Hessen-Darmstadt, der Pfalzgraf von Pfalz-Zweibrücken, der Herzog von Württemberg und der Kurfürst von Brandenburg bei, womit der Bund nur aus Reichsständen des west- und norddeutschen Raumes und der dort gelegenen Reichskreise bestand. Kaiser Leopold I. wurde noch am Gründungstag des Rheinbundes über den als Defensivallianz konzipierten reichsständischen Zusammenschluß informiert, womit die Initiatoren deutlich machen wollten, daß sich das Bündnis gemäß den Bedingungen des Westfäli-

Abb. 25 Innsbruck, Ansicht von Norden, 1494.

Aquarell von Albrecht Dürer. König Maximilian I. war noch ganz ein Vertreter des mittelalterlichen Reisekönigtums und machte die Stadt am Inn zwischen 1493 und 1519 zu seiner bevorzugten Residenzstadt, die als Hauptort Tirols zudem in der Nähe der westlichen Besitzungen des Hauses Habsburg lag.

Abb. 26 Trient, Sitzung des Konzils, 1563.

Ölgemälde Paolo Farinatis (?), 2. Hälfte des 16. Jahrhunderts. In der Kathedrale von Trient tagte auf dem Boden des Heiligen Römischen Reiches, aber nicht zu weit entfernt vom Kirchenstaat, das *Concilium Tridentinum* von 1545 bis 1563 in drei Perioden: 1545–1547, 1551/52, 1562/63. Im Jahre 1547 wurde es für kurze Zeit nach Bologna in den päpstlichen Machtbereich verlegt.

Abb. 27 Nürnberg, Besuch Kaiser Matthias', 1612. Farbige Federzeichnung eines unbekannten Künstlers in einer Nürnberger Chronik des 17. Jahrhunderts. Kaiser Matthias mit Gefolge auf dem Balkon an der Westfassade des Rathaussaales.

Abb. 28 Heidelberg, Schloßgarten.
Ölgemälde von Jacques Fouquières, vor 1620. Kurfürst Friedrich V. von der Pfalz ließ am Heidelberger Schloß einen Garten anlegen, der zu den herausragenden Anlagen des frühen 17. Jahrhunderts gehörte. Der Beginn des Dreißigjährigen Krieges verhinderte die Fertigstellung.

Abb. 29 Weißer Berg, Schlacht, 1620.
Ölgemälde von Pieter Snayers. Die Schlacht am Weißen Berg, westlich von Prag gelegen, beendete die Herrschaft des »Winterkönigs« am 8. November 1620, als die ständischen Truppen Böhmens denen der katholischen »Liga« und des Hauses Habsburg hoffnungslos unterlegen waren.

Abb. 30 Regensburg, Stadtansicht von Westen.
Kupferstich von Matthäus Merian, 1644. Die Reichsstadt an der Donau war 1630 Tagungsort eines Kurfürstentages, der in seiner politischen Bedeutung einem Reichstag gleichkam und dessen Beratungen nicht nur viele reichsständische, sondern auch ausländische Beobachter anlockten.

Abb. 31 Münster, Ratskammer, 1648.
Gemälde Gerard ter Borchs des Jüngeren. Mit fast fotografischer Genauigkeit hat Gerard ter Borch in seinem berühmten Gemälde die Beschwörung des Friedens zwischen Spanien und den Vereinigten Niederlanden am 15. Mai 1648 in der Ratskammer zu Münster dargestellt. Mit diesem Friedensvertrag erlangte die Republik der nördlichen Niederlande ihre Souveränität und schied folglich völkerrechtlich aus dem Heiligen Römischen Reich aus.

Abb. 32 Münster, Postreiter, 1648.
Flugblatt, 1648. Am Tag nach der Unterzeichnung der in Münster und Osnabrück mit dem Heiligen Römischen Reich ausgehandelten Friedensinstrumente begannen »Freud- und Friedenbringende Postreuter«, die Friedensbotschaft von Münster aus in die Residenzen der vertragschließenden Parteien zu bringen: Wien, Paris, Stockholm.

Abb. 33 Reichskreise des Heiligen Römischen Reiches.
Kolorierter Kupferstich von Alexis-Hubert Jaillot, 1. Hälfte des 18. Jahrhunderts. Die in den Jahren 1500 und 1512 geschaffenen sechs bzw. zehn Reichskreise übernahmen bis ins 18. Jahrhundert immer mehr Verteidigungs- und Verwaltungsaufgaben für ein zentral nicht zu verteidigendes und zu verwaltendes Heiliges Römisches Reich.

Prospect des Römerbergs zu Franckfurt am Mayn, wie solcher an Ihro Majestät des Römischen Kaysers Allerhöchsten Crönungs-Tage den 12. Febr. 1742. bey Verrichtung der Churfürstl. Ertz-Ämter beschaffen geweßen.

Abb. 36 Frankfurt am Main, Stadtansicht, um 1761.
Kolorierter Kupferstich Matthäus Merians für den Merian-Plan von 1765. Die Wahl- und Krönungsstadt am Main hatte Mitte des 18. Jahrhunderts circa 32.000 Einwohner und gehörte damit nicht zu den 40 größten Städten Europas. Die Kartusche oben links zeigt den Prospekt der Reichsstadt, die oben rechts in einem Lorbeerkranz die Habsburger Hauskrone, Wappen mit Reichsadler und zweimal den gekrönten Frankfurter Wappenadler.

linke Seite oben
Abb. 34 Wien, Stadtansicht zu Füßen des Kahlenbergs, 1683.
Ölgemälde von Franz Geffels, Ende des 17. Jahrhunderts. Durch die siegreiche Entsatzschlacht vor Wien am 12. September 1683 wurde die Belagerung der habsburgischen Metropole durch die Türken beendet.

linke Seite unten
Abb. 35 Frankfurt am Main, Römerberg, 1742.
Kolorierter Kupferstich von J. G. Funck und M. Rößler. Die Verrichtung der Erzämter am Krönungstag Karls VII. (12. Februar 1742) zwischen Römer und Sankt Bartholomäus.

Abb. 37 Schloß Schönbrunn, 1759/60.
Gemälde B. Bellottos gen. Canaletto. Gartenseite des habsburgischen Lustschlosses vor den Toren Wiens.

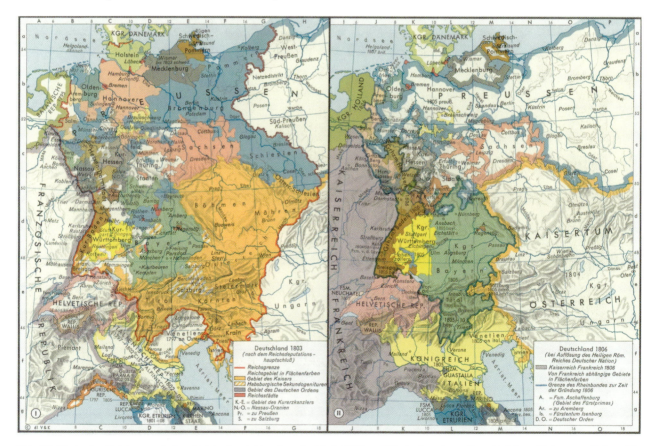

Abb. 38 Karte des Reiches nach dem Reichsdeputationshauptschluß, 1803, und Karte des ehemaligen Reichsgebietes zum Zeitpunkt der Niederlegung der Kaiserkrone Franz' II. am 6. August 1806.

schen Friedens nicht gegen Kaiser und Reich richte. Aber sie waren im Anschluß an Artikel 14 der leopoldinischen Wahlkapitulation – und zu seiner Bekräftigung – auch entschlossen, jegliche militärische Unterstützung der Spanier durch habsburgische Truppen in den zum Reich gehörenden südlichen Niederlanden zu unterbinden, um Kaiser und Reich aus dem seit über zwei Jahrzehnten währenden Französisch-Spanischen Krieg herauszuhalten. Gleiches taten sie mit Blick auf den gleichzeitigen Nordischen Krieg, indem sie die schwedischen Besitzungen in Bremen, Verden und Wismar ausdrücklich bestätigten.

Allerdings gelang es dem Rheinbund nicht – wie es der Mainzer Kurfürst Johann Philipp von Schönborn mit der Beteiligung Frankreichs als Garantiemacht des Westfälischen Friedens anstrebte –, zu einem eigenständigen Machtfaktor im Heiligen Römischen Reich zu werden, was in der Vergangenheit auf längere Zeit nur dem Schwäbischen und dem Schmalkaldischen Bund sowie der katholischen Liga gelungen war. Das lag vor allem daran, daß mit dem Pyrenäen-Frieden und dem Frieden von Oliva die in den voraufgegangenen Kriegen liegenden Gründe für das Bündnis wegfielen und die Einberufung eines Reichstages im Jahre 1662 nach Regensburg den Reichsständen wieder ihre traditionelle Mitwirkung an reichspolitischen Entscheidungen eröffnete. Zwar war der ursprünglich auf drei Jahre abgeschlossene Rheinbund in den Jahren 1661 und 1663 jeweils verlängert worden, aber 1668 wurde er nach zehnjährigem Bestehen aufgelöst, nachdem König Ludwig XIV. begonnen hatte, ihn mehr und mehr für seine antihabsburgische Politik zu instrumentalisieren, was aber keineswegs den politischen Zielen der reichsständischen Mitglieder entsprach. Nur einmal trat der Rheinbund eigenständig auf, als er sich mit einer eigenen Armee – neben einer von Kaiser und Reichsständen beschlossenen Reichsarmee sowie unabhängig voneinander operierenden französischen und habsburgischen Kontingenten – am 1. August 1664 an der Schlacht bei Sankt Gotthard-Mogersdorf zwischen Graz und Plattensee gegen die Türken beteiligte.

Das Reich in Bedrängnis: Türken im Südosten und Franzosen im Westen

Zur neuerlichen Konfrontation des Heiligen Römischen Reiches mit dem Osmanischen Reich kam es zu Beginn der 1660er Jahre, ein halbes Jahrhundert nach dem Frieden von Zsitvatorok (1606), mit dem der »große Türkenkrieg« Kaiser Rudolfs II. beendet und der über den Dreißigjährigen Krieg hinweg immer wieder verlängert worden war. Angesichts der erneuten Bedrohungen des Erzherzogtums Österreich und des Reiches, die die Gefahr eines neuen Türkenkrieges bargen, sah sich Kaiser Leopold I. zur Einberufung eines Reichstages – wieder einmal nach Regensburg – gezwungen, denn nur von ihm als höchster reichsständischer Versammlung konnte er die Gelder und Hilfen bewilligt bekommen, die er für die Türkenabwehr benötigte. Allerdings konnte dieser Reichstag nicht nur mit dieser Problematik befaßt werden – was dem Kaiser am liebsten gewesen wäre –, denn der fast ein Jahrzehnt zurückliegende letzte Reichstag hatte zu vielen Beratungsgegenständen keine Beschlüsse gefaßt, die seit 1648 verpflichtend zur Erledigung anstanden. Vor allem die enge Verbindung zwischen der aktuellen Frage der Türkengefahr und dem seit eineinhalb Jahrhunderten ungelösten grundsätzlichen Problem der Vorkehrungen für eine beständige Reichssicherheit sorgten immer wieder für Verzögerungen der im Januar 1663 aufgenommenen Beratungen. Erst als die Türken sich im Sommer/Herbst 1663 immer mehr der Südostgrenze des Reiches näherten und am 27. September 1663 die wichtige Festung Neuhäusel, 150 Kilometer östlich von Wien auf ungarischem Boden gelegen, in ihre Hände fiel, die Gefahr also akuter wurde, kam es auf dem Reichstag zu Türkenhilfe-Beschlüssen der Reichsstände. Doch dazu bedurfte es zusätzlich der persönlichen Anwesenheit Kaiser Leopolds I. und seines hauptsächlichen politischen Gegenspielers, des Mainzer Kurfürsten Johann Philipp von Schönborn, ab Dezember 1663, die sich verständigen mußten, nachdem sie bis dahin höchst unterschiedliche Konzepte zur Gefahrenabwehr verfolgt hatten. Schließlich fiel die Entscheidung angesichts der unabweisbaren Dringlichkeit zugunsten der Aufstellung einer unter dem Oberbefehl des Kaisers agierenden Reichsarmee, die auf der Grundlage der Wormser Reichsmatrikel von 1521 über die Reichskreise aufzustellen war, für die erstmals eine Reichsgeneralität bestellt und zu der als reichsständische Aufsichtsinstanz ein Reichskriegsrat abgeordnet wurde. Allerdings war diese Reichsarmee um die schon seit 1661 eingesetzten habsburgisch-österreichischen Truppen, die Kontingente der Rheinbund-Mitglieder und die den Kaiser als Erzherzog von Österreich direkt unterstützenden Einheiten einzelner Reichsfürsten vermindert, sodaß der Kaiser zwar eine ansehnliche militärische Unterstützung aus dem Heiligen Römischen Reich erhielt, aber über keine geschlossene Reichsarmee unter einheitlicher militärischer Führung verfügen konnte.

Dem Sieg dieser um französische Truppen ergänzten Koalitionsarmee in der Schlacht bei Sankt Gotthard-Mogersdorf (Szentgotthárd) an der Raab am 1. August 1664, bei der sich vor allem der österreichische Feldmarschall und bedeutende Militärtheoretiker Raimund Montecuccoli (*1609, †1680) einen Namen machte, folgte ein mit den Türken in Eisenburg (Vasvár) für zwanzig Jahre ausgehandelter Waffenstillstand. Aber diesen Zeitraum nutzten Kaiser und Reichsstände nicht, um auf dem Reichstag das Exekutionsproblem des Heiligen Römischen Reiches grundsätzlich zu lösen, obwohl namhafte Zeitgenossen dies

Regensburg, Rathaussaal, 1663.
Kupferstich, 1663. Mit der Eröffnung des Reichstages zu Regensburg am 20. Januar 1663 begann die bis 1806 reichende Zeit, in der der Reichstag zu einer dauerhaften Einrichtung wurde. Als Sitz des Immerwährenden Reichstages wurde die Reichsstadt Regensburg, die um 1800 circa 23.000 Einwohner hatte, zu einer der Hauptstädte des Heiligen Römischen Reiches.

Regensburg, Rathaus.
Kupferstich von A. Geyer, 1729. Die Auffahrt der Gesandten vor dem Regensburger Rathaus als dem Sitz des Immerwährenden Reichstages war stets ein hochpolitischer zeremonieller Akt des ständigen Gesandtenkongresses.

Regensburg, Reichsschlüsse.
Druck, 1740. Titelblatt des ersten Teils der Sammlung der reichsrechtlich verbindlichen Reichstagsbeschlüsse ab 1663, zusammengestellt von Johann Joseph Pachner von Eggenstorff.

angesichts äußerer Gefahren anmahnten. In seiner Reichsverfassungsschrift *De statu imperii Germanici* aus dem Jahre 1667, in der er auch vom Reich als einem irregulären und einem Monstrum ähnlichen Körper gesprochen hat, was oft mißverstanden worden ist, benannte der damals an der Heidelberger Universität lehrende Jurist Samuel Pufendorf (*1632, †1694) als eine der Schwächen des Heiligen Römischen Reiches das Fehlen eines Reichsheeres, das Angriffe von außen abwehren könne, und erachtete es als ausreichend, wenn die vielen Söldner aus dem Reich, die überall in fremden Militärdiensten ständen, zu dessen Verteidigung zusammengezogen würden. Und der Philosoph Gottfried Wilhelm Leibniz (*1646, †1716), der von 1667 bis 1672 in Diensten des Mainzer Kurfürsten Johann Philipp von Schönborn stand, warnte in seiner 1670 vorgelegten Denkschrift »Bedencken, Welchergestalt Securitas publica interna et externa und Status praesens im Reich ieziger Umbständen nach auf festen Fuß zu stellen« eindringlich: »Was Unsre Republick [Heiliges Römisches Reich] aber auf einmahl stürzen kan, ist ein Inn- oder äußerlicher Hauptkrieg, dagegen wir ganz blind, schläfrig, bloß, offen, zertheilt, unbewehrt, und nothwendig entweder des feindes, oder weil wir bey ieziger anstalt solchem selbst nicht gewachsen, des beschüzers Raub seyn.«

Die institutionellen Voraussetzungen für Beratungen und Entscheidungen über das Hauptproblem des Heiligen Römischen Reiches waren gegeben, denn der von Kaiser Leopold I. im Jahre 1662 einberufene Reichstag zu Regensburg ging nach seinen Türkenhilfe-Beschlüssen und den Abreisen des Kaisers wie des Kurfürsten von Mainz im Mai 1664 nicht – wie alle seine Vorgänger – auseinander, sondern widmete sich weiter den unerledigten Fragen wie denen der »allgemeinen Reichs-Sekurität« und der Abfassung einer *Capitulatio Perpetua*, einer beständigen Wahlkapitulation für zukünftige Römische Könige und Kaiser. Deshalb kam es auch nicht mehr zu Reichstagsabschieden, die die Beschlüsse eines vor dem Abschluß stehenden Reichstages in einem Dokument zusammenfaßten, sondern lediglich zu einzelnen Reichsschlüssen, zu vom Kaiser und den Reichsständen im Konsens gefaßten Entscheidungen zu einzelnen Fragen, die auch einzeln verkündet und dokumentiert wurden. Ohne daß es jemals formal beschlossen wurde, entwickelte sich der Reichstag zur dauerhaften obersten

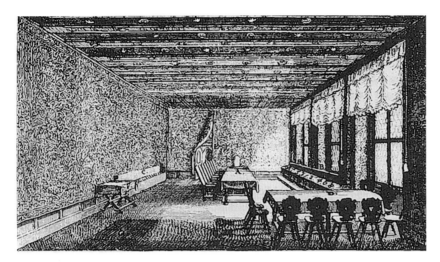

Regensburg, Sitzungssaal der Kurfürsten.
Kupferstich, um 1725. Die im Kurfürstenrat des Reichstages beratenden Kurfürsten bzw. ihre Gesandten tagten – von den übrigen Reichsständen abgesondert – in einem eigenen Raum des Regensburger Rathauses.

Regensburg, Sitzungssaal der Reichsfürsten.
Kupferstich, um 1725. Sitzungssaal des Reichsfürstenrates, zu dem auch Reichsprälaten und Reichsgrafen gehörten, im Regensburger Rathaus.

Regensburg, Sitzungssaal der reichsstädtischen Vertreter.
Kupferstich, um 1725. Sitzungssaal der Gesandten der Reichsstädte im Regensburger Rathaus.

reichsständischen Versammlung in der Reichsstadt an der Donau, auf der sich – institutionell verfestigend – die Kaiser durch einen Prinzipalkommissar vertreten ließen, der zur Scharnierstelle zwischen Regensburg und Wien wurde. Die Reichsstände, die schon seit dem 16. Jahrhundert mehr und mehr Räte und Gesandte zur Wahrnehmung ihrer Interessen zu den Reichstagen entsendet hatten und immer seltener persönlich an den Beratungen teilnahmen, machten den Reichstag endgültig zum immerwährenden Gesandtenkongreß. Auf ihm wirkte bis zum Ende des Heiligen Römischen Reiches im Jahre 1806 eine sich herausbildende Elite von Reichspolitikern, die nicht selten sogar mehrere Reichsstände unterschiedlicher Gruppen vertraten und Regensburg zu einem personell überschaubaren reichspolitischen Zentrum des Reiches machten.

Es bedurfte erst wieder der Bedrohung von außen, bis der Reichstag sich entschiedener des Sicherheitsproblems des Heiligen Römischen Reiches annahm und dann unter dem Druck der Ereignisse zu notrechtlichen Beschlüssen kam.

Regensburg, Reichsstift Sankt Emmeram.
Kupferstich, um 1735. Das Reichsstift Sankt Emmeram war die Residenz des kaiserlichen Prinzipalkommissars beim Immerwährenden Reichstag zu Regensburg.

Seit dem Überfall französischer Truppen im Sommer 1667 auf die spanischen Niederlande, die Teil des Burgundischen Reichskreises waren, hatte König Ludwig XIV. auch gegenüber dem Reich mit fragwürdigen Ansprüchen seine expansiven außenpolitischen Ziele offenbart. Da es ihm gelungen war, mit Mitgliedern des noch bestehenden Rheinbundes bilaterale Verträge abzuschließen, die Kurmainz, Kurköln, Pfalz-Neuburg und Kurbrandenburg verpflichteten, keine Truppen durch ihre Herrschaftsgebiete am Rhein ziehen zu lassen, blieb dem Reichstag – trotz der Verletzung der Integrität des Reiches – nur übrig, seine Neutralität im Devolutionskrieg von 1667/68 zu erklären. Wenn der Mainzer Kurfürst Johann Philipp von Schönborn – durchaus fortschrittlich und für dynastische Fürstenstaaten zeitgemäß – die Verteidigung des Heiligen Römischen Reiches mit Hilfe einer beständig verfügbaren Reichsarmee sicherstellen wollte, Kaiser Leopold I. sich dagegen aber – trotz des Versagens der Reichskreise im Dreißigjährigen Krieg – des eigentlich innenpolitischen Instruments der Reichsexekutionsordnung von 1555 mit ihren seither erfolgten Novellierungen bedienen wollte, dann waren die Positionen unvereinbar weit auseinander. Doch nach dem Tod Schönborns 1673 und angesichts des Einfalls französischer Truppen in die Pfalz 1674, nachdem sie zuvor schon Lothringen eingenommen, am Niederrhein vorgedrungen, 1672 die Straßburger Rheinbrücke zerstört, Trier und Bonn besetzt hatten, fanden Kaiser und Reich wieder zu geschlossenem Handeln. Reichsrechtlich eindeutig, wenn auch nicht in Form einer Reichskriegserklärung an Frankreich, beschloß der Reichstag Anfang 1675 – über nahegelegene Reichskreise zu organisierende und unter der Leitung einer bestellten Reichsgeneralität – aktive Reichshilfen zur Verteidigung der Kurpfalz, Kurtriers und anderer Reichsstände im Westen mit dem Ziel der Wahrung der territorialen Integrität des Reiches. Ebenso verhielt es sich Mitte des Jahres nach dem Einfall schwedischer Truppen in die Mark Brandenburg gegenüber dem Kurfürsten Friedrich Wilhelm (*1620, †1688), dem Großen Kurfürsten von Brandenburg, der bei Fehrbellin am 28. Juni 1675 einen für sein Territorium großen Sieg über die Schweden errungen hatte.

Während der Krieg Schwedens gegen Kurbrandenburg im Frieden von Saint-Germain-en-Laye am 29. Juni 1679 beendet wurde, nachdem der Kurfürst fast alle seine Eroberungen in Pommern gegen geringe Entschädigungen wieder zurückgeben mußte, fand der seit 1675 geführte Reichskrieg gegen Frank-

Regensburg, Residenz des kaiserlichen Prinzipalkommissars.
Kupferstich von Johann Matthias Steidlin und Andreas Geyer, 1717. Festmahl der Reichstagsgesandten beim kaiserlichen Prinzipalkommissar in dessen Residenz im Reichsstift Sankt Emmeram zu Regensburg.

reich ohne nennenswerte militärische Aktionen schon am 5. Februar 1679 im umfassenden, aus neun Einzelverträgen bestehenden Friedenswerk von Nimwegen aus den Jahren 1678/79 seinen Abschluß. Sowohl im Vertrag des Kaisers und des Reiches mit Frankreich als auch im gleichzeitigen Vertrag beider mit Schweden wurden die Friedensschlüsse von Münster beziehungsweise von Osnabrück zugrunde gelegt und damit die Erhaltung des Systems des Westfälischen Friedens von 1648 von beiden Garantiemächten bekräftigt.

Allerdings hatte das Vertragswerk von Nimwegen nicht zur Folge, daß König Ludwig XIV. von Frankreich seine gegen das Heilige Römische Reich gerichtete expansive Außenpolitik aufgab. Mit seiner Réunionspolitik verfolgte er weiter das Ziel, über die Aneignung von Gebieten in Lothringen, im Elsaß und in der Freigrafschaft Burgund, die mit den seit 1648 vom Reich an Frankreich abgetretenen Territorien lehnrechtlich oder auf andere Weise verbunden waren, zu einer Begradigung der Ostgrenze seines Königreichs zu gelangen. Mehr als 600 Städte, Dörfer und Herrschaftsgebiete kamen nach entsprechenden Gerichtsentscheidungen der französischen Seite an ihn und stellten somit Annexionen auf dem Rechtsweg dar, zu denen unter anderem die Reichsgrafschaft Mömpelgard westlich von Basel und seit 1681 die Reichsstadt Straßburg gehörten.

Zugleich verschärfte sich die Situation des Heiligen Römischen Reiches infolge der neuerlichen Bedrohungen durch die Türken an der Südostgrenze, wodurch im inzwischen permanent tagenden Reichstag zu Regensburg die Einsicht in die Notwendigkeit wuchs, doch endlich dauerhaftere Vorkehrungen zur Selbstverteidigung zu treffen. In den Jahren 1681/82 kam es zu sechs von Kaiser Leopold I. ratifizierten Reichsgutachten *in materia Securitatis publicae*, die die reichsrechtliche Grundlage für die Reichskriegführung bis zum Ende des Alten Reiches bildeten. Gemeinhin als »Reichskriegsverfassung« bezeichnet, legten sie die Mannschaftsstärke der Reichsarmee auf 40.000 Mann – 12.000 zu Pferd, 28.000 zu Fuß – fest (gegebenenfalls um 20.000 Mann zu vergrößern), die unter Bekräftigung des § 180 des Jüngsten Reichsabschiedes von 1654 über die zehn Reichskreise zu rekrutieren waren. Die je nach Größe und Vermögen herangezogenen Reichskreise wurden darüber hinaus zur entscheidenden Ebene für das Reichsmilitärwesen, indem neben einer zentralen Reichskriegskasse dezentrale Kreiskriegskassen einzurichten waren, die die Unkosten für Verpflegung, Besoldung, Ausrüstung und Bewaffnung zu bestreiten hatten. Insgesamt aber wurden nicht die Voraussetzungen für die Aufstellung eines ständig verfügbaren stehenden Reichsheeres geschaffen, sondern lediglich für eine nur zeitlich befristet einzusetzende Armee zur Erfüllung eines genau zu bestimmenden Zweckes, die gleichermaßen der freien Verfügung des Kaisers wie der Willkür der Reichsfürsten entzogen sein sollte, die in ihren dynastischen Fürstenstaaten über stehende Heere verfügten (Farbabb. 33).

Im übrigen behielt diese »Reichskriegsverfassung« zahlreiche Lücken, denn Kaiser und Reichsstände konnten sich 1681/82 auf wichtige Regelungen nicht einigen. Neben dem Problem der Herstellung und Aufrechterhaltung der Kriegsdisziplin blieb die Frage der Verfügungsgewalt über die zentrale Reichskriegskasse ebenso unbeantwortet wie die der Bestellung der Reichsgeneralität. Insbesondere die Tatsache, daß das für die militärische Exekutive entscheidende Problem des Oberbefehls und der obersten Führung nicht reichsrechtlich entschieden wurde – weil Kaiser und Reichsstände der jeweils anderen Seite nicht zu viele Machtbefugnisse einräumen wollten –, machte den fragmentarischen Charakter der Entscheidungen aus. Die ständestaatliche Verfaßtheit des Heiligen Römischen Reiches mit ständischer Partizipation an der Herrschaft des Kaisers ließ keine weitergehenden Beschlüsse zu, was die Interdependenz von »Staatsverfassung« und Militärverfassung unterstreicht (Farbabb. 34).

Zur Anwendung der »Reichskriegsverfassung« aber kam es auch nicht sogleich, als die Türken 1683 – zum zweiten Mal nach 1529 – die österreichische Haupt- und des Kaisers Residenzstadt Wien belagerten. Ihre Rettung verdankte sie vielmehr dem Erfolg eines Entsatzheeres unter dem Oberbefehl des Königs von Polen, Johann III. Sobieski (*1629, †1696), und der entschlossenen Führung des kaiserlichen Generalleutnants Herzog Karl von Lothringen (*1643, †1690) in einer Schlacht am Kahlenberg am 12. September 1683, nachdem Kaiser Leopold I. bereits Anfang Juli nach Westen geflohen war und sein Hoflager in Passau aufgeschlagen hatte. Zusammengesetzt war dieses Heer aus polnischen, kaiserlichen, kurbayerischen und kursächsischen Kontingenten sowie aus Einheiten einzelner Reichskreise, also auch aus Truppen aus dem Heiligen Römischen Reich, aber ohne Beteiligung einer Reichsarmee. Dies sollte für die Türkenkriege bis zum Ende des 18. Jahrhunderts symptomatisch sein, denn keine dieser Auseinandersetzungen jenseits der Südostgrenze des Reiches zwischen Wien und Belgrad wurde als Reichskrieg geführt. Das Reich gewährte lediglich finanzielle Hilfen und bediente sich zur Verteidigung des Christentums des Kaisers gleichsam wie eines Kriegsunternehmers. Einzelne Reichsfürsten

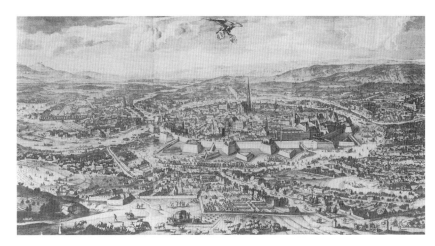

Wien, Stadtansicht, 1683.
Kupferstich von Folbert van Alten-Allen. Vogelschau der kaiserlichen Residenzstadt Wien vor der zweiten Belagerung durch die Türken im Jahr 1683. Wien wuchs zwischen 1650 und 1700 von 60.000 auf 114.000 Einwohner.

allerdings stellten entweder aus Verbundenheit mit dem Haus Habsburg Truppenkontingente oder kämpften auch um des eigenen Ruhmes und der Ehre willen gegen die Osmanen. So wurden zum Beispiel Kurfürst Maximilian II. Emanuel von Bayern (*1662, †1726) im Jahr 1687 in der Schlacht am Berge Harsány bei Mohács und 1688 bei der Einnahme Belgrads, Markgraf Ludwig Wilhelm I. von Baden-Baden (*1655, †1707) – der »Türkenlouis« – in den Schlachten von Nisch 1689 und Slankamen 1691 sowie Prinz Eugen von Savoyen (*1663, †1736) im Jahr 1697 bei Zenta zu großen Türkensiegern, bevor 1699 im Frieden von Karlowitz zwischen Österreich und dem Osmanischen Reich die habsburgische Herrschaft über große Teile Kroatiens und Slawoniens sowie über Ungarn und Siebenbürgen bestätigt wurde, womit das Erzherzogtum Österreich zur europäischen Großmacht aufgestiegen war.

Der Dauerkonflikt mit Frankreich

Parallel zur erfolgreichen Zurückdrängung des Osmanischen Reiches auf die Balkan-Halbinsel südlich der Donau setzte König Ludwig XIV. von Frankreich seine Politik im Westen des Heiligen Römischen Reiches fort und erzeugte damit eine breite antifranzösische Stimmung. Da Kaiser Leopold I. keinen Zweifrontenkrieg gegen Türken und Franzosen führen konnte, war er zum Abschluß des Regensburger Stillstandes vom 15. August 1684 bereit, einem unter Beteiligung der Reichsstände auf 20 Jahre mit Ludwig XIV. vereinbarten Waffenstillstand, mit dem vorläufig der französische Besitz aller seit dem 1. August 1681 réunierten Gebiete, Luxemburgs und der Reichsstadt Straßburg anerkannt wurden; der französische König gewährte den protestantischen Untertanen in den von ihm eingenommenen Reichsgebieten lediglich freie Religionsausübung.

Aber ein erneuter Krieg des Heiligen Römischen Reiches mit Frankreich war nicht zu vermeiden, als Ludwig XIV. nach dem Aussterben des Hauses Pfalz-Simmern Erbansprüche auf die Grafschaft Simmern und Teile der Grafschaft Sponheim für seine Schwägerin Elisabeth Charlotte (*1652, †1722) erhob. Sie, in Heidelberg geboren und als Liselotte von der Pfalz besser bekannt, war die Schwester des 1685 verstorbenen pfälzischen Kurfürsten Karl II. (*1651, †1685), mit dem die wittelsbachische Nebenlinie endete, und hatte bei ihrer Hochzeit mit Herzog Philipp I. von Orléans (*1640, †1701) ausdrücklich auf jede Erbschaft verzichtet. Gleichwohl kam es zum Krieg um das pfälzische Erbe, nachdem der katholische, habsburg-freundliche Philipp Wilhelm von Pfalz-Neuburg (*1615, †1690), bis 1679 auch Herzog von Jülich und Berg, Kurfürst in der überwiegend protestantischen Pfalz geworden war. Auf die französische Besetzung von Teilen des Kurfürstentums Köln und die Eroberung der Reichsfestung Philippsburg reagierten die Kurfürsten von Brandenburg und Sachsen, Friedrich III. (*1657, †1713) und Johann Georg III. (*1647, †1691), sowie der evangelische Bischof von Osnabrück Ernst August von Braunschweig-Lüneburg-Calenberg (*1629, †1698), der spätere Kurfürst von Braunschweig-Lüneburg, und Landgraf Karl von Hessen-Kassel (*1654, †1730) mit ihrem Zusammenschluß im »Magdeburger Konzert« und der Aufstellung eines Heeres am Mittelrhein, bevor Kaiser und Reich am 3. April 1689 Frankreich formal den Reichskrieg erklärten.

Der zwischen 1688 und 1697 geführte Pfälzische Erbfolgekrieg sah allerdings zu keinem Zeitpunkt eine nach den Regensburger Beschlüssen von 1681/82 gebildete Reichsarmee auf den Kriegsschauplätzen, sondern entwickelte sich angesichts des Zustandekommens einer Großen Allianz (Wien 1689, erneuert in Den Haag 1695) zwischen Kaiser Leopold I. und Wilhelm III. von Oranien (*1650, †1702), seit 1674 Erbstatthalter der Vereinigten Niederlande, seit 1689 englischer König und entschiedenster Gegner Ludwigs XIV. von Frankreich, zu einer Auseinandersetzung um die Vormachtstellung in Europa, an der auch Spanien, Schweden und einzelne Reichsfürsten wie die Kurfürsten (mit Ausnahme der betroffenen Pfalz und Trier) und der Herzog von Savoyen beteiligt waren. Erneut trat nicht das Heilige Römische Reich als Ganzes in Erscheinung, um seine territoriale Integrität zu wahren, sondern dem Kaiser gelang es nur über bilaterale Verträge, die wichtigsten Reichsstände in einem europäischen Bündnis gegen Frankreich an Abwehrmaßnahmen zu beteiligen. Im übrigen übernahmen am Oberrhein die Truppen des Schwäbischen und Fränkischen Reichskreises die Verteidigung des Reiches, ja sie traten 1696 sogar der Haager Allianz bei und beschritten außenpolitisch – wie zuvor innenpolitisch – den Weg zu eigener Staatlichkeit. Überhaupt deutete sich während des Pfälzer Erbfolgekrieges in der Bildung von Kreisassoziationen eine – auch für Friedenszeiten konzipierte – Verteidigungspolitik an, die die Defizite der »Reichskriegsverfassung« auszugleichen suchte. Sie erreichte in der Bildung der Frankfurter Kreisassoziation vom 23. Januar 1697 mit einem projektierten 120.000-Mann-Heer unter Beteiligung von Fränkischem, Schwäbischem, Kurrheinischem, Oberrheinischem und Niederrheinisch-Westfälischem Reichskreis einen ersten Höhepunkt.

Die Europäisierung des Pfälzischen Erbfolgekrieges brachte es mit sich, daß sich das – letztlich unentschiedene – Kriegsgeschehen auch in den Mittelmeer-Raum und an den Atlantik verlagerte, aber die sich in einem jahrelangen Stellungs- und Belagerungskrieg wiederholt aus dem Süden des Heiligen Römischen Reiches zurückziehenden französischen Truppen verwüsteten Württemberg, Baden und vor allem immer wieder die Pfalz, wo zum Beispiel Heidelberg, Mannheim, Worms und Speyer 1689 und 1693 zum Teil mehrfache Zerstörungen erlitten. Während das Heidelberger Schloß diese Narben bis heute zeigt, wurde der Speyerer Dom in den 1770er Jahren – und nach erneuten Zerstörungen durch die Franzosen im Ersten Koalitionskrieg 1794 – während des 19. Jahrhunderts wieder aufgebaut. Die eingeäscherte Reichsstadt Speyer verlor 1689 ihre Funktion als Sitz des Reichskammergerichts, wo es seit dem 16. Jahrhundert ansässig gewesen war. Da sich Frankfurt am Main weigerte, das höchste

Heidelberg, Stadtansicht, 1689.
Radierung als Teil eines Flugblattes, unbekannter Künstler. Im Pfälzischen Erbfolgekrieg gehörte die kurpfälzische Residenzstadt am Neckar mit ihrem Renaissance-Schloß zu den größten Opfern der französischen Zerstörungspolitik in der Pfalz.

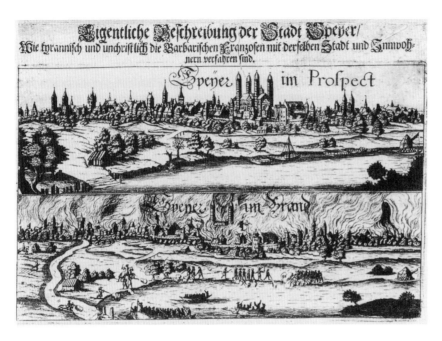

Speyer, Ansichten der unzerstörten und der brennenden Reichsstadt, 1689. Kupferstich von Johann Hoffmann, 1689. Teil eines Flugblattes über die Zerstörung Speyers durch französische Truppen im Pfälzischen Erbfolgekrieg im Februar 1689. Einen großen Teil der Akten des Reichskammergerichts hatten die Franzosen zuvor in das von ihnen annektierte Straßburg gebracht, ein anderer Teil verbrannte mit der Stadt.

Reichsgericht – wie schon bei seiner Gründung 1495 – zu beherbergen, nahm es 1693 seine Arbeit in der kleinen Reichsstadt Wetzlar wieder auf, die dadurch bis zum Jahre 1806 zu einem Zentrum reichsgeschichtlichen Geschehens wurde.

Mit dem Frieden von Rijswijk, einem niederländischen Dorf zwischen Delft und Den Haag, fand der Pfälzische Erbfolgekrieg am 20. September 1697 in drei Verträgen seinen Abschluß, denen am 30. Oktober 1697 der Vertrag zwischen dem König von Frankreich, dem Kaiser und dem Heiligen Römischen Reich folgte. Erstmals mußte Ludwig XIV. im Ergebnis der von Schweden vermittelten Friedensverhandlungen Einbußen hinnehmen und Eroberungen wieder herausgeben, die Sicherheitsinteressen der generalstaatischen Niederlande und die Thronfolge Wilhelms III. von Oranien in Großbritannien nach der »Glorious Revolution« von 1688/89 anerkennen. Das Heilige Römische Reich mußte zwar endgültig auf das Elsaß und die Reichsstadt Straßburg verzichten, konnte aber Freiburg im Breisgau, die rechtsrheinischen Brückenköpfe Breisach, Kehl und Philippsburg sowie sämtliche Réunionen behaupten, womit der Oberrhein zur völkerrechtlichen Grenze zwischen dem Reich und Frankreich wurde. Artikel 4 des Vertrages, die sogenannte »Rijswijker Klausel« bestimmte folgenreich, daß in den seit 1679 von den Franzosen réunierten rechtsrheinischen Gebieten, in denen der Katholizismus zwangsweise eingeführt worden war, nach vereinbarter Rückgabe an das Reich keine Konfessionsveränderungen vorgenommen werden durften. Das stand im Widerspruch zur auf das Jahr 1624 bezogenen Normaljahr-Regelung des Westfälischen Friedens und löste auf Reichs- und Reichskreisebene zahlreiche konfessionspolitische und juristische Streitigkeiten aus, weshalb Kaiser Karl VI. (*1685, †1740) im Jahr 1734 diese Regelung aufhob.

Ebenso wie der Pfälzische war der Spanische Erbfolgekrieg nach dem Ableben König Karls II. (*1661, †1700), des letzten männlichen Habsburgers der spanischen Linie, eine europäische Angelegenheit. Nachdem mit dem frühen Tod des für die Nachfolge vorgesehenen Wittelsbacher Kurprinzen Joseph Ferdinand (*1692, †1699), eines Sohnes des bayerischen Kurfürsten Maximilian II. Emanuel, alle internationalen Absprachen für eine friedliche Lösung des absehbaren Konfliktes hinfällig geworden waren, löste die testamentarische Begünstigung

Wetzlar, Alte Kammer. Fotografie, um 1930. Das ehemalige Rathaus wurde 1690 erster Sitz des von Speyer in die kleine Reichsstadt an der Lahn verlegten Reichskammergerichts. Abseits zwischen Westerwald und Wetterau gelegen, war Wetzlar verarmt und konnte nur mühsam Diensträume und Wohnraum für das Personal zur Verfügung stellen. Nach dem Umzug des Reichskammergerichts 1755 ins gegenüberliegende »Herzogliche Haus« war die »Alte Kammer« von 1767 bis 1776 Sitz der letzten Visitationskommission.

Wetzlar, Stadtansicht und Audienzsaal des Reichskammergerichts, um 1735.

Kupferstich von Peter Fehr, um 1735. Nach der Wiedereröffnung des Reichskammergerichts 1690 in Wetzlar begann der Gerichtsbetrieb offiziell erst 1695. Die Sockelfläche zeigt eine Ansicht der Reichsstadt, die Wappen der neun Kurfürsten links und rechts senkrecht und der zehn Reichskreise unten waagerecht sowie der Reichsadler in der Mitte oben drücken die enge Bindung des Gerichts als Reichsinstitution an Kaiser und Reichsstände aus.

des Bourbonen Philipp von Anjou (*1683, †1746) durch Karl II. den Erbfolgekrieg aus, denn die österreichische Linie des Hauses Habsburg wollte auf ihre Ansprüche in Spanien nicht verzichten und erkannte den Enkel Ludwigs XIV. von Frankreich nicht als neuen spanischen König Philipp V. an. Die sogleich begonnenen Kriegsvorbereitungen führten am 7. September 1701 in Den Haag zur Bildung einer neuen Großen Allianz, in der sich Kaiser Leopold I. und König Wilhelm III. für England und die Niederlande gegen Ludwig XIV. sowie die Herzöge von Savoyen und Mantua und die Kurfürsten von Bayern und Köln verbündeten. Der erste, gerade erst in Königsberg am Pregel gekrönte König in Preußen, Friedrich I. von Hohenzollern, zugleich als Friedrich III. Kurfürst von Brandenburg (*1657, †1713), zahlreiche andere Reichsfürsten, darunter Herzog Georg I. Ludwig von Braunschweig-Lüneburg (*1660, †1727), zweiter Kurfürst des 1692 zum Kurfürstentum erhobenen Herzogtums (Hannover) sowie einzelne Reichskreise traten der Allianz bis Anfang 1703 bei, nicht aber das Heilige Römische Reich als Ganzes. Immerhin konnte Kaiser Leopold I. am 6. Oktober 1702 die Reichskriegserklärung an den französischen König und seinen Enkel ausfertigen, als sich große Teile des Reiches schon im Krieg mit Frankreich befanden, und sehr bald kam es auch zur Aufstellung einer Reichsarmee und zur reichsrechtlichen Bestellung einer Reichsgeneralität, bei der strikt zu beachten war, daß jede Stelle mit einem katholischen und einem evangelischen General besetzt wurde.

Die hauptsächlichen Lasten des Reichskrieges trugen die Reichskreise, von denen erstmalig der Fränkische, Schwäbische, Kurrheinische, Niederrheinisch-Westfälische und der Oberrheinische noch vor der Reichskriegserklärung einem internationalen Bündnis beitraten. Es waren dieselben Reichskreise, die bereits ab 16. März 1702 die Nördlinger Kreisassoziation gebildet hatten, um die Sicherheit des Reiches zu verteidigen. Schlossen sie damit an die unterschiedlichen Kreisassoziationen der 1680er und 1690er Jahre an, so ist im Vergleich zur antikaiserlichen Frankfurter Kreisassoziation von 1697 bemerkenswert, daß sie Kaiser Leopold I. als Haupt des Österreichischen Reichskreises ebenfalls als Mitglied akzeptierten, war es bis dahin doch – vor allem kurmainzische – Politik gewesen, den Kaiser aus interzirkularen Bündnissen fernzuhalten. In der Notsituation des Jahres 1702 war es dem Mainzer Kurfürsten Lothar Franz von Schönborn (*1655, †1729), einem Neffen Johann Philipps von Schönborn, ein wichtiges Anliegen, Kaiser und Reichsstände über die Reichskreise – und dann auch über den Reichstag – wieder einander anzunähern, ohne grundsätzliche reichsständische Positionen gegenüber kaiserlichen aufzugeben, und Kaiser Leopold I. wehrte sich nicht länger gegen das kurmainzische Konzept, über eine Assoziation möglichst aller Reichskreise die Reichskriegsverfassung mit Leben zu erfüllen.

Der der Nördlinger Kreisassoziation zugrunde liegende Vertrag zwischen Fränkischem und Schwäbischem Reichskreis vom 16. März 1702 enthielt vor allem Bestimmungen zur Aufstellung einer Kreisassoziationsarmee von circa 45.000 Mann unter dem Oberbefehl des Markgrafen Ludwig Wilhelm I. von Baden-Baden, des oftmaligen Türkensiegers, der 1704 auch Reichsgeneralfeldmarschall neben dem militärisch unbegabten und versagenden protestantischen Markgrafen Christian Ernst von Brandenburg-Bayreuth (*1644, †1712) wurde. Zu einer einheitlichen Kriegführung des Reiches ist es allerdings – nicht nur

Augsburg, Sakristei der Kirche St. Ulrich und Afra, 1690.
Kupferstich von Johann Georg Wolfgang. Der erst zwölfjährige und damit noch minderjährige älteste Sohn Kaiser Leopolds I. wurde am 24. Januar 1690, zu Beginn des Pfälzischen Erbfolgekrieges, zu Lebzeiten seines Vaters an jenem Ort in Augsburg zum Römischen König Joseph I. gewählt, an dem bereits 1653 die Wahl Ferdinands IV. stattgefunden hatte.

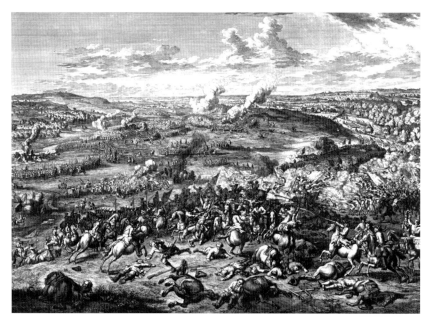

Höchstädt, Schlacht, 1704.
Kupferstich von Jan van Huchtenburgh, 1720. Nach Höchstädt an der Donau, im Donau-Ried etwa auf halber Strecke zwischen Ulm und Donauwörth gelegen, ist jene Schlacht des Spanischen Erbfolgekrieges benannt, in der Prinz Eugen und Marlborough dem französisch-bayerischen Heer eine entscheidende Niederlage beibrachten. König Ludwig XIV. von Frankreich zog seine Truppen auf das westliche Rheinufer zurück, und das Kurfürstentum Bayern kam unter österreichische Verwaltung. Da sich die Kämpfe der britischen Truppen in der Nähe des Dorfes Blindheim ereigneten, sprechen die Engländer von »Battle of Blenheim«.

Augsburg, Platz vor dem Rathaus, 1690.
Kupferstich eines unbekannten Künstlers. Joseph I. war der einzige Herrscher des Heiligen Römischen Reiches, der im Augsburger Dom zum Römischen König gekrönt wurde. Anschließend übten die Inhaber der Erzämter des Reiches ihre Funktionen aus. Das Auswerfen der Münzen drückte Macht und Größe des Herrschers aus.

wegen der Verbindung des Hauses Wittelsbach mit den Bourbonen – zu keinem Zeitpunkt des Spanischen Erbfolgekrieges gekommen. Die Ereignisse der großen Schlachten auf Reichsboden von Höchstädt (1703 und 1704) bis Oudenaarde (1708) verbinden sich nicht mit dem Hervortreten von Reichstruppen, wohl aber – wie auch die Schlachten von Turin (1706) oder Malplaquet (1709) – mit dem Namen des Prinzen Eugen, oft zusammen mit dem englischen Heerführer John Churchill von Marlborough (*1650, †1722), der zur Belohnung 1706 mit der Reichsherrschaft Mindelheim belehnt wurde und bis 1714 als Reichsfürst Sitz und Stimme im Reichsfürstenrat des Regensburger Reichstages hatte.

Nach dem Tod des Markgrafen Ludwig Wilhelm von Baden-Baden im Jahre 1707 wurde Prinz Eugen dessen Nachfolger als katholischer Reichsgeneralfeldmarschall und damit auch Oberbefehlshaber der Reichsarmee, zumal er als Präsident des österreichischen Hofkriegsrates seit 1703 ohnehin schon die Führung des gesamten kaiserlichen Kriegswesens innehatte. Ab 1708 auch kaiserlich-königlicher Generalissimus, wurde er zu einer seine Zeit prägenden Feldherrn- und Politikerpersönlichkeit mit großem Einfluß auf drei Kaiser: den 1705 gestorbenen Leopold I., seinen bereits 1690 *vivente imperatore* gewählten Sohn Joseph I. (*1678, †1711) und dessen Bruder Karl VI., der nach seiner Wahl 1711 die Herrschaft im Heiligen Römischen Reich antrat, nachdem er sich als spanischer König Karl III. gegen Philipp von Anjou nicht hatte durchsetzen können.

Beendet wurde der Spanische Erbfolgekrieg in den Jahren 1713 bis 1715 mit einem weitgehend in der niederländischen Stadt Utrecht ausgehandelten umfangreichen Vertragswerk, das aus zahlreichen bilateralen Verträgen der Staaten Europas untereinander bestand. Nur Österreich und das Heilige Römische Reich setzten unter der militärischen Führung des Prinzen Eugen die Kämpfe am Oberrhein zunächst noch fort – ohne allerdings zu Erfolgen zu kommen –, bevor Kaiser Karl VI. am 6. März 1714 zu Rastatt Frieden mit Ludwig XIV. schloß und das Reich ihm am 7. September 1714 mit dem Frieden von Baden im schweizerischen Aargau folgte. Österreich gewann in Rastatt neben Sardinien die bisherigen spanischen Niederlande und trat dort die Nachfolge der ausgestorbenen spanischen Linie der Habsburger an. Außerdem verständigten sich die vertragschließenden Parteien darauf, daß die wittelsbachischen Kurfürsten Maximilian II. Emanuel von Bayern und Joseph Clemens von Köln (*1671, †1723), die während des Spanischen Erbfolgekrieges auf französischer Seite gestanden hatten und vom Kaiser in die Reichsacht erklärt worden waren, wieder in ihre Würden, Rechte und Territorien eingesetzt wurden; Frankreich erkannte zudem die an die Welfen in Braunschweig-Lüneburg verliehene neunte Kurwürde an. Im Badener Frieden wurde der Krieg zwischen dem Heiligen Römischen Reich und Frankreich beendet, indem beide Seite den Rastatter Frieden als bindend anerkannten.

Stabilisierung von Fürstenherrschaft

Nicht erst der Spanische Erbfolgekrieg hatte den regierenden Fürsten vor Augen geführt, wie wichtig es war, die Kontinuität von Herrschaft zu sichern. Schon in der Goldenen Bulle Kaiser Karls IV. von 1356 war für die weltlichen Kurfürstentümer bestimmt worden, daß die herrschenden Familien die Prinzipien der Primogeniturerbfolge und der Unteilbarkeit des Landbesitzes sowie der Herrschaft über Land und Leute zu beachten hatten. Angesichts der dynastischen Situation des Hauses Habsburg zu Beginn des 18. Jahrhunderts, in dem sich abzeichnete, daß Kaiser Karl VI. der letzte männliche Nachkomme sein würde, hatte schon Kaiser Leopold I. 1703 im *Pactum mutuae cessionis et successionis* hausvertraglich vorgesehen, daß für diesen Fall auch die Töchter und deren Nachkommen gemäß Primogeniturprinzip erbberechtigt sein sollten. 1713 hat Karl VI. diese Festlegung in Form einer »Pragmatischen Sanktion« öffentlich gemacht und war dann für den Rest seines Lebens bestrebt, dieses bedeutendste habsburgische Hausgesetz sowohl innerhalb seines Österreich, Böhmen und Ungarn umfassenden Herrschaftsbereichs als auch von den übrigen Staaten Europas anerkannt zu bekommen, um einem denkbaren Erbfolgekonflikt nach dem Aussterben der Habsburger im Mannesstamm die Grundlage zu entziehen.

Letztlich dem gleichen Ziel diente im Hause Wittelsbach 1724 der Abschluß einer »Hausunion«, mit der die vier wittelsbachischen Kurfürsten von Bayern, Pfalz, Köln und Trier sowie andere männliche Familienangehörige unter anderem die wechselseitige Erbfolge der beiden katholischen Linien vereinbarten, aber auch die gemeinsame Führung des pfälzischen Reichsvikariats regelten. Und gleiche Überlegungen lagen dem *Pactum Fridericianum* von 1752 zugrunde, dem zwischen den Markgrafen von Brandenburg, Brandenburg-Ansbach und Brandenburg-Bayreuth geschlossenen Familienvertrag des Hauses Hohenzollern, womit einmal geregelt wurde, daß bei Aussterben einer fränkischen Linie im Mannesstamm die andere dort das Erbe antreten sollte, zum anderen, daß im Falle des Fehlens eines männlichen Hohenzollers in Franken die beiden Markgraftümer mit dem Kurfürstentum Brandenburg und dem seit 1701 bestehenden, außerhalb des Heiligen Römischen Reiches gelegenen Königreich Preußen vereinigt werden sollten.

Die hausvertraglichen Regelungen der Habsburger, Wittelsbacher und Hohenzollern, die durch diejenigen vergleichbarer anderer Fürstenfamilien zu ergänzen wären, sind Ausdruck der Stärkung der Reichsterritorien im Jahrhundert nach dem Dreißigjährigen Krieg sowie der Sorge um die Erhaltung des verfassungsrechtlich und politisch erreichten Zustandes. Gleichsam um Besitzstandswahrung ging es auch im Polnischen Thronfolgekrieg von 1733 bis 1738, als nach dem Tod des sächsischen Kurfürsten Friedrich August I. (*1670, †1733), als August II., der Starke, König von Polen, dessen Sohn Friedrich August II. (*1696, †1763) als August III. ebenfalls zu seinem Nachfolger auf dem polnischen Königsthron gewählt wurde, was den Interessen des Kaisers und Österreichs entsprach, nicht aber denen Frankreichs. Im Frieden von Wien (1735/1738) wurde insofern eine Lösung gefunden, als der Kurfürst von Sachsen als König von Polen bestätigt wurde, sein Gegenkandidat Stanislaus I. Leszczyński (*1677, †1766) für seinen Verzicht mit dem Herzogtum Lothringen entschädigt wurde und dessen Herzog Franz Stephan (*1708, †1765) nach dem Aussterben der Medici in Florenz das Großherzogtum Toskana erhielt.

Zwar war am Polnischen Thronfolgekrieg auch das Heilige Römische Reich infolge Reichskriegserklärung an Frankreich beteiligt, aber seine Mitwirkung verblaßte in dem Maße, in dem die Reichsgeschichte seit der zweiten Hälfte des 17. Jahrhunderts immer undeutlicher hinter den Aktivitäten der dynastischen Fürstenstaaten innerhalb und außerhalb des Reiches verschwand. Im knappen Jahrhundert nach dem Westfälischen Frieden hatte es im Westen Gebietsverluste hinnehmen müssen, war der Oberrhein gar zur Grenze mit dem Königreich Frankreich geworden. Aber vor allem den großen Dynastien im Norden des Rei-

Wien, Schloß Schönbrunn, 1696.
Radierung von Johann Bernhard Fischer von Erlach und Johann Ulrich Kraus. Das Lustschloß vor den Toren Wiens war schon 1688 von Johann Bernhard Fischer von Erlach anstelle eines Jagdschlosses geplant und sollte nach den Siegen über die Türken mit Versailles, dem Schloß des französischen Königs vor den Toren von Paris, wetteifern. Begonnen 1695/96 unter König Joseph I., wurde der Bau in den Jahren 1744 bis 1749 von Erzherzogin Maria Theresia von Österreich beendet. Es steht für zahlreiche Schloßbauten in allen Reichsterritorien, in denen der Hof zum zentralen Ort politischen und gesellschaftlichen Geschehens wurde.

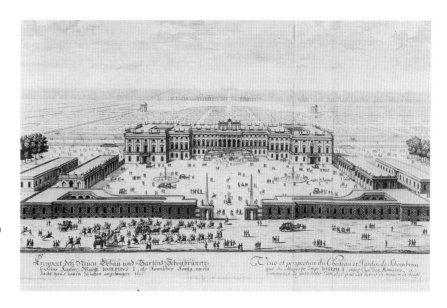

ches, den Wettinern, den Hohenzollern und den Welfen, war es gelungen, außerhalb des Reiches in Polen für die Zeit von 1697 bis 1763, in Preußen ab 1701 und in Großbritannien ab 1714 zu Königskronen und damit zu souveräner Herrschaft zu gelangen, die ihren reichsständischen – kurfürstlichen – Inhabern nicht nur den gleichen Rang wie den übrigen Monarchen Europas verlieh, sie nicht nur dem König von Frankreich gleichstellte, sondern auch dem Kaiser in seiner Eigenschaft als König von Ungarn. Bei aller reichsrechtlichen Gebundenheit veränderte diese die Grenzen des Reiches überschreitenden Doppelherrschaften ihr Verhältnis zum Kaiser und vergrößerte auf Reichsboden die Distanz zwischen dem Norden und dem Süden, wo sich die Schauplätze der Reichsgeschichte seit der Mitte des 17. Jahrhunderts konzentrierten.

DAS ENDE DES REICHES

Zwischen Berlin und Wien

»Frankfurter Gefangenschaft« des Kaisers aus dem Hause Wittelsbach 1742–1745

Von Berlin und Wien aus erreichten die Fürstenhöfe und Reichsstädte im Jahr 1740 im Abstand von nicht einmal fünf Monaten zwei Nachrichten, die das Heilige Römische Reich grundlegend veränderten: Am 31. Mai war König Friedrich Wilhelm I. in Preußen (*1688, †1740), zugleich Kurfürst von Brandenburg, in Potsdam gestorben, am 20. Oktober Kaiser Karl VI., zugleich König und Kurfürst von Böhmen, Erzherzog von Österreich und König von Ungarn in Wien. In Brandenburg und in Preußen folgte des »Soldatenkönigs« ältester Sohn Friedrich II. (*1712, †1786) auf dem Thron, der ab 1745 »der Große« genannt werden sollte, in Österreich aufgrund der »Pragmatischen Sanktion« von 1713 Karls VI. älteste Tochter Maria Theresia (*1717, †1780), die in den habsburgischen Erblanden wie in Böhmen und Ungarn um ihre Anerkennung kämpfen mußte; denn trotz aller seiner Bemühungen bis fast an sein Lebensende war es ihrem Vater nicht ganz gelungen, eine allgemeine, auch internationale Anerkennung des habsburgischen Hausgesetzes zu erreichen. Zwar hatten es die österreichischen Landtage nach zum Teil schwierigen Verhandlungen als Staatsgrundgesetz angenommen, hatte es der Regensburger Reichstag 1732 und hatte es Frankreich 1738 anerkannt, aber Kurbayern zum Beispiel akzeptierte es nicht und erklärte gleich nach dem Ableben Karls VI., seine Tochter Maria Theresia nicht als Erzherzogin von Österreich anzuerkennen. Früher ausgesprochene Anerkennungen der »Pragmatischen Sanktion« bedeuteten zudem nicht, daß im Erbfall nicht doch ein Erbfolgekonflikt ausbrach, wie des Hohenzollers Friedrich II. Einfall in Schlesien noch im Dezember 1740 belegt, mit dem der Erste Schlesische Krieg und der Österreichische Erbfolgekrieg begannen. Machstreben setzte sich über Rechtsetzung hinweg.

Reichsverfassungsgeschichtlich bedeutete der Tod Kaiser Karls VI. für das Heilige Römische Reich gemäß der Goldenen Bulle von 1356 den Beginn eines Interregnums, an dessen Ende die Neuwahl eines Römischen Königs durch die Kurfürsten zu stehen hatte. Zum ersten Mal seit der Wahl König Albrechts II. (*1397, †1439) im Jahre 1438 gab es allerdings keinen Kandidaten aus dem Hause Habsburg für die Wahl eines Römischen Königs, denn dieses war mit Karl VI. im Mannesstamm ausgestorben. Da seit 1438 stets nur Habsburger gewählt worden waren, endete 1740 also eine mehr als dreihundertjährige Kontinuität von 14 gewählten und gekrönten Reichsoberhäuptern aus dieser Dynastie, was reichsgeschichtlich eine tiefe Zäsur markiert und Wiens Stellung als Residenzstadt des Römischen Königs und Kaisers gefährdete.

Nach 15monatigem Interregnum, in dem der seit 1736 mit der Habsburgerin Maria Theresia verheiratete Franz Stephan von Lothringen, seit 1737 Großherzog von Toskana, der sächsische Kurfürst Friedrich August II. von Sachsen, seit 1734/36 auch König von Polen, und der bayerische Kurfürst Karl Albrecht von Bayern (*1697, †1745) – beide Schwiegersöhne des 1711 verstorbenen Kaisers Joseph I. – als Kandidaten aufgetreten waren, wurde der Wittelsbacher am

265

Wien, Stadtansicht, 1736.
Gemälde von Christian Hilfgott Brand dem Älteren von 1736. Im Jahr der Hochzeit Maria Theresias von Österreich mit Franz Stephan von Lothringen war die Donaumetropole mit über 150.000 Einwohnern die sechstgrößte Stadt Europas nach London, Paris, Neapel, Amsterdam und Lissabon.

24. Januar 1742 in Frankfurt am Main einstimmig zum Römischen König gewählt. Dafür hatten nicht zuletzt politischer und militärischer Druck Frankreichs, französische Bestechungsgelder sowie die des Kurfürsten von Brandenburg lange Zeit nicht festgelegte Stimme gesorgt, was insgesamt auf den Kontext des begonnenen Ersten Schlesischen Krieges und des Österreichischen

Berlin, Stadtansicht, Ende 17. Jahrhundert.
Kupferstich von B. Schultz, um 1688. Am Ende des 17. Jahrhunderts hatte Berlin circa 55.000 Einwohner und wuchs bis zur Mitte des 18. Jahrhunderts auf über 100.000, womit die Spree-Stadt zu den 16 größten Städten Europas gehörte.

Frankfurt am Main, Römerberg, 1742.
Kupferstich von J. G. Funck, J. N. Lentzner und W. C. Mayr. Auffahrt des Kurfürsten von Mainz zu den Wahlkonferenzen zwischen 20. November 1741 und 24. Januar 1742, als Karl VII. zum Römischen König gewählt wurde. Zu jeder der circa 30 Sitzungen fuhren die Kurfürsten oder ihre Wahlbotschafter nach strengem Zeremoniell vor bzw. auf dem Römer vor.

Erbfolgekrieges verweist. Während der schon nach wenigen Wochen in Schlesien erfolgreiche Preußenkönig im Breslauer Vertrag vom 4. Juni 1741 dem gegen Österreich gerichteten Nymphenburger Bündnis Frankreichs, Spaniens und Bayerns vom 18. beziehungsweise 25. Mai 1741 beigetreten war und sich auf die Wahl Karl Albrechts von Bayern zum Römischen König festgelegt hatte, war dieser mit seinem Einmarsch ins Hochstift Passau sowie ins Erzherzogtum Österreich und dann ins Königreich Böhmen erfolgreich gewesen. Nach der Besetzung von Linz huldigten dem Wittelsbacher dort am 2. Oktober 1741 die oberösterreichischen Landstände als Erzherzog, und nach der Eroberung Prags Ende November 1741 wurde er dort wenige Tage später am 7. und 8. Dezember zum König von Böhmen gewählt und gekrönt, womit er – wie alle seine kaiserlichen Vorgänger seit Ferdinand I. 1526/27 – vor seiner Wahl zum Römischen König in den Besitz der Wenzelskrone gelangt war (Farbabb. 35).

Doch diese Erfolge waren nicht von langer Dauer, denn seit der im Schloß von Kleinschnellendorf am 9. Oktober 1741 getroffenen und von Großbritannien vermittelten geheimen Vereinbarung zwischen Brandenburg-Preußen und Österreich hatte Erzherzogin Maria Theresia an Handlungsspielraum gewonnen. Zwar mußte sie – vertreten durch ihren General Wilhelm Reinhard von Neipperg (*1684, †1774) – gegenüber dem persönlich verhandelnden Preußenkönig in die Einstellung der Kriegshandlungen und in die Abtretung Niederschlesiens mit der Stadt Neiße an ihn einwilligen, aber sie konnte dadurch ihre Truppen aus Schlesien abziehen und sich gegen den bayerischen Kurfürsten zur Behauptung ihres Erbes wenden. Mit der Rückeroberung von Linz und Passau, wo der Wien verbundene Joseph Dominikus Reichsgraf von Lamberg (*1680, †1761) Bischof war, startete Maria Theresia ihre Gegenoffensive. Während in Frankfurt am Main die Vorbereitungen für Wahl und Krönung Karls VII. liefen, besetzten österreichische Truppen seine bayerische Heimat und zogen am 13. Februar 1742, am Tag nach der Krönung, in München ein. Damit war ein unübersehbarer Kontrapunkt gesetzt, und es zeichnete sich ab, daß Kaiser Karls VII. Regierungszeit gleichsam in »Frankfurter Gefangenschaft« stattfinden sollte.

Frankfurt am Main, Sankt Bartholomäus, 1742.

Kolorierter Kupferstich von J. G. Funck und M. Rößler. Innenansicht der Kirche während der Krönung der Gemahlin des Römischen Königs und Kaisers Karl VII. am 8. März 1742.

Nur zweimal kehrte er noch in seine kurfürstliche Hauptstadt zurück, die er nie zur kaiserlichen Residenzstadt machen konnte: im Frühjahr 1743 für wenige Wochen, bis die Österreicher erneut in München eindrangen, das er fluchtartig verlassen mußte, und im Oktober 1744, drei Monate vor seinem dort am 20. Januar 1745 erlittenen Tod. Schon während des Frühjahrs 1743, als die Heimkehr nach Bayern mißlang, hatte er Böhmen und die Wenzelskrone wieder verloren, denn Maria Theresia war am 12. Mai in Prag zur Königin gekrönt worden und wurde so einzige Kurfürstin der gesamten Reichsgeschichte.

In Frankfurt am Main, wohin auch der Reichstag von Regensburg aus umgezogen war und ein neuer Reichshofrat sowie eine neue Reichshofkanzlei installiert werden mußten, war Kaiser Karl VII. nur sehr beschränkt handlungsfähig. Vor allem blieb er von französischem Geld abhängig und war mehr Objekt als Subjekt im politischen Geschehen. Mit der Frankfurter Union vom 22. Mai 1744, in der sich der Kaiser mit Kurfürst Friedrich II. von Brandenburg, zugleich König in Preußen, mit Kurfürst Karl Theodor von der Pfalz (*1724, †1799) und mit Landgraf Friedrich I. von Hessen-Kassel (*1676, †1751), seit 1720 auch König von Schweden, verband, verfolgte Karl VII. die Ziele, Maria Theresia zur Anerkennung seines Kaisertums zu veranlassen, den Frieden im Heiligen Römischen Reich wiederherzustellen sowie die Reichsverfassung im alten Sinne zu stabilisieren. Doch des Preußenkönigs machtpolitische Interessen konterkarierten diese Intentionen mit seinem zweiten Präventivschlag, dem Einmarsch in Böhmen im August 1744, mit dem der Zweite Schlesische Krieg begann. Am 16. September nahmen die brandenburgisch-preußischen Truppen Prag praktisch im Handstreich, wo sich Maria Theresia erst seit gut einem Jahr gegen Karl VII. durchgesetzt hatte.

Damit waren Berlin und Wien endgültig zu den wichtigsten politischen Polen innerhalb des Heiligen Römischen Reiches geworden, dessen weitere Geschichte maßgeblich von diesem deutschen Dualismus geprägt wurde. Weder die Verletzung des Reichsfriedens durch den Überfall auf Schlesien Ende 1740

Frankfurt am Main, Kaiser Karl VII., 1742.

Kupferstich von Elias Baeck. Kaiser Karl VII. im Krönungsornat, davor eine Personifikation des Reiches mit einer Karte des »Imperiums Romanum«, ferner der bayerische Löwe mit dem Hauswappen der Wittelsbacher und eine Putte mit dem Doppeladler-Wappen des Reiches.

noch die im Durchmarsch durch das Kurfürstentum Sachsen und im Einmarsch in Böhmen bestehenden Landfriedensbrüche veranlaßten das Reich, Maßnahmen gegen den Kurfürsten von Brandenburg zu ergreifen. Umgekehrt suchte Friedrich II. das Heilige Römische Reich für seine Ziele zu instrumentalisieren, wenn er in nur vager Kenntnis der Reichsverfassung und ihres komplizierten Funktionierens Überlegungen anstellte, über die Reichskreise ein Reichsheer unter seinem Oberbefehl aufzustellen und bei seinem Vorgehen gegen Sachsen und Böhmen seine Truppen als Reichskontingente bezeichnete, die die kaiserliche Autorität durchsetzen und Karls VII. Ansprüche auf die Wenzelskrone wiederherstellen sollten. Doch dazu kam es nicht mehr, denn am 20. Januar 1745 starb der Kaiser, und im zwischen Brandenburg-Preußen und Österreich abgeschlossenen Frieden von Dresden vom 25. Dezember 1745, der den Zweiten Schlesischen Krieg beendete, erkannte Friedrich II., der Große, den am 13. September 1745 gewählten neuen Römischen König und Kaiser Franz I. an. Der Dresdener Friede bestätigte den schon am Ende des Ersten Schlesischen Krieges im Präliminarvertrag von Breslau (11. Juni 1742) und dann im Berliner Frieden vom 28. Juli 1742 festgeschriebenen Erwerb des größten Teils Schlesiens durch Friedrich den Großen. Erstmals kam ein Reichsstand infolge von Eroberungen im Rahmen eines bilateralen Krieges in territorialen Besitz eines anderen Reichsstandes.

Franz I. – erster Kaiser aus dem Hause Lothringen

Mit der Wahl Franz Stephans kam ein in Nancy geborenes Mitglied des Hauses Lothringen an die Spitze des Heiligen Römischen Reiches, der erste Römische König und Kaiser seit Karl V., der nicht auch König von Böhmen war, der zweite

Frankfurt am Main, Sankt Bartholomäus, 1745.
Gemälde eines unbekannten Künstlers nach einem Stich W. C. Mayrs, J. G. Funcks und J. N. Lentzens, um 1745. Krönung König/Kaiser Franz' I. am 4. Oktober 1745 mit der simultanen Darstellung mehrerer Ereignisse: Krönung Franz' I., Franz I. im Betstuhl knieend, Ritterschlag des thronenden Kaisers. Von der unteren Empore aus verfolgt Maria Theresia das Geschehen.

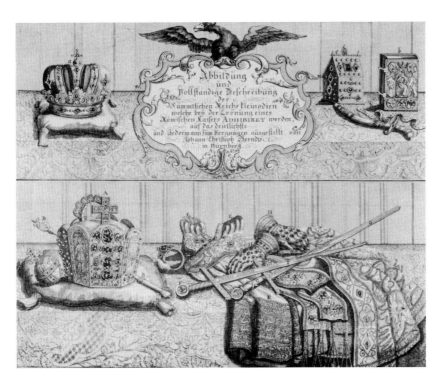

Reichskleinodien, 1742.

Kupferstich eines unbekannten Künstlers. Am 2. Oktober 1745 erfolgte die Anprobe der Krönungskleidung, die von ihrem Aufbewahrungsort Nürnberg nach Frankfurt am Main gebracht worden war, unter anderem in Anwesenheit Maria Theresias.

neben Karl VII., der nicht König von Ungarn wurde und nie Erzherzog von Österreich. Und mit ihm kehrte der Kaiser 1745 nach fünfjähriger Unterbrechung nach Wien zurück, wo Franz Stephan schon seit den 1720er Jahren unter der Obhut des söhnelosen Kaisers Karl VI. erzogen und ausgebildet worden war und wo er, der sehr geschätzte Schwiegersohn, seit seiner Heirat mit Erzherzogin Maria Theresia im Jahre 1736 lebte, nicht in Florenz, wo er seit 1737 als Nachfolger der mit Gian Gastone (*1671, †1737) aussterbenden Medici Großherzog im Reichslehen Toskana war. Ohne ernsthaften Konkurrenten – der bayerische Kurfürst Maximilian III. Joseph (*1727, †1777), Sohn Kaiser Karls VII., hatte im Frieden von Füssen vom 22. April 1745 seine Wahlstimme auf den Lothringer festlegen müssen – war Kaiser Franz I. ins Amt gekommen. Auch als solcher stand er im Schatten seiner Gemahlin, die ihn zwar gleich nach ihrer Regierungsübernahme zum Mitregenten in Österreich und zum Administrator der böhmischen Kur gemacht hatte, aber Erzherzogin von Österreich, Königin und Kurfürstin von Böhmen war sie allein, machtbewußte Rivalin Friedrichs des Großen zudem. Entgegen dem Wunsch ihres Mannes ließ sie sich nicht – wie Maria Amalie (*1701, †1756), die Gattin Karls VII. – zur Kaiserin krönen, führte aber diesen Ehrfurcht gebietenden Titel.

Die zwei Jahrzehnte dauernde Herrscherzeit Kaiser Franz' I. war insgesamt durch Mißerfolge gekennzeichnet. Sein nur zehn Tage nach seiner Frankfurter Krönung am 4. Oktober 1745 gestartetes Vorhaben, zur Beendigung des Österreichischen Erbfolgekrieges Frankreich den Reichskrieg zu erklären und eine 120.000 Mann starke Reichsarmee gemäß den Festlegungen der »Reichskriegsverfassung« von 1681/82 aufzustellen, scheiterte sehr bald. Zwar beschloß der nach Regensburg zurückgekehrte Reichstag die Aufstellung einer solchen Reichsarmee, aber er erklärte König Ludwig XV. (*1710, †1774) nicht den Reichskrieg; die Mehrzahl der Reichsstände wollte nicht in Kampfhandlungen hineingezogen werden, verzögerte die Aufstellung von Truppenkontingenten und

Wien, Innenstadt, 1745.
Federzeichnung F. A. Dannes. Ehrengerüst anläßlich des Einzugs Kaiser Franz' I. in Wien.

bevorzugte die Neutralität. Ohne daß es dem neuen Kaiser gelungen wäre, das Reich für die Interessen Österreichs zu mobilisieren, und ohne daß eine Reichsarmee in den Österreichischen Erbfolgekrieg eingegriffen hätte, wurde dieser schließlich mit dem Frieden von Aachen am 18. Oktober 1748 beendet. In ihm, der von Österreich, Großbritannien, den Vereinigten Niederlanden und Sardinien einerseits, Frankreich, Spanien, Modena und Genua andererseits unterzeichnet wurde, erfuhren auch Friedrichs des Großen Eroberungen in Schlesien internationale Anerkennung.

Eine zweite Niederlage mußte Franz I. hinnehmen, als sich die Kurfürsten weigerten, zur Erneuerung ihrer Privilegien und zum traditionellen Lehensempfang persönlich beim neuen Kaiser zu erscheinen und vor ihm den Kniefall zu tun. Obwohl seit Jahrhunderten bei jedem Herrscherwechsel üblich, erachteten die Kurfürsten in der Mitte des 18. Jahrhunderts die Durchführung des seit den Zeiten Kaiser Karls V. feststehenden Zeremoniells als unvereinbar mit ihrer in der Goldenen Bulle von 1356 grundgelegten und in jeder Wahlkapitulation seit 1519 grundgesetzlich verankerten Präeminenz. Indem Kaiser Franz I. seine Position nicht durchsetzen konnte, mußte er eine Mißachtung seiner Funktion als Reichslehensherr durch die vornehmste und mächtigste Gruppe der Reichsstände hinnehmen, die die Verfassungswirklichkeit im Heiligen Römischen Reich und damit sein Wesen veränderte, auch wenn andere Reichsfürsten zu Lehensempfang und Kniefall vor ihm erschienen.

Beide Mißerfolge – als Kaiser ohne Armee und als nicht mehr voll anerkannter Reichslehensherr – veranlaßten Franz I. als erstes Reichsoberhaupt unter anderem nach dem Wert der Kaiserkrone zu fragen. Die von den führenden Politikern der Wiener Hofburg erbetenen Gutachten fielen sehr unterschiedlich aus, bejahten im Ergebnis aber den hohen, einzigartigen Rang der Kaiserkrone in Europa, der sie für das Haus Lothringen wertvoll mache und der es wert sei, an ihrem Besitz festzuhalten, trotz allen Aufwandes und aller Anstrengungen, trotz aller Enttäuschungen und Infragestellungen seines Inhabers. Und im Ergebnis sah man – nicht zuletzt aufgrund der nach 1740 gemachten Erfahrungen –, daß das Erzherzogtum Österreich das Heilige Römische Reich ebenso brauche wie umgekehrt das Reich die Machtbasis und die politische Führungskompetenz des habsburgischen Herrschaftsbereichs und seiner Wiener Metropole. Die Reichskrone wurde zum Instrument territorialstaatlicher Überlegungen, wozu in den

Regensburg, 1750.
Kupferstich B. G. Fridrichs. Huldigung der Regensburger Bürgerschaft vor dem 1748 ins Amt berufenen kaiserlichen Prinzipalkommissar Alexander Ferdinand von Thurn und Taxis.

späten 1740er und frühen 1750er Jahren auch das dynastisch begründete Bestreben gehörte, den erst zehnjährigen ältesten Sohn Franz' I. und Maria Theresias, den späteren Kaiser Joseph II. (*1741, †1790), *vivente imperatore* zum Römischen König wählen zu lassen, was aber an den Kurfürsten scheiterte, die sich mehrheitlich nicht für die dynastischen Überlegungen des Hauses Lothringen-Habsburg in Wien sowie die politischen Interessen des Königs von Großbritannien instrumentalisieren lassen wollten und auf ihrem verbrieften freien Wahlrecht beharrten.

Kaiser Franz I. und das Heilige Römische Reich erlebten dann zu Beginn des Siebenjährigen Krieges (1756–1763) eine besonders schwere Niederlage, die in bisher nicht gekanntem Ausmaß die Einheit des Reiches gefährdete, weil Berlin und Wien endgültig zu den beiden machtpolitischen Polen wurden, die ihre Anziehungs- und Abstoßungskräfte auf die Reichsstände in unterschiedlicher Weise ausübten. Ausgangspunkt war erneut der Streit um Schlesien, denn Österreich erkannte trotz des Aachener Friedens von 1748 seinen Verlust nicht an. Schon in seiner umfangreichen Denkschrift vom 24. März 1749 für Erzherzogin Maria Theresia hatte ihr außenpolitischer Experte Wenzel Anton Kaunitz (*1711, †1794), der spätere österreichische Staatskanzler für vier Jahrzehnte, als jüngstes Mitglied der Geheimen Staatskonferenz die Rückeroberung Schlesiens zum wichtigsten Anliegen der Politik Österreichs erklärt, dem alles unterzuordnen war. Ziel war darüber hinaus die Brechung der Macht des preußischen Königs und die Vernichtung Brandenburg-Preußens. Um einem österreichischen Angriff nach dem »Renversement des alliances« in der Konvention von Westminster vom 16. Januar 1756 und dem Bündnisvertrag von Versailles vom 1. Mai 1756, wodurch Brandenburg-Preußen und Großbritannien einerseits sowie Österreich und Frankreich andererseits zu Verbündeten wurden, zuvorzukommen, entschloß sich Friedrich der Große – nach 1740 und 1744 – erneut zum Einmarsch in ein Reichsterritorium, marschierte am 29. August 1756 in Kursachsen ein und beging als Kurfürst von Brandenburg zum dritten Mal Landfriedensbruch.

Das Reich im Krieg gegen Friedrich den Großen

Im Unterschied zu seinem Vorgänger war Kaiser Franz I. entschlossen, diesen Landfriedensbruch nicht hinzunehmen, sondern die seit 1555 in der Reichsexekutionsordnung reichsrechtlich festgelegten und 1673 endgültig bestätigten Maßnahmen in Gang zu setzen. Am 17. Januar 1757 beschloß der Regensburger Reichstag die Reichsexekution gegen Kurbrandenburg und die Aufstellung einer Reichsexekutionsarmee, weil der Kurfürst und König in Kursachsen und dann in Kurböhmen eingefallen war. Indem Franz I. dieses Reichsgutachten nur zwei Wochen später am 31. Januar 1757 mit seinem kaiserlichen Kommissionsdekret ratifizierte, erwies sich die Wiener Politik im Reich als erfolgreich. Ohne daß scharf zwischen Reichsexekution, die Landfriedensbruch bekämpfen und beenden, und Reichskrieg, der von außen kommende Bedrohungen abwehren sollte, unterschieden wurde – der Kurfürst von Brandenburg beging Landfriedensbruch, der König in Preußen bedrohte das Reich –, wurde gemäß der »Reichskriegsverfassung« von 1681/82 über die Reichskreise eine Reichsarmee aufgestellt. An ihr beteiligten sich allerdings – bis auf den Kurfürsten von Köln,

Roßbach, Schlacht, 1757.
Kolorierter Stich, circa 1758. Die Schlachtordnung vom 5. November 1757 zeigt rechts die angreifenden Truppen Friedrichs des Großen, die den Truppen des Reiches und Frankreichs zahlenmäßig weit unterlegen waren und doch einen bedeutenden Sieg errangen.

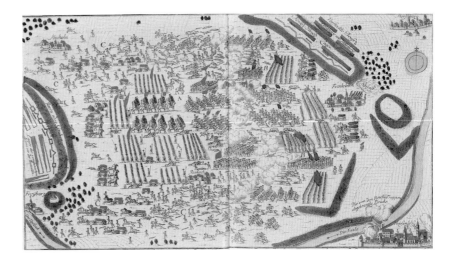

Clemens August von Wittelsbach – die Reichsstände der drei von Kurbrandenburg und Kurhannover dominierten Kreise – Obersächsischer, Niedersächsischer und Niederrheinisch-Westfälischer – nicht, was Ausdruck der machtpolitischen Polarisierung im Heiligen Römischen Reich war. Da der Österreichische und der Burgundische Reichskreis ihre Kontingente der Armee Maria Theresias zuführten, erreichte die Reichsarmee 1757 lediglich knapp 40 Prozent ihres Soll-Standes.

Tatsächlich kam nur eine 25.000-Mann-Reichsarmee zustande, die eigentlich gar nicht nach Sachsen marschieren und gegen »Preußen« kämpfen wollte und die in Teilen aus Furcht oder Neigung »preußisch« gesinnt war. Bunt zusammengewürfelt und ungeübt erlitt sie unter dem vom Kaiser bestellten Oberbefehlshaber, dem Reichsgeneralfeldzeugmeister Joseph Friedrich von Sachsen-Hildburghausen (*1702, †1787), an der Seite völlig versagender französischer Truppen am 5. November 1757 in der Schlacht bei Roßbach, zwischen Unstrut und Saale westlich von Leipzig gelegen, eine vernichtende Niederlage gegen ein zahlenmäßig stark unterlegenes brandenburgisch-preußisches Heer und markierte damit den Tiefpunkt ihres ohnehin nie großen Ansehens. In zahlreichen Liedern als »Reißausarmee« verspottet, war sie bald nur noch Gegenstand der Verhöhnung und stärkte zugleich Friedrichs des Großen Ansehen im Reich weiter. Das Heilige Römische Reich erwies sich als unfähig zur Kriegführung, weil es die strukturellen Defizite seines ständestaatlich fundierten Militärs gegenüber einem ständig verfügbaren und stets geübten Heer eines absoluten Fürstenstaates nicht ausgleichen konnte. Der kriegserfahrene Hildburghausen, der in habsburgischen Diensten eine glänzende Karriere gemacht hatte und seit 1741 österreichischer Generalfeldmarschall war, hat diese Defizite der Reichsarmee in einem Schreiben an Kaiser Franz I. gleich nach dem Desaster von Roßbach beschrieben, Reformvorschläge gemacht und resümiert, »daß überhaupt die ganze Verfaßung bey denen Reichs-Truppen in ein anderes Modell gegoßen werden solte, dann, wann auch der Feind diese Armée nicht schlägt, so muß sie die eigene Verfaßung schlagen.« Und ein Jahrzehnt später, nachdem die Reichsarmee während des Siebenjährigen Krieges nur noch am Rande zum Einsatz gekommen war, erachtete der Staatsrechtler und wohl beste Kenner der Verfassung des Heiligen Römischen Reiches seiner Zeit, Johann Jakob Moser (*1701, †1785), die in einem Reichskrieg und bei der Reichsarmee zu beobachtenden

Schloß Hubertusburg, 1763.
Kupferstich eines unbekannten Künstlers. Der zu Hubertusburg, einem Jagdschloß der Kurfürsten von Sachsen, östlich von Leipzig gelegen, am 15. Februar 1763 geschlossene Frieden zwischen Friedrich dem Großen und Maria Theresia beendete den Siebenjährigen Krieg und damit die kriegerischen Auseinandersetzungen zwischen ihnen, die fast ein Vierteljahrhundert gewährt hatten.

Mängel als so groß, daß dem Reich in seiner Verfassung verboten werden sollte, militärisch aktiv zu werden.

Bezogen auf den Zustand des Heiligen Römischen Reiches hatte Friedrich der Große schon in seinem Politischen Testament von 1752 von der »veralteten wunderlichen Reichsverfassung« gesprochen und prognostiziert, »daß die Kaisermacht ständig sinken wird.« Er war aber auch überzeugt, daß das »Haus Österreich« solange den Kaiserthron behaupten werde, solange sich kein anderes mächtiges Haus dafür interessiere. Im den Siebenjährigen Krieg beendenden, den Übergang Schlesiens an Brandenburg-Preußen erneut bestätigenden Frieden, der am 15. Februar 1763 zwischen Brandenburg-Preußen und Österreich ohne Beteiligung des Heiligen Römischen Reiches im Jagdschloß Hubertusburg

Berlin, Stadtansicht, 1763.
Radierung von J. L. Rugendas, zeitgenössisch. Heimkehr Friedrichs des Großen am 30. März 1763 in seine Haupt- und Residenzstadt Berlin.

geschlossen wurde, sagte Friedrich der Große als Kurfürst von Brandenburg zu, Maria Theresias und Kaiser Franz' I. Sohn Joseph bei der angestrebten Wahl zum Römischen König seine Stimme geben zu wollen. Eingeschlossen in diesen Frieden waren der 1756 überfallene sächsische Kurfürst Friedrich August II., zugleich König August III. von Polen, sowie das ganze Heilige Römische Reich. Friedrichs des Großen Landfriedensbruch wurde damit sanktioniert, und zugleich wurden der Westfälische Frieden von 1648 sowie alle Reichsgrundgesetze bestätigt, die Form also aufrechterhalten (Farbabb. 37).

Deutscher Dualismus und »Drittes Deutschland«

Noch zu Lebzeiten seines Vaters Kaiser Franz I. wurde Joseph II. am 27. März 1764 zum Römischen König gewählt und eine Woche später ebenfalls in Frankfurt am Main gekrönt. Johann Wolfgang von Goethe hat sich ein halbes Jahrhundert später daran eindrucksvoll in seiner selbstbiographischen Darstellung »Dichtung und Wahrheit« erinnert, er, der Sohn der Reichsstadt am Main, der sich als Anhänger Friedrichs des Großen bekannte, »fritzisch gesinnt« war, nicht preußisch – »denn was ging uns Preußen an«, fragte er –, und der damit in seiner Familie einen Generationenkonflikt auslöste, denn zu Hause neigte man Österreich zu. Das Heilige Römische Reich, das bei Österreich gleich mitgedacht wurde, sah Goethe freilich »durch so viele Pergamente, Papiere und Bücher beinah verschüttet«, und im ersten Teil seines »Faust« sollte er zu Beginn der Szene »Auerbachs Keller in Leipzig« den Studenten Frosch fragen lassen: »Das liebe Heil'ge Röm'sche Reich, Wie hält's nur noch zusammen?« (Farbabb. 36)

Dieses Problem beschäftigte auch den jungen Kaiser Joseph II., der knapp eineinhalb Jahre nach seiner Wahl zum Römischen König mit dem plötzlichen Tod seines Vaters am 18. August 1765 für ein Vierteljahrhundert an die Spitze des Heiligen Römischen Reiches trat. Wien hatte sich endgültig wieder als Hauptstadt neben Regensburg und Frankfurt am Main durchgesetzt. Wie seinen Vater bewegte ihn die Frage des Vorteils und Wertes der Kaiserkrone für sein Haus und für Österreich, in dem ihn seine nunmehr verwitwete Mutter Maria Theresia zum Mitregenten erhob. Wie Franz I. wollte Joseph II. über Gutachten der wichtigsten Wiener Politiker darüber hinaus die Chancen für eine Stärkung der kaiserlichen Stellung im Heiligen Römischen Reich ausloten, obwohl ihm der Zustand aus dem Unterricht nur zu genau bekannt war, den ihm als Kronprinz Christian August Beck (*1720, †1784) erteilt hatte. In einer seiner frühen Denkschriften aus den Jahren 1767/68, die seinem jüngeren Bruder Leopold, dem Großherzog von Toskana und späteren Kaiser Leopold II. (*1747, †1792), die innere und äußere Lage der lothringisch-habsburgischen Monarchie insgesamt, die Angelegenheiten der Familie und des Wiener Hofes sowie die politischen Verhältnisse im Reich erläutern sollte, kam der aufgeklärte Monarch zu der Erkenntnis, unmöglich das System des Heiligen Römischen Reiches darlegen zu können, da es »nur in Büchern existiert«. Und er machte vor allem die Wahlkapitulationen dafür verantwortlich, die »die kaiserliche Würde und Autorität derartig eingeschränkt« hätten, »daß der Kaiser nicht nur gehindert ist, nach seinem Belieben zu handeln, sondern auch das allgemeine Wohl nicht ins Auge fassen kann«.

Keineswegs überraschend waren sich die aufgeklärt-absolutistischen Herrscher Joseph II. und Friedrich der Große, die sich zweimal persönlich begegne-

Frankfurt am Main, Sankt Bartholomäus, 1764.
Kolorierter Kupferstich.
Der Krönung Josephs II. zum Römischen König und Kaiser am 3. April 1764, der Johann Wolfgang von Goethe in »Dichtung und Wahrheit« ein literarisches Denkmal gesetzt hat, ging der Zug zur Kirche Sankt Bartholomäus voraus. In ihm schritt Joseph II. unter einem Baldachin.

ten – am 24. August 1769 im schlesischen Neiße und am 3. September 1770 im mährischen Neustadt –, in der Einschätzung des aus ihrer Sicht unzeitgemäß gewordenen Heiligen Römischen Reiches einig, dessen Verfaßtheit Johann Heinrich Zedlers »Großes vollständiges Universal-Lexicon Aller Wissenschaften und Künste« schon im 1745 erschienenen 43. Band im Artikel »Teutsche Staats-Kranckheiten oder Staats-Kranckheiten des Heiligen Römischen Reichs Teutscher Nation« abhandelte. Unter den Gesichtspunkten »Teutsche Staats-Gebrechen« und »Teutsche Staats-Mängel« wurde im Stile eines ärztlichen Bulletins »als ein Merckmahl einer sehr krafftlosen Gesellschaft« angesehen, »daß Teutschland weder allgemeine Schatz-Cammern, noch allgemeine Soldaten duldet«. Daran änderte sich trotz vielfältiger Reformüberlegungen in der zweiten Hälfte des 18. Jahrhunderts auch nichts mehr, von denen das Projekt des Deutschen Fürstenbundes von 1785 das politisch bedeutsamste war. Obwohl das Heilige Römische Reich seit dem Siebenjährigen Krieg faktisch in zwei Hegemoniezonen mit Wien und Berlin als Zentren geteilt war, suchte dieser Bund im verfassungskonservativen Sinne seine Einheit zu bewahren.

Ursprünglich waren es die kleineren, die mindermächtigen Reichsfürsten, die angesichts der Macht Friedrichs des Großen und den Anstrengungen Kaiser Josephs II., Österreichs Position im Reich wieder zu stärken, nach einem Weg suchten, sich weder an Berlin, noch an Wien binden zu müssen. Vor allem Jo-

Krönungsadler, 1764.
Fragment aus dem Krönungsbaldachin Josephs II.

Frankfurt am Main, Römer, 1764.
Gemälde aus der Schule Martin van Meytens d. J. Krönungsmahl anläßlich der Krönung Josephs II. am 3. April 1764 im Frankfurter Römer.

sephs II. Politik nach dem Tod des bayerischen Kurfürsten Maximilian III. Joseph am 30. Dezember 1777, mit dem das Aussterben der Münchener Linie des Hauses Wittelsbach im Mannesstamm verbunden war, wurde verbreitet abgelehnt. Auf die den Bayerischen Erbfolgekrieg 1778/79 auslösenden, gegen den Willen Maria Theresias erfolgten Besetzungen von Teilen Ober- und Niederbayerns, der Oberpfalz, der Landgrafschaft Leuchtenberg und der Herrschaft Mindelheim durch österreichische Truppen des Kaisers reagierte Friedrich der Große mit einem Bündnis von Reichsfürsten und der Eröffnung militärischer Aktionen durch brandenburgisch-preußische und sächsische Einheiten, ohne daß es zu bedeutenden Gefechten kam. Dem Preußenkönig, der sich durch seine Haltung hohes Ansehen in Bayern erwarb, und seinen reichsständischen Verbündeten ging es um die Erhaltung des *status quo* der politischen Gewichtsverteilung im Reich, worin ihnen Maria Theresia zustimmte, die hinter dem Rücken ihres Sohnes, der nicht zum Nachgeben bereit war, im Juli 1778 Kontakt zu Friedrich dem Großen mit dem Ziel von Friedensverhandlungen aufnahm. Der als »Kartoffelkrieg« – weil die Lösung von Versorgungsproblemen mittels Erbeutung von Lebensmitteln das Kriegsgeschehen mehr prägte als große Waffengänge – in die Geschichte eingegangene Bayerische Erbfolgekrieg fand unter Vermittlung Frankreichs und Rußlands am 13. Mai 1779 seinen Abschluß im Frieden von Teschen (in Nordmähren) zwischen Österreich und Brandenburg-Preußen.

Mit dem Teschener Frieden, den der Regensburger Reichstag 1780 ratifizierte und der Österreich auf Kosten Bayerns das Innviertel einbrachte, erkannte Joseph II. die hausvertraglich geregelte Nachfolge des pfälzischen Kurfürsten

Wien, Vogelschau, um 1770.
Federzeichnung in Tusche von J. D. v. Huber. Die Haupt- und Residenzstadt Wien näherte sich gegen Ende des 18. Jahrhunderts einer Einwohnerzahl von 200.000 und damit einer Verzehnfachung seiner Bevölkerung im Vergleich zur Zeit an der Wende vom 15. zum 16. Jahrhundert. Die Hofburg als politisches Zentrum ist am oberen Rand zu erkennen.

Wien, Hofburg, 1. Hälfte 18. Jahrhundert. Feder- und Tuschezeichnung Salomon Kleiners. Blick in den inneren Burghof vor den großen Umbauten zur Zeit Kaiser Karls VI. Links im Leopoldinischen Trakt lagen die Wohnräume Maria Theresias, rechts der Vorgängerbau der späteren Reichskanzlei.

Karl Theodor (1724–1799) aus der rudolfinischen Linie des Hauses Wittelsbach im Kurfürstentum Bayern an. Indem der Kaiser damit aber seinen abenteuerlichen Plan verband, Bayern gegen die österreichischen Niederlande zu tauschen, um Österreich nach Westen zu einem geschlossenen Herrschaftsgebiet zu vergrößern, und damit ungeniert zu erkennen gab, die Territorien des Reiches zu Objekten seiner machtpolitischen Ziele machen zu wollen, erregte er den Widerspruch vor allem auch der kleinen Reichsstände, die schon 1772 bei der ersten Teilung Polens gesehen hatten, wie sich die großen Mächte Österreich, Brandenburg-Preußen und Rußland auf Kosten des schwachen Polen vergrößert hatten. So entwickelten mindermächtige Reichsfürsten wie Franz von Anhalt-Dessau, Karl August von Sachsen-Weimar (*1757, †1828), Karl August von Pfalz-Zweibrücken (*1746, †1795) oder Karl Friedrich von Baden (*1728, †1811) beziehungsweise Minister wie Wilhelm Freiherr von Edelsheim (*1737, †1793) aus Baden, Johann Christian Freiherr von Hofenfels (*1744, †1787) aus Zweibrücken oder Martin Ernst von Schlieffen (*1732, †1825) aus Hessen-Kassel in den frühen 1780er Jahren verschiedene Pläne zum Abschluß von Fürstenbündnissen, die sie mit dem Problem einer umfassenden Reichsreform verbanden. Ihre Erfolglosigkeit zeigte ihnen allerdings, wie schwer es für ein von ihnen angestrebtes »Drittes Deutschland« war, sich im Dualismus der Großmächte Österreich und Brandenburg zwischen Berlin und Wien zu behaupten.

Dieses Konzept eines »Dritten Deutschlands« konterkarierte Friedrich der Große, als er sich Anfang 1784 zum Wortführer eines Fürstenbundes zur Aufrechterhaltung des Reichssystems und zur Wahrung der Reichsinteressen gegen Kaiser Joseph II. machte und damit Berlin gegen Wien entscheidend zu stärken suchte. Seine Bemühungen mündeten im Berliner Assoziationsvertrag vom 23. Juli 1785 zwischen den Kurfürsten von Brandenburg, Hannover und Sachsen, denen es mit diesem »Dreikurfürstenbund« um die Eindämmung Wiener Ausdehnungsbestrebungen im Heiligen Römischen Reich ging, gerade auch in Nordwestdeutschland, wo Josephs II. erneuerte Reichskirchenpolitik erste Früchte trug. Im Jahre 1784 wurde sein Bruder Maximilian Franz (*1756, †1801), seit 1780 schon Hoch- und Deutschmeister des Deutschen Ordens, Erzbischof und Kurfürst von Köln und Bischof von Münster. Auch wenn – mit Ausnahme des Erzbischofs und Kurfürsten von Mainz, Friedrich Karl Joseph von Erthal

Deutscher Fürstenbund, 1785.
Kupferstich, zeitgenössisch. Friedrich der Große als Stifter des Deutschen Fürstenbundes in einer allegorischen Darstellung.

(*1719, †1802), und entgegen seiner Erwartung – sich die geistlichen Reichsfürsten dem Deutschen Fürstenbund nicht anschlossen, so vereinigte er bis zum Vorabend der Französischen Revolution doch eine stattliche Zahl ihrer weltlichen Kollegen, auch diejenigen, die früher andere Pläne ohne die führende Beteiligung von Kurfürsten verfolgt hatten: die Herzöge von Sachsen-Weimar, Sachsen-Gotha, Pfalz-Zweibrücken und Braunschweig-Wolfenbüttel, der Markgraf von Baden, der Landgraf von Hessen-Kassel, die Fürsten von Anhalt-Köthen, Anhalt-Bernburg und Anhalt-Dessau, der protestantische Bischof von Osnabrück, der Markgraf von Brandenburg-Ansbach-Bayreuth, der Pfalzgraf von Pfalz-Birkenfeld sowie die Herzöge von Mecklenburg-Schwerin und Mecklenburg-Strelitz. Die Möglichkeiten, über den Fürstenbund, der an der reichsständischen Partizipation an der kaiserlichen Herrschaft dezidiert festhielt, eine zeitgemäße Reform der Reichsverfassung einzuleiten, wurden freilich nicht

Schloß Schönbrunn, Hofseite, 1759.
Gemälde B. Bellottos gen. Canaletto. Eintreffen des Boten mit der Nachricht von der Niederlage Friedrichs des Großen in der Schlacht bei Kunersdorf am 12. August 1759.

genutzt, zumal Friedrich der Große im Jahre 1786 starb und der Fürstenbund sein eigentliches Haupt verlor. Aber letztlich ging es ihm – das sich anbietende und von ihm sonst auch mißachtete Heilige Römische Reich für seine machtpolitischen Interessen instrumentalisierend – weniger um das in seinen alten Formen verharrende Reich als vor allem um die Schwächung der Wiener und des Kaisers Politik. Dies zeigte sich sehr bald nach dem Tod Friedrichs des Großen, als im August 1789, wenige Wochen nach Beginn der Französischen Revolution, im Hochstift Lüttich ein Aufstand gegen den Fürstbischof César Constantin François Graf Hoensbroeck (*1724, †1797) ausbrach, der neue brandenburgische Kurfürst, König Friedrich Wilhelm II. von Preußen (*1744, †1797), zur Beendigung des Landfriedensbruchs mit der Reichsexekution beauftragt wurde und dieser seine eigenen Interessen gegen das auch in den südlichen Niederlanden in Bedrängnis geratene Österreich dadurch verfolgte, daß er sich mit den Aufständischen verbündete.

Der Zerfall des Reiches nach der Französischen Revolution: Basel – Campo Formio – Rastatt

Vor dem Hintergrund eines sich abzeichnenden Waffengangs der Monarchen Europas gegen die Französische Revolution kam es zu Beginn der 1790er Jahre nicht zu einem offenen Reichskonflikt, der erneut den Dualismus zwischen Berlin und Wien zum Ausgangspunkt gehabt hätte. Vielmehr verständigten sich König Friedrich Wilhelm II. und der besonnene neue Erzherzog von Österreich Leopold II., der erst am 30. September 1790 auch als Römischer König und Kaiser zum Nachfolger seines Bruders Joseph II. gewählt wurde, am 27. Juli 1790 in der Konvention von Reichenbach (in der Nähe des schlesischen Glatz) darauf, den mächtepolitischen *status quo* innerhalb des Reiches festzuschreiben. Er war eine wichtige Voraussetzung für die im bei Dresden gelegenen Schloß Pillnitz am 27. August 1791 geschlossene Vereinbarung zwischen dem preußischen König und Kaiser Leopold II., sich in monarchischer Solidarität für die Stützung der Monarchie in Frankreich einzusetzen und gemeinsam gegen den westlichen Nachbarn des Reiches aufzutreten.

Den Ausbruch des Krieges zwischen dem revolutionären Frankreich und Österreich hat Kaiser Leopold II. nicht mehr erlebt, denn er starb – fünfundvierzigjährig – am 1. März 1792. Bereits vier Monate später wurde mit seinem Sohn Franz II. (*1768, †1835) der Nachfolger gewählt, nachdem Frankreich ihm als Erzherzog von Österreich sowie König Friedrich Wilhelm II. von Preußen schon am 20. April 1792 den Krieg erklärt hatte. Obwohl überhaupt nicht auf militärische Auseinandersetzungen vorbereitet, beschloß der Regensburger Reichstag am 23. November 1792, das Reich an seiner Verteidigung zu beteiligen, überließ aber von vorneherein dem Kaiser alle militärischen Entscheidungen in Planung und Durchführung. Angesichts der vom bewaffneten Volk als Staatsbürger, nicht als Untertanen gebildeten, von nationalem Enthusiasmus erfüllten vorwärtsstürmenden französischen Revolutionsheere, dem schon die Stehenden Heere der absoluten Fürstenstaaten kaum etwas entgegenzusetzen hatten, waren ihnen die nur schwer zusammenzuhaltenden Reichstruppen hoffnungslos unterlegen. Auch in Regensburg war die Unfähigkeit des Reiches zum Kriegführen erkannt worden, zumal aus Joseph Friedrichs von Sachsen-Hildburghausen schonungsloser Kritik über den Zustand der Reichsarmee nach der Schlacht von Roßbach im Siebenjährigen Krieg keine Konsequenzen gezogen worden waren. Der Mangel an Selbstverteidigungsfähigkeit bedeutete die Unfähigkeit des Reiches, seine innere und äußere Integrität zu wahren und seine Existenz zu behaupten. In diesem Sinne hat der Philosoph Georg Wilhelm Friedrich Hegel (*1770, †1831) seine Reichsverfassungsschrift gleich nach der Jahrhundertwende mit dem Satz »Deutschland ist kein Staat mehr« eingeleitet.

König Friedrich Wilhelm II. von Preußen hatte dieser Auflösung des Heiligen Römischen Reiches im Grunde bereits vorgegriffen, als er Ende 1792 über seinen kurbrandenburgischen Gesandten beim Regensburger Reichstag den Vorschlag machte, die aufzustellende, aber zu selbständiger Kriegführung unfähige Reichsarmee in der Weise aufzuteilen, daß die Kontingente des Obersächsischen, Niedersächsischen, Niederrheinisch-Westfälischen und des Fränkischen Reichskreises den kurbrandenburgisch-preußischen Truppen zugeordnet werden, die des Österreichischen, Bayerischen, Schwäbischen und Oberrheinischen Reichskreises denen der österreichisch-böhmisch-ungarischen Armee. Indem er sich zugleich konsequenterweise für eine entsprechende Aufteilung von Finanzen und Verwaltung aussprach, plädierte der König damit für den Verzicht auf die Einheit des Heiligen Römischen Reiches im Verteidigungsfall. Der Reichstag folgte ihm darin nicht, aber mit dem mit der Republik Frankreich abgeschlossenen Frieden von Basel vom 5. April 1795 schuf er Fakten, denn Brandenburg-Preußen schied damit für ein Jahrzehnt aus dem Kriegsgeschehen und aus der antifranzösischen Koalition aus, die sich nach der Hinrichtung des französischen Königs Ludwig XVI. (*1754, †1793) gebildet hatte. Von besonderer Tragweite war die Überlassung des linken Rheinufers an Frankreich bis zum Abschluß eines Friedens mit dem Reich. Außerdem wurde im Vertrag von Basel vom 17. Mai 1795 eine Demarkationslinie durch das Reich – grob von Ostfriesland aus entlang von Ems, Rhein, Lahn, Neckar, Main bis zur böhmisch-schlesischen Grenze – festgelegt, die die östlich und nördlich davon gelegenen Territorien für neutral erklärte, wenn sie ihre Truppen von der Reichsarmee abziehen und den Gegnern Frankreichs keine Unterstützung gewähren würden. Damit trat erstmals der Flußlauf des Maines als eine Trennlinie zwischen einem nördlichen und einem südlichen Reichsgebiet, zwischen einer brandenburgisch-preußischen und einer österreichischen Einflußsphäre ins Blickfeld, die fränkischen Markgraftümer Brandenburg-Ansbach und Brandenburg-Bayreuth in den von Berlin aus beherrschten Bereich einbeziehend; sie waren 1791 im Erbgang an Kurfürst und König Friedrich Wilhelm II. gefallen.

Vor allem die vorläufige Abtretung der linksrheinischen Reichsteile wurde in Wien als offener Verrat am Reich aufgefaßt, aber auch dort war man offensichtlich bereit, die Reichsintegrität preiszugeben, wenn dies Österreich diente. Dies geschah am 17. Oktober 1797 im den Ersten Koalitionskrieg abschließenden Frieden von Campo Formio, bei Udine im oberitalienischen Friaul gelegen, zwischen Österreich und der Republik Frankreich. Abgesehen von den die Vertragspartner betreffenden Bestimmungen waren die Geheimartikel für das Heilige Römische Reich von grundsätzlicher Bedeutung, in denen sich nunmehr auch Kaiser Franz II. verpflichtete, in einem zukünftigen Frieden des Reiches mit Frankreich der Abtretung der linksrheinischen Gebiete zuzustimmen und für das Reich allen Souveränitätsrechten in Oberitalien zu entsagen, die aus dortigen kaiserlichen Lehen ableitbar waren. Die linksrheinisch von Verlusten betroffenen Reichsstände sollten rechtsrheinisch in Absprache mit Frankreich entschä-

281

Rastatt, Stadt und Schloß, 1798.
Kolorierter Kupferstich, 1798. Zur Orientierung der Besucher während des Friedenskongresses angefertigter Plan von Stadt und Schloß Rastatt. Ein Jahrhundert zuvor (1697) waren sie als neue Residenz der Markgrafen von Baden-Baden begonnen und bis 1707 fertiggestellt worden. 1714 fanden dort die Verhandlungen zwischen Frankreich und dem Heiligen Römischen Reich zur Beendigung des Reichskrieges im Rahmen des Spanischen Erbfolgekrieges statt.

digt werden, und Österreich konnte erwarten, das Gebiet des Erzbistums Salzburg und Teile des Bayerischen Reichskreises zwischen Inn und Salzach, vor allem die Fürstpropstei Berchtesgaden zu erhalten, denn französische und österreichische Erwerbungen sollten äquivalent sein. Kaiser Franz II. handelte ganz als Erzherzog von Österreich und mißachtete noch vor Beratungen eines Reichsfriedens die Interessen des Heiligen Römischen Reiches, das zur Verhandlungsmasse zur Durchsetzung egoistischer territorialstaatlicher Ziele wurde, die sich aus dem fortlebenden Dualismus zwischen Berlin und Wien ergaben.

Zu dem anvisierten Frieden der französischen Republik mit dem Heiligen Römischen Reich aber kam es noch nicht so bald. Zwar begannen – gemäß dem

Rastatt, Saal des Schlosses, 1797.
Eröffnung der Friedensverhandlungen.

Frieden von Campo Formio – die Verhandlungen dazu in Rastatt gut einen Monat nach dessen Unterzeichnung, aber sie erstreckten sich über mehr als einviertel Jahre vom 9. Dezember 1797 bis 23. April 1799 – und sie blieben erfolglos. Die interständisch zusammengesetzte Reichsdeputation beim Friedenskongreß, zu der geistliche und weltliche Kurfürsten und Reichsfürsten gehörten, und die kaiserliche Verhandlungsdelegation verhandelten mit unterschiedlichem Wissensstand – denn erst allmählich erfuhren die reichsständischen Vertreter von der Verletzung der Reichsintegrität durch den Kaiser in Campo Formio –, und sie verfolgten unterschiedliche Interessen, traten folglich den Franzosen nicht geschlossen als Reich gegenüber. Und als man sich – auch aufgrund weiterer militärischer Erfolge der Franzosen am Rhein – auf die Abtretung des linken Rheinufers und die Annahme des Säkularisationsprinzips – wie im Vertrag von Campo Formio von Kaiser Franz II. vorgegeben – verständigt hatte, war Frankreich längst zu einem neuerlichen Waffengang entschlossen und erklärte Österreich am 1. März 1799 den Krieg. Indem der Kaiser den Friedenskongreß beendete, hob er die Neutralität des Tagungsortes auf. Auf letztlich ungeklärte Weise wurden bei der Abreise der französischen Gesandten zwei von ihnen während einer Kontrolle getötet.

Auf dem Wege zum Regensburger Reichsdeputationshauptschluß

Für Österreich und das Heilige Römische Reich, das formal noch einmal einen Reichskrieg führte, endete der 1799 begonnene Zweite Koalitionskrieg am 9. Februar 1801 im Frieden von Lunéville mit Frankreich, wo sich in einem Staatsstreich am 9./10. November 1799 Napoleon I. (*1769, †1821) als Erster Konsul durchgesetzt hatte. Es war der letzte Reichsfriedensschluß des Heiligen Römischen Reiches, auf lothringischem Boden und damit auf ehemaligem Reichsgebiet geschlossen, und er hatte die weitreichendsten Konsequenzen für den territorialen Bestand des Heiligen Römischen Reiches, die der Regensburger Reichstag am 7. März und der Kaiser in Wien nur zwei Tage später am 9. März 1801 reichsrechtlich und gegenüber Frankreich völkerrechtlich akzeptierten. Die im Frieden von Lunéville festgeschriebene Abtretung des linksrheinischen Reichsgebietes an das ganz von Napoleon dominierte Frankreich verpflichtete Kaiser und Reich, die davon betroffenen Reichsstände rechtsrheinisch zu entschädigen, wozu das schon in Rastatt vereinbarte Säkularisationsprinzip anzuwenden und der Weg der Mediatisierung der kleineren Reichsstände im verbliebenen Reichsgebiet zu beschreiten war. Nach monatelangen Auseinandersetzungen zwischen den Reichsständen und zwischen diesen und Kaiser Franz II. beschloß der Regensburger Reichstag am 2. Oktober 1801 – gegen die Stimmen weniger geistlicher Reichsfürsten, die den Kaiser (zu ihren Gunsten) alleine bevollmächtigt sehen wollten – die Einsetzung einer außerordentlichen Reichsdeputation, die mit unbeschränkter Vollmacht und damit ungebunden die Umsetzung des Lunéviller Friedens vorbereiten sollte. Am 7. November 1801 ratifizierte Franz II. das Reichsgutachten, das im Ergebnis den mühsam vereinigten brandenburgisch-preußischen und den österreichischen Vorstellungen entsprach. Damit war – entgegen früherer Auffassung in Berlin – die Entscheidung gefallen, die anstehenden Veränderungen der politischen Landkarte des Heiligen Römischen Reiches in den traditionellen Bahnen der Reichsverfassung vorzunehmen.

Die Zusammensetzung der außerordentlichen Reichsdeputation ließ schon erkennen, in welche Richtung die zu beschließenden Entschädigungen gehen würden. Von den auf den Reichstagen seit dem Ende des 15. Jahrhunderts vertretenen reichsständischen Gruppen erhielten die Reichsprälaten, die Reichsgrafen und die Reichsstädte erstmals seit dem 16. Jahrhundert keinen Sitz – und folglich auch keine Stimme – in dem interständischen Ausschuß des Reichstages. Angesichts der getroffenen, auf Säkularisation zielenden Grundsatzentscheidung war das bezüglich der Reichsprälaten konsequent, aber barg für die Reichsgrafen und die Reichsstädte die große Gefahr der Mediatisierung. Überhaupt waren unter dem Vorsitz des den Prinzipalkommissar vertretenden kaiserlichen Konkommissars am Reichstag, Johann Aloys Joseph von Hügel (*1754, †1825), nur zwei geistliche Reichsstände vertreten: der Kurfürst von Mainz – bis zu seiner Resignation am 4. Juli 1802 Friedrich Karl Joseph von Erthal (gestorben am 25. Juli 1802) und dann Karl Theodor von Dalberg (*1744, †1817) – und der Hochmeister des Deutschen Ordens, Erzherzog Karl von Österreich (*1771, †1847), der Bruder des Kaisers und bedeutende Feldmarschall. Im übrigen gehörten der außerordentlichen Reichsdeputation Herren der großen weltlichen Territorien des Reiches an (Böhmen, zugleich für Österreich, Sachsen und Brandenburg aus dem Kurfürstenrat, Bayern, Württemberg und Hessen-Kassel aus dem Reichsfürstenrat des Reichstages), die auch zu Gewinnern des Entschädigungsgeschäftes mit seinen immensen vermögensrechtlichen Veränderungen wurden.

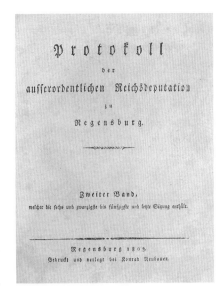

Regensburg, 1803.
Druck. Titelblatt des zweiten Bandes des Protokolls der Verhandlungen der außerordentlichen Reichsdeputation.

Die letzten reichsgeschichtlich bedeutsamen Beratungen einer Reichsverfassungsinstitution begannen allerdings erst am 24. August 1802 in Regensburg, ein Dreivierteljahr nach der Einsetzung der Reichsdeputation, in der die Einflußnahme vor allem Frankreichs und Rußlands beträchtlich war. Ihr am 3. Juni 1802 in Paris veröffentlichter Entschädigungsplan verfolgte unter anderem eine nur das Hochstift Mainz ausnehmende vollständige Säkularisation, was letzte Hoffnungen bei den geistlichen Reichsfürsten schwinden und die Erwartungen auf Zugewinn bei ihren weltlichen Kollegen steigen ließ, und strebte die Schaffung neuer Kurfürstentümer an, hielt also ebenfalls an der Grundstruktur des Reiches fest. Beendet wurden die Beratungen der Reichsdeputation am 25. Februar 1803, deren Hauptschluß vom Reichstag einen Monat später am 24. März 1803 einstimmig angenommen wurde. Die dort noch vertretenen geistlichen Reichsstände wie der Erzbischof von Salzburg, die Bischöfe von Passau, Freising, Trient und Brixen, der Fürstpropst von Berchtesgaden oder die Schwäbischen Reichsprälaten waren im Januar 1803 übereingekommen, sich an den abschließenden Reichstagsberatungen und der ihr Schicksal besiegelnden Beschlußfassung nicht zu beteiligen, während die Mehrzahl der Geistlichen schon Ende 1802 auf ihre weltlichen Herrschaftsrechte verzichtet hatte. Indem Kaiser Franz II. am 27. April 1803 den in ein traditionelles Reichsgutachten des Reichstages gekleideten Reichsdeputationshauptschluß ratifizierte, war das letzte Grundgesetz des Heiligen Römischen Reiches reichsrechtlich verbindlich geworden.

Regensburg, 1803.
Druck. Titelblatt des Reichsgutachtens vom 24. März 1803 zum Reichsdeputationshauptschluß vom 25. Februar 1803.

Der Regensburger Reichsdeputationshauptschluß war nicht nur das letzte Reichsgrundgesetz, sondern er markierte auch die größten Veränderungen von Reich und Reichsverfassung seit den Friedensverträgen von Münster und Osnabrück im Jahre 1648. Das Reichsgebiet füllte von 1803 an den kleinsten Raum in Mitteleuropa während einer fast tausendjährigen Geschichte aus. Während die Ostgrenze von der Ostsee bis zum Mittelmeer bestehen blieb, verlief die Südgrenze von Istrien entlang den Julischen und Karnischen Alpen sowie den Dolo-

Regensburg, 1803.
Druck. Titelblatt der kaiserlichen Ratifikation vom 27. April 1803 betreffend das Reichsgutachten vom 24. März 1803.

miten bis zur Etsch und von dort östlich des Veltlin nach Norden an die Grenze der Schweizer Eidgenossenschaft und bis zum Rhein; sein »Thalweg« wurde – wie es im Frieden von Lunéville hieß – bis Kleve zur Westgrenze des Reiches. Von dort zog sie sich westlich der Ems weiter nach Norden bis zum Dollart, von wo aus nach Osten die Nordseeküste, die Eider und die Ostseeküste unverändert Reichsgrenze blieben.

Innerhalb dieser alten und neuen Reichsgrenzen wurden die Herrschaftsgebiete von 112 Reichsständen aufgehoben, darunter im Wege der Säkularisierung zwei geistliche Kurfürstentümer, 19 Hochstifte und 44 Reichsabteien. Nur für den Kurfürsten von Mainz, der Mitglied der außerordentlichen Reichsdeputation gewesen war, zugleich Reichserzkanzler und Primas des Reiches, wurde eine Sonderregelung getroffen, die darin bestand, daß der Mainzer Erzbischofsstuhl nach Regensburg verlegt wurde und er als Kurfürst von Regensburg-Aschaffenburg fortexistierte. Zu seinem Herrschaftsgebiet gehörten unter anderem auch die Städte Wetzlar und Regensburg als Sitze von Reichskammergericht und Reichstag, denen für den Fall von Reichskriegen unbedingte Neutralität zugesichert wurde. Regensburg und Wetzlar verloren wie 43 andere Reichsstädte ihre Reichsstandschaft und wurden – wie die Reichsgrafschaften – mediatisiert. Nur Augsburg, Nürnberg, Frankfurt am Main, Hamburg, Bremen und Lübeck blieben als Reichsstädte erhalten.

Die großen Gewinner des Reichsdeputationshauptschlusses waren – bis auf die westlich des Rheins gelegene Kurpfalz und die übrigen dort gelegenen Fürstentümer – die weltlichen Kurfürsten und Reichsfürsten, die aufgrund der Säkularisationen und Mediatisierungen ihre Territorien zu Flächenstaaten von zum Teil beachtlicher Größe ausdehnen konnten. So verlor zum Beispiel Baden zwar acht Quadratmeilen linksrheinisch, gewann aber 59 hinzu; Bayern verlor 255 und gewann 290, Kurbrandenburg vergrößerte sich um 235 Quadratmeilen bei einem Verlust von 48, und Württemberg verlor sieben und erhielt neu 29. Das Hochstift Salzburg wurde mit der Fürstpropstei Berchtesgaden zusammengelegt und im Verbund mit Teilen der Hochstifte Passau und Eichstätt als Entschädigung für den Großherzog von Toskana zu einem neuen Großherzogtum umgestaltet. Die politische Landkarte des Heiligen Römischen Reiches erhielt ein völlig neues Gesicht (Farbabb. 38).

Damit verband sich eine enorme Schwächung des Kaisers, denn er verlor mit den geistlichen und den mindermächtigen Reichsständen seine wichtigsten Stützen im Reich. Zugleich wurde aus dem mehrheitlich katholischen Reich ein überwiegend protestantisches, ablesbar an der neuen Zusammensetzung des Regensburger Reichstages. Indem der Großherzog von Salzburg, der Herzog von Württemberg, der Markgraf von Baden und der Landgraf von Hessen-Kassel zu neuen Kurfürsten erhoben wurden, vergrößerte sich das Kurkollegium – nach dem Wegfall von Köln, Trier und Pfalz – auf zehn Mitglieder, denn neben den Territorialherren von Böhmen, Sachsen, Brandenburg, Bayern und Hannover behielt ja auch der Mainzer als Fürsterzbischof von Regensburg-Aschaffenburg seine Kurwürde und blieb Reichserzkanzler. Die katholischen Kurfürsten waren aber erstmals seit der Reformation nicht mehr in der Mehrzahl.

Der Reichsdeputationshauptschluß wurde von seinen reichsständischen Schöpfern wie von Kaiser Franz II. ausdrücklich in die reichsgrundgesetzliche Tradition vor allem seit dem Westfälischen Frieden gerückt. Allerdings wurden die anstehenden Veränderungen, die unter anderem die Neuorganisation des Reichstages, der Reichskreise und der Reichsgerichte betrafen, nicht mehr bewältigt, da die Eigeninteressen der mächtigen und mächtiger gewordenen Kurfürsten und Reichsfürsten stets größer waren als die Gemeinschaftsinteressen am Heiligen Römischen Reich, dessen Einheit in noch mehr Einzelteile zerfiel. Neben dem Dualismus zwischen Wien und Berlin begannen die süddeutschen Mittelstaaten, gefördert von Napoleon, eine eigenständige Rolle zu spielen. Zwar stand die Reichsstadt Regensburg an der Donau als Sitz von Reichstag und außerordentlicher Reichsdeputation in den Jahren 1801 bis 1803 noch einmal als Hauptort der Geschichte des Heiligen Römischen Reiches im Mittelpunkt des Geschehens, aber die großen, epochemachenden Entscheidungen waren in Paris und Sankt Petersburg gefallen und fielen an den Höfen der großen Reichsterritorien, die sich mit einem neuen Staatensystem in einem alten Reichsgehäuse auseinanderzusetzen hatten.

Das Ende des Heiligen Römischen Reiches in Wien

Größte Auswirkungen auf das Reich hatte es, als Napoleon sich am 18. Mai 1804 in Paris in Gegenwart des Papstes zum Kaiser der Franzosen erhob und damit einen Titel annahm, der seit beinahe einem Jahrtausend einzig mit der Herrschaft über das Heilige Römische Reich verbunden war. Kaiser Franz II. reagierte darauf kein Vierteljahr später am 11. August 1804 mit seiner Selbsterhöhung als Erzherzog von Österreich und der Annahme des erblichen Titels eines Kaisers von Österreich und war fortan Kaiser Franz II. des Heiligen Römischen Reiches und Kaiser Franz I. von Österreich, eine Maßnahme, die von nurmehr geringem Vertrauen in den Fortbestand des Alten Reiches zeugte. Die Niederlagen Österreichs im Dritten Koalitionskrieg gegen das expandierende Frankreich, an dem das Reich nicht mehr beteiligt war, und der Einmarsch der Franzosen in Wien im November 1805 mit dem folgenden Sieg Napoleons über Österreich und Rußland in der Dreikaiserschlacht von Austerlitz am 2. Dezember 1805 beschleunigten die Entwicklung. Franz II. mußte im Diktatfrieden von Preßburg vom 26. Dezember 1805 als österreichischer Kaiser erhebliche Territorialverluste hinnehmen, die – soweit sie innerhalb des Reiches lagen – vor allem Bayern zugute kamen und – wie andere Bestimmungen auch – große Veränderungen des Reichsdeputationshauptschlusses zur Folge hatten, ohne daß das Reich daran beteiligt wurde. So wurde Österreich für seine Verluste mit dem Kurfürstentum Salzburg entschädigt, dessen Inhaber in das zum Großherzogtum erhobene Würzburg als neuem zehnten Kurfürstentum wechselte. Die Kurfürsten von Bayern und Württemberg wurden zu Königen und der Kurfürst von Baden zum Großherzog, alle unter Beibehaltung ihrer Mitgliedschaft und ihrer Funktionen im Heiligen Römischen Reich (Farbabb. 38).

Dieses wehr- und schutzlose Reich wurde noch mehr zur Fiktion, als sich am 12. Juli 1806 insgesamt 16 Reichsstände (Bayern, Württemberg, Baden, Berg und Kleve, Hessen-Darmstadt, Nassau-Usingen, Nassau-Weilburg, Hohenzollern-Hechingen, Hohenzollern-Sigmaringen, Salm-Salm, Salm-Kyrburg, Isenburg-Birstein, Arenberg, Liechtenstein, von der Leyen und der Reichserzkanzler von Regensburg-Aschaffenburg) unter Napoleon als Protektor zu einem neuen Rheinbund zusammenschlossen. Sie erklärten sich damit für souverän, was sie im Heiligen Römischen Reich nie sein konnten, verzichteten auf alle auf das Reich bezogenen Titel und traten aus dem Reich aus. Ihre Sezession teilten sie am 1. August 1806 vereinbarungsgemäß dem Regensburger Reichstag mit und begründeten ihren Schritt unter anderem damit, daß der Reichsdeputationshauptschluß nicht in der Lage gewesen sei, »die gänzliche Unzulänglichkeit der bisherigen Verfassung« zu beseitigen. Die Rheinbund-Staaten, deren Zahl sich bis 1808 auf 39 erhöhte, waren – wie sie erklärten – nicht bereit, »den leeren Schein einer erloschenen Verfassung« beizubehalten. Am gleichen Tag ließ Napoleon in Regensburg verlautbaren, daß er die Reichsverfassung nicht länger anerkennen könne, und forderte Kaiser Franz II., dessen österreichischen Kaisertitel er in Preßburg anerkannt hatte, auf, bis zum 10. August 1806 die Kaiserkrone des Heiligen Römischen Reiches niederzulegen.

Diesem Ultimatum beugte sich Kaiser Franz II. am 6. August 1806 mit seiner Erklärung über die Niederlegung der Krone des Römischen Kaisers. Er sah sich nicht länger in der Lage, die mit seiner Wahlkapitulation von 1792 eingegangenen Verpflichtungen gegenüber den Reichsständen zu erfüllen und erklärte, »daß Wir das Band, welches Uns bis jetzt an den Staatskörper des deutschen Reichs gebunden hat, als gelöst ansehen, daß Wir das reichsoberhauptliche Amt und Würde durch die Vereinigung der conföderirten rheinischen Stände als erloschen und Uns dadurch von allen übernommenen Pflichten gegen das deutsche Reich losgezählt betrachten und die von wegen desselben bis jetzt getragene Kaiserkrone und geführte kaiserliche Regierung, wie hiemit geschieht, niederlegen.« Indem er alle Reichsstände, die Mitglieder der höchsten Reichsgerichte und die übrige Reichsdienerschaft von ihren reichsrechtlichen Pflichten entband, vermied er zugleich das Wort »Abdankung«. Er sah das Heilige Römische Reich als beendet an und wollte mit einer Abdankung nicht – wie Kaiser Karl V. im Jahre 1556 ganz bewußt mit Blick auf seinen schon gewählten Nachfolger – eine Fortsetzung ermöglichen, indem der Reichserzkanzler die Kurfürsten zur Wahl eines Nachfolgers gemäß der Goldenen Bulle von 1356 nach Frankfurt am Main einlud. Tatsächlich ist es dazu auch nicht gekommen, und so hörte das nahezu tausendjährige Heilige Römische Reich am 6. August 1806 auf zu bestehen, verkündet von einem kaiserlichen Herold in Wien, herab von der Loggia der »Kirche zu den neun Chören der Engel«, der heutigen Kirche Am Hof in der Inneren Stadt unweit der Hofburg.

Wien, Kirche zu den neun Chören der Engel, 1806.

Kupferstich, um 1720.

Von der Loggia der heutigen Kirche Am Hof herab wurde am 6. August 1806 die Erklärung Kaiser Franz' II. über die Niederlegung der Kaiserkrone und die Beendigung des Heiligen Römischen Reiches verlesen.

AUSBLICK

Orte vermitteln Geschichte – Erinnerungen an das Alte Reich

In Wien endete am 6. August 1806 die Geschichte des Heiligen Römischen Reiches mit der Niederlegung der Kaiserkrone durch Franz II., und sie endete nach fast tausendjährigem Bestand – wenn man Joseph Görres (*1776, †1848) folgt, dem rheinischen Publizisten, der schon am 7. Januar 1798, also zur Zeit des Rastatter Friedenskongresses, vor der Patriotischen Gesellschaft in Koblenz eine an Bitterkeit kaum zu übertreffende Rede auf den Untergang des Reiches gehalten hatte: »Am dreysigsten December 1797, am Tage des Übergangs von Maynz, Nachmittags um drey Uhr, starb zu Regensburg in dem blühenden Alter von 955 Jahren, 5 Monathen, 28 Tagen sanft und seelig an einer gänzlichen Entkräftung und hinzugekommenen Schlagflusse, bey völligem Bewußtseyn und mit allen heiligen Sakramenten versehen, das heilige römische Reich, schwerfälligen Andenkens.« Er schlug den Bogen zurück zum Jahr 842, in dem Ludwig der Deutsche und Karl der Kahle in Straßburg ihr Bündnis gegen ihren Bruder, Kaiser Lothar, erneuert und ihre Vasallen dies in den Straßburger Eiden in französischer beziehungsweise in deutscher Sprache bekräftigt hatten.

Im gleichen Jahr, in dem Görres dem Heiligen Römischen Reich bereits einen Grabstein setzte, fragte Friedrich Schiller (*1759, †1805) in seinem »Musen-Almanach für das Jahr 1797«: »Deutschland? Aber wo liegt es?«, und er gab sich selbst die wenig konkrete Antwort: »Ich weiß das Land nicht zu finden. Wo das gelehrte beginnt, hört das politische auf.« Dem politischen Reichsbegriff stellte er einen philosophischen gegenüber, wenn er 1801 auch in seinem Fragment gebliebenen Gedicht »Deutsche Größe« formulierte: »Indem das politische Reich wankt, hat sich das Geistige immer fester und vollkommener gebildet.« Und für dieses wankende Reich fand der Philosoph Georg Wilhelm Friedrich Hegel in seiner zwischen 1799 und 1803 entstandenen Reichsverfassungsschrift das Bild einer aus »einem Haufen runder Steine« gebildeten »Pyramide«, die – weil die Steine »schlechthin rund« sind und sich nicht fügen – »sich zu bewegen anfängt, auseinanderrollt oder wenigstens keinen Widerstand leisten kann« und damit ihren »Zweck, zu dem sie sich gebildet hat«, nicht mehr erfüllt. Niemand machte sich nach dem 6. August 1806 daran, die auseinanderrollenden Steine wieder einzusammeln und die Pyramide zu rekonstruieren.

Regensburg war für Joseph Görres der Sterbeort des Heiligen Römischen Reiches, wo der Reichstag verbittert, empört und hilflos auf das reichsfeindliche Verhalten des Kaisers in Campo Formio, den Einmarsch der Franzosen in Mainz und das resignierende Zurückweichen der Reichsarmee reagiert hatte und wo der seit Jahrhunderten reichserhaltende Konsens zwischen Kaiser und Reichsständen nun nicht mehr zustande kam. Verbreitetes Schweigen war die Reaktion, als dort am 10. August 1806 die Nachricht von Franz' II. Erklärung zur Auflösung des Heiligen Römischen Reiches eintraf. Niemand erhob seine Stimme, niemand protestierte, was doch seit Jahrhunderten in weitaus unwichtigeren Angelegenheiten in großem Maße geschehen war, um keine Präzedenzfälle entstehen zu lassen und Entscheidungen gegen Einzelpersonen oder Minderheiten zumindest formal ihre Endgültigkeit zu nehmen. Zudem war Regensburg

Ausblick

Wien, Hofburg.
Statue Kaiser Franz' II. vor den Bauplastiken von Reichskrone und Doppeladler.

Wien, Kapuzinergruft.
Totenkopf mit der Krone des Heiligen Römischen Reiches auf dem Sarkophag Kaiser Karls VI., des 1740 gestorbenen letzten Kaisers aus dem Hause Habsburg.

schon seit mehr als drei Jahren keine Reichsstadt mehr, sondern Teil des im Reichsdeputationshauptschluß von 1803 gebildeten neuen Fürstentums Regensburg geworden. Indem es aus den Gebieten des Hochstiftes Regensburg und den der Reichsstadt benachbarten Reichsstiften Niedermünster, Obermünster und Sankt Emmeram gebildet worden war, war etwas Neues entstanden, das unter Karl Theodor von Dalberg über das Ende des Heiligen Römischen Reiches hinaus bis zum Übergang an das Königreich Bayern im Jahre 1810 Bestand haben sollte. In völliger Ruhe und bester Ordnung hatten die Stadtbürger dem fürstlichen Regenten gehuldigt, von dem sie sich wirtschaftlichen Aufschwung für ihre kaum noch lebensfähige Stadt erhofften. Der Glanz eines der wichtigsten Schauplätze des politischen Geschehens des Alten Reiches war längst dahin.

Frankfurt am Main war zwar im Reichsdeputationshauptschluß noch als eine von sechs Reichsstädten erhalten geblieben, aber schon die in Paris unterzeichnete Rheinbund-Akte vom 12. Juli 1806 nahm ihr diesen Status und gliederte des Heiligen Römischen Reiches Wahl- und Krönungsstadt in Dalbergs Fürstentum ein. Dem mitunter satirischen Geschichtsschreiber Karl Heinrich Ritter von Lang (*1764, †1835) war das Reich schon bei der vorletzten Krönung in der Main-Metropole im Jahre 1790, bei der Leopolds II., uralt vorgekommen, denn den Kaiser sah er in »alten Kaiserpantoffeln« und in einem »abgeschabten Mantel«, der aussah, »als wär er auf dem Trödelmarkt zusammengekauft, die kaiserliche Krone aber, als hätte sie der allerungeschickteste Kupferschmied zusammengeschmiedet und mit Kieselsteinen und Glasscherben besetzt«. »Nichts

Leopold II. im kaiserlichen Ornat, 1790.
Kolorierter Kupferstich von Johann Adam Delsenbach und Ambrosius Gabler. Kaiser Leopold II. mit Reichskleinodien und Heiltümern.

konnte« – so faßte der ebenso scharfsinnige wie scharfzüngige Zeitgenosse zusammen – »ein treueres Bild der eiskalt erstarrten und kindisch gewordenen alten deutschen Reichsverfassung geben, als das Fastnachtsspiel einer solchen in ihren zerrissenen Fetzen prangenden Kaiserkrönung«. Für einen solchen Kaiser war in Frankfurt am Main eigentlich kein Platz mehr, weshalb es nur konsequent war, was Johann Wolfgang von Goethes Mutter Katharina Elisabeth Textor (*1731, †1808) am 19. August 1806 ihrem berühmten Sohn nach Weimar schrieb, daß nämlich »gestern […] zum ersten mahl Kaiser und Reich aus dem Kirchengebet weggelaßen« wurden; dabei schwang in ihren Worten Trauer mit, denn das Reich war ihr ein »alter Freund« gewesen: »Die ärzte geben ihn auf, mann ist versichert, daß er sterben wird, und mit all der Gewißheit wird mann doch erschüttert, wann die Post kommt, er ist todt.«

Nürnberg war wie Regensburg an der Wende vom 18. zum 19. Jahrhundert eine heruntergekommene Stadt, hoch verschuldet und mit erlahmtem Wirtschaftsleben. Als die Reichsstadt zwei Monate nach den Festlegungen der Rheinbund-Akte am 15. September 1806 an das junge Königreich Bayern überging, blieben nur die »finstern, engen Straßen«, die »krummen Gassen« der »vormals weltberühmte[n] Stadt«, in denen – »unsers ehrwürdigen Ahnherrn Albrecht Dürers« gedenkend – Wilhelm Heinrich Wackenroder (*1773, †1798) die »feste Spur von unserer alten vaterländischen Kunst« fand, wie es in seinen »Herzensergießungen eines kunstliebenden Klosterbruders« von 1797 heißt. Mit ihren Werken des Mittelalters und der Frühen Neuzeit, der Gotik und der Renaissance war den Romantikern die Stadt an der Pegnitz der »Hauptsitz der Kunst«. Aber ihre reichspolitische Bedeutung hatte sie längst verloren, denn nicht ein einziger Römischer König oder Kaiser hat – gemäß der Goldenen Bulle von 1356 – seinen ersten Hoftag in Nürnberg abgehalten, und Reichstage fanden in der 1525 lutherisch gewordenen Reichsstadt seit 1543 nicht mehr statt. Auch wenn einzelne Kaiser zu kurzen Besuchen gekommen waren, so war das Stadtoberhaupt doch fern gewesen und hatte allen stadtbürgerlichen Entfaltungsmöglichkeiten breiten Raum gegeben. Geblieben waren nicht einmal die seit 1424 in der Heilig-Geist-Kirche aufbewahrten Reichskleinodien, durch die Nürnberg zu jeder Krönung eines Römischen Königs in Aachen, Frankfurt am

Nürnberg, Kaiserburg.
Radierung von Georg Christoph Wilder, 1838.
Blick aus einem Fenster des Dürer-Hauses im zweiten Obergeschoß nach Osten.

Main, Augsburg oder Regensburg zum Ausgangspunkt von Krongesandtschaften geworden war. Im Jahre 1796 – ein Jahrzehnt vor dem Ende des Heiligen Römischen Reiches – wurden sie beim Herannahen französischer Truppen im Ersten Koalitionskrieg über Regensburg an die Südostgrenze des Reiches nach Wien »geflüchtet«, also in Sicherheit gebracht.

Regensburg, Frankfurt am Main, Nürnberg – es waren drei von sehr vielen runden Steinen der Hegelschen Pyramide, die als Spolien eine neue Verwendung fanden, aber auch schon bald zu Orten der Erinnerung an das Heilige Römische Reich werden sollten. Zwar waren Pufendorfs mißverstandenes Wort vom Reich als »einem Monstrum ähnlichen Körper« und Hegels erster Satz seiner Reichsverfassungsschrift – »Deutschland ist kein Staat mehr« – die Ausgangspunkte der das Reich negativ beurteilenden borussischen Historiographie bis in die Mitte des 20. Jahrhunderts, aber es gab stets auch eine positive Sichtweise. Dem Entsetzen der Wiener Bevölkerung auf Kaiser Franz' II. Erklärung vom 6. August 1806 folgten andernorts Bestürzung und Sprachlosigkeit, und das Ende des Alten Reiches wurde zum Thema vieler Zeitgenossen in ihren Korrespondenzen, Tagebüchern und Memoiren, deren Urteil nicht nur dem Verhalten geschuldet war, daß man über Tote nur Gutes sagt. Es gab eine Tradition, eine »Classe« der »Lobredner unserer Constitution«, der sich der Reichspublizist Carl Friedrich Haeberlin zurechnete, weil – wie er noch 1794 bekannt hatte – »ich wirklich glaubte und noch immer lebhaft davon überzeugt bin, daß unsere Verfassung eine der vorzüglichsten ist«. In gleichem Sinne hatte sich schon Mitte des 18. Jahrhunderts der wohl beste Kenner des Reichsstaatsrechts, der aus Iserlohn stammende Göttinger Professor Johann Stephan Pütter (*1725, †1807) geäußert, der mit Blick auf das Heilige Römische Reich davon gesprochen hatte, daß keine »glückseeligere Einrichtung eines Staats erdacht werden« könne. Kein Jahrzehnt nach seinem Ende, zu dessen Verhinderung Kraft und politischer Wille fehlten und gegen das sich niemand wehrte, knüpften Männer wie Wilhelm von Humboldt (*1767, †1835) oder Heinrich Friedrich Karl Freiherr von und zum Stein (*1757, †1831) an diese positive Sichtweise an. Vor die Frage gestellt, wie »man wieder aus Deutschland ein ganzes schaffen« könne, erachtete zum Beispiel Humboldt in seiner »Denkschrift über die deutsche Verfassung« vom Dezember 1813 – wissend, daß eine »Wiedererweckung« des Alten Reiches unmöglich war – »nichts [für] so wünschenswerth«, als die Wiederherstellung der alten Reichsverfassung, und bezeichnete als »die Richtung Deutschlands [...], ein Staatenverein zu sein«. Und nur wenige Tage nach Absetzung und Abdankung Kaiser Napoleons I. von Frankreich sowie der Rückkehr König Ludwigs XVIII. (*1755, †1824) nach Paris schrieb der spätere preußische König Friedrich Wilhelm IV. (*1795, †1861) am 7. April 1814 an seine Schwester Charlotte: »[...] warum können wir nicht auch die Auferstehung des alten, heiligen Deutschen Reichs feyern!!!! [...], da die (gegen uns so unguten und leichten) Franzosen des Glücks genießen, ihren alten, ehrwürdigen Thron wieder auferstehen zu sehen!!!!«

Hier sprach ein Romantiker, der sich nach dem mittelalterlichen Reichsgebilde sehnte. Noch in seinen »Reichsverfassungsentwürfen« aus den Monaten April bis Juni 1848 hat König Friedrich Wilhelm IV. auf Bilder und Motive zurückgegriffen, die ganz und gar dem Staatsdenken der Romantik entsprachen: Darin war unter anderem vorgesehen, daß das Heilige Römische Reich wiederherzustellen war mit dem Inhaber des 1804 vom letzten Römischen Kaiser geschaffenen österreichischen Kaisertums als erbliches »Ehrenhaupt deutscher Nation« an der Spitze; ihm zur Seite sollte ein von den souveränen deutschen Fürsten auf Lebenszeit gewählter »deutscher König« stehen, der vom Volk per Akklamation zu bestätigen und in Sankt Bartholomäus zu Frankfurt am Main zu krönen und zu salben war, also an traditionellem Ort. Konsequenterweise lehnte der Preußenkönig aus reichstraditionalistischen Gründen im Jahre 1849 die ihm von der ersten Deutschen Nationalversammlung angebotene Kaiserkrone eines neuen Reiches ab, die nach seiner Auffassung allein Österreich gebührte. Wenn er »das erbliche Römisch-Teutsche Kaisertum für das jedesmalige Haupt des Erzhauses Oesterreich« forderte – wie er am 3. Mai 1848 in einem Brief an den Historiker Friedrich Christoph Dahlmann (*1785, †1860) schrieb –, dann wollte er die im Kaisersaal des Frankfurter Römers seit 1838 entstehende (und 1853 vollendete) Gemälde-Galerie aller Kaiser und Könige des Heiligen Römischen

Frankfurt am Main, Römer.
Reichs- bzw. Kaisersaal im Frankfurter Rathaus.

Reiches von Karl dem Großen bis zu Franz II. in die Zukunft verlängert sehen. In seiner 1811 entstandenen autobiographischen Darstellung »Aus meinem Leben. Dichtung und Wahrheit« erinnerte sich Goethe seiner kindlichen Begeisterung für den Kaisersaal und für die Geschichten, die »uns bei den Brustbildern der sämtlichen Kaiser« erzählt wurden, »die in einer gewissen Höhe umher gemalt waren«; aber er hatte nach mehr als einem halben Jahrhundert seines Lebens und einem halben Jahrzehnt nach dem Ende des Heiligen Römischen Reiches auch nicht vergessen, daß bei solchen Besichtigungen – »obgleich zufällig erscheinend« – besorgt festgestellt worden war, »daß nur noch Platz für das Bild eines Kaisers übrig bleibe«.

Schauplätze der mittelalterlichen und frühneuzeitlichen Reichsgeschichte wie der Frankfurter Römer, das »hus des riches«, wurden zu Orten der Erinnerung an längst vergangene Zeiten. Indem an ihre Tradition angeknüpft wurde, sollten sie zugleich neue Identitäten stiften, wenn 1848 die Nationalversammlung eigentlich im Kaisersaal tagen wollte, was sich aber aus Platzgründen nicht realisieren ließ, weshalb sie in der nahegelegenen, erst seit eineinhalb Jahrzehnten fertiggestellten Paulskirche zusammentrat und als Paulskirchen-Versammlung in die Geschichte einging. Gleiches gilt für den Kölner Dom, der nur selten – wie bei der Wahl König Ferdinands I. zum Römischen König zu Lebzeiten seines Bruders Karl V. – Schauplatz eines reichsgeschichtlichen Ereignisses war, im Mittelalter aber – wie auch 1531 – oft Station auf dem Weg von oder nach Aachen. An ihm war von der Mitte des 13. bis zur Mitte des 16. Jahrhunderts gebaut worden, bevor er erst nach abermals drei Jahrhunderten in der Zeit von 1842 bis 1880 fertiggestellt wurde. Der Preußenkönig Friedrich Wilhelm IV. nahm die Grundsteinlegung persönlich vor und verglich in seiner Rede am 4. September 1842 den »Bau dieses Gotteshauses« mit dem »Bau des Vaterlandes«. Der Brückenschlag zurück ins Mittelalter und die Vollendung dieser riesigen Kathedrale im Stile der Gotik, mit der Leopold von Ranke (*1795, †1886) den komplizierten Aufbau des Heiligen Römischen Reiches verglichen hat, entsprachen des Königs Traum von der künftigen Größe und Freiheit Deutschlands auf der Grundlage einer tausendjährigen Tradition. Die Vollendung des Kölner Domes im Jahre 1880 war denn auch das Ergebnis einer nationalen Anstrengung und machte ihn zu einem deutschen Nationalsymbol im seit 1871 bestehenden Deutschen Reich Ottos von Bismarck (*1815, †1898).

Aus gleichem Geiste heraus wurde in den Jahren von 1868 bis 1897 in Goslar die vom Verfall bedrohte Kaiserpfalz aus dem Anfang des 10. Jahrhunderts restauriert, nach 1871 mit dem Ziel intensiviert, sie zum deutschen Nationaldenkmal zu erheben. Von Hermann Wislicenus (*1825, †1899), der 1874 »Die Wacht am Rhein« gemalt hat, stammen die Historienbilder im Kaisersaal, die zwischen 1879 und 1897 entstanden sind und Ereignisse der Reichsgeschichte auf ihre Weise illustrieren.

Zur ausdruckskräftigsten nationalen Symbolfigur für ein geeintes und mächtiges Deutschland wurde schon bald nach dem Ende des Heiligen Römischen Reiches in romantischer Verklärung der »Barbarossa« genannte Staufer-Kaiser Friedrich I., ein Herrscher des Mittelalters, der an die Stelle der Kaiser aus den Häusern Habsburg und Lothringen trat, als diese die Reichseinheit nicht mehr verkörperten. Er, in dessen Regierungszeit der Kölner Erzbischof und Reichskanzler Rainald von Dassel im Jahre 1164 die Gebeine der Heiligen Drei Könige von Mailand nach Köln gebracht hatte, war für die romantischen Sehnsüchte

Köln, Dom, 1842.
Graphik (Ausschnitt) nach G. Osterwald. Grundsteinlegung durch den preußischen König Friedrich Wilhelm IV. am 4. September 1842.

Goslar, Anfang 19. Jahrhundert.
Aquarell, vor 1820. Palast der Königspfalz und Stiftskirche.

Kyffhäuser, Barbarossa-Denkmal.
Schlafender Barbarossa.

nach Wiederherstellung vermeintlicher alter Reichsherrlichkeit ein besonders geeignetes Objekt, war er doch 1190 während eines Kreuzzuges im kleinasiatischen Fluß Saleph ertrunken, fern des Reiches entschwunden, wodurch sich seine Wiederkehr umso geheimnisvoller erträumen ließ. Mit der Publikation der thüringischen Sage »Friedrich Rotbart auf dem Kyffhäuser« im zweiten Teil der Sammlung der »Deutschen Sagen« der Brüder Grimm aus dem Jahre 1818 war der Ort festgelegt, wo Barbarossa auf seine Wiederkehr wartete, nachdem ihn ein Jahr zuvor Friedrich Rückert (*1788, †1866) in seinem »Barbarossa«-Gedicht zum nationalen Hoffnungsträger erhoben hatte. Unweit der Wartburg, wo am 18. Oktober 1817 die Jenaer Burschenschaft gleichzeitig in einem großen Fest an den vor vier Jahren errungenen Sieg über Napoleon in der Leipziger Völkerschlacht und an den drei Jahrhunderte zurückliegenden Beginn der Reformation mit Martin Luthers vermeintlichem Thesenanschlag vom 31. Oktober 1517 sowie an seinen Wartburg-Aufenthalt 1521/22 erinnerte, unweit eines tatsächlichen reichsgeschichtlichen Ereignisortes wurde über mehr als sechs Jahrhunderte hinweg mit dem Bergrücken des Kyffhäusers ein Erinnerungsort geschaffen, der weitgehend reichshistorischer Fundierung entbehrte, mit dem sich aber eine große politische Vision verband.

Gleichsam zu einem Hauptort des reichsgeschichtlichen Erinnerns wurde Nürnberg, das seit dem 16. Jahrhundert mehr und mehr hauptstädtische Funktionen des Heiligen Römischen Reiches eingebüßt hatte. Wie viele Romantiker sang auch der aus Tilsit stammende und in Koblenz verstorbene Lyriker der Zeit der Befreiungskriege, Max von Schenkendorf (*1783, †1817), das Loblied auf die Pegnitz-Stadt, wenn er in seinem Gedicht »Die deutschen Städte« anstimmte: »Wenn einer Deutschland kennen Und Deutschland lieben soll, Wird man ihm Nürnberg nennen, Der edlen Künste voll«. Im Zuge der wachsenden Nürnberg-Begeisterung und der Entfaltung des Albrecht Dürer und Hans Sachs einbeziehenden Nürnberg-Mythos wurde die ehemalige Reichsstadt »Des deutschen Reiches Schatzkästlein«. Auch wenn diese Kennzeichnung wohl erst am Ende des 19. Jahrhunderts nachweisbar ist, nachdem zu Beginn der 1870er Jahre in der illustrierten Wochenzeitschrift »Die Gartenlaube« von »Deutschlands Schmuck-

Kyffhäuser.
Ruine der Reichsburg zwischen Harz und Thüringerwald.

kästlein« oder vom »Reliquienkästlein des Deutschen Reiches« die Rede gewesen war, entstanden ist sie im Umkreis des ersten Allgemeinen Deutschen Sängerfestes 1861 in Nürnberg.

Die Stadt nutzte diese Gelegenheit, an ihre bedeutenden Künstler des 16. Jahrhunderts zu erinnern und im Sinne der angestrebten nationalstaatlichen Einigung Deutschlands ihre große Vergangenheit über die Gegenwart mit der erhofften Zukunft zu verbinden. 1840 war mit dem Nürnberger Albrecht-Dürer-

Nürnberg, Zeppelinfeld.
Ort der Reichsparteitage der NSDAP, hier 1938.

Denkmal Deutschlands erstes öffentlich aufgestelltes Künstlerdenkmal enthüllt worden, geschaffen von Christian Daniel Rauch (*1777, †1857), von dem unter anderem auch das Reiterdenkmal Friedrichs des Großen auf der Straße »Unter den Linden« in Berlin stammt. Wie die Nürnberger Feier anläßlich der 300. Wiederkehr seines Todestages am 7. April 1828 geriet auch die Einweihung seines Denkmals zu einem nationalen Fest und nicht weniger die Enthüllung des Hans-Sachs-Denkmals im Jahre 1874, mit dem der Meistersinger zu einem Vorkämpfer des kurz zuvor gegründeten Deutschen Reiches wurde. Nürnbergs kultureller Reichtum aus den Zeiten des Spätmittelalters und der Frühen Neuzeit hatte zudem den fränkischen Adeligen Hans von Aufseß (*1801, †1872) in seiner Begeisterung für das Mittelalter nicht ruhen lassen, seine große Sammlung von Kunst und Kultur aus dem deutschsprachigen Raum in ein Museum in der Franken-Metropole einzubringen. Das 1852 gegründete »Germanische Nationalmuseum« in Nürnberg war sein Werk und fand ein Jahr später die Anerkennung der in Frankfurt am Main tagenden Versammlung des Deutschen Bundes als »nationales Unternehmen«.

»Des deutschen Reiches Schatzkästlein« wußten im 20. Jahrhundert dann vor allem die Nationalsozialisten propagandistisch für sich zu nutzen, obwohl führende Vertreter wie Adolf Hitler, Alfred Rosenberg, Heinrich Himmler oder Joseph Goebbels durchaus unterschiedliche Einstellungen zum Heiligen Römischen Reich hatten. Hitler – zum Beispiel – diente es – wie auch das Deutsche Reich – lediglich als Gegen-Bild, das er argumentativ nicht mehr benötigte, nachdem er mit seinem »Griff nach Prag« und der Schaffung des »Reichsprotektorats Böhmen-Mähren« Mitte März 1939 seine Expansionspolitik vor dem Beginn des Zweiten Weltkrieges abgeschlossen hatte. Er verbot deshalb auch in einem Runderlaß vom 13. Juni 1939 allen NSDAP-Organisationen und allen staatlichen Stellen die Verwendung des Begriffs »Drittes Reich«, damit keine Verbindung zu dem 1806 untergegangenen Heiligen Römischen Reich als erstem und zu dem 1871 gegründeten Deutschen Reich als zweitem Reich hergestellt wurde. Aber Nürnberg mit seiner reichsgeschichtlichen Vergangenheit in Mittelalter und Früher Neuzeit wurde für die Nationalsozialisten nach Parteitagen der NSDAP von 1927 und 1929 zur »Stadt der Reichsparteitage« in den Jahren von 1933 bis 1938, als es darum ging, die Volksmassen im Rahmen gigantischer Propagandafeste auf den »Führer« des Reiches, Adolf Hitler, einzuschwören.

Ebenso nutzten die Nationalsozialisten andere Schauplätze der Geschichte des Heiligen Römischen Reiches. So nahm Heinrich Himmler, gerade am 17. Juni 1936 zum »Reichsführer SS und Chef der Deutschen Polizei im Reichsinnenministerium« aufgestiegen, den 1000. Todestag König Heinrichs I. am 2. Juli 1936 zum Anlaß, die SS auf dem Quedlinburger Schloßberg zu versammeln und den ersten Herrscher aus der Ottonen-Dynastie als Ahnherrn der SS zu mißbrauchen. Die Quedlinburger Stiftskirche hoch über der Stadt wurde zur Weihestätte und zum Zentrum der – vom Namen her doppeldeutigen – jährlichen Heinrichsfeste. Indem Heinrich I., den das Bildungsbürgertum seit der Mitte des 19. Jahrhunderts vor allem aus Johann Nepomuk Vogls (*1802, †1866) Ballade »Heinrich der Vogler« kannte, als »Reichsgründer« nach der Karolingerzeit mißverstanden wurde, wurde eine verfälschte Vergangenheit zur Aufwertung der eigenen Zeit beschworen, die auch eine neue Epoche der deutschen Geschichte einleiten sollte.

In anderer Weise – um ein weiteres Beispiel anzuführen – propagierte Joseph Goebbels als Reichsminister für Volksaufklärung und Propaganda einen von den

Quedlinburg, Schloßberg mit Stiftskirche.

297

Nationalsozialisten zu bewerkstelligenden Neuanfang, indem er ganz unmittelbar an das Heilige Römische Reich anschloß. Anläßlich seines Besuches in Münster am 28. Februar 1940 – nach dem Überfall auf Polen und vor Beginn des Frankreich-Feldzuges – notierte er in sein Tagebuch: »Im Friedenssaal. Hier wurde der Westfälische Frieden unterzeichnet [...]. Wir werden das wieder einmal ausradieren«. Wie Adolf Hitler schon 1937 strebte Goebbels die »zukünftige Liquidation des Westfälischen Friedens« an, der Frankreich zu Lasten des Reiches gestärkt habe, wobei er – wie viele Besucher bis in die Gegenwart – dem Irrtum erlegen war, der Westfälischen Frieden sei in der Ratskammer des Rathauses am Prinzipalmarkt in Münster in einer Zeremonie der vertragschließenden Parteien unterzeichnet worden. Eine vom »Reichspropagandaminister« in den Rang einer »Reichsausstellung« erhobene Präsentation der Geschichte des Westfälischen Friedens als einer Dokumentation der Zerstückelung und fremdbestimmten Instrumentalisierung des Heiligen Römischen Reiches wurde seit 1937 in Münster aufwendig vorbereitet, fotografiert und nie gezeigt, weil sie in ihrer antifranzösischen Tendenz nach der fast vollständigen Besetzung Frankreichs und dem deutsch-französischen Waffenstillstand in Compiègne vom 22. Juni 1940 politisch nicht mehr opportun war.

Über das »Dritte Reich« hinweg ist Münster – und weniger hervortretend Osnabrück – Ort der Erinnerung an das Heilige Römische Reich geblieben, mit dem sich eines der Grunddokumente seiner Geschichte verbindet. Anders als noch bis zum Ende der 1950er Jahre wird in der westfälischen Bischofsstadt, die nie den Aufstieg zur Reichsstadt geschafft hat, heute kein Unglücksort der deutschen Geschichte mehr gesehen – noch 1959 hatte Fritz Dickmann in seinem seit den 1930er Jahren entstandenen Standardwerk »Der Westfälische Frieden« von 1648 als einem »der großen Katastrophenjahre unserer Geschichte« und vom Frieden selbst als einem »nationale[n] Unglück« gesprochen –, sondern sie ist zur »Friedensstadt Münster« von europäischer Bedeutung geworden, wie zuletzt 1998 die Fülle unterschiedlicher Erinnerungsveranstaltungen anläßlich der 350. Wiederkehr des Friedensschlusses von 1648 gezeigt hat und die Schaffung eines »Historikerpreises der Stadt Münster« dokumentiert.

Münster, Rathaus.
Fassade des Rathauses der Stadt des Westfälischen Friedens.

Aachen, Stadtansicht.

Osnabrück, Rathaus.
Die Fassade des aus dem letzten Drittel des 15. Jahrhunderts stammenden Rathauses schmückt über dem Eingang eine Plastik Karls des Großen, des Stadtgründers, in der Mitte von acht weiteren Kaiserfiguren des Mittelalters. Sie sind ein Geschenk des Königreiches Preußen nach 1871, die die Ahnenreihe der Deutschen Kaiser im Mittelalter beginnen lassen. Unter ihnen befindet sich nicht Kaiser Ferdinand III., der den Westfälischen Frieden schloß, wohl aber – als erster Kaiser aus dem Hause Hohenzollern – Wilhelm I., die Krone des Heiligen Römischen Reiches tragend.

Wenn abschließend Aachen als die bis 1531 häufigste Krönungsstadt für den König des Heiligen Römischen Reiches als Erinnerungsort genannt wird, dann rückt mit Karl dem Großen jener Kaiser ins Blickfeld, der zwar nicht unmittelbar am Anfang der Geschichte des Heiligen Römischen Reiches steht, der aber wie kein anderer mit dieser Stadt verbunden ist. Auf seinem Thron in der von ihm errichteten achteckigen Pfalzkapelle haben von 936 an über 600 Jahre hinweg mehr als dreißig Nachfolger Platz genommen, deren Statuen das erst in der Mitte des 14. Jahrhunderts errichtete Rathaus schmücken. Mit seinem Namen ist der 1949 von Aachener Bürgern gestiftete »Internationale Karlspreis der Stadt Aachen« verbunden, der seitdem alljährlich am Himmelfahrtstag für Verdienste um die europäische Einigung verliehen wird. Der Aachener Dom war 1978 das erste deutsche Bauwerk, das in die heute über 600 Kulturdenkmäler umfassende UNESCO-Liste des Weltkulturerbes aufgenommen wurde, was – indem es zu Schutz und Erhaltung verpflichtet – zu dauerhafter Erinnerung beiträgt. Mit dem Speyerer und dem Kölner Dom, den Altstädten von Prag, Wien, Bamberg, Lübeck, Goslar und Quedlinburg, den Luther-Stätten in Wittenberg, der Wartburg und Schloß Schönbrunn in Wien sowie der Klosterinsel Reichenau finden sich – neben anderen in Deutschland, Tschechien und Österreich, um nur diese drei Nachfolgestaaten des 1806 untergegangenen Alten Reiches zu nennen – Objekte von außergewöhnlicher universeller Kulturtradition auf dieser Liste, die zugleich bedeutende Schauplätze der Geschichte des Heiligen Römischen Reiches waren. Mit ihnen wie mit Regensburg, Nürnberg, Mainz, Heidelberg, Worms, Wetzlar, Trier, Magdeburg, Braunschweig, Innsbruck, Münster, Osnabrück oder Forchheim bleiben unterschiedliche Erinnerungen verbunden an eine fast tausendjährige vor-nationalstaatliche »deutsche« Geschichte, ohne die unsere Gegenwart nicht zu verstehen ist.

ANHANG

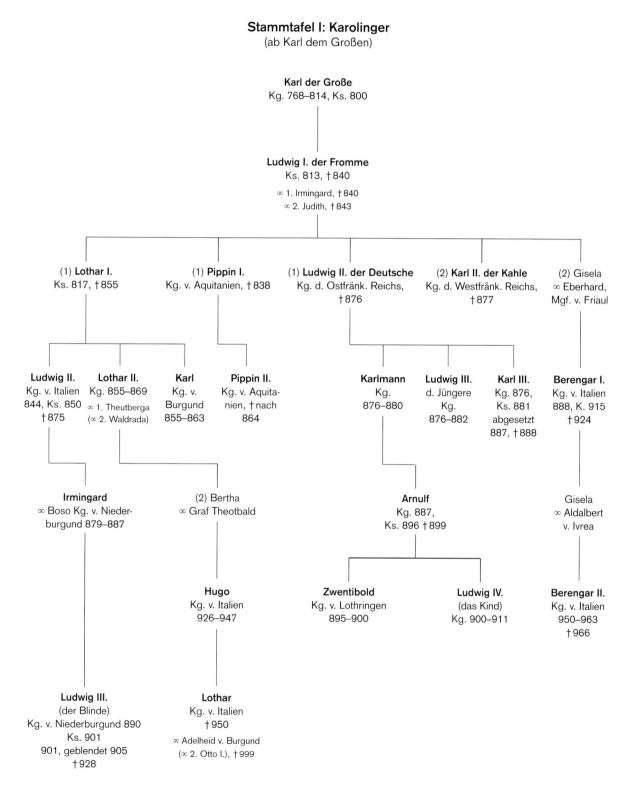

Stammtafel II: Ottonen und Salier

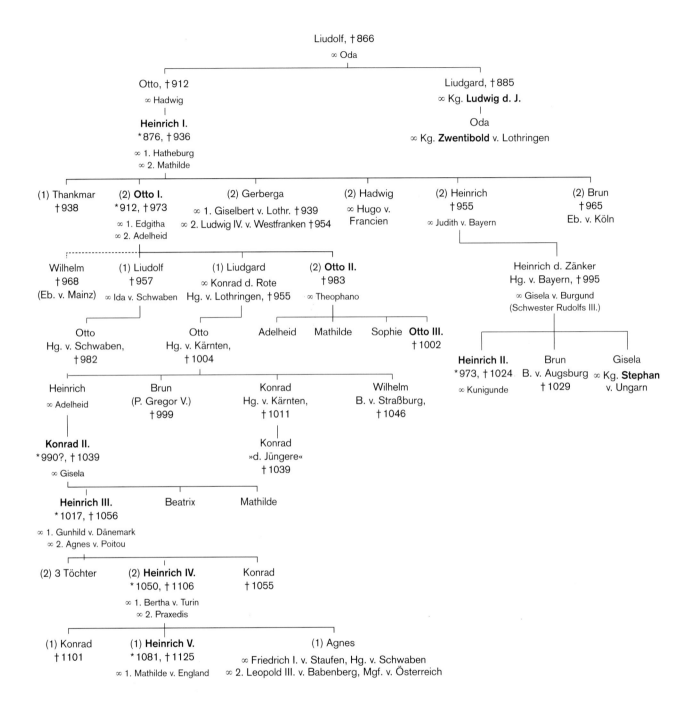

Es wurden nur die zur Veranschaulichung unbedingt notwendigen Personen und Daten aufgenommen.

Stammtafel III: Staufer und Welfen

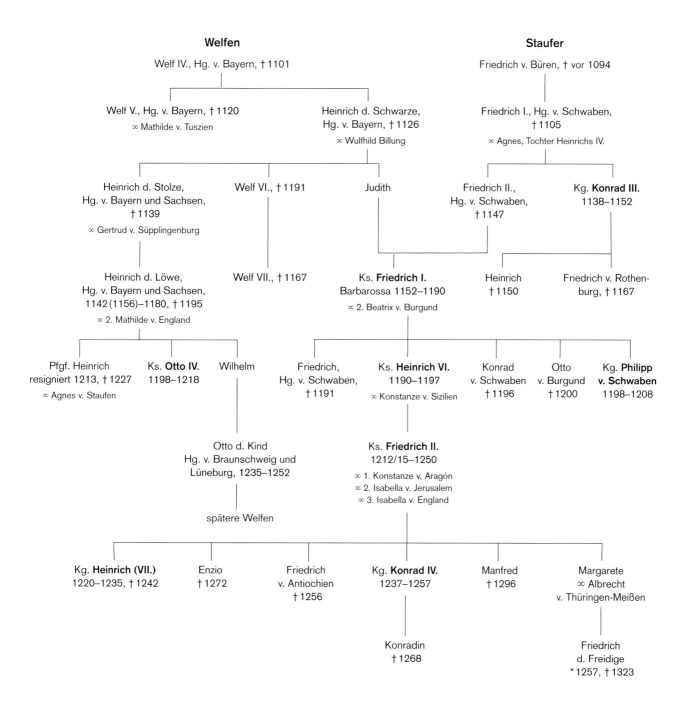

Stammtafel IV: Luxemburger

Heinrich VII.
röm.-dt. Ks.
*1278/79, †1313

∞ Margarete,
T. v. Hzg. Johann I. v. Brabant

Balduin Ebf. v. Trier
*1285, †1354

Johann
Kg. v. Böhmen
*1296, †1346

∞ 1. Elisabeth, T. v. Kg. Wenzel II. v. Böhmen
∞ 2. Beatrix, T. v. Hzg. Ludwig I. v. Bourbon

(1) **Karl IV.**
röm.-dt. Ks.
*1316, †1378

∞ 1. Blanca (Margarete), T. v. Gf. Karl I. v. Valois
∞ 2. Anna, T. v. Rudolf II. Pfgf. b. Rhein
∞ 3. Anna, T. v. Hzg. Heinrich II. v. Schweidnitz
∞ 4. Elisabeth, T. v. Hzg. Bogislaw V. v. Pommern

(1) Johann Heinrich Gf. v. Tirol
Mgf. v. Mähren,
*1322, †1375

∞ 1. Margarete »Maultasch«, Gfn. v. Tirol
∞ 2. Margarete, T. v. Hzg. Nikolaus II. v. Schlesien
∞ 3. Margarete, T. v. Hzg. Albrecht II. v. Österreich

(2) Jobst Mgf. v. Mähren und Brandenburg
*1354, †1411

(2) **Wenzel IV.** (»der Faule«)
Kg. v. Böhmen, röm.-dt. Kg.
*1361, †1419

∞ 1. Johanna, T. v. Hzg. Albrecht I. v. Bayern
∞ 2. Sophie, T. v. Hzg. Johann II. v. Bayern-München

(4) **Sigismund**
röm.-dt. Ks., Kg. v. Ungarn und Böhmen
*1368, †1437

∞ 1. Maria, T. v. Kg. Ludwig I. v. Ungarn
∞ 2. Barbara, T. v. Gf. Hermann II. v. Cilli

(2) Elisabeth
*um 1409, †1442

∞ **Albrecht II.**
röm.-dt. Kg., Kg. v. Ungarn und Böhmen
(→ Habsburger, Stammtafel V)

Es wurden nur die zur Veranschaulichung unbedingt notwendigen Personen und Daten aufgenommen.

Stammtafel V: Habsburger
(bis Maximilian)

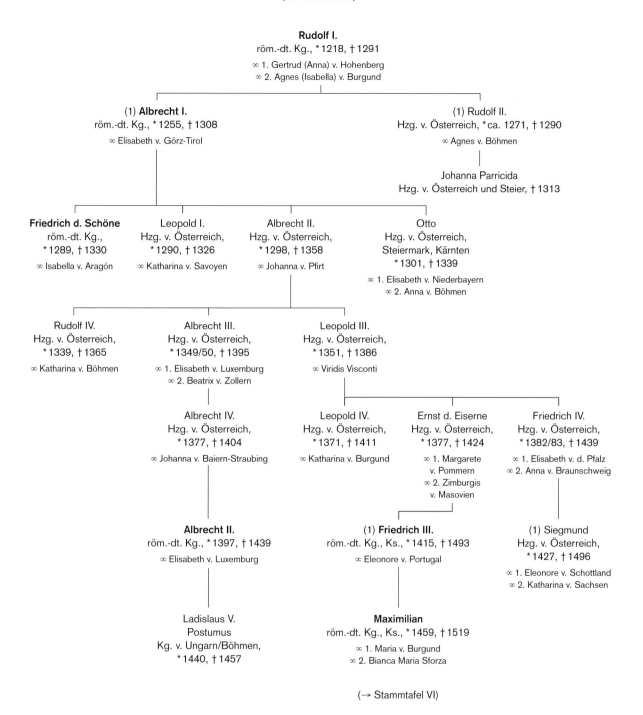

Es wurden nur die zur Veranschaulichung unbedingt notwendigen Personen und Daten aufgenommen.

Stammtafel VI: Die Römischen Könige/Kaiser der Neuzeit im genealogischen Überblick

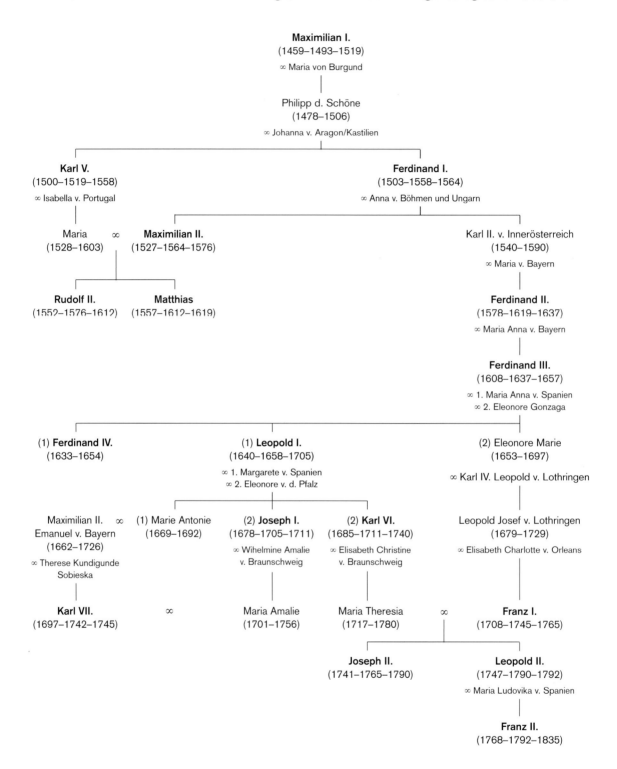

Es wurden nur die zur Veranschaulichung unbedingt notwendigen Personen und Daten aufgenommen.
Bei den dreiteiligen Daten gibt die mittlere Jahreszahl den Herrschaftsantritt an, die übrigen Jahreszahlen sind Lebensdaten.

Geburts-, Sterbe- und Begräbnisorte der Römischen Könige und Kaiser

Name	Lebensdaten	Geburtsort	Regierungsjahre als König/Kaiser	Sterbeort	Begräbnisort
Karl I. der Große	747–814		768/800–814	Aachen	Aachen (Pfalzkapelle)
Ludwig der Fromme	778–840	Chasseneuil/Poitiers	781/814–840	Rheininsel bei Ingelheim	Metz (St. Arnulf)
Lothar I.	795–855	wohl in Aquitanien	840–855	Prüm	Kloster Prüm
Ludwig II.	822/825–875		844/855–875	in der Gegend von Brescia	Mailand
Lothar II.	835–869	wohl in Italien	855–869	Piacenza	Kloster St. Antonin bei Piacenza
Ludwig der Deutsche	ca. 805/06–876	wohl in Aquitanien	817–876	Frankfurt/M.	Kloster Lorsch
Karlmann	ca. 830–880		876–880	wohl (Alt-)Ötting	(Alt-)Ötting
Ludwig III. der Jüngere	ca. 835–882	wohl in Bayern	876–882	Frankfurt/M.	Lorsch
Karl III. der Dicke	839–888		876/881–887	Neudingen/Donau	Reichenau (Mittelzell)
Arnulf	ca. 850–899		887/896–899	Regensburg (vermutlich)	Regensburg (St. Emmeram)
Zwentibold	870/71–900		895–900	im Maasgau	Kloster Susteren
Ludwig IV. das Kind	893–911	(Alt-)Ötting	900–911	Frankfurt/M. (?)	Regensburg (St. Emmeram, unwahrscheinlich)
Konrad I.	911–918		911–918		Kloster Fulda
Heinrich I.	ca. 875/76–936		919–936	Memleben/Unstrut	Quedlinburg (Stiftskirche)
Otto I.	912–973		936/962–973	Memleben/Unstrut	Magdeburg (Dom) (Eingeweide in Memleben)
Otto II.	955–983		973–983	Rom	Rom (St. Peter)
Otto III.	980–1002	Reichswald Kessel bei Kleve	983/996–1002	Paterno am Monte Soracte (Latium)	Aachen (Pfalzkapelle) (Eingeweide in Augsburg)
Heinrich II.	973 (978?)–1024	Bayern	1002/1014–1024	Pfalz Grone bei Göttingen	Bamberg (Dom)
Konrad II.	ca. 990–1039		1024/1027–1039	Utrecht	Speyer (Dom)
Heinrich III.	1017–1056		1038/1046–1056	Pfalz Bodfeld/Harz	Speyer (Dom) (Herz in Goslar)
Heinrich IV.	1050–1106	Goslar (?)	1056/1084–1106	Lüttich	Speyer (Dom)
Rudolf von Schwaben	ca. 1025–1080		1077–1080	Merseburg (Schlacht an der Weißen Elster)	Merseburg (Dom)
Hermann von Salm	gest. 1088		1081–1088		Metz
Konrad, Heinrichs IV. Sohn	1074–1101	Kloster Hersfeld	1087 (Kgs.weihe), 1093 (Kg. v. Italien)–1098	Florenz	Florenz
Heinrich V.	1086–1125		1106/1111–1125	Utrecht	Speyer (Dom)
Lothar III.	1075–1137		1125/1133–1137	Breitenwang bei Reutte (Tirol)	Königslutter (Dom)
Konrad III.	1093–1152		1138–1152	Bamberg	Bamberg (Dom)
Friedrich I.	wohl nach 1122–1190		1152/1155–1190	im Fluß Salef (Kilikien)	Eingeweide in Tarsus, »Fleisch« in Antiochia, Gebeine in Tyrus
Heinrich VI.	1165–1197	Nimwegen	1169/1191–1197	Messina	Palermo (Dom)
Philipp von Schwaben	1177–1208		1198–1208	Bamberg	Speyer (Dom)
Otto IV.	wahrscheinlich 1175/76–1218	Braunschweig	1198/1209–1215 († 1218)	Harzburg	Braunschweig (St. Blasius)
Friedrich II.	1194–1250	Jesi (Ancona)	1215/1220–1250	Castel Fiorentino bei Lucera (Foggia/Apulien)	Palermo (Dom)
Heinrich (VII.)	1211–1242	Sizilien	1228–1235	bei Martorano (Catanzaro)	Cosenza (Dom)

Name	Lebensdaten	Geburtsort	Regierungsjahre als König/Kaiser	Sterbeort	Begräbnisort
Heinrich Raspe	um 1204–1247		1246–1247	Wartburg	Eisenach
Konrad IV.	1228–1254	Andria (Bari)	1237–1254	bei Lavello (Potenza)	Messina (Kathedrale)
Wilhelm II. von Holland	1228–1256		1247–1256	bei Alkmaar	Abtei Middelburg auf Walcheren
Richard von Cornwall	1209–1272	Winchester	1257–1272	Berkhampstead (heute Berkhamsted, Hertfordshire)	Zisterzienserinnenkloster Hailes nordöstl. von Gloucester
Alfons X. von Kastilien	1221–1284	Toledo	1252–1284	Sevilla	Sevilla [irrig zuweilen: Burgos]
Rudolf von Habsburg	1218–1291	Limburg im Breisgau	1273–1291	Speyer	Speyer (Dom)
Adolf von Nassau	ca. 1250–1298		1292–1298	Hasenbühl bei Göllheim (bei Worms)	Kloster Rosenthal, seit 1309 Speyer
Albrecht I.	1255–1308	Rheinfelden	1298–1308	Königsfelden bei Brugg a. d. Reuß	Speyer (Dom)
Heinrich VII.	1278/79–1313	Valenciennes	1309–1313	Buonconvento bei Siena	Pisa (Kathedrale)
Friedrich der Schöne	1289–1330	Wien	1314–1330	Gutenstein/Niederösterreich	Kloster Mauerbach bei Wien, seit 1782 Wien
Ludwig der Bayer	wohl Ende 1281/ Anfang 1282–1347	München	1314/1328–1347	Puch bei Fürstenfeldbruck	München (Kenotaph)
Karl IV.	1316–1378	Prag	1346/1355–1378	Prag	Prag (Veitsdom)
Günther von Schwarzburg	1303–1349	Blankenburg (Thüringen) (jetzt Ruine Greifenstein)	1349	Frankfurt /M.	Frankfurt/M. (St. Bartholomäus)
Wenzel IV.	1361–1419	Nürnberg	1376–1400	Burg Wenzelstein (heute im Stadtgebiet von Prag)	Prag (Veitsdom)
Ruprecht	1352–1410	Amberg	1400–1410	Festung Landskron bei Oppenheim	Heidelberg (Heiliggeistkirche)
Jobst	1354–1411		1410	Brünn	
Sigismund	1368–1437	Nürnberg	1410/1433–1437	Znaim (Mähren)	Nagyvárad
Albrecht II.	1397–1439	Wien	1438–1439	Neszmély bei Esztergom (Gran)	Szekesfehérfar (Stuhlweißenburg)
Friedrich III.	1415–1493	Innsbruck	1442/1452–1493	Linz	Wien (St. Stephan) (Herz in Linz)
Maximilian I.	1459–1519	Wiener Neustadt	1493–1519	Wels (Oberösterreich)	Wiener Neustadt (St. Georgskirche), Herz in Brügge/Belgien, Kenotaph in Innsbruck
Karl V.	1500–1558	Gent	1519–1556	San Jeronimo de Yuste	San Lorenzo de el Escorial
Ferdinand I.	1503–1564	Alcalá de Henares/Madrid	1558–1564	Wien	Prag (Veitsdom)
Maximilian II.	1527–1576	Wien	1564–1576	Regensburg	Prag (Veitsdom)
Rudolf II.	1552–1612	Wien	1576–1612	Prag	Prag (Veitsdom)
Matthias	1557–1619	Wien	1612–1619	Wien	Wien (Kapuzinergruft)
Ferdinand II.	1578–1637	Graz	1619–1637	Wien	Graz
Ferdinand III.	1608–1657	Graz	1637–1657	Wien	Wien (Kapuzinergruft)
Ferdinand IV.	1633–1654	Wien	---	Wien	Wien (Kapuzinergruft)
Leopold I.	1640–1705	Wien	1658–1705	Wien	Wien (Kapuzinergruft)
Joseph I.	1678–1711	Wien	1705–1711	Wien	Wien (Kapuzinergruft)
Karl VI.	1685–1740	Wien	1711–1740	Wien	Wien (Kapuzinergruft)
Karl VII.	1697–1745	Brüssel	1742–1745	München	München (Theatinerkirche)
Franz I.	1708–1765	Nancy	1745–1765	Innsbruck	Wien (Kapuzinergruft)
Joseph II.	1741–1790	Wien	1765–1790	Wien	Wien (Kapuzinergruft)
Leopold II.	1747–1792	Wien-Schönbrunn	1790–1792	Wien	Wien (Kapuzinergruft), Kenotaph in der Augustinerkirche
Franz II.	1768–1835	Florenz	1792–1806	Wien	Wien (Kapuzinergruft)

Begräbnisorte der Römischen Könige und Kaiser

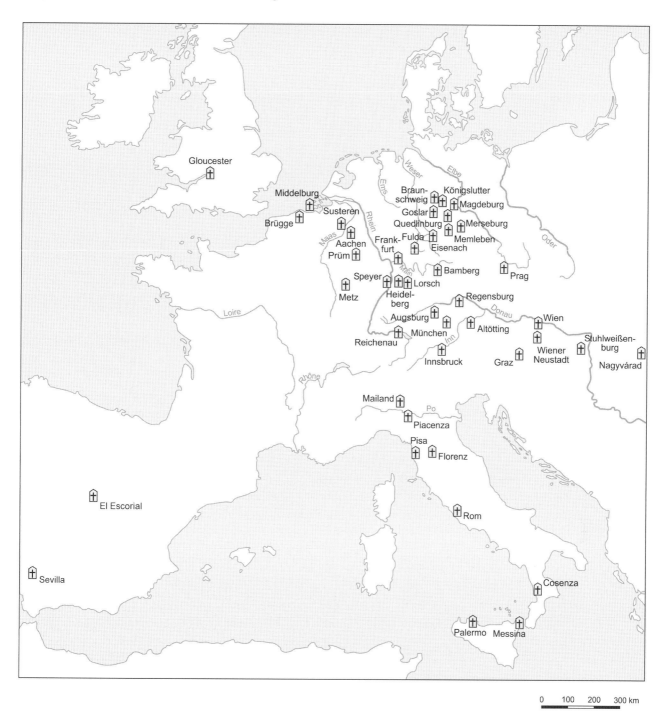

Die Römischen Könige/Kaiser der Neuzeit als Wahlmonarchen des Heiligen Römischen Reiches

König/Kaiser	Lebenszeit	Wahl Wahlort	Krönung Krönungsort	Wahl-kapitulation	Herr-schafts-jahre	Herr-schafts-dauer	Inter-regnum	Anmerkung
Maximilian I.	22.3.1459–12.1.1519	16.2.1486+ Frankfurt	9.4.1486+ Aachen	---	1493–1519°	26 Jahre	166 Tage	Vorgänger: Vater Kaiser Friedrich III. (1415–1440–1493); 4.2.1508: Annahme des Kaisertitels durch Maximilian I. in Trient
Karl V.	24.2.1500–21.9.1558	28.6.1519 Frankfurt	23.10.1520 Aachen	3.7.1519	1519–1556	37 Jahre	0 Tage	24.2.1530: Kaiserkrönung in Bologna 23.8./7.9.1556: Abdankung Karls V. und Regierungsübergabe an König Ferdinand I.
Ferdinand I.	10.3.1503–25.7.1564	5.1.1531+ Köln	11.1.1531+ Aachen	7.1.1531 14.3.1558	1558–1564	6 Jahre	0 Tage	5./7.9.1556: Karl V. überträgt seinem Bruder die »Administratio imperii«; 14.3.1558: Ferdinand I. beschwört seine zweite Wahlkapitulation und bekommt von den Kurfürsten das Kaisertum übertragen
Maximilian II.	31.7.1527–12.10.1576	24.11.1562+ Frankfurt	30.11.1562+ Frankfurt	30.11.1562	1564–1576	12 Jahre	0 Tage	
Rudolf II.	18.7.1552–20.1.1612	27.10.1575+ Regensburg	1.11.1575+ Regensburg	1.11.1575	1576–1612°	37 Jahre	143 Tage	
Matthias	24.2.1557–20.3.1619	13.6.1612 Frankfurt	24.6.1612 Frankfurt	18.6.1612	1612–1619°	7 Jahre	158 Tage	Von den Kurfürsten als Wahl/Krönung vivente imperatore gegen den Widerstand Rudolfs II. geplant
Ferdinand II.	9.7.1578–15.2.1637	28.8.1619 Frankfurt	10.9.1619 Frankfurt	28.8.1619	1619–1637	18 Jahre	0 Tage	
Ferdinand III.	13.7.1608–2.4.1657	22.12.1636+ Regensburg	30.12.1636+ Regensburg	24.12.1636	1637–1657°	20 Jahre	466 Tage	
Ferdinand IV.	8.9.1633–9.7.1654	31.5.1653+ Augsburg	18.6.1653+ Regensburg	2.6.1653	---	---	---	Ferdinand IV. stirbt vivente imperatore
Leopold I.	9.6.1640–5.5.1705	18.7.1658 Frankfurt	1.8.1658 Frankfurt	18.7.1658	1658–1705	47 Jahre	0 Tage	
Joseph I.	26.7.1678–17.4.1711	24.1.1690+ Augsburg	26.1.1690+ Augsburg	24.1.1690	1705–1711°	6 Jahre	175 Tage	6.5.1705: Joseph I. bekräftigt seine Wahlkapitulation von 1690, die er als Minderjähriger unterzeichnet hatte
Karl VI.	1.10.1685–20.10.1740	12.10.1711 Frankfurt	22.12.1711 Frankfurt	12.10.1711	1711–1740°	29 Jahre	454 Tage	
Karl VII.	6.8.1697–20.1.1745	24.1.1742 Frankfurt	12.2.1742 Frankfurt	24.1.1742	1742–1745°	3 Jahre	233 Tage	
Franz I.	8.12.1708–18.8.1765	13.9.1745 Frankfurt	4.10.1745 Frankfurt	13.9.1745	1745–1765	20 Jahre	0 Tage	
Joseph II.	13.3.1741–20.2.1790	27.3.1764+ Frankfurt	3.4.1764+ Frankfurt	27.3.1764	1765–1790°	25 Jahre	220 Tage	
Leopold II.	5.5.1747–1.3.1792	30.9.1790 Frankfurt	9.10.1790 Frankfurt	30.9.1790	1790–1792°	2 Jahre	124 Tage	
Franz II.	12.2.1768–2.3.1835	5.7.1792 Frankfurt	14.7.1792 Frankfurt	5.7.1792	1792–1806	14 Jahre	---	6.8.1806: Niederlegung der Kaiserkrone; Ende des Heiligen Römischen Reiches

Erläuterungen: + = Wahl/Krönung vivente imperatore ° = folgt Interregnum

Die Kurfürsten des Heiligen Römischen Reiches 1356–1806

Kurfürstentum	Kurfürst	Lebensdaten	Amtszeit
Mainz	**Erzbischof**		
	Gerlach von Nassau	1322–1371	bis 1371
	Johannes von Luxemburg	1342?–1373	1371–1373
	Ludwig von Meissen	1341–1382	1374–1379?
	Adolf von Nassau	1345/46–1390	1379–1390
	Konrad von Weinsberg	nach 1324–1396	1391–1396
	Johannes von Nassau	1360–1419	1397–1419
	Konrad von Dhaun	1365/82?–1434	1419–1434
	Dietrich von Erbach	1395–1459	1434–1459
	Dietrich von Isenburg	1412–1482	1460–1461
	Adolf von Nassau	1423–1475	1461–1475
	Dietrich von Isenburg	1412–1482	1476–1481
	Albert von Sachsen	1467–1484	1481–1484
	Berthold von Henneberg	1441–1504	1484–1504
	Jakob von Liebenstein	1462–1508	1505–1508
	Uriel von Gemmingen-Michelfeld	1468–1514	1508–1514
	Albrecht von Brandenburg	1490–1545	1514–1545
	Sebastian von Heussenstamm	1508–1555	1545–1555
	Daniel Brendel von Homburg	1522–1582	1555–1582
	Wolfgang von Dalberg	1538/39–1601	1582–1601
	Johann Adam von Bicken	1564–1604	1601–1604
	Johann Schweikhard von Kronberg	1553–1626	1604–1626
	Georg Friedrich Greiffenclau von Vollrads	1573–1629	1627–1629
	Anselm Casimir Wambolt von Umstadt	1580–1647	1630–1647
	Johann Philipp von Schönborn	1605–1673	1649–1673
	Lothar Friedrich von Metternich-Burscheid	1617–1675	1673–1675
	Damian Hartard von der Leyen-Hohengeroldseck	1624–1678	1676–1678
	Karl Heinrich von Metternich-Winneburg	1622–1679	1679
	Anselm Franz von Ingelheim	1634–1695	1680–1695
	Lothar Franz von Schönborn	1655–1729	1695–1729
	Franz Ludwig von Pfalz-Neuburg	1664–1732	1729–1732
	Philipp Karl von Eltz zu Kempenich	1665–1743	1732–1743
	Johann Friedrich Karl von Ostein	1689–1763	1743–1763
	Emmerich Joseph von Breidbach zu Bürresheim	1707–1774	1763–1774
	Friedrich Karl Joseph von Erthal	1719–1802	1775–1802
	Karl Theodor von Dalberg	1744–1817	1802–1803
Regensburg-Aschaffenburg	**Administrator und Erzbischof**		
	Karl Theodor von Dalberg	1744–1817	ab 1803

Kurfürstentum	Kurfürst	Lebensdaten	Amtszeit
Köln	Erzbischof		
	Wilhelm von Gennep	1309/14–1362	bis 1362
	Adolf von Mark	1334–1394	1363–1364
	Engelbert von Mark	1304/1305–1368	1364–1369
	Cuno von Falkenstein	1320–1388	1370
	Friedrich von Saarwerden	1348–1414	1370–1414
	Theoderich von Mörs	† 1463	1414–1463
	Rupert Pfalzgraf bei Rhein	1427–1480	1463–1480
	Hermann von Hessen	1449/50–1508	1480–1508
	Philipp von Daun-Oberstein	† 1515	1509–1515
	Hermann von Wied	1477–1552	1515–1547
	Adolf von Schaumburg (Schauenburg)	1511–1556	1547–1556
	Anton von Schaumburg (Schauenburg)	† 1558	1557–1558
	Johann Gebhard von Mansfeld	† 1562	1560–1562
	Friedrich von Wied	† 1568	1562–1567
	Salentin von Isenburg	1532–1610	1567–1577
	Gebhard Truchseß von Waldburg	1547–1601	1580–1583
	Ernst von Bayern	1554–1612	1583–1612
	Ferdinand von Bayern	1577–1650	1612–1650
	Maximilian Heinrich von Bayern	1621–1688	1650–1688
	Joseph Clemens von Bayern	1671–1723	1688–1723
	Clemens August von Bayern	1700–1761	1723–1761
	Maximilian Friedrich von Königsegg und Rothenfels	1708–1784	1761–1784
	Maximilian Franz von Österreich	1756–1801	1784–1801
Trier	Erzbischof		
	Boemund von Saarbrücken	1290–1367	bis 1362
	Cuno von Falkenstein	1320–1388	1362–1388
	Werner von Königstein	1361–1418	1388–1418
	Otto von Ziegenhain	1365?–1430	1418–1430
	Rhaban von Helmstadt	1362–1439	1430–1439
	Jakob von Sirk	1398/99–1456	1439–1456
	Johann von Baden	1430–1503	1456–1503
	Jakob von Baden	1471–1511	1503–1511
	Richard Greiffenclau von Vollrads	1467–1531	1512–1531
	Johann von Metzenhausen	1492–1540	1531–1540
	Johann Ludwig von Hagen	1492–1547	1540–1547
	Johann von Isenburg	1507/08–1556	1547–1556
	Johann von der Leyen	1510–1567	1556–1567
	Jakob von Eltz	1510–1581	1567–1581
	Johann von Schönenberg (Schönenburg)	1525–1599	1582–1599
	Lothar von Metternich	1551–1623	1599–1623
	Philipp Christoph von Sötern	1567–1652	1624–1652
	Karl Kaspar von der Leyen-Hohengeroldseck	1618–1676	1652–1676
	Johann Hugo von Orsbeck	1634–1711	1676–1711
	Karl Joseph Ignaz von Lothringen	1680–1715	1711–1715
	Franz Ludwig von Pfalz-Neuburg	1664–1732	1716–1729
	Franz Georg von Schönborn	1682–1756	1729–1756
	Johann Philipp von Walderdorff	1701–1768	1756–1768
	Klemens Wenzeslaus von Sachsen	1739–1812	1768–1801

Kurfürstentum	Kurfürst	Lebensdaten	Amtszeit
Böhmen	**König/Königin**		
	Karl IV.	1316–1378	bis 1378
	Wenzel IV.	1361–1419	1363–1419
	Sigismund	1368–1437	1419/20–1437
	Albrecht V.	1397–1439	1438–1439
	Ladislaus Postumus	1440–1457	1440/1453–1457
	Georg von Podiebrad	1420–1471	1458–1471
	Wladislaw V.	1456–1516	1471–1516
	Ludwig II.	1506–1526	1516–1526
	Ferdinand I. von Österreich	1503–1564	1526–1564
	Maximilian II. von Österreich	1527–1576	1564–1576
	Rudolf II. von Österreich	1552–1612	1576–1612
	Matthias von Österreich	1557–1619	1612–1619
	Friedrich V. von der Pfalz	1596–1632	1619–1621
	Ferdinand II. von Österreich	1578–1637	1621–1637
	Ferdinand III. von Österreich	1608–1657	1637–1657
	Leopold I. von Österreich	1640–1705	1657–1705
	Joseph I. von Österreich	1678–1711	1705–1711
	Karl VI. von Österreich	1685–1740	1711–1740
	Karl VII. von Bayern	1697–1745	1741–1743
	Maria Theresia von Österreich	1717–1780	1743–1780
	Joseph II. von Österreich	1741–1790	1780–1790
	Leopold II. von Österreich	1747–1792	1790–1792
	Franz II. von Österreich	1768–1835	1792–1806
Pfalz	**Pfalzgraf**		
	Ruprecht I.	1309–1390	bis 1390
	Ruprecht II.	1325–1398	1390–1398
	Ruprecht III.	1352–1410	1398–1410
	Ludwig III. der Bärtige	1378–1436	1410–1436
	Ludwig IV. der Sanftmütige	1424–1449	1436–1449
	Friedrich I. der Siegreiche	1425–1476	1449–1476
	Philipp	1448–1508	1476–1508
	Ludwig V. der Friedfertige	1478–1544	1508–1544
	Friedrich II. der Weise	1482–1556	1544–1556
	Otto Heinrich	1502–1559	1556–1559
	Friedrich III.	1515–1576	1559–1576
	Ludwig VI.	1539–1583	1576–1583
	Friedrich IV.	1574–1610	1583–1610
	Friedrich V.	1596–1632	1610–1623
	Karl I. Ludwig	1617–1680	1649–1680
	Karl II.	1651–1685	1680–1685
	Philipp Wilhelm von Pfalz-Neuburg	1615–1690	1685–1690
	Johann Wilhelm	1658–1716	1690–1716
	Karl III. Philipp	1661–1742	1716–1742
	Karl Theodor von Pfalz–Sulzbach	1724–1799	1742–1777

Kurfürstentum	Kurfürst	Lebensdaten	Amtszeit
Sachsen	Herzog		
	Rudolf I.	?–1356	bis 1356
	Rudolf II.	1337–1370	1356–1370
	Wenzel	1347–1388	1370–1388
	Rudolf III.	?–1419	1388–1419
	Albrecht III.	1375/80–1422	1419–1422
	Friedrich I. der Streitbare	1369–1428	1423–1428
	Friedrich II. der Sanftmütige	1412–1464	1428–1464
	Ernst	1441–1486	1464–1486
	Friedrich III. der Weise	1463–1525	1486–1525
	Johann der Beständige	1468–1532	1525–1532
	Johann Friedrich I. der Großmütige	1503–1554	1532–1547
	Moritz	1521–1553	1547–1553
	August	1526–1586	1553–1586
	Christian I.	1560–1591	1586–1591
	Christian II.	1583–1611	1591–1611
	Johann Georg I.	1585–1656	1611–1656
	Johann Georg II.	1613–1680	1656–1680
	Johann Georg III.	1647–1691	1680–1691
	Johann Georg IV.	1668–1694	1691–1694
	Friedrich August I. der Starke	1670–1733	1694–1733
	Friedrich August II.	1696–1763	1733–1763
	Friedrich Christian	1722–1763	1763
	Friedrich August III.	1750–1827	1763–1806
Brandenburg	Markgraf		
	Ludwig VI. der Römer	1328–1366	bis 1366
	Otto IV.	1347–1379	1366–1379
	Wenzel	1361–1419	1373–1378
	Sigismund	1368–1437	1378–1388/1395/1397
	Jodok (Jobst)	1351–1411	1388/1395/1397–1411
	Sigismund	1368–1437	1411–1415
	Friedrich I.	1372–1440	1415/17–1440
	Friedrich II.	1413–1471	1440–1470
	Albrecht Achilles	1414–1486	1470–1486
	Johann Cicero	1455–1499	1486–1499
	Joachim I. Nestor	1484–1535	1499–1535
	Joachim II. Hektor	1505–1571	1535–1571
	Johann Georg	1525–1598	1571–1598
	Joachim Friedrich	1546–1608	1598–1608
	Johann Sigismund	1572–1619	1608–1619
	Georg Wilhelm	1595–1640	1619–1640
	Friedrich Wilhelm (der Große Kurfürst)	1620–1688	1640–1688
	Friedrich III. (I.)	1657–1713	1688–1713
	Friedrich Wilhelm I.	1688–1740	1713–1740
	Friedrich II. der Große	1712–1786	1740–1786
	Friedrich Wilhelm II.	1744–1797	1786–1797
	Friedrich Wilhelm III.	1770–1840	1797–1806

Kurfürstentum	Kurfürst	Lebensdaten	Amtszeit
Bayern	Herzog		
	Maximilian I.	1573–1651	1623–1651
	Ferdinand Maria	1636–1679	1651–1679
	Maximilian II. Emanuel	1662–1726	1679–1726
	Karl Albert	1697–1745	1726–1745
	Maximilian III. Joseph	1727–1777	1745–1777
	Karl Theodor von Pfalz-Sulzbach	1724–1799	1777–1799
	Maximilian IV. Joseph	1756–1825	1799–1806
Hannover (Braunschweig-Lüneburg)	Herzog		
	Ernst August I.	1629–1698	1692–1698
	Georg I. Ludwig	1660–1727	1698–1727
	Georg II. August	1683–1760	1727–1760
	Georg III.	1738–1820	1760–1806
Baden	Markgraf		
	Karl Friedrich	1728–1811	1803–1806
Württemberg	Herzog		
	Friedrich I.	1754–1816	1803–1806
Hessen-Kassel	Landgraf		
	Wilhelm IX.	1743–1821	1803–1806
Salzburg	Großherzog		
	Ferdinand von Toskana	1769–1824	1803–1805
Würzburg	Großherzog		
	Ferdinand von Toskana	1769–1824	1805–1806

Quellen und Literatur

Die folgenden Angaben bieten nur einige wenige Hinweise zur weiteren Vertiefung. Es wurde darauf verzichtet, Aufsätze und Beiträge in Zeitschriften und Sammelwerken gesondert zu verzeichnen. Sie lassen sich, wie auch weitere Literaturangaben, leicht über die Verzeichnisse der angegebenen Bücher erschließen.

Mittelalter

Quellen

Böhmer, Johann Friedrich: Regesta Imperii. Übersicht über die erschienenen Bände und Neubearbeitungen: www.regesta-imperii.de.

Monumenta Germaniae Historica (MGH). Übersicht über die erschienenen Bände: www.mgh.de; besonders einschlägig sind neben den erzählenden Quellen auch die Urkunden der Herrscher (MGH Diplomata) und die verfassungsmäßig ausgewählten Schriftstücke (MGH Constitutiones).

Freiherr-vom-Stein-Gedächtnisausgabe. Ausgewählte Quellen zur deutschen Geschichte des Mittelalters, Bde. 5 ff. (übersetzte Quellenpassagen werden in der Regel nach diesen Ausgaben zitiert).

Mittelalter, Reich und Kirche, bearb. von Wolfgang Lautemann (= Geschichte in Quellen, Bd. 2), München 2. Aufl. 1978.

Deutsche Geschichte in Quellen und Darstellung. Bd. 1: Frühes und hohes Mittelalter 750–1250, hrsg. von Wilfried Hartmann, Stuttgart 1995, Bd. 2: Spätmittelalter 1250–1495, hrsg. von Jean-Marie Moeglin, Rainer A. Müller, Stuttgart 2000.

Deutsche Reichstagsakten [Ältere Reihe], bisher 19 Bde., hrsg. von der Historischen Kommission bei der Bayerischen Akademie der Wissenschaften, München [u. a.] 1867–2001.

Literatur

Allgemeine und übergreifende Werke

Annas, Gabriele: Hoftag – Gemeiner Tag – Reichstag. Studien zur strukturellen Entwicklung deutscher Reichsversammlungen des späten Mittelalters (1349–1471), 2 Bde. (und 1 CD-ROM) (= Schriftenreihe der Historischen Kommission bei der Bayerischen Akademie der Wissenschaften, Bd. 68), Göttingen 2004.

Deutsche Königspfalzen, bisher 6 Bde., (= Veröffentlichungen des Max-Planck-Instituts für Geschichte, BD. 11,1–11,5), Göttingen 1963-3005 (Bd. 6 zu Limburg und Speyer).

Die deutschen Herrscher des Mittelalters. Historische Porträts von Heinrich I. bis Maximilian I., hrsg. von Bernd Schneidmüller und Stefan Weinfurter, München 2003.

Das Ende von Großreichen, hrsg. von Helmut Altrichter (= Erlanger Studien zur Geschichte, Bd. 1), Jena [u. a.] 1996.

Goez, Werner: Translatio Imperii, ein Beitrag zur Geschichte der Geschichtsschreibung und der politischen Theorien im Mittelalter und der frühen Neuzeit, Tübingen 1954.

Hack, Achim Thomas: Das Empfangszeremoniell bei mittelalterlichen Papst-Kaiser-Treffen (= Forschungen zur Kaiser- und Papstgeschichte des Mittelalters, Beihefte zu J. F. Böhmer, Regesta Imperii, Bd. 18), Köln [u. a.] 1999.

Kaisergestalten des Mittelalters, hrsg. von Helmut Beumann, München 3. Aufl. 1991.

Krönungen. Könige in Aachen – Geschichte und Mythos, Katalog, hrsg. von Mario Kramp, 2 Bde., Mainz 2000.

Martin, Thomas Michael: Auf dem Weg zum Reichstag. Studien zum Wandel der deutschen Zentralgewalt 1314–1410 (= Schriftenreihe der Historischen Kommission bei der Bayerischen Akademie der Wissenschaften, Bd. 44), Göttingen 1993.

Medieval Concepts of the Past. Ritual, Memory, Historiography, hrsg. von Gerd Althoff, Johannes Fried, Patrick J. Geary, New York 2002.

Mitteis, Heinrich: Die deutsche Königswahl; ihre Rechtsgrundlagen bis zur Goldenen Bulle, München 1944, Nachdruck 1987.

Mittelalterliche Herrscher in Lebensbildern. Von den Karolingern zu den Staufern, hrsg. von Karl Rudolf Schnith, Graz [u. a.] 1990.

Moraw, Peter: Über König und Reich. Aufsätze zur deutschen Verfassungsgeschichte des späten Mittelalters, hrsg. von Rainer-Christoph Schwinges, Sigmaringen 1995.

Mythen in der Geschichte, hrsg. von Helmut Altrichter, Klaus Herbers, Helmut Neuhaus, Freiburg im Breisgau 2004.

Offergeld, Thilo: Reges pueri. Das Königtum Minderjähriger im frühen Mittelalter (= Schriften der Monumenta Germaniae Historica, Bd. 50), Hannover 2001.

Petersohn, Jürgen: Rom und der Reichstitel »Sacrum Romanum Imperium« (= Sitzungsberichte der Wissenschaftlichen Gesellschaft an der Johann-Wolfgang-von-Goethe-Universität, Bd. 32,4), Stuttgart 1994.

Rödel, Ute: Königliche Gerichtsbarkeit und Streitfälle der Fürsten und Grafen im Südwesten des Reiches 1250–1313 (= Quellen und Forschungen zur höchsten Gerichtsbarkeit im Alten Reich, Bd. 5), Köln [u. a.] 1979.

Die Sakralität von Herrschaft. Herrschaftslegitimierung im Wechsel der Zeiten und Räume. Fünfzehn interdisziplinäre Beiträge zu einem weltweiten und epochenübergreifenden Phänomen, hrsg. von Franz-Reiner Erkens, Berlin 2002.

Schubert, Ernst: König und Reich. Studien zur spätmittelalterlichen deutschen Verfassungsgeschichte (= Veröffentlichungen des Max-Planck-Instituts für Geschichte, Bd. 63), Göttingen 1979.

Schubert, Ernst: Königsabsetzung im deutschen Mittelalter. Eine Studie über das Werden der Reichsverfassung

(= Abhandlung der Akademie der Wissenschaften zu Göttingen, phil.-hist. Klasse, Dritte Folge, Bd. 267), Göttingen 2005.

Weinfurter, Stefan: Gelebte Ordnung – gedachte Ordnung. Ausgewählte Beiträge zu König, Kirche und Reich, hrsg. von Helmuth Kluger, Hubertus Seibert, Werner Bomm, Ostfildern 2005.

Literatur zu den Kapiteln 2 bis 4

Althoff, Gerd: Amicitiae und Pacta: Bündnis, Einung, Politik und Gebetsgedenken im beginnenden 10. Jahrhundert (= Monumenta Germaniae Historica, Schriften, Bd. 37), München 1992.

Althoff, Gerd: Formen und Funktionen öffentlicher Kommunikation im Mittelalter, Stuttgart 2001.

Althoff, Gerd: Otto III. (= Gestalten des Mittelalters und der Renaissance), Darmstadt 1996.

Althoff, Gerd: Die Ottonen. Königsherrschaft ohne Staat (= Urban Taschenbücher, Bd. 473), Stuttgart 2000.

Althoff, Gerd: Spielregeln der Politik im Mittelalter, Darmstadt 1997.

Alvermann, Dirk: Königsherrschaft und Reichsintegration. Eine Untersuchung zur politischen Struktur von regna und imperium zur Zeit Kaiser Ottos II. (967) 973–983 (= Berliner Historische Studien, Bd. 28), Berlin 1998.

Becher, Matthias: Rex, Dux und Gens. Untersuchungen zur Entstehung des sächsischen Herzogtums im 9. und 10. Jahrhundert (= Historische Studien, Bd. 444), Husum 1996.

Die Begegnung des Westens mit dem Osten, hrsg. von Odilo Engels, Peter Schreiner, Sigmaringen 1993.

Beiträge zur mittelalterlichen Reichs- und Nationsbildung in Deutschland und Frankreich, hrsg. von Carlrichard Brühl, Bernd Schneidmüller (= Historische Zeitschrift, Beihefte [Neue Folge], Bd. 24), München 1997.

Bernward von Hildesheim und das Zeitalter der Ottonen, hrsg. von Michael Brandt, Arne Eggebrecht, 2 Bde., Hildesheim [u. a.] 1993.

Bigott, Boris: Ludwig der Deutsche und die Reichskirche im Ostfränkischen Reich (826–876) (= Historische Studien, Bd. 470), Husum 2002.

Borgolte, Michael: Europa entdeckt seine Vielfalt 1050–1250 (= Uni-Taschenbücher, Handbuch der Geschichte Europas, Bd. 3), Stuttgart 2002.

Boshof, Egon: Die Salier (= Urban Taschenbücher, Bd. 387), Stuttgart [u. a.] 1987, 4. Aufl. 2000.

Boshof, Egon: Heinrich IV. Herrscher an der Zeitenwende (= Persönlichkeit und Geschichte, Bd. 108/109), Göttingen [u. a.] 1979.

Boshof, Egon: Königtum und Königsherrschaft im 10. und 11. Jahrhundert (= Enzyklopädie deutscher Geschichte, Bd. 27), München 1996.

Boshof, Egon: Ludwig der Fromme (= Gestalten des Mittelalters und der Renaissance), Darmstadt 1996.

Brühl, Carlrichard: Deutschland-Frankreich. Die Geburt zweier Völker, Köln [u. a.] 2. Aufl. 1995.

Ehlers, Caspar: Metropolis Germaniae. Studien zur Bedeutung Speyers für das Königtum (751–1250) (= Veröffentlichungen des Max-Planck-Instituts für Geschichte, Bd. 125), Göttingen 1996.

Ehlers, Joachim: Die Entstehung des Deutschen Reiches (= Enzyklopädie deutscher Geschichte, Bd. 37), München 1994.

Eichenberger, Thomas: Patria. Studien zur Bedeutung des Wortes im Mittelalter (6.–12. Jahrhundert) (= Nationes, Bd. 9), Sigmaringen 1991.

Eickhoff, Ekkehard: Kaiser Otto III. Die erste Jahrtausendwende und die Entfaltung Europas, Stuttgart 1999.

Die Entstehung des Deutschen Reiches (Deutschland um 900. Ausgewählte Aufsätze aus den Jahren 1928–1954), hrsg. von Hellmut Kämpf (= Wege der Forschung, Bd. 1), Darmstadt 1955, 4. Aufl. 1976.

Erkens, Franz-Rainer: Konrad II. (um 990 - 1039). Herrschaft und Reich des ersten Salierkaisers, Regensburg 1998.

Europa im Wandel von der Antike zum Mittelalter, hrsg. von Theodor Schieffer (= Handbuch der europäischen Geschichte, Bd. 1), Stuttgart 1976.

Europas Mitte um 1000, hrsg. von Alfried Wieczorek, Stuttgart 2000.

Falkenstein, Ludwig: Otto III. und Aachen (= Monumenta Germaniae Historica. Studien und Texte, Bd. 22), Hannover 1998.

Fleckenstein, Josef: Die Hofkapelle der deutschen Könige, 2 Bde. (= Monumenta Germaniae Historica, Schriften, Bd. 16), Stuttgart 1959 und 1966.

Fried, Johannes, Der Weg in die Geschichte. Die Ursprünge Deutschlands bis 1024 (= Propyläen Geschichte Deutschlands, Bd. 1), Berlin 1994.

Fried, Johannes: Otto III. und Boleslaw Chrobry. Das Widmungsbild des Aachener Evangeliars, der Akt von Gnesen und das frühe polnische und ungarische Königtum. Eine Bildanalyse und ihre historischen Folgen (= Frankfurter Historische Abhandlungen, Bd. 30), Stuttgart 1989, 2. Aufl. 2001.

Goetz, Hans-Werner: »Dux« und »Ducatus«. Begriffs- und verfassungsgeschichtliche Untersuchungen zur Entstehung des sogenannten »jüngeren« Stammesherzogtums an der Wende vom 9. zum 10. Jahrhundert, Bochum 1977.

Goetz, Hans-Werner: Europa im frühen Mittelalter 500–1050 (= Handbuch der Geschichte Europas, Bd. 2), Stuttgart 2003.

Görich, Knut: Otto III. Romanus Saxonicus et Italicus. Kaiserliche Rompolitik und sächsische Historiographie (= Historische Forschungen, Bd. 18), Stuttgart 1993.

Hartmann, Wilfried, Ludwig der Deutsche (= Gestalten des Mittelalters und der Renaissance), Darmstadt 2002.

Heinrich I. und Otto der Große. Neubeginn auf karolingischem Erbe, hrsg. von Gerd Althoff, Hagen Keller, 2 Bde. (= Persönlichkeit und Geschichte, Bd. 122–125), Göttingen 1985, 2. Aufl. 1994.

Hlawitschka, Eduard: Vom Frankenreich zur Formierung der europäischen Staaten- und Völkergemeinschaft 840–1046. Ein Studienbuch zur Zeit der späten Karolinger, der Ottonen und der frühen Salier in der Geschichte Mitteleuropas, Darmstadt 1986.

Hoffmann, Hartmut: Mönchskönig und rex idiota. Studien zur Kirchenpolitik Heinrichs II. und Konrads II. (= Monumenta Germaniae Historica. Studien und Texte, Bd. 8), Hannover 1993.

Kaiser Arnolf: das ostfränkische Reich am Ende des 9. Jahrhunderts, hrsg. von Franz Fuchs (= Zeitschrift für bayerische Landesgeschichte, Beihefte, Reihe B, Bd. 19), München 2002.

Kaiser Heinrich II. 1002–1024. Katalog zur Bayerischen Landesausstellung 2002, hrsg. von Josef Kirmeier, Bernd Schneidmüller, Stefan Weinfurter, Evamaria Brockhoff, Augsburg 2002.

Kaiserin Theophanu. Begegnung des Ostens und Westens um die Wende des ersten Jahrtausends. Gedenkschrift des Kölner Schnütgen-Museums zum 1000. Todestag der Kaiserin, hrsg. von Anton von Euw, Peter Schreiner, 2 Bde., Köln 1991.

Karl der Große und sein Nachwirken. 1200 Jahre Kultur und Wissenschaft in Europa, Bd. 1: Wissen und Weltbild, hrsg. von Paul Butzer, Max Kerner, Walter Oberschelp, Turnhout 1997.

Keller, Hagen: Ottonische Königsherrschaft. Organisation und Legitimation königlicher Macht, Darmstadt 2002.

Körntgen, Ludger: Königsherrschaft und Gottes Gnade. Zu Kontext und Funktion sakraler Vorstellungen in Historiographie und Bildzeugnissen der ottonisch-frühsalischen Zeit, 2 Bde., (= Orbis mediaevalis. Vorstellungswelten des Mittelalters), Berlin 2001.

Körntgen, Ludger: Ottonen und Salier (= Geschichte kompakt: Mittelalter), Darmstadt 2002.

Laudage, Johannes: Otto der Große (912–973), Regensburg 2001.

Ludwig das Kind (900–911), hrsg. von Klaus Herbers, Bernhard Vogel (= An Regnitz, Aisch und Wiesent, Heimatkundliche Zeitschrift für Stadt und Landkreis Forchheim, Sonderheft 1), Forchheim 2000/2001.

Memleben. Königspfalz – Reichskloster – Propstei, hrsg. von Helge Wittmann, Petersberg 2001.

Millotat, Paul, Transpersonale Staatsvorstellungen in den Beziehungen zwischen Kirche und Königtum der ausgehenden Salierzeit (= Historische Forschungen, Bd. 26), Rheinfelden 1989.

Müller-Mertens, Eckhard, Die Reichsstruktur im Spiegel der Herrschaftspraxis Ottos des Großen. Mit historischen Prolegomena zur Frage Feudalstaat auf deutschem Boden, seit wann deutcher Feudalstaat? (= Forschungen zur mittelalterlichen Geschichte, Bd. 25) Berlin/Ost 1980.

Müller-Mertens, Eckhart, Huschner, Wolfgang: Reichsintegration im Spiegel der Herrschaftspraxis Konrads II. (= Forschungen zur mittelalterlichen Geschichte, Bd. 35), Weimar 1992.

Orte der Herrschaft. Mittelalterliche Königspfalzen, hrsg. von Caspar Ehlers, Göttingen 2002.

Otto der Große, Magdeburg und Europa (eine Ausstellung im Kulturhistorischen Museum Magdeburg vom 27. August bis 2. Dezember 2001; Katalog der 27. Ausstellung des Europarates und Landesausstellung Sachsen-Anhalt), 2 Bde, hrsg. von Matthias Puhle, Mainz 2001.

Otto III. – Heinrich II. eine Wende?, hrsg. von Bernd Schneidmüller, Stefan Weinfurter (= Mittelalter-Forschungen, Bd. 1), Sigmaringen 1997.

Die Ottonen, Kunst – Architektur – Geschichte, hrsg. von Klaus Gereon Beuckers, Darmstadt 2002.

Ottonische Neuanfänge. Symposion zur Ausstellung »Otto der Große, Magdeburg und Europa«, hrsg. von Bernd Schneidmüller, Stefan Weinfurter, Mainz 2001.

Polen und Deutschland vor 1000 Jahren. Tagung über den Akt von Gnesen Berlin 2000, hrsg. von Michael Borgolte (= Europa im Mittelalter, Bd. 5), Berlin 2002.

Reformidee und Reformpolitik im spätsalisch-frühstaufischen Reich, hrsg. von Stefan Weinfurter (= Quellen und Abhandlungen zur mittelrheinischen Kirchengeschichte, Bd. 68), Mainz 1992.

Die Salier und das Reich, hrsg. von Stefan Weinfurter, 3 Bde., Sigmaringen 1991.

Schieffer, Rudolf: Der geschichtliche Ort der ottonisch-salischen Reichskirchenpolitik (= Nordrhein-Westfälische Akademie der Wissenschaften. Geisteswissenschaften, Vorträge, Bd. 352), Opladen 1998.

Schieffer, Rudolf: Die Karolinger, Stuttgart 3. Aufl. 2000.

Schieffer, Rudolf: Die Zeit des karolingischen Großreichs (714–887) (= Gebhardt, Handbuch der deutschen Geschichte, Bd. 2), Stuttgart 10. Aufl. 2005.

Schlick, Jutta: König, Fürsten und Reich (1056–1159). Herrschaftsverständnis im Wandel (= Mittelalter-Forschungen, Bd. 7), Stuttgart 2001.

Schramm, Percy Ernst: Kaiser, Rom und Renovatio. Studien und Texte zur Geschichte des römischen Erneuerungsgedankens vom Ende des karolingischen Reiches bis zum Investiturstreit, 2 Bde., Leipzig 1929, Darmstadt 4. Aufl. 1992.

799 – Kunst und Kultur der Karolingerzeit: Karl der Große und Papst Leo III. in Paderborn, hrsg. von Christoph Stiegemann, 3 Bde., Mainz 1999.

Suchan, Monika: Königsherrschaft im Streit. Konfliktaustragung in der Regierungszeit Heinrichs IV. zwischen Gewalt, Gespräch und Schriftlichkeit (= Monographien zur Geschichte des Mittelalters, Bd. 42), Stuttgart 1997.

Weinfurter, Stefan: Heinrich II. (1002–1024). Herrscher am Ende der Zeiten, Regensburg 1999.

Weinfurter, Stefan: Herrschaft und Reich der Salier. Grundlinien einer Umbruchszeit, Sigmaringen 1991, 3. Aufl. 1992.

Welf IV. Schlüsselfigur einer Wendezeit. Regionale und europäische Perspektiven, hrsg. von Dieter R. Bauer, Matthias Becher (= Zeitschift für bayerische Landesgeschichte, Beihefte Reihe B, Bd. 24), München 2004.

Wolfram, Herwig: Konrad II. 990 – 1039. Kaiser dreier Reiche, München 2000.

Zielinski, Herbert: Der Reichsepiskopat in spätottonischer und salischer Zeit, Wiesbaden 1981.

Zimmermann, Harald: Der Canossagang von 1077. Wirkungen und Wirklichkeit (= Abhandlungen der Mainzer Akademie der Wissenschaften und der Literatur, Geistes- und Sozialwissenschaftliche Klasse 1975, Bd. 5), Mainz 1975.

Literatur zu den Kapiteln 5 bis 7

Baaken, Gerhard: Ius Imperii ad Regnum. Königreich Sizilien, Imperium Romanum und Römisches Papsttum vom Tode Kaiser Heinrichs VI. bis zu den Verzichtserklärungen Rudolfs von Habsburg (= Forschungen zur Kaiser- und Papstgeschichte des Mittelalters, Beihefte zu Johann Friedrich Böhmer, Regesta Imperii, Bd. 11), Köln [u. a.] 1993.

Boockmann, Hartmut: Stauferzeit und spätes Mittelalter. Deutschland 1125–1517 (= Siedler Deutsche Geschichte, Bd. 4), Berlin 3. Aufl. 1998.

Boockmann, Hartmut, Dormeier, Heinrich: Konzilien, Kirchen- und Reichsreform (1410–1495) (= Gebhardt, Handbuch der deutschen Geschichte, Bd. 8), 10. Aufl. Stuttgart 2005.

Brandmüller, Walter: Das Konzil von Konstanz 1414–1418 (= Konziliengeschichte: Reihe A, Darstellungen), Paderborn 1991.

Brunner, Otto: Land und Herrschaft. Grundfragen der territorialen Verfassungsgeschichte Österreichs im Mittelalter, Wien 5. Aufl. 1965.

Deutscher Königshof, Hoftag und Reichstag im späteren Mittelalter, hrsg. von Peter Moraw (= Vorträge und Forschungen, Bd. 48), Stuttgart 2002.

Engels, Odilo: Die Staufer (= Urban Taschenbücher, Bd. 154), Stuttgart 7. Auflage 1998.

Erkens, Franz-Reiner: Kurfürsten und Königswahl. Zu neuen Theorien über den Königswahlparagraphen im Sachsenspiegel und die Entstehung des Kurfürstenkollegiums (= Monumenta Germaniae Historica, Studien und Texte, Bd. 30), Hannover 2002.

Europa im Hoch- und Spätmittelalter, hrsg. von Ferdinand Seibt (= Handbuch der europäischen Geschichte, Bd. 2), Stuttgart 1987.

Europa 1400: die Krise des Spätmittelalters, hrsg. von Ferdinand Seibt, Stuttgart 1984.

Franke, Maria Elisabeth: Kaiser Heinrich VII. im Spiegel der Historiographie. Eine faktenkritische und quellenkundliche Untersuchung ausgewählter Geschichtsschreiber der ersten Hälfte des 14. Jahrhunderts (= Forschungen zur Kaiser- und Papstgeschichte des Mittelalters, Beihefte zu J. F. Böhmer, Regesta Imperii, Bd. 9), Köln [u. a.] 1992.

Friedrich II. Tagung des Deutschen Historischen Instituts in Rom im Gedenkjahr 1994, hrsg. von Arnold Esch, Norbert Kamp (= Bibliothek des Deutschen Historischen Instituts in Rom, Bd. 85), Tübingen 1996.

Görich, Knut: Die Ehre Friedrich Barbarossas: Kommunikation, Konflikt und politisches Handeln im 12. Jahrhundert (= Symbolische Kommunikation in der Vormoderne), Darmstadt 2001.

Haverkamp, Alfred: Aufbruch und Gestaltung. Deutschland 1056–1273 (= Neue Deutsche Geschichte, Bd. 2), München 2. Aufl. 1993.

Haverkamp, Alfred: Zwölftes Jahrhundert 1125–1198 (= Gebhardt, Handbuch der deutschen Geschichte, Bd. 5), Stuttgart 10. Aufl. 2003.

Heinig, Paul-Joachim: Kaiser Friedrich III.(1440–1493) in seiner Zeit. Studien anlässlich des 500. Todestags am 19. August 1493 (= Forschungen zur Kaiser- und Papstgeschichte des Mittelalters, Beihefte zu J. F: Böhmer, Regesta Imperii, Bd. 12), Köln [u. a.] 1993.

Heinig, Paul-Joachim: Kaiser Friedrich III. (1440–1493). Hof, Regierung und Politik, 3 Bde. (= Forschungen zur Kaiser- und Papstgeschichte des Mittelalters, Beihefte zu J. F. Böhmer, Regesta Imperii, Bd. 17), Köln [u. a.] 1997.

Heinrich Raspe – Landgraf von Thüringen und römischer König. Fürsten und Reich in spätstaufischer Zeit, hrsg. von Matthias Werner (= Jenaer Beiträge zur Geschichte, Bd. 3), Frankfurt [u. a.] 2000.

Helmrath, Johannes: Das Basler Konzil 1431–1449. Forschungsstand und Probleme, Köln [u. a.] 1987.

Herde, Peter: Guelfen und Neoguelfen. Zur Geschichte einer nationalen Ideologie vom Mittelalter zum Risorgimento, Stuttgart 1986.

Hödl, Günther: Albrecht II. Königtum, Reichsregierung und Reichsreform 1438–1439 (= Forschungen zur Kaiser- und Papstgeschichte des Mittelalters, Beihefte zu J. F. Böhmer, Regesta Imperii, Bd. 3), Wien [u. a.] 1978.

Jakobs, Hermann: Kirchenreform und Hochmittelalter 1046–1215 (= Oldenbourg Grundriß der Geschichte, Bd. 7), München 1984.

Jäschke, Kurt-Ulrich: Imperator Heinricus. Ein spätmittelalterlicher Text über Kaiser Heinrich VII. in kritischer Beleuchtung (= Hémecht Beihefte), Luxemburg 1988.

Kaiser Ludwig der Bayer. Konflikte, Weichenstellungen und Wahrnehmungen seiner Herrschaft, hrsg. von Hermann Nehlsen, Hans-Georg Hermann, (= Quellen und Darstellungen aus dem Gebiet der Geschichte, Bd. 22), Paderborn 2002.

Kaufhold, Martin: Deutsches Interregnum und europäische Politik: Konfliktlösungen und Entscheidungsstrukturen 1230–1280 (= Schriften der MGH, Bd. 49), Hannover 2000.

Kaufhold, Martin: Gladius spiritualis. Das päpstliche Interdikt über Deutschland in der Regierungszeit Ludwigs des Bayern (1324–1347) (= Heidelberger Abhandlungen zur Mittleren und Neueren Geschichte, Bd. 6), Heidelberg 1994.

Kaufhold, Martin: Interregnum (= Geschichte kompakt), Darmstadt 2002.

Keller, Hagen: Zwischen regionaler Begrenzung und universalem Horizont. Deutschland im Imperium der Salier und Staufer 1024–1250 (= Propyläen Geschichte Deutschlands, Bd. 2), Berlin 1986.

Kintzinger, Martin: Westbindungen im spätmittelalterlichen Europa. Auswärtige Politik zwischen dem Reich, Frankreich, Burgund und England in der Regierungszeit Kaiser Siegmunds (= Mittelalter-Forschungen, Bd. 2), Stuttgart 2000.

Kirk, Marianne: »Die kaiserlose, die schreckliche Zeit«. Das Interregnum im Wandel der Geschichtsschreibung vom ausgehenden 15. Jahrhundert bis zur Gegenwart (= Europäische Hochschulschriften, Reihe III: Geschichte und ihre Hilfswissenschaften, Bd. 944), Frankfurt a. M. [u. a.] 2002.

Krieg, Heinz: Herrscherdarstellung in der Stauferzeit. Friedrich Barbarossa im Spiegel seiner Urkunden und der staufischen Geschichtsschreibung (= Vorträge und Forschungen, Sonderband 50), Ostfildern 2005.

Krieger, Karl-Friedrich: Die Habsburger im Mittelalter. Von Rudolf I. bis Friedrich III. (= Urban-Taschenbücher, Bd. 452), Stuttgart [u. a.] 1994.

Krieger, Karl-Friedrich: Die Lehenshoheit der deutschen Könige im Spätmittelalter (ca. 1200–1437) (= Untersuchungen zur deutschen Staats- und Rechtsgeschichte, Bd. 23), Aalen 1979.

Krieger, Karl-Friedrich: König, Reich und Reichsreform im Spätmittelalter (= Enzyklopädie deutscher Geschichte, Bd. 14), München 1992.

Krieger, Karl-Friedrich: Rudolf von Habsburg (= Gestalten des Mittelalters und der Renaissance), Darmstadt 2003.

Laudage, Johannes: Alexander III. und Friedrich Barbarossa (= Forschungen zur Kaiser- und Papstgeschichte des Mittelalters, Beihefte zu J. F. Böhmer, Regesta Imperii, Bd. 16), Köln [u. a.] 1997.

Mitteis, Heinrich: Die deutsche Königswahl: ihre Rechtsgrundlagen bis zur Goldenen Bulle, Brünn [u. a.] 2. Aufl. 1944.

Möhring, Hannes: Der Weltkaiser der Endzeit. Entstehung, Wandel und Wirkung einer tausendjährigen Weissagung (= Mittelalter-Forschungen, Bd. 3), Stuttgart 2000.

Moraw, Peter: Von offener Verfassung zu gestalteter Verdichtung. Das Reich im späten Mittelalter 1250–1490 (= Propyläen Geschichte Deutschlands, Bd. 2), Frankfurt a. M. [u. a.] 1989.

Prietzel, Malte: Das Heilige Römische Reich im Spätmittelalter (Geschichte kompakt), Darmstadt 2004.

Prinz, Friedrich: Böhmen im mittelalterlichen Europa: Frühzeit, Hochmittelalter, Kolonisationsepoche, München 1984.

Prinz, Friedrich: Grundlagen und Anfänge. Deutschland bis 1056 (= Neue Deutsche Geschichte, Bd. 1), München 2. Aufl. 1993.

Rudolf von Habsburg 1273–1291. Eine Königsherrschaft zwischen Tradition und Wandel, hrsg. von Egon Boshof, Franz-Reiner Erkens (= Passauer Historische Forschungen, Bd. 7), Köln [u. a.] 1993.

Schimmelpfennig, Bernhard: König und Fürsten, Kaiser und Papst nach dem Wormser Konkordat (= Enzyklopädie deutscher Geschichte, Bd. 37), München 1996.

Schmidt, Ulrich: Königswahl und Thronfolge im 12. Jahrhundert (= Forschungen zur Kaiser- und Papstgeschichte des Mittelalters, Beihefte zu Johann Friedrich Böhmer, Regesta Imperii, Bd. 7), Köln [u. a.] 1987.

Schneidmüller, Bernd: Die Welfen. Herrschaft und Erinnerung (819–1252) (= Urban Taschenbücher, Bd. 465), Stuttgart [u. a.] 2000.

Schubert, Ernst: Fürstliche Herrschaft und Territorium im späten Mittelalter (= Enzyklopädie deutscher Geschichte, Bd. 25), München 1996.

Schulen und Studium im sozialen Wandel des hohen und späten Mittelalters, hrsg. von Johannes Fried (= Vorträge und Forschungen, Bd. 30), Sigmaringen 1986.

Schwarz, Jörg: Herrscher- und Reichstitel bei Kaisertum und Papsttum im 12. und 13. Jahrhundert (= Forschungen zur Kaiser- und Papstgeschichte des Mittelalters, Beihefte zu Johann Friedrich Böhmer, Regesta Imperii, Bd. 22), Köln [u. a.] 2003.

Seibt, Ferdinand: Karl IV. Ein Kaiser in Europa, 1346 bis 1378, München 1978.

Sigismund von Luxemburg. Kaiser und König in Mitteleuropa 1387–1437. Beiträge zur Herrschaft Kaiser Sigismunds und der europäischen Geschichte um 1400, hrsg. von Josef Macek, Ernö Marosi, Ferdinandt Seibt (= Studien zu den Luxemburgern und ihrer Zeit, Bd. 5), Warendorf 1994.

Das spätmittelalterliche Königtum im europäischen Vergleich, hrsg. von Reinhard Schneider (= Vorträge und Forschungen, Bd. 32), Sigmaringen 1987.

Stürner, Wolfgang: Friedrich II., Bd. 1: Die Königsherrschaft in Sizilien und Deutschland; Bd. 2: Der Kaiser 1220–1250 (= Gestalten des Hochmittelalters und der Renaissance), Darmstadt 1992, 2000.

Die Welfen und ihr Braunschweiger Hof im hohen Mittelalter, hrsg. von Bernd Schneidmüller (= Wolfenbütteler Mittelalter-Studien, Bd.7), Wiesbaden 1995.

Wefers, Sabine: Das politische System Kaiser Siegmunds (= Veröffentlichungen des Instituts für Europäische Geschichte Mainz, Abteilung Universalgeschichte, Bd. 138), Stuttgart 1989.

Wolf, Armin: Die Entstehung des Kurfürstenkollegs 1198-1298. Zur 700-jährigen Wiederkehr der ersten Vereinigung der sieben Kurfürsten (= Historisches Seminar, Neue Folge, 11) Idstein 1998, 2. Aufl. 2000.

Wolf, Susanne: Die Doppelregierung Kaiser Friedrichs III. und König Maximilians (1486-1493) (= Forschungen zur Kaiser- und Papstgeschichte des Mittelalters, Beihefte zur J. F. Böhmer, Regesta Imperii, Bd. 25), Köln [u.a.] 2005.

Neuzeit

Quellen

Absolutismus und Zeitalter der Französischen Revolution (1715–1815), bearb. von Klaus Müller (= Quellenkunde zur deutschen Geschichte der Neuzeit von 1500 bis zur Gegenwart, Bd. 3), Darmstadt 1982.

Acta Pacis Westphalicae, hrsg. von der Nordrhein-Westfälischen Akademie der Wissenschaften in Verbindung mit der Vereinigung zur Erforschung der Neueren Geschichte e.V. durch Konrad Repgen, 3 Serien, 10 Abt., bisher 34 Bde., Münster 1962–2004.

Der Augsburger Religionsfriede vom 25. September 1555. Kritische Ausgabe des Textes mit den Entwürfen und der königlichen Deklaration, bearb. von Karl Brandi, Göttingen 2. Aufl. 1927.

Cochlaeus, Johannes: Brevis Germanie Descriptio (1512) mit der Deutschlandkarte des Erhard Etzlaub von 1501, hrsg., übersetzt und kommentiert von Karl Langosch (= Ausgewählte Quellen zur deutschen Geschichte der Neuzeit, Freiherr vom Stein-Gedächtnisausgabe, Bd. 1), Darmstadt 1969.

Deutsche Geschichte in Quellen und Darstellung, hrsg. von Rainer A. Müller, Bde. 3–6, Stuttgart 1995–2001.

Deutsche Reichstagsakten unter Maximilian I. [Mittlere Reihe], bisher 5 Bde., hrsg. von der Historischen Kommission bei der Bayerischen Akademie der Wissenschaften, Göttingen 1972–2001.

Deutsche Reichstagsakten unter Kaiser Karl V. [Jüngere Reihe], bisher 12 Bde., hrsg. von der Historischen Kommission bei der Bayerischen Akademie der Wissenschaften, Gotha, Stuttgart, Göttingen, München 1893–2005.

Deutsche Reichstagsakten. Reichsversammlungen 1556–1662, bisher 4 Bde., hrsg. von der Historischen Kommission bei der Bayerischen Akademie der Wissenschaften, Göttingen, München 1988–2002.

Dreißigjähriger Krieg und Zeitalter Ludwigs XIV. (1618–1715), bearb. von Winfried Becker (= Quellenkunde zur deutschen Geschichte der Neuzeit von 1500 bis zur Gegenwart, Bd. 2), Darmstadt 1995.

Das Ende des Alten Reiches. Der Reichsdeputationshauptschluß und die Rheinbundakte von 1806 nebst zugehörigen Aktenstücken, bearb. von Ernst Walder, Bern 2. Aufl. 1962.

Kaiser und Reich. Klassische Texte zur Verfassungsgeschichte des Heiligen Römischen Reiches Deutscher Nation vom Beginn des 12. Jahrhunderts bis zum Jahre 1806, hrsg. von Arno Buschmann (= dtv, Bd. 4384), München 1984.

Lünig, Johann Christian: Das Teutsche Reichs-Archiv […], 24 Bde., Leipzig 1710–1722.

Moser, Johann Jakob: Neues Teutsches Staatsrecht, 20 Bde., Stuttgart, Frankfurt am Main, Leipzig 1766–1782.

Moser, Johann Jakob: Teutsches Staats-Recht, 53 Bde., Nürnberg, Ebersdorf, Leipzig 1737–1754.

Neue und vollständigere sammlung der reichsabschiede, hrsg. von Johann Jakob Schmauß und Heinrich Christian Freiherr von Senckenberg, 4 Teile, Frankfurt am Main 1747.

Österreichisches Staatsarchiv, Wien, Haus-, Hof- und Staatsarchiv: Reichskanzlei, Akten der Prinzipalkommission des Immerwährenden Reichstages zu Regensburg 1663 bis 1806. Berichte, Weisungen, Instruktionen. Mikrofiche-Edition, München [u. a.] 1990–1993.

Quellen zur Verfassungsentwicklung des Heiligen Römischen Reiches Deutscher Nation (1495–1806), bearb. von Heinz Duchhardt (= Texte zur Forschung, Bd. 43), Darmstadt 1983.

Quellen zur Verfassungsgeschichte des römisch-deutschen Reiches im Spätmittelalter (1250–1500), ausgewählt und übersetzt von Lorenz Weinrich (= Ausgewählte Quellen zur deutschen Geschichte des Mittelalters, Freiherr vom Stein-Gedächtnisausgabe, Bd. 33), Darmstadt 1983.

Quellen zum Verfassungsorganismus des Heiligen Römischen Reiches Deutscher Nation 1495–1815, hrsg. von Hanns Hubert Hofmann (= Ausgewählte Quellen zur deutschen Geschichte der Neuzeit, Freiherr vom Stein-Gedächtnisausgabe, Bd. 13), Darmstadt 1976.

Quellensammlung zur Geschichte der Deutschen Reichsverfassung in Mittelalter und Neuzeit, 2 Teile, bearb. von Karl Zeumer (= Quellensammlungen zum Staats-, Verwaltungs- und Völkerrecht, Bd. 2), Tübingen 2. Aufl. 1913.

Die Ordnungen des Reichshofrates 1550–1766, hrsg. von Wolfgang Sellert, 2 Bde. (= Quellen und Forschungen zur höchsten Gerichtsbarkeit im Alten Reich, Bd. 8), Köln, Wien 1980, 1990.

Der jüngste Reichsabschied von 1654, bearb. von Adolf Laufs (= Quellen zur Neueren Geschichte, Bd. 32), Bern, Frankfurt am Main 1975.

Der Reichsdeputationshauptschluß von 1803. Eine Dokumentation zum Untergang des Alten Reiches, hrsg. von Ulrich Hufeld (= UTB, Bd. 2387), Köln, Weimar, Wien 2003.

Die Reichskammergerichtsordnung von 1555, hrsg. von Adolf Laufs (= Quellen und Forschungen zur höchsten Gerichtsbarkeit im Alten Reich, Bd. 3), Köln, Wien 1976.

Traktat über den Reichstag im 16. Jahrhundert. Eine offiziöse Darstellung aus der Kurmainzischen Kanzlei, hrsg. von Karl Rauch (= Quellen und Studien zur Verfassungsgeschichte des Deutschen Reiches in Mittelalter und Neuzeit, Bd. 1, Heft 1), Weimar 1905.

Vollständige Sammlung aller von Anfang des noch fürwährenden Teutschen Reichs-Tags de Anno 1663 biß anhero abgefaßten Reichs-Schlüsse, 4 Teile, hrsg. von Johann Joseph Pachner von Eggenstorff, Regensburg 1740–1777, Nachdruck Hildesheim [u. a.] 1996.

Wahl-Capitulationes, welche mit denen Römischen Kaysern und Königen, dann des H. Röm. Reichs Churfürsten als dessen vordersten Gliedern und Grund-Säulen seit Carolo V. her biß auff Ferdinandum IV. vor sich und folglich biß auff Josephum I. zugleich vor sämtliche des Heil. Röm. Reichs Fürsten und Stände Geding- und Pactsweise auffgerichtet, hrsg. von Christoph Ziegler, Frankfurt am Main 1711.

Das Zeitalter der Glaubensspaltung (1500–1618), bearb. von Winfried Dotzauer (= Quellenkunde zur deutschen Geschichte der Neuzeit von 1500 bis zur Gegenwart, Bd. 1), Darmstadt 1987.

Literatur

Allgemeine und übergreifende Werke

Alternativen zur Reichsverfassung in der Frühen Neuzeit?, hrsg. von Volker Press. Nach dem Tod des Herausgebers bearb. von Dieter Stievermann (= Schriften des Historischen Kollegs, Kolloquien, Bd. 23), München 1995.

Angermeier, Heinz: Das alte Reich in der deutschen Geschichte. Studien über

Kontinuitäten und Zäsuren, München 1991.

Begert, Alexander: Böhmen, die böhmische Kur und das Reich vom Hochmittelalter bis zum Ende des Alten Reiches. Studien zur Kurwürde und zur staatsrechtlichen Stellung Böhmens (= Historische Studien, Bd. 475), Husum 2003.

Bilder des Reiches, hrsg. von Rainer A. Müller (= Irseer Schriften, Bd. 4), Sigmaringen 1997.

Blaich, Fritz: Die Wirtschaftspolitik des Reichstags im Heiligen Römischen Reich. Ein Beitrag zur Problemgeschichte wirtschaftlichen Gestaltens (= Schriften zum Vergleich von Wirtschaftsordnungen, Bd. 16), Stuttgart 1970.

Die Bistümer des Heiligen Römischen Reiches. Von ihren Anfängen bis zur Säkularisation, hrsg. von Erwin Gatz, Freiburg i. Br. 2003.

Braunfels, Wolfgang: Die Kunst im Heiligen Römischen Reich Deutscher Nation, 6 Bde., München 1979–1989.

Conrad, Hermann: Deutsche Rechtsgeschichte. Ein Lehrbuch, 2 Bde., 2. Aufl. Karlsruhe 1962, 1966.

Dotzauer, Winfried: Die deutschen Reichskreise (1383–1806). Geschichte und Aktenedition, Stuttgart 1998.

Dotzauer, Winfried: Die deutschen Reichskreise in der Verfassung des Alten Reiches und ihr Eigenleben (1500–1806), Darmstadt 1989.

Duchhardt, Heinz: Protestantisches Kaisertum und Altes Reich. Die Diskussion über die Konfession des Kaisers in Politik, Publizistik und Staatsrecht (= Veröffentlichungen des Instituts für Europäische Geschichte Mainz, Abteilung Universalgeschichte, Bd. 87), Wiesbaden 1977.

Duchhardt, Heinz: Deutsche Verfassungsgeschichte 1495–1806 (= Urban-Taschenbücher, Bd. 417), Stuttgart, Berlin, Köln 1991.

Forschungen aus Akten des Reichskammergerichts, hrsg. von Bernhard Diestelkamp (= Quellen und Forschungen zur höchsten Gerichtsbarkeit im Alten Reich, Bd. 14), Köln, Wien 1984.

Frieden durch Recht. Das Reichskammergericht von 1495 bis 1806, hrsg. von Ingrid Scheurmann, Mainz 1994.

Gotthard, Axel: Das Alte Reich 1495–1806, Darmstadt 2. Aufl. 2005.

Gotthard, Axel: Säulen des Reiches. Die Kurfürsten im frühneuzeitlichen Reichsverband, 2 Bde. (= Historische Studien, Bd. 457), Husum 1999.

Gschließer, Oswald von: Der Reichshofrat. Bedeutung und Verfassung, Schicksal und Besetzung einer obersten Reichsbehörde von 1559–1806, Wien 1942.

Hoffmann, Paul: Die bildlichen Darstellungen des Kurfürstenkollegiums von den Anfängen bis zum Ende des Hl. Römischen Reiches (13.–18. Jahrhundert) (= Bonner Historische Forschungen, Bd. 47), Bonn 1982.

Imperium Romanum – Irregulare Corpus – Teutscher Reichs-Staat. Das Alte Reich im Verständnis der Zeitgenossen und der Historiographie, hrsg. von Matthias Schnettger (= Veröffentlichungen des Instituts für Europäische Geschichte Mainz, Abteilung Universalgeschichte, Beiheft 57), Mainz 2002.

Jahns, Sigrid: Das Reichskammergericht und seine Richter. Verfassung und Sozialstruktur eines höchsten Gerichts im Alten Reich, Teil II, 2 Bde. (= Quellen und Forschungen zur höchsten Gerichtsbarkeit im Alten Reich, Bd. 26), Köln, Weimar, Wien 2003.

Die Kaiser der Neuzeit 1519–1918. Heiliges Römisches Reich, Österreich, Deutschland, hrsg. von Anton Schindling und Walter Ziegler, München 1990.

Kleinheyer, Gerd: Die kaiserlichen Wahlkapitulationen. Geschichte, Wesen und Funktion (= Studien und Quellen zur Geschichte des deutschen Verfassungsrechts, Reihe A: Studien, Bd. 1), Karlsruhe 1968.

Kurmainz, das Reichserzkanzleramt und das Reich am Ende des Mittelalters und im 16. und 17. Jahrhundert, hrsg. von Peter Claus Hartmann (= Geschichtliche Landeskunde, Bd. 47), Stuttgart 1998.

Der Mainzer Kurfürst als Reichserzkanzler. Funktionen, Aktivitäten, Ansprüche und Bedeutung des zweiten Mannes im Alten Reich, hrsg. von Peter Claus Hartmann (= Geschichtliche Landeskunde, Bd. 45), Stuttgart 1997.

Neue Studien zur frühneuzeitlichen Reichsgeschichte, hrsg. von Johannes Kunisch (= Zeitschrift für Historische Forschung, Beiheft 3), Berlin 1987.

Neue Studien zur frühneuzeitlichen Reichsgeschichte, hrsg. von Johannes Kunisch (= Zeitschrift für Historische Forschung, Beiheft 19), Berlin 1997.

Neuhaus, Helmut: Das Reich in der Frühen Neuzeit (= Enzyklopädie deutscher Geschichte, Bd. 42), München 2. Aufl. 2003.

Die politische Funktion des Reichskammergerichts, hrsg. von Bernhard Diestelkamp (= Quellen und Forschungen zur höchsten Gerichtsbarkeit im Alten Reich, Bd. 24), Köln, Weimar, Wien 1993.

Politische Ordnungen und soziale Kräfte im Alten Reich, hrsg. von Hermann Weber (= Veröffentlichungen des Instituts für Europäische Geschichte Mainz, Abteilung Universalgeschichte, Beiheft 8), Wiesbaden 1980.

Press, Volker: Adel im Alten Reich. Gesammelte Vorträge und Aufsätze, hrsg. von Franz Brendle und Anton Schindling (= Frühneuzeit-Forschungen, Bd. 4), Tübingen 1998.

Press, Volker: Das Alte Reich. Ausgewählte Aufsätze, hrsg. von Johannes Kunisch (= Historische Forschungen, Bd. 59), Berlin 1997.

Regensburg – Stadt der Reichstage. Vom Mittelalter zur Neuzeit, hrsg. von Dieter Albrecht (= Schriftenreihe der Universität Regensburg, Bd. 21), Regensburg 1994.

Regionen in der Frühen Neuzeit. Reichskreise im deutschen Raum, Provinzen in Frankreich, Regionen unter polnischer Oberhoheit: Ein Vergleich ihrer Strukturen, Funktionen und ihrer Bedeutung, hrsg. von Peter Claus Hartmann (= Zeitschrift für Historische Forschung, Beiheft 17), Berlin 1994.

Das Reichskammergericht in der deutschen Geschichte. Stand der Forschung, Forschungsperspektiven, hrsg. von Bernhard Diestelkamp (= Quellen und Forschungen zur höchsten Gerichtsbarkeit im Alten Reich, Bd. 21), Köln, Wien 1990.

Reichskreis und Territorium: Die Herrschaft über der Herrschaft? Supraterritoriale Tendenzen in Politik, Kultur, Wirtschaft und Gesellschaft. Ein Vergleich süddeutscher Reichskreise, hrsg. von Wolfgang Wüst (= Augsburger Beiträge zur Landesgeschichte Bayerisch-Schwabens, Bd. 7), Stuttgart 2000.

Reichspersonal. Funktionsträger für Kaiser und Reich, hrsg. von Anette Baumann [u. a.] (= Quellen und Forschungen zur höchsten Gerichtsbarkeit im Alten Reich, Bd. 46), Köln, Weimar, Wien 2003.

Reichsständische Libertät und habsburgisches Kaisertum, hrsg. von Heinz Duchhardt und Matthias Schnettger (= Veröffentlichungen des Instituts für Europäische Geschichte Mainz, Abteilung Universalgeschichte, Beiheft 48), Mainz 1999.

Reichstage und Kirche, hrsg. von Erich Meuthen (= Schriftenreihe der Historischen Kommission bei der Bayerischen Akademie der Wissenschaften, Bd. 42), Göttingen 1991.

Reinhard, Wolfgang: Probleme deutscher Geschichte 1495–1806 (= Gebhardt, Handbuch der deutschen Geschichte, Bd. 9), 10. Aufl. Stuttgart 2001.

Schmidt, Georg: Geschichte des Alten Reiches. Staat und Nation in der Frühen Neuzeit 1495–1806, München 1999.

Schubert, Friedrich Hermann: Die deutschen Reichstage in der Staatslehre der Frühen Neuzeit (= Schriftenreihe der Historischen Kommission bei der Bayerischen Akademie der Wissenschaften, Bd. 7), Göttingen 1966.

Vom Spätmittelalter bis zum Ende des Reiches, hrsg. von Kurt G. A. Jeserich, Hans Pohl und Georg Christoph von Unruh (= Deutsche Verwaltungsgeschichte, Bd. 1), Stuttgart 1983.

Stände und Gesellschaft im Alten Reich, hrsg. von Georg Schmidt (= Veröffentlichungen des Instituts für Europäische Geschichte Mainz, Abteilung Universalgeschichte, Beiheft 29), Stuttgart 1989.

Literatur zu den Kapiteln 8 bis 10

Als Frieden möglich war. 450 Jahre Augsburger Religionsfrieden, hrsg. von Carl A. Hoffmann [u. a.], Regensburg 2005.

Angermeier, Heinz: Reichsreform und Reformation (= Schriften des Historischen Kollegs, Vorträge, Bd. 5), München 1983.

Angermeier, Heinz: Die Reichsreform 1410–1555. Die Staatsproblematik in Deutschland zwischen Mittelalter und Gegenwart, München 1984.

Aulinger, Rosemarie: Das Bild des Reichstages im 16. Jahrhundert. Beiträge zu einer typologischen Analyse schriftlicher und bildlicher Quellen (= Schriftenreihe der Historischen Kommission bei der Bayerischen Akademie der Wissenschaften, Bd. 18), Göttingen 1980.

Aus der Arbeit an den Reichstagen unter Kaiser Karl V. Sieben Beiträge zu Fragen der Forschung und Edition, hrsg. von Heinrich Lutz und Alfred Kohler (= Schriftenreihe der Historischen Kommission bei der Bayerischen Akademie der Wissenschaften, Bd. 26), Göttingen 1986.

Bibliographie zum Westfälischen Frieden, bearb. von Eva Ortlieb und Matthias Schnettger, hrsg. von Heinz Duchhardt (= Schriftenreihe der Vereinigung zur Erforschung der Neueren Geschichte, Bd. 26), Münster 1996.

Burkhardt, Johannes: Der Dreißigjährige Krieg (= edition suhrkamp, Neue Folge, Bd. 542), Frankfurt am Main 1992.

Carl, Horst: Der Schwäbische Bund 1488–1534. Landfrieden und Genossenschaft im Übergang vom Spätmittelalter zur Reformation (= Schriften zur südwestdeutschen Landeskunde, Bd. 24), Leinfelden-Echterdingen 2000.

Dickmann, Fritz: Der Westfälische Frieden, 7. Aufl. Münster 1998.

Fortschritte in der Geschichtswissenschaft durch Reichstagsaktenforschung. Vier Beiträge aus der Arbeit an den Reichstagsakten des 15. und 16. Jahrhunderts, hrsg. von Heinz Angermeier und Erich Meuthen (= Schriftenreihe der Historischen Kommission bei der Bayerischen Akademie der Wissenschaften, Bd. 35), Göttingen 1988.

Gotthard, Axel: Der Augsburger Religionsfrieden (= Reformationsgeschichtliche Studien und Texte, Bd. 148), Münster 2004.

Haan, Heiner: Der Regensburger Kurfürstentag von 1636/1637 (= Schriftenreihe der Vereinigung zur Erforschung der Neueren Geschichte, Bd. 3), Münster 1967.

Haug-Moritz, Gabriele: Der Schmalkaldische Bund 1530–1541/42. Eine Studie zu den genossenschaftlichen Strukturelementen der politischen Ordnung des Heiligen Römischen Reiches Deutscher Nation (= Schriften zur südwestdeutschen Landeskunde, Bd. 44), Leinfelden-Echterdingen 2002.

Kohler, Alfred: Das Reich im Kampf um die Hegemonie in Europa 1521–1648 (= Enzyklopädie deutscher Geschichte, Bd. 6), München 1990.

Kohnle, Armin: Reichstag und Reformation. Kaiserliche und ständische Religionspolitik von den Anfängen der Causa Lutheri bis zum Nürnberger Religionsfrieden (= Quellen und Forschungen zur Reformationsgeschichte, Bd. 72), Gütersloh 2001.

Krieger, Karl-Friedrich: König, Reich und Reichsreform im Spätmittelalter (= Enzyklopädie deutscher Geschichte, Bd. 14), München 1992.

Lanzinner, Maximilian: Konfessionelles Zeitalter 1555–1618 (= Gebhardt, Handbuch der deutschen Geschichte, Bd. 10) 10. Aufl.. Stuttgart 2001.

Lanzinner, Maximilian: Friedenssicherung und politische Einheit des Reiches unter Kaiser Maximilian II. (1564–1576) (= Schriftenreihe der Historischen Kommission bei der Bayerischen Akademie der Wissenschaften, Bd. 45), Göttingen 1993.

Laubach, Ernst: Ferdinand I. als Kaiser. Politik und Herrscherauffassung des Nachfolgers Karls V., Münster 2001.

Luttenberger, Albrecht P.: Kurfürsten, Kaiser und Reich. Politische Führung und Friedenssicherung unter Ferdinand I. und Maximilian II. (= Veröffentlichungen des Instituts für Europäische Geschichte Mainz, Abteilung Universalgeschichte, Bd. 149), Mainz 1994.

Lutz, Heinrich: Das Ringen um deutsche Einheit und kirchliche Erneuerung. Von Maximilian I. bis zum Westfälischen Frieden 1490 bis 1648 (= Propyläen Geschichte Deutschlands, Bd. 4), Berlin 1983.

Meußer, Anja: Für Kaiser und Reich. Politische Kommunikation in der frühen Neuzeit: Johann Ulrich Zasius (1521–1570) als Rat und Gesandter der Kaiser Ferdinand I. und Maximilian II. (= Historische Studien, Bd. 477), Husum 2004.

Neuhaus, Helmut: Reichstag und Supplikationsausschuß. Ein Beitrag zur Reichsverfassungsgeschichte der ersten Hälfte des 16. Jahrhunderts (= Schriften zur Verfassungsgeschichte, Bd. 24), Berlin 1977.

Neuhaus, Helmut: Reichsständische Repräsentationsformen im 16. Jahrhundert. Reichstag – Reichskreistag – Reichsdeputationstag (= Schriften zur Verfassungsgeschichte, Bd. 33), Berlin 1982.

Nicklas, Thomas: Um Macht und Einheit des Reiches. Konzeption und Wirklichkeit der Politik bei Lazarus von Schwendi (1522–1583) (= Historische Studien, Bd. 442), Husum 1995.

Der Passauer Vertrag von 1552. Politische Entstehung, reichsrechtliche Bedeutung und konfessionsgeschichtliche Bewertung, hrsg. von Winfried Becker (= Einzelarbeiten aus der Kirchengeschichte Bayerns, Bd. 80), Neustadt a. d. Aisch 2003.

Press, Volker: Kaiser Karl V., König Ferdinand und die Entstehung der Reichsritterschaft (= Institut für Europäische Geschichte Mainz, Vorträge, Nr. 60), Wiesbaden 1976.

Press, Volker: Kriege und Krisen. Deutschland 1600–1715 (= Die Neue Deutsche Geschichte, Bd. 5), München 1991.

Rabe, Horst: Deutsche Geschichte 1500–1600. Das Jahrhundert der Glaubensspaltung, München 1991.

Das Reichskammergericht. Der Weg zu seiner Gründung und die ersten Jahrzehnte seines Wirkens (1451–1527), hrsg. von Bernhard Diestelkamp (= Quellen und Forschungen zur höchsten Gerichtsbarkeit im Alten Reich, Bd. 45), Köln, Weimar, Wien 2003.

Reinhard, Wolfgang: Reichsreform und Reformation 1495–1555 (= Gebhardt, Handbuch der deutschen Geschichte, Bd. 9), 10. Aufl. Stuttgart 2001.

Repgen, Konrad: Dreißigjähriger Krieg und Westfälischer Friede. Studien und Quellen, hrsg. von Franz Bosbach und Christoph Kampmann (= Rechts- und Staatswissenschaftliche Veröffentlichungen der Görres-Gesellschaft, Neue Folge, Bd. 81), Paderborn [u. a.] 1998.

Roll, Christine: Das zweite Reichsregiment 1521–1530 (= Forschungen zur deutschen Rechtsgeschichte, Bd. 15), Köln, Weimar, Wien 1996.

Säkulare Aspekte der Reformationszeit, hrsg. von Heinz Angermeier (= Schriften des Historischen Kollegs, Kolloquien, Bd. 5), München, Wien 1983.

Schilling, Heinz: Aufbruch und Krise. Deutschland 1517–1648, Berlin 1988.

Schmid, Peter: Der Gemeine Pfennig von 1495. Vorgeschichte und Entstehung, verfassungsgeschichtliche, politische und finanzielle Bedeutung (= Schriftenreihe der Historischen Kommission bei der Bayerischen Akademie der Wissenschaften, Bd. 34), Göttingen 1989.

Schmidt, Georg: Der Städtetag in der Reichsverfassung. Eine Untersuchung zur korporativen Politik der Freien und Reichsstädte in der ersten Hälfte des 16. Jahrhunderts (= Veröffentlichungen des Instituts für Europäische Geschichte Mainz, Abteilung Universalgeschichte, Bd. 113), Stuttgart 1984.

Schmidt, Georg: Der Wetterauer Grafenverein. Organisation und Politik einer Reichskorporation zwischen Reformation und Westfälischem Frieden (= Veröffentlichungen der Historischen Kommission für Hessen, Bd. 52), Marburg 1989.

Schormann, Gerhard: Dreißigjähriger Krieg 1618–1648 (= Gebhardt, Handbuch der deutschen Geschichte, Bd. 10), 10. Aufl. Stuttgart 2001.

Schulz, Peter: Die politische Einflußnahme auf die Entstehung der Reichskammergerichtsordnung 1548 (= Quellen und Forschungen zur höchsten Gerichtsbarkeit im Alten Reich, Bd. 9), Köln, Wien 1980.

Schulze, Winfried: Reich und Türkengefahr im späten 16. Jahrhundert. Studien zu den politischen und gesellschaftlichen Auswirkungen einer äußeren Bedrohung, München 1978.

Smend, Rudolf: Das Reichskammergericht (= Quellen und Studien zur Verfassungsgeschichte des Deutschen Reiches in Mittelalter und Neuzeit, Bd. 4, Heft 3), Weimar 1911.

Die Territorien des Reiches im Zeitalter der Reformation und Konfessionalisierung. Land und Konfession 1500–1650, 7 Bde., hrsg. von Anton Schindling und Walter Ziegler (= Katholisches Leben und Kirchenreform im Zeitalter der Glaubensspaltung, Bde. 49–53, 56, 57), Münster 1989–1997.

1495 – Kaiser, Reich, Reformen. Der Reichstag zu Worms, Koblenz 1995.

Wanger, Bernd Herbert: Kaiserwahl und Krönung im Frankfurt des 17. Jahrhunderts. Darstellung anhand der zeitgenössischen Bild- und Schriftquellen und unter besonderer Berücksichtigung der Erhebung des Jahres 1612 (= Studien zur Frankfurter Geschichte, Bd. 34), Frankfurt am Main 1994.

Der Westfälische Friede. Diplomatie – politische Zäsur – kulturelles Umfeld – Rezeptionsgeschichte, hrsg. von Heinz Duchhardt (= Historische Zeitschrift, Beihefte [Neue Folge], Bd. 26), München 1998.

Wiesflecker, Hermann: Kaiser Maximilian I. Das Reich, Österreich und Europa an der Wende zur Neuzeit, 5 Bde., München 1971–1986.

Literatur zu den Kapiteln 11 und 12

1803. Wende in Europas Mitte. Vom feudalen zum bürgerlichen Zeitalter, hrsg. von Peter Schmid und Klemens Unger, Regensburg 2003.

Aretin, Karl Otmar Freiherr von: Das Alte Reich 1648–1806, 4 Bde., Stuttgart 1993–2000.

Aretin, Karl Otmar Freiherr von: Heiliges Römisches Reich 1776–1806. Reichsverfassung und Staatssouveränität, 2 Bde. (= Veröffentlichungen des Instituts für Europäische Geschichte Mainz, Abteilung Universalgeschichte, Bd. 38), Wiesbaden 1967.

Aretin, Karl Otmar Freiherr von: Das Reich. Friedensgarantie und europäisches Gleichgewicht 1648–1806, Stuttgart 1986.

Burgdorf, Wolfgang: Reichskonstitution und Nation. Verfassungsreformprojekte für das Heilige Römische Reich Deutscher Nation im politischen Schrifttum von 1648 bis 1806 (= Veröffentlichungen des Instituts für Europäische Geschichte Mainz, Abteilung Universalgeschichte, Bd. 173), Mainz 1998.

Bussi, Emilio: Il diritto publico del sacro Romano Impero alla fine del XVIII secolo, 2 Bde., Padova, Milano 1957–1959.

Christmann, Thomas: Das Bemühen von Kaiser und Reich um die Vereinheitlichung des Münzwesens. Zugleich ein Beitrag zum Rechtsetzungsverfahren im Heiligen Römischen Reich nach dem Westfälischen Frieden (= Schriften zur Rechtsgeschichte, Bd. 41), Berlin 1988.

Duchhardt, Heinz: Altes Reich und europäische Staatenwelt 1648–1806 (= Enzyklopädie deutscher Geschichte, Bd. 4), München 1990.

Feine, Hans Erich: Die Besetzung der Reichsbistümer vom Westfälischen Frieden bis zur Säkularisation 1648–1803 (= Kirchenrechtliche Abhandlungen, Bd. 97/98), Stuttgart 1921, Amsterdam 1964.

Fürnrohr, Walter: Der Immerwährende Reichstag zu Regensburg. Das Parlament des Alten Reiches. Zur 300-Jahrfeier seiner Eröffnung 1663, 2. Aufl. Regensburg, Kallmünz 1987.

Härter, Karl: Reichstag und Revolution 1789–1806. Die Auseinandersetzung des Immerwährenden Reichstags zu Regensburg mit den Auswirkungen der Französischen Revolution auf das Alte Reich (= Schriftenreihe der Historischen Kommission bei der Bayerischen Akademie der Wissenschaften, Bd. 46), Göttingen 1992.

Hartmann, Peter Claus: Kulturgeschichte des Heiligen Römischen Reiches 1648 bis 1806. Verfassung, Religion und Kultur (= Studien zu Politik und Verwaltung, Bd. 72), Wien, Köln, Graz 2001.

Hattenhauer, Christian: Wahl und Krönung Franz II. AD 1792. Das Heilige Reich krönt seinen letzten Kaiser (= Rechtshistorische Reihe, Bd. 130), Frankfurt am Main [u. a.] 1995.

Der Kurfürst von Mainz und die Kreisassoziationen 1648–1746. Zur verfassungsmäßigen Stellung der Reichskreise nach dem Westfälischen Frieden, hrsg. von Karl Otmar Freiherr von Aretin (= Veröffentlichungen des Instituts für Europäische Geschichte Mainz, Abteilung Universalgeschichte, Beiheft 2), Wiesbaden 1975.

Mader, Eric-Oliver: Die letzten »Priester der Gerechtigkeit«. Die Auseinandersetzung der letzten Generation von Richtern des Reichskammergerichts mit der Auflösung des Heiligen Römischen Reiches Deutscher Nation (= Colloquia Augustana, Bd. 20), Berlin 2005.

Möller, Horst: Fürstenstaat oder Bürgernation. Deutschland 1763–1815, Berlin 1989.

Müller, Andreas: Der Regensburger Reichstag von 1653/54. Eine Studie zur Entwicklung des Alten Reiches nach dem Westfälischen Frieden (= Europäische Hochschulschriften, Reihe 3, Bd. 511), Frankfurt am Main [u. a.] 1992.

Oschmann, Antje: Der Nürnberger Exekutionstag 1649–1650. Das Ende des Dreißigjährigen Krieges in Deutschland (= Schriftenreihe der Vereinigung zur Erforschung der Neueren Geschichte, Bd. 17), Münster 1991.

Reden-Dohna, Armgard von: Reichsstandschaft und Klosterherrschaft. Die schwäbischen Reichsprälaten im Zeitalter des Barock (= Institut für Europäische Geschichte Mainz, Vorträge, Nr. 78), Wiesbaden 1982.

Reich oder Nation? Mitteleuropa 1780–1815, hrsg. von Heinz Duchhardt und Andreas Kunz (= Veröffentlichungen des Instituts für Europäische Geschichte Mainz, Abteilung Universalgeschichte, Beiheft 46), Mainz 1998.

Roeck, Bernd: Reichssystem und Reichsherkommen. Die Diskussion über die Staatlichkeit des Reiches in der politischen Publizistik des 17. und 18. Jahrhunderts (= Veröffentlichungen des Instituts für Europäische Geschichte Mainz, Abteilung Universalgeschichte, Bd. 112), Stuttgart 1984.

Schilling, Heinz: Höfe und Allianzen. Deutschland 1648–1763, Berlin 1989.

Schindling, Anton: Die Anfänge des Immerwährenden Reichstags zu Regensburg. Ständevertretung und Staatskunst nach dem Westfälischen Frieden (= Veröffentlichungen des Instituts für Europäische Geschichte Mainz, Abteilung Universalgeschichte, Bd. 143), Mainz 1991.

Schnettger, Matthias: Der Reichsdeputationstag 1655–1663. Kaiser und Stände zwischen Westfälischem Frieden und Immerwährendem Reichstag (= Schriftenreihe zur Vereinigung zur Erforschung der Neueren Geschichte, Bd. 24), Münster 1996.

Sheehan, James J.: Der Ausklang des alten Reiches. Deutschland seit dem Ende des Siebenjährigen Krieges bis zur gescheiterten Revolution 1763 bis 1850. Ins Deutsche übertragen von Karl Heinz Siber (= Propyläen Geschichte Deutschlands, Bd. 6), Berlin 1994.

Das Staatsrecht des Heiligen Römischen Reiches Deutscher Nation. Eine Darstellung der Reichsverfassung gegen Ende des 18. Jahrhunderts, hrsg. von Wolfgang Wagner (= Studien und Quellen zur Geschichte des deutschen Verfassungsrechts, Reihe B, Bd. 1), Heidelberg, Karlsruhe 1968.

Vierhaus, Rudolf: Staaten und Stände. Vom Westfälischen bis zum Hubertusburger Frieden 1648 bis 1763 (= Propyläen Geschichte Deutschlands, Bd. 5), Berlin 1984.

Wenkebach, Heinz: Bestrebungen zur Erhaltung der Einheit des Heiligen Römischen Reiches in den Reichsschlüssen von 1663 bis 1806 (= Untersuchungen zur deutschen Staats- und Rechtsgeschichte, Neue Folge, Bd. 13), Aalen 1970.

Wolff, Fritz: Corpus Evangelicorum und Corpus Catholicorum auf dem Westfälischen Friedenskongreß. Die Einführung der konfessionellen Ständeverbindungen in die Reichsverfassung (= Schriftenreihe der Vereinigung zur Erforschung der Neueren Geschichte, Bd. 2), Münster 1966.

Wrede, Martin: Das Reich und seine Feinde. Politische Feindbilder in der reichspolitischen Publizistik zwischen Westfälischem Frieden und Siebenjährigem Krieg (= Veröffentlichungen des Instituts für Europäische Geschichte Mainz, Abteilung Universalgeschichte, Bd. 196), Mainz 2004.

Abbildungsnachweis

Archiv für Kunst und Geschichte Umschlagvorderseite Mitte links, 22–23, 28–29, 34–35, 47, 96, 98, 101, 104, 122–123, 128, 144–145, 166–167, 175, 206, 222, 229, 260, 287, 298, Farbabb. 1, 15, 24, 30, 32–34

Archiv des Verlags 17, 23, 68–69, 130, 145–146, 164, 194, 202, 213, Farbabb. 6

1803. Wende in Europas Mitte. Vom feudalen zum bürgerlichen Zeitalter, hrsg. von Peter Schmid und Klemens Unger. Begleitband zur Ausstellung Regensburg 2003, Regensburg 2003 282, 284–285

Augsburg. Geschichte in Bilddokumenten, hrsg. von Friedrich Blendinger und Wolfgang Zorn, München 1976 211, 215, 244, 260–261

Behringer, Wolfgang: Im Zeichen des Merkur. Reichspost und Kommunikationsrevolution in der Frühen Neuzeit, Göttingen 2003 242

Bernward von Hildesheim und das Zeitalter der Ottonen, hrsg. von Michael Brandt und Arne Eggebrecht, Kat. Ausst. Hildesheim 1993, Bd. 1–2. Mainz, Hildesheim 1993 12, 14, 40–41, 157, Farbabb. 5

Boockmann, Hartmut: Stauferzeit und spätes Mittelalter. Deutschland 1125–1517 (Das Reich und die Deutschen), Berlin 1987 133–134, 139, 140, 152–155, 180, 182, 296

Braun, Georg, Hogenberg Franz: Contrafactur und Beschreibung von den vornembsten Stetten der Welt. 3. Bd. Köln 1581 Blatt 48 191

Deutsche Geschichte. Von den Saliern zu den Staufern 1024–1152, Bd. 2, hrsg. von Heinrich Pleticha, Gütersloh 1987 87, 89

Deutsche Geschichte in Bildern von der Urzeit bis zur Gegenwart, hrsg. von Herbert Jankuhn, Hartmut Boockmann und Wilhelm Treue, Wiesbaden 1981 295

Deutsche Hauptstädte, hrsg. von Bernd Heidenreich, Wiesbaden: Hessische Landeszentrale für politische Bildung 1998 14, 219

Deutsche Könige, Römische Kaiser. Der Traum vom Heiligen Römischen Reich Deutscher Nation 800–1806, hrsg. von Franz Hubmann und Walter Pohl, Wien, München 1987 6, 290, 299

Diwald, Hellmut: Heinrich der Erste. Die Gründung des Deutschen Reiches, Bergisch Gladbach 1987 33

dtv-Atlas zur Weltgeschichte. Karten und chronologischer Abriß. Von den Anfängen bis zur Französischen Revolution, Bd. 1, München 1994 193

Dunk, Thomas H. von der: Das deutsche Denkmal. Eine Geschichte in Bronze und Stein vom Hochmittelalter bis zum Barock, Köln 1999 148

Frieden durch Recht. Das Reichskammergericht von 1495 bis 1806, hrsg. von Ingrid Scheurmann, Mainz 1994 188–190, 258–259, 296

Friedrich der Große. Herrscher zwischen Tradition und Fortschritt, Gütersloh 1985 266, 273–274, 279

Um Glauben und Reich. Kurfürst Maximilian I., hrsg. von Hubert Glaser, München 1980 210, 228, 230, 233, Farbabb. 26

Die Habsburger. Eine europäische Familiengeschichte, hrsg. von Brigitte Vacha, Graz, Wien, Köln 1992 137, 159, 183, 205

Heinrich der Löwe und seine Zeit: Herrschaft und Repräsentation der Welfen 1125 bis 1235, hrsg. von Jochen Luckhardt und Franz Niehoff, Kat. Ausst. Braunschweig 1995, Bd. 1–3, München 1995 77–78, 80, Farbabb. 12

Hermes Handlexikon. Päpste und Konzilien, hrsg. von Hubert Stadler, Düsseldorf 1983 89

Hoffmann, Paul: Die bildlichen Darstellungen des Kurfürstenkollegiums von den Anfängen bis zum des Hl. Römischen Reiches (13.–18. Jahrhundert), Bonn 1982 230

Jacob, Frank-Dietrich: Historische Stadtansichten, Leipzig 1982 60, 192, 229

Kaiser Ferdinand I. 1503–1564. Das Werden der Habsburgermonarchie, hrsg. von Wilfried Seipel, Kat. Ausst. Kunsthistorisches Museum Wien 2003 202, Farbabb. 20

Kaiser Heinrichs Romfahrt. Die Bilderchronik von Kaiser Heinrich VII. und Kurfürst Balduin von Luxemburg 1308–1313, München 1978 141–143

Kaiser Maximilian I. Bewahrer und Reformer, hrsg. von Georg Schmidt-von Rhein, Ramstein 2002 140, 152, 178–179, 190, Farbabb. 18, 25

Kaiserin Theophanu. Begegnung des Ostens und des Westens um die Wende des ersten Jahrtausend, Kat. Ausst. Schnütgen-Museum Köln 1991 19, 36

Karl V. 1500–1558 und seine Zeit, hrsg. von Hugo Soly, Köln 2000 196, Farbabb. 19

Krönungen. Könige in Aachen – Geschichte und Mythos, Bd. 1., hrsg. von Mario Kramp, Mainz 2000 51, 131, 196, Farbabb. 2, 16, 23

799 Kunst und Kultur der Karolingerzeit. Karl der Große und Papst Leo III. in Paderborn, hrsg. von Christoph Stiegemann und Matthias Wemhoff. Kat. Ausst. Paderborn 1999, Bd. 1–3, Mainz 1999 12, 13, 16

Laudage, Johannes: Otto der Große (912–973). Eine Biographie, Regensburg 2001 13

Lahrkamp, Helmut: Dreißigjähriger Krieg. Westfälischer Frieden. Eine Darstellung der Jahre 1618–1648 mit 326 Bildern und Dokumenten, Münster 1997 222, 226–227, 231, 233, 236–237, Farbabb. 31

Magdeburg 1200. Mittelalterliche Metropole, preußische Festung, Landeshauptstadt. Die Geschichte der Stadt von 805 bis 2005, hrsg. von Matthias Puhle, Stuttgart 2005 47–49, 212, 232, Farbabb. 3, 4

Mai, Ekkehard: Hermann Freihold Plüddemann. Maler und Illustrator zwischen Spätromantik und Historismus (1809–1868). Ein Werkverzeichnis, Köln 2004 135–136, 138,

Maria Theresia und ihre Zeit. Zur 200. Wiederkehr des Todestages, Kat. Ausst. Wien 1980 270, 278

Maria Theresia und ihre Zeit, hrsg. von Walter Koschatzky, Salzburg, Wien 1979 271, 276, 277, Farbabb. 37

Martin Luther. Dokumente seines Lebens und Wirkens, Weimar 1983 194, 197–198, 203

Memleben. Königspfalz – Reichskloster – Propstei, hrsg. von Helge Wittmann, Petersberg 2001 36

Mende, Matthias: Albrecht Dürer – ein Künstler in seiner Stadt, Nürnberg 2000 192, Farbabb. 27

Moraw, Peter: Von offener Verfassung zu gestalteter Verdichtung. Das Reich im späten Mittelalter 1250 bis 1490 (= Propyläen Geschichte Deutschlands, Bd. 3), Berlin 1985 161–163, 169–171, 181–182

Mraz, Gerda und Gottfried: Maria Theresia. Ihr Leben und ihre Zeit in Bildern und Dokumenten, München 1979 266, 274, 279

Museum des Dreißigjährigen Kriegs Wittstock /Dosse. Kat. Ausst. 235

Neubert, Karel: Pražský Hrad, Prag 1987 158

Nürnberg, Kaiser und Reich. Kat. Ausst. Nürnberg 1986 291

Opell, Ferdinand: Wien im Bild historischer Karten. Die Entwicklung der Stadt bis in die Mitte des 19. Jahrhunderts, Wien 2004 256

Österreich zur Zeit Kaiser Josephs II. Niederösterreichische Landesausst. 1980, Wien 1980 275

Otto der Große. Magdeburg und Europa, hrsg. von Matthias Puhle, Bd. 1–2, Mainz 2001 39, Farbabb. 7

Parent, Thomas: Die Hohenzollern in Köln, Köln 1981 294

Petersohn, Jürgen: Rom und der Reichstitel »Sacrum Romanum Imperium« (= Sitzungsberichte der Wissenschaftlichen Gesellschaft an der Johann-Wolfgang-von-Goethe-Universität, Bd. 32,4), Stuttgart 1994 2

Pleticha, Heinrich: Des Reiches Glanz. Reichskleinodien und Kaiserkrönungen im Spiegel der Deutschen Geschichte, Freiburg, Basel, Wien 1989 3–5, 27, 66, 76, 84, 132, 134, 146, 156, 158, 168, 172–173, 200, Farbabb. 10, 13–14, 17

Putzger Historischer Weltatlas, Berlin 1974 Farbabb. 38

Regensburg. Geschichte in Bilddokumenten, hrsg. von Andreas Kraus und Wolfgang Pfeiffer, München 1979 20, 203, 216, 226, 271

Regensburg – Stadt der Reichstage. Vom Mittelalter zur Neuzeit, hrsg. von Dieter Albrecht, Regensburg 1994 250–254

von Raumer, Kurt: Die Zerstörung der Pfalz von 1689, Bad Neustadt a. d. Saale 1982 257–258

Schatzkammer Deutschland Der ADAC-Wegweiser zu den Kostbarkeiten unseres Lande Stuttgart 1978 15, 59, 84, Farbabb. 9

Schieber, Martin: Nürnberg. Eine illustrierte Geschichte der Stadt, München 2000 297

Die Schlacht bei Nördlingen. Nördlingen 1984 234

Schubert, Ernst: Dies diem docet. Ausgewählte Aufsätze zur mittelalterlichen Kunst und Geschichte in Mitteldeutschland. Festgabe zum 75. Geburtstag, hrsg. von Hans-Joachim Krause, Köln 2003 68

Schulze, Hans K.: Hegemoniales Kaisertum. Ottonen und Salier (= Das Reich und die Deutschen), Berlin 1991 32, 36, 37, 38, 41, 48, 49, 50, 56–57, 65, 79

Von Speyer nach Rom. Wegstationen und Lebensspuren der Salier, hrsg. von Hansmartin Schwarzmaier, Sigmaringen 1991 32, 42–43, 64, 68, 71, 85, Farbabb. 8, 11

Seltmann, Ingeborg: Zepter und Zügel. Unterwegs im Troß der mittelalterlichen Kaiser, Augsburg 1999 45, 60, 77, 82–83, 85, 86–87

Von teutscher Not zu höfischer Pracht 1648–1701, Kat. Ausst. Nürnberg: Germanisches Nationalmuseum 1998 242, 246, 263

Wahl und Krönung in Frankfurt am Main. Kaiser Karl VII. 1742–1745, hrsg. von Rainer Koch und Patricia Stahl, Frankfurt am Main: Historisches Museum Frankfurt am Main 1986 195–196, 248, 267, 268–269, 276, Farbabb. 35–36

Welt im Umbruch. Augsburg zwischen Renaissance und Barock, Bd. 1, Augsburg 1980 201, 206, 232

Die Wiedertäufer in Münster. Kat. Ausst. Münster: Stadtmuseum 1982 204

Der Winterkönig. Kat. Ausst. Augsburg: Haus der Bayerischen Geschichte 2003 214, 223–224, Farbabb. 28–29

Register

Fett gesetzte Seitenzahlen verweisen auf die Bildlegenden. Die Farbtafeln und Karten sowie der Anhang sind nicht in die Register einbezogen.

Ortsregister

Aachen 3, 11, **12**, 13, 14, **14**, 17, **18**, 22, 24, 31, 38, 42, 45, 51, 52, 53, 54, 55, 61, 63, 65, 66, 70, **71**, 100, 105, 106, **107**, 113, 118, 119, **121**, 124, 128, 134, 138, 142, 144, 153, 158, 169, 174, 176, 195, **196**, 202, 271, 272, 291, 294, 299
Aare 18
Aargau 133, 134, 261
Admont 2
Aegerisee 144
Alemannien 15, 22, 23, 32, 33
Alessandria 107
Allgäu 198
Alpen 129, 191, **210**, **212**, 225, 284
Altenburg 110, 111
Altötting 23
Amberg 165, **225**
Amsterdam **266**
Anagni 108, **108**
Ancona 115
Andernach 23, 137
Anhalt-Bernburg 279
Anhalt-Dessau 279
Anhalt-Köthen 279
Antwerpen 8, 76
Apenninen-Halbinsel 187
Apulien 49, 58, 96, 113, 122, 124
Aquileja 20, 44, 50, 112
Aquitanien 15, 32
Aragon 187
Arelat 160
Arenberg 286
Arles 108, 159
Artois 128
Aschaffenburg 285, 286
Asti **142**
Atlantik 257
Ätna 124
Augsburg 7, 29, 44, **45**, 121, 124, 162, 187, 190, 191, 194, 200, 201, **201**, 204, 205, **205**, 206, **206**, 209, 211, **211**, 212, **213**, 214, 215, **215**, 217, 218, 226, 228, 229, 232, **232**, 239, 244, **244**, 260, **261**, 285, 292

Auhausen 217, 218, **218**
Aussig 172
Austerlitz 286
Auxerre 16
Avignon 141, 145, **145**, 146, 147, **147**, 152, 159, 160, 163, 164, 166

Baden 140, 165, 179, 257, 261, 278, 279, 285, 286
Baden-Baden **282**
Balkan 202, 256
Baltikum 121, 122
Bamberg (Babenberg) 26, 27, **27**, 41, 55, 57, 58, 59, **59**, 60, **60**, 61, 63, 73, 74, 99, 106, 211, 299
Bari 58, 115
Bärwalde 231
Basel 8, 9, 57, **67**, 124, 172, **172**, 191, 194, 254, 280, 281
Bautzen 56
Bayerischer Reichskreis 193, 217, 281, 282
Bayern 7, 22, 23, 24, **25**, 31, 32, 33, 35, 36, 37, 40, 44, **45**, 50, 51, 55, 56, 63, 65, 66, 71, 88, 98, 100, 103, 110, 111, 133, 149, 165, 215, 218, 232, 235, 259, **260**, 262, 267, 268, 277, 278, 284, 285, 286, 290, 291
Belgrad 255
Benevent 49, 66, 81, 101
Besançon 67, **69**, 72, 103, 104
Berchtesgarden 282, 284, 285
Berg 218, 248, 256, 286
Bergamo 24
Berge 209, 210, 212, **212**, 218
Berlin **235**, 265, **266**, 268, 269, 272, 274, 276, 278, 280, 281, 282, 283, 286, 296
Bern 142
Bingen 28, **28**, 171
Blindheim **260**
Bodensee 7, 99
Böhmen 4, 7, 8, 20, 23, 29, 42, 50, 56, 70, 71, **76**, 88, 115, **118**, 129, 130, 132, 133, 134, 136, 137, 140, 141, 143, 144, 151, 152, 154, 155, 157, 158, 160, 161, **162**, 163, 165, 168, 170, **170**, 172, 173, **173**, 175, 176, 178, 180, 183, 184, 191, 193, 199, 221, 223, **223**, 224, **225**, 227, **227**, 230, 234, 235, 237, 238, 239, 241, 262, 265, 267, 268, 269, 270, 281, 284, 285, 297
Bologna 101, 102, **103**, 200, **200**
Bonn 36, 144, 153, 215, 253
Boppard 141
Bornhöved 121
Botfeld im Harz 77
Bouvines 119
Brabant 180
Brandenburg 48, 51, 94, 95, 130, 137, 144, 145, 148, 149, 154, 160, 168, 226, 231, 235, 243, 248, 253, 262, 265, 266, 269, 272, 278, 284, 285
Brandenburg-Ansbach 199, 218, 262, 281
Brandenburg-Ansbach-Bayreuth 279
Brandenburg-Bayreuth 262, 281
Brandenburg-Kulmbach 199
Brandenburg-Preußen 267, 269, 272, 274, 277, 278, 281
Braunschweig 97, **110**, 111, 124, 198, 248, 299
Braunschweig-Lüneburg 199, 256, 261
Braunschweig-Wolfenbüttel 279
Bregenz 109
Brescia 123, **143**
Breisach 258
Breisgau 134, 181
Breitenfeld **230**, 231, 233
Breitenwang in Tirol **96**, 97
Bremen 124, 239, 248, 249, 285
Brenner 7, 191
Breslau 7, 53, 128, 172, 267, 269
Brixen 86, 284
Brogne 79
Brugg an der Reuß **139**, 140
Brügge 159, **182**
Brühl 215
Brüssel 141, 202
Buchlohe 145
Budapest 203
Bulgarien 50
Buonconvento 144

329

Burgund   5, **5**, 7, 9, **17**, 31, 36, 42, 43, 57, 63, 65, 66, 67, **67**, 68, **69**, 70, 71, 72, 75, 78, 79, 81, 84, 87, 93, 94, 100, 104, 109, 119, **123**, 128, 137, 159, 180, 181, 182, 184, 190, 195, 209, 254
Burgundischer Reichskreis   193, 253, 273
Burzenland   121
Byzanz   3, 13, 20, 21, 46, 49, 51, 52, 58, 82, 87, 98, **108**

Calais   152
Cambrai   8, 57, 181
Camaldoli   79
Campo Formio   280, 281, 283, 289
Cannä   58
Canossa   23, 63, 78, 81, 85, **85**, **86**, 87, 91
Capua   49, 58, 66, 75, 119
Castel del Monte   **121**
Castel Fiorentino bei Luvera (Apulien)   124
Ceprano   122
Chalon-sur-Saône   7
Cham   110
Champagne   7
Chiavenna   108, 109, **109**, 110
Chieri   **142**
Clermont   87
Cluny   58, 78, 79, **79**, **80**, 81, 89
Coburg   **201**
Colmar   15
Como   109
Compiègne   298
Corbie   **18**, 19
Córdoba   42
Cortenuova   123
Corvey   **18**, 19, 41
Cotrone (Kalabrien)   51
Crécy   152
Crépy   204

Dalmatien   168, 187
Dänemark   50, 66, 69, 70, 94, 106, 121, 159, 221, 223, 226, 230
Dauphiné   160
Delft   258
Den Haag   223, 230, 257, 258, 259
Dessau   228
Dessauer Brücke   **227**, 228
Deutsch-Altenburg   71
Deutsch-Brod   170

Deutsches Reich   294, 296, 297
Deutschland   1, 3, 5, 16, 21, 26, 29, 55, 67, 75, 76, **78**, 81, 84, **84**, **86**, 89, 93, 100, 101, 107, 112, 115, 116, 117, 118, 119, 120, 121, 122, 123, 124, 141, **142**, 180, 187, 188, 239, 281, 289, 293, 294, 295, 296, 299
Diedenhofen (Thionville)   17, 18
Dillingen   211
Dingolfing   36
Dollart   285
Dolomiten   284, 285
Don   28
Donau   5, 7, 8, 28, **20**, 23, 29, **76**, **206**, **217**, 232, 241, 252, 256, **260**, **266**, 286
Donaudelta   28
Donau-Ried   **260**
Donauwörth   216, **217**, 232, **260**
Dortmund   51
Dosse   **235**
Doubs   **69**
Drau   20
Dresden   269, 280
Duisburg   55
Dürnkrut   133, 136, **136**
Düsseldorf   219

Eger   **118**, 119, 163, 174, **233**, 234
Egerland   152
Eichstätt   58, 285
Eider   8, 285
Eisenach   7, 197, **198**,
Eisenburg   250
Eisleben   212
Elba   123
Elbe   7, 8, 19, 48, 49, 51, **56**, 95, 99, 121, 193, 204, **204**, **227**, 231, 239, 241
Elde   121
Elbmarken   55
Elsaß   15, 110, **133**, 134, 181, 239, 254, 258
Elsloo   55
Eltville   154
Ems   226, 281, 285
England   70, 106, 115, 119, 137, 169, 209, 223, 230, 259
Enns   8, 28, 29
Erfurt   7, 36, 111, 172, **198**, 211
Erwitte   55
Essen   14, 19

Estergom,   176, siehe auch Gran
Esslingen   145, 190
Etsch   **192**, 210, 285
Europa   5, 23, 29, 37, 46, 119, 127, **152**, 155, 172, 187, 199, 212, 221, 224, **229**, 234, 235, 238, 239, 241, 247, 257, 261, 262, 263, **266**, 271, 280

Fehrbellin   253
Ferrara   172
Fischa   67
Flandern   18, 57, 87, 95, 128, **182**, 183
Flochberg, Burg westlich von Nördlingen   99
Florenz   188, 262, 270
Fonte Avellana   79
Fontenoy   16
Forchheim   11, 20, 23, 25, **25**, 28, 31, 86, 299
Francia   11, 23
Franken   7, 13, 22, 23, 24, 25, **25**, 26, 28, 31, 32, **32**, 33, 35, 36, 40, 61, 86, 93, 94, 98, 107, 110, 120, 193, 198, 232, 241, 262, 296
Frankenhausen   198
Frankenreich   11, 12, **12**
Frankfurt am Main   1, 7, 22, 23, 24, 25, 29, 58, 119, 121, 128, 130, 134, 138, 141, **141**, 144, 148, 153, **153**, 161, 162, 168, 172, 176, 182, 190, **190**, 195, 198, 203, 209, 223, 244, 247, 248, **248**, 257, 258, 260, 265, 266, 267, **267**, 268, **268**, 270, **270**, 275, **275**, 285, 287, 290, 291, 292, 293, 296
Fränkischer Reichskreis   193, 257, 260, 281
Frankreich   1, 3, 16, 21, 51, 57, 75, 81, 87, 119, 128, 137, 139, 141, 147, 160, 165, 169, 180, 182, 187, 212, 221, 231, 234, 236, 237, **237**, 238, 239, 241, 249, 253, 254, 256, 257, 258, 259, 260, 261, 262, 263, 265, 266, 267, 270, 271, 272, **273**, 277, 280, 281, **282**, 283, 284, 286, 293, 298
Freiburg im Breisgau   211, 258
Freiburg (Kanton)   183
Freising   284
Friaul   20, 281
Friedland   227
Friesland   17, 23

Fritzlar 27, 31, **32**, 33
Frohse an der Elbe 55
Fruttuaria 79
Fulda 7, 14, 21, 22, 24, **32**
Fürstenfeld, Kloster 149
Füssen 270

Gandersheim 14, 19, **40**, 41, **42**, 65
Gelderland 181
Geldern 181
Gelnhausen 109, 110, 111, **111**
Genf 212
Gent 8, 57, 195
Genua 58, 271
Gernrode 38
Gerstungen 83
Glatz 280
Gnesen 53, 54, **54**, 71
Göllersdorf 232
Göllheim 138, **138**
Göppinegn 94
Görlitz 160
Gorze 60, 79, 81
Goslar 65, 69, 72, 76, 77, **77**, 78, 83, 101, 110, 294, **295**, 299
Gotland 159
Gotthard-Paß 7
Göttingen 60, 226
Grado 9
Gran 71
Grandson 182, **182**
Graz 151, 175, 176, 211, 249
Griechenland 58
Grone (Grona) 55, 60
Großbritannien 258, 263, 267, 271, 272
Grottaferrata 79
Guastalla 88
Gunzenhausen 218

Habsburg (Habichtsburg) **133**, **139**, 140
Hagenau 110, **110**, 111, 203
Haldensleben **97**, 111
Halberstadt 19, 48, 49, 52
Halle an der Saale 118
Hamburg 19, 46, 51, 236, 237, 285
Hannover 259, 278, 285
Harsány 255
Harz **296**
Harzburg 82, 83, **84**

Hasenbühl 138
Haßfurt 27
Hattin 112
Havelberg 48, 51, 52
Havelland 94
Heidelberg **22**, 165, 166, **166**, 209, 210, 212, **212**, 213, 218, 223, **223**, 225, **225**, 251, 256, 257, 299
Heilbronn 98, 233
Hennegau 180
Hersfeld **36**
Herstal 18
Hessen 26, 95, 198, 199, **203**
Hessen-Darmstadt 248, 286
Hessen-Kassel 278, 279, 284, 285
Hildesheim 19, **40**, 41, **41**, 42, 55, 65
Hinterpommern 243
Hochburgund 18, 23, 43, **69**, 102
Höchst 225
Höchstädt **260**, 261
Hohenaltheim 33
Hohenstaufen 93, **94**
Hohenzollern-Hechingen 286
Hohenzollern-Sigmaringen 286
Holland 95, 180
Holland-Zeeland-Friesland 148, 149
Holstein 226, 230
Hradschin 155
Hubertusburg 274, **274**

Iberische Halbinsel 95
Ichtershausen 118
Iglau 173
Ilz **206**
Ingelheim 16, **16**, 25, 72, 88
Ingolstadt 211
Inn **206**, 282
Innsbruck 178, **179**, 205, 299
Inntal 7
Innviertel 277
Isar **233**, 241
Isenburg-Birstein 286
Iserlohn 292
Istrien 8, 284
Italien 2, 3, 5, 7, 9, 11, 17, 18, 21, 23, 24, 31, 32, 36, 42, 43, **43**, 44, 45, 46, 49, 50, 51, 52, 53, 55, 57, 58, 63, 66, 67, **67**, 68, 69, 71, 72, 75, 78, 79, **79**, 88, 89, 91, 93, 94, 96, 97, 100, 101, 103, 105, 106, 107, 109, 112, 114, 115, 117, 118, 121, 123, 124, 125, 127, 128, 141, **142**, 144, 145, 146, 149, 156, 157, 163, 167, 169, 173, 177, 178, 187
Ivois 51

Jankau 235, 237
Jedenspeigen 136
Jena 127, 295
Jerusalem 112, 113, 116, 122, 123
Jesi 115, 119
Jülich 218, 248, 256
Jütland 228

Kaaden 202
Kahlenberg 255
Kaiserslautern 110, 199
Kaiserswerth 82, **82**, 83
Kalabrien 51, 81, 96
Kamba 64, **67**
Kap Colonne 51
Karlowitz 255
Karlstein, Burg 155, **155**, **156**
Kärnten 7, 32, 50, 51, 63, 133, 136
Kastilien 182
Kassel 60
Kaufungen, Kloster 60, **60**
Kehl 258
Kiel 8
Kiew 7, 42
Kirchenstaat 58, 112, 116, 123, 191, 200
Kladrau 163
Kleinschnellendorf 267
Kleve 218, 285, 286
Koblenz 97, **141**, 148, 289, 295
Kolberg 53
Köln 14, 22, 44, 65, 66, 67, **68**, 100, 102, 105, **105**, 106, **106**, 110, 115, 124, 130, 131, 132, 133, 144, 152, **161**, 164, 168, 172, 182, 192, 202, **202**, 211, 215, 226, 248, 256, 259, 262, 272, 278, 285, 294, **294**, 299
Königsberg 259
Königsfelden 140
Königshofen 198
Königslutter 96, 97, **97**, **110**
Konstantinopel 3, 178
Konstanz 24, **32**, 65, 67, 101, **101**, 109, 112, 118, 169, **169**, 170, **170**, 188, 192, 201
Korsika 46

Krain 136, 202
Krakau 7, 53
Kreuznach **231**
Kroatien 255
Kruschwitz 121
Kulmer Land 121
Kunersdorf **279**
Kurbayern 265
Kurböhmen 272
Kurbrandenburg 221, 253, 272, 273, 285
Kurhannover 273
Kurköln 253
Kurmainz 165, 179, 253
Kurpfalz 164, 212, 253, 285
Kurrheinischer Reichskreis 193, 257, 260
Kursachsen 212, 213, 234, 272
Kurtrier 253
Küstrin 231
Kyburg **134**
Kyffhäuser 9, 124, 198, 295, **296**

Lahn 137, **258**, 281
Landskron, Festung bei Oppenheim 166
Landstuhl 199
Langobardenreich **43**, 44
Langres 8
Latium 135
Lauf **154**
Lauenburg 8
Lausitz 56, 67, 152, 160
Lech 200, 209
Lechfeld 44, **45**, 63
Legnano 108
Leiden 212, **214**
Leipzig 194, **230**, 231, 273, 274, 295
Leitha 67
Leuchtenberg 277
Liechtenstein 286
Liegnitz **122**, 123
Lille 119
Limburg an der Haardt **64**
Limburg 180
Lindau 201
Linz 28, 182, 183, 267
Lipan 173
Lippe 226
Lissabon **266**
Livland 122, 129
Lombardei 103, 105, 107, 108, 109, 112, 122, 123, 173

London 159, **266**
Lorch 93
Lorsch 14, 22, **22**, **23**
Lotharingien (Lothringen) 6, 18, 22, 23, 24, 26, 28, 32, 33, 35, 36, 40, 41, 44, 50, 51, 57, 60, 63, 64, 72, 75, 78, 79, **79**, 81, 181, 182, 198, 253, 254, 262, 269, 271
Löwen 24
Lübeck 131, 159, 162, **163**, 228, **229**, 285, 299
Lucka (Ostthüringen) 140
Lüneburg 111
Lunéville 283, 285
Lutter am Barenberge 226
Lüttich 18, 23, 41, 88, 96, 180, 280
Lützen 233
Luxemburg 141, 180, 256
Luzern 134
Lyon 123, **123**, 124, 134

Maas 14, 18, 24, 36
Maastricht 24
Magdeburg 7, 41, 46, **47**, 48, **48**, 49, 50, 51, 52, 53, 58, 61, 63, **68**, 79, 159, 210, 212, **212**, 231, 235, 256, 299
Mähren 20, 23, 24, 28, 129, 133, 136, 140, 151, 152, 168, 222, 227, 297
Mailand 66, 83, 88, **104**, 105, 112, 123, **142**, 143, 146, 156, 173, 191, 294
Main 7, 218, 275, 281, 290
Mainfranken 28, 33, 55
Mainz 7, 14, 18, 24, 26, 28, **40**, 48, 49, 57, 58, 60, 64, 65, **66**, 67, 93, 106, 111, 113, 115, 118, 119, 122, 130, 131, 132, 137, 144, 152, 153, 157, 164, 186, 206, 211, 232, 248, 251, 279, 284, 285, 289, 299
Malplaquet 261
Mannheim 225, 257
Mantua 231, 259
Marburg an der Lahn **199**, 200, 201
Marchfeld 136, **136**
Margut 51
Mark 218
Marseille 130
Maulbronn 212
Mecklenburg 228, 235
Mecklenburg-Schwerin 279
Mecklenburg-Strelitz 279
Meersen 3, 17, 22

Meißen 48, 56, **56**, **57**, 137, 140
Melfi 119, **120**
Memleben **36**, 37, 50
Memmingen 198, 201
Menfö an der Raab 71
Merseburg 44, **47**, 48, 52, 55, 56, 58, 61, 67, 94
Metz 7, 9, 18, 79, 157, 239
Mies 172
Mindelheim 261, 277
Minden 226
Mitteleuropa 127, 284
Mitteldeutschland 59, 95, 120, 129, 137, 138, 140
Mittelitalien 46, 76, 81, 117, 118, 122
Mittelmeer 257, 284
Mittelrhein 22, 33, 61, 63, 91, 136, 138, **138**, 149, 162, 165, 193, 198, 256
Mittelzell auf der Reichenau 14
Modena 271
Mohács 255
Moldau **152**, 221, **222**, **224**, 225
Molsheim 211
Mömpelgard 254
Montecassino 58, **114**
Montebello 107, **109**
Montferrat 231
Monza **142**, **146**
Morgarten 144
Mosel 18, 165
Mouzon an der Maas 89
Mühlberg 204, **204**
Mühldorf am Inn **144**, 145
Mühlhausen 118
München 145, 146, **146**, 147, **148**, 149, 210, 211, 217, 218, 223, 226, 232, **233**, 267, 268, 277
Münden 226
Münster 203, **204**, 211, 226, 236, 237, **237**, 238, 241, **242**, 243, 247, 248, 254, 278, 284, 298, 299, **299**
Murten 183

Nagyvárad 175
Nahe 63
Nancy 183, 269
Namur 79, 180
Nassau 128
Nassau-Usingen 286
Nassau-Weilburg 286

Naumburg 7, 52, **68**
Neapel 115, 119, 143, 187, **266**
Neckar 165, **212**, 225, 281
Neidingen 23
Neiße 267, 276
Neuhäusel 250
Neuß 118, **181**, 182
Neustadt 276
Niederaltaich 71, 76
Niederbayern 277
Niederburgund 18, 23, 43
Niederheimbach 139
Niederlande 212, 219, 223, 225, 230, 238, 239, 249, 253, 257, 258, 259, 261, 271, 278, 280
Niederlausitz 222, 235
Niederlothringen 51, 55, 72, 73, 76
Niedermünster 290
Niederösterreich 178
Niederrhein 6, 88, 95, 115, 128, 129, 218, 219, 253
Niederrheinisch-Westfälischer Reichskreis 193, 257, 260, 273, 281
Niedersachsen 95
Niedersächsischer Reichskreis 193, 226, 230, 273, 281
Niederschlesien 267
Nikopolis 167, 168
Nimwegen 52, 55, 113, 254
Nisch 255
Nivelles 141
Nördlingen 23, 99, **99**, 233, **234**, 235, 260
Nordafrika 50
Nordhausen **37**
Norditalien 85, 87, 93, 107, 118, 122, **142**, 143
Nordmähren 277
Nordostdeutschland 121
Nordsee 8, 17, 187, 227, 285
Nürnberg 7, 9, **76**, 94, 110, 119, 135, 138, 142, 145, 146, **154**, 155, **155**, 156, **156**, 157, 158, **158**, 161, 162, **162**, 163, 165, 167, 168, 169, 171, **171**, 172, 173, **173**, 174, **174**, 185, 187, 190, 192, 194, 195, **196**, 199, **202**, 203, 204, **219**, **233**, 235, 239, 241, **242**, 247, 270, 285, 291, 292, 295, 296, 297, 299
Nymphenburg 267

Oberbayern 277
Oberitalien 28, 57, 66, 76, 84, 88, 96, 101, 103, 107, 108, **122**, 165, 191, 281
Oberlausitz 222, 235
Oberlothringen 73
Obermünster 290
Oberösterreich 179
Oberpfalz 160, 165, **218**, 225, 235, 277
Oberrhein 107, 198, 241, 257, 258, 261, 263
Oberrheinischer Reichskreis 193, 257, 260, 281
Obersächsischer Reichskreis 193, 273, 281
Oberschwaben 93
Oder 7, 99, 239, 241
Ofen (Buda[pest]) 203
Oldenburg in Wagrien (Holstein) 48
Oliva 239, 247, 249
Oppenheim 23, 64, 166
Osmanisches Reich 249, 255, 256
Osnabrück 211, 226, 236, 237, 238, **238**, 241, **242**, 243, 247, 248, 254, 256, 279, 284, 298, **298**, 299
Österreich (Ostmark) 4, 6, 28, 50, 103, 123, 133, 136, 143, 159, 168, **177**, 178, 179, 182, 187, 190, 199, 202, 211, 221, 241, 249, 255, 261, 262, 265, 267, 269, 270, 271, 272, 274, 275, 276, 276, 277, 278, 280, 281, 282, 283, 284, 286, 293, 299
Österreich ob der Enns 222
Österreich unter der Enns 202, 222
Österreichischer Reichskreis 193, 260, 273, 281
Ostfranken 3, 11, 12, 17, 18, **18**, 20, 21, 22, 23, 24, 25, 26, 28, 29, 31, 32, 35, 65
Ostfriesland 281
Ostmitteldeutschland 107
Ostsee 95, 99, 133, 159, 160, 227, **229**, 230, **231**, 239, 241, 284, 285
Oudenaarde 261

Paderborn 11, 12, **12**, 13, 19, **19**, 55, 211, 226
Palästina 113, 115, 121
Palermo **5**, 113, 115, **116**, 117, 124
Pannonien 29
Paris 7, 24, 51, 151, **242**, **263**, **266**, 284, 286, 290, 293
Parma 88

Passau 20, 205, **206**, 228, 255, 267, 284, 285
Paterno, Burg am Soracte 54
Pavia 7, 43, **43**, 44, 45, **50**, 56, 58, 65, 73, **74**, **142**, 165
Pegnitz 194, 196, **219**, **242**, 291, 295
Peterlingen (Payerne) 66
Pfalz 144, 154, 164, 165, 168, 212, 217, 224, **225**, 253, 256, 257, 262, 285
Pfalz-Birkenfeld 279
Pfalz-Neuburg 218, 248, 253
Pfalz-Simmern 256
Pfalz-Zweibrücken 248, 279
Philippsburg 256, 258
Peiting 99
Piacenza 87
Pillnitz 280
Pisa 58, 115, 130, **130**, **143**, 144, 166, 168, 169
Plattensee 249
Pöhlde **33**
Polen 50, 54, 66, 69, 71, 88, 91, 94, 159, 160, 167, 187, 230, 239, 255, 262, 263, 265, 278, 298
Polling 55
Pommern 91, 94, 95, 159, 228, 230, 253
Ponte Mammolo 89
Posen 53, 56
Potsdam 265
Prag 3, 71, 143, 151, **152**, 155, **155**, 156, **156**, 158, 160, 161, 165, 170, 173, 211, 212, 221, **222**, 223, **223**, 224, **224**, 225, 227, 234, 237, 267, 268, 297, 299
Prager Neustadt 155
Pregel 259
Preßburg (Bratislava) 29, 71, 184, 286, 287
Preußen **54**, 122, 221, 262, 263, 268, 272, 273, 275, 280, 281, 293, **298**
Provence 102
Pyrenäen 239, 247, 249

Quatrevaux 138
Quedlinburg 49, **49**, 52, 61, 63, 297, 299
Querfurt 52
Quierzy 11

Raab 250
Raffelstetten 29

Rain am Lech   232
Rammelsberg   76
Rastatt   261, 280, **282**, 283, 289
Rätien   15
Ravenna   3, 24, **43**, 46, 48, **50**, 51, 53, 57, 66, **121**
Ravensburg   162, 218
Ravenstein   218
Regensburg (Ratisbona)   **6**, 7, 20, **20**, 23, 24, 25, 29, 41, 65, 75, **76**, 103, 113, 178, 181, 189, 190, 202, 203, 204, 211, 214, 216, **216**, 225, **226**, 229, 230, 235, 243, 244, 246, **246**, 247, 249, **250**, 251, **251**, 252, **252**, **253**, 254, **254**, 256, 257, 261, 265, 268, 270, 271, 272, 275, 277, 280, 281, 283, 284, **284**, 285, **285**, 286, 287, 289, 290, 291, 292, 299
Regensburg-Aschaffenburg   285, 286
Reichenau   14, 23, 41, 55, 299, siehe auch Mittelzell
Reichenbach   280
Reichsitalien   67, 115
Reims   164
Reschen   7
Rhein   5, 6, 7, 8, 14, 18, 28, **28**, **69**, 82, 83, 132, 137, 139, **188**, 196, 197, 218, 225, 232, 241, 253, **260**, 281, 283, 285
Rheinland   7, 60, 124, 127, 128, 132, 158, 215
Rhein-Maas-Gebiet   4, 17, 19
Rhein-Main-Gebiet   22, 110
Rheinpfalz   225, 239
Rhens (Rhense)   132, **132**, 141, 148, 152, 153, 165
Rhône   7, **69**
Riade an der Unstrut   35, 36, **45**
Ribémont   3, 17
Rijeka   8
Rijswijk   258
Rimini   121
Rom   3, 7, 11, 12, 13, **13**, 14, **14**, 17, 19, **22**, 24, 36, 37, 42, **42**, 44, 45, 46, 48, 49, **50**, 51, **51**, 52, 53, **53**, 54, 56, 57, 58, 60, 61, 63, 65, 66, 68, 72, 73, **79**, 81, 83, 87, 89, **90**, 91, **95**, 96, 99, 100, 101, **102**, 103, 104, 106, 109, 110, 113, 121, 123, 133, 143, 146, 147, **147**, 156, **157**, 160, 163, 166, 177, **180**, **181**, 187, 191, 194, 196, 200
Romagna   134

Roncaglia   96, 103
Roßbach   273, **273**, 281
Rostock   228
Rothenburg ob der Tauber   **164**
Rouen   24
Ruhr   18
Rügen   94, 239
Rußland   49, 50, 277, 278, 284, 286

Saale   8, 19, **47**, 49, **68**, 95, 273
Saalfeld   39
Saarbrücken   7
Sachsen   4, 7, 12, **12**, 13, 19, 22, 23, 24, 28, 31, 32, **32**, 33, 34, 35, 36, **39**, 40, 50, 52, 55, 56, 60, 61, 63, 65, **67**, 74, 76, 79, 82, 83, **84**, 88, 93, 97, 98, 110, **110**, 111, 130, 132, 137, 168, 198, 199, **201**, 202, **203**, 226, 231, 235, 241, 242, 262, 269, 273, 278, 284, 285
Sachsen-Gotha   279
Sachsen-Lauenburg   144, 154
Sachsen-Weimar   279
Sachsen-Wittenberg   144, 152
Sachsenhausen   144
Saint-Denis   11, **12**, 49, 75, 106
Saint-Germain-en-Laye   253
Saleph   113, 295
Salerno   87
Salerono   58
Salins   182
Salm-Kyrburg   286
Salm-Salm   286
Salzach   282
Salzburg   14, 20, 172, 198, 282, 284, 285, 286
San Bernardino   7
San Germano (heute Cassino)   **114**, 122
Sankt Emmeram   24, 41, 75, 254, 290
Sankt Florian   28
Sankt Gallen   14, 24, **32**, 41
Sankt Goar   26
Sankt Gotthard-Mogersdorf   249, 250
Sankt Maximin   41, 48, 79
Sankt Petersburg   286
Sardinien   58, 100, 261, 271
Savoyen   128, 257, 259
Schelde   8
Schlei   50
Schlesien   **122**, 123, 128, 129, 160, 176, 265, 267, 268, 269, 271, 272, 274, 281

Schleswig   66
Schmalkalden   203, **203**
Schwaben   4, 7, 24, **27**, 33, 35, 36, 37, 40, 44, 50, 51, 55, 86, 88, 93, 97, 100, 107, 110, 113, 119, 120, 142, 162, 198, 212, siehe auch Oberschwaben
Schwäbisch Gmünd   **94**
Schwäbischer Reichskreis   193, 216, 257, 260, 281
Schwarzwald   198
Schweden   223, 231, **231**, **235**, 236, 237, 238, 239, 241, 243, 253, 253, 257, 258, 268
Schweinfurt   27
Schweiz   133, 134, 137
Schweizer Eidgenossenschaft   191, 239, 285
Schwyz, Kanton   144
Seeland (Zeeland)   180
Sedan   36
Segeberg   94
Senlis   183
Siebenbürgen   223, 255
Siena   144
Sievershausen   **213**
Simmern   256
Sizilien   46, 93, 108, 113, 114, 115, 116, **116**, 117, 118, 119, **120**, 121, 123, 125, 127
Slankamen   255
Slawonien   255
Sohlingen im Solling   52
Soissons   16
Soria   130
Spanien   1, 45, 106, 202, 209, **214**, 231, 234, 238, 239, 257, 259, 267, 271
Speyer   18, 26, 63, **64**, **65**, 69, 70, **70**, 71, 72, 77, 88, 91, 98, 110, 137, **137**, 138, 142, 145, 190, 199, 200, 204, 234, 257, **258**, 299
Spoleto   100
Sponheim   256
Spree   **266**
Steiermark   32, 111, 123, 129, 133, 136, **152**, 181, 202
Sterzing   **180**
Stettin   99, 160, 239
Stockholm   **242**, 243
Stralsund   159, 228

Straßburg 3, 15, 16, **17**, 145, 188, 201, 253, 254, 256, 258, **258**, 289
Stuhlweißenburg (Székesfehérfar) 71, 176
Süddeutschland 59, 76, 98
Süditalien 46, 49, 51, 58, 75, 79, 81, 101, 113, 115, 122, 127, **128**, 133
Südosteuropa 95
Sutri 63, 72, 73, 88, 91
Szentgotthárd 250

Tábor 172
Tagliacozzo 127, **128**
Tannenberg (Grunwald) **166**, 167
Taubertal 198
Teschen 277
Theis 28
Thurgau 134, 179
Thüringen 7, 22, 23, 35, 39, 95, 118, 137, 140, 198, **198**, 232
Thüringer Wald **203**, **296**
Tilsit 295
Tirol 159, 176, **178**, 180, 182, 191, 198, 149
Tirol, Burg/Schloß bei Meran 148, **178**
Torgau 212
Tortona 107
Toskana 143, 262, 265, 270, 275, 285
Toul 139, 239
Trausnitz, Burg (Oberpfalz) **144**, 145
Treene 50
Tribur (Trebur) 23, **23**, 24, 25, 27, 81, 84
Trient 44, 191, **191**, **192**, 204, 209, 210, 211, **211**, 212, 218, 284
Trier 14, 41, 48, 79, **84**, 112, 115, 130, 131, 132, **140**, 144, 152, 168, 182, 211, 248, 253, 257, 262, 285, 299
Triest 8, **152**
Trifels, Burg **111**
Troja 58
Tschechien 299
Tübingen 212
Turin **142**, 261
Tusculum 106, 115
Tuszien 75, 76, **86**, 97, 100

Udine 281
Ulm 7, 162, **260**

Ungarn 8, 24, 28, 29, 46, 46, 50, 54, 67, 69, 71, 75, 76, 77, 88, 123, 133, 140, 159, 160, 168, 175, 176, 178, 180, 183, 184, 187, 191, 199, 221, 224, 255, 262, 263, 265, 270
Unstrut 273
Usedom 230
Utrecht 55, **68**, 69, 70, 180, 261

Valenciennes 57
Vallombrosa 79
Vasvár 250
Vatikan **212**, 225
Veitshöchheim 124
Veltlin 285
Venedig 107, 108, **108**, 109, 110, 128, 168, 191, **192**
Venetien 88
Verden 19, 239, 248, 249
Verdun 3, 7, 15, 16, **17**, 239
Verona 44, 50, 51, 63, 112
Versailles **263**, 272
Vienne 89
Villach 205
Visegrád (Plintenburg) 176
Viterbo 135
Vorderer Orient 95
Vorpommern 239, 248

Waadt (Kanton) 183
Wagrien 94, 95
Wahlstatt **122**, 123
Waiblingen 93
Walcheren 57
Wartburg 197, **198**, 295, 299
Weichsel 7
Weimar 291
Weinsberg 98, **98**
Weiße Elster 86
Weißer Berg 223, 224, **224**, 225, 227
Welfesholz (bei Mansfeld/Eisleben) 89
Wendelstein 187
Werla 55, **77**
Weser 18, 111, 226, 239
Westböhmen 172
Westdeutschland **5**
Westeuropa 127
Westerwald 258

Westfalen 19, 32, 215, 221, 236, 237, **237**, 239
Westfranken 3, 17, 18, **18**, 19, 21, 22, 23, 32, 36, 42, 51, 57
Westminster 272
Wetterau 110, **258**
Wetzlar 190, 258, **258**, **259**, 285, 299
Wien 123, 135, 136, 144, 151, 159, 165, 177, 183, **183**, 202, **202**, 211, 212, 215, 216, 218, 221, 223, 231, 233, **233**, **242**, 250, 252, 255, **256**, 257, 262, **263**, 265, **266**, 267, 268, 270, 271, **271**, 272, 275, 276, 278, **278**, 279, 280, 281, 282, 283, 286, 287, **287**, 289, **290**, 292, 299
Wiener Neustadt 151, **152**, 176, 177, **177**, 178, 182, **183**
Wiesloch 225
Wildeshausen 14, 19
Wimpfen **111**, 190, 225
Winterthur **134**
Wischehrad **222**
Wismar 239, 249
Wittenberg 187, 193, 194, **194**, 196, 197, 198, 202, 206, 212, 221, 299
Wittstock 235, **235**
Worms 7, 18, 26, 41, 45, 55, 63, 64, **70**, 82, 83, **84**, **85**, 89, 90, 91, **91**, 110, 138, **138**, 187, 188, **188**, 189, **189**, 190, **190**, 191, 192, 194, 195, 196, 197, **197**, 199, 200, 201, 202, 203, 204, 206, **246**, 250, 257, 299
Wörnitz **217**, **218**
Worringen 124
Württemberg 165, 179, 216, 248, 257, 284, 285, 286
Würzburg 26, **27**, 32, 41, 58, 59, 94, 106, 111, 117, 124, 136, 211, 286

Xanten 218

Zabern 198
Zeitz 48, **68**
Zenta 255
Zirndorf 233
Znaim 175
Zsitvatorok 249
Zürich 134, 142
Zutphen 181
Zweibrücken 278

Personenregister

Adalbero, Bischof von Augsburg 24, 26
Adalbert (Babenberger) 26, 27, 28, 33
Adalbert, Bischof von Prag 53, **54**
Adalbert, Erzbischof von Bremen 82
Adalbert I., Erzbischof von Mainz 89, 93
Adalbert (Historiograph) 60
Adalbert, König von Italien 44
Adalbert von Magdeburg 49
Adelheid, Kaiserin 43, 44, 46, 52
Adolf I., Erzbischof von Köln 118
Adolf von Nassau, König 137, 138, **138**
Adso, Abt von Montiér-en-Der, 51
Agapit II., Papst 44
Agnes 63
Agnes von Poitou, Kaiserin **69**, 70, 71, 73, 77, 81, 82
Al-Kamil (Al-Malik al-Kamil), Sultan 122
Alberich, römischer Adliger 44
Albero, Erzbischof von Trier 97
Albrecht I., König 137, 138, 139, **139**, 140, **140**, 142, 144
Albrecht II., Markgraf 194
Albrecht II., König 151, 175, 176, 178, 265
Albrecht V., Herzog von Österreich 175
Albrecht VI. 178
Albrecht der Bär, Markgraf von Brandenburg 94, 98, 99
Albrecht Achilles, Markgraf von Brandenburg 185
Alemannen 31
Alexander III., Papst 104, 105, 106, 107, 108
Alexander IV., Papst 129
Alfons V., König von Neapel 177
Alfons X., König von Kastilien 130, 132, 133, 134
Alkuin 20
Altfrid, Bischof von Hildesheim **42**
Amalrich von Zypern 116
Anaklet II., Papst 94, **95**, 96
Anastasius I., Papst **42**
Andreas I., König von Ungarn 75
Andreäs, Jakob 212
Angilberga, Kaiserin 21
Anjou 133, 147
Anna von Böhmen und Ungarn 191

Anna von Schweidnitz 159, 160
Anna von der Pfalz 160
Anno, Erzbischof von Köln 82, **82**
Anselm, Erzbischof von Mailand 94
Anselm, Bischof von Havelberg 99
Arduin von Ivrea, König von Italien 55
Aribert, Erzbischof von Mailand 66, 71
Aribo, Erzbischof von Mainz 64
Arnulf, Kaiser 20, 21, 23, 24, 25, 26, 35
Arnulf, Herzog von Bayern († 937) 2, 29, 35, 36
Arnulf, Bischof von Halberstadt 59
Arpád 28
Arpaden 28, 139
Askanier 111, 130, 145
Auersperg 245, 246
Aufseß, Hans von, fränkischer Adliger 296
August, Herzog von Sachsen 213
August II., der Starke, König von Polen 262
August III. König von Polen 262, 275
Awaren 20

Babenberger 24, 26, 27, **27**, **28**, 28, 29, 33, 34, 50, 76, 98, 100, 102, 103, 133, 136, **152**, 179
Balduin IV. 57
Balduin, Erzbischof von Trier **140**, 141, 148
Balten 129
Barbara von Cilli 168
Basileios II., byzantinischer Kaiser 58
Bassevi, Jakob 227
Beatrix, Herzogin von Oberlothringen 52
Beatrix von Burgund, Gemahlin Friedrichs I., **69**, 102, 106
Beatrix von Tuszien 75
Beck, Christian August 275
Benedikt V., Papst 46
Benedikt VII., Papst 51
Benedikt VIII., Papst 57, 58
Benedikt IX., Papst 73
Benedikt XII., Papst **145**, 147
Benedikt XIII., Papst 164, 169
Berengar II. von Ivrea, König 43, 44, 45, 46, 49
Berengar von Friaul 24
Bernhard von Clairvaux 98, 99

Bernhard von Anhalt 111
Bernhard, Herzog von Sachsen-Weimar 233
Berno von Reichenau, Abt 71, 72
Bernward, Bischof von Hildesheim 41
Bertha von Sulzbach (Irene) 98
Berthold von Henneberg, Erzbischof von Mainz 187, 192
Berthold von Zähringen 100
Billunger 88
Bismarck, Otto von 85, 294
Blanche von Valois 154, 160
Bolesláv I. von Böhmen 42
Bolesław I. Chrobry von Polen 53, **54**, 56, 60
Bolesław III. von Böhmen 56
Bolesław III. von Polen 91, 94
Bolko, Herzog von Schweidnitz-Jauer 160
Bonifatius **32**
Bonifaz VIII., Papst **108**, 138, 139
Bonifaz IX., Papst 165
Břatisław von Böhmen 71
Brun, Erzbischof von Köln **41**, 44
Brun von Kärnten, siehe auch Gregor V. 52
Brunhild 69
Bulgaren 20, 28
Bünau, Heinrich von 21
Burchard, Herzog von Schwaben († 926) 35, 36
Burchard von Ursberg 113
Burchard, Bischof von Worms 64, **84**
Burckhardt, Jakob 119

Cajetan, Thomas de Vio 194, 200
Calixt II., Papst 89, 91, **91**
Calvin, Johann 212
Canisius, Petrus **210**, 211
Carl Gustav von Pfalz-Zweibrücken-Kleeburg 241, **242**
Celtis, Conrad 187
Charlotte 293
Christian I., Herzog von Anhalt-Bernburg 217, **218**, 223
Christian IV., König von Dänemark 226, **229**, 236
Christian, Markgraf von Brandenburg-Kulmbach-Bayreuth 217

Christian, Herzog von Braunschweig-Halberstadt 225, 226
Christian Ernst, Markgraf von Brandenburg-Bayreuth 261
Christina, Königin von Schweden 236
Clemens II., Papst 73, 74
Clemens III., Papst 113
Clemens V., Papst 141, 142, 143
Clemens VI., Papst 147
Clemens VII., Papst 200
Clemens August von Wittelsbach, Erzbischof von Köln 215, 273
Cochlaeus, Johannes 187
Cola di Rienzo 156
Cölestin III., Papst 114, 115
Creszentier 53, 57, 73
Cyrill 20

Dänen 51
Dante Alighieri 143
Dahlmann, Friedrich Christoph 293
Dalberg, Karl Theodor von 284, 290
Dickmann, Fritz 298
Diepold von Schweinspeunt **114**
Dietrichstein 245
Dürer, Albrecht **192**, 195, 291, 295, 296

Eberhard († 939) 33, 40
Eberhard 36
Eberhard, Bischof von Bamberg 59
Eberhard, Bischof von Naumburg-Zeitz **68**
Edelsheim, Wilhelm Freiherr von 278
Eduard von England 106
Eduard I., König von England 137
Eduard VI., König von England 209
Eggenberg 245
Eike von Repgow 132
Eitel Friedrich von Zollern 190
Ekkehard von Aura 63
Ekkehard, Markgraf von Meißen 55, 56, **68**
Eleonore, Prinzessin von Portugal 177
Elisabeth I., Königin von England 209
Elisabeth 143
Elisabeth, Tochter von Kaiser Sigismund 168
Elisabeth von Görlitz 168
Elisabeth von Pommern 159, 160, 167
Elisabeth Charlotte 256

Engelbert, Erzbischof von Köln 121
Erich II. Emune, König von Dänemark 94
Ernst, Herzog von Bayern 215
Ernst August von Braunschweig-Lüneburg-Calenberg 256
Erthal, Friedrich Karl Joseph von 279, 284
Eskil, Erzbischof von Lund 103, 104
Etzlaub, Erhard 187
Eugen III., Papst 60, 99, 101
Eugen IV., Papst 172, 173
Ezzonen 76

Fabricius, Philipp 221
Fatimiden 50, 51
Felix, (Amadeus von Savoyen), Gegenpapst 173
Ferdinand I., Kaiser 191, 199, 202, **202**, 203, 204, 205, 209, 230, 267, 294
Ferdinand II., Kaiser 223, 224, **224**, 225, 226, **226**, 227, 228, 229, **229**, 230, 231, 232, **232**, 234
Ferdinand III. von Aragón 191
Ferdinand III., Kaiser 230, 235, 237, 238, 243, 244, 245, **298**
Ferdinand IV., König 244, **244**, **260**
Ferdinand Maria 247
Formosus, Papst 24
Franken 3, 7, 31, 33, 35, **45**, 63
Franz I., Kaiser 1, 195, 199, 204, 205, 269, **269**, 270, 271, **271**, 272, 273, 275
Franz II., Kaiser 4, 195, **195**, 280, 281, 282, 283, 284, 285, 286, 287, **287**, 289, **290**, 292, 293
Franz von Anhalt-Dessau, Reichsfürst 278
Franz von Sickingen 193, 198
Franz Stephan von Lothringen, Herzog der Toskana 262, 265, **266**, 269, 270
Friedrich, Bruder Gottfrieds des Bärtigen 76
Friedrich I., Barbarossa, Kaiser 9, 61, **69**, 78, 93, 99, 100, 101, 102, **102**, 103, **103**, 104, 105, 106, 107, **107**, 108, **108**, 109, **109**, 110, 111, **111**, 112, 113, 117, 118, 120, 124, 158, 294, 295
Friedrich I., Landgraf von Hessen-Kassel 268

Friedrich I., Erzbischof von Magdeburg 99
Friedrich II., Kaiser 5, **101**, 113, 114, 115, **116**, 117, 118, **118**, 119, 120, **120**, 121, **121**, 122, 123, **123**, 124, 127, 135, 136, 138
Friedrich II., der Große 265, 268, 269, 270, 271, 272, 273, **273**, 274, **274**, 275, 276, 277, 278, **279**, 280, 296
Friedrich II., Herzog von Schwaben 91, 93, 94
Friedrich III., der Fromme, Kurfürst von der Pfalz 212, **212**
Friedrich III., Kaiser 6, 151, **152**, 159, 176, 177, **177**, 178, **178**, 179, 180, **181**, 182, 183, **183**, 184, 185, 187
Friedrich III., Kurfürst von Brandenburg, zugleich Friedrich I., König in Preußen 256, 259
Friedrich III., Burggraf von Nürnberg 135
Friedrich IV. von Rothenburg, Herzog von Schwaben 100, 106, 107
Friedrich V., Kurfürst von der Pfalz, König von Böhmen 212, 223, **223**, **225**, 226, **227**, 232
Friedrich V., Herzog von der Steiermark, Kärnten und Krain 176
Friedrich VI., Burggraf von Nürnberg 168
Friedrich der Schöne, Sohn König Albrechts I. 144, **144**, 145
Friedrich der Siegreiche, Kurfürst von der Pfalz 179
Friedrich der Weise, Kurfürst von Sachsen **194**
Friedrich Wilhelm, Großer Kurfürst von Brandenburg 253
Friedrich Wilhelm I., König in Preußen 265
Friedrich Wilhelm II., König von Preußen 280, 281
Friedrich Wilhelm IV., König von Preußen 293, 294, **294**
Friedrich IV., Kurfürst von der Pfalz 215, 217
Friedrich August I., Kurfürst von Sachsen 262

Friedrich August II. von Sachsen 262, 265, 275
Froissart 152
Fugger 162, 194, 195

Gallus **32**
Gebhard 26
Gebhard III., Bischof von Regensburg 76
Gebhard Truchseß von Waldburg, Erzbischof von Köln 215
Gelasius II., Papst 89
Georg von Podiebrad, König von Böhmen 178
Georg Friedrich, Markgraf von Baden-Durlach 217, 225
Georg Ludwig, Herzog von Braunschweig-Lüneburg 259
Gerberga, Äbtissin **41**, **42**
Gerbert von Aurillac 44, 51, 52
Gerhaert, Niclas **183**
Gero, Markgraf der sächsischen Ostmark **38**
Gero, Bischof von Halberstadt 110
Gertrud, Tochter Lothars III. 93
Ghibellinen 93, 123, 143
Gian Galeazzo Visconti, Herzog von Mailand 163
Gian Gastone, Großherzog der Toskana 270
Gisela von Burgund 57
Gisela, Kaiserin 65, 70, 76
Giselbert, Herzog von Lothringen 36, 40
Godehard von Niederalteich 59
Goebbels, Joseph 297, 298
Goethe, Johann Wolfgang (von) 1, 2, 9, 190, 275, **275**, 291, 293
Görres, Joseph 289
Gottfried III. der Bärtige, Herzog von Oberlothringen 72, 73, 75, 76
Gottfried von Viterbo 115
Götz von Berlichingen 193
Gotzelo I., Herzog von Oberlothringen 72
Gotzelo II., Herzog von Niederlothringen 73
Gratian 102
Gregor V., Papst 52, 53
Gregor VI., Papst 73, 81

Gregor VII., Papst 3, 73, 81, 83, 84, 85, **85**, 86, 87
Gregor IX., Papst 122
Gregor X., Papst 133, 134
Gregor XII., Papst 169
Gregor XIII., Papst 214
Griechen 58
Grillparzer, Franz 136
Grimm, Brüder 295
Grotius, Hugo **214**
Guelfen 93, 123
Gunhild (Kunigunde), Kaiserin **64**, 66
Günther von Schwarzburg, (Gegen-)König 1, 149, 153, **153**, 154
Gustav II. Adolf, König von Schweden 230, 231, 232, **232**, 233, **233**, 236
Gutenberg, Johannes 194

Habsburger 128, 133, **133**, 134, **134**, 136, **136**, 138, 139, 143, 147, 149, 151, 152, 154, 158, 159, 164, 175, 176, **177**, 178, **178**, 179
Hadamar, Abt von Fulda 48
Hadrian IV., Papst 101, 103, 104, 105
Haeberlin, Carl Friedrich 292
Harald Blauzahn, König von Dänemark 50
Hatto, Erzbischof von Mainz und Abt vom Kloster Reichenau 24, 25, 26, 27, **28**, 31, 33
Hegel, Georg Wilhelm Friedrich 281, 289, 292
Heinrich (Babenberger) 26, 28, 29
Heinrich (Obodritenfürst) 94
Heinrich, Sohn Heinrichs des Löwen 115
Heinrich († 1150) 99, 100
Heinrich I., Herzog von Bayern 39, 40, 44
Heinrich I., König 3, 5, 29, 31, **32**, 33, **33**, 34, **34**, 35, **35**, 36, **36**, 37, **37**, 38, 39, **39**, 47, **49**, 55, **56**, 77, 297
Heinrich II., Kaiser 17, 27, 36, 54, 55, 56, **56**, 57, 58, 59, **59**, 60, **60**, 61, 63, 64, 66, **66**, 99, 106, 205
Heinrich II. (der Zänker), Herzog von Bayern und Kärnten 50, 51, 52, 55
Heinrich XI. Herzog von Bayern (Jasomirgott) (Babenberger) 98, 100, 101, 102

Heinrich II., Herzog von Schlesien 123
Heinrich III., Kaiser 5, 63, **64**, 66, 69, **69**, 70, 71, **71**, 72, 73, 74, 75, 76, 77, **77**, 78, 80, 81, 82
Heinrich IV., Kaiser 3, **4**, 23, 63, **68**, 70, 73, 76, 78, 81, 82, **82**, 83, **83**, 84, 85, **85**, 86, **86**, 87, **87**, 88, 90, 93
Heinrich IV., Herzog von Bayern 55
Heinrich V., Kaiser 63, **68**, 88, 89, 90, 91, **91**, 93, **111**
Heinrich VI., Kaiser 112, 113, 114, **114**, 115, 116, **116**, 117, 118, 128
Heinrich (VII.), König 119, 121, 122
Heinrich VII., Kaiser 127, **140**, 141, **141**, 142, **142**, 143, **143**, 144, **147**, 151
Heinrich der Löwe, Herzog von Sachsen und Bayern 98, 99, 100, 101, **102**, 103, 108, 109, **109**, 110, **110**, 111, **111**, 112, 115, 118, 159
Heinrich IX., der Schwarze, Herzog von Bayern 93
Heinrich X., der Stolze, Herzog von Bayern 93, 96, **96**, 97, 98
Heinrich Raspe, Landgraf von Thüringen, deutscher (Gegen-)König 124
Heinrich III., Herzog von Bayern 51
Heinrich V., Herzog von Bayern 56
Heinrich von Kärnten 143
Heinrich, Bischof von Würzburg 58
Heribert, Erzbischof von Köln 52, 53, 55
Heribert von Ravenna 66
Heriger, Erzbischof von Mainz 33
Hermann († 949) 36, 40
Hermann Billung 52
Hermann, Erzbischof von Köln 77
Hermann, Graf von Salm, Gegenkönig 86, 88
Hermann von Salza 121
Hermann II., Herzog von Schwaben 55
Hildebald 52
Himmler, Heinrich 297
Hitler, Adolf 297, 298
Hoensbroeck, César Constantin François Graf 280
Hohenzollern 135, 168, 245
Honorius III., Papst 121
Hügel, Johann Aloys Joseph von 284
Hugo **22**
Hugo, Abt von Cluny 77, **79**, 80, 85, **87**
Hugo von der Provence, König 36, 43

Humboldt, Wilhelm von 292, 293
Hunfridinger 32
Hus, Johannes (Jan) 151, 169, **169**, 170, **170**, 172, 221
Hussiten 128, 170, **170**, 172, 173, 175

Ignatius von Loyola 210
Iminza, römische Familie 53
Innozenz I., Papst **42**
Innozenz II., Papst 94, **95**, 96
Innozenz III., Papst 60, 100, 117, 118, 119, 131
Innozenz IV., Papst 123, 138
Innozenz VI., Papst 173
Irene-Maria von Byzanz 116
Isabella von Kastilien 191
Ivo von Chartres 89

Jagiello, König von Polen **166**
Jagiellonen 183, 191
Joachim Ernst, Markgraf von Brandenburg-Ansbach 217
Jobst, Markgraf von Mähren 163, 168
Johann, König von Böhmen 143, 144, 148, 149, 152
Johann (Parricida) 140
Johann von Jandun 146
Johann, Sohn Karls IV. 160
Johann Christian Freiherr von Hofenfels 278
Johann Friedrich I., Kurfürst von Sachsen 204
Johann Friedrich, Herzog von Württemberg 217
Johann Georg I., Herzog von Sachsen 223, 234
Johann Georg III., Kurfürst von Sachsen 256
Johann Heinrich, Sohn König Johanns von Böhmen 148
Johann Hunyadi 178
Johann III. Sobieski, König von Polen 255
Johann Philipp von Schönborn, Kurfürst von Mainz 248, 249, 250, 251, 253, 260
Johann Sigismund, Kurfürst von Brandenburg 218
Johann Wilhelm, Herzog von Jülich, Kleve und Berg 218

Johann Miman **170**
Johannes VIII., Papst 20, 21
Johannes XII., Papst 45, 46, 48
Johannes XVIII., Papst 59
Johannes XIX., Papst 68, **68**
Johannes XXII., Papst 144, 145, 147
Johannes XXIII., Papst 169
Johannes Creszentius III., 57
Johannes von Gorze 42
Johannes von Nepomuk 152, 164
Johannes I. Tzimiskes, byzantinischer Kaiser 49
Joseph I., Kaiser **244**, **260**, 261, **261**, 263, 265
Joseph II., Kaiser 1, 272, 275, **275**, 276, **276**, 277, 278, 280
Joseph Clemens, Erzbischof von Köln 261
Joseph Ferdinand 258
Joseph Friedrich von Sachsen-Hildburghausen 273, 280
Juan 191
Juana la Loca (Johanna die Wahnsinnige) 191
Judith, Kaiserin 15

Kapetinger 57, 151
Karl († 863), Sohn Lothars I. 17
Karl, Herzog von Niederlothringen 51
Karl der Große, Kaiser 1, 3, **5**, 11, 12, **12**, 13, **13**, 14, **14**, 15, 17, 18, **18**, 19, 20, 23, 29, 32, 38, **43**, 46, 53, 54, 61, 65, **68**, 99, 105, 106, **107**, 118, 153, 293, **298**, 299
Karl (II.) der Kahle, westfränkischer König 15, 16, **17**, 21, 22, 23, 289
Karl I. von Anjou, König von Sizilien 127, **128**
Karl II., Kurfürst von der Pfalz 256, 258
Karl III., Kaiser (Karolinger) 18, 21, 23, 24, 26, **32**, 36
Karl III., König von Spanien 261
Karl IV., Kaiser 1, 4, **5**, **118**, 127, 132, 138, **142**, 148, 149, 151, 152, **152**, 153, **153**, 154, **154**, 155, **155**, 156, 157, **157**, 159, 160, 161, 165, 167, 195, **222**, 239, 262
Karl V., Kaiser 1, 195, 196, 197, **197**, 199, 200, **201**, 202, **202**, 203, 204, **204**, 205, **205**, 209, 226, 269, 271, 287, 294

Karl VI., Kaiser 258, 261, 262, 265, 270, **278**, **290**
Karl VI., König von Frankreich 164
Karl VII., Kaiser 267, **267**, 268, 269, 270
Karl VIII., König von Frankreich 187
Karl der Kühne, Herzog von Burgund 180, **181**, 182, **182**, 183
Karl Fürst von Liechtenstein **224**
Karl Herzog von Lothringen 255
Karl von Valois 141
Karl X. Gustav, König von Schweden 248
Karl Albrecht, Kurfürst von Bayern 265, 267
Karl August von Sachsen-Weimar 278
Karl August von Pfalz-Zweibrücken 278
Karl Friedrich von Baden 278
Karl Theodor von der Pfalz 268
Karl Theodor, Kurfürst von Bayern 278
Karl, Erzherzog von Österreich 284
Karlmann, König 21, 23, 36
Karolinger 1, 3, 6, 7, 11, 12, **12**, 13, 14, **14**, 16, 17, 18, 19, 23, 29, 31, 32, 33, 35, 36, 38, 51, 52, 61
Kasimir 71
Kaunitz, Wenzel Anton 272
Klesl, Melchior, Kardinal 218
Knebel, Johann 181
Knud, Herzog 106
Knut II. der Große, König von England, Dänemark und Norwegen **64**, 66, **66**
Knut Laward von Schleswig, dänischer Herzog 94
Konrad, Sohn Heinrichs IV. 63, 83, 88
Konrad, Bruder Friedrichs II. Herzog von Schwaben 91
Konrad, Herzog von Zähringen 94
Konrad I., ostfränkisch-deutscher König 3, **3**, 25, 29, 31, **32**, 33
Konrad I., König von Burgund 43
Konrad I., Herzog von Bayern 76, 77
Konrad II., Kaiser (Konrad der Ältere) 55, 57, 63, 64, **64**, 65, **65**, 66, **66**, **67**, 68, **68**, 69, **70**, **101**
Konrad III., König 61, 65, 93, 97, **98**, 99, **99**, 100
Konrad IV., König **111**, 123, 124, 127, 129
Konrad der Ältere (Konradiner) 27
Konrad der Jüngere 64

Konrad der Rote, Herzog von Lothringen 40, 41, 44, 63
Konrad, Herzog von Schwaben 51
Konrad (Ezzone) 76
Konrad von Hochstaden, Erzbischof von Köln 130
Konrad von Metz 132
Konrad, Herzog von Masowien 121
Konrad Groß **168**
Konradin, König von Sizilien und Jerusalem 127, **128**, 129
Konradiner 24, 26, 27, **27**, 28, 29, 31, 32, 33, 34, 36, 40, 51, 59
Konstanze von Sizilien, Kaiserin 112, 113, 114, 115, 117, 118
Kunigunde die Heilige, Kaiserin 55, 57, 60, **60**
Kunigunde, Tochter Friedrichs III. 177
Ladislaus IV., König von Ungarn **136**
Ladislaus (Postumus) 178
Lambert von Spoleto, Kaiser 24
Landsberg, Joseph Dominikus Reichsgraf von 267
Langobarden 3, 11, 49, **142**
Lampert von Hersfeld 70, 84
Lang, Karl Heinrich Ritter von 290
Leibniz, Gottfried Wilhelm 251
Leo III., Papst 11, 12, **13**,
Leo VIII., Papst 46
Leo IX., Papst 74, 75, 81
Leo von Kleinarmenien 116
Leo, Bischof von Vercelli 53
Leopold I., Herzog von Österreich 144
Leopold I., Kaiser 247, 248, **248**, 249, 250, 251, 253, 255, 256, 257, 259, 260, **260**, 261, 262
Leopold II., Kaiser 275, 280, 290, **291**
Leopold III., der Heilige, Markgraf von Österreich 179
Leopold IV., Markgraf von Österreich 98
Leopold V., Herzog von Österreich 115, **152**
Leopoldiner 151
Lipsius, Justus **214**
Liselotte von der Pfalz 256
Litauer **166**
Liudolf, Herzog in Sachsen († 866) 35, **42**

Liudolf, Herzog von Schwaben 39, 40, 44, 45, 50, 63
Liudolfinger 24, 28, 29, 32, 33, 34, 35, 41, **42**, **49**, 55, 63
Liudgard, Gemahlin Ludwigs des Jüngeren 35
Liudgard, Tochter Ottos des Großen und Gemahlin Konrads des Roten 64
Liudprand von Cremona 49
Liutizen 51, 56, 94
Lobkowitz 245
Lothar I., Kaiser 13, 15, 16, 17, 21, 43, 289
Lothar II., fränkischer König 17
Lothar III., (von Sachsen, Supplinburg), Kaiser 88, 89, 93, 94, **95**, 96, **96**, 97, **97**
Lothar, König von Italien 43
Lothar, König von Westfranken-Frankreich 51
Lothar Franz von Schönborn 260
Lucius III., Papst 112
Ludwig (I.), der Fromme, Kaiser 13, 14, 15, 16, 19, 20, 21
Ludwig I., König von Ungarn und Polen 167
Ludwig II. der Deutsche, ostfränkischer König 15, 16, 17, **17**, 18, 19, 20, **20**, 21, 22, **22**, 23, **23**, 28, 35, **99**, 289
Ludwig II., König von Böhmen und Ungarn 191
Ludwig III. (der Jüngere), ostfränkischer König 22, **22**, 23, 35
Ludwig III., Pfalzgraf 168
Ludwig IV., das Kind, ostfränkischer König 11, 21, 24, 25, **25**, 26, 27, 28, 29, 31, 34
Ludwig VII., König von Frankreich 106
Ludwig XIII., König von Frankreich 223, 236
Ludwig XIV., König von Frankreich 8, 241, 247, 248, 249, 253, 254, 256, 257, 258, 259, **260**, 261
Ludwig XV., König von Frankreich 270
Ludwig XVI., König von Frankreich 281
Ludwig XVIII., König von Frankreich 293
Ludwig II., Herzog von Bayern 133, 134
Ludwig I., Herzog von Bayern 121

Ludwig der Bayer, König (Kaiser) 127, **142**, 144, **144**, 145, 146, **146**, 147, **147**, 148, **148**, 149, 152, 153, 157, 158, 165, 184
Ludwig von Brandenburg 148
Ludwig von Orléans 167
Ludwig, Sohn des Ruprecht von der Pfalz 166
Ludwig Wilhelm I. von Baden-Baden 255, 260
Luitpold, Markgraf 24, 26, 28, 29
Luitpold (Babenberger) 50
Luitpoldinger 32, 50
Luther, Martin **84**, 193, 194, 196, 197, **197**, 198, **198**, 199, **199**, 200, 201, **201**, 204, 206, 210, 212, 295
Luxemburger, Lützelburger 55, 71, **118**, 127, 128, 141, 143, 144, 147, 148, 149, 151, 160, **162**, 165, 166, 167, 168, 175, 176, 184

Machiavelli, Niccolò 188
Magnus, sächsischer Herzog 88, 94
Mähren 24, 29
Mansfeld, Graf Ernst II. von 225, 226, **227**, 228
Manuel I., byzantinischer Kaiser 98
Margarete, Tochter Kaiser Maximilians I. 191
Margarete von Flandern 159
Margarete von Holland-Hennegau 148
Magarete Maultasch 148
Maria von Burgund, Gemahlin Maximilians I. von Habsburg 182, 183
Maria 191
Maria I., Königin von England 209
Maria, Tochter Ludwigs I. von Ungarn und Polen 167
Maria Amalie 270
Maria Theresia 1, **263**, 265, **266**, 267, 268, **269**, 270, **270**, 272, 273, **274**, 275, 277, **278**
Markward von Annweiler 117
Marlborough, John Churchill von **260**, 261
Marsilius von Padua 146
Martin V., Papst 169
Martinitz, Jaroslaw von 221
Mathilde, Königin **49**
Mathilde, Gemahlin Heinrichs V. 68

Mathilde, Markgräfin von Tuszien 76, 85, **85**, **87**, 88, 89, 94
Matthias, Kaiser 218, **219**, 221
Matthias von Neuenburg 145
Matthias Hunyadi (Corvinus) 178, 183, 184
Mauritius von Braga (Papst Gregor VIII., Burdinus) 89
Maximilian I., Kaiser 1, **152**, 177, 178, **178**, 182, **182**, 183, 184, 187, 188, 190, 191, 192, 193, 194, 195, 226, 239
Maximilian I., Herzog von Bayern 217, **217**, 218, 223, 225, **226**, 229, 232, **233**
Maximilian II., Kaiser **213**, 230
Maximilian II. Emanuel, Kurfürst von Bayern 255, 258, 259, 261
Maximilian Franz, Erzbischof von Köln 278
Maximilian III. Joseph, Kurfürst von Bayern 270, 277
Meinhard II., Graf von Görz-Tirol 136
Melanchthon, Philipp 201, 212
Melus (Melo), Herzog von Apulien 58
Methodius, Missionar 20
Merowinger 11, **12**, 14, 32
Miezsko II., König/Herzog von Polen 66, 67
Moimir I., Herrscher des Großmährischen Reiches 20
Moimir II., Herrscher des Großmährischen Reiches 28
Mongolen 122, 123
Montecuccoli, Raimund 250
Moritz, Kurfürst von Sachsen 205, **205**, **213**
Moritz, der Gelehrte, Landgraf von Hessen-Kassel 218
Moser, Johann Jakob 273
Müller, Johannes 187
Müntzer, Thomas 198

Napoleon I. 283, 286, 287, 293, 295
Nassau-Dietz-Dillenburg 246
Nassau-Hadamar-Siegen 246
Neipperg, Wilhelm Reinhard von 267
Nikolaus II., Papst 81
Nikolaus III., Papst 134
Nikolaus V., Papst 145, 177, **181**
Nikolaus von Kues 184
Nilus von Rossano 79

Nithard, Historiograph 16
Normannen 24, 26, 32, 66, 75, 81, 87, 96, 101

Obodriten 51, 52, 94, 99
Oda/Uta 24, 26, 35, **42**
Odilo, Abt von Cluny 59
Odo, Graf von der Champagne 66
Olga, Großfürstin von Kiew 42
Osmanen 180, 181, 256
Ostgoten 11
Otfried von Weißenburg 15
Othrich 51
Otloh von Sankt Emmeram 76
Otto I., der Große, Kaiser 3, 31, **32**, **36**, 37, 38, 39, 40, 42, 43, **43**, 44, 45, **45**, 46, 48, **48**, 49, 50, 51, 56, 57, 58, 61, 63, 65
Otto II., Kaiser **19**, 31, **36**, 38, 45, 49, 50, 51, **51**, 52, 55, **108**
Otto III., Kaiser 31, 52, 53, 54, **54**, 55, 56, 57, 58, 59, 64, 79
Otto IV., König 4, 5, 106, **106**, 118, 119
Otto IV., Pfalzgraf 137
Otto (Babenberger) 76
Otto der Erlauchte, Herzog von Sachsen 35
Otto I., Bischof von Bamberg 91, 94
Otto III., Markgraf von Brandenburg 130
Otto, Bischof von Freising 63, 100
Otto, Graf von Hammerstein 60
Otto, Graf von Northeim 83, 88
Otto, Graf von Poitou 118
Otto, Herzog von Schwaben und Bayern 50, 51
Otto von Wittelsbach, Herzog 111, 118
Otto von Worms/Kärnten 63, 64
Ottokar II., König von Böhmen 124, 130, 132, 133, 135, **135**, 136, **136**, 137
Ottonen 3, **14**, **18**, 31, 39, 46, **48**, 49, **49**, **50**, 52, 55, 63, 65
Oxensternja, Axel 233

Pachner von Eggenstorff, Johann Joseph **251**
Parler 155
Paschalis II., Papst 88, 89
Paschalis III., Papst 106
Paul III., Papst 210

Peter I. 71
Petrarca 159
Petrus von Ebulo 115
Peter, Erzbischof von Mainz 141
Petrus Damiani 79
Petschenegen 28
Philipp I., Herzog von Orléans 256
Philipp II., König von Spanien 209
Philipp II. Augustus, König von Frankreich 113, 115
Philipp IV., der Schöne, König von Frankreich 138, 139, 141
Philipp IV., König von Spanien 231
Philipp V., König von Spanien 259
Philipp der Großmütige, Landgraf von Hessen 200
Philipp der Schöne 191
Philipp von Anjou 259, 261
Philipp, Landgraf von Hessen 204
Philipp von Heinsberg, Erzbischof von Köln 110, 111
Philipp von Schwaben, König **59**, 66, 116, 118, 130
Philipp Ludwig, Pfalzgraf von Pfalz-Neuburg 217
Piccarden 181
Piccolomini 245
Piccolomini, Octavio **242**
Pippin der Jüngere, fränkischer König **12**
Pippin 15, 16
Pius IV., Papst 210
Polen 129, **166**
Pomoranen 91, 94
Poppo (Babenberger) 26, 28, 29
Poppo, Abt von Stablo **64**
Popponen 26, 59
Přemysliden 56, 136, 140, 143
Pruzzen 53, 121
Pufendorf, Samuel 251, 292
Pütter, Johann Stephan 292

Quirinus, hl. 181

Rainald von Dassel, Erzbischof von Köln 102, 104, 105, 106, 107, 294
Rambold von Sankt Emmeram 59
Ranke, Leopold von 294
Rastislaw, Mährerfürst 20
Ratolf 23
Rauch, Christian Daniel 296

Reginare 32, 57
Regino, Abt von Prüm 25, 26, 27
Regiomontanus 187
Richar, Bischof von Passau 28
Richard Löwenherz, König **111**, 113, 115
Richard von Cornwall, König 130, 132, 133, 135
Richenza von Northeim, Kaiserin 88, **96**, 98
Robert von Neapel 143
Robert II., König von Westfranken-Frankreich 57
Robert Guiscard 81, 87
Roger II., König von Sizilien 96
Romanos II., byzantinischer Kaiser 49
Romuald von Camaldoli 79
Rosenberg, Alfred 297
Roswitha (Hrotsvit), Äbtissin von Gandersheim 41
Rückert, Friedrich 295
Rudolf, Bischof von Würzburg 26
Rudolf I., König von Westfranken 36
Rudolf II., Kaiser 215, **215**, 217, 218, 222, **222**, 230, 249
Rudolf II., König von Hochburgund 36
Rudolf III., König von Hochburgund **17**, 57, 66
Rudolf I. von Habsburg, König 1, 127, 132, 133, **133**, 134, **134**, 135, **135**, 136, **136**, 137, **137**, 138
Rudolf IV. von Habsburg, Herzog von Österreich 158
Rudolf von Rheinfelden (Gegen-)König 86, 89
Rudolf, Sohn von König Albrecht I. 139, 140
Rudolf, Herzog von Sachsen 149
Ruotger, Kölner Kleriker 41
Ruprecht II., Pfalzgraf 164
Ruprecht III. von der Pfalz, König 149, 164, 165, 166, **166**, 167
Russen 29

Sachs, Hans 295, 296
Sachsen 31, 33, 34, 35, 44
Saladin 112
Salier 1, 38, 61, 63, **64**, 65, 66, 67, **68**, 70, **70**, 71, 72, 74, 75, 91, 93, 94, 137
Salomo III., Bischof von Konstanz 24, 26, **32**, 33, **101**

Salm 245
Samuel-Aba, König von Ungarn 71
Sarazenen 51, 58
Savoyen, Eugen, Prinz von 255, **260**, 261
Scheffel, Viktor von 23
Schenkendorf, Max von 295
Schiller, Friedrich 127, 289
Schlick, Albrecht Kaspar 176
Schlieffen, Martin Ernst von 278
Schultz, Hieronymus, Bischof von Brandenburg 194
Schwaben 1, **45**
Sciarra Colonna **108**, 147
Sergius I., Papst 68
Sergius II., Papst **42**
Siegfried, Graf von Anhalt 134
Siegfried, Erzbischof von Köln 137
Sigismund von Ungarn, Kaiser 151, 160, 163, 165, 167, 168, 169, **169**, 170, 171, 173, **173**, 174, 175, 176
Sigismund von Tirol 183
Silvester II., Papst 51, 53, 57
Silvester III., Papst 73
Slawata, Wilhelm von 221
Slawen 19, 20, 32, 48, 49, 51, 59, 95, 99
Slowenen 129
Stanislaus I. Leszczyński 262
Staufer 1, **27**, **47**, 61, 69, **70**, 88, 91, 93, 94, 96, 97, 98, **99**, 100, 106, 110, 114, 117, 118, 119, **120**, 123, 124, 127, 128, 129, 137, 161
Stein, Heinrich Friedrich Karl Freiherr vom und zum 293
Steinreuter, Leopold 177
Stephan I., der Heilige, König von Ungarn 71
Stephan II., Papst 11, **12**
Stephan V., Papst 24
Stephani, Joachim 213
Suger von Saint-Denis 106
Suitbert, Missionar **83**
Suitger, Bischof von Bamberg (Papst Clemens II.) 73
Svatopluk 28

Taboriten 172, 173
Tankred von Hauteville, Normannenfürst 81
Tankred von Lecce, König von Sizilien 113, 115

Tassilo, bayerischer Herzog 32
Textor, Katharina Elisabeth 291
Thangmar 39
Theodora, byzantinische Kaiserin 103
Theophanu, Kaiserin **19**, **42**, 49, 52
Theotmar, Erzbischof von Salzburg 29
Thietmar, Bischof von Merseburg 51, 58
Thurn und Taxis, Alexander Ferdinand von 271
Tilly, Johann Tserclaes Graf von 223, 225, 226, 228, 230, **230**, 231, 232
Trastámara 191
Tschechen 129
Türken 167, 168, 176, 177, 202, 203, 241, 249, 254, 255
Tuskulaner 57, 73
Tuto, Bischof von Regensburg 26

Ulrich, Bischof von Augsburg 44
Ulrich, Bischof von Halberstadt 110
Ungarn/Magyaren 24, 28, 29, 32, 33, 35, 36, 44, **45**, 46, **47**, 48
Urban II., Papst 80, 87
Urban III., Papst 112

Viktor II., Papst 77
Viktor III., Papst 87
Viktor IV., Papst 104
Violante, Tochter Friedrichs II. **121**
Visconti 156, 165
Vizelin 94
Vogl, Johann Nepomuk 297

Wackenroder, Wilhelm Heinrich 291
Waldemar II., König von Dänemark 121
Waldo von Freising 26
Wallenstein, Albrecht Wenzeslaus Eusebius von 224, 227, **227**, 228, 229, 230, 231, 232, 233, **233**
Welf III., Herzog von Kärnten 76
Welf V., Herzog von Bayern 88
Welf VI., Markgraf von Tuszien 98, **98**, 99, 100, 110
Welf VII. 107
Welfen 88, 93, 97, **97**, 98, 100, 115, 117, 118, 119
Wenden 99, 129
Wenzel I., der Heilige, Herzog von Böhmen 155
Wenzel II., König von Böhmen 136

Wenzel III., König von Böhmen, Polen und Ungarn 139
Wenzel IV., der Faule, König 160, 161, 162, 163, 164, 165, 167, 168, 170
Westgoten 11
Wettiner 137, 140
Wibert von Ravennna (Papst Clemens III.) 87
Wichmann 68
Wido von Spoleto 24
Widukind, westfälischer Adeliger 19
Widukind von Corvey **18**, 33, 35, 36, 37, 38, 39, 44, 45
Wilhelm I., deutscher Kaiser **78**, **298**
Wilhelm II., König von Sizilien 113

Wilhelm III. von Oranien 257, 258, 259
Wilhelm V., Herzog von Aquitanien 70
Wilhelm, Abt von Dijon 60
Wilhelm von Holland, (Gegen-)König 124, 127, 129
Wilhelm von Nogaret **108**
Wilhelm von Ockham 147
Willibrord, Missionar **68**
Willigis, Erzbischof von Mainz 41, 52, 55, 58
Wipo, Historiograph 64, 65, 66, 71, 72
Witold, Großfürst von Litauen 167
Witte, Hans de 227
Wittelsbacher 128, 132, 144, 148, 149, 153, 154, **154**, 164, 165

Władysław II. Jagiełło, König von Polen 167
Woldemar, Markgraf von Brandenburg 154
Wolfgang, Bischof von Regensburg 55
Wolfgang Wilhelm von Pfalz-Neuburg 218

Zähringer 88, 94, 115
Zedler, Johann Heinrich 276
Ziazo, Patricius der Römer 53
Zwentibold, König von Lotharingien 23, 24, 26, 35
Zwingli, Huldrych **199**, 201

Brigitte Mazohl-Wallnig
Zeitenwende 1806
Das Heilige Römische Reich und die Geburt des modernen Europa

2006. 135 x 210mm.
299 S. 43 s/w- u. 16 Farb-Abb. Br.
ISBN 3-205-77377-2

Als Kaiser Franz II. am 6. August 1806 die Krone des Heiligen Römischen Reiches niederlegte, war mit diesem Rechtsakt das Ende der bisherigen alteuropäischen politischen Herrschaftsordnung besiegelt. Das Alte Reich hatte den Herausforderungen der Französischen Revolution nicht standhalten können. Diese entscheidende Weichenstellung, dieser radikale Verfassungsbruch des Jahres 1806 soll zum 200. Jahrestag einer breiten Öffentlichkeit ins Bewusstsein gerufen werden.

Über die Autorin:

Geboren in Bozen, Studium in Salzburg und Wien, Promotion 1971, Habilitation für neuere Geschichte an der Universität Salzburg 1986, seit 1993 o. Univ.-Prof. für österreichische Geschichte an der Universität Innsbruck, seit 2004 Leiterin des Instituts für Geschichte an der Universität Innsbruck, korr. Mitglied der österreichischen Akademie der Wissenschaften.

Wiesingerstrasse 1, 1010 Wien, Telefon (01)330 24 27-0, Fax 330 24 27 320